WILFRIED LOTH

Sozialismus und Internationalismus

Die französischen Sozialisten
und die Nachkriegsordnung Europas 1940—1950

1977
DEUTSCHE VERLAGS-ANSTALT STUTTGART

Lektorat: Christoph Weisz

© 1977 Deutsche Verlags-Anstalt GmbH., Stuttgart.
Umschlagentwurf: Edgar Dambacher.
Satz und Druck: Brönner & Daentler KG, Eichstätt.
Printed in Germany. ISBN 3 421 01792 1

Inhalt

Vorbemerkung 9

EINLEITUNG 11
Fragestellung – Forschungsstand – Quellen und Methode

I. Die Idee der „Organisation internationale":
Zukunftsplanung der sozialistischen Résistance 1940–1944 23

  1. Exkurs: Internationalismus in der sozialistischen Tradition . . . 24

  2. Sozialismus und Internationalismus bei Léon Blum 26
  Sozialismus – Internationalismus – Blick auf die Menschheit: Umfassend, aber unscharf

  3. Probleme sozialistischer Nachkriegsplanung 33
  Europa- oder Weltföderation? – Deutschland: Integration als Ziel und als Mittel – Großbritannien: Schlüssel der Strategie

  4. Entscheidungen in der Résistance 39
  Sozialisten – De Gaulle – Kommunisten

II. „Organisation internationale":
Die Phase der Hoffnung, 2. Hälfte 1944 – 1. Hälfte 1945 45

  1. Die SFIO im befreiten Frankreich: Propagierung der „Organisation internationale" . . . 46
  Le Socialisme maître de l'heure? – Einstimmig für die Weltföderation – Widersprüche im Deutschlandkonzept

  2. „Organisation internationale" und internationale Position Frankreichs: Die Konfrontation mit der Außenpolitik de Gaulles . . . 52
  Scheinbare und tatsächliche Gemeinsamkeiten – Außenpolitische Solidarität als Taktik – Beginnende Opposition

  3. „Organisation internationale" und UNO: Der Dumbarton-Oaks-Plan und die Gründungskonferenz von San Franzisko 59
  Verbesserungsvorschläge – Enttäuschung und Resignation

  4. „Organisation internationale" und internationaler Sozialismus: Die Londoner Sozialistenkonferenz 65
  Kontakte seit der Résistance – Vorschläge zur Friedensordnung – Keine neue Internationale

III. „Organisation internationale":
Schritte und Rückschritte, 2. Hälfte 1945 – 1. Hälfte 1946 72

1. Blums Rückkehr und die Abgrenzung von der kommunistischen Position 73
Keine Erneuerung der SFIO – Internationalismus als Prinzip – Beklemmung und Ratlosigkeit

2. Blum: „La famille occidentale" 79
Achse Paris–London – Gegen das sowjetische Mißtrauen – Wachsende Polarisierung

3. Blum und de Gaulle: Der verdeckte Konflikt 86
Annäherung an Großbritannien – Von de Gaulle zu Bidault – Initiative in der Deutschlandpolitik – Ohnmächtige Kritik

4. Blums Washingtoner Mission 98
Finanzielles Desaster – Parteinahme im Ost-West-Konflikt? – Das Dilemma des Freihandels

IV. „Organisation internationale":
Das Scheitern, August 1946 – April 1947 105

1. Die Restauration in der SFIO 106
Aufstand der Enttäuschten – Keine neue Theorie – Internationalismus als Integrationsfaktor

2. Die Lähmung des internationalen Sozialismus 113
Die Entstehung des COMISCO – Die Aufnahme der SPD

3. Die Beschränkung auf zwischenstaatliche Lösungen:
Der Vertrag von Dünkirchen zwischen Blum und Bidault . . . 118
Die Bildung des Kabinetts Blum – Blums London-Reise – Von Blum zu Bidault

4. Das Ende der Hoffnung auf eine Weltfriedensordnung:
Die Moskauer Außenministerratstagung 127
Memoranden zur Deutschlandpolitik – Zwei deutschlandpolitische Linien zugleich – Keine weltpolitische Strategie mehr

V. „Troisième Force": Der Versuch einer Zwischenlösung,
Mai 1947 – Januar 1948 137

1. Vorentscheidungen in Frankreich und in den USA 139
Entlassung der kommunistischen Minister – Blum: „Le Prêt-Bail de la Paix" – Reaktionen auf die Marshall-Rede

2. Entscheidungen für oder gegen den Marshall-Plan 149
Reaktionen auf Molotows „Nein" — Entscheidungen in der Partei —
Vom Tripartismus zur Dritten Kraft

3. Das Konzept der Dritten Kraft 156
Vier Motivkreise — Träger der „Dritte-Kraft"-Politik — Ein Übergangskonzept

4. Deutschlandpolitik im Zeichen des Marshall-Plans 167
Das SFIO-Konzept als Alternative — Wiederaufbau und Westintegration — Dominanz oder Sicherheit? — Schrittweise Abdankung Bidaults

VI. „Fédération européenne":
Die Entscheidung für die Westintegration 1948 176

1. Europäische Einigung zwischen Dritter Kraft und Westintegration 177
Bevins „Western Union" — Prager Umsturz — Brüsseler Pakt und Atlantikpakt — Philips Europäischer Großraummarkt

2. Europäische Einigung zwischen Dritter Kraft und Neutralismus . 188
Gegen die Westintegration — Varianten des Neutralismus — RDR und innerparteiliche Auseinandersetzung — Vom E.U.S.E.-Komitee zum M.S.E.U.E.

3. Europäische Einigung zwischen Europa-Pressure-Groups und britischem Sozialismus 201
Die Londoner Sozialistenkonferenz — Die Pariser Sozialistenkonferenz — Der Haager Kongreß — Bidaults Initiative: Europäische Versammlung

4. Europäische Einigung, Deutschland und die Internationalisierung der Ruhr 214
Westdeutsches Provisorium — Ruhr-Europäisierung

VII. „Fédération européenne":
Die Hoffnung auf den Europarat, Oktober 1948 — Oktober 1949 . . 220

1. Zwischen Planung und Politik: Die Sozialisten in der Gründungsphase des Europarats 221
Verhandlungen um den Europarat — Kritik am Statut des Europarats — Sozialisten in der Europäischen Bewegung

2. Zwischen Schweigen und ideologischer Rechtfertigung: Die Sozialisten zur Gründung des Atlantikpakts 229
Neutralistische Kampagne — SFIO unter Rechtfertigungszwang — Blum: Sozialismus versus Kommunismus

3. Zwischen Mißtrauen und Vertrauen: Die Sozialisten zur Gründung der Bundesrepublik Deutschland 236

Für die neue Republik — Gegen Wiederbewaffnung und Ruhrprivatisierung — Sorge vor deutscher Restauration

4. Zwischen Anstrengung und Ernüchterung: Die Sozialisten in der ersten Sitzungsperiode des Europarats 244

Kampf für den Ausbau — Veto der Labour-Regierung

VIII. „Fédération européenne": Föderalistisches Prinzip und funktionalistische Initiativen, Oktober 1949—1950 251

1. Formale Macht oder reale Ohnmacht des französischen Sozialismus   253

Fortschreitende Schwächung — Erstarrung der Doktrin

2. Solidarität mit der Labour-Party oder Solidarität mit der Einigungsbewegung: Vorgeschichte und Diskussion des Schuman-Plans   257

Bundespakt-Pläne und Kompromißvorschläge — Atlantikrat-Plan und Saar-Verträge — Ausweg aus den Sackgassen — Mit oder ohne Großbritannien?

3. Regionale oder sektorale Teilföderationen: Die zweite Sitzungsperiode des Europarats 270

Konfrontation Philip—Mollet — Doppeltes Scheitern — Gründe für die Niederlage

4. Sicherheitsbedürfnis oder Integrationsbereitschaft: Die Diskussion über die deutsche Wiederbewaffnung 277

Universales Eindämmungskonzept — Europäische Armee als Ausweg — Entstehung des Pleven-Plans — Reaktionen in der SFIO — Amerikanisches Ultimatum — Spaltung in der EVG-Debatte

Schlußwort 291

Leistungen und Grenzen des sozialistischen Internationalismus

Zwischen Emanzipationspotential und Eskapismus — Zwei Konzepte französischer Außenpolitik — Sozialismus und Internationalismus in der SFIO — Ein Modell

Anmerkungen 299
Quellen- und Literaturverzeichnis 388
Abkürzungen 408
Sachregister 409
Personenregister 411

Vorbemerkung

Gibt es eine internationale Politik, die an Maßstäben des Sozialismus orientiert ist? In welchem Verhältnis steht der demokratische Sozialismus im westlichen Europa zur europäischen Einigungspolitik? Welche Motive, Kräfte, Interessen standen und stehen hinter den europäischen Einigungsbestrebungen? Dies waren die über die historiographischen Desiderate hinausgehenden erkenntnisleitenden Fragestellungen, die mich bewogen haben, Theorie und Praxis der Außenpolitik der französischen Sozialisten zwischen 1940 und 1950 zu untersuchen. Die Arbeit wurde 1971 begonnen, im Sommersemester 1974 von der Philosophischen Fakultät der Universität des Saarlandes als Dissertation angenommen, und im Frühjahr 1976 für den Druck nochmals überarbeitet.

Mein Dank gilt an erster Stelle Herrn Prof. Dr. Walter Lipgens (Florenz), der diese Untersuchung angeregt hat und stets um ihre Förderung bemüht war, und dessen eigene Forschungen zu den Anfängen der europäischen Einigungpolitik vielfachen Anlaß zu Gesprächen boten, in denen ich meine Fragestellungen präzisieren konnte. Für zahlreiche Anregungen und Hinweise danke ich Herrn Ass. Prof. Dr. Adolf Kimmel (Saarbrücken), für ihre Hilfe bei der Bereitstellung der Quellenbestände den Herren Prof. Serge Hurtig, Generalsekretär der Fondation nationale des sciences politiques (Paris), J. R. van der Leeuw, Leiter des International Instituut voor Sociale Geschiedenis (Amsterdam), Pierre Joxe und Jean Marcel Bichat, Mitglieder des Comité directeur der Parti Socialiste (Paris), die mir den Zugang zu den Archivbeständen des Nationalsekretariats der Parti Socialiste ermöglichten. Begutachtet wurde das Manuskript von Prof. Dr. Dr. h. c. Karl Dietrich Bracher (Bonn), Prof. Dr. Walter Lipgens, Prof. Dr. Thomas Nipperdey (München) und Prof. Dr. Heinz-Otto Sieburg (Saarbrücken); ihnen sowie den Herren Hellmuth Auerbach und Hermann Graml (Institut für Zeitgeschichte, München) und Prof. Dr. Gilbert Ziebura (Konstanz) danke ich für ihre Lektüre und ihre kritischen Urteile, die mir bei der endgültigen Fertigstellung der Arbeit sehr geholfen haben. Den Mitgliedern der Zentralen Kommission für die Förderung des wissenschaftlichen Nachwuchses an der Universität des Saarlandes danke ich für die Bereitstellung eines zweijährigen Stipendiums aus Mitteln des Graduiertenförderungsgesetzes; den Mitarbeitern und dem Wissenschaftlichen Beirat des Instituts für Zeitgeschichte für die Aufnahme der Arbeit in die Reihe der „Studien zur Zeitgeschichte". Ich widme diese Untersuchung meiner Frau Roswitha, die ihren Entstehungsprozeß mit viel Geduld und Opferbereitschaft begleitet hat.

Saarbrücken, im Juni 1976 *Wilfried Loth*

Einleitung

Zwischen 1940 und 1950 hat die politische Ordnung Europas einen grundlegenden Wandel erfahren. 1940 brach unter dem Ansturm der nationalsozialistischen Expansion das politische System europäischer Nationalstaaten zusammen, wie es sich in der Folge des Ersten Weltkrieges konsolidiert hatte; 1950 hatte nach einer längeren Inkubationszeit eine neue politische Struktur Gestalt angenommen, deren Grundzüge bis heute unsere Situation bestimmen. Zwei Grundlinien kennzeichnen die Geschichte der Heranbildung dieser neuen Struktur: Einerseits das Vordringen der beiden neuen Weltmächte USA und UdSSR bis in die Mitte des europäischen Raumes und in dessen Folge die Spaltung Europas, andererseits in der nun entstehenden westlichen Hälfte des Kontinents, der ein größeres Maß an Handlungsspielraum verblieb, das Bemühen um die Wahrung eines Höchstmaßes an Autonomie und Sicherheit durch die Einigung (Teil-)Europas. Die europäischen Nationalstaaten standen, soweit ihnen die Freiheit dazu verblieb, zum Ende des Zweiten Weltkrieges vor der Alternative, in ihrer internationalen Politik an die Mittel ihrer traditionellen nationalstaatlichen Machtpolitik anzuknüpfen, die die Verfolgung nationalstaatlicher Zielsetzungen absolut setzte, oder durch Kooperation, Konföderation oder auch Föderation untereinander einen neuen Weg zu beschreiten, der die nationalstaatlichen Zielsetzungen an den Interessen der Nachbarnationen und am europäischen Gesamtinteresse relativierte. Es bedurfte eines gewaltigen, bis heute nicht abgeschlossenen Lernprozesses, bis die politischen Kräfte Europas zu der Einsicht gelangten, daß allein dieser neue Weg die europäischen Nationen in die Lage versetzen konnte, ein relatives Höchstmaß an Autonomie und Sicherheit trotz des Auftretens der neuen Weltmächte zu erhalten und damit eine Basis für die Lösung der zahllosen sozialen Probleme zu gewinnen.

Fragestellung
Die außenpolitische Theorie und Praxis der sozialistischen Partei Frankreichs verdienen vor diesem Problemhintergrund ein besonderes Interesse: Frankreich war, nachdem Deutschland aufgehört hatte politisch zu existieren, und Großbritannien einen letzten Versuch unternahm, im internationalen System eine unabhängige Rolle außerhalb des europäischen Kontinents zu spielen, die europäische Schlüsselmacht, auf die die Initiative zukam, die Einsicht in die Notwendigkeit des kooperativen Weges in politische Praxis umzusetzen. Die „Section Française de l'Internationale Ouvrière" (SFIO), wie sich die wichtigste sozialistische Formation Frankreichs seit 1905 nannte, war wie keine zweite politisch relevante Gruppe des Landes dazu in der Lage, Theorieansätze für diesen kooperativen Weg zu liefern; in dieser Partei hatten sowohl die – von nationalstaatlich orientierter Praxis allzuoft verschüttete – Einsicht der sozialistischen Bewegungen, daß grundlegende Gesellschaftsveränderungen im nationalstaatlichen Rahmen allein nicht möglich sind, als auch die Erkenntnis der Krise des herkömmlichen nationalstaatlichen Systems durch Kerngruppen der antifaschistischen Widerstandsbewegungen eine politische Heimat

gefunden. Internationalismus bildete ein Konstitutivum des französischen Sozialismus. Wie diese Einsichten in der SFIO fortwirkten, zu welchen Theorien, Dogmen und Konzepten sie in der innerparteilichen Diskussion fortentwickelt wurden, welche Motivationen diesen Konzepten insgesamt zugrundelagen, welchen Stellenwert sie im Wettbewerb mit andersartigen Motivationen im Gesamtverhalten der Partei einnahmen, wieweit es den führenden Politikern der Partei gelang, diese Konzepte zu realisieren, und wie schließlich die Praxis auf die Theorie zurückwirkte, all dies war darum nicht nur für den Kurs der französischen Außenpolitik jener Jahre von grundsätzlicher Bedeutung, sondern auch für die Geschichte des Entstehungsprozesses jener europäischen Ordnung insgesamt.

Zu der inhaltlichen Relevanz der SFIO-Konzepte für die Entwicklung der europäischen internationalen Politik nach dem Zweiten Weltkrieg kommt als zweites Motiv für eine Untersuchung von Theorie und Praxis sozialistischer Außenpolitik in Frankreich ihre strukturelle Bedeutung hinzu: Ob in der Résistance 1940—44 als für de Gaulle unabdingbares innerfranzösisches Pendant zur Londoner Organisation des Freien Frankreich, ob in der wiederentstandenen SFIO 1944—45 als unverzichtbares Element im Kräftespiel zwischen de Gaulle, Widerstandsgruppen, Kommunisten, Christdemokraten und Sozialisten, 1945—47 als mittlerer Partner der „tripartistischen" Koalition PCF-SFIO-MRP, 1947—51 als impulsgebende linke Flügelgruppe der „Troisième Force" gegen Kommunisten und Gaullisten, 1951—55 in der konditionierten parlamentarischen Unterstützung republikanischer und konservativer Kabinette oder 1956—57 in der Führung einer „progressiven" Minderheitsregierung, stets hatten die sozialistischen Politiker eine Schlüsselposition im Hinblick auf die außenpolitischen Entscheidungen des politischen Gesamtsystems Frankreichs inne. Ohne Billigung der französischen Sozialisten wäre weder der Moskauer noch der Dünkirchen-Vertrag zustande gekommen, hätte Frankreich weder in den Marshall-Plan noch in die Gründung der NATO einwilligen können, wäre weder die französische Zustimmung zur Gründung der Bundesrepublik Deutschland noch die Ratifizierung der Montanunion möglich gewesen; an der Opposition eines Teils der SFIO-Abgeordneten scheiterte das Projekt einer Europäischen Verteidigungsgemeinschaft; am Zustandekommen der EWG wie der EURATOM war eine sozialistische Regierung wesentlich beteiligt. Daß diese Billigung infolge besonderer innenpolitischer Konstellationen oft mehr aus passivem Hinnehmen als aus aktivem Mitgestalten bestand, läßt die tatsächliche Verantwortung der SFIO für den außenpolitischen Kurs Frankreichs nicht schon beim ersten Zusehen deutlich werden; sie ist nichtsdestoweniger beträchtlich.

Als dritter Grund spricht für die Untersuchung des außenpolitischen Kurses einer sozialistischen Partei, daß sie in mehrfacher Hinsicht in der Lage sein dürfte, die Grenzen herkömmlicher nationalstaatlich orientierter Geschichtsschreibung zu überwinden, die, am Begriff einer abstrakten „Staatsräson" orientiert, internationale Politik in der Regel nur als ein System von intergouvernementalen Beziehungen zu erklären vermag. Eine Aufschlüsselung des Problemfeldes „Theorie und Praxis sozialistischer Außenpolitik in Frankreich 1940—1950" in sechs Problemkreise mag dies im Einzelnen verdeutlichen:

(1) Die Frage nach der *Tradition internationalistischer Doktrin im französischen Sozialismus, den außenpolitischen Erfahrungen und Erkenntnissen der SFIO aus der Zeit zwischen den beiden Weltkriegen, den außenpolitischen Programmen der*

sozialistischen Kräfte in der französischen Résistance trägt dem Umstand Rechnung, daß außenpolitisches Verhalten weder gänzlich aus sogenannten Sachzwängen determiniert ist noch sich in einem geschichtslosen System abspielt. Historische Eindrücke und Erlebnisse, ideologische Versatzstücke und Reminiszenzen wirken auf das außenpolitische Verhalten ein, auch und gerade bei solchen Politikern, die, dem Dogma vermeintlicher „Realpolitik" folgend, sich des historischen und ideellen Hintergrunds ihrer Entscheidungen nicht bewußt sind.

(2) Die Frage nach den *außenpolitischen Zielvorstellungen der SFIO zwischen 1944 und 1950, ihrer Fortentwicklung und ihrer Beurteilung im Lichte der in ständigem Wandel begriffenen weltpolitischen Situation und ihrem Verhältnis zu den außenpolitischen Positionen der übrigen politisch relevanten Kräfte in Frankreich wie im gesamten europäischen Raum* entspricht dem Faktum, daß außenpolitische Konzepte, auch wenn sie in Parteiprogrammen festgeschrieben werden, nie ein abgeschlossenes Ganzes, sondern nur Momentaufnahmen eines permanenten Lernprozesses darstellen. Die beschleunigte weltpolitische Dynamik des 20. Jahrhunderts verändert ständig den Stellenwert außenpolitischer Konzepte; sollen sie für die Praxis relevant bleiben, müssen sie ständig durch die Erfassung neuer Daten modifiziert werden. Die Komplexität außenpolitischer Sachverhalte macht ein derartiges Lernen politischer Gruppen zu einem schwierigen Unterfangen; um außenpolitische Daten erfassen zu können, sind sie in der Regel nicht nur auf ihre eigenen Konzepte, sondern auch auf die Reaktionen ihrer Mit-Gruppen angewiesen. Nimmt man hinzu, daß außenpolitische Fakten für die politischen Entscheidungsträger meist nur über selektierende Nachrichtenträger erreichbar sind, so wird deutlich, daß Entscheidungsprozesse auf diesem Gebiet in hohem Maße für Fehlurteile und Ideologiebildung anfällig sind. Der Grad an Lernfähigkeit wie der Grad an Differenzierungsvermögen bilden die wesentlichen Kriterien für die Praktikabilität außenpolitischer Konzepte.

(3) Die Frage nach den *unterschiedlichen Ansätzen zur Behandlung der internationalen Problematik innerhalb der SFIO, insbesondere nach den Theorien von Léon Blum, André Philip und Marceau Pivert, und der innerparteilichen Diskussion über diese Problematik* macht deutlich, daß Parteien als politische Entscheidungsträger weder monolithische Blöcke noch ausschließliche Realisationsagenten politischer Ideen sind. Die Theorie einer Partei ist vielmehr das Ergebnis des Ringens unterschiedlicher Ansätze zur Bewältigung politischer Probleme; ihre Praxis wird von der Auseinandersetzung dieser theoretischen Positionen mit andersartigen, theoriefremden Motivationen bestimmt, unter denen das Motiv, künftige Wahlen zu gewinnen, in der Regel den ersten Rang einnimmt.

(4) Die Frage nach der *Haltung der SFIO zur französischen Außenpolitik der Jahre 1944–1950 und ihrem Anteil an dieser Politik, insbesondere hinsichtlich der Problemkreise Behandlung des besiegten Deutschlands, internationale Organisationen, Friedensordnung, Marshall-Plan, Anfänge westeuropäischer Organisationen, Projekt einer europäischen Versammlung und weiterer europapolitischer Maßnahmen,* geht von der Überzeugung aus, daß die oft apostrophierte „Staatsräson" nichts anderes darstellt als die Summe aus politischen und ökonomischen Sachzwängen *und* dem gemeinsamen Nenner der Zielvorstellungen der einzelnen politischen Kräfte und Gruppen in ihrer jeweils unterschiedlichen Stärke. Die Entscheidungen führender Politiker können nicht verstanden werden ohne die Grundeinstellungen

und Erwartungshaltungen der sie tragenden Kräfte, die tatsächlich realisierte Außenpolitik eines Staates nicht ohne das Wechselspiel und Ineinandergreifen konkurrierender Gruppen dieses Staates.

(5) Die Frage nach den *Bemühungen der SFIO um eine Organisation des internationalen Sozialismus, nach ihrem Verhältnis zu den sozialistischen Bruderparteien und der gemeinsamen Verbindungsorganisation COMISCO, zur sozialistischen Bewegung für die Vereinigten Staaten von Europa MSEUE und zu den Verbänden der europäischen Einigungsbewegung* trägt der Tatsache Rechnung, daß europäische Geschichte seit dem Zweiten Weltkrieg infolge der eingangs skizzierten Grundproblematik unter einzelstaatlichem Aspekt nicht mehr voll begriffen werden kann, sondern gerade im Hinblick auf den europäischen Einigungsprozeß einer nationenübergreifenden Betrachtungsweise bedarf. Hier erweist es sich nun als ein besonderer Glücksfall, daß die SFIO nicht nur die politische Heimat internationalistisch orientierter Theorieansätze bildete, sondern als politische Formation selbst über internationale Querverbindungen verfügte. Der außenpolitische Kurs der SFIO kann also nicht nur in der Theorie, sondern auch in der Praxis als Teil einer europäischen Entwicklung begriffen und dargestellt werden, die als die Geschichte des europäischen Sozialismus zwischen 1940 und 1950 wiederum zur Erklärung des Gesamtprozesses jener Jahre beitragen kann.

(6) Der Frage nach den *Rückwirkungen der außenpolitischen Haltung der SFIO auf ihre innerparteiliche Entwicklung und ihre Stellung im politischen Leben Frankreichs* schließlich liegt die Überlegung zugrunde, daß nicht nur innenpolitische Faktoren die Außenpolitik eines Landes mitbestimmen, sondern auch außenpolitische Prozesse die innenpolitische Situation. Die Interdependenz von Innen- und Außenpolitik führt dazu, daß eine Beschreibung des außenpolitischen Verhaltens einer Gruppe Bausteine zum Verständnis nicht nur des außenpolitischen Kurses des Gesamtsystems, sondern auch der gruppeninternen Entwicklung liefern kann. Wie eng diese Interdependenz oft ist, zeigt die Tatsache, daß sich die zeitliche Eingrenzung der vorliegenden Arbeit auch aus innerparteilichen Entwicklungen rechtfertigen läßt: 1940 zerbrach nicht nur die europäische Ordnung der Zwischenkriegszeit, sondern auch die SFIO der Zwischenkriegszeit; in der Résistance begann ein mühevoller Neuaufbau; als sich 1950 das neue europäische System konsolidiert hatte, trat auch in der Entwicklung der SFIO ein neuerlicher Stillstand ein, der im Tod des Parteiführers Léon Blum einen fast symbolischen Ausdruck fand.

Insgesamt enthält also eine historisch-politische Analyse sozialistischer Außenpolitik in Frankreich 1940—1950 wesentliche Ansatzpunkte zum Verständnis der französischen Außenpolitik, der Entwicklung des internationalen Sozialismus, und der von beiden Faktoren mitbedingten Entstehung der politischen Ordnung Europas unter dem Aspekt seiner fortschreitenden Einigung. Die Nachzeichnung außenpolitischer Theorie und Praxis der SFIO, die hier im folgenden versucht werden soll, vermag eine solche Analyse in Anbetracht der Vielfalt der damit angeschnittenen Fragen sicherlich noch nicht erschöpfend zu leisten, zumal sie sich in allen drei Bereichen — wie fast stets im zeitgeschichtlichen Raum — nur auf relativ wenige Vorarbeiten stützen kann; sie hofft dennoch, einige Grundlinien deutlich machen und belegen zu können.

Forschungsstand
Die europäische Geschichte seit dem Zweiten Weltkrieg ist im Hinblick auf den europäischen Einigungsprozeß noch kaum bearbeitet worden. Während die juristisch und wirtschaftswissenschaftlich orientierte Literatur zur europäischen Integration schon nicht mehr zu übersehen ist[1], fehlt es fast ganz an historisch-politischen Analysen der Einigungspolitik. Die Forschung bewegt sich noch zwischen vorwissenschaftlich-kursorischen Gesamtüberblicken, unter denen die Arbeiten der in der Einigungsbewegung aktiven Politiker Altiero Spinelli und Hendrik Brugmans wegen ihres hohen Stands an Problembewußtsein herausragen, und ersten Ansätzen zur analytischen Erfassung, zur Periodisierung (Walter Lipgens) wie zur Systematisierung (Hans-Peter Schwarz).[2] Einen wesentlichen Fortschritt haben die Forschungen von Walter Lipgens zur Geschichte der Einigungsidee in der Zwischenkriegszeit und in den Widerstandsbewegungen des Zweiten Weltkriegs[3] erbracht: es kann nun nicht mehr, wie noch in der Regel in Darstellungen zur Geschichte nationaler europäischer Außenpolitiken nach 1945, davon ausgegangen werden, daß die Ende der 40er Jahre einsetzende Europapolitik der nationalen Regierungen lediglich eine Fortsetzung nationalstaatlicher Machtpolitik mit anderen Mitteln oder eine Sekundärfunktion des Ost-West-Konfliktes darstellt; sie beruht zumindestens zu einem Teil auch auf einem Erkenntnis- und Traditionszusammenhang, dessen politische Geschichte sich deutlich bis zum Ersten Weltkrieg zurückverfolgen läßt. Studien zur Außenpolitik der französischen IV. Republik sind weitaus zahlreicher; dennoch ist die Forschung von einem umfassenden Gesamtbild noch weit entfernt. Die zahlreichen Darstellungen zur allgemeinen Geschichte der IV. Republik übergehen, von einigen Ausnahmen in der Kolonialpolitik abgesehen, außenpolitische Fragestellungen fast völlig. Die zum Teil vorzüglich gearbeiteten Gesamtüberblicke zur Außenpolitik der IV. Republik (Grosser, Carmoy, Willis, Serfaty, Tint)[4] müssen angesichts der Forschungslage auf weiten Strecken kursorisch bleiben. Exakt erfaßt und analytisch aufgearbeitet sind für den Zeitraum der vorliegenden Untersuchung nur einige Einzelbereiche, so die Außenpolitik de Gaulles während seiner ersten Präsidentschaft 1944—46 (DePorte, Lipgens), die deutsch-französischen (Ziebura) und die russisch-französischen Beziehungen (Guiton, in der Interpretation zu stark in Maßstäben des Kalten Krieges befangen) und die Kolonialpolitik.[5] Auf eine systematische Analyse grundsätzlicher Parteien-Statements der Jahre 1950—57 beschränkt bleibt die Darstellung zur Europapolitik der IV. Republik von Erling Bjøl; wenig ertragreich die Darstellung der Deutschlandpolitik 1945—50 von Adalbert Korff, die kaum über eine Nachzeichnung des in den Jahresbänden der Année politique gesammelten Materials hinausreicht.[6] Die außenpolitischen Vorstellungen der politischen Parteien und Gruppen sind seit der bewußt skizzenhaft belassenen Darstellung bei Alfred Grosser für MRP (Capelle) und RPF (Manin) ausführlicher untersucht worden; eine systematische Analyse der Haltung aller Gruppierungen zu dem Grundproblem des Ost-West-Konfliktes zwischen Mitte 1946 und Mitte 1948 bietet zudem Klaus Hänsch.[7] Das außenpolitische Verhalten der Parteien und Interessengruppen insgesamt, die Interdependenz innen-, außen- und wirtschaftspolitischer Vorgänge, die einzelnen Phasen der französischen Deutschlandpolitik, die Rolle Frankreichs in der UNO und im Kreis der „Großmächte", schließlich der Beginn französischer Europapolitik bis zum Plan der EVG bleiben Problemfelder, die weiterer Bearbeitung bedürfen.

Die Entwicklung des internationalen Sozialismus seit dem Zweiten Weltkrieg ist als Gesamtproblem noch kaum Gegenstand historiographischer Darstellung gewesen; auch der 3. Band der Geschichte der Internationale von Julius Braunthal verbleibt im Bereich nationalstaatlich orientierter Parteigeschichten, auch wenn er durch die Nebeneinanderstellung der einzelstaatlichen Darstellungen wertvolles Material für eine vergleichende Analyse liefert und eine erste Nachzeichnung der Geschichte internationaler Organisationen des Sozialismus nach dem Zweiten Weltkrieg gibt.[8] In den Untersuchungen zur Geschichte der einzelstaatlichen Parteien tauchen außenpolitische Fragestellungen nur vereinzelt auf, so in der Dissertation von Rudolf Hrbek zur Deutschland- und Europapolitik der deutschen SPD und in Untersuchungen zur Außenpolitik der britischen Labour-Regierung.[9] In der Geschichtsschreibung zur französischen SFIO überwog lange Jahre, von den materialreichen Untersuchungen Alexandre Zévaès' und seiner Mitarbeiter bis zu den Gesamtdarstellungen von Paul Louis (1950) und Daniel Ligou (1962)[10] der Bereich innerparteilicher, vom Bewußtsein des schließlichen Sieges der sozialistischen Bewegung getragener Reflexion. Erst in den 60er Jahren hat sie einen stärker analytischen Zugriff erfahren, durch die Arbeit von Georges Lefranc zur sozialistischen Bewegung in der III. Republik und die Arbeit von Harvey G. Simmons zur SFIO in der V. Republik, in jüngster Zeit ergänzt durch die Untersuchung von Roger Quilliot zur SFIO-Politik der IV. Republik.[11] Zu diesen grundlegenden Parteigeschichten kommt eine rasch wachsende Spezialforschung zur Parteikrise 1914–1920 (insbesondere Kriegel), zum Problem der Volksfront (insbesondere Marcus, Lefranc, Greene), zu den Parteiführern Jean Jaurès (insbesondere Auclair, Goldberg, Rabaut) und Léon Blum.[12]

Unter den Arbeiten zu Léon Blum, dessen Werk auch die folgende Untersuchung zu einem guten Teil gewidmet ist, hat Gilbert Ziebura's Habilitationsschrift über Theorie und Praxis seiner Politik bis 1934 mit gutem Grund besondere Beachtung gefunden: an der Grenze zwischen politischer Biographie und exemplarischer Analyse sozialistischer Politik in der Zwischenkriegszeit angesiedelt bildet sie bis heute die grundlegende Arbeit zum Verständnis der SFIO-Geschichte nach 1920 und auch noch nach 1944. Louise E. Dalbys gleichzeitig erschienene Blum-Biographie fällt demgegenüber ab: in der Absicht, die geistige Entwicklung Blums aufzuzeigen, stellt sie insbesondere seine literarische Tätigkeit eingehend dar, ohne die politische Problematik im Leben Blums ausführlich zu behandeln; die daraus resultierende einseitige Zeichnung verstärkt sich noch durch eine Überbetonung der jüdischen Elemente in Blums Denken. Die politische Blum-Biographie von Joel Colton gibt eine umfassende und auf solider Quellengrundlage basierende Darstellung der Etappen seiner politischen Karriere, hält sich jedoch in der Analyse dieser Karriere zurück. Die gleiche Zurückhaltung kennzeichnet auch die Darstellung Quilliots zur SFIO-Politik in der IV. Republik. Ihre Leistung besteht in einer die tagespolitischen Fragen souverän beherrschenden Nachzeichnung der innerparteilichen Diskussion jener Jahre, gestützt auf die Auswertung aller parteiinternen Sitzungsprotokolle; ihre Grenze in der Beschränkung der argumentativen Auseinandersetzung mit anderen Autoren auf einige Thesen ehemals führender SFIO-Politiker (Philip, Mayer) unter Vernachlässigung der Interpretationsansätze der zeitgenössischen angelsächsischen Politikwissenschaft (Colton, Ehrmann, Godfrey, Graham, Lockwood, Micaud, von französischer Seite zusätzlich Rimbert und Duverger).[13]

Die außenpolitische Theorie und Praxis der SFIO ist für die Zwischenkriegszeit relativ gut untersucht: Ziebura erfaßt und interpretiert die internationalistische Doktrin Blums und die aus ihr resultierende Praxis bis zur nationalsozialistischen Machtergreifung in Deutschland; Richard Gombin gibt darüber hinaus in seiner Dissertation über die außenpolitischen Konzeptionen der SFIO zwischen 1920 und 1940 eine sorgfältig abgewogene Darstellung der Haltung der einzelnen Parteigruppierungen zu den wichtigsten außenpolitischen Problemen der Epoche.[14] Für die Zeit zwischen 1940 und 1950 rücken jedoch außenpolitische Fragestellungen bestenfalls ganz beiläufig in den Blickwinkel der Darstellungen. Die Zuverlässigkeit der Blum-Biographie Coltons etwa endet just beim Thema dieser Untersuchung: obwohl, wie im folgenden zu zeigen sein wird, Blum einen höchst beträchtlichen Teil seiner Aktivität nach 1945 der europäischen Einigungspolitik widmete, behandelt Colton diese Frage auf knapp einer von 488 Textseiten.[15] Quilliot widmet lediglich der Kolonialpolitik und dem Streit um die EVG in den Jahren 1952—54 ausführliche Passagen.

Eigentlich thematisiert werden Teile der in dieser Untersuchung angesprochenen Problematik nur in drei Monographien: der Nachzeichnung der Haltung französischer Linksgruppen zum Marshall-Plan Mitte 1947 bis Anfang 1949 von Frederick F. Ritsch, der Skizze zum Verhältnis der SFIO zur europäischen Einigungsidee während der IV. Republik von Byron Criddle, und der Analyse der Haltung der französischen Parteien zum Ausbruch des Ost-West-Konfliktes von Klaus Hänsch.[16] Wenig überzeugend ist die Arbeit von Ritsch: Sie beruht zwar für die SFIO auf einer Auswertung des Parteiorgans „Le Populaire", verbaut sich aber durch eine vorgängige Gleichsetzung von Marxismus = Kommunismus = Prosowjetismus einerseits, Reformismus = Rechtssozialismus = Proamerikanismus zweitens und Linkssozialismus = Neutralismus drittens jeden Zugang zu einer tatsächlichen Erfassung der innerparteilichen Diskussion über den Marshall-Plan. Die Schematisierung geht so weit, daß die herangezogenen Quellentexte oft tatsächlich genau das Gegenteil dessen besagen, was sie belegen sollen; sie werden dann in einer wissenschaftlich unzulässigen Weise verfälscht wiedergegeben. So wird weder die internationalistische Doktrin Blums erfaßt, noch wird der Bezug der europapolitischen Stellungnahmen der Partei in den Jahren 1947—49 zum Programm der sozialistischen Résistance gesehen. — Die Studie von Criddle dagegen läßt es zwar an der Einordnung in die historische Kontinuität des Sozialismus nicht fehlen, begnügt sich jedoch — den Umfang eines mittleren Aufsatzes nicht übersteigend — mit der Nennung einiger innerparteilicher Grundpositionen, die mit einigen Zitaten aus Parteischrifttum und Parteitagsprotokollen belegt werden. So nützlich diese Hinweise für eine Klärung der europapolitischen Positionen der Partei sind[17], sind sie jedoch insofern einseitig, als sie lediglich die doktrinären Voraussetzungen sozialistischer Außenpolitik deutlich machen, die innerparteilichen, innen- und außenpolitischen Faktoren, die das Zustandekommen dieser Politik mitbestimmt haben, jedoch nicht erfassen. Unterschiedliche innerparteiliche Positionen zu außenpolitischen Sachfragen erscheinen damit *nur* als Folge unterschiedlicher ideologischer Voraussetzungen, während sie in der Tat durch eine Vielfalt von Motiven bestimmt waren.

Weitaus ertragreicher als diese beiden Arbeiten ist die Dissertation von Klaus Hänsch, die unter Heranziehung eines eindrucksvollen, in dieser Breite bisher

unbekannten Spektrums außenpolitischer Meinungsbildung im politischen Frankreich zwischen 1946 und 1948 den Wandel der französischen Vorstellungen zur internationalen Politik im Moment des Offenbarwerdens des Ost-West-Konfliktes im Rahmen eines allgemeinen kommunikationstheoretischen Modells anschaulich macht. Frankreich, so lautet knapp wiedergegeben die bestechende Grundthese dieser Arbeit[18], „lernt" die Sicherheit vor der Sowjetunion als neues Primärziel seiner Außenpolitik zu sehen, ohne sein bisheriges Primärziel der Sicherheit vor Deutschland aufzugeben; die Widersprüchlichkeit in den Implikationen beider Ziele wird durch die Postulierung eines notwendigerweise vage bleibenden Sekundärziels — Einigung Europas — vorübergehend verdeckt. In dem methodischen Ansatz ist sowohl die außerordentliche Fruchtbarkeit dieser Untersuchung begründet, zugleich aber auch ihre Grenze: Durch die Reduzierung aller Meinungen, Absichtserklärungen usw. der politischen Gruppen in diesen zwei Jahren auf *ein* Grundmuster, nämlich das der Priorität nationalstaatlichen Interesses, wird trotz aller geleisteten Differenzierung hinsichtlich einzelner politischer Gruppen die Unterschiedlichkeit der verschiedenen außenpolitischen Haltungen innerhalb des Gesamtsystems „Frankreich" nicht genügend deutlich. Die Universalität der Grundthese verleitet dazu, Meinungen unterschiedlichster Provenienz, die sich in einem Satz treffen, aber in jeweils anderen Gesamtzusammenhängen stehen, als Belege für eben diesen einen Satz zusammenzufassen. So kann die Untersuchung wohl zur Erklärung der dann tatsächlich realisierten französischen Außenpolitik als dem kleinsten gemeinsamen Nenner der unterschiedlichen Zielvorstellungen in den diese Außenpolitik tragenden Gruppen beitragen, wird aber den einzelnen Gruppen als solchen nicht gerecht, und damit auch teilweise wesentlichen Motiven der tatsächlichen Außenpolitik nicht, wenn sie deren Äußerungen nur von dem gemeinsamen Nenner her interpretiert, die unterschiedlichen Erfahrungswerte und Gesamtintentionen der Gruppen jedoch außer acht läßt. Die letztgenannte Tendenz wird noch dadurch verstärkt, daß sich die Arbeit strikt auf den angegebenen Zeitraum von zwei Jahren beschränkt und eine Einordnung in die Kontinuität des historischen Prozesses unterläßt.
Die eingangs postulierte und im folgenden in dieser Untersuchung zu belegende These, daß die französische Außenpolitik nach dem Zweiten Weltkrieg zwischen einer Fortführung absoluter nationalstaatlicher Interessenpolitik und deren Relativierung durch die Erkenntnis der Interdependenz der europäischen Nationen zu wählen hatte, ist also bei Hänsch nicht Gegenstand der Fragestellung. Nimmt man hinzu, daß in der Praxis, wie ebenfalls zu belegen sein wird, meist beide Wege zugleich beschritten wurden, und daß die französischen Sozialisten die Vertreter des zweiten Weges par excellence darstellten, so wird deutlich, daß die Arbeit von Hänsch nur einen Teilaspekt der SFIO-Außenpolitik und nicht eben den konstitutiven erfassen kann. Großmachtpolitik alten Stils und der zu europäischem Zusammenschluß führende kooperative Weg waren nicht, wie etwa Gilbert Ziebura im Hinblick auf die Deutschlandpolitik formuliert, „in letzter Instanz doch nur verschiedene Seiten ein und derselben Medaille"[19]; erst die Relativierung des nationalstaatlichen Machtanspruchs hat den tatsächlichen Beginn europäischen Zusammenschlusses ermöglicht.

Quellen und Methode
An Quellen für eine historisch-politische Analyse sozialistischer Außenpolitik in Frankreich zwischen 1940 und 1950 mangelt es nicht. Das außenpolitische Denken sozialistisch orientierter Widerstandsgruppen 1940—44 spiegelt sich in zahlreichen illegalen Flugschriften, Widerstandsperiodika, Büchern und Broschüren. Die wichtigsten Texte dieser Quellengruppe sind in der vorzüglichen Edition von Walter Lipgens[20] gesammelt worden; nahezu vollständig ist die Sammlung der Pariser Bibliothèque Nationale. Nachträgliche Zeugnisse führender Résistance-Politiker (Dupradon, Frenay, Mayer, Noguères, Verdier) ergänzen die Aussagen der zeitgenössischen Dokumente. Vom Moment der Befreiung von Paris an bieten die Bände der parteioffiziellen Tageszeitung „Le Populaire" eine sorgfältige Chronik der SFIO-Politik wie der — offiziellen — SFIO-Meinung. Alle parteioffiziellen Dokumente sind in dem etwa monatlich erscheinenden „Bulletin intérieur du Parti socialiste S.F.I.O." verzeichnet, ein Teil auch in der „Documentation socialiste" und den „Arguments et ripostes", die wichtigsten Beiträge zur theoretischen Diskussion in der „Revue socialiste". Eine Reihe von Drucksachen und Broschüren sowie ab 1948 die Sonntagszeitung „Populaire-Dimanche" ergänzen dieses parteioffizielle Schrifttum. Um einen umfassenden Überblick über die Meinungsbildung im französischen Sozialismus zu erhalten, ist es allerdings notwendig, darüber hinaus die nur zum Teil in der Hand der Partei-Föderationen befindliche sozialistische Regionalpresse, Schriften innerparteilicher Gruppierungen wie das Monatsorgan „La Pensée socialiste" unter der Leitung von Jean Rous, und am Sozialismus orientierte unabhängige Organe wie die Tageszeitungen „Combat" und „Franc-Tireur" oder die Wochenzeitung „Gavroche" (bis 1947) zu konsultieren.[21] Zur Ermittlung der SFIO-Praxis und der Haltung konkurrierender politischer Gruppen müssen von Fall zu Fall zusätzliche zeitgenössische Periodika herangezogen werden.
Über das zeitgenössische Schrifttum hinaus bilden die maschinenschriftlichen stenographischen Wortlaut- bzw. Beschlußprotokolle der Sitzungen aller ordentlichen und außerordentlichen Parteitage, Konferenzen der Föderationssekretäre, Nationalräte, Informationskonferenzen sowie Zusammenkünfte des Parteivorstands (Comité directeur), die im Pariser Nationalbüro der jetzigen Parti socialiste gesammelt sind, eine Quelle ersten Ranges. Die wichtigste Quelle für die politische Aktivität von Léon Blum sind seine eigenen Reden und Schriften, insbesondere seine zahllosen Artikel in „Le Populaire". Eine annähernd repräsentative, wenngleich für die Fragestellung dieser Untersuchung nicht ausreichende Auswahl aus dem Werk Blums liegt in den nun insgesamt neun Teilen des von der „Société des Amis de Léon Blum" herausgegebenen „Oeuvre de Léon Blum" vor. Eine Reihe von SFIO-Politikern — Depreux, Lapie, Mayer, Moch, Philip, Ramadier — hat inzwischen erinnernde Betrachtungen zu Einzelaspekten der damaligen SFIO-Politik vorgelegt, Mollet nachträgliche Bekräftigungen seines politischen Credos. Ein in mancher Hinsicht einzigartiges Quellenwerk ist das nun nach und nach zur Edition gelangende minutiöse Tagebuch, das Vincent Auriol als Staatspräsident geführt hat.
Zur Geschichte internationaler sozialistischer Organisationen, in denen die SFIO mitgewirkt hat, gibt es nur wenige, im Amsterdamer Internationalen Institut für Sozialgeschichte gesammelte Quellen. Weder von den Konferenzen des COMISCO und seiner Ausschüsse noch von den Tagungen des MSEUE wurden Protokolle

angefertigt. Die nachfolgende Darstellung basiert in erster Linie auf einer Auswertung aller in der französischen Linkspresse verzeichneten Nachrichten, Berichte und Dokumente. Bezüglich der Mitwirkung sozialistischer Politiker in den Verbänden für eine europäische Einigung sind auch deren Publikationen herangezogen worden. Die stenographischen Protokolle der französischen Parlamente und der Beratenden Versammlung des Europarates, die sorgfältige zeitgenössische Dokumentation in den Bänden der „Année politique", des „Europa-Archivs" und „Keesings Archiv der Gegenwart", schließlich die Zeugnisse von Zeitgenossen aus anderen Parteien und anderen Ländern bilden weitere, zur Erfassung des Gesamtprozesses unerläßliche Quellengruppen.

Der Umfang des vorliegenden Quellenmaterials und der Mangel an Vorarbeiten zur Thematik dieser Untersuchung läßt zwei widerstreitende Interessen deutlich werden: einerseits erfordert das in der Regel nicht edierte Material eine ausführliche Dokumentation der Meinungen und Vorgänge, andererseits läßt die Neuartigkeit des gesamten Problemfeldes ein hohes Maß an analysierender Interpretation geboten erscheinen. Zwischen beiden Ansprüchen soll im folgenden eine mittlere Darstellungsweise zu finden versucht werden, die, ohne die ermittelten Fakten vorschnell durch Interpretation einseitig festzulegen, doch von Anfang an Akzente setzt und Entwicklungslinien heraushebt. Die Vielfalt der angesprochenen Thematik läßt dabei an manchen Stellen exemplarische Auswahl angebracht erscheinen; nicht eine minutiöse Nachzeichnung der außenpolitischen Aktivität einer Partei, sondern die Erfassung der wesentlichen Tendenzen ihres außenpolitischen Denkens und Handelns soll erreicht werden.

Ein Teil der außenpolitischen Problemkreise, die Frankreichs Außenpolitik nach dem Zweiten Weltkrieg betrafen, mußte daher von der Betrachtung ausgeschlossen bleiben. Die größte Lücke betrifft die französische Nordafrika- und Indochinapolitik; sie blieb unberücksichtigt, weil sie mit den Entwicklungen in der Europa- und Ost-West-Politik zwar in einem wichtigen (in Kapital 6 knapp angedeuteten), aber doch nur indirekten Zusammenhang stand und bei den SFIO-Politikern, bei einer kleinen Minorität abgesehen, vor der Eskalation des Indochinakrieges weder theoretisches noch praktisches Interesse fand. Die Darstellung in der Parteigeschichte von Roger Quilliot liefert hier die notwendige Ergänzung. Unberücksichtigt blieben auch die sozialistischen Aktivitäten in der Spanien-Frage, die in der Regel eher historischen Reminiszenzen entsprangen, als daß sie mit tatsächlicher Politik zu tun hatten; unberücksichtigt blieben manche Detailprobleme der europapolitischen Entwicklung wie das Projekt der französisch-italienischen Zollunion, André Philips Aktivität in der Genfer ECE, Meinungen zu Einzelfragen der Alliierten Außenministerkonferenzen oder der Entwicklung im osteuropäischen Raum.

Eine Periodisierung des Untersuchungszeitraums ist zur Erfassung der wesentlichen Tendenzen der SFIO-Außenpolitik unerläßlich: von Jahr zu Jahr, oft sogar von Monat zu Monat änderten sich die weltpolitischen und europapolitischen Konditionen, mit denen die SFIO zu rechnen hatte; ständiges Umdenken und ständige Neuinterpretation des eigenen Konzeptes waren erforderlich; eine Gleichzeitigkeit des Ungleichzeitigen oft die Konsequenz. Die Äußerungen der sozialistischen Politiker müssen daher aus ihrem jeweiligen Ereigniszusammenhang heraus interpretiert werden; „Fédération européenne" als ein Schlüsselbegriff etwa hatte 1941 einen anderen Klang, mit ihm verbanden sich andere Inhalte und Erwartungen als 1944,

1947 andere als 1949. Aus diesem Grund folgt die Darstellung in ihrer Kapiteleinteilung einer zeitlichen Gliederung, wobei die Unterkapitel innerhalb der einzelnen Abschnitte nach thematischen Gesichtspunkten geordnet wurden.
Als Beitrag zur Geschichte der europäischen Einigungspolitik, der französischen Außenpolitik und des internationalen Sozialismus ist diese Arbeit notwendigerweise unabgeschlossen; Arbeiten zum Anteil anderer politischer Gruppen an diesen Prozessen werden hinzutreten müssen, um ein deutlicheres Gesamtbild der Entwicklung in den drei Bereichen zu ermöglichen; von diesem Gesamtbild her wird auch manches neue Licht auf den Anteil des französischen Sozialismus fallen.

I. Die Idee der „Organisation Internationale":
Zukunftsplanung der sozialistischen Résistance 1940—1944

Die Jahre von der Unterzeichnung des deutsch-französischen Waffenstillstandsabkommens vom 22. Juni 1940 bis zur Befreiung von Paris durch alliierte Truppen am 25. August 1944 waren für die sozialistische Partei Frankreichs Jahre des Neubeginns, der Zukunftshoffnungen und des Ansatzes zu einer in Programm und Praxis neuen Partei. Ein letztlich ungeklärtes Selbstverständnis ließ die alte SFIO an der Frage der Haltung gegenüber der nationalsozialistischen Expansion zerbrechen. Eine wachsende Mehrheit um den Parteisekretär Paul Faure plädierte aus traditionellem Pazifismus oder aus prinzipiellem Antikommunismus für eine Appeasement-Politik; um den Vorsitzenden der sozialistischen Parlamentsfraktion und Ministerpräsidenten zweier Volksfront-Kabinette 1936/37 und 1938 Léon Blum sammelte sich die Parteiminorität, die zur Verteidigung der Demokratie in Europa zunächst für Defensivbündnisse mit Großbritannien und der Sowjetunion und dann ab 1939 für prinzipiellen Widerstand eintrat. Am 10. Juli 1940 stimmten in Vichy 90 sozialistische Abgeordnete für die Ermächtigung Pétains zur Ausarbeitung der Verfassung eines „Etat français"; nahezu alle 35 sozialistischen Abgeordneten, die gegen die Ermächtigungsvorlage gestimmt hatten, wurden nach und nach von der Vichy-Administration unter Hausarrest gestellt oder inhaftiert; die SFIO war damit ihrer Führer beraubt und hatte de facto aufgehört zu bestehen.[1]

Einzelne Sozialisten aus dem Blum-Flügel begannen ab Herbst 1940 erste Widerstandszellen aufzubauen, zunächst mehr aus emotional empfundener Abneigung gegen „Vichy" und das Besatzungsregime als mit einem klaren Zukunftskonzept. Entscheidende Orientierungshilfen erhielten sie von Blum, der — seit dem 15. September 1940 inhaftiert, im Februar und März 1942 im Prozeß von Riom der „Demoralisierung" des Landes angeklagt, am 31. März 1943 der Gestapo unterstellt und anschließend ins Konzentrationslager Buchenwald überführt — nun erst zum eigentlichen Führer des französischen Sozialismus aufstieg, nachdem er sich in der Zwischenkriegszeit mit der Rolle eines permanenten Vermittlers zwischen den auseinanderstrebenden Parteirichtungen hatte begnügen müssen. Seine illegal aus dem Gefängnis von Bourassol bei Riom geschmuggelten Briefe, Ratschläge und Programme, beginnend mit seiner Programmschrift „A l'échelle humaine", motivierten viele ehemalige SFIO-Anhänger zum Widerstand und bestimmten die Zielrichtung der beginnenden sozialistischen Widerstandsbewegung. Anfang 1941 bildete sich in der von deutschen Truppen besetzten Nordzone Frankreichs ein illegales „Comité d' Action Socialiste" (CAS) aus ehemaligen SFIO-Abgeordneten und Nachwuchsführungskräften, so Elie Bloncourt, Jean Biondi, Charles Dumas, Jean Texcier, Henri Ribière, Robert Verdier und Gérard Jaquet; im Juni 1941 konstituierte sich ein weiteres CAS in der Südzone mit Daniel Mayer, Félix Gouin, Augustin Laurent, Eugen Thomas und Gaston Defferre. Die Mitglieder beider CAS waren zugleich ab Herbst 1941 vielfach an der Schaffung der großen französischen Widerstandsorganisationen beteiligt — in der Nordzone „Libération-Nord",

„L'Organisation Civile et Militaire" (OCM) und „Résistance", in der Südzone „Libération-Sud", „Combat" und „Franc-Tireur". Sozialisten bauten Widerstandsgruppen auf, redigierten und verbreiteten Widerstandspublikationen, oft in Auflagen bis zu mehreren Hunderttausend Exemplaren[2], leisteten Sabotage- und Spionagearbeit und stellten Kräfte für den illegalen militärischen Widerstand. „Les socialistes sont, en effet, un peu partout."[3]
In London, wo General de Gaulle sein „Comité France Libre" installiert hatte, sammelten sich die Sozialisten in der „Groupe Jean Jaurès", so Louis Lévy und Georges Gombault, die der Zusammenarbeit mit dem General sehr skeptisch gegenüberstanden, aber auch Pierre-Olivier Lapie, Pierre Brossolette und André Philip, die sich ganz in den Dienst des „Freien Frankreich" stellten. Blum setzte durch, daß sich die Sozialisten als erste große politische Gruppe im Juni 1942 offiziell hinter de Gaulle stellten, zugleich aber den Entschluß faßten, ihre Bewegung nicht in der allgemeinen Widerstandsbewegung aufgehen zu lassen, sondern eine Parteineugründung vorzubereiten.[4] In den ersten Junitagen 1943 wurde die SFIO offiziell neu konstituiert, ein Programm verabschiedet und Daniel Mayer zum provisorischen Generalsekretär an der Spitze eines neunköpfigen Exekutivkomitees gewählt.[5] Mit dem formellen Ausschluß aller SFIO-Abgeordneten, die 1940 für Pétain gestimmt hatten, bekundete die neue Führungsequipe ihre Entschlossenheit zum Bruch mit der Zwischenkriegstradition und zu einer Aktualisierung der sozialistischen Bewegung in Theorie und Praxis. Inspiriert wurde sie hierzu in großen Teilen durch die Schriften Blums, insbesondere durch seinen Programmentwurf „A l'échelle humaine".[6]

1. Exkurs: Internationalismus in der sozialistischen Tradition

Léon Blums Reflexionen über die Ursachen des Krieges, die Bedingungen einer künftigen Friedensordnung und die Möglichkeiten künftiger sozialistischer Politik überhaupt basierten auf der ganzen Vielfalt sozialistischen Denkens – und ihrer Widersprüchlichkeit.
Im wesentlichen waren es drei Impulse, die den Internationalismus zu einem Kennzeichen der sozialistischen Bewegung hatten werden lassen:[7] Erstens hatten jene ersten sozialistischen Gruppen, die noch ganz in der radikal-demokratischen Tradition der bürgerlichen Revolutionen von 1789 bis 1848 standen, den Universalismus der demokratischen Bewegung übernommen und daraus den Gedanken weltweiter „Völkerverbrüderung" postuliert. Zweitens hatten die frühsozialistisch-„soziologischen" Theoretiker nicht nur die Klassen als rivalisierende und einander schädigende Gesellschaftsgruppen verstanden, die es in einem System friedlicher Organisation zu vereinen galt, sondern in der gleichen Weise die Nationen als gesellschaftliche Großgruppen; ihre Entwürfe konnten also nicht an der Grenze des Nationalstaats stehenbleiben. Insbesondere Proudhon hatte in seinem 1863 erschienenen Buch „Du principe fédératif" das System der Nationalstaaten attackiert und eine internationale Organisation auf der Grundlage des Föderalismus als einzigem Garanten jeglicher menschlicher Freiheit und Gerechtigkeit vorgeschlagen. Drittens hatten Karl Marx und Friedrich Engels den Begriff der Nation erheblich eingeschränkt, indem sie den Nationalstaat zum alleinigen Instrument

der herrschenden Gesellschaftsklasse deklariert hatten; daß „der Proletarier kein Vaterland habe", wie das Kommunistische Manifest deklarierte, war die radikale und bewußt radikalisierende Konsequenz, die dem Klassenkampf-Gedanken erst seine Virulenz gab. Nach 1850 fanden diese Impulse im Prinzip in alle sozialistischen Gruppen Eingang, wenn auch mit unterschiedlichem Gewicht; stets aber blieb die Vorstellung vom Sozialismus als einer internationalen Bewegung gegenwärtig. Trotz dieses internationalistischen Grundansatzes wurden die sozialistischen Bewegungen jedoch auch von nationalstaatlich orientierten oder gar nationalistischen Vorstellungen erfaßt. Ermöglicht wurde dies dadurch, daß die internationalistischen Elemente im sozialistischen Denken zum Teil nicht genügend theoretisch fundiert waren. Der universalistische Völkerverbrüderungs-Gedanke blieb vage, Neigung zur Sozialromantik führte hier nicht selten zu voreiligem idealistischen Pathos. Wichtiger wurde, daß der Internationalismusbegriff von Marx und Engels auf den instrumentalen Bereich beschränkt blieb; die Forderung nach internationaler Aktionseinheit des Proletariats — „Proletarier aller Länder, vereinigt Euch!" — hatte keinen Bezug zu der Frage nach einer internationalen Organisation der Nationen. In dem Maße, wie in den 80er und 90er Jahren in den sozialistischen Gruppen und Parteien die Rezeption des Marxismus einsetzte, für den die tatsächliche Ordnung im erstrebten kommunistischen Endzustand der Gesellschaft kaum Gegenstand der Fragestellung war, mußte sich der Internationalismus mangels präziser Aussagen über den internationalen Charakter der Zielsetzung zu einem diffusen Solidaritätsbewußtsein mit den „Bruderparteien" verflüchtigen.[8] Um so stärker konnten die etatistischen Tendenzen zum Durchbruch kommen, die die nationalen Sozialismen als Erben der nationaldemokratischen Tradition (von 1789 in Frankreich, von 1848 in Deutschland) einerseits und unter dem Impuls hegelianisch orientierter Theoretiker andererseits mit sich trugen. Hoffnung auf den Staat als Wohlfahrtsinstitut und taktisches Bündnis mit dem kleindeutschen Preußentum bei den Lassalleanern, großdeutsches Demokratentum bei den Anhängern Liebknechts und Bebels, Anwendung der Gemeineigentums-Formel zunächst auf den nationalen Rahmen im marxistischen Denken, all dies — um nur die markantesten Beispiele zu nennen — führte zu neuem, mehr oder weniger unbewußten Etatismus. Die antizipierte Identität der Werte des eigenen Nationalideals mit den Werten der „Menschheit" half, in der jakobinischen Tradition Frankreichs noch stärker als in Deutschland[9], den Widerspruch zwischen Internationalismus und Nationalismus zumindestens bewußtseinsmäßig zu überdecken.

Aus der Widersprüchlichkeit der theoretischen Impulse resultierte eine widersprüchliche Praxis. Einerseits bemühten sich die Sozialisten in den beiden Internationalen um die Entwicklung einer internationalen Aktionseinheit, traten sie zur Blütezeit der nationalen Imperialismen als Wortführer gegen deren Exzesse und Anwälte der Friedensbewegung auf, hatten sie wesentlichen Anteil an den Bemühungen um eine internationale Schiedsgerichtsbarkeit, die im Haager Internationalen Gerichtshof ihren ersten Ausdruck fanden. Andererseits wurde die Verwirklichung der Arbeiterinteressen im nationalen Rahmen, im Programm ursprünglich nur als Etappe verstanden, zum beherrschenden Ziel der Parteipraxis. Entscheidend für den Weg des sozialistischen Internationalismus wurde nun, daß die Relevanz der Theorie für die Parteipraxis in allen Einzelstaaten mit dem Zuwachs an Mitgliedern und Anhängern abnahm. Immer mehr stützten sich die Parteien auf eine soziale Schicht, die gerade durch den Kampf um Emanzipation der Arbeiterschaft im nationalen Rahmen zunehmend in die Gesellschaftsordnung der Nationalstaaten integriert war, und für die das Bewußtsein der Zugehörigkeit zu einer internationalen Bewegung nur noch insofern Bedeutung hatte, als es die noch verbliebene Kluft zum sozialen Rang des herrschenden Bürgertums bewußtseinsmäßig kompensieren konnte. Unter diesen Voraussetzungen führte der sozialökonomische Determinismus im marxistischen Denken zu einem De-facto-Verzicht auf revolutionäre Zielsetzungen überhaupt. Negative Integration und revolutionärer Attentismus[10] ließen den Internationalismus-Anspruch immer unwirklicher und schemenhafter werden. Das Unvermögen der II. Internationale, sich auf den Generalstreik als Kampfmittel gegen Krieg und Ausbeutung zu einigen, war ein Symptom dieser Entwicklung; als die sozialistischen Parteien aller kriegführenden Nationen im August 1914 in ihrer Mehrheit der Notwendigkeit der Landesverteidigung zustimmten, war sie zu ihrem Abschluß gekommen. Durch Antizarismus auf der einen, Antipreußentum auf der anderen Seite nur schlecht verhüllt, war der längst vorhandene Nationalismus zum Durchbruch gekommen, der entscheidende Bruch mit der internationalistischen Tradition war vollzogen.[11] Die dritte, kommunistische Internationale ersetzte den Internationalismus durch das Prinzip der unbedingten Treue zur Sowjetunion; die Sozialistische Arbeiterinternationale schwankte zwischen vagem Pazifismus und Kampf für den Ausbau des „bürgerlichen" Völkerbundes zu einer kollektiven Sicherheitsorganisation; vor dem Anwachsen der faschistischen Bewegung blieb jedoch auch ihr nur der Rückgriff auf die Mittel traditioneller nationalstaatlicher Machtpolitik.

2. Sozialismus und Internationalismus bei Léon Blum

Als offizieller Theoretiker einer Partei, in der vom rudimentär-mechanistischen, aber auch patriotischen Vulgärmarxismus in der Tradition von Jules Guesde über den antiparlamentarisch-antimilitaristisch-anarchistischen revolutionären Syndikalismus in der Tradition Fernand Pelloutiers und dem emphatisch-universalistischen Humanismus eines Jean Jaurès bis zum pragmatisch-reformistischen Sozial-Republikanismus des frühen Aristide Briand alle Spielarten des französischen Sozialismus aus der Zeit vor der Abspaltung der Kommunisten 1920 fortwirkten und sich gegenseitig hemmten, versuchte Léon Blum schon in den 20er Jahren, den Universalismus der bürgerlich-demokratischen Revolutionsbewegung, den idealistischen Humanismus des Frühsozialismus und die Klassenanalyse des Marxismus zu einer harmonischen Einheit zu verbinden. Das eklektizistische und universalistische Sozialismus-Konzept Blums, das aus diesem historischen Standort resultierte und nun zu Beginn der 40er Jahre nach Aufgabe der Rücksichten auf die divergierenden Parteiflügel so deutlich wie nie zuvor formuliert wurde, war essentiell internationalistisch; Blums Vorstellungen von einer internationalen Friedensordnung waren nichts anderes als der konsequenteste Ausdruck seines Sozialismus-Begriffes. Der Sozialismus, definierte er, „sucht das Recht der Völker mit dem Frieden, die Menschenrechte mit der Ordnung, die praktische Organisation von Erzeugung und Verbrauch mit der Entfaltung der persönlichen Freiheiten in Einklang zu bringen."[12]

Sozialismus
Nach Blum resultiert das Phänomen des Sozialismus aus einer Revolte gegen die ständige Verletzung der Gefühle für Gerechtigkeit, Gleichheit und Solidarität im Menschen, gegen die Verkennung der „universalen Moralität". Aufgabe des Sozialismus ist es, die Idee vom Fortschritt der Menschheit zu zunehmender Selbstverwirklichung, auf der schon der griechisch-lateinische Humanismus, die christliche Zivilisation und der historische Materialismus beruhten, in der modernen Gesellschaft zu realisieren. Herstellung der Gleichheit, das bedeutet in erster Linie Aufhebung der Klassenunterschiede und Privilegien; dazu ist es notwendig, das „reale Kapital" der Menschheit zu kollektivieren, also Boden, Bodenschätze, Energie, Gebäude, Produktionsmittel, die als Geschenk der Natur oder Erbe jahrhundertelanger menschlicher Arbeit allen Menschen in gleichem Maße zustehen. Befreiung und Vervollkommnung des Menschen sind die letzten Ziele des Sozialismus; die neue soziale Ordnung wird den Menschen eine gerechte, feste und glückliche Welt bescheren, in der die Ursachen jeglichen Leidens eliminiert sein werden; im Sozialismus findet die Menschheit ihre Bestimmung.

Die „soziale Revolution", die zur Herstellung dieses Zustandes notwendig ist, kann nicht durch blutige Gewaltmaßnahmen verwirklicht werden, sondern nur durch eine „Klassenaktion" des Proletariats. Unter „sozialer Revolution" versteht Blum die Ablösung des gegenwärtigen kapitalistischen Eigentums- und Produktionsregimes durch eine Form dezentralisierten Gemeineigentums. Der Ausdruck „Revolution" bedeutet in diesem Zusammenhang nur so viel, daß diese Ablösung nicht allein durch die Addition einer Reihe von Reformmaßnahmen erreicht werden kann, so notwendig diese auch sind, um den Prozeß voranzutreiben, sondern daß, wenn sich nach einem langen Fortschreiten des Sozialismus parallel zur Entwicklung der kapitalistischen Gesellschaft die Frage nach der Form des Eigentums stellt, eine kategorische, absolute Änderung eintreten muß. Wie diese Revolution schließlich aussehen wird, sagt Blum nicht; er betont nur, daß dieser letzten entscheidenden Phase eine lange Periode kontinuierlicher Entwicklung vorausgehen muß, um die Situation für die Revolution „reif" zu machen und ihren Erfolg sicherzustellen. Die Pariser Kommune und die russische Oktoberrevolution sind für ihn eklatante Beispiele für historisch verfrühte und darum den Sozialismus korrumpierende Revolutionsversuche: sie bescherten den Sozialisten die politische Macht, ohne daß die ökonomisch-gesellschaftlichen und geistigen Voraussetzungen für eine grundlegende Umwandlung der Eigentumsverhältnisse bereits erreicht waren; folglich war diese Macht im Grunde eine Ohnmacht, in der das Scheitern des Versuchs, eine neue, sozialistisch-humanistische Gesellschaft zu etablieren, schon angelegt war.

Die Problematik dieses evolutionären Sozialismus-Begriffes, der dennoch am revolutionären Anspruch festhielt, zeigte sich am deutlichsten an seinem Verhältnis zur parlamentarischen Demokratie. Für Blum galt, was die Partei seit Jaurès akzeptiert hatte: Der Sozialismus kann sich nur auf dem Boden der Demokratie entwickeln, die in ihrer bisherigen Erscheinungsform das Gleichheitsideal zumindest im politischen Bereich und zumindest theoretisch vorweggenommen hat. Jede Abkehr von dieser historisch bereits erreichten Stufe des universalen Prozesses bedeutet zugleich einen fundamentalen Rückschritt auf dem Weg zum Sozialismus. Umgekehrt wird erst der Sozialismus den Gedanken der Demokratie voll verwirklichen können, indem er zur politischen die ökonomische Gleichheit hinzufügt und so die theoretische Gleichheit zur praktischen fortentwickelt. Im Einsatz für den Erhalt der parlamentarischen Demokratie lag nun allerdings die Gefahr einer Integration in das bestehende System, eines grundsätzlichen Konsensus mit der bestehenden Eigentumsordnung, einer Zerstörung der Integrität der sozialistischen Bewegung durch die Mechanismen des kapitalistischen Systems, mit dem man sich eingelassen hatte, schließlich eines Verzichts auf die langfristige revolutionäre Zielsetzung überhaupt. Die Praxis der deutschen Sozialdemokratie und der Weg der französischen „Rechtsabweichler" wie Millerand oder Laval illustrierten diesen Vorgang nur zu gut. Léon Blum wußte keinen Ausweg aus dem Dilemma, das sich ergab, wenn man die politische Ordnung als Voraussetzung zur Realisierung der eigenen Zielsetzungen erhalten wollte, ohne zugleich auch im Hinblick auf die wirtschaftliche Ordnung systemstabilisierend zu wirken; nur mit Mühe überdeckte er den Konflikt durch den Hinweis auf die von Jaurès behauptete wechselseitige Ergänzung von Demokratie und Sozialismus, die doch bei diesem erst für die Epoche nach der sozialistischen Revolution galt.

Die mit der Betonung der Notwendigkeit praktischer Reformarbeit und dem Hinausschieben der Revolution auf den „reifen" Endzustand verbundene Problematik verschärfte sich noch durch das Aufkommen einer tatsächlichen Bedrohung des gegenwärtigen Regierungssystems in Gestalt der faschistischen Bewegung. Ob sie die Demokratie aufs Spiel setzten oder sich zu ihrer Rettung engagierten, stets drohte den Sozialisten Verlust an ihrer revolutionären Substanz. Vergeblich bemühte sich Blum, den Schaden möglichst gering zu halten, indem er zwischen sozialistischer „conquise du pouvoir" zum Zeitpunkt der Revolution und sozialistischer „exercice du pouvoir" bei einer Gefährdung des demokratischen Systems unterschied, die dem Erhalt der politischen Ordnung dienen sollte, aber keineswegs zu pseudorevolutionären Akten genutzt werden durfte:[13] Begriffliche Unterscheidungen konnten nicht über die tatsächliche Problematik hinweghelfen; die Einschränkung, jene Ausübung der Macht sei nur statthaft, wenn die Sozialisten die Mehrheit der Regierungskoalition bildeten, war bei prinzipieller Anerkennung der Vorrangigkeit der Demokratie auf die Dauer nicht haltbar. Letztlich hatte Blum damit zugunsten der Demokratie und zuungunsten des revolutionären Anspruchs entschieden; es konnte, zumal in den Jahren der Volksfrontkoalition mit Kommunisten und Radikalsozialisten 1934–1938, der Eindruck entstehen, „daß der Blumsche Begriff der sozialen Revolution, wenn schon nicht in der Intention, so doch der Wirkung nach letztlich ein antirevolutionärer Begriff ist."[14]

Dies galt um so mehr, als Blum in „A l'échelle humaine" das Ende der III. Republik zum Ende der Herrschaft der Bourgeoisie deklarierte und nun den Zeitpunkt für die Herrschaft des Volkes (le peuple) gekommen hielt[15], während doch tatsächlich zwar das traditionelle Bürgertum und mit ihm der traditionelle Kapitalismus in eine schwerwiegende Krise geraten waren, aber keineswegs die sozialistische Bewegung Entstehung und Verlauf dieser Krise bestimmten. Begrifflich am marxistischen Klassenkampf-Modell und Materialismus festhaltend gelangte Blum damit zu einem letztlich idealistischen und voluntaristischen Sozialismus-Konzept; seine Sehnsucht nach Harmonie ließ ihn zum Eskapisten werden. Gewiß empfand er den Widerspruch zwischen seinem revolutionären Anspruch und der realen Ohnmacht des Sozialismus, doch glaubte er ihn dadurch überwinden zu können, daß er die Sozialisten zu einer „moralischen Revolution" aufrief, einer geistigen Erneuerung der sozialistischen Bewegung auf der Grundlage einer humanistischen Ethik, einem Nachholen des Reifungsprozesses des Sozialismus also, der mit dem Verfallsprozeß des Kapitalismus offensichtlich nicht Schritt gehalten hatte.[16] Dieses Sozialismus-Konzept war nicht mehr, wie Blum behauptete, „eine geistige Synthese von Marx und Jaurès"[17]; von Marx blieb allenfalls die Methode der ökonomischen Analyse; im Bereich der Strategie trat an die Stelle des Klassenkampf-Gedankens die Erwartung, eine radikale Erneuerung der Gesellschaftsordnung lasse sich bei entsprechendem geistig-moralischem Einsatz auf parlamentarisch-demokratischer Ebene erreichen. Freilich entschwand der Revolutionsbegriff durch die Integration in das parlamentarische System nicht ganz: er geriet zu einer Art eschatologischem Vorbehalt, aus dem Blum den Impuls für fundamentale, „revolutionäre" Reformmaßnahmen und für ein ständiges Weiterdenken und Weiterentwickeln der Parteistrategie bezog. So wie Blum vom marxistischen Denken beeinflußt, aber nicht bestimmt war, wurde er trotz allem Bemühen, die Realität zu seiner Doktrin in Bezug zu setzen, nicht zu einem unerbittlichen Doktrinär, der der Wirklichkeit Gewalt antat. Die Verschwommenheit seines Revolutionsbegriffes war der Preis, den er für die Offenheit und Dynamik zu zahlen hatte, die nötig waren, um in seinem politischen Denken seitherige Traditionen lebendig zu erhalten und zugleich ein Ohr für neuartige Fragestellungen zu haben. Für die sozialistische Bewegung erwies er sich damit als ein im besten Sinne konservativer Politiker, der den Anspruch auf eine grundlegende Umwandlung der Gesellschaftsordnung wachzuhalten wußte, ohne dem doppelten Fehler des Immobilismus aus doktrinärer Engführung oder pragmatischer Kurzsichtigkeit zu verfallen.[18]

Im Kontext des Widerstandskampfes des Zweiten Weltkrieges ließ Blums universal-abendländisches Sozialismus-Konzept die sozialistische Résistance zu einer entschieden mehr weltanschaulich als national-patriotisch bestimmten Bewegung werden, die im Nationalsozialismus einen Bruch mit den Grundwerten des abendländischen Humanismus sah. Darüber hinaus prädisponierte diese Doktrin die künftige sozialistische Partei für eine Zusammenarbeit mit allen demokratischen Kräften, die entscheidende gesellschaftliche Reformen anstrebten, d. h. zum Zusammenwirken mit den Kommunisten nur insofern, als diese die Regeln des parlamentarisch-demokratischen Systems akzeptierten, zum Zusammenwirken mit christlich geprägten Politikern insofern, als während der Résistance-Periode zum ersten Mal Vertreter des traditionell konservativen französischen Katholizismus ein sozialreformerisches Konzept vorlegten. Schließlich stärkte sie bei den Sozialisten die Erwartung, bei Kriegsende die historischen Erben der Macht zu sein und in der Verantwortung für die Gestaltung der Nachkriegsordnung in vorderster Front zu stehen.

Internationalismus

Der universalistische Ansatz führte notwendigerweise über den Rahmen nationalstaatlicher Politik hinaus. Nach Blum hängen Freiheit und Wohlstand einer Nation im gegenwärtigen Entwicklungsstadium der Menschheit bereits von der Freiheit und dem Wohlstand aller Nationen ab. Sozialer Fortschritt ist daher nur möglich, wenn sich die Wirtschaft eines Landes streng in den Rahmen einer despotischen Autarkie einschließt, oder aber in Freiheit „die Einfügung des nationalen Unternehmens in eine internationale Organisation, seine Einpassung in ein System, das alle im gleichen Stadium der Entwicklung stehenden Teile der Weltwirtschaft umfaßt", anstrebt.[19]

„Le Socialisme ne peut être autre chose qu'une doctrine et une organisation internationale pour beaucoup de raisons, dont la principale est que la transformation sociale, qui est l'objet, qui est le but du Socialisme, est entièrement inconcevable dans une nation qui ne se sentirait pas portée et soutenue par la sympathie active, par la sympathie déjà prête de toutes les autres nations. Dans le travail de la transformation sociale, il y a, de nation à nation, une sorte d'isochronisme entièrement inévitable. (...) De même, la paix est nécessaire au Socialisme comme elle est nécessaire à toute autre organisation internationale."[20]

Der französische Sozialismus kann „weder lebensfähig noch dauerhaft sein, wenn er sich nicht in eine europäische Ordnung einfügt"; sein Ziel ist daher „die Errichtung einer weltumfassenden Gemeinschaft, die sich auf ein gleiches Recht innerhalb der Nation und auf gleichberechtigten Frieden zwischen den Völkern gründet."[21]

Nur wenn sich der Begriff der Grenze dadurch abnützt, „daß die Nationen eng genug in eine internationale Gemeinschaft eingegliedert werden", kann darüberhinaus vermieden werden, daß sich die territorialen Probleme in Europa in konsequenter Anwendung des hegemonialen Nationalstaatsgedankens zu neuen Kriegen verdichten. „Man kann es vor aller Welt mit tiefster und unbeugsamster Überzeugung aussprechen: aus diesem Krieg müssen endlich durch und durch starke internationale Einrichtungen und eine durch und durch wirksame internationale Macht hervorgehen, sonst wird er nicht der letzte gewesen sein."[22] So bleiben Frankreichs Interesse an nationaler Sicherheit und der Selbstbehauptungswille Deutschlands im nationalstaatlichen Rahmen unlösbare Gegensätze: Einerseits muß verhindert werden, daß Deutschland jemals wieder den Frieden in Europa und der Welt bedrohen kann, andererseits erzeugen gerade alle konventionell denkbaren Maßnahmen zur Verhütung einer neuen deutschen Gefahr — Zerstückelungen, Annexionen, Verbote, Tribute — Revanchegelüste, die über kurz oder lang wieder zum Ausbruch kommen werden. „Man löscht den Haß nicht durch den Haß, Gewalttätigkeit nicht durch Gewalttätigkeit aus."[23] „Um den Widerspruch zu lösen, um die Unschädlichkeit Deutschlands in einem friedlichen und gesicherten Statut zu erreichen, gibt es (...) einen einzigen Weg: die Eingliederung der deutschen Nation in eine internationale Gemeinschaft.[24]

Eine neue internationale Organisation kann die Funktionen der Friedenssicherung, der Lösung des Deutschlandproblems, der Schaffung wirtschaftlicher Prosperität und der Planung einer sozialistischen Wirtschafts- und Gesellschaftsordnung freilich nur wahrnehmen, wenn sie anders als der Völkerbund alle einflußreichen Nationen umfaßt, also insbesondere auch die USA und die UdSSR, und mit tatsächlicher politischer Autorität und materieller Gewalt ausgestattet wird.[25]

„Die internationale Gemeinschaft muß mit den Organen und der Macht versehen sein, die ihr die Erfüllung ihrer Funktionen erlauben. Ich verstehe darunter, daß sie klar und einmütig als ein oberster Staat über den nationalen Souveränitäten eingesetzt wird, und daß infolgedessen die angeschlossenen Nationen von vornherein und soweit es diese Souveränität verlangt, die Begrenzung oder die Unterordnung ihrer eigenen Souveränität in Kauf nehmen. Die internationale Gemeinschaft muß instandgesetzt werden, den rebellierenden Staaten die Durchführung ihrer Urteilssprüche aufzuzwingen, was notgedrungen entweder eine Übermacht

der Bewaffnung in Form des alleinigen Besitzes gewisser Waffen, wie der Kriegsflugzeuge, oder eine genügend weitgehende Entwaffnung jedes einzelnen Staates bedingt. Anstatt durch Konferenzen von Delegierten verwaltet zu werden, deren jeder den Interessen und den Weisungen des von ihm vertretenen Staates untersteht, muß der Überstaat seine eigenen Einrichtungen und seine eigene Führung besitzen."[26]
Nur so wird es möglich sein, das Gesamtinteresse – den wirtschaftlichen Wohlstand und die Sicherung des Friedens aller Nationen – gegenüber den nationalstaatlichen Partikularinteressen durchzusetzen und somit die Ursachen bewaffneter Konflikte selbst zu eliminieren. Nur durch die Schaffung einer supranationalen Institution mit einer über effektive Vollmachten verfügenden Exekutive bei gleichzeitiger teilweiser Souveränitätsabgabe der föderierten Staaten wird es möglich sein, das von der wirtschaftlichen Entwicklung her gesehen anachronistische und verderbliche Nationalstaatensystem, das zudem den Schutz seiner Bürger vor auswärtiger Aggression zu garantieren nicht mehr in der Lage ist, durch eine föderative Ordnung zu ersetzen.
Internationale Organisation und Überwindung kapitalistischer Strukturen im Innern der föderierten Staaten bedingen sich gegenseitig: Einerseits kann nur die internationale Organisation „auf den Gebieten der Währung, der industriellen Rationalisierung, der Beschäftigung von Arbeitskräften, der Lage der Werktätigen usw. für Ordnung" sorgen; andererseits muß „in jedem Land die Wirtschaftsordnung so umgestaltet oder wiederhergestellt werden, daß sie sich in eine internationale Wirtschaft einfügt."[27]
Gute Realisierungschancen für sein Konzept sah Blum nicht nur, weil er an das bevorstehende Ende der kapitalistischen und isolationistischen Ära der USA glaubte, wie viele Linksintellektuelle der Epoche große Zukunftshoffnungen in den Rooseveltschen Progressismus setzend, sondern auch den Eintritt der Sowjetunion in die Anti-Hitler-Koalition im Sommer 1941 als Beginn einer kooperativen Orientierung interpretierte. Gerade eine tatsächlich föderative Ordnung, führte er aus, wird der Sowjetunion das bisherige Mißtrauen gegenüber der kapitalistischen Welt nehmen können. „Die Einfügung in die internatonale Gemeinschaft wird für den Sowjetstaat jene volle und gleichberechtigte Anerkennung (...) bedeuten"[28], die ihn in Zukunft zum friedlichen Partner werden läßt, der seinen Weltrevolutionsanspruch aufgibt. Unter dieser Perspektive ist es denkbar, daß die UdSSR in einer Art „Konkordat" mit den demokratischen Ländern bei nur geringfügiger Modifizierung ihrer inneren Struktur die Bedingungen gemeinschaftlichen Lebens regelt und dabei insbesondere darauf verzichtet, in jedem Staat einen Fremdkörper (die kommunistische Partei) zu unterhalten und sich selbst als Fremdkörper gegenüber den anderen Staaten zu betrachten.[29]

Blick auf die Menschheit: Umfassend, aber unscharf
Diese Anwendung des rationalistischen Universalismus Blums auf das System der internationalen Beziehungen war ganz von den Charakteristiken des Blumschen Sozialismus-Begriffes geprägt: aus jenem „eschatologischen Vorbehalt" der Revolution resultierte die grundsätzliche Weitsicht in der Relativierung des Nationalstaats, die tatsächlich zu einer Revolutionierung des Systems der internationalen Politik führen konnte; aus der Bejahung entschiedener Reformmaßnahmen in der

vorrevolutionären Phase der Impuls, mit dem Kampf für diese internationale Organisation jetzt schon zu beginnen; aus der grundsätzlichen Bejahung der demokratischen Ordnung eine Orientierungslinie für den Weg zu dieser Organisation wie zu ihrer Strukturierung; aus der Offenheit für eine Weiterentwicklung der sozialistischen Theorie die Bereitschaft, mit nichtsozialistischen Kräften und von den bestehenden Institutionen ausgehend an der Schaffung des neuen überstaatlichen Systems zu arbeiten; aus dem Idealismus und Voluntarismus seines gesamten Denkens eine außerordentliche Dynamik in der Propagierung der Theorie, aber auch die entscheidende Schwäche des ganzen Konzepts: ein allzu großer Glaube an die Realisierbarkeit des Vernünftigen und demzufolge eine permanente Unterschätzung der Gegenkräfte, die einem supranationalen Konzept in der Blütezeit des Vulgärnationalismus entgegenarbeiten mußten. Wie nahezu alle zeitgenössischen Sozialisten verkannte Blum lange Zeit den totalitären Charakter des Nationalsozialismus; in der Beurteilung der Sowjetunion unterschätzte er das Beharrungsvermögen der doktrinär-ideologischen Kräfte gegenüber dem rationalen Realitätssinn; in der Beurteilung der USA übersah er neben dem begeistert begrüßten Rooseveltschen Progressismus völlig die machtpolitischen Implikationen eines expandierenden Kapitalismus.

Der rationalistische Optimismus überdeckte die Problematik des Blumschen Entwurfes insgesamt: Mit der Idee der supranationalen Autorität stand Blum in einer langen Tradition von universalen Friedenssicherungs- und Weltstaatsplänen, die über Proudhon, Kant, Rousseau bis auf Dante zurückreichten; der entscheidende Fortschritt gegenüber allem bisherigen legalistischen, idealistisch-pazifistischen, strategisch-militärischen oder Gleichgewichtsdenken bildete die Erkenntnis der Interdependenz von innerer Struktur der beteiligten Staaten und der Struktur des internationalen Staatensystems. Eine föderative Ordnung im internationalen Bereich war für Blum die Voraussetzung für die Entwicklung einer sozialistischen Ordnung im Innern der Nationen; nichts anderes sprach aus seiner Überzeugung, daß der französische Sozialismus nur im Rahmen einer europäischen Ordnung lebensfähig sei; nichts anderes stand hinter der Integrationsidee bezüglich Deutschlands und hinter der Konkordatsidee bezüglich der nichtsozialistischen, weil nichtdemokratischen Sowjetunion. Umgekehrt war die Schaffung der föderativen internationalen Ordnung nicht durch die Definition und Dekretierung ihrer Struktur möglich; es konnte nur insoweit föderiert werden, wie im Innern der beteiligten Nationen Ansätze zu sozialistischer Ordnung bereits vorhanden waren. Blum vollzog diese Umkehrung im Prinzip mit, insofern er den Sozialismus als notwendige Voraussetzung für den Frieden betrachtete, brach jedoch seine Analyse in dem Moment ab, als es galt, dieses Prinzip des Sozialismus präzise zur konkreten Staatenwelt in Beziehung zu setzen. Darum mündete auch seine Analyse der internationalen Situation in den oben skizzierten voluntaristischen Revolutionsbegriff: die Spanne zwischen erkannter Notwendigkeit und der nichtsozialistischen Wirklichkeit sollte durch die Anstrengung einer humanistischen Ethik überwunden werden. Blums Glaube an die Evidenz des Vernünftigen ließ diese Hoffnung bereits als reale Möglichkeit erscheinen. Unbeschadet des damit gegebenen eskapistischen Elements enthielt das Konzept der supranationalen „Organisation internationale" freilich Impulse für ein in der Tat revolutionäres Aktionsprogramm.

3. Probleme sozialistischer Nachkriegsplanung

Die Idee der „Organisation internationale" war von Blum auf der Grundlage der Schiedsgerichtspläne Jean Jaurès aus der Zeit vor dem Ersten Weltkrieg[30] in der Auseinandersetzung mit der Problematik des Völkerbundes im Laufe der 20er Jahre entwickelt[31] und nun in der Abgeschiedenheit des Gefängnisses von Bourassol vom Februar bis Juli 1941 in „A l'échelle humaine" systematisch ausgearbeitet worden. Nach einer abschließenden Redigierung der Schlußkapitel im Frühjahr 1942 wurde es von den illegalen Sozialistengruppen, ob sie nun in der Nachfolge der SFIO standen oder sich von bisherigen Parteizugehörigkeiten unabhängig zu sozialistischen Prinzipien bekannten, rasch rezipiert; manche dieser Gruppen gelangten auch ohne Kenntnis der Texte Blums zu verwandten Einsichten.[32] Seit im Spätherbst 1942 mit dem Einmarsch deutscher Truppen in die französische Südzone der totalitäre Charakter des nationalsozialistischen Regimes zunehmend deutlicher wurde, zugleich der Verlauf des Rußlandfeldzuges den Sieg der Alliierten ankündigte und zwischen den Generälen de Gaulle und Giraud einerseits, zwischen dem innerfranzösischen Widerstand und de Gaulle andererseits und zwischen kommunistischem und sozialistisch-christlichem Widerstand in Frankreich drittens das Ringen um künftige Positionen im Nachkriegsfrankreich begann, entwickelte sich in den sozialistischen Gruppen eine intensive Programmdiskussion zur Idee der „Organisation internationale", in deren Verlauf sich die Blumschen Grundprinzipien im Hinblick auf die Nachkriegsordnung konkretisierten und zugleich die ihnen innewohnende Problematik offenkundig wurde.[33]

Europa- oder Weltföderation?
Das erste Grundproblem, das bei der Konkretisierung der Idee der internationalen Organisation auftrat, war die Frage nach ihrer geographischen Abgrenzung. Einerseits legten der universalistische Ansatz und das Motiv universaler Friedenssicherung eine möglichst weitgespannte Organisation nahe, in der tendenziell alle Mächte, auf jeden Fall aber alle Großmächte der Zeit vertreten waren; andererseits implizierte die Betonung einer demokratischen, in Richtung auf den Sozialismus entwicklungsfähigen inneren Ordnung als Voraussetzung für die Beteiligung an der föderativen Organisation die Beschränkung auf einen Kreis relativ homogener Staaten. Im ersten Falle führte die durch den Zweiten Weltkrieg erreichte Universalisierung der Weltpolitik zu einer weltweiten Organisation der Vereinten Nationen, im zweiten Falle ließen die Gemeinsamkeiten in Kultur, Wirtschaftsentwicklung und Erfahrungen mit der Demokratie die Schaffung Vereinigter Staaten von Europa als praktikabler erscheinen.
Léon Blum ließ 1941 in „A l'échelle humaine" eine klare Aussage darüber vermissen, ob die internationale Organisation eine Gemeinschaft europäischer Staaten oder eine Weltföderation sein soll, bzw. wenn an beide gedacht wäre, wie ihr Verhältnis zueinander gestaltet werden soll. Blum bewegte sich hier einerseits in den Bahnen des Denkens eines europäischen Politikers der Zwischenkriegszeit, für den der europäische Kontinent noch im Mittelpunkt seiner Betrachtungsweise steht, spürte aber andererseits bereits, daß sich im Zuge des Zweiten Weltkrieges die weltpolitischen Kräfteverhältnisse ganz entscheidend zuungunsten Europas ändern werden, ohne daß er sich über dieses Problemfeld bewußt Rechenschaft gab.[34] Vom Grund-

anliegen der Friedenssicherung her gesehen, muß Blums „Organisation internationale" als eine den ganzen politischen Mächtekreis einschließlich der USA und der UdSSR umfassende Föderation verstanden werden, keine isolierte Europa-Föderation, sondern eine Europa-zentrierte Welt-Föderation, in der es gewiß Abstufungen und regionale Untergliederungen gab. Keinesfalls darf die Organisation als ein Zusammenschluß Europas zur Selbstbehauptung des alten Kontinents gegenüber den neuen Weltmächten angesehen werden. Die Bildung eines solchen Blocks hätte den von Blum bekämpften Machtkampf souveräner Nationalstaaten nur auf eine höhere Ebene transponiert, ohne dessen Ursache zu eliminieren.[35] Dazu bedurfte es nach dem Verständnis Blums eines universalen Systems, in dem das Prinzip der Supranationalität durchgehend angewandt wurde; die Frage nach der geographischen Abgrenzung und Untergliederung dieses Systems war ihm sekundär.

Das gemeinsame Programm der beiden CAS der Nord- und der Südzone, in London von Louis Lévy und Georges Gombault unter Verwendung aller einschlägigen Texte Blums erarbeitet und nach abschließender Redaktion durch Daniel Mayer im Juni 1943 veröffentlicht[36], bekannte sich unter dem Eindruck der inzwischen deutlich gewordenen neuen Rolle der bisherigen Randmächte USA und UdSSR in Fortführung des Blumschen Friedenssicherungs-Gedankens zur „Gemeinschaft der Vereinigten Staaten der Welt". In Antwort auf die inzwischen bekanntgewordene Ablehnung von Europa-Föderationsplänen durch die sowjetische Führung[37] und in deutlicher Distanzierung von Churchills Plan „regionaler Räte" einschließlich eines „Europarates" vom März 1943[38] bekräftigten die Autoren des ersten offiziellen sozialistischen Widerstandsprogramms den universalistischen Ansatz Blums: Sie propagierten zwar die Untergliederung der „Vereinigten Staaten der Welt" in regionale oder auch kontinentale Teilföderationen[39], hielten aber ausdrücklich daran fest, daß „der Gedanke einer Aufteilung Europas unter zwei oder drei Großmächte" abzulehnen sei und eine Föderation ohne Beteiligung der Sowjetunion nicht angestrebt werden solle. Ein Gleichgewichtssystem mehrerer Machtblöcke, in dem der europäische Block wie bei Churchill als Gegengewicht zur Sowjetunion gedacht war, lag nicht im Sinne des Programms.[40]

Nachdem im Laufe des Sommers 1943 erste Nachrichten über Spannungen zwischen den Großen Drei bekannt wurden – die sowjetische Regierung hatte die Beziehungen zur polnischen Exilregierung in London abgebrochen; in Washington waren Roosevelt und Churchill übereingekommen, die Errichtung einer zweiten Front auf das Frühjahr 1944 zu verschieben; dies hatte die Beziehungen zur Sowjetunion aufs äußerste verschlechtert[41] – präzisierte Vincent Auriol in seiner im September 1943 fertiggestellten und 1944 in Algier gedruckten Programmschrift „Hier ... demain"[42] den Gedanken der regionalen Untergliederung; zugleich relativierte er die Idee der Weltföderation. Zur Aufteilung der Welt in Einflußsphären der Großmächte, so Auriol, gebe es nur noch eine Alternative: „La Fédération européenne complétée par la Confédération intercontinentale."[43] Die europäische Föderation müsse sich aus regionalen Unterföderationen („Union d'Etats") zusammensetzen, so insbesondere einer Mittel-Ost-Europa- und einer Balkan-Föderation, aber auch einer Union von Belgien, den Niederlanden und Luxemburg, einer durch gemeinsame Kolonialinteressen naheliegenden französisch-britischen Union, einer skandinavischen Union und einer Union zwischen einem demokratisierten Portugal und einem demokratisierten Spanien.[44] Die europäische Föderation sollte über eine

permanente Regierung mit begrenzten, aber supranationalen Kompetenzen verfügen, bestehend aus zwei Vertretern pro Großmacht und je einem Vertreter pro Teilföderation; ein eigenes europäisches Parlament sollte ihre Aktion kontrollieren.[45] Die interkontinentale Weltföderation dagegen, die neben der europäischen Föderation einschließlich deren afrikanischen Kolonialbesitz eine panamerikanische und eine asiatische Föderation umfassen sollte, war als ein eher lockerer Zusammenschluß mit nur wenigen eigenen Hoheitsrechten gedacht. Für eine Welt-Legislative, argumentierte Auriol, sei die Zeit noch nicht reif; statt dessen müsse auf Weltebene eine mit Delegierten der nationalen Parlamente und der nationalen Regierungen bestückte Konsultativ-Versammlung, ein Oberster Exekutivrat mit eigenem Budget- und eigener Streitmacht sowie ein internationaler Gerichtshof errichtet werden. Funktion und demokratische Kontrolle des Exekutivrates, der gelegentlich auch als „gouvernement de la communauté humaine" bezeichnet wurde, blieben jedoch weithin unklar[46]; nur seine Aufgaben auf wirtschaftspolitischem Sektor wurden präziser beschrieben. Ein dem Exekutivrat unterstehendes internationales Wirtschaftskomitee sollte durch die Schaffung einer großen Zahl internationaler Organisationen für Kredit- und Notenbankwesen, Wiederaufbau, Verteilung der Rohstoffe, Verkehr, Kolonisation, Gesundheitswesen u. a. m. das gegenwärtige, als permanenter Wirtschaftskrieg bezeichnete liberale Weltwirtschaftssystem in eine Ordnung sozialistischer Planung verwandeln.[47] Dieses Programm Auriols, das für den europäischen Bereich entschieden an der supranationalen Idee festhielt, auf Weltebene jedoch den funktionalistischen Weg einer indirekten, pragmatischen Annäherung an eine supranationale Ordnung bevorzugte, war einerseits noch vom europazentrierten Denken der Zwischenkriegszeit geprägt, andererseits schon die Konsequenz erster Mutmaßungen über die andersartige Zukunftsplanung der neuen Weltmächte.[48]
Ende 1943 bekannte sich die illegale SFIO offen zu dem Eingeständnis, auf globaler Ebene auf ein Vorgehen in Etappen angewiesen zu sein, und zur Betonung der besonderen innereuropäischen Gemeinsamkeit. War noch in Aufrufen des Exekutivkomitees zur Übersiedlung des Nationalen Befreiungskomitees de Gaulles nach Algier und seiner Umwandlung in eine „Provisorische Regierung" von der „Schaffung der Vereinigten Staaten der Welt durch die aktive und gleichberechtigte Beteiligung aller Nationen an einer internationalen Körperschaft mit supranationalen Hoheitsrechten" die Rede[49], so forderte Auriol als Sprecher der Sozialisten in der ersten außenpolitischen Debatte der in Algier ebenfalls eingerichteten Beratenden Versammlung am 22. November 1943 die provisorische Regierung nur auf, „den Zusammenschluß gewisser Staaten mit Frankreich heute schon vorzubereiten". Dieser Zusammenschluß — offensichtlich war an eine Union Frankreichs mit Belgien, den Niederlanden und Luxemburg, vielleicht auch schon mit Großbritannien gedacht — sollte die Vorstufe zur europäischen Föderation bilden, „die später zu einer internationalen Föderation ausgeweitet werden könnte".[50] Am 11. Dezember 1943 legte Daniel Mayer dem Zentralkomitee der Résistance-Bewegungen eine überarbeitete Fassung des Juni-Programms der beiden CAS vor, das nicht mehr einfach „Vereinigte Staaten der Welt", sondern eine „communauté internationale constituée d'abord par les États-Unis d'Europe et aboutissant, en fait, à des États-Unis du Monde" forderte.[51]
Die Gefahr, durch die Schaffung einer Europäischen Föderation ohne Zustimmung der übrigen Mächte zwar den innereuropäischen Frieden zu sichern, aber zugleich

einen neuen Spannungsfaktor im internationalen System zu schaffen, wurde von den sozialistischen Autoren durchaus gesehen; daher ihre Forderung, zugleich mit der Europäischen Föderation die Grundlagen für ein weltweites Friedenssicherungssystem zu errichten. Die Analyse der gegenwärtigen weltpolitischen Situation ließ also die sofortige Realisierung der universalen Supranationalität als wenig aussichtsreich erscheinen; die innere Logik des föderativen Prinzips führte jedoch indirekt wieder zu ihr zurück. Was allerdings geschehen sollte, wenn die neuen Weltmächte ihre Zustimmung auch nur zu einer etappenweisen Annäherung an ein universales Friedenssicherungssystem verweigerten, blieb offen.

Nur wenige sozialistische Autoren waren bereit, dem Ziel der innereuropäischen Stabilisierung und europäischen Selbstbehauptung eindeutigen Vorrang vor der universalen Friedenssicherung einzuräumen und eine Europäische Föderation auch gegen den Willen der Weltmächte durchzusetzen. Henri Frenay, der als Leiter der Widerstandsorganisation „Combat" im September 1942 noch zusammen mit Claude Bourdet und André Hauriou für „Vereinigte Staaten von Europa" als „Etappe auf dem Wege zur Einheit der Welt" plädiert hatte[52], betonte im Dezember 1943, die „nötigen Zusammenschlüsse" würden in Europa in jedem Fall durchgesetzt werden, denn „der europäische Widerstand ist das Band für die Zusammenschlüsse von morgen".[53] Deutlicher noch wurde in den „Cahiers Politiques", dem vom Marc Bloch vom „Franc-Tireur" redigierten Organ des „Comité général d'études de la France combattante" aller nichtkommunistischen Widerstandsorganisationen, die europäische Föderation als „die beste Garantie gegen eine Bevormundung des Kontinents" verstanden und Frankreich eine Führungsrolle bei der Schaffung dieses Europas zugesprochen.[54] Damit war der universalistische Ansatz aufgegeben und, die späteren Positionen der „Dritten Kraft" und des „Neutralismus" vorwegnehmend, eine Haltung erreicht, die anders als der Universalismus auch eine Übertragung der Mittel traditioneller nationalstaatlicher Machtpolitik auf die europäische Ebene ermöglichte und, verstärkt durch die angenommene Identität des nationalen mit dem europäischen Interesse, dazu führen konnte, die europäische Einigung instrumental als Mittel zur Verwirklichung nationalstaatlicher Partikularinteressen zu verstehen.[55]

Deutschland: Integration als Ziel und als Mittel
Das zweite Grundproblem, das bei der Konkretisierung des universalistischen Konzepts auftrat, betraf die Lösung der Deutschlandfrage. Der auf die innerstaatliche Ordnung rekurrierende Blumsche Föderationsbegriff implizierte, daß sich eine deutsche Mitgliedschaft in der Weltorganisation und eine gesellschaftliche Transformation Deutschlands gegenseitig bedingten. Maßnahmen zur Demokratisierung Deutschlands waren – wie das Juni-Programm 1943 der CAS formulierte – nur denkbar, „wenn auch alle anderen Staaten erheblichen Einschränkungen ihrer Hoheitsrechte zustimmen".[56] Andererseits konnte nur ein Deutschland mit freiheitlich-demokratischer Gesellschaftsordnung gleichberechtigtes Mitglied in der Weltorganisation sein.[57] Daraus ergab sich, daß für die Phase der Demokratisierung Deutschlands diesem nur ein Status minus im internationalen System zugestanden werden konnte.[58] Je länger aber – zeitlich und substantiell – für Deutschland der Weg bis zur gleichberechtigten Mitgliedschaft war, desto weniger konnten Demokratisierungsmaßnahmen zu Erfolg statt zu neuem Revanchismus führen; je weniger

Deutschland demokratisiert war, um so weiter blieb es von der gleichberechtigten Mitgliedschaft entfernt. Der doppelten Gefahr eines Scheiterns der Demokratisierung aus Mangel an Integration in die Weltorganisation und eines Scheiterns der Integration aus Mangel an Demokratisierung war nur zu entgehen, wenn man beide zugleich energisch betrieb.
Blum selbst plädierte dafür, Deutschland sehr zügig zu einem gleichberechtigten Status zu führen. In einer Instruktion für Georges Buisson, der mit der Londoner Sozialistengruppe und der Labour-Führung Kontakt aufnehmen sollte, geschrieben am 5. Februar 1943, wandte er sich gegen Pläne zum „Aufbau von Systemen argwöhnischer Überwachung" für ein besiegtes Deutschland, wonach die grundsätzlich akzeptierte internationale Organisation erst nach einer langen Kontrollphase voll wirksam werden könnte. Ein von der Herrschaft des Nationalsozialismus befreites Deutschland müsse im Prinzip als gleichberechtigtes Mitglied in die internationale Organisation aufgenommen werden: „Zur erbarmungslosen Bestrafung der Schuldigen und der Verräter, zur erbarmungslosen Vernichtung der Organisationskader der Diktaturen ist ja zu sagen; wir brauchen aber auch Vertrauen zu den Völkern, Gleichheit und Recht unter ihnen, wir brauchen die Entschlossenheit, den Frieden auf Gleichheit und Gerechtigkeit aufzubauen, nicht auf Machtverhältnisse, die im Wandel der Zeiten mit Sicherheit hinfällig werden."[59]
Die Autoren des offiziellen CAS-Programms vom Juni 1943 wurden in der Frage der notwendigen Umstrukturierungsmaßnahmen konkreter, hielten aber am Prinzip einer zügigen Integration fest. Die Hauptursachen des Nationalsozialismus, der von der Gesamtheit des deutschen Volkes sehr wohl unterschieden wurde, wurden von ihnen im preußischen Zentralismus und Militarismus, im ostpreußischen Feudalismus des Junkertums und in der westdeutschen Schwerindustrie gesehen; entsprechende Sozialisierungsmaßnahmen usw. sollten in eine Beaufsichtigung der politischen Institutionen und des Bildungswesens münden. Ausdrücklich wurde jedoch festgehalten, daß die deutsche Einheit – bei freilich föderativer innerer Struktur – nicht angetastet werden dürfe, und zugleich betont, die Politik der neuen Weltorganisation müsse „nach der unbarmherzigen Bestrafung der Schuldigen und der Verräter sowie aller Führungskräfte der Diktaturen darauf gerichtet sein, das Vertrauen der Völker zu gewinnen und den Frieden auf Gleichheit und Gerechtigkeit aufzubauen."[60] Freilich: ein exakter Maßstab war mit der Formel „je mehr Demokratie, desto mehr Integration" allein nicht gegeben, zumal je nach Deutschlandbild und -analyse der Begriff der Demokratisierung unterschiedlich interpretiert werden konnte.
Vincent Auriol nämlich schrieb in direktem Gegensatz zu Blum und den Autoren des Juni-Programms, das deutsche Volk sei vom Fieberwahn des Hochmuts und der Gewalt ergriffen; daher: „Aucune confiance ne peut, pendant longtemps, lui être faite, et durant ce temps il faudra le tenir étroitement en observation et en tutelle."[61] Verbal stimmte Auriol mit dem offiziellen Deutschlandkonzept der Partei überein: Entmilitarisierung, Dezentralisierung, Sozialisierung, Umerziehung, Stärkung der demokratischen Kräfte, dann Integration in die internationale Organisation; doch sah er in der „Organisation internationale" weit mehr eine Sicherheitsgarantie im Sinne eines universalen Beistandspaktes gegen eine erneute deutsche Aggression als einen Weg, Deutschland die Möglichkeit zu neuen Angriffen zu nehmen, ohne das Prinzip der Gleichberechtigung der Völker zu verletzten. Erst

37

„après une longue période de désintoxication" und auch dann nur „peu à peu" könne Deutschland Mitglied des internationalen Systems werden.[62] Auch in der Frage der deutschen Einheit wich er vom Parteiprogramm ab; war dort von einem „föderativen Staat" die Rede, so sprach er nur von einer Föderation von Bundesstaaten unter Beibehaltung der wirtschaftlichen Einheit und der historischen Bindungen sowie von einem politisch unabhängigen Rheinstaat, in welchem die Streitkräfte der internationalen Organisation stationiert werden sollten.[63] Detaillierte Vorschläge machte er zur Frage der Verfolgung von Kriegsverbrechern — denen kein neutraler Staat mehr Asyl gewähren dürfe[64] — und zum Problem der von Deutschland in Verantwortung für die Verbrechen seiner Führer zu zahlenden Reparationen — das nur durch die Errichtung einer internationalen Reparationsbehörde gelöst werden könne.[65] Wenig später entwickelte er aus dem Gedanken der Reparationsbehörde den Plan einer Internationalisierung der deutschen Schwerindustrie: „Sans vouloir supprimer les moyens d'existence de tout un peuple — ce qui serait une sottise — il faut démanteler ce vieux système, cette vieille forteresse (...) en la socialisant d'abord et en l'internationalisant en confiant à l'organisation internationale des peuples toute cette industrie lourde."[66] Indem Auriol, von einer tief verwurzelten Furcht und einem verletzten Nationalbewußtsein mindestens ebenso geprägt wie vom Rationalismus Blums, ein hohes Maß an Demokratisierung und Wiedergutmachung zur Vorbedingung für ein geringes Maß an Integration in die internationale Organisation machte, beraubte er die Weltorganisation der ihr von Blum zugedachten Funktion, die Gefahr eines erneuten deutschen Revanchismus zu bannen, und verminderte er damit die Erfolgschancen des eigenen Demokratisierungsprogramms. Die Tendenz, sich in der Deutschlandfrage mehr auf die Möglichkeiten herkömmlicher zwischenstaatlicher Politik zu verlassen, als in einer supranationalen Organisation den Gegensatz von Siegern und Besiegten aufzuheben, fand in der Folgezeit um so mehr Verbreitung in der Partei, als die unmittelbare Realisierung einer solchen Organisation immer unwahrscheinlicher wurde.

Großbritannien: Schlüssel der Strategie
Blums voluntaristischem Revolutionsbegriff entsprechend bedeutete die Definition der „Organisation internationale" als Bedingung und Teilziel sozialistischer Politik zugleich einen Appell an die bestehenden sozialistischen Parteien und Organisationen, sich die Blumschen Zielvorstellungen zu eigen zu machen, im Kampf für die universale Friedensordnung die eigene Bewegung zu erneuern und damit die Voraussetzung für den Sieg des Sozialismus zu schaffen. Der Sozialismus, so erläuterte Blum in einem ersten „Schéma d'une sorte d'instruction pour mes amis", das Jules Moch im Herbst 1942 nach London bringen konnte[67], ist zu der Schaffung der „Démocratie internationale" in besonderem Maße berufen, da er einerseits wesenhaft internationalistisch ist, andererseits über eine internationale Organisation verfügt, die nach Kriegsende — sozialistische Parteien regieren in Schweden, sind an der britischen Kriegskoalition beteiligt und dürften die Erben der Macht in allen europäischen Ländern einschließlich Deutschlands und Italiens werden — so stark sein wird wie nie zuvor.
Mit besonderem Interesse verfolgten die französischen Sozialisten im Widerstand daher die Entwicklung außenpolitischer Planung bei den europäischen Bruderparteien. Der „Populaire" berichtete in seiner Südzonen-Ausgabe vom November

1943 über polnische und niederländische Widerstandsgruppen, die für eine föderative Nachkriegsordnung eintraten. In der Nordzonen-Ausgabe des Parteiorgans wurde im April 1944 das außenpolitische Programm der „Union deutscher sozialistischer Organisationen in Großbritannien" abgedruckt, das ebenfalls für die Schaffung einer supranationalen Organisation eintrat. „On verra avec joie l'identité de buts", so der Kommentar der französischen Seite[68]; die Entdeckung der Gemeinsamkeiten in den Zukunftshoffnungen des innereuropäischen Widerstands vermochte offensichtlich die Enttäuschung über die spürbare Zurückhaltung der neuen Weltmächte den sozialistischen Plänen gegenüber wieder wettzumachen.

Am wichtigsten war es für Blum und seine Anhänger, unter den Mitgliedern der alten Sozialistischen Arbeiter-Internationale die britische Labour-Party für das Konzept der „Organisation internationale" zu gewinnen: „Des convictions de cet ordre étaient celles du Labour et des Trade-Unions comme de toute l'Internationale syndicale ou socialiste", schrieb Blum im Februar 1943 nach London. „Un accord international des syndicalistes et des socialistes sur la conception de la paix serait un fait d'une importance capitale. Je ne demande pas (...) qu'on se mette là-dessus en opposition avec les gouvernements, mais je demande si le moment n'est pas venu d'agir sur les gouvernements."[69] Großbritannien hatte als einzige europäische Nation dem deutschen Ansturm standgehalten, London war zum Sammelpunkt sozialistischer Exilpolitiker geworden; damit kam auf die britische Arbeiterpartei eine Führungsrolle in der Formulierung und Realisierung der sozialistischen Zukunftshoffnungen zu. Von einer möglichst intensiven Kooperation britischer und französischer Sozialisten erhoffte sich Blum daher nicht nur innerparteilich eine Überwindung verhärteter Dogmatik und innenpolitisch eine Stärkung des Gewichts der Sozialisten, sondern auch außenpolitisch eine Erneuerung und Stärkung der britisch-französischen Entente als Ausgangspunkt und Kernstück der föderativen Neuordnung im europäischen Raum und erstem Schritt zur Verwirklichung der „Organisation internationale".[70]

4. Entscheidungen in der Résistance

Sozialisten
Einen ersten Erfolg seiner Strategie zur Realisierung der „Organisation internationale" konnte Léon Blum tatsächlich bald erleben: Die Wiederbelebung und Neuformation der SFIO im Widerstand ging Hand in Hand mit der Rezeption seines Internationalismus-Konzepts; dieses wurde damit zu einem Konstitutivum der neuen Partei. Bereits in den ersten größeren illegalen Publikationen der beiden „Comités d'Action Socialiste" der Nord- und der Südzone, 1942 nach einer Phase interner Reflexion und Aufbau der Widerstandsorganisationen publiziert, wurden Grundgedanken des Blumschen Internationalismus laut. Der Südzonen-„Populaire" forderte schon im Juni 1942 „Pas de paix de vengeance" und im November 1942 die Schaffung einer supranationalen Autorität[71]; im Januar 1943 veröffentlichten beide CAS ein vorläufiges „Programm", dessen außenpolitischer Teil, von Daniel Mayer unter Verwendung Blumscher Texte redigiert, aus seinem Bekenntnis zum „Überstaat" bestand, „dem die Nationen einen Teil ihrer Souveränität abtreten."[72] Der definitiven Neugründung der SFIO im Juni 1943 ging eine Diskussion des

Blumschen Konzepts in allen vorhandenen Führungsgremien voraus. Während Mayers London-Aufenthalt April—Mai 1943 wurde von der Londoner Sozialistengruppe eine erweiterte Fassung des Programms verabschiedet, die nach Mayers Rückkehr in das besetzte Frankreich die einstimmige Billigung sowohl des Südzonen- wie des Nordzonen-CAS fand und in der Juni-Ausgabe des Südzonen- „Populaire" sowie in der Juli-Ausgabe des Nordzonen-„Populaire" veröffentlicht wurde.[73] In den beiden folgenden Ausgaben des „Populaire — Edition Zone Sud" wurden ausführliche Kommentare zur außenpolitischen Zukunftsplanung der neugegründeten Partei veröffentlicht, die die Haltung des neuen Programms zum Deutschlandproblem und zur Frage der internationalen Organisation sehr exakt und in zum Teil wörtlicher Anlehnung an „A l'échelle humaine" wiedergaben.[74] In den illegalen Periodika nahezu aller großen und vieler kleinen Widerstandsorganisationen fanden sich ab 1942 und verstärkt 1943—1944 die gleichen Vorstellungen von universaler Friedenssicherung, supranationalem Prinzip, Integration Deutschlands und besonderer Zusammengehörigkeit der europäischen Region. In der Südzone postulierte als erste die Gruppe „Libérer et Fédérer" unter dem Einfluß der „integralen Föderalisten" um den Proudhon-Forscher Alexandre Marc im Juni 1942 den „Zusammenschluß der europäischen Völker, um neue Kriege zu verhindern". Für die größte Widerstandsorganisation der Südzone, „Combat", nannten Frenay, Bourdet und Hauriou im September 1942 „die Vereinigten Staaten von Europa" „die lebendige Realität, für die wir kämpfen". Die zweite große Südzonen-Organisation, „Libération", bekannte sich im Januar 1943 zur Beschränkung der nationalen Souveränitäten und zur Föderation der Nationen. „Franc-Tireur", die dritte große Gruppe der Südzone, unter Führung des Trotzkisten Georges Altman sowie Mitarbeit des ehemaligen „Humanité"-Chefredakteurs und künftigen SFIO-Vorstandsmitglieds André Ferrat, forderte im März 1944 die „Union der Völker Europas" als erste „Etappe auf dem Wege zur Union aller Völker der Erde".[75] Auch „L'Insurgé", das Organ der Anhänger des revolutionären Internationalisten Marceau Pivert, ehemaliger Führer der „Gauche-révolutionnaire"-Fraktion in der SFIO und ab 1938 Vorsitzender einer eigenen Partei (PSOP), wünschte im Februar 1944 „mit besorgter Inbrunst die Schaffung einer Weltorganisation" und bestand „in erster Linie auf der Notwendigkeit des Aufbaus einer europäischen Föderation".[76] In der Nordzone schloß sich die von Gewerkschaftsführern und SFIO-Funktionären geleitete Organisation „Libération", obwohl ansonsten selbständig, im Februar 1943 dem Aufruf der gleichnamigen Gruppe der Südzone an. „Résistance" schließlich, ebenfalls eine der großen Organisationen der Nordzone, zu deren Mitgründern der international renommierte Völkerkundler und spätere SFIO-Abgeordnete Paul Rivet gehörte, rief im Februar 1943 zur Gründung einer „europäischen Gemeinschaft" auf.[77]
Die Verbreitung sozialistischen Gedankenguts in nahezu allen Gruppen des nichtkommunistischen Widerstands ließ jenen Teil der alten SFIO-Führung, der sich in den beiden CAS um einen Neuaufbau der Partei bemühte, auf eine führende Rolle im Nachkriegsfrankreich hoffen. Im Kontakt mit Blum beschlossen die CAS 1942, keine eigene Widerstandsorganisation aufzubauen, sondern als eine Art „Brain-Trust" die Arbeit in den bestehenden Gruppen zu animieren und zu intensivieren. Von den Führern der Widerstandsorganisationen und von de Gaulles Londoner Organisation forderten sie die Festlegung auf ein offizielles gemeinsames Exekutiv-

programm der gesamten Résistance, das auch in einem gemeinsamen Exekutivkomitee seinen Ausdruck finden sollte. Aus dem Exekutivkomitee sollte nach Kriegsende eine provisorische Regierung in der Art der Volksfrontkabinette entstehen, mit de Gaulle als Symbol des nationalen Widerstands an der Spitze und mit Léon Blum als politischem Mentor, möglicherweise auch baldigem Nachfolger de Gaulles.[78]

De Gaulle

Bei dem Versuch, ein gemeinsames Programm des Widerstands zustande zu bringen, stießen die Sozialisten indessen auf Gegenkräfte, mit deren Stärke sie nicht gerechnet hatten. General de Gaulle, der extrem rechten politischen Kreisen entstammte und, anders als die innerfranzösischen Widerstandskämpfer, nicht vom gänzlichen Zusammenbruch Frankreichs 1940 geprägt worden war, hatte seinen Kampf unter Vorzeichen angetreten, die den Blumschen Einsichten diametral entgegengesetzt waren. Er sah nicht in der Anarchie nationalstaatlicher Souveränitäten, sondern im Bellizismus Preußen-Deutschlands die Wurzel der europäischen Konflikte, nicht in der Errichtung eines supranationalen Systems unter gleichberechtigter Teilnahme Deutschlands, sondern in der Hegemonie Frankreichs bei gleichzeitiger Zerstückelung Deutschlands die Garantie für einen dauerhaften Frieden. Der Glaube an souveräne Nationalstaaten als unveränderliche letztgültige Realitäten der Geschichte, den durch Ideologien nur unvollkommen verhüllten immerwährenden Machtkampf der Nationen als Grundfaktor des Weltgeschehens, die absolut gesetzte Würde Frankreichs als obersten Wert und die Unabänderlichkeit der deutschfranzösischen Erbfeindschaft als Bedrohung französischer Grandeur bildeten die Grundlage seines Konzepts; die Forderung nach Teilung des europäischen Kontinents in eine französische und eine russische Einflußzone, Internationalisierung der Ruhr zur materiellen Sicherung dieser Vormachtstellung, Schaffung eines Glacis an der französischen Ostgrenze durch Annexion des „Rheinlandes" bzw. Bildung „autonomer", wirtschaftlich nach Frankreich orientierter Rheinstaaten und Atomisierung des restlichen deutschen Staatsgebiets in eine Reihe weiterer unabhängiger Kleinstaaten seine spätere Ausformung.[79]

De Gaulle zeigte folglich keinerlei Verständnis für die „recht konfuse, aber leidenschaftliche Ideologie der Untergrundkämpfer" und fand bei ihnen seinerseits, wie er meinte, „wenig Verständnis für sein Bemühen um die Restaurierung der nationalen Einheit, um die Rettung der nationalen Souveränität, um die Wiederherstellung des Staates". André Philip, von den Sozialisten als offizieller Repräsentant zu de Gaulle geschickt und von diesem im Juli 1942 zum ersten Kommissar des Innern im Londoner Komitee ernannt, erklärte ihm nach ersten Auseinandersetzungen: „Mon général, sitôt la guerre gagnée, je me séparerai de vous. Vous vous battez pour restaurer la grandeur nationale, Moi, pour bâtir une Europe socialiste et démocratique..." Henri Frenay gegenüber, der ihm im September 1942 — vergeblich — die Konstituierung eines gemeinsamen Gremiums der in London versammelten europäischen Exilregierungen vorschlug, meinte de Gaulle lakonisch: „Eh bien, La France choisira entre vous et moi."[80]

Daniel Mayer, der sich, von Blum vor dessen Deportation ins KZ nochmals instruiert, vom 14. April bis 19. Mai 1943 in London aufhalten konnte, verschlug es (im wahren Sinne des Wortes) die Sprache, als sich ihm gegenüber ein den Einsatz der innerfranzösischen Résistance kaum würdigender de Gaulle in heftigen Angriffen gegen die Briten und Amerikaner erging, die seine Ansprüche nicht voll respektierten. Andere Probleme als die Wahrung des französischen Großmachtanspruches schien er nicht zu kennen, so daß Mayer in einem Anflug von Verzweiflung konstatierte: „Ma mission est un échec."[81] In einem späteren Gespräch erreichte er lediglich das Zugeständnis des Generals, die Schaffung des von den Sozialisten geforderten gemeinsamen Exekutivkomitees in Form eines Conseil National de la Résistance in die Wege zu leiten. Selbst dieser bescheidene Erfolg war nur möglich, weil de Gaulle angesichts der amerikanischen Neigungen, den General Giraud ihm vorzuziehen, tatsächlich die Mitarbeit der französischen Parteien und Widerstandsgruppen zu seiner Legitimation gegenüber den Alliierten benötigte. Eine Verständigung des sozialistischen Widerstands mit dem Führer des Freien Frankreichs über das außenpolitische Zukunftsprogramm blieb ausgeschlossen.

Kommunisten
Der Conseil National de la Résistance (CNR), am 27. Mai 1943 definitiv konstituiert, begann nun tatsächlich, auf Drängen der Sozialisten wenigstens ein gemeinsames Programm des innerfranzösischen Widerstands auszuarbeiten; die Sozialisten formulierten ihr Juni-Programm 1943 als „Proposition de principe d'un programme commun à la Résistance française." In der Programmdiskussion des CNR stießen die Sozialisten jedoch auf neue Gegner, die wie de Gaulle auf eine Restaurierung des französischen Zentralismus und Nationalismus setzten: die Kommunisten. Deren Widerstandsorganisation „Front national" hatte nach einer ersten Phase der Desorientiertheit infolge des Kurswechsels vom Hitler-Stalin-Pakt zur antifaschistischen Front, insbesondere seit der Auflösung des Komintern im Mai 1943, zunächst in der Nordzone beachtliche Positionen erringen können; aufgrund der straffen Geschlossenheit ihres Einsatzes erlangten die Kommunisten ab Ende 1943 auch in der Südzone nach und nach dominierenden Einfluß, insbesondere durch eine außerordentliche Ausweitung und Radikalisierung des bewaffneten Maquis.[82]
Als die Sozialisten ihren Programmentwurf am 11. November 1943 dem „Comité Central des Mouvements de Résistance" vorlegten, vermochten die Kommunisten durchzusetzen, daß dieses Gremium, in dem sich der „Front National" gegenüber den sieben anderen Widerstandsorganisationen isoliert sah, ab Ende 1943 nicht mehr tagte, und die Entscheidung über ein gemeinsames Programm dem CNR selbst überantwortet wurde, in dessen Büro der kommunistische Vertreter, Pierre Villon, eine einflußreiche Position innehatte.[83] In der Diskussion über den Programmentwurf widersprachen die Kommunisten zum Erstaunen der nichtkommunistischen Vertreter nicht nur allen allzu einschneidenden systemverändernden innenpolitischen Reformmaßnahmen, so daß mit der „CNR-Charta" vom 15. März 1944 nur ein gemäßigtes Sozialisierungsprogramm verabschiedet werden konnte, an dem auch de Gaulle nichts auszusetzen hatte[84]; auch das außenpolitische Programm der Sozialisten lehnten sie ab, und dies ohne jeden Kompromiß. In Übereinstimmung mit der europapolitischen Haltung der Sowjetunion appellierten sie an alle noch vorhandenen nationalistischen Gefühle, predigten Wachsamkeit gegenüber der „ewigen deutschen Gefahr" und Wiederherstellung der eigenen „Grandeur". „Die Bildung eines Überstaats", kommentierte das Zentralkomitee der PCF

am 25. April 1944 den sozialistischen Programmentwurf, „nach den angegebenen allgemeinen Bedingungen und unter Einsatz der Zwangsmittel, die der Entwurf diesem einräumen will (eine wirkliche Regierung, eine Armee, die stärker als jede andere ist, eigene Steuern), mit anderen Worten die Aufgabe der nationalen Souveränität, würde im Falle ihrer Verwirklichung eine sehr ernste Gefahr darstellen (...). Wir fordern die Widerstandsbewegung dringend auf zu erklären, daß die Unabhängigkeit Frankreichs und die Wiederherstellung seiner Grandeur, dem geheiligten Wunsche aller unserer Helden entsprechend, das erste und leitende Prinzip der Außenpolitik von morgen sein soll."[85] Folgerichtig definierte dann auch die größtenteils von Pierre Villon redigierte CNR-Charta als außenpolitisches Prinzip: „Défendre l'indépendance politique et économique de la nation, rétablir la France dans sa puissance, dans sa grandeur et dans sa mission universelle"[86], und traf damit sehr genau die Grundzüge des de Gaulleschen Konzepts.[87]
In den verbleibenden Wochen bis zur Befreiung vermochten die Vertreter der sozialistischen Widerstands-Programmatik gegenüber dieser kommunistisch-gaullistischen Allianz nur noch Rückzugsgefechte zu liefern. Daniel Mayer entgegnete im Namen des sozialistischen Exekutivkomitees dem kommunistischen Zentralkomitee, gerade weil man 1918/19 an einer fundamentalen Kritik des bestehenden Staatensystems vorbeigegangen sei und keine souveräne Weltregierung geschaffen habe, sei der damalige Versuch, einen Weltfrieden zu installieren, gescheitert.[88] Vincent Auriol hielt den Kommunisten am 12. Mai 1944 in der Beratenden Versammlung von Algier vor, es sei „geradezu sophistisch", in der Vereinigung der Souveränitäten zur Sicherung der Unabhängigkeit einen Verzicht sehen zu wollen. An die Adresse de Gaulles, der wenige Tage zuvor recht dilatorisch von einer möglichen Verbindung Frankreichs mit Belgien und den Niederlanden gesprochen hatte – einer Union also, die für sich allein genommen geeignet gewesen wäre, das französische Potential zu stärken –, richtete er die Aufforderung, „so schnell wie möglich zu klaren Vorstellungen zu gelangen und eindeutige Beschlüsse zu fassen". Zusammenschlüsse europäischer Staaten dürften nicht zur Bildung gegeneinander abgegrenzter Machtblöcke und dadurch zur Restaurierung der alten Politik des Gleichgewichts führen, statt dessen müsse durch partielle Souveränitätsabgabe die Schaffung einer europäischen Föderation ermöglicht werden.[89] De Gaulle aber ignorierte alle diese Forderungen vollständig. Gerade klare Vorstellungen vermied er bewußt; seine eigenen Zukunftspläne soweit wie möglich verbergend und in ständiger Hervorhebung des Pathos vom nationalen Befreiungskampf die tatsächlichen Programmgegensätze vernebelnd suchte er, die Kraft der Widerstandsgruppen für die eigenen Ziele zu nutzen.
Dies wurde insofern möglich, als es zwischen dem kommunistisch-gaullistischen und dem sozialistischen Nachkriegskonzept bei allem Gegensatz in der Zielsetzung in der Tat taktische Gemeinsamkeiten gab. Die rasche Wiedererlangung der nationalen Souveränität Frankreichs war für de Gaulle Voraussetzung zur Anerkennung als vierter Weltmacht, für die Anwälte einer föderalistischen Nachkriegsordnung Europas und der Welt dagegen die Grundlage für die Sprecherrolle, die sie Frankreich angesichts des Schweigens der Weltmächte zudachten. Der Gedanke, in Frankreich einen potentiellen Vorkämpfer für die internationale Organisation zu sehen, entsprach einer bis auf die Jahre der Revolution von 1789 zurückgehenden Tendenz der französischen Linken, das nationale Interesse mit dem universalen Interesse der

Menschheit gleichzusetzen und Frankreich eine universale Mission zuzuschreiben; zugleich machte er aber auch die Sozialisten für die Rede von der französischen Grandeur anfällig."[90] Bündnisse und Unionen Frankreichs mit kleineren europäischen Partnerstaaten konnten als Vorstufen zur föderativen Organisation, aber auch als Mittel zur Stärkung des französischen Potentials gedacht werden. Sanktionen gegen das besiegte Deutschland konnten als Maßnahmen zur Strukturbereinigung als Voraussetzung zur Aufnahme in die föderative Organisation oder aber als erste Schritte zur Auflösung des deutschen Staatsverbandes und zur Sicherung des französischen Großmachtsanspruchs durch Einbeziehung des deutschen Industriepotentials gedacht werden. Erst an der Frage des supranationalen Prinzips schied sich eine auf Wahrung des französischen Großmachtsanspruchs mit anderen Mitteln zielende Politik von einer Integrationspolitik aus der Erkenntnis der Interdependenz der Nationen. Der Kampf um die künftige Orientierung der französischen Außenpolitik ging unter der Einheitsfassade der nationalen Befreiungsparolen vom Sommer 1944 weiter.

II. „Organisation internationale":
Die Phase der Hoffnung, 2. Hälfte 1944 — 1. Hälfte 1945

Als Frankreich dank der Landung der alliierten Truppen im Sommer 1944 seine territoriale Integrität wiedergewann und damit in den Kreis der Handlungsträger der internationalen Politik zurückkehrte, war die Zweiteilung der Welt, obwohl in den Entscheidungen von Moskau und Teheran tendenziell angelegt, im Bewußtsein der Führungsgruppen beider Weltmächte noch keineswegs eine beschlossene und irreversible Tatsache. Die sowjetische Führung bezog zwar aus der Tradition des russischen Imperialismus und der ideologisch begründeten Gewißheit vom bevorstehenden Zusammenbruch der kapitalistischen Staaten, namentlich in Europa, Impulse zu einer Politik präventiver Machterweiterung; insbesondere war sie, mit dem Trauma von Brest-Litowsk behaftet, um die Schaffung eines Glacis „befreundeter", d. h. durch Abhängigkeit die eigene Sicherheit gewährleistender Staaten im westlichen Vorfeld der Sowjetunion bemüht; wie indessen das Verhältnis zu der anderen Weltmacht, die aus dem Zweiten Weltkrieg hervorging, gestaltet werden sollte, und wie das Machtvakuum in Europa gefüllt werden sollte, das der Zusammenbruch des Hitlerschen Imperiums hinterließ, davon hatte sie keine feste Vorstellung. Noch weniger war man sich in der amerikanischen Führung den Anforderungen der neuen Situation bewußt.[1] Roosevelts „One-World"-Konzept, in der amerikanischen Administration gegenüber früheren, auch regionale Zusammenschlüsse vorsehenden Nachkriegsplänen durchgesetzt, verband traditionellen Isolationismus mit universalem Engagement, Sorge um Investitions-, Rohstoff- und Absatzmärkte mit altruistisch gedachtem Bemühen um dauerhafte Friedenssicherung, die Idee einer internationalen Friedensorganisation mit dem Vertrauen auf die Dominanz der Großmächte als Garanten dieser Friedensordnung, die Neigung, diese Dominanz als aus der Kriegsallianz hervorgehendes Kondominium der beiden Weltmächte zu sehen, mit ersten Ansätzen zu einer bipolar verstandenen Gleichgewichtspolitik. Konkrete, eindeutig fixierte Nachkriegsziele waren diesem ambivalenten Konzept fremd.

Je weniger die Führungsgruppen der beiden neuen Weltmächte selbst über eine dezidierte Nachkriegsplanung verfügten, desto weniger konnte die europäische Öffentlichkeit die tatsächliche weltpolitische Situation abschätzen. Die Hoffnung der französischen Sozialisten, die universale Friedensorganisation werde trotz einiger sichtbar werdender gegenläufiger Tendenzen doch noch schrittweise zu realisieren sein, war objektiv insofern berechtigt, als die Ambivalenz zumindest der amerikanischen Friedensvorstellungen eine derartige Entwicklung noch nicht gänzlich ausschloß[2]; problematisch war nur, daß nahezu alle führenden Politiker der USA auf strikte Wahrung der amerikanischen Unabhängigkeit und Handlungsfreiheit bedacht waren, was ihrer Meinung nach die Einführung des Prinzips der Supranationalität ausschloß[3], und daß die Chancen für die Realisierung des sozialistischen Maximalziels damit von vornherein sehr gering waren. Subjektiv gesehen, war diese Hoffnung wohl verständlich, solange der tatsächlich einsetzende globale

Polarisierungsprozeß allgemein unerkannt blieb und solange die alliierte Propaganda „One-World"-Parolen ausgab.
Die Sozialisten sahen sich somit vor die Aufgabe gestellt, die Gunst der Stunde zur Durchsetzung ihres Konzepts zu nutzen. Die Einführung eines supranationalen Weltfriedenssystems, wie sie ihnen vorschwebte, hätte eine Änderung der Praxis internationaler Politik in einem Maße bedeutet, das revolutionär zu nennen war; diese Revolutionierung der internationalen Beziehungen sollte allerdings auf der gemeinsamen Einsicht aller weltpolitischen Handlungsträger beruhen. Den Sieg über das als Bedrohung der Menschheit verstandene Imperium Hitlers hielten sie für den historisch gegebenen Moment, in dem diese Revolutionierung möglich war[4]; an ihnen lag es, im Rahmen ihrer Möglichkeiten die Einsicht in deren Notwendigkeit zu fördern. Sie mußten also ihre Erfahrungen und Reflexionen der Résistancezeit, die bisher nur einer begrenzten Öffentlichkeit zugänglich waren, intensiv propagieren und insbesondere zu erreichen suchen, daß Frankreich auf weltpolitischer Bühne zum Fürsprecher des supranationalen Konzepts wurde.

I. Die SFIO im befreiten Frankreich:
Die Propagierung der „Organisation internationale".

Le Socialisme maître de l'heure?
Die Ausgangsbasis hierzu schien den Sozialisten im befreiten Frankreich zunächst so günstig wie nie zuvor. „Le socialisme est maître de l'heure" — mit dieser Formulierung sollte Léon Blum nach seiner Rückkehr aus deutscher Gefangenschaft die Stimmung der Anfangsperiode französischer Nachkriegsgeschichte prägnant wiedergeben.[5] Der kleinen Führungsequipe um Daniel Mayer war es mit der Unterstützung Blums gelungen, die Idee einer sozialistischen Partei in Frankreich trotz des Desasters von 1940 wachzuhalten, mit dem rigorosen Parteiausschluß aller sozialistischen Abgeordneten, die 1940 für Pétain gestimmt hatten und nicht im Widerstand aktiv wurden, ihren Willen zur entschlossenen Erneuerung zu dokumentieren[6], in der Résistance Kräfte für eine neue Führungsschicht der Partei zu finden und in einem Klima intellektueller Fruchtbarkeit beträchtliche Ansätze zur Neugestaltung der französischen Politik zu liefern. Über die Reihen bisheriger Sozialisten hinaus hatte sozialistisches Gedankengut in nahezu alle Kreise der nichtkommunistischen Résistance Eingang gefunden; in der solidarischen Zusammenarbeit ehemaliger Sozialisten, Gewerkschaftler und christlicher Demokraten hatte sich der Entwurf einer großen freiheitlich-sozialistischen Volkspartei abgezeichnet. Das Ideal des Sozialismus, schrieb „Combat", im befreiten Frankreich nunmehr als Tageszeitung unter dem Motto „De la Résistance à la Révolution" erscheinend, am 10. November 1944, sei bei der alten SFIO oft in schlechten Händen gewesen; Intransigenz, persönliche Schwächen und Unwahrhaftigkeiten, ein veralteter Parteiapparat und eine veraltete Sprache hätten der Verwirklichung des Sozialismus im Weg gestanden. Heute aber dächten weite Kreise über die ehemalige Partei hinaus, vielleicht sogar die Mehrheit des Volkes sozialistisch; es gäbe gute Gründe, jetzt auf eine Erneuerung des demokratischen Sozialismus zu hoffen.[7] Und Edouard Depreux, Mitglied des Exekutivkomitees der illegalen SFIO, schrieb in Erinnerung an den ersten (außerordentlichen) Parteikongreß nach der Befreiung im Novem-

ber 1944: „J'ai eu l'impression que tous les militants, qui avaient activement participé à la lutte pendant les durs mois de l'occupation partageaient mes préoccupations sur l'avenir du socialisme et souhaitent l'amalgame entre les vieilles troupes expérimentées et la jeune génération qui s'était formé dans la Résistance. (...) L'idée d'un ‚Socialisme ouvert' m'a semblé pouvoir faire du chemin."[8]
Zum Symbol für diesen „offenen Sozialismus" wurde Léon Blum. Obwohl (oder gerade weil) er noch bis zum April 1945 in deutscher KZ-Haft blieb, wurde er in der Öffentlichkeit zum nationalen Heros hochstilisiert[9]; „hier encore l'homme le plus hai de France, (...) Léon Blum est maintenant béatifié de son vivant".[10] Er galt als der unumstrittene Führer des französischen Sozialismus; und in der Tat gab seine Doktrin in der wiederentstehenden SFIO des Jahres 1944/45 weithin den Ton an. Charles de Gaulle, für viele Franzosen, wenn auch mit anderer Akzentsetzung, ebenfalls ein Symbol, schien den Prozeß der Umsetzung sozialistischer Theorie in politische Praxis zu ermöglichen; die nationale Befreiung schien unter der Fahne sozialer Neugestaltung vonstatten zu gehen.[11] Sozialistische Minister saßen zusammen mit Vertretern der Kommunisten und christlichen Demokraten, die mit einem sozialen Reformprogramm angetreten waren, in der provisorischen Regierung de Gaulles, gemeinsam auf die CNR-Charta verpflichtet, die, wenn schon nicht in außenpolitischer Hinsicht, so doch im Bereich der Wirtschafts- und Gesellschaftspolitik ursprünglich sozialistische Minimal-Positionen vertrat: die Zielvorstellung eines Wohlfahrtsstaates, zu erreichen durch die Hereinnahme dirigistischer Elemente in den Bereich der Sozialpolitik und der Investitionen und durch gezielte Nationalisierungen. Die traditionell der politischen Rechten zugeschriebenen Kräfte schienen so gut wie nicht mehr existent; die führenden Politiker der III. Republik und insbesondere die radikale Partei als deren Inkarnation galten als kompromittiert.
Doch nur zu bald sollte sich herausstellen, daß dem Wunsch nach nationaler Einheit und Erneuerung, Größe und Gerechtigkeit keine politische Wirklichkeit entsprach, daß die Symbole de Gaulle und Blum nur dazu dienten, erheblich divergierende Zielsetzungen zu überdecken, und daß es sich bei der Befreiung des Jahres 1944 um eine „révolution manquée"[12] gehandelt hatte. Die Spitzenverbände der Résistance waren bereits in den Monaten vor der Befreiung weitgehend kommunistisch unterwandert worden. De Gaulle wußte die Vertreter der Résistance von der Macht fernzuhalten, indem er durch Aufnahme wichtiger CNR-Führer in die provisorische Regierung und die auf 248 Sitze verdoppelte Beratende Versammlung den CNR selbst schwächte, dann aber de facto ohne Hinzuziehung seiner Minister und ohne Berücksichtigung der Meinungen in der Versammlung regierte, und mit Unterstützung des Ende November 1944 aus Moskau zurückgekehrten PCF-Führers Maurice Thorez die Unterordnung aller lokalen Befreiungskomitees unter seine Autorität erreichte.[13] Die Entmachtung des CNR bekräftigte die SFIO-Führung in ihrem Bestreben, zunächst der eigenen Partei wieder ein stabiles Gerüst zu geben; dies wiederum trug dazu bei, daß die Sammlung am Sozialismus orientierter Widerstandskämpfer in der „Union Démocratique et Socialiste de la Résistance" (UDSR), hervorgegangen aus der nichtkommunistischen Mehrheit des MLN und im Juni 1945 endgültig konstituiert, nicht zur Verschmelzung mit der SFIO führte. Dem Wunsch nach Erweiterung der Basis des französischen Sozialismus, vertreten von Ribière, Auriol, Philip, Defferre, nach

seiner Rückkehr unterstützt von Blum, widersetzten sich Marcel-Edmond Naegelen, Grumbach und Bloncourt im Namen der authentischen Tradition der Partei; Mayer betrachtete die Verschmelzung in erster Linie unter dem Gesichtspunkt der Stärkung der SFIO, während die UDSR ihren Beitritt möglichst hoch bezahlt wissen wollte.[14] Dem Trend zur Restaurierung der traditionellen politischen Familien folgend und durch die Absage der SFIO-Traditionalisten an die Résistance-Kräfte ermutigt, sammelten sich die christlichen Demokraten in einer eigenen Partei, dem „Mouvement Républicain Populaire" (MRP); der von Auriol geforderten Vereinigung der Sozialisten mit der linkskatholischen Bewegung hatte sich auf Drängen Mayers selbst Blum widersetzt.[15] In der SFIO war auf dem außerordentlichen Nationalkongreß vom 9. bis 12. November 1944 in Paris, Palais de la Mutualité, mit der Ersetzung der früheren, nach parteiinternen Fraktionen zusammengesetzten „Commission d'Administration Permanente" (CAP) durch ein 25köpfiges, aus direkter Persönlichkeitswahl hervorgehendes „Comité directeur" als oberstem Exekutivorgan der Partei zwar eine wesentliche organisatorische Voraussetzung geschaffen worden, um einer erneuten Erstarrung des Parteilebens in unfruchtbaren Richtungskämpfen vorzubeugen; indessen sammelten sich in der Partei bereits wieder Vorkriegs-Anhänger, die in einem allzu heftigen Vorpreschen der Résistance-Kräfte eine Gefahr für den Bestand der marxistisch-sozialistischen Tradition witterten.[16] Wenn der Sozialismus der Meister der Stunde zu sein schien, so nicht wegen, sondern trotz des SFIO-Kurses in der Zwischenkriegszeit. Er sollte in dem Maße seine beherrschende Stellung wieder verlieren, wie sich die SFIO wieder an ihrer Tradition vor der Résistance-Zeit orientierte.

Einstimmig für die Weltföderation
Immerhin: Zunächst nahm das Konzept der internationalen Weltfriedensorganisation, obwohl wie alle außenpolitischen Fragen kein Thema der breiten Öffentlichkeit[17], als eine der raisons d'être der „neuen" SFIO in der Selbstdarstellung der Partei einen breiten Raum ein. Bereits am 27. August 1944, zwei Tage nach der Befreiung von Paris, begann der nun wieder als Tageszeitung erscheinende „Populaire" mit der Veröffentlichung einer Artikelserie von Charles Dumas zur „Organisation internationale". An der Spitze der Weltorganisation sollte nach seinen Vorstellungen ein vom Veto einzelner Staaten unabhängiger Sicherheitsrat stehen; im übrigen sollte sich die Weltföderation in kontinentale Unterföderationen gliedern, um der doppelten Gefahr eines Fehlurteils aus Unkenntnis der regionalen Problematik und der Lähmung durch Überlastung mit Einzelfragen zu entgehen. In Europa seien regionale Teilföderationen angebracht, beispielsweise eine Föderation der Donauländer oder Balkanländer, ein Bund der Mittelmeerländer, ein Bund der nordischen Staaten. An allen Bündnissen sollten Großbritannien und Frankreich beteiligt werden, die selbst wiederum eine „étroite entente" eingehen müßten. Insgesamt werde dieses Netz von Beziehungen der Errichtung Vereinigter Staaten von Europa als Teil der Weltföderation dienen.[18] Eine mit realen Vollmachten ausgestattete Weltwirtschaftsorganisation solle Teil dieses internationalen Systems werden; nur so könne der Welthandel stabilisiert, die materielle Not fortschreitend beseitigt und damit langfristig die beste Gewähr gegen den Ausbruch neuer Kriege geboten werden.[19] Daniel Mayer stellte den Plan der „Organisation internationale" in den Mittelpunkt seiner Ausführungen zur sozialistischen Doktrin vor dem

außerordentlichen Parteikongreß vom 9. bis 12. November 1944: „Nous ne devrons plus faire de politique à la petite semaine. Camarades, ralliement autour du parti socialiste pour un seul mot d'ordre: création des Etats-Unis socialistes du Monde!" Das vom Kongreß verabschiedete Manifest forderte „une organisation mondiale (...) sous la forme d'une fédération de nations libres abandonnant chacune une part le leur souveraineté à un organisme supérieur doté d'une direction propre, d'un budget, d'une armée suffisante pour assurer la sécurité de chacun et de tous" sowie „une organisation économique et sociale disposant d'offices internationaux: matières premières, main d'oeuvre, crédit, transports, reconstruction etc."[20] Insgesamt gab sich der Kongreß optimistisch hinsichtlich der Realisierungschancen der Weltföderation; der Gedanke an regionale Teilföderationen, insbesondere eine europäische Föderation wurde zwar von Mayer erwähnt, aber nicht in das Manifest aufgenommen; über antagonistische Tendenzen unter den Weltmächten wurde nicht gesprochen. Hinsichtlich des Ziels der supranationalen Organisation gab es keinerlei Divergenzen in der neukonstituierten SFIO, hinsichtlich des Weges bestand solange kein Grund zu unterschiedlichen Auffassungen, wie die Schaffung der kollektiven Sicherheit noch unter führender Mitwirkung der beiden Weltmächte wahrscheinlich schien.

Widersprüche im Deutschlandkonzept
Die begrenzte Tragfähigkeit des einstimmigen SFIO-Bekenntnisses zum Konzept der „Organisation internationale" sollte sich freilich schon bald an dessen brisantestem Teilstück erweisen: der föderalistischen Lösung der Deutschlandfrage. Die Frage, was mit dem besiegten Deutschland geschehen solle, war das meistdiskutierte außenpolitische Thema; hier konnten Emotionen freigesetzt werden, die das gesamte auf rationale Einsicht gegründete Konzept der Weltfriedensorganisation in Gefahr bringen konnten; hier mußte eine auf Renationalisierung bedachte Politik ansetzen; und in der Tat sollte auf diesem Feld die Divergenz de Gaullescher und sozialistischer Zielvorstellungen erstmals sichtbar werden. Selbst unter den Autoren des sozialistischen Widerstands waren unterschiedliche Meinungen zum Deutschlandproblem laut geworden. Es mußte daher ein vordringliches Anliegen der Parteiführung sein, möglichst bald ein einheitliches Deutschlandkonzept vorzulegen und dieses gegen traditionellem Sicherheitsdenken verhaftete Vorstellungen, soweit sie von de Gaulle und den Kommunisten lanciert wurden, klar abzugrenzen. Bereits im September 1944 gelang es Daniel Mayer, vom Exekutivkomitee der SFIO die einstimmige Billigung einer Erklärung zur Deutschlandfrage zu erhalten, die den Linien des illegalen Parteiprogramms vom Juni 1943 entsprach. Im Namen der SFIO konnte Mayer diese Erklärung am 10. Oktober über Radio BBC London in deutscher Sprache verbreiten lassen. Sie enthielt die bekannten Thesen über eine „Entpreußung" Deutschlands, Enteignung der ostpreußischen Grundbesitzer und westlichen Industriemagnaten, demokratische Erziehung und — „lorsque tous ces tâches auront été accomplies" — Eingliederung Deutschlands in eine supranationale Weltorganisation und mündete in die beschwörende Warnung: „Toute autre mesure, et en particulier tout démembrement, tout morcellement imposé à l'Allemagne, tout politique tendant à faire payer par l'ensemble du peuple allemand (...) la politique criminelle de ses bourreaux, amènerait sans doute de fâcheux retours (...) qui menaceraient dangéreusement la paix du monde."[21]

Die Erklärung Mayers führte auf dem Parteikongreß der Seine-Fédération, der am 1. November zur Vorbereitung des ersten Nationalkongresses stattfand, zu einer heftigen Grundsatzdiskussion zur Deutschlandfrage. Péladan, Nowina, Bloncourt und Valjean kritisierten an Mayer mangelnde Härte und mangelndes Bestehen auf Sicherheitsgarantien. Der Friede könne nur gesichert werden, führte Valjean aus, wenn die Völker für ebenso schuldig betrachtet würden wie ihre Regierungen. Sie fanden Widerspruch, unter anderem von Cappocci, Leguern, Fourier und Joublot. So sehr im Augenblick eine Politik der nationalen Einheit geboten sei, erklärte Joublot, so sehr müsse man an dem außenpolitischen Ziel der vereinigten sozialistischen Staaten festhalten. Die Mehrheit der Kongreßteilnehmer schloß sich der These von der Notwendigkeit einer Eingliederung Deutschlands in eine supranationale Gemeinschaft an; auch er mache sich keine Illusionen über den demokratischen Geist der Deutschen, berichtete der Sekretär der Fédération, Gérard Jaquet, auf dem Nationalkongreß, aber mit Gefühlen allein lasse sich keine Politik machen; „notre raison nous dit qu'il faut construire une Europe viable qui soit à l'arbri de nouveaux conflits."[22]

Auf dem Nationalkongreß Anfang November plädierte Mayer erneut für das Blumsche Deutschlandkonzept[23], stieß dabei aber auf den Widerstand von Salomon Grumbach, der noch als elsässischer Abgeordneter vor 1914 für die SPD im deutschen Reichstag gesessen hatte und als langjähriger SFIO-Vertreter bei den Konferenzen der Sozialistischen Internationale und französischer Völkerbunds-Delegierter den Ruf eines führenden außenpolitischen Experten der Partei genoß. Grumbachs Deutschlandbild blieb den Erfahrungen der Weimarer Zeit stark verhaftet; seine Konzeption hielt zwar am Blumschen Grundsatz der schließlichen Integration Deutschlands fest, folgte aber auch Auriol in der These von der Notwendigkeit umfangreicher materieller Sicherheitsvorkehrungen. Gegen Mayer (und somit auch gegen Blum) betonte er, das gesamte deutsche Volk sei für den Hitlerismus verantwortlich, da es nicht für seine Freiheit zu kämpfen gewußt habe. Mit Auriol forderte er deutsche Reprationsleistungen in Form des Einsatzes deutscher Arbeitskräfte beim Wiederaufbau zerstörter Gebiete, langjährige Kontrolle des Unterrichtswesens, des Handels, der Industrieproduktion und der auswärtigen Beziehungen. Mit den Forderungen Mayers und des Programms von 1943 wußte er sich einig in der Ablehnung jeglicher Zerstückelung und Annexion, auch hinsichtlich des Rheinlandes.[24]

Das Manifest des Parteitages enthielt nur Elemente, die beiden Fassungen des sozialistischen Deutschlandkonzepts gemeinsam waren, also einerseits die Warnung vor Zerstückelung und Annexion spezifisch deutschen Territoriums[25], andererseits die Forderung nach vollständiger Besetzung und Abrüstung, Enteignung der Großindustrie und Großgrundbesitzer, Entfernung der Kriegsverbrecher, Umgestaltung des Unterrichts- und Pressewesens. So eindeutig sich die Sozialisten damit zur Wahrung der territorialen Integrität Deutschlands bekannten und von den Vorstellungen de Gaulles distanzierten, so unverbindlich und unterschiedlich interpretierbar blieben ihre Ausführungen zu den nötigen Sicherheitsvorkehrungen. Hinsichtlich der Dauer der Besatzung, des Umfangs der Enteignungen, der Form der „Entfernung der Kriegsverbrecher" usw. blieb ein breiter Spielraum offen. Die Formel von der „future intégration d'une Allemagne rénovée dans sa structure et sa mentalité au sein de la communauté civilisée" ließ offen, welches Maß an

Strukturreform mit welchem Maß an Integration korrespondieren sollte; die anschließende Bemerkung „dont l'a exclue la barbarie hitlérienne" ließ das Manifest eher im Licht der Auriol-Grumbachschen These einer langen Periode der Umerziehung und Umstrukturierung erscheinen. Die Auriol-Grumbachsche Forderung nach Reparationen wurde nicht in den Text aufgenommen, ebensowenig Auriols staatenbündlerische Vorstellungen. Als neues Element enthielt das Manifest die von Auriol in Algier konzipierte Forderung nach „internationaler Nationalisierung" der deutschen Schwerindustrie, d. h. Leitung und Nutzung der enteigneten Betriebe durch die Gesamtheit der europäischen Nationen. Die Mehrdeutigkeit dieses Programms ließ den schon im ursprünglichen Konzept Blums angelegten Widerspruch zwischen der Gefahr eines Scheiterns der Strukturreform durch Mangel an Integration in die internationale Gemeinschaft und der Gefahr eines Scheiterns der Integration durch Mangel an Strukturreform noch größer werden; vor allem aber schwächte sie die sozialistische Position gegenüber der auf Sicherheit durch materielle Faustpfänder bedachten Politik de Gaulles noch weiter, indem diese nun selbst eine nicht konsequente Mischung aus Integrations- und Faustpfand-Politik darstellte.

Wie unterschiedlich die sozialistische Deutschlandposition zu interpretieren war, zeigen parteioffizielle Verlautbarungen, die sich an das Manifest vom November 1944 anschlossen. Jules Moch nannte in seinen „Kommentaren" zum Programm des November-Parteitages, die Anfang 1945 in Buchform erschienen, die Umstrukturierung Deutschlands „une oeuvre de longue haleine". „Durant cette période à chiffrer par décades, l'Allemagne sera soumise à une sévère tutelle de ses vainqueurs."[26] André Philip dagegen beschrieb in einem „Schéma de conférence" für Informationsveranstaltungen in den Parteigliederungen Demokratisierung und Integration als einen wechselseitig fortschreitenden Prozeß: „La durée de l'occupation dépendra de l'accord entre Alliés et de l'évolution intérieure allemande, naissance d'un régime démocratique à qui pourront être progressivement transférés l'administration puis le gouvernement." Ergänzend zur Stellungnahme gegen Zerstückelung und Annexion schloß er eine Warnung vor der Schaffung autonomer, mehr oder weniger von Frankreich protegierter Staaten (Beispielfall Saar) und vor permanenter militärischer Besetzung des Rheinlandes durch Frankreich an.[27] Auch in der sozialistischen Presse wurden unterschiedliche Interpretationen sichtbar. Jean Lechantre stellte sich im „Nord-Matin" bereits im November 1944 offen gegen die „abenteuerliche Annexionspolitik" der provisorischen Regierung und forderte eine baldige Internationalisierung des Ruhrgebietes und des Rheinlandes unter Wahrung der Reichseinheit.[28] Grumbachs These von der deutschen Kollektivschuld fand heftigen Widerspruch in „Gavroche": Das ganze Volk verurteilen, schrieb Marcel Livian, „c'est, encore une fois, créer un malaise qui pèsera lourdement sur les rélations du monde avec l'Allemagne post-hitlérienne, retardant ainsi pour de longues années la reprise de relations vraiment normales entre les peuples".[29] „Combat" schloß sich der offiziellen Position der SFIO an, indem er vor Annexionen warnte und „früher oder später" eine Integration Deutschlands in eine „europäische Gemeinschaft" ins Auge faßte, übernahm allerdings von Auriol und Grumbach die Forderung nach Wiederaufbau der zerstörten Gebiete durch deutsche Kriegsgefangene und verlangte eine französische Kontrolle über das Rheinland.[30] Im MLN-Blatt „La République du Sud-Ouest" war dagegen von einer künftigen

Integration Deutschlands nicht mehr die Rede, statt dessen näherte es sich der Deutschlandkonzeption de Gaulles: Deutschland müsse mit aller Macht materiell außerstande gesetzt werden, je wieder einen Krieg zu beginnen[31]; die Angelsachsen müßten Frankreich helfen, dies an der Westgrenze deutschen Gebietes ebenso sicherzustellen, wie es die Russen und Polen an der Ostgrenze garantierten.[32] — Im Winter 1944/45 wurde deutlich, daß es der Parteiführung um Daniel Mayer nicht gelungen war, Blums Konzept der Eingliederung Deutschlands in eine internationale Föderation, wie es noch im Programm vom Juni 1943 enthalten war, in der Partei geschlossen durchzusetzen. Das Programm blieb zwar im Prinzip erhalten und fand auch überzeugte Verteidiger, doch war unter dem Einfluß Auriols, Grumbachs und des allgemeinen Renationalisierungseffektes, den die von de Gaulles Zelebrierung der französischen Grandeur begleitete Befreiung zur Folge hatte, an mehreren Stellen der Einbruch eines traditionellen Sicherheitsdenkens gelungen.[33]

2. „Organisation internationale" und internationale Position Frankreichs: Die Konfrontation mit der Außenpolitik de Gaulles

Das Verhältnis der Sozialisten zu de Gaulle blieb 1944/45 ambivalent: einerseits waren de Gaulles nationalistische Maximen der SFIO-Führungsgruppe durchaus nicht verborgen geblieben, andererseits hoffte sie noch immer, ihn zum Werkzeug einer Volksfrontpolitik nationaler Erneuerung machen zu können. Dabei galt für die Sozialisten zunächst, komplementär zu de Gaulle, das Primat der Innenpolitik. Im CNR-Programm hatten sie auf ihre außenpolitischen Zielvorstellungen verzichten müssen, hofften aber, diese ließen sich doch noch realisieren, wenn der Prozeß der Schaffung einer sozialen Demokratie unter de Gaulle erst einmal in Gang gekommen sei und eine von ihnen über den Stand ihrer außenpolitischen Einsichten aufgeklärte öffentliche Meinung de Gaulle zur Revision seines Konzepts hegemonialer Machtpolitik zwinge.[34] Der Versuch einer Politik außenpolitischer Solidarität mit de Gaulle, der aus einem solchen Kalkül resultierte, lag um so näher, als zwischen den ersten Schritten sowohl einer auf Supranationalität gerichteten als auch einer an Machtgewinn orientierten Politik Berührungspunkte bestanden, und der Renationalisierungseffekt der Befreiung, sogar bis in die eigenen Reihen hinein, verbunden mit der weitgehenden Entmachtung der Résistancekräfte, praktisch gar keine andere Möglichkeit mehr offen ließ.

Scheinbare und tatsächliche Gemeinsamkeiten

Die Frage nach der internationalen Anerkennung der provisorischen Regierung de Gaulles war ein erster Modellfall für die Anwendbarkeit dieser Politik: sie wurde nicht zuletzt dadurch ermöglicht, daß die Sozialisten de Gaulle unterstützen, war jedoch zugleich Voraussetzung zur Propagierung des Konzepts der „Organisation internationale" auf internationaler Ebene. Als de Gaulle am 25. August 1944 in Paris einmarschierte, wurde sein Komitee vom Oberbefehlshaber der alliierten Truppen, General Eisenhower, lediglich als „the de facto authority" mit der Zivilverwaltung des befreiten Gebiets betraut, und auch dies nur unter der von Roosevelt gestellten Bedingung, „that, as soon as the military situation permits, the French people will be given an opportunity freely to exercise their will in the

choice of their government"; die Anerkennung als legitime Regierung des Landes stand noch aus.[35] Die SFIO verlangte unverzüglich, die provisorische Regierung müsse auch „de jure" anerkannt werde, da sie tatsächlich den Willen Frankreichs verkörpere, und billigte ausdrücklich de Gaulles Anspruch, eine große Nation zu repräsentieren, die „s'est en partie libérée elle-même et qui est associée à l'effort de guerre anti-hitlérien". Die Anerkennung der französischen Regierung, so das Hauptargument, sei Voraussetzung für die Schaffung einer gerechten und stabilen Nachkriegsordnung.[36] Als die Anerkennung durch die Alliierten auf Betreiben Churchills am 23. Oktober erfolgte, kommentierte Daniel Mayer, Frankreich müsse sich nun an die Spitze einer neuen Volksfront der Nationen stellen, die der Notwendigkeit gerecht werde, nunmehr einen gerechten und dauerhaften Frieden in Europa und in der Welt zu konstruieren.[37]
Die Absichten Churchills richtig einschätzend forderte Edouard Depreux Großbritannien auf, Frankreich nunmehr zum Rang einer Großmacht zu verhelfen, ihm insbesondere eine Beteiligung an der Besetzung Deutschlands, gleichberechtigte Mitgliedschaft in der Friedenskonferenz und sofortige Zuteilung des versprochenen Sitzes im Weltsicherheitsrat zu verschaffen.[38] Die universale Mission Frankreichs wurde in den folgenden Wochen häufig evoziert, um de Gaulles Großmachtanspruch zu unterstützen. Das geistige Potential des Landes sollte als Kompensation für den realen Machtverlust im Gefolge des Zweiten Weltkrieges fungieren. Dieses Land, erklärte Mayer als Sprecher der sozialistischen Fraktion in der ersten außenpolitischen Debatte der erweiterten Consultative am 21. November, „pourra prendre la tête d'un vaste front populaire des nations, tendant la main à la Russie soviétique, dont elle admire la révolution sociale, à l'Angleterre et à l'Amérique qui ont su conserver le privilège de toutes leurs libertés". Auriol als Vorsitzender des Auswärtigen Ausschusses und CNR-Präsident Louis Saillant, beide mehr als Mayer an der traditionellen französischen Außenpolitik orientiert, sprachen in der gleichen Debatte insbesondere die Führungsrolle Frankreichs den kleinen Nationen Europas gegenüber an.[39] Frankreich als Mittler zwischen Ost und West und als Vorkämpfer der supranationalen Weltorganisation konnte, soviel wurde deutlich, im Grunde nur als ein sozialistisches Frankreich verstanden werden, in dem „Sozialrevolution" und „Freiheit" miteinander in Einklang gekommen waren; die Sozialisten ergänzten de Gaulles große Geschichtslüge, Frankreich sei als Sieger aus dem Zweiten Weltkrieg hervorgegangen, mit der ebensowenig zutreffenden Behauptung, der Sozialismus sei nun der Erbe der Macht geworden.
Dieser ideologisch begründete Großmachtanspruch ließ die Sozialisten für die tatsächlichen Schwächen und Fehler der de Gaulleschen Politik mehr und mehr blind werden. Den am 10. Dezember 1944 in Moskau unterzeichneten französisch-sowjetischen Pakt hatte de Gaulle als Druckmittel gegen die westlichen Alliierten angestrebt; tatsächlich war er mit dieser Zielsetzung gescheitert; er hatte die Oder-Neiße-Grenze als deutsche Ostgrenze anerkennen müssen, ohne daß seine Rheinland- und Ruhr-Forderungen an der deutschen Westgrenze auch nur erwähnt worden wären[40] — die Sozialisten feierten nichtsdestoweniger den Moskauer Vertrag als Wiedergeburt der französischen Nation (Philip), „un traité qui fait de la France une grande puissance" (Lapie) und „témoignage de la confiance que l'on fait à notre force et à notre grandeur futures" (Le Populaire). Wie de Gaulle unterstrichen sie, daß hier die beiden großen Mächte Europas „égal à égal" verhan-

delt hätten, und daß man von der Sowjetunion die Schaffung einer gerechten Friedensordnung in Osteuropa erwarten dürfe.[41] Sowohl in der außenpolitischen Grundsatzdebatte vom 21./22. November als auch in der Debatte über den Moskauer Vertrag am 21. Dezember sprachen sie de Gaulle ihr uneingeschränktes Vertrauen aus, nachdem zuvor schon Auriol bei einem Gespräch der SFIO-Führung mit dem Regierungschef diesem in außenpolitischen Fragen die volle Unterstützung der Sozialisten zugesichert hatte.[42]

Außenpolitische Solidarität als Taktik
Die durch die angenommene Identität von nationalem und universalem Interesse ideologisch abgesicherte Betonung der Gemeinsamkeit gaullistischer und sozialistischer Außenpolitik wurde noch dadurch erleichtert, daß de Gaulle die französische Öffentlichkeit über seine tatsächlichen Zielsetzungen bewußt im unklaren ließ. Die Sicherung des französischen Großmachtanspruchs war sein primäres Ziel; Deutschland sollte dieses Ziel in zweifacher Weise garantieren, durch die Bereitstellung eines beträchtlichen Wirtschaftspotentials im Wege einer Internationalisierung der Ruhr und einer Annexion bzw. wirtschaftlichen Angliederung des Rheinlandes respektive des Saargebietes an Frankreich einerseits, und durch die damit und mit einer Atomisierung der verbleibenden deutschen Staatlichkeit verbundene Schwächung des eigenen Angriffspotentials andererseits.[43] Die Kampagne der Sozialisten gegen Annexion und Zerstückelung deutschen Territoriums traf also die Zielsetzung der de Gaulleschen Politik im Kern. Um sich die Möglichkeit einer Revision der Zielsetzung de Gaulles über den Weg des Scheins außenpolitischer Gemeinsamkeit offenzuhalten, hatten sie allerdings die Kritik an dem hegemonialpolitischen Konzept bewußt von einer Kritik an de Gaulle selbst freigehalten. Als nun de Gaulles neuer Außenminister Georges Bidault mehrfach, offensichtlich in Reaktion auf die Thesen der SFIO, versicherte, die französische Regierung beanspruche keinerlei fremdes Territorium, schien sich ein erster Erfolg der sozialistischen Taktik anzubahnen. Als de Galle am 1. November in der Beratenden Versammlung erstmals andeutete, Frankreich müsse sich nach dem Sieg „donner les bonnes frontières", dementierte Bidault sogleich: „We do not want to incorporate any German territory. We do not want any German minority within our borders", woraufhin Daniel Mayer den gerade tagenden SFIO-Nationalkongreß sogleich aufforderte, sich mit dieser Äußerung Bidaults solidarisch zu erklären.[44]
Was de Gaulle selbst und durch den Mund Bidaults von seinem Deutschlandkonzept preisgab, paßte in den Rahmen des in der Deutschlandfrage mittlerweile selbst vom traditionellen Sicherheitsdenken infizierten Programms der SFIO. Zu Recht konnten Auriol und Philip als Ergebnis der Debatte vom 21. November festhalten, in der Forderung nach Zuteilung einer Besatzungszone, Wiederaufbauleistungen der insgesamt für den Krieg verantwortlichen Deutschen, Entnazifizierung, Entmilitarisierung, Enteignung von Großindustriellen und Großagrariern und Umerziehung bestehe Einmütigkeit unter allen Sprechern der Versammlung einschließlich de Gaulle. Der Widerspruch zwischen Mayers Warnung vor Annexionen und den Rheinlandansprüchen der nichtsozialistischen Redner wurde nicht herausgearbeitet.[45]
Die Grenze zwischen sozialistischem und gaullistischem Konzept verwischte sich um so mehr, als ein Teil der Sozialisten in der Rheinland- und Ruhrfrage einen

wesentlichen Schritt von der ursprünglichen sozialistischen Zielsetzung weg und auf die gaullistische Zielsetzung hin tat: Während sich Charles Dumas am 14. Dezember strikt gegen jegliche Form französischer Herrschaft über das Rheinland wandte und eine internationale Kontrolle dieser Gebiete verlangte, und André Philip in der Parlamentsdebatte vom 21. Dezember in Übereinstimmung mit dem Manifest des November-Kongresses von der Schaffung einer internationalen Körperschaft zur Leitung der Ruhrindustrie sprach, verlangte Pierre-Olivier Lapie in der gleichen Debatte eine Kontrolle des Ruhrgebiets und die Leitung der Ruhrindustrie „sous la direction de la France". Lapie traf das Grundanliegen de Gaulles sehr genau, als er forderte, „que cette grande fabrique d'épées devienne une fabrique de charrues et de socs, et détourne vers la paix, la paix de la reconstruction française les forces qui, politiquement comme économiquement, existent dans l'Ouest de l'Allemagne", irrte aber in der Behauptung, der Moskauer Vertrag biete die Grundlage für eine solche Politik.[46] Damit sprach Lapie zwar nur für eine Minderheit in der SFIO-Fraktion, in der Folgezeit konnte jedoch die Formel „Internationalisierung der Ruhr", obwohl ursprünglich dem Konzept der supranationalen Organisation entstammend, mehr und mehr unter nationalegoistischen Gesichtspunkten zugunsten Frankreichs verstanden werden. Hinzu kam, daß die Forderung nach Internationalisierung der Ruhr-Industrie sich im Kontext der Territorialforderungen de Gaulles zur Forderung nach Internationalisierung des Ruhr-Gebiets, d. h. nach Herauslösung aus dem deutschen Staatsverband, ausweitete. Hinsichtlich der Gemeinsamkeit de Gaulle/Bidaultscher und sozialistischer Außenpolitik kam ihr eine Schlüsselfunktion zu: internationalistisch gefärbt, aber nationalistisch gemeint, konnte sie von de Gaulle zur Verschleierung seiner eigenen eigentlichen Zielsetzung aufgegriffen werden, von den Sozialisten zum Beweis ihrer nationalpatriotischen Zuverlässigkeit angeführt werden, von Bidault späterhin als letztem Element de Gaullescher Außenpolitik durchzusetzen versucht werden.

Die Interpretation des Moskauer Vertrages als erster Schritt auf dem Wege zur Errichtung der kollektiven Sicherheitsorganisation, von Auriol auf dem Nationalkongreß vorgezeichnet, war ein weiteres Element des Versuchs, de Gaulle auf dem Umweg über die öffentliche Meinung zur schließlichen Übernahme der sozialistischen Position zu zwingen, trug aber ebenfalls dazu bei, den tatsächlichen Zielkonflikt de Gaullescher und sozialistischer Außenpolitik zu verundeutlichen. Die sozialistische Fraktion begrüße den Vertrag als den Anfang einer föderativen Organisation Europas und der Welt, erklärte André Philip in der Debatte vom 21. Dezember 1944, „organisation politique d'abord, par la création d'un organisme international limitant — car c'est indispensable — la souveraineté de toutes les nations", die durch die Schaffung globaler Organisationen zum Wirtschafts- und Sozialbereich, darunter vordringlich eine internationale Reparationsbehörde, ergänzt werden müsse. Der Vertrag müsse, komplettiert durch Verträge mit den übrigen östlichen und westlichen Nachbarstaaten Deutschlands, in den Rahmen einer kollektiven Sicherheit eingearbeitet werden, betonte Paul-Boncour, dessen Wiederaufnahmeantrag in die SFIO vom außerordentlichen Kongreß gebilligt worden war[47], in der gleichen Debatte.[48] Die sozialistische Presse nutzte den Vertragsabschluß zu einer neuen Kampagne für die „Föderation freier Völker".[49] Daß der Abschluß bilateraler zwischenstaatlicher Verträge de facto einer Absage an das System kollektiver Sicherheit gleichkam, wurde nicht gesehen.

Auf den ersten Blick schien die sozialistische Taktik außenpolitischer Solidarität mit de Gaulle nicht ohne Erfolg zu bleiben. Während die offene Gegnerschaft der Sozialisten gegen die gaullistischen Maximalforderungen die ohnehin geringen Chancen, diese den Alliierten gegenüber durchzusetzen, noch mehr verringerte, sah sich de Gaulle selbst durch die erzwungenen Dementis einem zusätzlichen Hindernis auf dem Wege zur Realisierung seiner Zielsetzungen gegenübergestellt. Zugleich wuchs in der Öffentlichkeit das Verständnis für das Konzept der supranationalen Organisation. Bereits in der ersten außenpolitischen Debatte der Consultative erreichte die sozialistische Fraktion die einstimmige Verabschiedung einer Resolution, in der die Regierung unter anderem aufgefordert wurde: „préparer une organisation internationale qui achemine la communauté des états vers une fédération des peuples libres à l'intérieur desquels des ententes régionales ne risquent pas d'aboutir à la formation de blocs antagonistes."[50] Der Hinweis auf die Gegnerschaft zu jeder Art von Blockpolitik wurde angefügt, um den Bedenken der Kommunisten Rechnung zu tragen; die übrigen Formulierungen waren der Rede Mayers in der gleichen Debatte entlehnt. Auch in der folgenden Debatte zum Moskauer Vertrag stellte sich kein Redner offen gegen das Konzept der supranationalen Friedensorganisation.

Beginnende Opposition
Doch blieben diese Erfolge im verbalen Bereich stecken; zu groß war der von de Gaulle produzierte Renationalisierungseffekt, als daß die allgemeine Zustimmung zum Konzept der „Organisation internationale" als politischer Druck relevant werden konnte. De Gaulle sah sich nicht veranlaßt, seinen Kurs zu korrigieren; mit der Betonung einer vordergründigen Gemeinsamkeit war nicht er zum Werkzeug sozialistischer Politik, sondern waren die Sozialisten zum Werkzeug gaullistischer Politik geworden. Tatsächlich blieben die Sozialisten ohne jeden Einfluß auf die Formulierung der französischen Außenpolitik. Bei der Neuformierung der provisorischen Regierung am 9. September 1944 hatte de Gaulle den außenpolitisch qualifizierten Sozialisten Adrien Tixier, der die letzten Jahre als Repräsentant de Gaulles in Washington verbracht hatte, zum Innenminister bestellt. Statt seiner war der mit der internationalen Situation absolut nicht vertraute Résistance-Führer Georges Bidault, mehr gegen als mit seinem Willen, Außenminister geworden; und auch diesen betrachtete de Gaulle nur als Handlungsgehilfen, den er in keiner Weise an seinen Entscheidungen teilhaben ließ.[51] Im Ministerrat hatten die sozialistischen Minister wie alle anderen Kabinettsmitglieder keinerlei Mitspracherecht in außenpolitischen Fragen: „Genau der Rangordnung entsprechend aufgerufen, trug der Reihe nach jeder seine Sache vor. Dann folgte ein Meinungsaustausch. Dann der Beschluß in Form eines Urteilsspruchs, gefällt vom Regierungschef."[52] Der Beratenden Versammlung bedeutete de Gaulle offen, er werde ihre Meinung nur in dem Maße berücksichtigen, wie sie „konstruktiv" sei[53]; de facto blieben auch ihre Beschlüsse ohne Bedeutung. In der Frage eines britisch-französischen Bündnisses sollte der SFIO-Führung ihre tatsächliche außenpolitische Ohnmacht Anfang 1945 zum ersten Mal deutlich werden; eine erste Modifikation der sozialistischen Taktik sollte die Folge dieser Einsicht sein.
Die Kooperation mit den Briten, insbesondere mit den britischen Sozialisten, galt den Sozialisten seit Blums Botschaften aus dem Gefängnis von Bourassol als der

geeignete Ansatzpunkt zur Realisierung der „Organisation internationale". 1944/45 hätte Frankreich in Churchill einen Partner für eine solche Zusammenarbeit finden können, insofern dieser bestrebt war, gegenüber dem Einflußzonenanspruch der neuen Weltmächte doch noch eine eigenständige europäische Politik durchsetzen zu können. In der Diskussion um den französisch-sowjetischen Vertrag forderten die Sozialisten demgemäß nachdrücklich, dieser müsse durch ein französischbritisches Bündnis ergänzt werden. Beide Bündnisse sollten zusammen mit dem britisch-sowjetischen Pakt die Ausgangsbasis für eine föderative Neugestaltung Europas als wichtigstem Teilstück der Weltföderation bilden.[54] Churchill bot de Gaulle während seiner Besuche in Paris, November 1944 und nochmals Anfang Januar 1945, den baldigen Abschluß eines bilateralen Vertrages an. Mehr noch war ihm an einem britisch-französisch-sowjetischen Dreierpakt gelegen. Als er sich jedoch weigerte, die französischen Forderungen nach Abtretung des Rheinlandes und des Ruhrgebietes zu unterstützen, ging de Gaulle, anders als bei Stalin, auf das Bündnisangebot nicht ein, davon überzeugt, daß zwischen Frankreich und Großbritannien stets ein natürlicher Interessengegensatz herrsche, und daß ein bilateraler Vertrag zwischen Frankreich und der Sowjetunion Churchill zum Vertragsabschluß unter Akzeptierung seiner Forderungen zwingen werde.[55] Vergeblich suchte Vincent Auriol seinen Einfluß als Vorsitzender des Auswärtigen Ausschusses der Beratenden Versammlung geltend zu machen, um den Vertragsabschluß gegen den erklärten Willen de Gaulles zu erreichen.[56] Zwar wurde der Öffentlichkeit offiziell nichts über Churchills Bündnisangebot mitgeteilt; doch wußten die Sozialisten — einmal durch die Gespräche Auriols mit de Gaulle, und dann durch de Gaulles Radioansprache vom 5. Februar 1945, in der er indirekt andeutete, eine britische Unterstützung seiner Rheinland- und Levante-Politik sei Voraussetzung für ein Bündnis —, daß sich der Regierungschef dem Abschluß des Vertrages widersetzte.[57] Damit aber war der Bereich der Gemeinsamkeit de Gaullescher und sozialistischer Außenpolitik verlassen.

Zum Beweis der Ohnmacht in außenpolitischen Fragen kam noch der Eindruck hinzu, de Gaulle werde noch nicht einmal das innenpolitische (Minimal-)Reformprogramm der CNR-Charta durchführen. Im Januar 1945 wurde der Unmut im Comité directeur der Partei manifest. Tixier und Ramadier äußerten Rücktrittsabsichten, da die Regierung, wie Tixier formulierte, „ni programme ni politique" habe. Der Parteivorstand beschloß einer Anregung Mayers folgend, de Gaulle mit seiner Kritik zu konfrontieren. Als dieser sich jedoch weigerte, eine Delegation der SFIO zu empfangen[58], sah sich die Parteiführung genötigt, die Regierungspolitik erstmals öffentlich zu kritisieren und damit auch von der Taktik außenpolitischer Solidarität mit de Gaulle teilweise abzurücken. Am 7. Februar 1945 veröffentlichte der „Populaire" eine erste grundsätzliche Kritik an der Außenpolitik de Gaulles: Paul Rivet schrieb, man müsse den Eindruck gewinnen, daß die Regierung in einem Moment „exceptionelle et de courte durée", in dem die Schaffung einer Weltfriedensordnung möglich sei, Frankreich auf den Weg einer „politique internationale de rivalités" führe, „sous prétexte de faire une politique de prestige"; die Mehrheit der Franzosen wünsche aber „voir le Gouvernement prendre une position qui ne soit pas entièrement dominée par des conceptions étroitement nationales".[59] Vom 12. Februar an folgte eine Leitartikel-Serie „Brumes à dissiper", verfaßt von Mayer, Moch und Auriol, in der der negative Eindruck, den die

bisherige Regierungspolitik hinterlassen habe, beklagt und an das Résistance-Programm der Sozialisten und des CNR erinnert wurde. Zur Außenpolitik de Gaulles schrieb Vincent Auriol: Frankreichs Prestigeanspruch sei nur insofern berechtigt, als es der Welt eine aus den Leiden der Kriegsjahre geborene moralische Botschaft zu bringen habe. „L'erreur de notre politique étrangère est de la laisser oublier et même de l'oublier." De Gaulles nun offen ausgesprochene Forderung nach „definitive(r) Präsenz der französischen Gewalt von einem Ende des Rheins bis zum anderen, Abtrennung der Territorien des linken Rheinufers und des Ruhrgebiets von dem, was der Staat oder die deutschen Staaten sein werden"[60] nannte er „fragiles protections territoriales"; deren Anerkennung zur Vorbedingung eines französisch-britischen Bündnisses zu machen und damit das Konzept der kollektiven Sicherheit in Gefahr zu bringen, bezeichnete er als „une lourde faute qui voilerait le prestige de la France, l'engagerait dans des aventures et nuirait à sa sécurité réelle". „Nous avons salué avec joie le pacte franco-soviétique; nous sommes inquiets de ne voir pas négocier un pacte franco-britannique, surtout après certaines déclarations paraissant en subordonner la conclusion à la reconnaissance de nos droits sur la rive droite du Rhin. Mais, pour nous les alliances ne peuvent et ne doivent être que les assises d'une organisation fédérative de l'Europe et du monde (...)".[61] Mit der Installierung der Föderation dürfe man sich nicht Zeit lassen, bis die vermeintlichen oder tatsächlichen Interessen der eigenen Nation befriedigt sind: „Sans une telle organisation, dès maintenant entreprise, ce serait demain, au-dessus des frontières, la crise et la misère et, plus tard, même à l'arbri de bonnes frontières" — eine Anspielung auf de Gaulles Rede in der Consultative vom 1. November 1944 — „la guerre et la defaite".[62] Am 27. März folgte dann eine Attacke in der Beratenden Versammlung: Edouard Depreux kritisierte im Namen der Fraktion die schleppende Behandlung des Bündnisprojektes mit Großbritannien.[63] Im Mai schließlich veröffentlichte Emmanuel Mouniers Zeitschrift „Esprit" Aufsätze von Jean Lacroix, Albert Béguin, Michel Collinet und André Philip, die den Versuch der Restauration nationalstaatlicher Machtpolitik angriffen und ihn mit den Prinzipien des sozialistischen Internationalismus kontrastierten.[64] Die schärfste Kritik an de Gaulle formulierte Albert Gazier in einem „Populaire"-Artikel vom 27. Februar: „Nos amis étrangers ont pu croire, d'après les déclarations du chef du gouvernement que nous songions à nous lancer dans une vaste politique d'annexions. Ils se demandent si on n'assiste pas à la renaissance du poincarisme."[65]
So scharf sich diese Erklärungen in der Sache nun nicht nur gegen die Zielsetzungen, sondern auch gegen die aktuelle Taktik de Gaulles wandten, so vorsichtig waren sie in der Form gehalten, um einen definitiven Bruch mit dem Regierungschef zu vermeiden. Formeln wie „man habe den Eindruck" bedeuteten einen Appell an de Gaulle, unter Wahrung seines Gesichts seinen tatsächlichen Kurs zu korrigieren. Die SFIO-Führung versuchte immer noch, de Gaulle durch den Druck der öffentlichen Meinung zur Übernahme ihres Konzepts zu zwingen, auch wenn sie die eigene Position nun in dem Maße deutlicher von de Gaulle abgrenzte, als dieser sich anders als zur Zeit des Moskauer Vertrages offener zu seinen eigenen Zielvorstellungen bekannte. Die Taktik der außenpolitischen Solidarität galt nur noch bedingt.

3. „Organisation internationale" und UNO:
Der Dumbarton-Oaks-Plan und die Gründungskonferenz von San Franzisko

Den offenen Bruch mit der Außenpolitik de Gaulles zu vermeiden, schien um so mehr geboten, als im Frühjahr 1945 in der Frage der Vereinten Nationen wieder Ansätze zu einer Gemeinsamkeit de Gaullescher und sozialistischer Politik sichtbar wurden. Der der sowjetischen Führung unter Zusicherung voller Beibehaltung der nationalen Souveränität abgerungene Beschluß der Moskauer Außenministerkonferenz vom Oktober 1943, zum baldmöglichsten Zeitpunkt die Initiative zur Schaffung einer neuen internationalen Organisation zu ergreifen, war inzwischen konkretisiert worden. Die Vertreter der USA, der UdSSR und Großbritanniens hatten sich auf ihrer Konferenz in Dumbarton Oaks/Washington vom 21. August bis 7. Oktober 1944 über einen grundsätzlichen Strukturplan der neuen Weltorganisation geeinigt. Der Vollversammlung aller Mitgliedsnationen kam nach dem Plan von Dumbarton Oaks nur geringe Bedeutung zu; die Entscheidung über das Eingreifen der Weltorganisation, Einsatz der der Weltorganisation zur Verfügung stehenden Militärverbände usw. sollte einem Sicherheitsrat vorbehalten bleiben, dem die fünf Großmächte (einschließlich Chinas) als ständige Mitglieder angehören sollten. Für bestimmte Bereiche war für diesen Sicherheitsrat Pflicht zur Einstimmigkeit vorgesehen; wie weit diese Bereiche gefaßt werden sollten, darüber war in Dumbarton Oaks noch keine Einigkeit erzielt worden. Ein solcher Plan widersprach den sozialistischen Vorstellungen zur kollektiven Sicherheit, indem er die Friedenssicherung nicht auf die Souveränitätsabgabe aller Staaten, sondern auf die Vormachtstellung der Großmächte gründete, und indem er die Vermeidung von Konflikten unter den Großmächten nicht zum Ziel, sondern zur Bedingung seines Funktionierens machte. Für eine französische Großmachtpolitik war er jedoch durchaus akzeptabel, indem er die nationalstaatliche Souveränität unangetastet ließ, zugleich aber Frankreich – wiederum auf Initiative der Briten – einen ständigen Sitz im Sicherheitsrat zubilligte.[66]

Verbesserungsvorschläge
Die französischen Sozialisten reagierten auf den Charta-Entwurf von Dumbarton Oaks mit einer Mischung aus Enttäuschung und vorsichtigem Optimismus. Noch war von den tatsächlichen Vorstellungen der Weltmächte zu wenig bekannt, als daß die Hoffnung auf eine Realisierung der supranationalen Organisation hätte aufgegeben werden müssen; andererseits gab die Tendenz der vorliegenden Vorschläge zu Befürchtungen Anlaß. Während Dumas schrieb, dieser Plan „ne nous donnera pas le puissant organisme autonome à la fois politique et économique que doit être, selon nous, la Société des Nations. Mais il y mène"[67], gab Grumbach aufgrund seiner Erfahrungen als Völkerbundsdelegierter zu bedenken: „Si considérable que soit, en comparaison avec les dispositions prévues dans l'ancien pacte de la S.D.N., le progrès que constituent les propositions (...), le fait que le mode de rotation du Conseil de Sécurité (...) rest encore à l'étude, fournit la preuve que rien de définitif n'est obtenu." Es bestehe die große Gefahr, daß sich der Sicherheitsrat, obwohl als ein erster Versuch einer Weltregierung gedacht, mangels Einstimmigkeit genau in den Fällen als handlungsunfähig erweise, in denen sein Eingreifen am dringendsten benötigt würde: „en cas d'une profonde division au

sein de la communauté internationale." Diese Gefahr laste schwer auf der neuen Organisation, die allgemeine Sicherheit bleibe suspendiert.[68]
Einig war sich Grumbach indessen mit Dumas in der Forderung, Frankreich müsse auf internationaler Ebene konkrete Vorschläge machen, wie der Dumbarton-Oaks-Plan im Sinne einer Stärkung der Weltorganisation zu verbessern sei. Die französische Regierung berief nach Bekanntwerden der Ergebnisse von Dumbarton Oaks einen Sonderausschuß unter Vorsitz des Völkerbundsexperten Joseph Paul-Boncour ein, der eine Stellungnahme zum Dumbarton-Oaks-Plan erarbeiten sollte, und in den die SFIO sogleich nach Beratung im neugeschaffenen Comité d'étude des Affaires internationales der Partei ihre Änderungsvorschläge einzubringen suchte. Am 16. März beriet der Ministerrat die Ergebnisse des Ausschusses; als die Änderungswünsche der französischen Regierung am 23. März in einer Note publiziert wurden, zeigte sich, daß es den Sozialisten gelungen war, einen beträchtlichen Teil ihrer Forderungen durchzusetzen, soweit sie de Gaulles Großmachtanspruch nicht berührten. Ein Vergleich zwischen den sozialistischen Vorstellungen und dem offiziellen Text der Regierung macht dies deutlich:[69]
(1) Von ihrer Zielvorstellung der supranationalen Organisation ausgehend forderten die Sozialisten, die Struktur der neuen Weltorganisation derart anzulegen, daß ein Verzicht auf nationale Hoheitsrechte zugunsten der Organisation in zunehmendem Maße möglich und somit eine Evolutionierung der jetzigen, von der Vorherrschaft der Großmächte getragenen Organisation zu einer tatsächlich supranationalen Organisation gefördert würde. Die Sozialisten legten dar, daß die jetzige Einmütigkeit der Großmächte nicht ständig gewahrt sein würde; daher sei diese Evolutionierung für den Bestand der Weltorganisation existenznotwendig. Die Note der französischen Regierung enthielt mehrere Vorschläge, die auf einen Eingriff in nationale Hoheitsrechte abzielten, vor allem aber in ihrer Präambel die Erklärung, Frankreich sei zur partiellen Abgabe nationalstaatlicher Souveränität im Interesse der Friedenssicherung bereit. Ein von mehreren Ministern in der Sitzung des Ministerrats gefordertes Votum für eine Ächtung des Vetorechts wurde jedoch von de Gaulle abgelehnt.
(2) Nach sozialistischer Überzeugung bestand zwischen innerstaatlicher Demokratie und internationaler Friedenssicherung ein wechselseitiges Abhängigkeitsverhältnis. Die SFIO-Experten verlangten demgemäß, in der Weltorganisation dürfe es nur für demokratische Staaten Platz geben, die die Menschenrechte respektierten. Die französische Regierung übernahm diese Forderung in mehreren vorsichtigen Formulierungen. Sie bezeichneten es als eine wesentliche Aufgabe der Organisation, über die Einhaltung der Menschenrechte ohne Unterschied der Rasse, der Sprache oder der Religion zu wachen („veiller"). Mitgliedskandidaten sollten in die Organisation nur aufgenommen werden, wenn sie die Friedfertigkeit ihrer inneren Ordnung und ihres internationalen Verhaltens unter Beweis stellten. Im Falle einer „eindeutigen Verletzung wesentlicher Freiheiten" in einem Mitgliedsstaat sollte die Organisation alle nichtmilitärischen Maßnahmen zur Wiederherstellung der Freiheit ergreifen können. Die Regierung vermied jedoch eine Festlegung auf den sozialistischen Demokratiebegriff; eindeutige Kategorien und Mechanismen zur Feststellung der „Friedfertigkeit" fehlten.
(3) Gemäß der langjährigen, gerade in der Zeit nach der Befreiung wieder stark akzentuierten sozialistischen These von der wirtschaftlichen Ursache internationaler

Konflikte forderte das Comité d'étude einen Ausbau des im Dumbarton-Oaks-Plan vorgesehenen Wirtschafts- und Sozialrats. Dieser sollte das Recht erhalten, der Vollversammlung nicht nur wie von den Weltmächten vorgesehen Empfehlungen, sondern Entscheidungen vorzuschlagen sowie eine Reihe dringendst zu schaffender internationaler Behörden zu leiten. Insbesondere sollten eine internationale Bank, eine Transportbehörde mit europäischen Sektionen für den Bereich Schiffahrt, Luftfahrt und Eisenbahnen, eine Erziehungsbehörde, eine Rundfunkbehörde und eine Institution zur Verteilung der Weltrohstoffvorkommen geschaffen werden. Eine Realisierung insbesondere der letztgenannten Forderung hätte den Interessen der Weltmächte, aber auch einer sich auf deutsche Ressourcen stützenden Großmacht Frankreich widersprochen; die Paul-Boncour-Kommission und mit ihr die Regierung fanden sich daher nur dazu bereit, die Forderung nach Stärkung des Wirtschafts- und Sozialrats dadurch zu unterstützen, daß sie ihm das Recht zubilligten, dringende Fälle, in denen der Weltfriede nach Meinung des Rates bedroht ist, unmittelbar dem Sicherheitsrat zur Entscheidung vorzulegen. Der Versuch der Sozialisten, den kleineren Staaten mehr Einfluß zu verschaffen, indem sie nicht den Sicherheitsrat, sondern die Vollversammlung mit Entscheidungsvollmacht in Wirtschaftsfragen ausgestattet sehen wollten, war damit gescheitert.
(4) Um das Vetorecht der Großmächte im Sicherheitsrat soweit wie möglich einzuschränken, forderten die Sozialisten, den schon von Jaurès entwickelten Begriff der Schiedsgerichtsbarkeit in das Arsenal der Mittel der Weltorganisation aufzunehmen. Die Vollversammlung sollte das Recht erhalten, in Konfliktfällen mit Zweidrittel-Mehrheit ein Schiedsverfahren zu beschließen und einen Schiedsrichter zu benennen; die Mißachtung des Schiedsurteils sollte sie mit wirtschaftlichen Sanktionen belegen können; nur militärische Sanktionen sollten vorläufig dem Sicherheitsrat vorbehalten bleiben. Um die Wirksamkeit dieses Verfahrens zu gewährleisten, sollte die öffentliche Meinung in allen demokratischen Staaten darauf hinwirken, daß die Verpflichtung zur Akzeptierung von Schiedsgerichtsurteilen Verfassungsartikel wird. Auch diese Anregung verlegte die Regierungsnote von der Vollversammlung in den Sicherheitsrat. Ohne den Begriff der Schiedsgerichtsbarkeit aufzugreifen, sah sie für den Sicherheitsrat eine neue Kategorie von Beschlüssen vor, sogenannte „Empfehlungen", für deren Verabschiedung lediglich eine Zweidrittel-Mehrheit notwendig sein sollte. Die Zustimmung aller ständigen Mitglieder des Sicherheitsrates sollte nur bei „Entscheidungen" erforderlich sein, deren Nichtbeachtung militärische Sanktionen zur Folge hätte. Der Vollversammlung sollte immerhin das Recht zustehen, den Sicherheitsrat jederzeit auf gefährliche Probleme aufmerksam machen zu dürfen. Wieder war die französische Regierung nur soweit bereit, die Position der kleineren Staaten zu stärken, wie dies ohne wesentliche Beeinträchtigung der Stellung der Großmächte möglich war.
(5) Die Hoffnung der Sozialisten auf die Wirksamkeit regionaler Föderationen angesichts der gegenwärtigen Unmöglichkeit, das Vetorecht der Weltmächte gänzlich zu überwinden, und ihr Bemühen, insbesondere eine Föderation der europäischen Staaten zustande bringen zu können, ließen sie eine stärkere Verankerung regionaler Föderationen in das Gefüge der Weltorganisation ins Auge fassen. Das Problem der demokratischen Repräsentation der kleineren Staaten im Sicherheitsrat könne dadurch gelöst werden, meinten sie, daß man Föderationen dieser Länder bilden würde, die dann qua Föderation Mitglieder des Sicherheitsrates wären. Die

Regierung übernahm diese Forderung nach regionalen Teilföderationen nicht; sie begnügte sich mit der Idee der von den Sozialisten nur als Vorstufe zu Föderationen gedachten zwischenstaatlichen regionalen Sicherheitspakte. Diese sollten allerdings nach der Vorstellung der Regierung aufgewertet werden, indem ihre Anwendung, anders als im Dumbarton-Oaks-Plan vorgesehen, auch ohne vorherige Anhörung durch den Sicherheitsrat möglich sein sollte; im Bündnisfall sollte eine unmittelbare Benachrichtigung des Rates über die bereits getroffenen Maßnahmen genügen. Traditionelles Sicherheitsdenken, das den Beschränkungen der Weltorganisation mißtraute, traf sich in diesem Punkt mit sozialistischem Föderationsdenken; die Regierung zog von dem zweiten nur soviel in Betracht, wie über das Maß des ersten nicht hinausging.

(6) Die Forderung nach regionalen Teilföderationen sollte auch die Position der kleinen Staaten stärken; die Regierung baute dagegen auf ein Konzept der Unterstützung mittlerer Staaten, als deren Sprecherin sie sich vermehrten Einfluß im Kreis der Großmächte erhoffte. Sie forderte, die Hälfte der Sitze der nichtständigen Mitglieder im Sicherheitsrat und der Plätze im Militärstab der Weltorganisation denjenigen Ländern zu geben, die der Welt nennenswerte Militärkontingente zur Verfügung stellen konnten, und die Hälfte der Sitze im Wirtschafts- und Sozialrat den wirtschaftlich bedeutendsten Staaten vorzubehalten. Eine solche Regelung wäre eher auf Kosten der kleinen Staaten als der Weltmächte gegangen; in den sozialistischen Vorstellungen gab es dazu kein Pendant.

(7) So sehr die Sozialisten die von der Konferenz von Dumbarton Oaks vorgesehene Ausrüstung der neuen Organisation mit militärischen Mitteln begrüßten, so nachdrücklich kritisierten sie, daß diese erst später und dann durch Unterstellung nationaler Kontingente unter den Befehl des Sicherheitsrates erfolgen sollte. Sie forderten eine sofortige militärische Ausrüstung, vor allem aber die Schaffung einer internationalen Armee statt der Zusammenstellung nationaler Kontingente, internationale Flotten- und Luftwaffenstützpunkte, eine internationale Flotte und eine internationale Luftwaffe sowie internationale Panzereinheiten. Darüber hinaus erinnerten sie daran, daß die gleichzeitige allgemeine Abrüstung der nationalen Heere als Ziel nicht aus den Augen verloren werden dürfe. In diesem Ausmaß konnte die Regierung de Gaulle die Aufgabe nationaler Souveränität verständlicherweise nicht unterstützen; sie trug der sozialistischen Forderung nach Stärkung der Militärmacht der Weltorganisation nur insoweit Rechnung, als sie ihrerseits verlangte, ein Teil aller nationalen Streitkräfte müsse der Weltorganisation permanent zur Verfügung stehen.

(8) Ohne Aufnahme in die Regierungsnote blieb die Forderung der Sozialisten nach Vertretung der öffentlichen Meinung durch gewählte Abgeordnete, Delegierte der Gewerkschaften usw. in den nationalen Delegationen der Vollversammlung. Verbarg sich hinter dieser Forderung die alte sozialistische Wunschvorstellung von der Friedensliebe der Volksmassen im Kontrast zu den kriegsfördernden Machenschaften bourgeoiser Regierungen, so mußte de Gaulle darin einen Einbruch unkontrollierbarer Kräfte in seine ureigenste Domäne, die internationale Politik, sehen; seiner Vorstellung nach war die Zusammensetzung der nationalen Delegationen einzig eine Angelegenheit der nationalen Regierung.

Bis auf die Vorschläge zur Stärkung der „mittleren" Staaten enthielt die Regierungsnote keine wesentlichen Forderungen, die nicht auf sozialistische Änderungswünsche zurückzuführen waren. Gemessen an den bisherigen Verlautbarungen de Gaulles und Bidaults[70] bedeutete das Eintreten für eine Stärkung des supranationalen Charakters der neuen Organisation einen respektablen Erfolg der SFIO. De Gaulle hatte diesen Erfolg ermöglicht, indem er selbst nur wenig Interesse für die Arbeit der Paul-Boncour-Kommission und die Gestaltung der künftigen Weltorganisations-Charta gezeigt hatte. Immerhin hatte sein Einfluß genügt, allen sozialistischen Initiativen stets in dem Punkt die Spitze abzubrechen, in dem sie dem Interesse de Gaulles an der Erlangung eigener Großmachtstellung zuwiderzulaufen drohten. Der Ruf der Sozialisten nach mehr Gerechtigkeit und Demokratie in der internationalen Organisation konnte, in vorsichtige Formulierungen gefaßt, dem moralisch begründeten Führungsanspruch Frankreichs nur nützen; die Vorschläge zur Stärkung kleinerer und mittlerer Staaten konnten Frankreichs Stellung im Kreis der Großmächte verbessern helfen, indem es dadurch das politische Gewicht der „Kleinen" dem eigenen gesunkenen Gewicht hinzuaddieren konnte; andererseits mußte de Gaulle darauf bedacht sein, Frankreich als potentielle Großmacht nicht durch allzu weitreichende Forderungen nach Beschneidung der einzelstaatlichen Hoheitsrechte den anderen Großmächten gegenüber zu kompromittieren und der eigenen Großmachtstellung Schranken aufzuerlegen.[71]

Enttäuschung und Resignation
Obwohl die Sozialisten also nur einen Teilerfolg verbuchen konnten, waren sie in der Folgezeit bemüht, sich gänzlich hinter die Regierungsnote zu stellen, um de Gaulle und Bidault zu nötigen, wenigstens die in der Note enthaltenen Zugeständnisse zu vertreten, und durch ein möglichst geschlossenes Auftreten Frankreichs ihre Durchsetzung auf der inzwischen von den Großmächten in Jalta anberaumten Gründungskonferenz der Weltorganisation in San Franzisko zu erreichen. André Philip erklärte am 27. März, als die Änderungsvorschläge des Ausschusses in der Consultative diskutiert wurden, Bidault genieße in seinem Bemühen um Erweiterung der Supranationalität das uneingeschränkte Vertrauen der sozialistischen Fraktion. Die Consultative billigte die Vorschläge der Regierung ohne Gegenstimme. Zwar führten die sozialistischen Sprecher in der Parlamentsdebatte ihre weiterreichenden Forderungen noch einmal auf und betonten sie die Vorläufigkeit jeder Friedensregelung ohne Errichtung einer effektiven supranationalen Autorität, doch vermieden sie es, ihre Forderungen mit der Regierungsnote zu kontrastieren; statt dessen versicherten sie, auch ihnen sei klar, daß das Vetorecht zum gegenwärtigen Zeitpunkt nicht eliminiert werden könne. Die Schlußresolution der Debatte spiegelte die sozialistische Position gut wieder; hier hieß es, man sei „convaincu qu'une paix durable suppose l'établissement d'une justice et d'une autorité internationales, supérieures aux Etats nationaux et largement indépendantes de ces Etats, — mais soucieuse de tenir compte des réalités présentes et de resserrer les liens de confiance et d'amitié entre les grandes nations, comme de grouper autour d'elle toutes les démocraties du monde".[72]
Die Debatte über die französische Note zum Dumbarton-Oaks-Plan hatte gezeigt, daß sich die Sozialisten hinsichtlich der Eliminierung des Veto-Rechts in der jetzt zu schaffenden Weltorganisation keine Illusionen mehr machten. Zwar wußten sie nicht, daß sich die drei Großmächte in Jalta in diesem von der Dumbarton-Oaks-Konferenz noch offen gelassenen Punkt auf ein Verfahren geeinigt hatten,

das das Vetorecht der fünf ständigen Mitglieder des Sicherheitsrates fest etablierte und allenfalls die Anwendung nichtmilitärischer Maßnahmen für den Fall vorsah, daß ein betroffenes permanentes Mitglied sich der Stimme enthielt; an den Verlautbarungen der Konferenz hatten sie vielmehr kritisiert, daß sie sich über den entscheidenden Problembereich der künftigen Friedensregelung ausschwiegen[73]; sie vermuteten aber in der Sowjetunion den hauptsächlichen Gegner einer supranationalen Lösung, zeigten sich besorgt über die dem Prinzip der kollektiven Sicherheit widersprechende, in Griechenland und im Fallenlassen der polnischen Exilregierung in London manifest werdende Einflußzonenpolitik Großbritanniens und sprachen von der Gefahr einer Diplomatie des amerikanischen Kapitalismus, die die vom amerikanischen Volk unterstützte Rooseveltsche Friedenspolitik bedrohe.[74] „Dans la pratique", schrieb Dumas kurz nach der Eröffnung der UNO-Gründungskonferenz am 2. April aus San Franzisko, „la France sera bien obligée de tenir compte des difficultés. Elle ne peut pas se proposer de réaliser tout le droit et toute la justice mais d'introduire dans l'organisation le maximum actuellement possible de droit et de justice (...)."[75] Was blieb, war die Hoffnung auf Realisierung der bescheidenen französischen Verbesserungsvorschläge und auf die Ermöglichung regionaler Teilföderationen, damit wenigstens im europäischen Bereich eine solide Friedensregelung geschaffen würde.

Aber auch diese Hoffnungen sollten zum Teil enttäuscht werden. Nachdem die UNO-Konferenz am 7. Mai auf britischen, von den USA unterstützten Antrag hin beschlossen hatte, Frankreich von vorneherein und nicht erst — wie in Dumbarton Oaks formuliert — „zu gegebener Zeit" einen ständigen Sitz im Sicherheitsrat einzuräumen, zeigte die französische Delegation unter Führung von Bidault wenig Interesse, die gewonnene Großmachtposition durch allzu engagiertes Eintreten für die mittleren und kleinen Mächte und für die darauf abzielenden französischen Änderungsvorschläge zu gefährden; in der Vetofrage stellte sie sich eindeutig hinter die Großmächte. Von der französischen Delegation selbst nicht mehr verfochten, blieben alle Anregungen der französischen Note vom 23. März, die auf eine wenn auch nur geringe Beschneidung nationaler Souveränitätsrechte zielten, ohne Erfolg; weder Bestimmungen, die ein Aufsichtsrecht der Weltorganisation über die demokratische Ordnung der Einzelstaaten garantieren sollten, noch Regelungen zur Stärkung des Wirtschafts- und Sozialrats oder zur Einschränkung des Vetorechts durch die Einführung von „Empfehlungen" wurden in die am 25. Juni verabschiedete UN-Charta aufgenommen. Eine teilweise Verbesserung der Position „mittlerer" Mächte wurde durch einen den Sicherheitsrat betreffenden Zusatzantrag der Großmächte selbst erreicht; die französische Delegation desavouierte auch hier ihren eigenen Vorschlag. Akzeptiert wurden aufgrund massiver Vorstöße der lateinamerikanischen Staaten immerhin die Forderungen nach Stärkung der regionalen Bündnissysteme (Art. 52 und 53 der UN-Charta), nach dem Recht der Vollversammlung, den Sicherheitsrat auf Konfliktfälle aufmerksam zu machen (Art. 10 und 12) und nach ständigen supranationalen UN-Streitkräften (Kap. VII). An der Absicherung durch Regionalpakte war Bidault nach wie vor interessiert; die Erarbeitung des Konzepts Vereinter Streitkräfte hatte einem Ausschuß unter dem Vorsitz von Paul-Boncour obgelegen.[76]

Die sozialistische Presse reagierte auf die Ergebnisse der UNO-Gründungskonferenz mit kaum noch verborgener Resignation: „Les joies de la libération se mêlent d'un goût de désespoir" („Esprit"); „Le droit de veto (...) ne nous semble pas de nature à réaliser la permanence de la paix que les peuples attendaient" („Gavroche"); „L'élan de la démocratie a été arrêté par les défiances à l'égard des solutions de la démocratie internationale auxquelles on préférait la puissance et la force des armes" („Le Populaire"); „Pour le reste, il faut se résigner. La paix de demain ne dépendra d'aucune loi. Elle dépendra de l'accord des hommes et de l'union des grandes puissances. Quand on a mesuré, comme nous le faisons depuis plus de trente ans, les passions de l'homme et les folies de la puissance, on ne peut écrire ces mots sans angoisse" („Combat").[77]

Dumas erklärte die Sowjetunion zum Hauptverantwortlichen für das Scheitern dieses ersten Anlaufs zur Schaffung einer supranationalen Weltorganisation und konstatierte die Gefahr einer Aufteilung der Welt in eine russische und eine amerikanische Einflußzone: „deux idéologies irréductibles s'affrontaient ici. D'un côté le droit et la démocratie, chers aux Américains, de l'autre la puissance." Unter Anprangerung der bisherigen sowjetischen Machtpolitik in Polen, in Österreich und in Triest sowie des sowjetischen Bestrebens, Regionalpakte nur gegen Feindstaaten des jetzigen Krieges zuzulassen, appellierte er an Stalin, sich zum Vorkämpfer der kollektiven Sicherheit zu machen. „Tout dépend actuellement de l'U.R.S.S."[78] Früheres Vertrauen in den Rest sozialistischer Elemente in der Ideologie der Sowjetunion verband sich hier mit einer unbewußten Vorentscheidung für das spätere westliche Lager. Zunächst freilich war nur, in Vorzeichnung Bidaultscher Außenpolitik, von der vermittelnden Funktion Frankreichs die Rede, vor allem aber von der Mission des internationalen Sozialismus: „Démocratisation générale, organisation économique et désarmement, tels sont les objectifs mondiaux", die der Sozialismus nun mit verdoppelter Anstrengung anstreben müsse.[79]

Die Beschwörung der Kraft des internationalen Sozialismus hatte nicht zuletzt kompensatorische Funktion: mit der Hoffnung auf den Fortschritt des Sozialismus konnten die Sozialisten ihre Enttäuschung über das von ihnen so ganz anders erhoffte Ergebnis des Zweiten Weltkrieges bewältigen. Solange der Friede dank grundsätzlicher Einigkeit der Weltmächte gesichert war oder zumindest gesichert schien, schien auch ein Ausbau der Weltorganisation durch sozialistische Kräfte möglich. Die Hoffnung war freilich vage; sie bewegte die SFIO immerhin dazu, eine erneute Mobilisierung der Sozialistischen Internationale in Angriff zu nehmen.

4. „Organisation internationale" und internationaler Sozialismus: Die Londoner Sozialistenkonferenz

Die Sozialisten Frankreichs glaubten Grund zu der Hoffnung zu haben, daß nach Kriegsende sozialistische Parteien in allen wesentlichen Ländern Europas die Regierungsverantwortung tragen würden; diese sozialistischen Regierungen, davon waren sie überzeugt, würden notwendigerweise eine internationalistische internationale Politik betreiben; zudem hatten sie in der Résistance erfahren, daß sozialistische Widerstandskämpfer in anderen Ländern zu Friedenskonzeptionen gelangt waren, die mit der französischen Idee der supranationalen „Organisation internationale" im Prinzip übereinstimmten; damit schien eine Strategie gegeben, wie der Ausbau der neuen Weltorganisation, regional und global, zu bewerkstelligen sei. Der SFIO-Kongreß im November 1944 proklamierte dementsprechend „la nécessité d'une reprise des relations entre les sections de l'organisation de la paix par l'union des travailleurs de tous les pays."[80]

Kontakte seit der Résistance
Schon vor diesem öffentlichen Bekenntnis zur Sozialistischen Internationale hatte die SFIO Schritte zu deren Erneuerung unternommen. Die Sozialistische Arbeiter-Internationale (SAI) war seit dem Abschluß des Münchener Abkommens im Oktober 1938 arbeitsunfähig gewesen; auf ihrem letzten Kongreß vom 23. bis 25. Februar 1940 in Brüssel hatten an noch existenten Mitgliedsparteien lediglich die Vertreter Großbritanniens, Frankreichs, Belgiens, der Niederlande, Luxemburgs, der Schweiz, Dänemarks, Norwegens und Schwedens teilgenommen; deutsche, italienische, österreichische, spanische, polnische, ungarische und tschechoslowakische Sozialisten waren als Vertreter von Exilgruppen anwesend gewesen. Auf einer letzten Sitzung des Büros der Internationale am 3. April 1940 war noch die Einberufung eines Ausschusses zur Nachkriegsplanung für Europa beschlossen worden, dem neben Blum und dem letzten Präsidenten der Internationale, Camille Huysmans der Niederländer Koos Voorrink und der Brite Philip Noel Baker angehören sollten; dann hatte der Vorstoß deutscher Truppen zur Auflösung aller restlichen sozialistischen Parteien des Kontinents mit Ausnahme der schwedischen und der Schweizer Partei geführt. Ohne daß die sozialistische Internationale formell aufgelöst worden wäre, hatte sie ihre historische Existenz beendet.[81]
Parallel zur Formierung ehemaliger SFIO-Mitglieder in der innerfranzösischen Résistance hatte sich der Führungskreis um Blum und Mayer um eine Aufrechterhaltung ihrer Verbindungen zu den sozialistischen Bruderparteien bemüht. Schon am 22. Februar 1940 in Paris und am 4./5. Mai 1940 in London hatten Gespräche französischer Sozialisten mit der Führung der britischen Labour-Party stattgefunden; Blum hatte von Bourassol aus Briefe an die Labour-Führung geschrieben. Vor allem aber wurde nun London zu einem Sammelpunkt der exilierten Sozialisten aller Länder, unter ihnen die ehemaligen Internationale-Präsidenten Albarda, de Brouckère und Huysmans. Die Labour-Führung organisierte in London wiederholt Treffen der vertriebenen auswärtigen Parteiführer und bot ihnen mit dem „International Supplement" des „Labour Press Service" und dem „International Socialist Forum" eine publizistische Basis zur Kontaktnahme und Kriegszieldiskussion.[82]
Das gemeinsame Exil in London wurde für viele Sozialistenführer Ausgangspunkt gleichlautender Pläne zur Schaffung einer supranationalen Weltorganisation; es wurde aber auch zum Ausgangspunkt für die Dominanz der bewunderten, weil erfolgreichen britischen Bruderpartei im internationalen Sozialismus der Nachkriegszeit. Den französischen Sozialisten gelang es während des Exils, außer mit der Labour-Party mit Vertretern des belgischen, polnischen, tschechoslowakischen, österreichischen und italienischen Sozialismus Kontakte herzustellen. Aus diesen Gesprächen sollte eine erste internationale Konferenz wiedergegründeter sozialistischer Parteien hervorgehen, die vom 3. bis 5. März 1945 in London stattfand.[83]
Der Wunsch der Franzosen, möglichst bald eine neue Organisation des internationalen Sozialismus ins Leben zu rufen – im November 1944 beauftragte das Comité directeur der SFIO Auriol, Grumbach, Bracke und Lévy mit den nötigen Vorarbeiten –, stieß allerdings bei den übrigen Parteiführungen auf wenig Gegenliebe.

Insbesondere diejenigen Parteien, die in ihren jeweiligen Ländern die Regierungsverantwortung teilten oder ganz innehatten, fürchteten, eine allzu machtvolle internationale Organisation würde sie in ihrer Entscheidungsfreiheit einengen. Parteien, die mit Kommunisten oder bürgerlichen Gruppen in Koalitionsregierungen saßen, glaubten sich nicht in der Lage, mögliche Beschlüsse einer sozialistischen Internationale in ihrem Lande durchzuführen. Wie ihre konservativen Partner im Kriegskabinett Churchill waren die britischen Sozialisten vordringlich damit beschäftigt, für die Erhaltung der britischen Großmachtstellung zu kämpfen; die schwedischen Sozialisten waren entschlossen, ihre prinzipielle Neutralitätspolitik fortzusetzen; mit Mißtrauen begegneten die eher pragmatischen Sozialisten Großbritanniens und der skandinavischen Länder dem ideologischen Konzept der Franzosen; mit ihnen lehnten die Vertreter Belgiens und der Niederlande, in denen ebenfalls keine nennenswerten kommunistischen Kräfte existierten, die „union d'action" ab, die die SFIO mit den französischen Kommunisten zu schließen sich anschickte; Vertreter ähnlicher „Volksfronttendenzen" wie Sir Stafford Cripps waren 1939 zeitweise aus der Labour-Party ausgeschlossen worden. Alle diese Vorbehalte führten dazu, daß die Parteiführungen zu einer neuen internationalen Konferenz nur bereit waren, wenn sichergestellt sein würde, daß die Frage einer neuen Organisationsstruktur des internationalen Sozialismus zunächst nicht behandelt würde.[84]

Demzufolge standen auf der Tagesordnung der Londoner Konferenz sozialistischer Parteien, zu der nunmehr die Labour-Party für Anfang März 1945 einlud, lediglich als drängend erachtete Probleme der internationalen Nachkriegsordnung, für die es eine gemeinsame Strategie auszuarbeiten galt: die Fragen nach kollektiver Sicherheit, Beistandspakten, dem Wiederaufbau, der wirtschaftlichen Zusammenarbeit und dem Schicksal Deutschlands. Um über eine Wiedergründung der Internationale zu verhandeln, war die Konferenz zudem nicht repräsentativ genug: Nur zwölf sozialistische Parteien nahmen an ihr teil — die Briten, Belgier, die spanische Exilpartei, die Franzosen, Niederländer, Italiener, Norweger, Polen, Schweden, Tschechoslowaken, die palästinensisch-israelitische Mapai und der polnische Israelitische Bund —, die Vertreter deutscher, österreichischer und ungarischer Sozialisten waren nicht eingeladen worden, da ihre Heimatländer noch im Krieg gegen die Alliierten standen; andere Gruppen konnten wegen Verkehrsschwierigkeiten nicht nach London kommen. Insgesamt waren 48 Delegierte anwesend; die britische Delegation, bestückt mit der Parteiprominenz, darunter alle fünf amtierenden Minister, bildete die stärkste Fraktion. Die französische Delegation bestand aus Auriol, Dumas, Grumbach, Moch und Philip.[85]

Vorschläge zur Friedensordnung
Daß die französischen Sozialisten die eifrigste Pressure-Group für eine Stärkung des internationalen Sozialismus waren und die dezidiertesten Vorstellungen zu den Fragen internationaler Politik besaßen, wurde bereits in der Eröffnungssitzung unter dem Vorsitz von Hugh Dalton deutlich: Das Comité d'étude des Affaires internationales der SFIO hatte zu allen Problemen, die in London behandelt werden sollten, Stellungnahmen erarbeitet; das Plenum der Konferenz beschloß, diese französischen Stellungnahmen als Diskussionsgrundlage zu nehmen.[86]
Im politischen Arbeitskreis der Konferenz referierten Philip Noel Baker und

André Philip über den Dumbarton-Oaks-Plan. In der anschließenden Diskussion setzten sich die französischen Vorstellungen fast vollständig durch. Demgemäß akzeptierte eine Resolution zur „Organisation internationaler Sicherheit" das Konzept von Dumbarton Oaks und Jalta als realistischen Ausgangspunkt für eine künftige supranationale Weltorganisation, erinnerte daran, daß letztere erst mit der vollständigen Eliminierung des Vetorechts möglich sein werde, und forderte als jetzt schon erreichbare Verbesserungen des Status die Kompetenz der Vollversammlung in allen Wirtschafts- und Sozialfragen, ohne daß hier Einstimmigkeit erforderlich sein sollte, sowie die Stationierung internationaler Streitkräfte in „gefährdeten Zonen" als ersten Schritt zu einer internationalen Armee. Im letztgenannten Punkt war die französische Maximalforderung nach Schaffung einer Welt-Polizeimacht bei gleichzeitiger Abschaffung der nationalen Streitkräfte nicht durchgedrungen; in der Stationierung internationaler Steitkräfte in „gefährdeten Zonen" — wobei man in erster Linie an Rheinland und Ruhrgebiet dachte — sah man eine Verbindungsmöglichkeit zwischen traditionellem Sicherheitsdenken, der jetzt notwendigerweise anstehenden Besetzung Deutschlands durch alliierte Streitkräfte und dem supranationalen Maximalziel.

Im wirtschaftspolitischen Arbeitskreis profilierte sich neben der französischen Delegation die norwegische. Auf Initiative der Norweger beschloß die Konferenz Demarchen bei den alliierten Regierungen mit dem Ziel, die Versorgung der 15 Millionen Deportierten und Kriegsgefangenen mit Nahrungsmitteln und Medikamenten zu erreichen. Für die Franzosen referierte Jules Moch; auf seinen Ausführungen basieren die Forderungen nach unmittelbarer Errichtung einer internationalen Rohstoff-Verteilungsorganisation, einer internationalen Verkehrs-, Luftfahrt- und Handelsmarinebehörde, internationaler Organisationen für das Gesundheitswesen, Erziehungswesen und den Rundfunk, die insgesamt dem im Dumbarton-Oaks-Plan vorgesehenen Wirtschafts- und Sozialrat unterstehen sollten. Durch derartige, mit realen Vollmachten ausgestattete Organisationen sollte — so die Resolution über „wirtschaftliche Zusammenarbeit" — gewährleistet werden, daß durch gleichartige Arbeitsbedingungen, gleichmäßige Verteilung der Rohstoffe in allen Teilen der Welt bei gleichzeitiger Spezialisierung eines jeden Landes auf seine effektivsten Wirtschaftszweige hin ein stabiles Weltwirtschaftssystem entstehe, das künftighin kriegerischen Konflikten den Grund nehme.

Den stärksten Widerhall in der Öffentlichkeit fanden die Beratungen des Arbeitskreises zur deutschen Frage, einem Unterausschuß des politischen Arbeitskreises, bestehend aus Philip Noel Baker, dem polnischen Sozialisten Ciolkosz und Salomon Grumbach. Die Resolution, die Grumbach als Ergebnis der Beratungen dieses Kreises dem Plenum zur Verabschiedung vorlegte und die dann auch von der Konferenz im wesentlichen unverändert verabschiedet wurde, trug unverkennbar dessen eigene Handschrift. Somit sprach nun auch ein offizielles Dokument des internationalen Sozialismus von der „kollektiven Schuld der Deutschen". Ohne zu vergessen, so hieß es in der Resolution, daß beträchtliche Teile des deutschen Volkes gegen Hitlers Machtergreifung gekämpft hatten, und viele Deutsche seinen Terrormaßnahmen zum Opfer gefallen waren, müsse man dennoch anerkennen, daß das deutsche Volk in seiner Gesamtheit durch die Verbrechen des Hitlerismus, seiner Lehren und seiner Methoden im Krieg das Recht auf Selbstbestimmung verwirkt habe, wie es bisher in der zivilisierten Welt gegolten habe. Daher: „Pour que l'Allemagne puisse redécouvrir un jour les principes d'humanité et de civilisation, tels que nous les comprenons, il sera nécessaire d'avoir recours une fois de plus, à des méthodes basées sur la force, méthodes qu'on croyait pouvoir abandonner."[87] Damit bekannten sich die Sozialisten öffentlich zum Katalog herkömmlicher Sicherheitsvorkehrungen. Blums Grundgedanke einer Lösung der deutschen Frage durch gleichberechtigte Eingliederung in ein supranationales System war in weite Ferne gerückt; viel schärfer als noch der SFIO-Kongreß vom November 1944, auf dem sich Grumbach nicht in diesem Maße hatte durchsetzen können, formulierte die Resolution, ob die Wiederzulassung Deutschlands zur internationalen Gemeinschaft überhaupt jemals erfolgen könne, hänge ganz von seiner inneren Entwicklung ab. Auf jeden Fall müsse es so lange unter der Obhut der Vereinten Nationen stehen, bis die vollständige Ausrottung des Faschismus offenkundig geworden sei. Das Dokument sah zunächst eine Verwaltung durch die Vereinten Nationen selbst vor, in einem späteren Stadium eine deutsche Selbstverwaltung unter Kontrolle der Vereinten Nationen bei gleichzeitiger amerikanischer, russischer, britischer und französischer Militärbesatzung. Die kleineren Nachbarstaaten Deutschlands sollten, falls dies erforderlich werden würde, zu dieser Besatzung mit herangezogen werden. In den Negativ-Forderungen nach Bestrafung der Kriegsverbrecher, totaler Entwaffnung, Enteignung der Großgrundbesitzer und Industriekonzerne, Kontrolle der Massenmedien und Sportverbände und Bekämpfung aller nichtdemokratischen Tendenzen folgte die Konferenz den bisherigen Verlautbarungen der SFIO. Detaillierte Ausführungen machte sie zur Internationalisierung der Ruhr: die Ruhrindustrie sollte von einer „Organisation coopérative" geleitet werden, bestehend aus den Ländern, die von Deutschland zerstört worden waren und an der Sicherheit in dieser Zone besonderes Interesse aufzuweisen hatten (also neben Frankreich insbesondere die späteren Benelux-Länder und Großbritannien). An dieser Leitung sollten die Arbeiter, vertreten durch die Gewerkschaften der betreffenden Länder mitbeteiligt sein, um zu verhindern, daß die Internationalisierung „gewissen internationalen Trusts" zugute komme.

Anders als der SFIO-Parteitag bezog die Londoner Konferenz die Forderung nach Reparationsleistungen ausdrücklich in ihren Katalog mit ein; diese sollten dadurch erfolgen, daß Deutschland nach dem Plan der Sozialistischen Internationale von 1923 nicht Geldbeträge, sondern Sachgüter und Dienstleistungen an die Gläubigerländer übereigne. Neu war die Forderung nach Unterstellung aller wesentlichen deutschen Binnenschiffahrtsgebiete — vom Rhein bis zum Nord-Ostsee-Kanal — unter ein internationales Regime. Neu war schließlich die Aufweichung der bisherigen sozialistischen Haltung in der Frage der territorialen Integrität Deutschlands. Zwar trat die Resolution deutlich gegen jede Aufteilung Deutschlands in mehrere Staaten ein. Auch wußte die französische Delegation im Plenum die Aufnahme einer Passage in den Text zu verhindern, die die Abtrennung der Gebiete jenseits der Oder-Neisse-Linie vom deutschen Staatsverband guthieß.[88] Dessenungeachtet hieß es in der Resolution, „notwendige Grenzkorrekturen" sowie die Errichtung besonderer Regime „der Verwaltung, nicht der Annexion" im Rheinland, an der Ruhr und an der Saar müßten dennoch vorgenommen werden. Damit deckte sich der Standpunkt der internationalen Sozialistenkonferenz fast schon mit der offiziellen Außenpolitik de Gaulles, der durch Bidault nicht mehr öffentlich von einer Annexion der Rheingebiete sprechen ließ, sondern nur noch von deren

„besonderem Status". Diese Deutschland-Resolution war, anders als das SFIO-Manifest, kaum noch zwiespältig, freilich zugunsten eines — angesichts der Stimmung in den sich länger als erwartet hinziehenden letzten Kriegsmonaten verständlichen — Standpunkts zwischenstaatlich-materieller Machtpolitik. Die SFIO-Führung sollte sie in den Folgejahren immer wieder heranziehen, wenn es in der Deutschlandpolitik die britische Labour-Regierung zu einer gemeinsamen Haltung zu bewegen galt. Daß trotz der Zustimmung der Londoner Konferenz zu dieser Resolution die wenigsten Sozialisten tatsächlich hinter ihr standen, noch nicht einmal die SFIO, sondern im wesentlichen nur Grumbach selbst, sollte die Zwecklosigkeit der späteren Appelle belegen.

Keine neue Internationale
Nur am Rande beschäftigte sich die Londoner Konferenz mit der Wiedergründung der Sozialistischen Internationale. Obwohl auf ausdrücklichen Wunsch der meisten teilnehmenden Parteien kein Tagesordnungspunkt, wurde die Frage in der zweiten Plenumsdebatte von der französischen Delegation aufgeworfen. Sie erreichte immerhin, daß die Schaffung eines provisorischen zwölfköpfigen Ausschusses beschlossen wurde, der, bestückt mit je einem Vertreter jeder der anwesenden Parteien, die Aufgabe haben sollte, eine baldige neue Zusammenkunft vorzubereiten sowie einen Charta- und Statutenentwurf zu erarbeiten. Es bedurfte eines zweiten Vorstoßes von Auriol, um eine Aufwertung dieses Ausschusses dadurch zu erreichen, daß man die vormaligen Internationale-Präsidenten de Brouckère, Albarda und Huysmans als Mitglieder hinzuwählte und den letzteren zum Ausschußvorsitzenden bestimmte. Tatsächlich sollte dieser „Vorbereitende Ausschuß der Sozialistischen Arbeiter-Internationale" jedoch nie zusammentreten; der Widerstand der Labour-Party gegen eine rasche Forcierung des internationalen Gedankens lähmte alle Versuche, einen Termin für ihren Arbeitsbeginn zu vereinbaren.[89]
Substantielle Genugtuung erhielt die französische Delegation lediglich in der Frage eines französisch-britischen Bündnisses. Die SFIO war hinsichtlich dieses für sie vordringlichen Nahziels sogar bereit gewesen, eine offene Kritik an der Politik de Gaulles zu wagen; um so mehr mußte ihr daran gelegen sein, auf eine Unterstützung durch die britische Bruderpartei verweisen zu können. Während der Londoner Konferenz verabschiedeten die britische und die französische Delegation eine gemeinsame Resolution, in der sie „au nom des millions d'hommes et de femmes qu'ils représentent" von ihren jeweiligen Regierungen den baldigen Abschluß eines Zweierbündnisses, verstanden als integraler Bestandteil des künftigen Weltsicherheitssystems, forderten. Der Vertrag, so hieß es, müsse so bald wie möglich abgeschlossen werden, „en tout état de cause avant la réunion de la conférence de San Francisco", also innerhalb der nächsten beiden Monate.[90] In dieser Frage waren die Briten zur Kooperation bereit, weil sie sich von einem britisch-französischen Bündnis eine Stärkung der sozialistischen Kräfte in Europa erhofften; daß schließlich auch diese Initiative nichts fruchten sollte, war wiederum der Diplomatie de Gaulles zuzuschreiben.
Vordergründig besehen konnten die französischen Sozialisten mit dem Ergebnis der ersten internationalen Sozialistenkonferenz nach dem Zusammenbruch von 1940 zufrieden sein: ihr Standpunkt hatte sich in allen wesentlichen Resolutionen durchgesetzt; die Internationale war zwar noch nicht wiedergegründet worden, aber

immerhin sollte nun ein Ausschuß in dieser Frage tätig werden, die vordem als indiskutabel galt. Die SFIO galt fortan unter den sozialistischen Parteien Europas als führend in der außenpolitischen Theorie; ihr intellektuelles Prestige hatte weiterhin Geltung. Der vordergründige Erfolg barg jedoch die Gefahr in sich, daß die Franzosen ihren Einfluß im Kreis der sozialistischen Parteien und deren Einflußmöglichkeiten insgesamt überschätzten. Die Verabschiedung gemeinsamer Resolutionen bot keine Gewähr dafür, daß sich die einzelnen Parteien nicht durch vermeintliche Handlungszwänge des jeweiligen nationalen Kontexts genötigt glaubten, in der Praxis eine andersartige Politik zu betreiben. Die Leichtigkeit etwa, mit der Grumbach in der Deutschlandfrage in London seine in der SFIO umstrittene Position durchsetzen konnte, hätte eigentlich schon dafür hellhörig machen müssen, wie gering der reale Stellenwert gemeinsamer Verlautbarungen für die übrigen Parteien tatsächlich war, wie wenig es einen „internationalen Sozialismus" tatsächlich gab.

Damit blieb wenige Monate nach der Befreiung nur noch wenig von der Hoffnung auf eine definitive Friedensorganisation: Frankreich war bereits in der Restauration nationalstaatlicher Machtpolitik begriffen; die französischen Sozialisten, in der Deutschlandfrage zum Teil selbst vom traditionellen Sicherheitsdenken infiziert, fanden nicht den geeigneten Weg und die geeigneten Partner, um ihre Zukunftspläne zu realisieren; ihre Erfolge blieben im verbalen Bereich stecken.

III. „Organisation internationale": Schritte und Rückschritte, 2. Hälfte 1945 — 1. Hälfte 1946

Der Zweite Weltkrieg hatte nicht mit der von den Sozialisten im Widerstand erhofften Errichtung einer föderativen Weltfriedensorganisation geendet; die beiden neuen Weltmächte hatten die Restaurierung des traditionellen Nationalstaatensystems in Europa verfügt. Von der Richtigkeit ihrer Vorstellungen überzeugt, mußten die Sozialisten nun die „Organisation internationale" zum fernen Maximalziel erklären und in der aktuellen Politik um schrittweise Verbesserungen des internationalen Systems auf dieses Ziel hin bemüht sein. Ausbau der Organisation Vereinter Nationen, Schaffung einer Vielzahl von Bündnissen auf der Grundlage der Kriegskoalition und beginnende Föderierung im europäischen Raum waren Schritte, die zu betreiben den Sozialisten jetzt zufiel.

Sie waren allerdings nur denkbar, wenn die von den beiden Weltmächten nach außen dokumentierte Gemeinsamkeit als Grundlage des gegenwärtigen Friedenssystems tatsächlich erhalten blieb. Nur wenn es zwischen USA und UdSSR keine vitalen Interessen gab, die miteinander in Kollision geraten konnten, und beide die Unterschiede in ihren jeweiligen Regierungssystemen gering, ihre Kooperationswilligkeit dagegen hoch einschätzten, war es realistisch, den Ausbau der UNO zu betreiben; nur dann konnte ein europäischer Zusammenschluß zur Stabilisierung des internationalen Systems beitragen, anstatt qua Schaffung eines neuen Machtfaktors ein neues Element der Spannung in die internationale Politik hineinzutragen. Beide aber waren sich 1945 und 1946 „über die endgültigen Machtverhältnisse in Europa, über die letzten Züge des Gegenspielers noch nicht im klaren."[1] Wechselseitig wurde die Politik des einen zur Funktion der Politik des anderen. Daß beide überhaupt Gegenspieler werden sollten, zeigte sich auf der Konferenz von Potsdam höchstens ansatzweise; erst auf der ersten Konferenz des in Potsdam beschlossenen Vierer-Außenministerrates im Herbst 1945 in London wurde deutlich, daß nachdem nun nach dem Siege keine gemeinsame Grundlage für eine dauernde Verständigung gegeben schien, die Gegensätze zwischen ihnen wieder rasch an Gewicht zunahmen.[2] Zwar gab es zunächst weiterhin ein gewisses Maß an amerikanisch-russischer Interessenübereinstimmung, sichtbar etwa in den Beschlüssen der Moskauer Außenministerkonferenz vom Dezember 1945, andererseits begann die Truman-Administration bereits im Sommer 1945 mit ersten Schritten zur Sicherung des amerikanischen Einflusses in Europa und zur Begrenzung des sowjetischen Vordringens in das von Hitler hinterlassene Machtvakuum.[3]

In dieser Zwischenperiode der „Inkubationsphase"[4] des Kalten Krieges hatte die restaurative Außenpolitik de Gaulles zwar keinerlei effektive Erfolgsaussichten, es blieb ihr jedoch eine Schonfrist, während der sie immer mehr einen illusionären Charakter annahm. Die Chance des sozialistischen Konzepts lag im Aufdecken der Realitätsferne der de Gaulleschen Außenpolitik, seine Gefährdung im Zurückschrecken vor einer konsequenten eigenen Politik angesichts der allgemeinen Orientierungslosigkeit und Unsicherheit über die Zukunft des internationalen Systems.

1. Blums Rückkehr und die Abgrenzung von der kommunistischen Position

Keine Erneuerung der SFIO
Für die SFIO bedeutete die Rückkehr Léon Blums aus der KZ-Haft am 14. Mai 1945 eine Wiederbelebung ihres Résistance-Enthusiasmus, die die Diskrepanz zwischen den sozialistischen Nachkriegshoffnungen und dem tatsächlichen Restaurationskurs, den Frankreich innen- wie außenpolitisch unter de Gaulle eingeschlagen hatte, vorläufig noch einmal überdecken konnte. Blum war zwar bereit, die Rolle des geistigen Führers des französischen Sozialismus zu übernehmen, die ihm inzwischen zugewachsen war[5]; er hielt jedoch seine Kräfte für zu geschwächt, um noch einmal eine aktive politische Karriere in Angriff nehmen zu können. Er lehnte es ab, dem Comité directeur der SFIO beizutreten oder für die verfassunggebende Nationalversammlung zu kandidieren. Auch de Gaulles Angebot, als Staatsminister in die provisorische Regierung einzutreten, wies er zurück.[6] Seine Sorge galt dem Ausbau der SFIO zur führenden demokratischen Kraft des Landes; dieser Aufgabe glaubte er am besten als informeller, formal nicht gebundener Gesprächspartner der Entscheidungszentren französischer Politik im allgemeinen und sozialistischer Politik im besonderen sowie als Politischer Direktor des „Populaire" gerecht werden zu können.

Aber auch in dieser Position und trotz seines in der Tat labilen Gesundheitszustands wurde Blum zu einer der einflußreichsten Persönlichkeiten des Frankreichs de Gaulles und der frühen IV. Republik. Als fast täglich schreibender und nicht zuletzt wegen der Brillanz seiner Texte beachteter Leitartikler des „Populaire" war er wieder – wie in den Jahren vor der Volksfrontregierung von 1936/37 – der meinungsbildende Sprecher und einflußreiche Wegweiser der SFIO in nahezu allen politischen Fragen, wobei das Gewicht seines Urteils nun um so stärker wog, als er – für jedermann erkennbar – selbst keine persönlichen Ambitionen mehr verfocht. In seinem Haus in Jouy-en-Josas nahe bei Paris wurde er ständig von leitenden Sozialisten aufgesucht; Auriol etwa besprach sich fast täglich mit ihm; darüber hinaus baten sie ihn in schwierigen Situationen – und die „schwierigen Situationen" sollten in der IV. Republik zur Regel werden – als „consultant specialist to whom serious cases are submitted"[7] um seine Hilfe; er kam diesem Ersuchen fast immer aus einem Gefühl der Verantwortung für die Erhaltung dieser IV. Republik nach.[8]

Trotz der überschwenglichen Verehrung, die Blum in der Partei genoß, waren indessen nicht alle Teile der Partei mit der von Blum intendierten Erneuerung des demokratischen Sozialismus einverstanden, die eine Öffnung zu den Kräften der Widerstandsbewegungen und der neuentstandenen katholischen Arbeiterbewegung implizierte.

Die aus der Résistance hervorgegangene neue SFIO hatte in den Monaten seit der Befreiung einen erheblichen Zuwachs an ehemaligen Mitgliedern der Vorkriegszeit erfahren; das Spektrum der in der SFIO vertretenen unterschiedlichen Doktrinen war wieder größer geworden; es reichte nun wieder vom gemäßigt-liberalen Paul Ramadier bis zu dem radikalen Trotzkisten Marceau Pivert.[9] Einig waren sich viele der unterschiedlichen Gruppierungen in der Neigung, die frühere Parteistruktur – „la vieille maison" – soweit wie möglich wieder zu errichten, innerhalb derer das pseudorevolutionäre Vokabular eine wesentliche Integrationsfunktion wahrgenommen hatte. Weniger durch formelle Parteitagsbeschlüsse als durch die Haltung der Mitglieder entstand abermals eine formal radikal-demokratische, in der Substanz aber streng hierarchische Parteistruktur — radikaldemokratisch durch die Weisungsbefugnis, die die Jahreskongresse und die im Abstand von mehreren Monaten zusammentretenden Nationalräte nicht nur gegenüber dem Comité directeur und dem von diesem gewählten Parteibüro, sondern auch gegenüber den sozialistischen Abgeordneten im Parlament hatten; hierarchisch in der unterschwelligen, aber um so wirksameren Einstufung der Parteimitglieder nach Dienstjahren und Verdiensten. Das Festhalten an dem pseudorevolutionären Vokabular entsprang weniger einer geschlossenen „marxistischen" oder „guesdistischen" Bewegung innerhalb der Partei, sondern dem weitverbreiteten Bedürfnis, in der allgemeinen Orientierungslosigkeit im Gefolge des Zweiten Weltkrieges und der Enttäuschung über die Nichterfüllung der Résistance-Hoffnungen im Anknüpfen an die Tradition der eigenen Partei Sicherheit zu gewinnen.

Blums Vorschlag, in einer neuen „Deklaration der Grundsätze und Ziele des Sozialismus" den vulgärmarxistischen Kardinalbegriff „Klassenkampf" durch die Vokabel „Klassenaktion" zu ersetzen, die *seinem* Verständnis eines revolutionären Sozialismus im Rahmen des demokratischen Systems weit eher entsprach, mußte demnach auf dem ersten ordentlichen Nachkriegsparteitag der SFIO, der vom 11. bis 15. August 1945 in Paris tagte, auf leidenschaftlichen Widerstand stoßen.[10] Vergeblich suchte er den Delegierten auseinanderzusetzen, worum es gehe: nämlich um den Aufbau einer neuen Partei auf der Grundlage der Einsichten des Résistancekampfes[11], um die Öffnung der Partei für neue Schichten der Bevölkerung. Vergeblich beteuerte er, sein Entwurf stehe durchaus im Einklang mit den Grundideen des Marxismus, mit den Ergebnissen seiner Gesellschaftskritik, mit seinem revolutionären Charakter. Der Unterschied seines Entwurfs zur Prinzipienerklärung von 1905 liege allein in einer Erweiterung des Revolutionsbegriffes: „Je veux dire que l'objet révolutionnaire n'est pas seulement de libérer l'homme de l'exploitation économique et sociale et de toutes les servitudes accessoires et secondaires que cette exploitation détermine; mais qu'il est aussi de lui assurer, dans la société collective, la plénitude de ses droits fondamentaux et la plénitude de sa vocation personnelle."[12] Der Kongreß beschloß, den Entwurf zunächst den Parteiföderationen zur Stellungnahme zuzuweisen; als eine Konferenz der Föderationssekretäre am 24. Februar 1946 die neue „Déclaration de principes" mit einer knappen Zweidrittelmehrheit verabschiedete, wurde deutlich, daß sich die Parteimehrheit nach wie vor als Klassenkampf-Partei im Sinne eines mechanistischen Antagonismus von Arbeiterklasse und Bürgertum verstand. „Die Sozialistische Partei", so führte die Deklaration aus, „ist im Wesen eine revolutionäre Partei. Ihr Ziel ist die Ersetzung des Regimes des kapitalistischen Eigentums durch ein Regime, unter dem die Wohlstandsquellen der Natur und die Produktionsmittel in Gemeineigentum übergehen und damit die Klassen aufheben. Diese Umwälzung, obwohl im Interesse aller Menschen, kann nur durch die Arbeiterklasse verwirklicht werden."[13] Die SFIO sollte weiterhin durch die Diskrepanz zwischen klassenkämpferischem Anspruch und reformistischer Praxis charakterisiert bleiben; Blums Versuch, diesen Widerspruch durch die Entwicklung einer den Strukturveränderungen in der Gesellschaft Rechnung tragenden neuen Theorie aufzulösen, wurde nicht aufgegriffen; der unreflektierte Rückgriff auf ein mechanistisches Klassenkampf-Modell reduzierte

die Parteitheorie auf illusionäre Formeln und die Parteipraxis auf einen kurzsichtigen Pragmatismus.
Mit der Rückbesinnung auf den „proletarischen" Status wuchs auch die Kritik an der Beteiligung am Kabinett de Gaulle. Zur Unzufriedenheit mit der restaurativen Praxis de Gaulles kam die Enttäuschung über den Ausgang der Wahlen zur verfassunggebenden Versammlung am 21. Oktober 1945, in denen die Sozialisten wider Erwarten mit 23,8 % der Stimmen nur den dritten Platz hinter den Kommunisten mit 26,1 % und dem MRP mit 24,9 % hatten erringen können. Auf der Konferenz der Föderationssekretäre vom 27./28. Oktober 1945 hatte Blum alle Mühe, den zahlreichen Kritikern an der bisherigen Dreiparteienkoalition darzulegen, daß ein Ausscheiden aus dieser Koalition einer politischen Abdankung der SFIO gleichkäme.[14]
In der Tat blieb der SFIO gar nichts anderes übrig, als die Koalition mit PCF und MRP fortzusetzen — ob nach den Oktoberwahlen von 1945 mit oder nach de Gaulles plötzlicher Demission im Januar 1946 ohne de Gaulle. „Socialism, as Léon Blum said, was everywhere, but this was precisely one of the Socialists' greatest weaknesses."[15] Im antifaschistischen Euphorismus der unmittelbaren Nachkriegsphase, in der die Kommunisten zudem vor lauter demonstrativen Bekenntnissen zu nationaler Solidarität ihr revolutionäres Programm vergessen ließen, war für die Sozialisten eine Koalition ohne kommunistische Beteiligung gänzlich undenkbar; sie wäre auch von den meisten Parteimitgliedern nicht verstanden und nicht akzeptiert worden. Umgekehrt war eine nur aus Kommunisten und Sozialisten bestehende Koalition nicht nur rechnerisch problematisch, insofern nicht nur eine parlamentarische Mehrheit für eine Regierung, sondern auch für einen Verfassungsentwurf gefunden werden mußte; die Sozialisten konnten sie auch deswegen nicht wollen, weil sie unweigerlich zu einer Umklammerung und Auszehrung der Partei durch die in den tatsächlichen Arbeiterschichten besser verwurzelten Kommunisten geführt hätte. Aus der Regierungsverantwortung jedoch auszuscheiden und die Realisierung der Reformen, von denen das gesamte politische Frankreich sprach, anderen zu überlassen, hätte nicht nur einen Verzicht auf die Durchsetzung des eigenen Résistance-Programms bedeutet, sondern ein Ausscheiden aus der „Partei der Bewegung" und damit das Herabsinken zu einer politischen Sekte.
Als mittlere Partei des „Tripartismus" aber erlitt die SFIO Einbußen auf beiden Seiten: antikommunistische Wähler verziehen ihr nicht das Zusammengehen mit den Kommunisten, antiklerikale Wähler nicht das Koalieren mit dem MRP. Die Heterogenität der verbliebenen Wählerschaft erschwerte die Aktionsfähigkeit der Parteiführung. Die SFIO war — was die Verfasser der neuen Grundsatzerklärung von 1946 nicht wahrhaben wollten — nie eine reine Partei der Arbeiterklasse gewesen, sondern hatte ihre Stimmen aus dem weiten Feld der jakobinisch-republikanischen Wählerschaft bezogen[16]; daß die Sozialisten innerhalb dieses Feldes nun die Rolle der radikalen Partei der III. Republik übernehmen sollten, zeigte sich in der Wahl von 1945: die organisierten Teile der Arbeiterschaft tendierten zur PCF, während die SFIO eher in den Kreisen der niederen Angestellten und Beamten, Beschäftigten der weiterverarbeitenden Industrien, mittelständischen Handwerkern und Gewerbetreibenden Resonanz fand. Eine spätere Analyse der Parteimitglieder notiert die gleiche „Verbürgerlichung" des französischen Sozialismus, wobei noch der unverhältnismäßig hohe Anteil an Vertretern des Lehrerberufes auffällt — jener

Schicht in der Partei, die offensichtlich die Funktion hatte, das überkommene pseudorevolutionäre Vokabular wachzuhalten.[17] Die Diskrepanz zwischen klassenkämpferischer Theorie und vorsichtig-reformistischer Praxis kann somit auch als Folge dieses soziologischen Hintergrunds gedeutet werden: auf der einen Seite mußte die SFIO mit den Kommunisten um die Gunst der Arbeiterschaft werben, auf der anderen Seite konnte sie es sich nicht leisten, ihre mittelständische Anhängerschaft zu vertreiben, die Dirigismus und Kollektivismus ablehnte.

Blum wollte diesem Dilemma offensichtlich dadurch entgehen, daß er, ohne taktische Rücksichten zu nehmen, eine seinem Revolutionsbegriff entsprechende Politik grundlegender Reformen betrieb; sein Glaube an den schließlichen Erfolg der Vernunft im politischen Geschäft mußte ihn zu der Annahme führen, eine solche Politik würde, wenn sie nur konsequent genug durchgehalten würde, alle fortschrittlichen Kräfte um die SFIO sammeln, die in der Résistance aufgebrochen waren. Die Mehrzahl der Parteifunktionäre hielt allerdings taktische Rücksichten für geboten. Als Blum etwa den versammelten Mitgliedern des Comité directeur und der Parlamentsfraktion am 5. Februar 1946 vorschlug, nun für eine Reform des Erbrechts als Angelpunkt einer Strukturumwandlung der Gesellschaft zu kämpfen — das Erbrecht sollte nach seinen Vorstellungen nur noch in direkter Linie und nur für jeweils eine Generation gelten, alles andere Vermögen sollte der Gemeinschaft für Zwecke des Erziehungswesens und der Sozialfürsorge zur Verfügung stehen —, fand er aus Angst vor einem Verlust an Wählerstimmen kein Echo.[18]

Somit war bereits 1945/46 abzusehen, daß die SFIO einer Periode widersprüchlicher Politik entgegenging, und es war kein Wunder, daß Blum sich in vertraulichen Gesprächen seiner eigenen Parole vom „socialisme maître de l'heure" gegenüber skeptisch zeigte.[19] Es war nicht das Verdienst der SFIO, daß die sozialistische Bewegung 1945 auf dem Vormarsch zu sein schien; nicht sie hatte den bourgeoisen Staat der III. Republik zerstört; ihre öffentliche Genugtuung enthielt ein großes Maß an Selbsttäuschung.

Internationalismus als Prinzip
Zu einer konsequenten Reformpolitik zählte für Blum auch eine Verwirklichung des internationalistischen Programms der Résistance; folglich suchte er die SFIO in dieser Hinsicht noch mehr zu profilieren, als es der aus der Résistance hervorgegangenen Führungsmannschaft um Daniel Mayer 1944/45 bereits gelungen war. Gelegenheit zur Verdeutlichung seines Standpunkts bot sich ihm in der Diskussion um die sozialistisch-kommunistische Aktionseinheit.

Die Frage nach einer Revision der Parteispaltung von 1920 oder zumindest nach einem Aktionsbündnis beider „Arbeiterparteien" als erstem Schritt hierzu hatte seit den Tagen der Résistance im Raum gestanden. Blum hatte schon vor der Auflösung der Komintern von der Notwendigkeit gesprochen, die Kommunisten in die nationale Verantwortlichkeit zu integrieren und an der Macht teilhaben zu lassen, sich zugleich freilich gegen eine Umklammerung durch die Kommunisten zu sichern. Hoffnung auf ein Ende der Moskauhörigkeit der Kommunisten, verbunden mit einem Wandlungsprozeß der Sowjetunion (in den Schriften von Blum und Auriol) und Begeisterung für das vermeintlich gleiche revolutionäre Ziel (bei jungen Intellektuellen, die während der Résistance zum Sozialismus gestoßen waren) hatten schon 1943 die illegale SFIO-Führung den Kommunisten Bündnisangebote machen lassen, die der außerordentliche Kongreß vom November 1944 unter Ausnutzung des damit verbundenen propagandistischen Effekts offiziell wiederholt hatte. Die Kommunisten freilich hatten diese Vorstöße nur ungern gesehen; als selbständige Partner de Gaulles schienen ihnen mehr Möglichkeiten zur Durchsetzung ihrer Interessen gegeben als in der Verschmelzung mit den Sozialisten. Das gemeinsame „Comité d'entente", zu dem sich die Kommunisten schließlich im Dezember 1944 bereit gefunden hatten, sollte denn auch keineswegs zur Vorbereitung einer Vereinigung dienen, sondern nur zur „Stärkung der für den Sieg und den Wiederaufbau unabdingbaren Einheit der Résistance".[20] Erst als sich die Sozialisten in den kommenden Monaten heftigen Attacken von kommunistischer Seite ausgesetzt sahen, begriff man im Comité directeur, daß von einer engen Zusammenarbeit bestenfalls eine Umklammerung durch die Kommunisten zu erwarten war. Als die kommunistische Parteiführung am 12. Juni 1945 den Statutenentwurf einer gemeinsamen „Parti ouvrier français" veröffentlichte, die sich am „demokratischen Zentralismus" und dem Vorbild der Sowjetunion orientieren sollte – ein Entwurf, der für die SFIO natürlich nicht akzeptabel war und nur dazu dienen sollte, in der Öffentlichkeit den Sozialisten die Schuld am Scheitern der Aktionseinheit zu geben –, hielt man den Zeitpunkt für gekommen, sich gegenüber der PCF deutlich abzugrenzen.

In nicht weniger als achtzehn Artikeln, die vom 5. Juli bis 7. August im „Populaire" erschienen, begründete Blum, warum eine Verschmelzung mit der PCF bei aller wünschenswerten Aktionseinheit zum gegenwärtigen Zeitpunkt nicht möglich sei. Die unterschiedliche Haltung der beiden Parteien in der Frage der „Organisation internationale" bildete dabei den wesentlichen Angelpunkt seiner Argumentation.[21] Die französischen Kommunisten, so argumentierte er, seien zwar seit der Auflösung der Komintern nicht mehr formal, aber wie die Erfahrungen der letzten Monate gezeigt hätten, immer noch gefühlsmäßig der sowjetischen Politik zur Folgeleistung verpflichtet. Die aktuelle Politik Stalins stimme aber nicht mit den Prinzipien überein, die seit jeher vom internationalen Sozialismus vertreten worden seien. Die SFIO trete unter Beachtung dieser Prinzipien für eine französische Außenpolitik ein, die zum Aufbau einer supranationalen Weltorganisation führen solle; die Sozialistische Internationale, die niemals zu bestehen aufgehört habe, werde eine wichtige Grundlage für diese Weltgemeinschaft bilden. Die Sowjetunion verfolge hingegen zur Zeit einen streng nationalistischen Kurs. Sie sei der Hauptverantwortliche für das Nichtzustandekommen einer tatsächlich supranationalen Organisation in San Franzisko; ihre Osteuropapolitik, die darin bestehe, „d'établir sur la frontière occidentale de la Russie un ‚glacis' d'Etats feudataires"[22], sei zwar historisch verständlich, sie verletze dennoch das Selbstbestimmungsrecht der Osteuropäer und gewähre keine wirkliche Sicherheit. Kurz: „Nous combinons en nous le patriotisme français et un patriotisme international, tandis que nos camarades communistes combinent en eux le nationalisme français et le nationalisme soviétique."[23]

Blum machte also die Kooperation oder gar Vereinigung mit den Kommunisten vom künftigen Verhalten Stalins abhängig. In seiner Standortbestimmung beanspruchte er abermals, gegenüber den kommunistischen Abweichlern den wahren Sozialismus und wahren Marxismus zu vertreten. Dieser war für ihn wesenhaft internationalistisch; Durchsetzung des Sozialismus und Realisierung der „Organisation internationale" bedingten sich wechselseitig. Aus diesen Grundüberzeugungen rührte sein Vertrauen in die Sozialistische Internationale, die nun nach dem Scheitern des ersten Anlaufs in San Franzisko offensichtlich den Hauptfaktor im Aufbau des supranationalen Systems bilden sollte; daher rührte auch seine bei aller eindeutigen Kritik an der gegenwärtigen sowjetischen Politik vorsichtig ausgesprochene Hoffnung, ein sozialistisches Europa – das nach dem Labour-Wahlsieg in England im Juli 1945 in Sicht sei – werde mit der Sowjetunion eine *internationale* Aktionseinheit eingehen können; genauso wie jetzt schon in Frankreich eine *nationale* Aktionseinheit von SFIO und PCF möglich sei.[24] Freilich hätten ihm schon die Erfahrungen mit der nationalen Aktionseinheit in den vergangenen Monaten sagen müssen, daß eine internationale Aktionseinheit schwer zu realisieren sein würde. Blum überschätzte, so scharf seine Analyse der tatsächlichen Trennungslinie zwischen Nationalismus und Internationalismus auch war, immer noch die Einflußmöglichkeiten der Doktrin auf die reale Politik sowohl der sozialistischen Parteien Europas als auch Stalins.[25]

Blums Argumentation war von der breiten Zustimmung des sozialistischen Comité directeur getragen und wurde auch von den Delegierten des Parteitages im August 1947 vorbehaltlos übernommen. In einer fast ohne Gegenstimmen angenommenen „Resolution zur Frage der Einheit" nannte der Parteitag als wesentliche Aufgabe des Sozialismus und somit einer vereinigten Arbeiterpartei: „oeuvrer pour l'égalité des droits entre toutes les nations, grande ou petite, faisant l'abandon partiel de souveraineté indispensable au fonctionnement de la sécurité collective."[26] In der gleichen Weise proklamierte das vom Kongreß verabschiedete Manifest „Au peuple de France" erneut das Konzept der supranationalen Organisation, verbunden mit dem im August 1945 aktuellen Appell, die Entwicklung der Atomwaffen habe die Menschheit endgültig vor die dramatische Alternative des „s'unir ou périr" gestellt, und mit Absagen an die „Hegemonie einer oder mehrerer Großmächte".[27]

Beklemmung und Ratlosigkeit
Vergeblich suchte man jedoch in den Parteitagsresolutionen vom August 1945 Hinweise, wie die „Organisation internationale" angesichts des Verhaltens der neuen Weltmächte verwirklicht werden könne. Enttäuschung über den Ausgang der UNO-Gründungskonferenz von San Franzisko, Unsicherheit über die Vorgänge auf der Potsdamer Konferenz der Großen Drei und eine generelle Beklemmung in Anbetracht der heraufziehenden neuen Konflikte kennzeichneten die sozialistischen Reden und Kommentare nach dem endgültigen Sieg über Deutschland und Japan. Daniel Mayer kennzeichnete die Situation auf der Konferenz der SFIO-Föderationssekretäre vom 20. Mai mit der Beobachtung, daß 1945 anders als 1918 jegliches Triumphgefühl im Moment des Sieges fehle; Philip klagte auf dem Parteitag die beiden Weltmächte des Verrats an den Hoffnungen auf eine definitive Friedensorganisation an; Pupille (Fédération Seine) sah Europa sowohl von einem russischen (territorialen) als auch von einem amerikanischen (wirtschaftlichen) Imperialismus bedroht.[28] Dumas sprach in seinen Kommentaren von der Tendenz der beiden Weltmächte zur Aufteilung der Welt. De facto, so meinte er, existierten bereits zwei Blöcke: Durch Verträge „qui constituent une quasi-mainmise politique, militaire et économique" habe Stalin einen Ostblock geschaffen, durch den Vertrag von Chapultepec hätten sich die Staaten des amerikanischen Kontinents zu einem eigenen Block

zusammengeschlossen. „Entre ces deux blocs, les Etats de l'Europe occidentale sont menacés d'être un jour écrasés économiquement".[29] Schärfer noch urteilte Jean Lechantre im „Nord-Matin": „On n'empêchera personne d'être inquiet devant les manifestations de l'impérialisme américain. Et bien quel Français soucieux de l'équilibre européen verrait sans appréhension apparaître le formidable bloc slave que Staline réalisant le rêve des grands tsars est en train de constituer autour de l'U.R.S.S.?"[30]
Die Beunruhigung wuchs, als die erste Außenministerratstagung der vier Alliierten, die am 10. September in London begonnen hatte, am 2. Oktober abgebrochen wurde, ohne daß in der Frage der Friedensverträge eine grundsätzliche Einigung unter den vier Besatzungsmächten erreicht worden wäre, und im Fehlen eines Abschlußprotokolls der Polarisierungsprozeß der Weltöffentlichkeit offenbar wurde, der während der Konferenz stattgefunden hatte. Bereits am 29. September sprach Dumas von einer „immense déception pour les peuples". Jean Lechantre nannte das Konferenzergebnis ein Fiasko: „Elle a ouvert l'ère de la ‚paix armée'". „Combat" kam zu dem Schluß: „De quoi s'est-il agi? D'un partage du monde", konzentriert in einer Zweiteilung Europas, zwischen dessen beiden Hälften nun das besiegte Deutschland liege. Die Weltmächte seien zum Egoismus nationaler Machtpolitik zurückgekehrt – so nun wieder Dumas – statt Europa zu einen, sei es geteilt worden. „Demander des bases sur les territoires des autres, est-ce autre chose que de l'impérialisme déguisé? Proclamer et imposer des zones d'influence, sous prétexte de sécurité, et imposer pour cela aux pays faibles des gouvernements de sa façon, est-ce que ce n'est pas de l'impérialisme non déguisé?" Und Charles Sans wehrte sich nur mit Mühe gegen die Verzweiflung: „Faut-il désespérer en voyant, un mois après la fin de la plus sanglante des guerres, les hommes reprendre leurs querelles et dissimuler à peine leurs ménaces?"[31] Die Angriffe gegen den amerikanischen Imperialismus waren insgesamt – wie dieser selbst – weniger konkret als die Erbitterung über das sowjetische Vorgehen in Osteuropa. In einer durch den französischen Wahlkampf noch angeheizten Atmosphäre erinnerte der „Populaire" wieder an den Hitler-Stalin-Pakt und nannte er die sowjetische Ablehnung einer Zulassung Frankreichs zur Beratung der Friedensverträge mit den Balkanstaaten einen feindseligen Akt.[32] Die Rufe nach der Föderation aller Nationen statt der Diktatur der Großmächte, nach Verständigung der Völker statt der Geheimdiplomatie, deren Bankrott nun offenbar geworden sei, nach Hoffnung wider alle Hoffnungslosigkeit zeigten das Maß der Desillusionierung, das die Sozialisten nun erfuhren, ohne daß sie irgendwelche realen Alternativen aufzuzeigen vermochten.

2. Blum: „La famille occidentale"

Léon Blum reihte sich in den Chor der sozialistischen Autoren, die ihre Enttäuschung über den Verlauf der weltpolitischen Entwicklung zeigten, nicht ein. Wohl hatte er in seiner Artikelserie zum sozialistisch-kommunistischen Einheitsprojekt Stalin eine nationalistische Machtpolitik vorgeworfen und ihm die Hauptschuld am vorläufigen Scheitern des supranationalen Konzepts zugesprochen, im übrigen aber tat er in einer Mischung aus politischem Optimismus und taktischer Klugheit nach wie vor so, als sei die globale Föderation in absehbarer Zeit zu verwirklichen. „Die Hoffnung auf den Frieden, die Chance des Friedens ist da."[33] Zwar habe ausgerechnet die Sowjetunion als ein Land, dessen Ideologie es eigentlich an die Spitze der internationalistischen Bewegung stellen müßte, in London jede Ausweitung der UNO-Charta im Sinne des Internationalismus zu verhindern gewußt, doch sei dies kein Grund zur Verzweiflung.[34] „Pourquoi poser en fait que l'U.R.S.S. refuserait de participer à un grand effort d'ensemble pour liquider les difficultés présentes et construire une organisation d'avenir où le veto n'aurait plus de place?"[35] Mit der Lancierung des Plans einer sogenannten „Famille occidentale" suchte Blum selbst eine derartige „große gemeinsame Anstrengung" in die Wege zu leiten.

Achse Paris — London
Ausgangspunkt des Konzepts einer „Famille occidentale" war für ihn das Ergebnis der britischen Unterhauswahlen vom 25. Juli 1945. Er zweifle nicht, schrieb er nach Bekanntgabe des Wahlergebnisses in einer „grande heure d'espérance", daß unter einer Labour-Regierung die britische Position in der Frage der „Organisation internationale" eine ganz neue Akzentuierung erfahren werde.[36] Eine sozialistische Regierung, davon war er überzeugt, mußte per definitionem eine internationalistische Außenpolitik betreiben; außerdem konnte niemand besser als eine sozialistische Regierung der dritten Großmacht des Zweiten Weltkrieges der Sowjetunion die aus historischer Erfahrung resultierende Furcht vor einer kapitalistischen Aggression nehmen und damit dem internationalistischen Geist des wahren Sozialismus auch in der sowjetischen Führung zum Durchbruch verhelfen. Von dieser Überlegung her bekam auch das seit langem geforderte britisch-französische Bündnis ein neues Gewicht: Vor den britischen Wahlen hatte Eugène Thomas Frankreich als von den drei Imperialismen Großbritanniens, der USA und der UdSSR eingekreist bezeichnet, von denen jeder versuche, sich eine möglichst große Einflußsphäre zu sichern.[37] Nun aber galt Großbritannien als aus dem imperialistischen Lager ausgeschieden; ein Bündnis Frankreichs mit einem sozialistischen Großbritannie hätte ohne Zweifel die Position der SFIO im eigenen Land gestärkt und insbesondere ihrem außenpolitischen Konzept größeres Gewicht verliehen. An der Achse Paris—London hätten sich die übrigen sozialistisch regierten — und damit also internationalistisch gesonnenen — Länder Europas sammeln können, um vereint dem internationalistischen Konzept insgesamt ein größeres Durchsetzungsvermögen geben zu können. Das britisch-französische, das französisch-russische und das britisch-russische Bündnis hätten zusammengenommen jene internationale Aktionseinheit sozialistischer und kommunistischer Staaten begründen können, von der Blum am Schluß seiner Artikelserie zur Einheit SFIO—PCF sprach.
Diese Überlegungen verdichteten sich bei Blum und in der SFIO im August/September 1945 zu einem außenpolitischen Konzept, das eine Antwort auf den gegenwärtigen Stillstand in der internationalistischen Bewegung und auf die Verschlechterung der weltpolitischen Lage geben sollte. Den Gedanken an die ausgleichende Kraft des sich hier abzeichnenden westeuropäischen Staatensystems zwischen dem kapitalistischen Block Amerikas einerseits und den osteuropäisch-russischen Block kommunistischer Prägung andererseits hatte Daniel Mayer schon vorgedacht, als er auf der Konferenz der Föderationssekretäre am 20. Mai von der Chance Frankreichs sprach, als Land des demokratischen Sozialismus zwischen

beiden Gesellschaftssystemen zu vermitteln.[38] Am 10. August entwickelte Charles Dumas im „Populaire" die Idee einer „entente régionale occidentale" als Antwort auf die, wie er meinte, wirtschaftliche Bedrohung Westeuropas durch die beiden neuentstandenen Machtblöcke. Eine solche Entente, so führte er aus, sei unabdingbar, um die internationale Verteilung der deutschen Reparationsleistungen zu gewährleisten, vor allem aber, um der im Zuge des Zweiten Weltkrieges notwendig gewordenen und unter dem Hitler-Imperium de facto bereits einmal realisierten weitgehenden Wirtschaftseinheit Europas gerecht zu werden. Senkung der Zolltarife, Stabilisierung des Handelsverkehrs durch langfristige Kaufabsprachen, verbunden mit einer Standardisierung der Produktion, regionale Kooperation der Industrien und die Schaffung einer gemeinsamen Kontingentierungsorganisation für die grundlegenden Bereiche des Wirtschaftsmarktes nannte er als Aufgaben dieser westlichen Entente. Diese Maßnahmen implizierten noch nicht die Schaffung einer westeuropäischen Föderation – das Wort fiel auch an keiner Stelle –, sie enthielten aber bereits einige Grundgedanken des später von André Philip vertretenen Konzepts eines Europäischen Marktes.[39] Entschieden weiter ging auf dem Nationalkongreß der SFIO fünf Tage später der Delegierte Pupille, der von der Notwendigkeit einer Föderation der europäischen Völker zum Schutz vor sowjetischem und amerikanischem Imperialismus sprach.[40] Am 28. August ließ Léon Blum die beiden Hauptideen des Konzepts der „Famille occidentale" durchblicken, die Idee einer sozialistischen Partnerschaft zwischen Großbritannien und der Sowjetunion – „Heute mehr denn je hängt der friedliche Aufbau Europas und der Welt im höchsten Maße von der Übereinstimmung zwischen der Labour-Regierung in Großbritannien und der sowjetischen Regierung in Rußland ab" – und die Idee einer Sammlung der westeuropäischen Länder um Großbritannien und Frankreich – „Das Bündnis zwischen Großbritannien und Frankreich würde sicherlich eine Anziehung auf die anderen jetzigen und zukünftigen Demokratien des Westens ausüben."[41] Im September führte Jules Moch in „Arguments socialistes" aus, wer unter diesen Demokratien des Westens zu verstehen sei. Neben der sozialistischen Regierung in Großbritannien, schrieb er, stünden in Belgien, Dänemark, Norwegen, Schweden und in der Tschechoslowakei Sozialisten an der Spitze von Koalitionsregierungen; in Frankreich, Italien, Griechenland, den Niederlanden und weiteren Ländern seien Sozialisten an der Regierung beteiligt; diese Staaten würden demnach zusammenwirken, um die sozialistischen Friedensvorstellungen, wie sie in der Idee der „Organisation internationale" zum Ausdruck kommen, zu realisieren.[42] Von ähnlichen Vorstellungen inspiriert erschien am 8. September ein unsignierter Leitartikel in „Le Monde", in dem die Bildung einer westeuropäischen Staatengruppe gefordert wurde, die die Funktion haben sollte, von beiden derzeitigen Weltmächten gleich weit entfernt und gleich unabhängig, eine Brücke zwischen den beiden Mächten zu bilden.[43]

Gegen das sowjetische Mißtrauen
Nach Kontaktnahmen mit der Labour-Führung in London[44] präzisierte Blum ausführlich[45], was unter dieser „Famille occidentale" *nicht* zu verstehen sei: kein festgefügter „Bloc occidental", der Europa spalten würde, anstatt es zur Einheit zu führen[46], von daher auch – wie er in der Pressekonferenz auf ausdrückliche Nachfrage präzisierte – in keinem Falle eine westeuropäische Föderation, sondern

81

eher eine Familie derjenigen Staaten, die durch ihren Charakter prädisponiert seien, Schrittmacher der künftigen globalen Föderation zu bilden; keine antisowjetische Formation, da, wie jedermann wisse, die internationale Friedensorganisation nicht ohne die Grundlage eines freundschaftlichen Verhältnisses zur Sowjetunion geschaffen werden könne; kein gegen die Vereinigten Staaten gerichteter Wirtschaftsblock, da der Friede nicht in einem System hermetisch voneinander abgeschlossener Teilmärkte möglich sei; und vor allem kein Ersatz für die supranationale Weltorganisation, sondern deren Wegbereiter. So eindeutig er damit seine Vorstellungen von der Funktion und den Zielen dieser „Famille occidentale" darlegte, so unverbindlich blieb er in seinen Äußerungen über die Gestalt dieser Staatengruppe. Deutlich schien, daß es sich nur um einen lockeren Zusammenschluß, auf jeden Fall ohne die Aufgabe nationaler Souveränitätsrechte, handeln sollte. Am eindeutigsten benennbar war der von Blum als zusätzliches Argument dargestellte wirtschaftliche Aspekt des Zusammenschlusses; das „Bulletin intérieur" der SFIO meinte denn auch, die von Blum intendierte Entente der westeuropäischen Staaten müsse in erster Linie vom wirtschaftlichen Standpunkt her verstanden werden.[47]

Den Grund für diese Zurückhaltung in der Aussage machte die Reaktion der Sowjetführung auf den Vorstoß der französischen Sozialisten deutlich. Die offizielle sowjetische Armeezeitung „Roter Stern" kommentierte den SFIO-Parteitag mit der Behauptung, Blum und die Parteiführung der SFIO hätten die Vereinigung der beiden französischen Arbeiterparteien bewußt hintertrieben, um ungestört in Kooperation mit den britischen Sozialisten — und damit in Fortführung der imperialistischen Tory-Politik — die Schaffung eines gegen die Sowjetunion gerichteten Westblocks in die Wege zu leiten.[48] Noch am Tage der Veröffentlichung des Daily-Herald-Artikels nannte Radio Moskau Blum in einem Kommentar einen „finsteren Handlanger der finstersten reaktionären Ideen". „Blum a enfin montré son vrai visage; (...) il a annoncé le rêve effarant de créer l'union des divers pays d'Europe, union dirigée contre l'U.R.S.S."[48] Die französische Parteizeitung „L'Humanité" übernahm den gleichen Tenor[49], zumal der Wahlkampf bevorstand und die kommunistische Parteiführung bestrebt war, die Ablehnung ihres Chartaentwurfs für eine vereinigte Partei durch den SFIO-Parteitag propagandistisch auszunutzen. Im „Populaire" antwortete der ehemals mehrheitssozialistische Exilrusse und außenpolitische Mitarbeiter Blums Oreste Rosenfeld mit gleicher Schärfe: Der Kommentar Radio Moskaus enthalte Sottisen, die eines „Gringoire" und einer „Action française" würdig seien; man müsse sich fragen, ob derartige Parolen der Dummheit eines Rundfunksprechers oder der Verfolgungssucht der Sowjetführung zu verdanken seien.[50] Diese Konfrontation führte dazu, daß sich die Diskussion des Blum-Vorschlags in den kommenden Tagen und Wochen um den Blockpolitik-Vorwurf konzentrierte, ohne daß die reale Gestaltung einer „Famille occidentale" näher diskutiert und konkreter greifbar geworden wäre; in den Äußerungen der Sozialisten nahm die „Famille occidentale" mehr und mehr die Gestalt eines Negativ-Programms an: sie sagten, was diese Staatengruppierung nicht sein sollte — nämlich kein „Westblock" — ohne darzulegen, was sie denn nun sein sollte.[51]

In Wahrheit konnten die Verlautbarungen über die konkrete Ausgestaltung der „Famille occidentale" nicht sehr deutlich sein, weil der Vorschlag im Grunde zwei verschiedene Konzepte enthielt, die voneinander widersprechenden Voraussetzungen ausgingen, zwei Konzepte, von denen Blum jedoch glaubte, sie im Verlauf eines dialektischen Prozesses in Einklang bringen zu können. Die Idee einer an der Achse Paris-London zentrierten westeuropäischen Staatengruppe als Schrittmacher der supranationalen Organisation mußte von der Annahme ausgehen, das Einvernehmen der alliierten Großmächte als Vorbedingung einer Fortentwicklung der in San Franzisko geschaffenen Weltorganisation bleibe weiterhin erhalten. Die Idee, von einer britisch-sowjetischen Kooperation einen Wandel der sowjetischen Politik zu erhoffen, basierte dagegen bereits auf der Feststellung von erheblichen Divergenzen zwischen den Großmächten. Im Falle einer — von sozialistischen Pressestimmen bereits als Faktum konstatierten — Zweiteilung der Welt hätte die Schaffung einer westeuropäischen Staatengruppe die Blockbildung nur noch vertieft und die Chancen einer universalen Organisation noch mehr verringert, solange nicht beide Weltmächte und insbesondere die Sowjetunion die europäische Gruppe als Kooperationspartner akzeptierten. Der Vorschlag einer europäischen Formation als Antwort auf den Außendruck beider Imperialismen, wie er von Pupille und ansatzweise von Dumas formuliert wurde, ließ diese Konsequenz besonders deutlich werden. Nun räumte auch Blum das Vorhandensein von Spannungen unter den Weltmächten ein, hielt diese Spannungen jedoch für in absehbarer Zeit überwindbar.[52] Mittel zu ihrer Überwindung sollte die Zusammenarbeit zwischen russischen Kommunisten und europäischen, von Großbritannien angeführten Sozialisten sein. Damit war die Konzentration sozialistischer Kräfte in einer „Famille occidentale" einerseits Voraussetzung für die Zusammenarbeit mit der Sowjetunion, die realisierte Zusammenarbeit mit der Sowjetunion andererseits Voraussetzung für die volle Verwirklichung der „Famille occidentale". Um den Blockpolitik-Vorwurf nicht zu rechtfertigen, mußte diese westeuropäische Konzentration zunächst nur in Form eines lockeren, nur vage zu definierenden Zusammenschlusses erfolgen; die Bildung einer westeuropäischen Föderation war erst denkbar, wenn sich die Sowjetunion zur Kooperation bereitfand. War die Verständigung mit der Sowjetunion zu erreichen, so blieben der westeuropäischen Gruppe immerhin noch die von Dumas zugeschriebenen Funktionen im wirtschaftlichen Bereich. Die Problematik solcher Abgrenzung ließ aber zunächst geraten erscheinen, nichts unversucht zu lassen, um eine Korrektur des sowjetischen Kurses zu erreichen. Kernstück dieser Überlegungen war also wiederum der Glaube an die internatonalistische Kraft des Sozialismus sowie die Annahme, ein derartiger Sozialismus oder zumindest der ihm zugrundeliegende Sinn für Vernunft sei auch in der Sowjetführung zu finden. Als Mittel zur Überwindung der Stagnation in der Bewegung für eine supranationale Weltorganisation gedacht und im Herbst 1945 nur ephemer diskutiert, enthielt der Vorschlag der „Famille occidentale" in seiner Vielschichtigkeit bereits die Grundelemente des späteren Konzepts der „Troisième Force", des Neutralismus und der sozialistischen Europabewegung; zugleich zeigte es bereits die Grenzen auch dieser späteren Vorstellungen an, soweit auch sie auf die Kraft des internationalen Sozialismus vertrauten.

Wachsende Polarisierung
In den folgenden Monaten mußten die Sozialisten allerdings erleben, daß das dialektische Wechselspiel zwischen einer Konzentration sozialistischer Kräfte in Westeuropa und einer Verbesserung des westeuropäisch-sowjetischen Verhältnisses überhaupt nicht erst begann, sondern stattdessen die Polarisierung der beiden

Weltmächte USA und UdSSR immer mehr zunahm. Zunächst schien der Höhepunkt der Divergenzen bereits überschritten, als sich die Großmächte auf der Moskauer Außenministerkonferenz vom 16. bis 26. Dezember 1945 hinsichtlich der Streitfragen sowohl des Fernen Ostens als auch Südosteuropas und des Irans zu Kompromissen bereitfanden; die Prognosen der sozialistischen Kommentatoren klangen dementsprechend um die Jahreswende wieder optimistischer. „La Conférence de Moscou a débarrassé la voie du seul obstacle qui fût vraiment insurmontable", schrieb Blum am 3. Januar 1946: „un conflit entre les grandes puissances victorieuses. (...) Rien ne s'oppose à ce que l'U.R.S.S. et les U.S.A., et avec eux toutes les Nations Unies, reprennent de concert l'action commune dont la loi et le but se nomment la paix"; konkrete Erfolge seien schon in den nächsten Monaten zu erwarten.[53] In einer von der sozialistischen Fraktion mit stürmischen Ovationen bedachten Rede zur Eröffnung der außenpolitischen Debatte der Constituante vom 15./16. Januar 1946 glaubte Daniel Mayer den Plan der „Famille occidentale" konkretisieren zu können, ohne auf das Verhältnis zur Sowjetunion eigens eingehen zu müssen. Die Funktion der westlichen Staatenfamilie, zu der er neben Großbritannien und Frankreich die skandinavischen Länder, Belgien, die Niederlande, Luxemburg und Italien sowie – nach dem Ende der dortigen diktatorischen Regime – Spanien und Portugal zählte, beschrieb er als „former l'une des premières chaines, l'un des premiers éléments constructifs de la communauté européenne et de la communauté internationale". Sie solle der wirtschaftlichen Interdependenz der europäischen Staaten Rechnung tragen, die Annäherung der beiden Weltmächte fördern und damit zur Schaffung einer europäischen Föderation von Großbritannien bis Rumänien und Bulgarien führen. Diese gesamteuropäische Föderation – „une fédération de peuples libres" im Kontrast zur bisherigen Diktatur der Großmächte – dürfe jedoch nur als Vorstufe und Teilstück der globalen Föderation verstanden werden. „Pour construire le monde, il faut d'abord construire l'Europe." Zugleich gelte es, mit allen Mitteln die Schaffung eines globalen „Super-Etat" mit eigenen Hoheitsrechten, insbesondere dem Recht, der einzige Inhaber von Streitkräften zu sein, anzustreben.[54] Die in dieser Rede beschriebene europäische Föderation, die aus der „Famille occidentale" hervorgehen sollte, bedeutete eine Zurücknahme sogar der Ergebnisse der bisherigen sowjetischen Hegemonialpolitik in Osteuropa; die sozialistische Fraktion war Anfang 1946 offensichtlich wieder (oder noch) bereit, an ein hohes Maß sowjetischer Kooperationsbereitschaft im Zeichen des Sozialismus zu glauben.

Der Verlauf der ersten Vollversammlung der UNO vom 10. Januar bis 16. Februar 1946 in London, in der sowjetischen Delegation sogar eine Ausweitung des Vetorechts gelang, mußte dann aber diese Hoffnungen enttäuschen und die Diskrepanz zwischen dem angestrebten Ziel und der tatsächlichen weltpolitischen Entwicklung um so stärker hervortreten lassen. Auf der einen Seite wurde die sozialistische Presse nicht müde, immer und immer wieder auf die drängende Notwendigkeit der supranationalen Organisation hinzuweisen.[55] Die auf Briand zurückgehende und bereits vom Parteikongreß 1945 verwandte Formel „Il faut s'unir ou périr" fand sich, nachdem Clement Attlee sie in der Eröffnungssitzung der UNO-Vollversammlung aufgegriffen hatte, in nahezu allen Äußerungen sozialistischer Publizisten.[56] Auf der anderen Seite wurde der scharfe Kontrast zwischen dem supranationalen Ideal und der realen Diktatur der Großmächte herausgestellt:

„En fait, par le droit de veto, les cinq grandes puissances ont créé à leur profit une véritable dictature, qui les place au-dessus de la loi internationale."[57] Der Verlauf der Londoner Vollversammlung erbrachte darüber hinaus einen Wandel in der Bewertung der Haltung der beiden Weltmächte. Noch im Januar 1946 machte Oreste Rosenfeld, wie schon im Spätsommer 1945 Dumas und Pupille, die Imperialismen von UdSSR und USA für die gegenwärtige Lage verantwortlich. Beide, so schrieb er, würden nicht die mindeste Beschränkung ihrer nationalen Souveränität akzeptieren, beide aus gegenseitigem Mißtrauen, die Sowjetunion aus Angst vor einer Einkreisung durch die kapitalistischen Staaten, die USA aus Angst, in ihrem zu internationaler Anarchie führenden Streben nach wirtschaftlicher Expansion behindert zu werden.[58] Im Februar dagegen schrieb Charles Dumas, allein die Sowjetunion habe das Vetorecht erzwungen; er beschrieb das Konzept der Sowjetführung als „rechercher la sécurité dans l'hégémonie imposée à d'autres peuples du voisinage plus ou moins proche, ce qui ruine au profit des plus forts la sécurité de ces Etats faibles qui se voient, soit imposer des gouvernements au service de l'étranger, soit même de refuser le droit de se grouper et de s'organiser entre eux comme l'exigent à la fois l'évolution normale des choses et les nécessités économiques", und konstatierte die Grenze, die Europa gegenwärtig spaltet: „Il y a encore le rideau de fer."[59] Jean Lechantre sprach von einem „imperialisme tsariste", der „met en danger la paix du monde". Rosenfeld gab der Sowjetunion nun ebenfalls die Hauptschuld an der gegenwärtigen Misere und warf ihr neben dem Mißbrauch des Vetorechts in London die Unterdrückung des Volkswillens in Polen, Bulgarien und Rumänien, die Absicht, den Nordiran zu annektieren, und die Überschreitung ihrer Rechte in der Mandschurei vor. Selbst Blum räumte ein, daß das Mißtrauen der Sowjetführung gegenwärtig noch sehr groß sei. Die Feststellungen, die Winston Churchill in seiner Rede vom 5. März 1946 in Fulton hinsichtlich der Politik des „Eisernen Vorhangs" traf, riefen daher bei den französischen Sozialisten wenig Überraschung hervor. Churchill habe den russischen Imperialismus beim Namen genannt, so kommentierte etwa Lechantre lapidar die Rede, und dagegen sei nichts einzuwenden, denn er existiere in der Tat.[60]
Der Wandel in der Auffassung der sowjetischen Position bewirkte jedoch noch keine Korrektur am Konzept der „Famille occidentale", dessen Kernpunkt die Kooperation mit der Sowjetunion darstellte. Zunächst waren nicht alle Sozialisten bereit, den russischen Imperialismus eindeutig zu verurteilen. Vereinzelt meldeten sich Stimmen zu Wort, die das sowjetische Verhalten als Reaktion auf den kapitalistischen Imperialismus der Angelsachsen zu entschuldigen bemüht waren und den USA Spaltungstendenzen vorwarfen.[61] Auf dem außerordentlichen Parteikongreß vom 29. bis 31. März in Montrouge nannte Boutbien den „internationalen Kapitalismus" sowohl der USA wie der UdSSR als die Ursache der gegenwärtigen Krise; die Resolution vermied es, überhaupt Gründe für die „Diktatur der Großmächte" zu nennen.[62] Im übrigen entgegneten auch die entschlossenen Kritiker der sowjetischen Politik Churchills Forderung einer britisch-amerikanischen Allianz mit dem Argument, ein derartig geschlossener Westblock würde die definitive Spaltung der Welt bedeuten und die Kriegsgefahr erhöhen. „Si nous opposons à la politique de force et de puissance des Soviets, ce n'est pas pour approuver une contrepolitique de force." Statt dessen gelte es, überall auf Anwendung der Prinzipien der kollektiven Sicherheit zu drängen, um der Sowjetunion ihr Mißtrauen

zu nehmen, aus dem ihre gesamte aggressive Haltung resultiere.[63] Als Basis für eine Verständigung mit der Sowjetunion begrüßte Charles Dumas den Vorschlag des amerikanischen Außenministers Byrnes, die Sicherheit vor Deutschland durch einen gemeinsamen Pakt der vier Besatzungsmächte mit 25jähriger Laufzeit zu gewährleisten.[64] Als dann aber die Pariser Außenministerratstagung am 12. Juli 1946 auseinanderging, ohne daß sich die Alliierten in der deutschen Frage auch nur einen Schritt näher gekommen waren, ging eine neue Welle der Enttäuschung durch die sozialistische Presse. „Qu'on le veuille ou non", schrieb Jean Lechantre desillusioniert, „l'opposition en Europe et dans le monde de deux blocs rivaux est une réalité. D'un côté, les Slaves que la Russie a rassemblés en un formidable ‚bloc oriental' sous l'autorité absolue des maîtres du Kremlin, de l'autre les démocraties anglo-saxonnes. Entre les deux, la France qui s'efforce de jouer les médiateurs et risque l'isolement, Voilà où nous en sommes."[65] Das Konzept der „Famille occidentale" war zumindest vorläufig nicht zu verwirklichen, da es nicht in der Macht der westeuropäischen Staaten stand, die Sowjetunion zur Kooperation zu bewegen, aber auch, da die westeuropäischen Staaten selbst keinerlei Anstalten trafen, sich zusammenzuschließen, und die Sozialisten, zumindestens in Frankreich, nicht die erhoffte erste Macht im Lande geworden waren.

3. Blum und de Gaulle: Der verdeckte Konflikt

Das Verhältnis von Léon Blum und Charles de Gaulle, den beiden herausragendsten Führungsgestalten im politischen Frankreich nach dem Ende des Krieges, war 1945/46 wie schon in der Résistancezeit von einer wechselseitigen Abhängigkeit bestimmt. Wie de Gaulle 1942/43 auf die Anerkennung und Unterstützung durch die sozialistischen Widerstandskämpfer zur Stärkung seiner Position gegenüber den Alliierten angewiesen war, so suchte er jetzt Blums internationales Renommee und seine internationalen Verbindungen zur Durchsetzung seiner Grandeur-Politik zu nutzen. Sein Versuch, Blum gleich nach dessen Rückkehr aus dem KZ zur Übernahme eines Staatsministeramtes zu bewegen[66], Blums Londoner Mission im September 1945, seine Rolle bei der Gründung der UNESCO, wie auch noch nach de Gaulles Abgang Blums Entsendung nach Washington im März 1946 entsprechen dieser Tendenz. Wie andererseits die Sozialisten sich in der Résistance de Gaulle anschließen mußten, da, wie das CAS am 1. Dezember 1942 formulierte, der Sieg und die Restituierung Frankreichs die conditio sine qua non für eine Realisierung des Sozialismus war[67], so mußten sie auch jetzt mit de Gaulle zusammenarbeiten, wenn sie auf die Nachkriegsentwicklung Einfluß nehmen wollten. In dem Maße aber, in dem die Parteien wieder an Einfluß gewannen und sich festigten, verschob sich das machtmäßige Gleichgewicht zuungunsten de Gaulles: die Sozialisten waren zwar auf den Tripartismus, nicht aber unbedingt auf de Gaulle als dessen Integrationsfigur angewiesen, während für de Gaulle eine Regierung ohne den Tripartismus, mithin ohne die SFIO, nicht möglich war.

Diese Verschiebung im Kräfteverhältnis schien nun eine gute Voraussetzung für einen Erfolg der Taktik außenpolitischer Solidarität zu bilden, die die SFIO im Herbst 1944 unter Daniel Mayer eingeschlagen hatte. Wenn man neben der öffentlichen Meinung auch den Druck der eigenen Partei einsetzen konnte, um de Gaulle zu einer Korrektur seiner Außenpolitik zu bewegen, so mußte es eigentlich möglich sein, unter Wahrung des Scheins außenpolitischer Gemeinsamkeit de Gaulle zum Vollstrecker sozialistischer Zielvorstellungen zu machen. Die Kritik an de Gaulles Politik wurde 1945/46 im Vergleich zur Periode unmittelbar nach der Befreiung in dem Maße lauter, wie die Voraussetzungen außenpolitischen Handelns — Wiederherstellung der territorialen Integrität, diplomatische Anerkennung, Sitz im Weltsicherheitsrat und im alliierten Außenministerrat, Zuteilung einer Besatzungszone in Deutschland —, die zu erlangen die Sozialisten ein ebenso großes Ineresse hatten wie de Gaulle, erfüllt waren, und die französische Außenpolitik vor der Alternative stand, das gaullistische Ziel nationaler Großmachtstellung oder das sozialistische Ziel einer „Organisation internationale" anzustreben. Der gemeinsame Nenner beider Ziele — Grandeur durch weltweites Eintreten für internationalistische Ideale — ermöglichte es der SFIO-Führung weiterhin, nach außen an der außenpolitischen Gemeinsamkeit festzuhalten, der Sache nach aber nicht nur die Zielsetzungen, sondern auch die Schritte de Gaulles einer scharfen Kritik zu unterziehen, die um so präziser und um so persönlicher ausfallen konnte, je weiter die jeweiligen Kritiker vom Zentrum der offiziellen Parteiführung entfernt waren.

Annäherung an Großbritannien
Exemplarisch zeigte sich die sozialistische Taktik außenpolitischer Solidarität in der Levante-Krise im Mai/Juni 1945. Die Krise entstand, als de Gaulle in Verhandlungen mit den Regierungen der beiden früheren französischen Völkerbundsmandate Syrien und Libanon die formelle Anerkennung der diesen Gebieten 1941 versprochenen Unabhängigkeit und Souveränität nur unter der Voraussetzung zu gewähren bereit war, daß eine permanente Präsenz Frankreichs in wirtschaftlicher und militärischer Hinsicht vertraglich vereinbart wurde, eine Forderung, die die beiden Regierungen als kaum verhüllten Versuch einer Wiedererrichtung der französischen Kolonialregierung verstanden. Als eine Verstärkung des französischen Truppenkontingents zu Unruhen unter den Syrern führte, die in offenen Kämpfen in Damaskus vom 29. bis 31. Mai ihren Höhepunkt fanden — die Zahl der Todesopfer wurde mit mehreren Hundert angegeben —, richtete der syrische Außenminister einen Hilferuf an die britische Regierung, in dem die seit 1941 ebenfalls im Lande befindlichen britischen Truppen zum Eingreifen aufgefordert wurden. Die britische Regierung forderte daraufhin am 30. Mai die französische zur Feuereinstellung auf und kündigte am 31. Mai die Internierung der französischen Truppen durch die Briten zur Wiederherstellung der Ruhe an, noch in Unkenntnis darüber, daß de Gaulle noch am 30. den Befehl zur Feuereinstellung gegeben hatte. Während sich nun die französischen Truppen in ihre Unterkünfte und aus den Städten zurückzogen und die Briten die strategisch wichtigen Punkte des Landes besetzten, setzte ein diplomatisches Ringen zwischen Großbritannien und Frankreich um die Form einer Verhandlungslösung ein. Die britische Regierung lud Frankreich mit amerikanischer Unterstützung zu einer Dreier-Konferenz nach London ein, während die französische Regierung für eine internationale Konferenz unter Beteiligung der Sowjetunion und Chinas plädierte, offensichtlich mit dem doppelten Ziel, die Diskussion über die Levante-Frage zu einer Erörterung der gesamten Nahost-Problematik zu erweitern und damit auch die britische Nahost-Politik zum Verhandlungsgegenstand zu machen, und anderseits eine Beteiligung Frankreichs

als eines der fünf ständigen Mitglieder des Sicherheitsrates auch am künftigen internationalen Krisen-Management zu präjudizieren.[68]
Die Sozialisten hatten die Entwicklung der Krise zunächst wenig beachtet und auch de Gaulles Kanonenbootpolitik kaum kritisiert. Als sich der Konflikt jedoch zu einer Konfrontation Frankreichs mit Großbritannien ausweitete, sahen sie ein vitales Interesse ihrer Politik bedroht. Eine derartige rapide Verschlechterung der britisch-französischen Beziehungen mußte die Chancen für das sozialistische Bündnisprojekt minimalisieren, vielleicht sogar das geplante Bündnis für immer verunmöglichen. Ziel der Sozialisten mußte demnach sein, de Gaulle zunächst zum Einlenken in der Levante-Frage und dann, unterstützt durch den amerikanischen und britischen Druck, zur Aufgabe seiner antibritischen Position zu zwingen. In der Parlamentsdebatte zur Levante-Frage, die am 15. Juni begann, übte Andrée Vienot als Sprecherin der sozialistischen Fraktion heftige Kritik an der bisherigen französischen Politik in Syrien und im Libanon.[69] Frankreich, führte sie aus, habe allzuoft den Eindruck erweckt, die Verpflichtungen umgehen zu wollen, die ihm aus dem Völkerbundsmandat erwüchsen, anstatt es zu seinem Ziel, nämlich der Unabhängigkeit, zu führen. Außerdem hätte es nie zu der gegenwärtigen Zuspitzung des Konfliktes zu kommen brauchen, wenn die französischen Beziehungen zu London seit der Befreiung nicht in jeder Hinsicht derart ungenügend und derart spärlich gewesen wären. Der doppelte Vorwurf, Kolonialpolitik alten Stils und antibritische Politik zu betreiben, richtete sich allerdings nicht gegen de Gaulle explizit. Statt dessen schob Andrée Vienot die Schuld an der aktuellen Krise zum größeren Teil auf die britische Regierung, an deren Spitze ja immer noch ein konservativer Premier stand, hinter dessen Levante-Politik sie imperialistische Eigeninteressen vermutete. Damit war bei aller impliziten Kritik de Gaulles nach außen hin die Solidarität mit de Gaulles Politik nicht aufgehoben. Der gleichen Linie entsprach es, daß die sozialistische Fraktion de Gaulles Fünfer-Konferenz-Vorschlag gegenüber dem Dreier-Vorschlag unterstützte, daneben aber die Regierung zu direkten Verhandlungen mit den Syrern und Libanesen aufforderte, in denen diesen deutlich werden sollte, daß Frankreich wirklich ihre Unabhängigkeit anstrebe, damit also im Grunde von de Gaulle eine Revision seiner Levante-Politik verlangte. Eine noch entschiedenere Revision de Gaullescher Politik enthielt die gleichzeitige Forderung, die gegenwärtige Krise in einem derart versöhnlichen Geist zu lösen, daß aus ihr der Abschluß des britisch-französischen Bündnisses endlich hervorgehe.[70]
Die Forderung nach direkten Verhandlungen mit dem Ziel völliger Unabhängigkeit fand in den vom Auswärtigen Ausschuß vorformulierten und am 16. Juni von der Consultative einstimmig gebilligten Ordre du jour Eingang; die Forderung nach Abschluß des britisch-französischen Paktes erschien in Form eines Zusatzes zum Ordre du jour, den Daniel Mayer namens der sozialistischen Fraktion einbrachte, und der ebenfalls einstimmig verabschiedet wurde. Die Regierung wurde darin aufgefordert, „qu'il multiplie ses efforts en vue de l'élaboration d'un pacte franco-britannique qui, avec le pacte franco-soviétique, serait l'une des bases européennes de la construction collective de la paix universelle".[71] Daß de Gaulle in der Levante-Frage schließlich einlenkte und in den folgenden Wochen auch um ein besseres Verhältnis zu Großbritannien bemüht war, ist neben dem angelsächsischen Druck auch diesen bei aller Höflichkeit in der Form eindeutigen Aufforderungen zur Revision seiner Politik zu verdanken. Weil er wußte, daß seine Gegner in der

Außenpolitik diesmal bereit waren, sich notfalls offen gegen ihn zu stellen[72], sprach er nun plötzlich am 19. Juni vor der Consultative davon, ungeachtet der gegenwärtigen Krise müsse die provisorische Regierung alles daran setzen, die britischfranzösische Freundschaft zu vertiefen, die die Grundlage der französischen Außenpolitik bilde (!).[73] Ende Juni begannen Direktverhandlungen zwischen Frankreich, Syrien und dem Libanon. Als am 8. Juli die „Spezialtruppen" — etwa 20 000 Syrer und Libanesen, die unter französischem Kommando standen und nach de Gaulles ursprünglichem Wunsch auch unter französischem Kommando bleiben sollten — den beiden Regierungen überantwortet wurden, war der offene Konflikt de facto beendet. Zugleich vereinbarten Briten und Franzosen eine militärische Kooperation an der Levanteküste. Auf der Grundlage eines verbesserten britischfranzösischen Verhältnisses kam der Bündnisvertrag im Spätsommer 1945 erneut ins Gespräch.

Der Stärkung ihrer Position de Gaulle gegenüber bewußt griffen die Sozialisten auf ihrem Parteitag Anfang August des Regierungschefs „nationale und xenophobe Politik alten Stils der Rechten" — so Louis Lévy — mit bisher noch nicht gehörter Schärfe an: De Gaulle habe — so Fischer (Fédération Aisne) — aus eitlem Prestigedenken Churchills Bündnisangebot zurückgewiesen, um gleich darauf den französisch-sowjetischen Pakt zu schließen, der für die aktuellen wirtschaftlichen Bedürfnisse Frankreichs absolut nichts eingebracht habe und auch sonst noch keine Erfolge gezeitigt habe. Das Schlußmanifest wiederholte die Forderung nach Abschluß des Paktes, der schon viel zu lange auf sich warten lasse[74] — insgesamt eine deutliche Manifestation des Unwillens und der Verärgerung.

Die verschärfte Kritik am bisherigen Kurs des Regierungschefs schien zu nützen: Anfang September sah sich de Gaulle genötigt, das sozialistische Konzept einer westeuropäischen Staatengruppierung aufzugreifen. In einem Interview mit der Londoner „Times" sprach er von einem „ensemble économique", das Frankreich und Großbritannien zusammen mit Italien, der Schweiz, den Niederlanden und Belgien bilden sollten. Als materielle Grundlage einer solchen Staatengruppierung nannte er das gemeinsame Interesse dieser Länder an einer Verminderung der deutschen Dynamik im Westen und an einer Nutzung des Industriepotentials des Ruhrgebietes. Eine strategische und militärische Beherrschung des Rheinlandes durch Frankreich und des Ruhrgebietes durch die Gesamtheit der genannten Länder sollte dementsprechend auch den Kern dieser Union bilden.[75]

Dieser Plan des „ensemble économique" war freilich in der Zielsetzung etwas völlig anderes als die „famille occidentale" der Sozialisten, wie schon de Gaulles Idee eines „groupement occidental" vom März 1944 deutlich dazu bestimmt, durch Anbindung der Nachbarstaaten an die französische Politik allein das Potential Frankreichs zu stärken — was spätestens dadurch deutlich wurde, daß der General im gleichen Interview erneut die Anerkennung der „vitalen Forderungen" Frankreichs durch Großbritannien zur Vorbedingung für ein britisch-französisches Bündnis machte, und in späteren Reden Großbritannien, dessen Regierung keine Anstalten machte, diese Bedingung zu akzeptieren, als Mitglied des „ensemble économique" überhaupt nicht mehr erwähnte. Tatsächlich hatte die Idee eines westeuropäischen Zusammengehens für de Gaulle nur eine taktische Funktion: Auf der Potsdamer Konferenz waren seine Forderungen (bis auf die von ihm als selbstverständlich erachtete Aufnahme Frankreichs in den neuen Außenministerrat) unberücksichtigt geblieben; bei einem Besuch in Washington vom 22. bis 24. August hatte ihm der neue Präsident Truman zu verstehen gegeben, daß er nicht mit amerikanischer Unterstützung rechnen könne; daher suchte er nun die britische Labour-Regierung dafür zu gewinnen, seine Rheinlandforderungen auf die Tagesordnung der bevorstehenden Außenministerratstagung in London zu bringen. Die ebenfalls neu im Amt befindliche Labour-Regierung für die französischen Interessen zu gewinnen, setzte er auf die französischen Sozialisten; daher seine verbale Annäherung an das sozialistische Konzept.[76]

Den Sozialisten blieb der Widerspruch der beiden Pläne nicht verborgen; bei allem Interesse, de Gaulles augenblickliches Angewiesensein auf ihre Unterstützung zur Durchsetzung der eigenen Ziele, insbesondere eines britisch-französischen Bündnisses ohne Vorbedingungen zu nutzen, suchten sie der Öffentlichkeit diesen Widerspruch auch deutlich zu machen. Der „Populaire" veröffentlichte neben dem de Gaulle-Interview in gleicher Aufmachung nochmals die Passagen des letzten Parteitags-Manifests, die sich gegen Annexion und Zerstückelung wandten; beginnend mit Blums Londoner Publikationen rückten die Sozialisten den „famille occidentale"-Gedanken *ihrer* Version in den Mittelpunkt ihrer Wahlkampfpropaganda; beides freilich, ohne den Regierungschef direkt anzugreifen.[77] Nur Salomon Grumbach ging so weit, den Angriff explizit werden zu lassen: Die französische Außenpolitik sei „très souvent hésitante et pleine de contradictions". „Des fautes graves ont été commises (...) par les hommes responsables de la direction de la politique extérieure de la France et particulièrement par le chef du Gouvernement provisoire."[78]

Die Schonung der Person de Gaulles reichte allerdings nicht aus, diesen zum tatsächlichen Nachgeben in einer seiner Grundforderungen zu bewegen. De Gaulle ließ die Idee des „ensemble économique" schnell wieder fallen, als er merkte, daß auch die neue britische Regierung nicht zur Anerkennung seiner Rheinland-Forderungen bereit war; dieser als derzeitiger Verwalterin des Ruhrgebietes lag es fern, einer Abtretung der Rheingebiete an Frankreich oder auch nur einer französischen Beteiligung an deren Administration zuzustimmen; Blum fand während seines London-Aufenthalts im September keinen Ansatzpunkt, das britisch-französische Bündnis jetzt zu vermitteln.[79]

Von de Gaulle zu Bidault

Einen neuen Anlauf zur Ablösung der sichtlich erfolglosen Außenpolitik de Gaulles durch das sozialistische Konzept unternahm die SFIO-Führung im November 1945, als nach den Wahlen zur Verfassunggebenden Versammlung vom 21. Oktober 1945 eine neue Regierung zu bilden war. Nachdem nun eine gewählte Kammer statt der von de Gaulle berufenen Consultative existierte, war die Position der Parteien gegenüber dem General wesentlich gestärkt. Auf Drängen der Kommunisten entschied die von PCF, SFIO, den Radicaux, der CGT und der Menschenrechtsliga erneut gebildete „Délégation des Gauches" Anfang November, einen eigenen Entwurf für ein Regierungsprogramm vorzulegen, das die Ausführungen der CNR-Charta konkretisieren sollte. Die Sozialisten, von Anfang an für eine Dreiparteien-Regierung mit MRP und PCF entschieden und die kommunistische Tendenz einer sozialistisch-kommunistischen Regierung ablehnend[80], ließen sich nur widerwillig auf das Unternehmen ein; die Radikalsozialisten erklärten, nur als Beobachter

dabei sein zu wollen. Als sich die Gruppen indessen nach drei Sitzungen am 5. November auf ein gemeinsames Programm einigten, hatten die Sozialisten gerade im außenpolitischen Bereich ihnen wesentliche Forderungen durchsetzen können.[81] Das „Programme des Gauches" wies zunächst einmal gegenüber der CNR-Charta, die sich nur pauschal zu einem nationalen Patriotismus bekannte, ein erheblich detailliertes außenpolitisches Programm auf. Im Gegensatz zur bisherigen Blockpolitik-Polemik der Kommunisten anerkannte der Entwurf die Möglichkeit regionaler Ententen, freilich im Rahmen und als Wegbereiter der kollektiven Sicherheitsorganisation. Daß Frankreich sich nicht zur Verteidigung seiner Sicherheit einem irgendwie gearteten Block anschließen dürfe, wie der Entwurf weiter ausführte, war demgegenüber nur eine schwache Verteidigung der kommunistischen Position: die „Famille occidentale" sollte ja nach sozialistischem Verständnis weder gegen die Sowjetunion gerichtet noch als Selbstverteidigungsorganisation Europas gegen die beiden im Widerstreit liegenden Weltmächte verstanden werden. Gegen de Gaulles versteckte wie offene Annexionspolitik, die bisher von den Kommunisten toleriert worden war, richtete sich die Forderung, keine Ausweitung der französischen Grenzen zuzulassen. Schließlich ließ sich auch die Eingangsforderung nach Treue zu den fundamentalen Prinzipien der UNO-Charta im sozialistischen Sinne interpretieren, wenngleich die Formel „Sécurité collective" nicht eindeutig festlegte, daß damit das sozialistische Prinzip der Supranationalität gemeint war.[82]
Auf Betreiben der Sozialisten wurde Daniel Mayer beauftragt, diesen Programmentwurf dem MRP zu unterbreiten; dieser antwortete mit der Veröffentlichung eines Gegenentwurfes am 8. November, der ebenfalls auf der CNR-Charta basierte und daher viele Gemeinsamkeiten mit dem Entwurf vom 5. November aufwies, sich aber im außenpolitischen Teil von ihm unterschied. Der MRP forderte zwar ebenfalls den Ausbau der Vereinten Nationen, bekannte sich aber zu Forderungen traditioneller Sicherheitspolitik gegenüber Deutschland, solange die kollektive Sicherheit noch nicht realisiert sei: Politische und verwaltungsmäßige Dezentralisation des Reiches, Reparationsleistungen an Frankreich, insbesondere durch Übereignung der Saar-Kohlenerträge und Beteiligung an einer alliierten Verwaltung im Ruhrgebiet[83]. Verhandlungen zwischen MRP, SFIO und PCF am 8. und 9. November führten nicht zu einer Einigung im außenpolitischen Bereich; das Kommuniqué, das die drei Parteien am 9. November veröffentlichten, enthielt keine außenpolitischen Programmpunkte mehr[84]; es war nicht möglich, de Gaulle ein Regierungsprogramm in Form eines fait accomplis vorzulegen.
Dennoch gelang der SFIO der Versuch, Teile ihres Programms in die Regierungserklärung vom 23. November einzubringen. De Gaulle, der angesichts der kommunistischen Forderung nach Zuteilung eines Schlüsselministeriums mehr denn je auf die Unterstützung und Vermittlung der Sozialisten angewiesen war und schließlich das von den Sozialisten intendierte imperative Mandat zur Bildung eines tripartistischen Kabinetts auf der Grundlage des CNR-Programms anerkennen mußte[85], übernahm in seiner Erklärung die sozialistische Forderung nach Priorität der kollektiven Sicherheitspolitik vor einer nationalen Faustpfandpolitik. Im Stil eines sozialistischen Parteitagsredners sprach er von der „Interdependenz" der Staaten und erklärte: „On ne saurait plus concevoir de paix assurée pour aucun Etat sans une organisation internationale qui la lui garantisse, du moment qu'il observe les règles. (...) L'apparition sur la scène du monde des possibilités inouïes

de l'énergie atomique (...) fait désormais de l'organisation internationale un impératif catégorique." Ebenso übernahm er die sozialistische „Famille-occidentale"-Vorstellung, wenn er von der Schaffung enger Beziehungen zu Großbritannien, Belgien, den Niederlanden, Luxemburg, Italien und einem demokratisierten Spanien sprach, ergänzt durch eine Kooperation mit den mitteleuropäischen, osteuropäischen und skandinavischen Staaten, die der Fortentwicklung des in San Franzisko begonnenen Werkes dienen sollten. Das britisch-französische Bündnis erschien allerdings auch in dieser Rede nicht im sozialistischen Sinne als vordringliche Notwendigkeit, sondern als Mittel im Kampf um die Anerkennung der nach wie vor beibehaltenen — freilich nicht offen ausgesprochenen — gaullistischen Rheinlandforderung: „Nous nous efforçons de réaliser avec la Grande-Bretagne, dont les intérêts se rencontrent avec les nôtres, sur le Rhin — où est la clé de notre avenir comme le secret de notre passé — en Orient, en Afrique et en Extrême-Orient, l'harmonisation de nos politiques respectives afin qu'un accord réel puisse s'en suivre."[86]

Daß de Gaulle trotz der Übernahme des allgemeinen Gesamtkonzepts sozialistischer Außenpolitik im konkreten Nahziel, dem britisch-französischen Vertrag, auf seiner eigenen Position beharren konnte und trotz der Sackgasse, in die ihn seine bisherige Außenpolitik geführt hatte, im Grunde seine außenpolitische Zielsetzung nicht aufzugeben brauchte, verdankte er den Kommunisten und Volksrepublikanern, die beide das sozialistische Konzept nicht teilten. Die Kommunisten hatten in dem „Programme des Gauches" nur deshalb Zugeständnisse an das außenpolitische Programm der Sozialisten gemacht, um sie für eine gemeinsame Front gegen de Gaulle zu gewinnen; in der Sache standen sie regionalen Zusammenschlüssen nach wie vor ablehnend gegenüber und identifizierten sich mit der nationalistischen Deutschlandpolitik des Generals. Der MRP aber war das Hauptopfer des „Re-Nationalisierungseffektes"[87] geworden, den de Gaulles Außenpolitik seit der Befreiung zur Folge gehabt hatte. Insbesondere Außenminister Bidault, der de Gaulles Konzept 20 Jahre später rückblickend als „aus Büchern genährte(n) Anachronismus" und „Arsenal von Schulweisheiten" vergangener Jahrhunderte abqualifizierte, hatte sich, „nicht ohne Schmerz doch ohne Gewissensbisse" entschieden de Gaulle zu helfen statt „die Arbeit de Gaulles (zu) komplizieren und behindern".[88] Auch nach de Gaulles Abgang war er noch über ein Jahr bemüht, die bisherige Außenpolitik, wenn auch weniger brüskierend in der Form, so doch unverändert in der Zielsetzung fortzuführen. Somit zeichnete sich im Schwinden der Position de Gaulles Ende 1945 eine neue Frontstellung ab: Statt de Gaulle waren es nun die Kommunisten und die Volksrepublikaner, die eine Realisierung des außenpolitischen Konzepts der Sozialisten zu verhindern wußten. Der Sache nach ging der verdeckte Konflikt zwischen Blum und de Gaulle auch ohne de Gaulle weiter. Der Rücktritt des Regierungschefs am 20. Januar 1946, durch die Ausweglosigkeit seiner Außenpolitik und die Tendenz der Sozialisten, ihn nur noch als Sachwalter ihrer Politik zu akzeptieren, mit-motiviert, dokumentierte die Stärke der sozialistischen Position, ohne daß er an den grundsätzlichen innenpolitischen Bedingungen französischer Außenpolitik etwas änderte.

Initiative in der Deutschlandpolitik
Dennoch bot sich den Sozialisten im Moment des Rücktritts de Gaulles eine neue Chance zur Durchsetzung ihres Konzepts. De Gaulles Deutschlandpolitik war ja in der Tat im wesentlichen gescheitert, als zuletzt sowohl seine Forderung nach Schaffung eines „autonomen" Rheinstaates, vorgetragen von Couve de Murville im November 1945 in Washington, als auch die Forderung nach politischer Abtrennung des Ruhrgebietes vom deutschen Staatsverband, vorgetragen von Hervé Alphand im Dezember 1945 in Moskau, bei den Weltmächten auf Ablehnung gestoßen waren.[89] Wenn es nun den Sozialisten gelang, die Öffentlichkeit davon zu überzeugen, daß ihr Konzept geeignet war, sowohl von den Alliierten akzeptiert zu werden als auch dem immensen französischen Sicherheitsbedürfnis zu genügen und damit aus der augenscheinlichen Sackgasse herauszuführen, konnte damit de Gaulle bzw. Bidault endlich die Führung der Außenpolitik aus der Hand genommen werden. Als geeignetes Thema für ein solches Manöver bot sich die im sozialistischen Deutschlandprogramm enthaltene Forderung nach einer wirtschaftlichen Internationalisierung der Ruhr an. Sie war von der Londoner Sozialistenkonferenz im März 1945 sanktioniert worden, konnte also – wie man annahm – mit einer Unterstützung durch die britische Labour-Regierung rechnen. Den beiden Weltmächten gegenüber, die eine politische Internationalisierung der Ruhr abgelehnt hatten, konnte sie als Kompromißmöglichkeit verstanden werden. Dem französischen Sicherheitsbedürfnis mußte sie insofern entgegenkommen, als sie eine Nutzung des Ruhrpotentials gegen Frankreich unmöglich machte, zugleich aber Frankreich einen Anteil am Ertrag der Ruhrindustrie garantierte. Zugleich hätte eine gemeinsame Verwaltung der Ruhrindustrie sowohl die Zusammenarbeit der vier Besatzungsmächte als auch die gegenseitige Bindung der westeuropäischen Staaten gefördert und damit weitere Schritte zur Verwirklichung des sozialistischen Konzepts in die Wege geleitet.

Vom Januar 1946 an betrieb die SFIO daher offen die Revision der französischen Deutschlandpolitik, indem sie die Forderung nach wirtschaftlicher Internationalisierung der Ruhr bewußt der de Gaulleschen Forderung nach politischer Abtrennung entgegenhielt. Zum Auftakt ging Daniel Mayer in der großen außenpolitischen Debatte der Constituante vom 15. bis 17. Januar 1946 mit der gaullistischen Politik scharf ins Gericht: „Reprenant inconsciemment ou involontairement peut-être, sans s'en douter, le slogan maurrassien ,La France seule', des hommes, dont quelques-uns siègent même sur les bancs de cette Assemblée, s'imaginent que la sécurité de la France réside dans son potentiel militaire (...) ou bien dans le nombre de kilomètres qu sépareraient l'Allemagne de demain de la rive gauche du Rhin."[90] Grumbach nannte die Idee, Deutschland in mehrere autonome Staaten zu zerstückeln, oberflächlich und im Hinblick auf die Sicherheit Frankreichs gefährlich. Als realistische Alternative pries er unter Verweis auf die Londoner Sozialistenkonferenz die wirtschaftliche Ruhr-Internationalisierung. Hinsichtlich des Saargebietes befürwortete er die vom Auswärtigen Ausschuß einstimmig gebilligte Übereignung der Saargruben an Frankreich als Reparationstitel, wandte sich aber gegen eine Annexion des saarländischen Territoriums. Damit stellte er sich erneut gegen Bidault, der in der gleichen Debatte eine wirtschaftliche Internationalisierung ohne politisches Pendant ausdrücklich für unzureichend und unpraktikabel erklärte und erstmals öffentlich von der Errichtung eines speziellen Regimes für das Saargebiet sprach, das wirtschaftlich und militärisch an Frankreich angeschlossen werden sollte. Gegen den Vorwurf, eine nur wirtschaftliche Internationalisierung sei undurchführbar, entwickelte Pierre-Olivier Lapie vor der Constituante den Plan einer „Autorité internationale économique du Rhin", die nicht nur die Ruhrindustrie lenken, sondern auch als Reparationsverteilungsbehörde und Verwaltungsbehörde für den kommunalen Bereich des Ruhrgebiets fungieren sollte, ohne damit die Ruhr aus dem deutschen Staatsverband herauszutrennen. Und Marcel-Edmond Naegelen redete einer schrittweisen Übertragung von Regierungsverantwortung an deutsche Demokraten das Wort, da die Demokratisierung Deutschlands ohne aktive Mitwirkung der Deutschen selbst völlig illusorisch sei.[91]

Der Rücktritt de Gaulles fünf Tage nach dieser Debatte stärkte die Entschlossenheit der SFIO-Führung, die Taktik außenpolitischer Solidarität durch eine offene Konfrontation mit der nationalistischen Position abzulösen. Blum forderte in der gemeinsamen Sitzung vom Comité directeur und Parlamentsfraktion der SFIO am 5. Februar 1946, nunmehr in der Frage der „Organisation internationale" eine absolut eindeutige Position einzunehmen; in der politischen Generaldebatte des außerordentlichen Parteikongresses von Montrouge am 29. und 30./31. März 1946 sprachen sich Verdier, Weill-Raynal, Grumbach, Boutbien und Gozard dafür aus, die SFIO im bevorstehenden Wahlkampf insbesondere außenpolitisch zu profilieren.[92] Der Parteikongreß, der im übrigen zeigte, daß Blums Konzept der „Famille occidentale" flexibel genug interpretierbar war, um von allen Gruppen der Partei akzeptiert zu werden, übernahm die in der Januardebatte der Constituante formulierte sozialistische Ruhr- und Deutschlandpolitik in sein Schlußmanifest: „Hostile à tout démembrement et à toute annexion, comme au maintien de la division de l'Allemagne en quatre zones d'occupation, le Parti réclame une occupation internationale, prolongée jusqu'à la dénazification totale, l'internationalisation économique, au profit de la communauté des Etats sinistrés, de cet arsenal de guerre que constitue la Ruhr, l'exploitation par la France, à titre de réparations, des mines de la Sarre."[93]

Félix Gouin, von den Kommunisten als neuer Regierungschef vorgeschlagen, weil sie in dem bisherigen Präsidenten der Constituante einen weniger profilierten, ihre Aktionsfreiheit weniger einschränkenden Politiker sahen als den von der SFIO selbst vorgeschlagenen und vom MRP unterstützten Vincent Auriol, von den Sozialisten schließlich akzeptiert, weil sie sich einen Bruch des Tripartismus nicht leisten konnten, und da Blum ohnehin bereits an ihn gedacht hatte[94], oblag nun die Durchsetzung des sozialistischen Ruhr-Vorschlags in der Regierungskoalition. Er suchte, nachdem in den Verhandlungen zur Regierungsbildung außenpolitische Fragen ausgeklammert worden waren[95], MRP und PCF zur Abkehr von der Forderung nach politischer Abtrennung zu bewegen, indem er dem sozialistischen Konzept durch öffentliche Erklärungen einen regierungsamtlichen Charakter gab und darauf vertraute, das positive Echo der Alliierten auf derartige Erklärungen werde die französische Öffentlichkeit von der Praktikabilität dieses Konzepts überzeugen können. Bereits in seiner Regierungserklärung vom 29. Januar ließ er anklingen, die Internationalisierung der Ruhr und die Dezentralisierung Deutschlands dürften nicht dessen Existenz bedrohen, und kündigte er den baldigen Abschluß des britisch-französischen Paktes als Vorstufe zu einem britisch-französisch-sowjetischen Dreierpakt an.[96] In der finanzpolitischen Debatte der Constituante vom

15. Februar erklärte er, ein neues Argument in die Debatte einführend, die Frage der Ruhr und der Saar müsse in erster Linie vom reparationspolitischen Standpunkt her gesehen werden; die katastrophale finanzielle Situation Frankreichs lasse es nicht länger zu, das Problem ungelöst zu lassen; mehr als alles andere benötige Frankreich jetzt einen Anteil am Ertrag der Ruhr- und der Saar-Industrie.[97] Vom 12. März an erläuterte Léon Blum, den Namen Rosenfeld als Pseudonym benutzend, das sozialistische Ruhrkonzept der „Nationalisation internationale" in einer Leitartikelserie des „Populaire" im wesentlichen unter dem Aspekt seiner Realisierbarkeit: „Pourquoi ne pas concentrer notre action sur ce qui est à la fois nécessaire et possible?" Mit dem Festhalten an den gescheiterten Zerstückelungsplänen laufe Frankreich Gefahr, der in der gegenwärtigen Existenzkrise lebensnotwendigen Kohlelieferungen verlustig zu gehen.[98] Ohne auf die bisherigen weiterreichenden Forderungen der französischen Regierung einzugehen, nannte dann Gouin selbst in seiner Straßburger Rede vom 24. März als unabdingbare Ziele der französischen Deutschlandpolitik lediglich „une occupation militaire prolongée de l'Allemagne, et ensuite l'institution d'un consortium international dirigeant et contrôlant (...) la Ruhr." Niemand, erklärte er ferner, wünsche eine Annexion deutschen Gebietes; im übrigen müsse man der kollektiven Sicherheit vor rein nationalen Verteidigungsvorkehrungen Priorität einräumen.[99]

Damit hatte der Ministerpräsident in aller Öffentlichkeit die bisherige Regierungspolitik desavouiert; die französische Presse sprach von einem Konflikt Gouin-Bidault[100]; innerhalb der Regierungskoalition brachen die lange verhehlten Gegensätze offen auf. Das Comité directeur der SFIO beschloß in seiner Sitzung vom 25. März auf Anraten Grumbachs, gegenüber den Koalitionspartner ausdrücklich an der sozialistischen Deutschlandthese festzuhalten.[101] Gouin wiederholte daraufhin seine Thesen am 30. März vor dem außerordentlichen Kongreß der SFIO: „Nous n'entrevoyons pas autrement que sous l'angle international l'administration et le contrôle de ces territoires qui constituent le coeur vital allemand: Sarre, Rhénanie, Ruhr"; eine Annexion „qu'elle soit brutale ou déguisée" könne keine Lösung der deutschen Frage bedeuten.[102] In London und Washington wurden die Reden Gouins sehr positiv aufgenommen. Die französischen Kommunisten und Volksrepublikaner gaben jedoch dem vereinten Druck der Alliierten und der Sozialisten nicht nach; zu sehr hatte sich die französische Öffentlichkeit an de Gaulles Rheinlandforderungen gewöhnt, als daß es ihnen an Rückhalt gefehlt hätte. Das aber bedeutete, daß ein weiteres Beharren auf der sozialistischen These die Fortführung der tripartistischen Koalition in Frage gestellt hätte. Weil den Sozialisten daran nicht gelegen sein konnte, und weil ihnen im Hinblick auf die bevorstehende Pariser Außenministerratstagung, vor allem aber auf Blums Washingtoner Finanzverhandlungen eine gemeinsame Haltung Frankreichs wichtiger erschien als die Vertretung ihres eigenen Konzepts, steckten sie in der Kabinettsitzung vom 5. April zurück. Ein Kommuniqué verkündete, die französische Regierung halte in der Rhein-Ruhr- und Saarfrage unverändert an ihrem Standpunkt fest, und am 25. April legte Bidault die gaullistischen Deutschlandthesen erneut dem in Paris tagenden Außenministerrat vor.[103] Damit war entschieden, daß die illusionäre Außenpolitik de Gaulles auch ohne de Gaulle noch mehr als ein Jahr fortgeführt werden sollte, und daß sich Frankreich abermals aller Chancen beraubte, im vielzitierten internationalistischen Geist tatsächlich wirksam werden zu können.

Ohnmächtige Kritik
Demgegenüber half es wenig, daß die drei restlichen Besatzungsmächte auch auf der Pariser Tagung keinerlei Anstalten machten, auf das gaullistische Konzept einzugehen, und die sozialistische Partei, etwa durch Grumbach auf der internationalen Konferenz von Clacton-on-Sea im Mai oder durch Blum am 13. Juni vor dem Jahreskongreß der britischen Labour-Party in Bournemouth[104], ihr Konzept weiterhin dem Regierungskonzept entgegenhielt. Das Resultat der Wahlen zur zweiten Constituante vom 2. Juni, in denen die SFIO 19 ihrer 134 Parlamentssitze, im wesentlichen zugunsten des MRP, verlor, verringerte die sozialistische Einflußmöglichkeiten noch mehr. Die SFIO-Führung, die die Wahlniederlage als Resultat der von Ministerpräsident Gouin und Finanzminister Philip verkörperten, notwendigerweise unpopulären Finanz- und Wirtschaftspolitik empfand, suchte die Hauptlast der Regierungsverantwortung und die damit verbundene Unpopularität dem MRP aufzubürden und verzichtete darum in den Verhandlungen zur Regierungsbildung ausdrücklich auf Durchsetzung ihrer außenpolitischen Forderungen.[105] Als sich der MRP schließlich bereitfand, die Führung der Regierung zu übernehmen, und Georges Bidault als Kandidaten für das Ministerpräsidentenamt präsentierte, erhob sich zwar im Nationalrat der SFIO, der am 9. Juni zur Frage der Regierungsbildung zusammentrat, Widerstand gegen die Kandidatur gerade des exponiertesten Gegners sozialistischer Außenpolitik; etwa zwei Fünftel der Delegierten sprachen sich gegen Bidault aus; doch die Mehrheit kam überein, außenpolitische Fragen wieder einmal auszuklammern.[106] Als Daniel Mayer am 26. Juni in der Constituante die Unterstützung Bidaults durch die SFIO-Fraktion bekanntgab, nannte er als einzige außenpolitische Bedingung für eine sozialistische Regierungsbeteiligung die schnelle Ratifizierung des Washingtoner Abkommens, eine Frage, in der es unter den Koalitionspartnern offiziell keinerlei Meinungsverschiedenheit gab.[107] Weder die sozialistische Parlamentsfraktion noch die sozialistischen Minister sollten, solange Bidault Ministerpräsident blieb, neue Initiativen in der Außenpolitik ergreifen, zumal in dem neuen Kabinett – wie schon unter de Gaulle – die Sozialisten auch nicht auf dem Wege gemeinsamer Beratungen die Möglichkeit hatten, auf die Gestaltung der Außenpolitik Einfluß zu nehmen.[108]
Im Grunde ohnmächtig, aber nicht ohne scharfe Kritik mußten die Sozialisten zusehen, wie Bidault während der ersten Sitzungsperiode der Pariser Außenministerratstagung Byrnes' Viererpakt-Vorschlag vom 27. April, der den Kern eines europäischen Sicherheitssystems hätte bilden können, gleichgültig-abweisend kommentierte und damit die sowjetische Ablehnung erleichterte. Blum meinte öffentlich, Bidault habe es an Einsatz für diesen Vorschlag fehlen lassen; Rosenfeld schrieb gar, Bidault habe dessen Tragweite überhaupt nicht begriffen.[109] Noch deutlicher wurde die Ohnmacht der SFIO, als während der zweiten Sitzungsperiode der Pariser Tagung nicht nur Byrnes und Bevin, sondern am 9. Juli auch Molotow sich gegen die Aufteilung Deutschlands in autonome Staaten wandte und am 12. Juli selbst die von den Angelsachsen Bidault zugestandene Sonderregelung für das Saargebiet zurückwies. Bidault nötigte das französische Kabinett nach dem Ende der Tagung am 13. Juli zur einstimmigen Verabschiedung eines Kommuniqués, aus dem hervorging, daß die französische Regierung trotz der Ablehnung der drei Großmächte nach wie vor unverändert und einstimmig an ihren Deutschlandthesen festhalte. Am Tage nach der Ministerratssitzung gab Blum im „Populaire" eine

ausführliche Erklärung ab: Die SFIO-Minister hätten nur zugestimmt, um nicht die unter großen Schwierigkeiten erneuerte Dreiparteienkoalition endgültig scheitern zu lassen; „mais ils n'ont pas changé d'opinion et le parti socialiste n'a pas changé de position."[110] Dann kündigte er den endgültigen Abschied von der Taktik außenpolitischer Solidarität an: „C'est en grande partie pour des raisons de même ordre que nous avons observé une attitude si discrète vis-à-vis d'un dissentiment déjà ancien"[111], und forderte die Sozialisten auf, durch intensive Propagierung des sozialistischen Deutschlandkonzepts im Gesamtzusammenhang der „Organisation internationale" die Wahlentscheidung vom 2. Juni rückgängig zu machen: „Au cours de la prochaine campagne éléctorale, celle d'où sortira enfin un régime définitif, nous transporterons le débat devant le suffrage universel (...) et nous verrons bien quelle sera sa réponse."[112]

Der Hinweis auf die künftige Einsicht der Wähler mochte angesichts der eben erlittenen Niederlage nur ein schwacher Trost sein; immerhin taten Blum und die übrigen Publizisten der Partei alles, um die Ablehnung der Bidaultschen Forderungen durch die drei Großmächte und das amerikanische Drängen auf wirtschaftlichen Zusammenschluß der Besatzungszonen zu einer erneuten Darstellung der sozialistischen Deutschlandkonzeption und ihrer Praktikabilität und einer erneuten offenen Kritik an der Haltung Bidaults und der Kommunisten zu nutzen.[113] Blums Artikel gegen die französische Deutschlandpolitik wurden, wie „Combat" schrieb, zum Thema Nr. 1 des politischen Frankreich im Juli 1946. Als Blum treffsicher bemerkte: „Dans cette affaire allemande, le socialisme se trouve aujord'hui d'accord contre les communistes français avec Staline et sans doute aussi contre le M.R.P. avec le Saint-Siège!"[114], reichte das Echo vom Vorwurf, Bidault in seiner schwierigen Mission in den Rücken zu fallen (André Stibio in „L'Ordre") über die Qualifizierung Blums als von „systematischer Naivität" erfüllt (Jean Plot in „L'Aurore") und als „Anwalt der internationalen Reaktion" („L'Humanité"-Chefredakteur Georges Cogniot) bis zum Bekenntnis der Kommunisten, gegenüber den Erfordernissen eines „sogenannten Internationalismus und Sozialismus" den französischen Nationalstandpunkt wahren zu wollen (Pierre Courtade in „Cahiers du Communisme").[115] In der Tat belegte diese Kontroverse wieder einmal, daß sozialistischer Internationalismus nur bei der SFIO zu finden war, während sich die PCF auf einen extrem nationalistischen Kurs festgelegt hatte; sie belegte aber auch, daß das sozialistische Konzept ein Minderheitskonzept geblieben war, daß die sozialistischen Appelle an den Realitätssinn nicht gegen die von de Gaulle injizierten Träume von französischer „Grandeur" ankamen, und daß daher vorläufig auch kein Wandel in der französischen Außenpolitik zu erwarten war. Freilich enthielt Maurice Schumanns Gegenvorwurf in „L'Aube", auch das sozialistische Deutschlandkonzept sei nicht zu realisieren[116], ein wahres Element: eine wirtschaftliche Internationalisierung der Ruhr hatte in einer Phase, in er die Weltmächte bereits ihre jeweiligen Einflußsphären abzustecken begannen, nur dann Realisierungschancen, wenn es nicht zu einer Verschiebung im Kräftegleichgewicht der beiden Weltmächte führte. Die Zusammenarbeit der Alliierten sollte nach sozialistischer Vorstellung mit ein Resultat der „Nationalisation internationale" der Ruhr sein; in Wahrheit war sie deren — nicht realisierte — Voraussetzung.

4. Blums Washingtoner Mission

Finanzielles Desaster

De Gaulles von der SFIO bekämpfte Großmachtpolitik war nicht zuletzt deswegen von vorneherein zum Scheitern verurteilt, weil der französische Großmachtanspruch in keinem Verhältnis zu den materiellen Ressourcen des Landes, gemessen am wirtschaftlichen Potential der neuen Weltmächte, stand. „Draußen bestreitet niemand mehr", beschrieb de Gaulle selbst rückblickend den Widerspruch, ohne ihn zu bemerken, „daß wir eine der allerersten Rollen in der Welt spielen. Aber im Inneren findet Frankreichs Zustand seinen Ausdruck in einer Bilanz von Ruinen."[117] Solange de Gaulle Ministerpräsident war, änderte sich nichts an diesem Zustand, zumal er die von Wirtschaftsminister Pierre Mendès-France intendierte Austeritätspolitik und Währungsreform aus der doppelten Furcht vor Unpopularität und Kürzung des Militäretats ablehnte.[118] Hauptaufgabe der tripartistischen Regierung Gouin war es, die drohende finanzielle Katastrophe zu verhindern. Die industrielle Produktion lag bei Kriegsende bei 29 % des Vorkriegsstandes, beschrieb Félix Gouin am 15. Februar 1946 die Situation vor der Constituante, die Summe der Kriegsschäden belief sich auf 4897 Milliarden Francs, für 1945 blieb trotz der US-Wirtschaftshilfe vom Februar in Höhe von 1675 Millionen Dollar und des US-Kredits vom Dezember in Höhe von 550 Millionen Dollar ein Haushaltsdefizit von 1800 Millionen Dollar, d. h. mehr als 200 Milliarden Francs.[119] Die neue Regierung suchte auf diese Situation eine vierfache Antwort zu geben: ein allgemeines Anti-Inflationsprogramm mit Einfrieren des Militäretats und der öffentlichen Personalhaushalte, Lohn- und Preisstopp, Gewinnbesteuerung usw., durchgeführt anstelle des Blankovollmachten verlangenden Mendès-France von dem zur Unpopularität bereiten Finanzminister André Philip; die Veröffentlichung eines Fünfjahresplans zur langfristigen Erneuerung der französischen Wirtschaft, erarbeitet von dem noch unter de Gaulle geschaffenen Planungskommissariat unter der Leitung von Jean Monnet; die Forderung nach deutschen Reparationsleistungen, insbesondere Kohlelieferungen, vorgetragen von Gouin und Bidault; und die Bitte an die USA um erneute Wirtschaftshilfe, verbunden mit der Ernennung Léon Blums zum Sonderbotschafter für die dazu nötigen Verhandlungen mit den USA.[120]

Die neue Politik war gewiß im wesentlichen von dem Planungsstab unter Jean Monnet konzipiert worden; politisch verantwortet wurde sie zur Hauptsache von der SFIO, die mit Blum ihren renommiertesten Politiker für die schwierige Aufgabe engagierte, von den USA die existenznotwendige Unterstützung zu erhalten, ohne dafür im Gegenzug die politische Handlungsfreiheit Frankreichs in irgendeiner Weise einengen zu müssen. Blum traf am 15. März 1946 in New York ein, gefolgt von Jean Monnet und Emmanuel Monick, dem Gouverneur der Bank von Frankreich. Am 21. März verhandelte er erstmals mit Präsident Truman, am 25. März legte er vor dem National Advisory Council die wirtschaftliche Situation Frankreichs dar, erläuterte die neue Finanzpolitik und begründete die Notwendigkeit von Krediten. In einer Serie unerwartet langwieriger Verhandlungen, von amerikanischer Seite mit nüchternem Geschäftssinn, von Blum nicht ohne psychologisches Geschick betrieben, erreichte die französische Delegation den Abschluß einer neuen Wirtschaftshilfe-Vereinbarung, die zwar hinreichte, den unmittelbaren Zusammenbruch abzuwenden, andererseits erheblich hinter dem Ausmaß zurückblieb, das

Jean Monnet für eine langfristige Gesundung für notwendig erachtet hatte. Das sogenannte „Blum-Byrnes-Abkommen", ein Paket mehrerer Verträge, die am 28. Mai 1946 in Washington unterzeichnet wurden, beinhaltete im wesentlichen eine Reduzierung der französischen Kriegsschulden von 3474 Millionen Dollar auf 700 Millionen Dollar, einen Kredit zum Kauf amerikanischer Überschüsse zu 20 % ihres Neupreises in Höhe von 300 Millionen Dollar, einen Kredit der Export-Import-Bank zum Ankauf von Investitionsgütern und Rohstoffen in Höhe von 650 Millionen Dollar zum günstigen Zinssatz von 3 %, rückzahlbar ab 1952 in 40 Halbjahresraten, und eine gemeinsame Erklärung der beiden Regierungen zur Handelspolitik, in der Frankreich auf die bisherige Methode der Importkontingentierung verzichtete.[121] Nahm man zu diesen Krediten das von der Internationalen Wiederaufbau-Bank in Aussicht gestellte Wiederaufbau-Darlehen in Höhe von 500 Millionen Dollar, so ließen sich damit insgesamt knapp drei Viertel des gegenwärtigen Defizits abdecken.[122]

Parteinahme im Ost-West-Konflikt?
Das Blum-Byrnes-Abkommen ist verschiedentlich als Wendepunkt in der französischen Außenpolitik nach dem Kriege dargestellt worden, als Festlegung Frankreichs auf einen antisowjetischen und proamerikanischen Kurs, bewirkt von dem „leidenschaftlichen Antikommunisten" und „Liebling des amerikanischen Bürgertums" Léon Blum, der die amerikanische Wirtschaftshilfe nur zum Preise einer Vertreibung der Kommunisten aus der französischen Regierung erhalten habe; das Ausscheiden der kommunistischen Minister im Mai 1947 ist mit diesem Abkommen in ursächlichen Zusammenhang gebracht worden.[123] Die These von einer sozialistisch-amerikanischen Verschwörung gegen die französischen Kommunisten hält jedoch einer differenzierenden Analyse nicht stand:
Die Zurückdrängung des kommunistischen Einflusses in Frankreich war gewiß das entscheidende amerikanische Motiv für die finanzielle Hilfestellung. In der politischen Öffentlichkeit der USA gab es eine seit Kriegsende konstant stärker werdende Strömung, die aus einem wenig differenzierenden Antikommunismus heraus Frankreich als von einer baldigen kommunistischen Machtergreifung bedroht sah, wobei die Sozialisten bald als Verbündete der Kommunisten betrachtet wurden, bald die Schlüsselrolle in der Abwehr der kommunistischen Gefahr übernehmen sollten.[124]
In der Truman-Administration herrschte ein tiefer Pessimismus hinsichtlich der Zukunftschancen des liberalkapitalistischen Systems in Europa vor; in Erinnerung an die politischen Folgen der Weltwirtschaftskrise befürchteten die führenden amerikanischen Außenpolitiker einen Zusammenbruch der europäischen Nationalwirtschaften, die Ausnützung der damit entstehenden Krisensituation durch die Kommunisten und damit langfristig gesehen eine Stärkung der sowjetischen Position auch in Westeuropa. Ohne Frankreich auf einen noch nicht existenten „westlichen" Kurs festlegen zu wollen, war es daher seit 1945 konstantes Ziel der amerikanischen Außenpolitik, eine Festlegung Frankreichs auf einen östlichen Kurs zu vermeiden. Um nicht den französischen Kommunisten in die Arme zu arbeiten, war das State Department bemüht, den französisch-amerikanischen Gegensatz in der Deutschlandfrage herunterzuspielen; um die nichtkommunistischen — und damit in amerikanischer Interpretation prowestlichen — Kräfte zu stärken, versuchte es, bei der wirtschaftlichen Gesundung des Landes zu helfen. „Anything we can do in this

critical pre-election period to encourage Frenchmen to believe that we are not abandoning Europe and particulary France but that we are doing and will continue to do our best to aid France economic and financial recovery and independence, should work to our long-term political and economic advantage", schrieb US-Botschafter Caffery am 1. April 1946 aus Paris an Außenminister Byrnes, und William Clayton präzisierte als Vertreter des State Department im National Advisory Council on International Monetary and Financial Problems am 25. April: „The Department wished an early decision, and believed that a decision against a substantial loan would be a catastrophe."[125]

Die Entfernung der Kommunisten aus dem französischen Kabinett war demzufolge nicht Bedingung der amerikanischen Hilfe, sondern, langfristig gesehen, Nebeneffekt des intendierten Ziels. Um zögernde Gegenkräfte in Administration und Kongreß von der Effizienz der Wirtschaftshilfe als Mittel gegen sowjetische Machtausdehnung zu überzeugen, aber auch, um dieses Mittel sogleich so effizient wie möglich einzusetzen, drängten die führenden Washingtoner Unterhändler Blum, möglichst jetzt schon auf ein Zurückdrängen der Kommunisten, auf jeden Fall aber auf eine Neuorientierung der französischen Außenpolitik hinzuwirken. „Il y a bien certaines personnalités américaines", berichtete Blums Sohn und Mitarbeiter Robert am 18. April an die Regierung in Paris, „qui préconisent une présentation purement politique de la négociation en soulignant que l'appui à la France est en fond une question politique et non pas économique (...) que la contrepartie du côté français devrait alors être une prise de position extrêmement franche dans le problème qui, à leurs yeux, domine tous les autres, celui en fonction duquel ils examinent actuellement toutes les questions, c'est-à-dire le conflit américano- russe."[126]

Léon Blum teilte mit seinen Verhandlungspartnern die Überzeugung, daß die amerikanische Wirtschaftshilfe sowohl kurzfristig im Hinblick auf die bevorstehenden Wahlen als auch langfristig im Sinne einer Stabilisierung und damit Rationalisierung der politischen Lage der sozialistischen Partei zugute kommen würde, die ja auch das Hauptrisiko in der Abwendung der finanziellen Katastrophe übernommen hatte. Wie Caffery von Paris aus und Clayton innerhalb der Washingtoner Administration drängte er daher mit aller Deutlichkeit auf „une solution intervenant en temps utile, avant les élections françaises". Er war jedoch nicht bereit, der amerikanischen Interpretation der kommunistischen Politik zu folgen. Die Divergenzen zwischen den beiden Weltmächten hatten in seiner wie in der Sicht der meisten Franzosen noch nicht ein Ausmaß erreicht, das eine Option für eine der beiden Mächte notwendig machte; das Konzept der „famille occidentale" blieb Grundlage seiner Außenpolitik; und damit blieb für ihn die Notwendigkeit bestehen, der Sowjetunion den nicht-antikommunistischen Charakter Westeuropas zu beweisen. Auf den amerikanischen Wunsch nach eindeutiger Stellungnahme reagierte er mit einem Appell an Byrnes, auf der bevorstehenden Pariser Außenministerratstagung guten Willen zu zeigen: „He said that in all his negotiations it was his experience there was never a matter which was a difficulty in itself; that when there was no goodwill, the simplest things became insolvable." Von amerikanischen Pressionen unbeirrt plädierte die gesamte SFIO zusammen mit der PCF zur Bestürzung der US-Politiker für die Annahme des ersten Verfassungentwurfes am 5. Mai, den der MRP und weite Kreise des französischen Bürgertums wegen der „drohenden kommunistischen Gefahr" ablehnten; im Winter 1946 und Frühjahr

1947 bemühten sich die Sozialisten, gegen den Druck des MRP und gegen eine innerparteiliche Opposition in der PCF die Kommunisten als Koalitionspartner zu erhalten; als Antwort auf den Ausbruch des Ost-West-Konfliktes formulierte Blum im Sommer 1947 das Konzept einer ausgleichenden und vermittelnden „Troisième Force" zwischen den beiden Weltmächten.[127] Sein Bemühen um eine Integration der PCF in die französische Demokratie und um gute Beziehungen zu beiden Weltmächten hinderten Blum indessen nicht daran, die amerikanische Kommunistenfurcht zur Aushandlung möglichst großzügiger Konditionen zu nutzen. „Si nous nous trouvions hors d'état de couvrir ces importations que je viens de qualifier vitale", erklärte er vor dem National Advisory Council, „il faut que vous compreniez que la France se trouverait alors placée, par sa misère matérielle et par un sentiment d'abandon moral, dans un de ces états sur l'évolution desquels on ne peut formuler de pronostic raisonnable". Mochte Blum tatsächlich nur der Überzeugung sein, ein moralischer Notstand hemme generell den Aufbau des Sozialismus, und konkret viel eher mit einer von de Gaulle geführten cäsaristischen als mit einer kommunistischen Gefahr für die demokratische Ordnung rechnen, von seinen amerikanischen Gesprächspartnern mußten diese Sätze als ein „Aidez-nous ou le communisme triomphe en France" verstanden werden; und Blum selbst sorgte dafür, daß sich diese Interpretation durchsetzte, indem er einem führenden Washingtoner Journalisten zu verstehen gab: „Je suis persuadé que grâce à un accord avec les Etats-Unis nous pouvons d'abord éviter une invasion russe de l'Europe de l'Ouest, qui serait une catastrophe, et, ensuite, préparer lentement, mais sûrement, une évolution vers un marxisme véritable."[128]
Die Drohung mit dem Zusammenbruch Frankreichs und dessen Konsequenzen für die USA reichte jedoch nicht hin, die Wirtschaftshilfe in dem Umfang zu sichern, wie sie die französischen Planer als notwendig errechnet hatten. Indem Blum sich weigerte, bezüglich einer stärker antikommunistischen und antisowjetischen Orientierung der französischen Regierung Zusicherungen zu geben, nahm er den inneramerikanischen Befürwortern einer Wirtschaftshilfe ein entscheidendes Argument, so daß Widerstände gegen eine extensive Auslegung des Hilfsgesuchs nicht mehr zu überwinden waren. Zum Ende der Verhandlungen mußte Blum Präsident Truman erklären, „that agreement on the financial negotiations was not as complete and satisfactory as we expected", und Byrnes gegenüber gab er sogar zu verstehen, daß nunmehr „execution of the French plan for reconstruction and modernization is not assured". Außenminister Bidault ging sogar soweit, seine Enttäuschung über das relativ magere Verhandlungsergebnis in der anschließenden Ratifizierungsdebatte in der französischen Constituante öffentlich zu bekunden.[129] Wenn es auch Blum nicht, wie einige französische Kommentatoren bereits glaubten, gelungen war, die amerikanischen Befürchtungen hinsichtlich einer kommunistischen Machtergreifung in Frankeich auszuräumen, so konnte er doch zu Recht dementieren: „La négociation menée à Washington n'a comporté ni explicitement, ni implicitement, ni directement, ni indirectement, aucune condition d'aucune espèce, civile, militaire, politique ou diplomatique."[130] Die amerikanische Wirtschaftshilfe entsprach wohl dem generellen Interesse, aber keinem gegen die Kommunisten gerichteten Sonderinteresse der SFIO; sie war für das Frankreich des Jahres 1946 eine Existenznotwendigkeit, wie die einstimmige Ratifizierung des Blum-Byrnes-Abkommens durch die Constituante am 1. August 1946 belegt.

Das Dilemma des Freihandels
Die tatsächliche Bedeutung des Abkommens lag nicht in einer bewußten oder auch nur unbewußten Westorientierung der französischen Außenpolitik, sondern in einer Ausbalancierung der weltpolitischen Position Frankreichs. War Frankreich bisher durch den Moskauer Pakt vertraglich einseitig an die UdSSR gebunden, so wurden durch die amerikanische Wirtschaftshilfe seine Beziehungen zu den USA gefestigt, ohne daß damit eine Verschlechterung des Verhältnisses zur Sowjetunion notwendigerweise verbunden war. Damit verwirklichte das Blum-Byrnes-Abkommen ein Teilziel sozialistischer Außenpolitik: ein gutes Verhältnis Frankreich zu *allen* Großmächten war Voraussetzung für die Realisierung der „Organisation internationale"; Daniel Mayer hatte deswegen in der Januardebatte der Constituante gefordert, den französisch-sowjetischen Vertrag nicht nur durch ein britisch-französisches Bündnis, sondern auch durch ein Bündnis mit den USA zu ergänzen; aus dem gleichen Grund fand Byrnes' Vier-Mächte-Paktvorschlag die Zustimmung der Sozialisten. Insofern interpretierten die Sozialisten das Abkommen zu Recht als einen Teilschritt auf dem Weg zur „Organisation internationale". Daß die amerikanische Regierung das Abkommen in den Zusammenhang der von ihr betriebenen künftigen Welthandelsorganisation zu stellen bemüht war, war ebenfalls im Sinne sozialistischer Politik. Blum betrachtete die Welthandelsorganisation, deren baldige Verwirklichung unter Teilnahme der Sowjetunion von amerikanischer Seite noch für möglich gehalten wurde, als Teil des künftigen supranationalen Weltwirtschaftssystems; die im Blum-Byrnes-Abkommen enthaltene Erklärung der französischen Regierung zur Handelspolitik war für ihn eine Verpflichtung Frankreichs, sich an dieser Organisation im Geiste des Internationalismus zu beteiligen. „Le gouvernement et le peuple français comprennent d'une façon parfaitement claire", erklärte er vor dem National Advisory Council, „que, dans l'état présent du monde (...), une communauté internationale qui serait purement politique resterait impuissante (...) et que l'organisation des rapports économiques sur un plan de liberté et d'égalité fait nécesairement partie intégrante de toute organisation du monde. (...) Je fais cette déclaration formelle au nom du gouvernement français tout entier."[131] Bevor er nach Washington reiste, informierte er in London das Kabinett Attlee über die französischen Pläne und stimmte sich mit ihm wegen der amerikanischen Wirtschaftshilfe an Großbritannien ab. Nach seiner Rückkehr betonte er ausdrücklich seine Hoffnung, die Sowjetunion werde an der Welthandelsorganisation teilnehmen, wies zugleich auf den supranationalen Charakter dieser Einrichtung hin: „Dans un avenir que j'espère prochain (...) la France sera conduite à aliéner au profit de cet organisme (...) une fraction de sa souveraineté."[132]
Die tatsächliche Problematik des Abkommens zeigte sich in der Bestimmung über die Aufhebung der französischen Einfuhrkontingentierung. Zu Recht entgegnete André Mutter dem Blumschen Dementi: „L'accord, s'il n'a pas de conditions politiques, a cependant des conséquences politiques."[133] Eine Nation, die eine andere Nation um wirtschaftliche Hilfestellung bat, signalisierte damit bereits das Ende ihrer absoluten Unabhängigkeit. Eine Öffnung des französischen Marktes für amerikanische Waren konnte langfristig gesehen eine US-Orientierung der französischen Wirtschaft zur Folge haben, dies wiederum begünstigte eine politische US-Orientierung. Eine Liberalisierung der auswärtigen Wirtschaftsbeziehungen Frankreichs konnte nicht ohne Auswirkungen auf die planwirtschaftlich intendierte Binnenwirt-

schaft bleiben. Blums Antwort auf diese Problematik klingt zunächst wenig überzeugend: „Il est parfaitement concevable que des États appliquent à l'intérieur des principes d'économie dirigée ou d'économie collective (...) et qu'ils pratiquent au contraire, au point de vue des transactions extérieures, une politique d'organisation internationale fondée sur une liberté et égalité entières."[134] Sie wird erst verständlich, wenn man sieht, daß Blum unter einer Weltwirtschaftsordnung in Freiheit und Gleichheit nicht eine liberalistische Wirtschaftsanarchie verstand, wie sie für den Kapitalismus kennzeichnend war, sondern eine Ordnung der gerechten Güterverteilung, gewährleistet durch die supranationale Weltwirtschftsorganisation, und damit ein Stück internationalen Sozialismus: „C'est dans un effort de coopération solidaire et de libre émulation avec les autres économies nationales que l'économie française pourra se fortifier et grandir (...). Par là commençera peut-être à se dessiner, entre les diverses nations du monde, quelque chose comme une division du travail, comme une distribution rationelle de la production qui devancerait et présagerait l'ordre socialiste international."[135] Folglich waren seiner Meinung nach die USA, die das Faktum wirtschaftlicher Interdependenz aller Nationen begriffen hatten und aus dieser Einsicht heraus die Schaffung der Welthandelsorganisation betrieben, auf dem Wege der Überwindung des Kapitalismus begriffen. „Toute tentative de remise en ordre du monde capitaliste achemine, à l'heure où nous sommes, vers le socialisme car, bon gré mal gré, consciemment ou inconsciemment, c'est la pensée socialiste qui l'inspire."[136] Folglich lag in dem wirtschaftlichen Nationalismus, den die Kommunisten in Frankreich propagierten, und zu dem sich auch die Sowjetunion zu bekennen schien, die Gefahr, den Sozialismus zu verspielen.[137]

Die auf den ersten Blick überraschende These, ein liberaler Wettbewerb der Nationen werde zur Errichtung einer sozialistischen Wirtschaftsordnung führen, berührte ein Grundproblem sozialistischer Wirtschaftstheorie: Betrieb man die Sozialisierung einer Wirtschaftsordnung im nationalen Rahmen, so führte dies zu einer Stärkung der nationalen Staatsmacht und — um gegenläufige Einflüsse von außen abzuwehren — zu einer relativ geschlossenen Nationalwirtschaft. Ein System abgeschlossener Nationalwirtschaften perpetuierte jedoch die ungerechte Güterverteilung in der Welt; sie mußte zudem schwere Erschütterungen im nationalen Rahmen zur Folge haben, da es die wirtschaftliche Interdependenz außer acht ließ; damit gefährdete sie letztlich die Verwirklichung des Sozialismus. Öffnete man umgekehrt die nationalen Wirtschaftsgrenzen dem freien Spiel der Kräfte, um diesen Gefahren zu entgehen, so gefährdete dies die Realisierung einer dirigistischen Wirtschaftspolitik auf nationaler Ebene und damit ebenfalls sozialistischer Ordnungsvorstellungen überhaupt. Anders als die britischen Sozialisten, die ab 1945 als Inhaber der Regierungsverantwortung sozialistische Politik vorzugsweise im nationalen Rahmen betrieben, hatte sich Blum von seiner internationalistischen Grunddisposition her dafür entschieden, der Etablierung einer gerechten Wirtschaftsordnung im internationalen Rahmen den Vorzug zu geben. Der Gefahr eines Untergangs des Sozialismus im freien Spiel der Kräfte suchte er durch die Einrichtung einer globalen Ordnungsinstanz zu begegnen; diese war seinen Vorstellungen nach zu erreichen, wenn der „freie Wettbewerb" in einem Geist „solidarischer Kooperation" betrieben wurde. Das Vertrauen auf die Solidarität der Nationen belegt einmal mehr den voluntaristischen Charakter seines Sozialismus; ob sich die Nationen aus Einsicht in ihre Interdependenz sowohl im Hinblick auf die Friedenssicherung als auch auf die Wirtschaftsordnung tatsächlich zusammenfinden würden, war allerdings zweifelhaft.

So wenig das Blum-Byrnes-Abkommen schon eine einseitige Festlegung auf einen proamerikanischen Kurs bedeutete, so sehr prädisponierte eine solche Theorie die französischen Sozialisten für eine Kooperation mit den USA auch für den Fall, daß die gleichzeitige Verständigung mit der Sowjetunion als Voraussetzung für die Realisierung der „Organisation internationale" nicht mehr möglich war. Mitte 1946 hielt die SFIO die sichtbar gewordenen Spannungen zwischen den Weltmächten, so gravierend sie sich ihnen auch darstellten, jedoch im Grunde noch für überwindbar; auch die schärfsten Kritiker der tatsächlichen weltpolitischen Entwicklung dachten nicht daran, das sozialistische Konzept in der Außenpolitik auf die Notwendigkeit von Korrekturen hin zu befragen.

IV. „Organisation internationale": Das Scheitern, August 1946 — April 1947

Ein Zeitpunkt für das Ende der russisch-amerikanischen Gemeinsamkeit, das auch das Ende aller Realisierungschancen für die „Organisation internationale" bedeutete, läßt sich nicht mit Exaktheit ausmachen. Der Übergang von der Politik der Kooperation mit der Sowjetunion zur Politik der Eindämmung sowjetischer Expansion auf amerikanischer Seite und der Übergang der Sowjetunion von einer Politik der Interessengemeinschaft zu einer Politik des begrenzten Konfliktes und der psychologischen Kriegführung konnten weder geradlinig, noch auf einen Schlag erfolgen. Das alte Konzept wirkte auch dann noch auf das Verhalten der politischen Handlungsträger ein, als dessen Voraussetzungen längst nicht mehr gegeben waren; das neue Konzept kam als Reaktion auf die Veränderungen im internationalen System bereits zur Anwendung, bevor es formuliert wurde. Die Pariser Außenministerratstagung vom Frühsommer 1946 bedeutete noch nicht den Beginn des Kalten Krieges[1]; was ihr folgte, war vielmehr eine Periode der Gleichzeitigkeit des Ungleichzeitigen, die erst mit der Verkündigung der Truman-Doktrin am 12. März 1947 zu Ende ging. Neben dem Abschluß der Friedensverträge mit Finnland, Italien, Ungarn, Rumänien und Bulgarien nach dem mühevoll errungenen Erfolg der Pariser Friedenskonferenz vom Juli bis Oktober 1946 und nach abschließender Beratung auf der New Yorker Außenministerratstagung im November/Dezember 1946 stand die Tatsache, daß die Deutschlandfrage völlig ungelöst und ein Friedensvertrag mit Österreich nicht abzusehen war; neben dem mit dem Namen des US-Delegierten Baruch verbundenen Angebot, das Atomgeheimnis den Vereinten Nationen zu überantworten, falls ein globales Kontrollsystem die Nichtherstellung von Atomwaffen sicherstellte, die Schaffung der Bizone, die die Funktionsunfähigkeit des gemeinsamen Alliierten Kontrollrats für Deutschland besiegelte; neben dem Gefühl der Entspannung Ende 1946 das Erschrecken über das Ausmaß an Gegensätzlichkeit in den Zielvorstellungen amerikanischer und russischer Politik, verstärkt durch eine neue Betonung des ideologischen Gegensatzes. Noch während die USA auf der Suche nach einer neuen Außenpolitik befindlich waren, wurde in Amerika und Europa das Scheitern des kollektiven Sicherheitsprinzips bewußt; damit rückte der Gedanke, den Frieden machtpolitisch abzusichern, wieder in den Vordergrund. Byrnes' Stuttgarter Rede vom 6. September 1946 war ein Signal für die Entschlossenheit der USA, kein Machtvakuum in Mitteleuropa entstehen zu lassen. Churchills Züricher Ruf vom 19. September 1946 nach Vereinigten Staaten von Europa unter der Führung Frankreichs und Deutschlands, aber ohne Großbritannien, implizierte die Anerkennung eines osteuropäisch-sowjetischen Machtblocks und die Forderung, das restliche Euorpa zu einer eigenen Machtgruppe zusammenzufassen. Trumans Kongreßbotschaft vom 12. März 1947 leitete ein Hilfsprogramm für Griechenland und die Türkei ein, das die Verhinderung eine aus dem Abzug der Briten resultierendes Machtvakuum im nordöstlichen Mittelmeerraum zum Ziele hatte.[2] Die aus diesem Anlaß formulierte Truman-Doktrin war allerdings weniger die Proklamation des neuen außenpolitischen Konzepts der USA als die öffentliche Beendigung der „One-World"-Politik. Erst das Scheitern der Moskauer Außenministerratstagung vom März/April 1947 in der Deutschlandfrage ließ das Eindämmungskonzept vollends zum Durchbruch kommen.

Das erneute Denken in Kategorien zwischenstaatlicher Machtpolitik war eine Herausforderung für die Anhänger einer kollektiven Sicherheitspolitik. Zugleich problematisierte es den Integrations- und Föderationsgedanken: Wenn nicht mehr unter allen Großmächten ein Grundkonsens über das kollektive Sicherheitsziel herrschte, wenn die beiden Weltmächte sich gegenseitig aggressiver Absichten verdächtigten, konnte jeder Schritt teilweiser Integration, jedes bilaterale Bündnis und jede regionale Gruppierung als Vorstufe zur globalen Organisation gleichzeitig als ein Stück Blockbildung und Teilung des Gesamtsystems interpretiert werden. Die französischen Sozialisten befanden sich darum mit ihrem außenpolitischen Konzept 1946/47 in einer doppelten Unsicherheit: Unsicherheit hinsichtlich der Opportunität von Einigungsprojekten, die Spaltungsergebnisse zeitigen konnten, und Unsicherheit hinsichtlich geeigneter Orientierungsdaten für ihre Politik in einer Phase der Gleichzeitigkeit des Ungleichzeitigen. Während ihr bisheriges Konzept zusehends an Realitätsnähe verlor, waren sie noch nicht in der Lage, ein neues Konzept zu entwickeln. Diese Unsicherheit führte zu einer Abkehr von außenpolitischen Problemen; sie hatte auch zur Folge, daß die SFIO das inzwischen vollends irreal gewordene Bidaultsche Konzept nicht mehr mit der Energie bekämpfte, die möglicherweise zu seiner Absetzung geführt hätte.

1. Die Restauration in der SFIO

Aufstand der Enttäuschten

Die Abkehr von der Beschäftigung mit außenpolitischen Fragen wurde durch die innerparteilichen Auseinandersetzungen in der SFIO noch gefördert, die sich im Spätsommer 1946 in der Ablösung Daniel Mayers als Generalsekretär durch Guy Mollet manifestierten.[3] Die Mischung aus Unsicherheit über den Standort der Partei und Enttäuschung über ihren Mangel an Erfolg nach der Befreiung, die zur Flucht in ein vulgärmarxistisches Traditionsvokabular, zur Kritik am Tripartismus und zur Verhinderung der Öffnung der Partei für Kräfte der neuen Mittelschichten geführt hatte, war inzwischen noch gewachsen. Vorkriegs-Parteimitglieder schreckten vor der von Blum intendierten Erneuerung zurück. Mitglieder aus den traditionellen Arbeiterschichten wehrten sich gegen die durch den Zustrom von Résistance-Kräften noch verstärkte Intellektualisierung und Mittelstandisierung der Partei und insbesondere der Parteiführung. In den örtlichen Gruppen spürte man die Unzufriedenheit der Bevölkerung über das unpopuläre Stabilitätsprogramm der Regierung Gouin, zumal die Kommunisten diese Unzufriedenheit geschickt zu schüren verstanden. Manche Gruppen gingen sogar dazu über, die Finanzpolitik Gouins und Philips selbst massiv anzugreifen. Zur Unzufriedenheit über die materielle Notlage kam die Enttäuschung über das Ausbleiben einer tatsächlichen Gesellschaftsreform im nationalen und einer tatsächlichen Friedensordnung im internationalen Rahmen. Der negative Ausgang des ersten Verfassungs-Referendums und die erneute Wahlniederlage am 2. Juni 1946 verstärkte die allgemeine Unzu-

friedenheit und ließ sie in einer Kritik an der bisherigen Parteiführung um Daniel Mayer ein Ventil finden. Einen ersten, indirekten Mißtrauensbeweis erlebte Mayer auf dem außerordentlichen Parteikongreß vom 29. bis 31. März 1946, als gegen seinen Willen ein von Yves Dechézelles eingebrachter Verfahrensantrag mit 2882 gegen 1439 Mandaten angenommen wurde.[4]
Obwohl die Oppositionsbewegung gegen Mayer im Ruf nach Erneuerung des „wahren Marxismus" und in der Verurteilung aller „Tendenzen eines Revisionismus", „utopischen Sozialismus" und „falschen Humanismus" einen gemeinsamen Nenner fand, blieb sie in ihren ideologischen Motivationen und in ihren Zielsetzungen heterogen. Die Kritik enthielt eine ideologische, eine taktische und eine personenorientierte Komponente, die weder zur Deckung kamen noch in sich geschlossen waren. In ideologischer Hinsicht war „Rückkehr zum wahren Marxismus" eine Leerformel: darunter ließ sich sowohl der Trotzkismus eines Yves Dechézelles und eines Léon Boutbien wie der intellektuelle Marxismus der Seine-Föderation, vertreten etwa durch Pierre Rimbert und Jean Rous, den Direktor der neuen Monatszeitschrift „La Pensée socialiste", verstehen, ebenso die Arbeiterideologie einer Suzanne Charpy und des Gewerkschaftsfunktionärs Oreste Capocci, die für den früheren Parteiflügel der „Bataille socialiste" und für die Widerstandsorganisation „Franc-Tireur" charakteristischen Linkssozialismus eines Pierre Commin bzw. eines André Ferrat, das jakobinisch-republikanische Freiheitsideal eines Jean Texcier, der Philokommunismus eines Pierre Bloch und der mehr sentimentale als inhaltlich konkrete Appell Guy Mollets an den traditionellen Guesdismus.[5]
Die Kritik an der gegenwärtigen Taktik der Partei hatte drei unterschiedliche Zielsetzungen: die prinzipielle Ablehnung jeglicher Regierungsbeteiligung in einer kapitalistischen Gesellschaft in der antipartizipationistischen Tradition der frühen 20er Jahre, die Befürwortung einer sozialistisch-kommunistischen Koalition in Erneuerung des Volksfrontbündnisses und die Forderung nach stärkerem Beharren auf der Durchsetzung sozialistischer Programmpunkte in künftigen Koalitionsverhandlungen.[6] Personifiziert wurde die Kritik in Daniel Mayer, dem einerseits taktische und administrative Fehlleistungen vorgeworfen wurden, ohne daß diese hätten näher konkretisiert werden können, und der andererseits als Hauptvertreter des „humanistischen Sozialismus" angegriffen wurde, nachdem die Person des eigentlich gemeinten Léon Blum nach wie vor als über jede Kritik erhaben galt.
Die Heterogenität der Mayer-Opponenten machte sie unfähig, ein Alternativ-Programm zum bisherigen Konzept der Parteiführung zu formulieren. Damit blieb auch die Kritik an Daniel Mayer inhaltlich unbestimmt. Der als „Motion Mollet" bekanntgewordene Entschließungsantrag, den das „Bulletin intérieur" am 1. August 1946 veröffentlichte, und den die Partei-Föderationen in den Wochen bis zur Eröffnung des 38. Nationalkongresses am 29. August diskutierten[7], empfahl den Parteitagsdelegierten zwar, als Ausdruck des Mißtrauens gegenüber der bisherigen Parteiführung den „Rapport moral" (Rechenschaftsbericht) des Generalsekretariats abzulehnen, und forderte eine Wiederbelebung der sozialistischen Tradition im Bereich der Doktrin sowie eine Korrektur der sozialistischen Strategie im Bereich der aktuellen Politik; sie ließ jedoch offen, welche Tradition erneuert werden solle und welche Strategie zu wählen sei. Der Antrag befürwortete weder eine Volksfrontkoalition oder eine andere Alternative zur jetzigen Politik noch verurteilte sie das Prinzip des Tripartismus.

Gerade diese Unbestimmtheit garantierte den Erfolg des Mollet-Antrages, sie zeigte aber auch seine Grenzen an. Die pauschale Kritik an der bisherigen Parteiführung war geeignet, die seit der Befreiung angestauten Emotionen und Frustrationen aufzufangen, sie war jedoch nicht geeignet, als Grundlage für eine politische Richtungsänderung zu dienen. Im Verlaufe des Parteikongresses wurde der „Kathartische Charakter" (Graham)[8] der Revolte vollends deutlich: Nachdem der „Rapport moral" Daniel Mayers mit 2975 Mandaten gegen 1365 und bei 145 Enthaltungen zurückgewiesen worden war – nur 18 der 90 nicht-überseeischen Föderationen stimmten für Mayer – wurde der Tenor der Reden während der beiden folgenden Tage zusehends versöhnlicher. Léon Blums äußerst engagierte Rede noch vor der Abstimmung über den „Rapport moral", in der er den Befürwortern des Mollet-Antrages eine rückwärtsorientierte Haltung vorwarf und die Revolte als den Versuch erklärte, das eigene schlechte Gewissen vieler Parteimitglieder zu kaschieren[9], zeigte den Beginn des Stimmungsumschwungs an. Sie reichte nicht hin, um die Delegierten von der auf zahlreichen Föderationskongressen der vergangenen Wochen beschlossenen Ablehnung des „Rapport moral" abzubringen; sie trug jedoch dazu bei, daß die Initiatoren des Mollet-Antrages ihre Gefolgschaft schwinden sahen, so daß sie sich schließlich den zahlreichen Befürwortern einer Kompromißresolution gegenüber konziliant zeigten, die eine Kampfabstimmung zwischen dem Mollet-Antrag und dem Gegenantrag André Philips vermeiden wollten, um eine Fraktionsbildung innerhalb der Partei zu verhindern. Die Kompromißresolution, die ein Resolutionsausschuß unter dem Vorsitz von Jules Moch erarbeitete, und die am 1. September einstimmig verabschiedet wurde, beschrieb zwar die politische Situation eher in Termini, die dem Mollet-Antrag entsprachen, folgte jedoch in allen taktischen Vorschlägen dem Philip-Antrag: Der Parteitag beschloß, den Wahlkampf unabhängig von anderen Gruppen zu führen, das sozialistisch-kommunistische Comité d'entente aufzukündigen, nach Möglichkeit die Bildung eines homogenen sozialistischen Kabinetts anzustreben, und falls dies nicht möglich sein sollte, einem Koalitionskabinett erst beizutreten, wenn bestimmte programmatische Minimalforderungen zugestanden worden seien.[10]

Dem Mollet-Antrag war also nur ein halber Erfolg beschieden. Die Ablehnung des „Rapport moral" tat der personenorientierten Komponente der Revolte Genugtuung; Daniel Mayer erklärte nach der Bekanntgabe des Abstimmungsergebnisses, nicht mehr für das Generalsekretariat kandidieren zu wollen. Hinsichtlich der taktischen Komponente setzte sich die bisherige Parteiführung erneut durch, weil die Mayer-Opponenten im Grunde keine Alternative zu formulieren in der Lage waren. Ohne Entscheidung blieb die Auseinandersetzung auf ideologischem Gebiet, weil weder die Anhänger des Klassenkampf-Vokabulars zu einer argumentativen Diskussion mit dem „grand old man" der Partei bereit waren, noch Blum in seiner ständigen Bereitschaft zur Integration unterschiedlicher Standpunkte zu einer klaren Darlegung der bestehenden Gegensätze geneigt war. In den Personalentscheidungen des Kongresses drückte sich das Gleichgewicht zwischen Erfolgen und Mißerfolgen der Mollet-Revolte erneut aus: Während Mayers „Rapport moral" mit 66 % der Stimmen zurückgewiesen worden war, erhielt André Philip bei den Wahlen zum Comité directeur die meisten Stimmen; an dritter und vierter Stelle lagen Daniel Mayer und Salomon Grumbach, während Guy Mollet erst an siebter Stelle, Léon Boutbien an dreizehnter, Jean Rous an einunddreißigster Stelle folgten. In der Zusammensetzung des neuen Comité directeur hielten sich Befürworter und Gegner des Mollet-Antrags in etwa die Waage; und auch dies war nur möglich, weil nach dem neuen Parteistatut nur zehn Parlamentarier Mitglieder des Comité directeur sein durften, so daß sich Auriol, Moch, Jaquet, Gouin, Le Troquer, Evrard, Froment u. a. von vorneherein zum Verzicht auf eine Kandidatur genötigt sahen.[11] Als in der ersten Sitzung des Comité directeur am 4. September die Wahl des Generalsekretärs anstand, kandidierten Guy Mollet und auf Betreiben Blums als Vertreter der Mollet-Gegner Augustin Laurent. Mollet erhielt 16 Stimmen, Laurent 14, wobei Grumbach und Brutelle, beide erklärte Mollet-Gegner, dennoch für diesen stimmten, weil sie dies nach der Ablehnung des „Rapport moral" durch die Parteitagsmehrheit für konsequent hielten. Neben Mollet, Dechézelles, Arrès-Lapoque (beide als stellvertretende Generalsekretäre) und Boutbien gehörten auch Mayer, Verdier, Laurent und Provo dem neuen Parteibüro an.[12]

Keine neue Theorie
Die parteiinternen Auseinandersetzungen der folgenden Monate bestätigte dieses Kräfteverhältnis und auch die Tatsache, daß die SFIO mangels geeigneter Alternativen weiterhin an dem unbeliebten tripartistischen Konzept festhielt: sowohl die Bildung der Regierung Blum als auch der Regierung Ramadier entsprachen diesem Konzept; als im Mai 1947 die Kommunisten aus der Regierung ausschieden, verlangte Mollet zwar, auch die SFIO solle in die Opposition gehen, wurde jedoch überstimmt; und als Ramadier, nicht zuletzt auf Betreiben Mollets, im November 1947 zurücktrat, mußte Mollet sogar die Beteiligung an einem Kabinett der „Troisième Force" unter Robert Schuman hinnehmen. Der 38. Nationalkongreß erwies sich als eine „ordinary palace revolution" (Graham)[13], als ein teilweiser Führungswechsel ohne grundsätzlichen Richtungswechsel.
Insbesondere bedeuteten die Ergebnisse des 38. Kongresses nicht, wie verschiedentlich angedeutet wurde[14], eine Linksorientierung der Partei im Sinne einer Annäherung an die Kommunisten. Zwar neigte Mollet gefühlsmäßig mehr zur Kooperation mit der PCF als mit dem MRP; er habe mehr Sympathie für einen kommunistischen Arbeiter als Vertreter der Arbeiterklasse, erklärte er vor dem Parteitag, als für einen Bourgeois einer anderen Partei, der sich selbst für progressiv halte; doch übernahm er in der Frage der Vereinigung mit der PCF die Position Blums, nicht den Weg der Selbstaufgabe zu gehen. In seiner ersten Intervention auf dem Parteitag wie in seinem Entschließungsantrag hieß es, eine Vereinigung käme erst für den Fall in Frage, daß die Kommunisten ihre Unterordnung unter den sowjetischen Willen und ihre undemokratische Parteistruktur aufgegeben hätten. Zwar forderte Mollet, zumindest die Aktionseinheit mit den Kommunisten zu forcieren; doch beschloß der Parteitag einer Anregung des Philip-Antrags folgend, Kontakte mit den Kommunisten nur noch mit dem Ziel begrenzter Aktionen und nur noch durch das Comité directeur selbst zu unterhalten, was einer Aufkündigung des Comité d'entente gleichkam. Als die kommunistische Parteiführung im November 1946 Mollet zur Wiederbelebung des Comités bewegen wollte, stellte sich dieser unmißverständlich hinter den Parteitagsbeschluß.[15] Die mächtige SFIO-Föderation Nord unter der Führung von Augustin Laurent, die als eine der wenigen Partei-Föderationen mit tatsächlichem Arbeiteranhang traditionell antikommunistisch eingestellt war, hatte sich zunächst gegen Mollet gewandt, weil sie fürchtete, er könne die

Partei auf einen Linkskurs führen. Als sie seine feste Haltung gegenüber der kommunistischen Parteiführung konstatierte, stellte sie sich mehr und mehr hinter ihn, so daß — nahm man die Stimmen von Mollets eigener, ebenfalls einflußreicher Föderation Pas-de-Calais hinzu —, seine Position in der Partei nahezu unangreifbar wurde. Parallel dazu gab Mollet seine „linken" Sympathien zusehends zugunsten eines farblosen Opportunismus auf.

Die folgenreichste Entscheidung des Kongresses war das Ausbleiben einer Entscheidung auf ideologischem Gebiet. Indem der eine Teil der Partei den Klassenkampf-Gedanken verbal bekräftigte, hinderte er sich selbst daran, die gesellschaftliche Entwicklung nach dem Zweiten Weltkrieg theoretisch aufzuarbeiten, erteilte er dem Blumschen Erneuerungsversuch eine definitive Absage und vergrößerte er die Kluft zwischen klassenkämpferischen Theorieansätzen und reformistischer Praxis. Dies hinderte die Kräfte in der Partei, die die pseudorevolutionären Lippenbekenntnisse nicht nachvollziehen konnten, Blums Sozialismus-Entwurf der Résistancezeit zu einem umfassenden, im Blumschen Sinne des grundsätzlichen Vorbehaltes revolutionären Reformprogramm fortzuentwickeln. Indem beide Richtungen ohne reflektierte Theorie blieben, verblieb ihnen als gemeinsamer Nenner künftiger Politik eine pragmatische Grundhaltung, die Gefahr lief, sich im Opportunismus, in kurzsichtiger und widersprüchlicher Vertretung von Partikular-Interessen, im Reagieren auf die Politik anderer unter Verzicht auf eigenes Agieren zu erschöpfen. Ohne Bezug zur sozialen Wirklichkeit wurden die programmatischen Äußerungen der SFIO in zunehmendem Maße ideal-abstrakt; dieser „irreale Charakter" der Partei[16] förderte die vielfältige innerparteiliche Uneinigkeit in fundamentalen Sachfragen, von der Wirtschaftspolitik bis zum Algerienproblem. Das Auseinanderbrechen der Führungsmannschaft der Partei in konkurrierende Gruppen verstärkte diese Uneinigkeit durch persönliche Gegensätze. Nachdem den Mollet-Anhängern nur eine teilweise Ersetzung der bisherigen Parteileitung gelungen war, mußte sich nun der Parteiapparat unter Guy Mollet die Leitung mit anderen, zum Teil in Opposition zu Mollet stehenden Führungsgruppen teilen: der sozialistischen Parlamentsfraktion und den sozialistischen Ministern, die die programmatischen Forderungen des Parteiapparats eher als Behinderung für ihre Politik empfanden; Léon Blum und die Redaktion des „Populaire", die die parteioffizielle Haltung zu den Tagesereignissen nach wie vor wesentlich präjudizierten; und schließlich Vincent Auriol, der als Staatspräsident ab 1947 eine durchaus über die verfassungsmäßigen Vorstellungen hinausgehende einflußreiche Rolle in der französischen Politik einzunehmen gedachte. Als Folge der persönlichen und sachlichen Divergenzen verlor die Partei an Glaubwürdigkeit, als Folge der gegenseitigen Behinderungen an Beweglichkeit. Beides ließ sie, in der IV. Republik ohnehin ein Opfer einer für sie ungünstigen Parteienkonstellation, in den Augen der Wählerschaft noch an Attraktivität verlieren.[17]

Internationalismus als Integrationsfaktor
Das für das Aussparen einer Entscheidung auf ideologischem Gebiet Gesagte gilt jedoch nicht für den Bereich der internationalistischen Doktrin. Gegen Blums Internationalismus gab es keine grundsätzlichen Einwände von der Seite der Anwälte traditioneller Parteidoktrin und keine grundsätzlichen Gegenpositionen. Zu Recht konnte Mollet am Tag nach seiner Wahl zum Generalsekretär behaupten: „Si je ne

suis pas d'accord avec Daniel Mayer sur les problèmes intérieurs et les moyens de les résoudre, je tiens cependant à souligner que je me trouve en pleine entente avec lui sur tout ce qui concerne les questions internationales."[18] Die Auseinandersetzungen um den 38. Kongreß erwiesen, daß die grundsätzliche Zielsetzung einer supranationalen „Organisation internationale" von allen Parteigruppierungen akzeptiert worden war, daß in der Beurteilung der gegenwärtigen Weltlage von dieser Zielsetzung her weitgehend Übereinstimmung herrschte, und daß die Front der Divergenzen in der Deutschlandfrage nicht entlang der Linie zwischen Mayer-Opponenten und Mayer-Verteidigern verlief. Die internationalistische Doktrin bildete ein verbindendes Element innerhalb der in Sachfragen und ideologischen Positionen ansonsten gespaltenen Partei, das an Bedeutung für die Kohärenz und das Selbstverständnis der Partei um so mehr zunahm, je mehr sich die sonstigen Spaltungen vertieften.

In der Kritik an der Parteiführung Daniel Mayers und in der Debatte des „Rapport moral" spielten außenpolitische Fragen keine Rolle.[19] In der politischen Generaldebatte des Kongresses unterstrichen Paul Rivet, Pierette Romeo und Léon Boutbien bei aller Kritik am Tripartismus ihr Festhalten am internationalistischen Konzept der Partei und forderten, nachdem nun keine Rücksichten auf de Gaulle mehr notwendig seien (Rivet), dieses mit mehr Engagement zu verwirklichen.[20] In der Empfehlung der 6. Sektion der Seine-Föderation, den Jahresbericht des „Populaire" wegen dessen Mangel an sozialistischem Kampfgeist abzulehnen, wurden die Artikel Léon Blums ausdrücklich von jeglicher Kritik ausgenommen. Das Grundsatzpapier der 6. Sektion für den Parteikongreß, das in den Intentionen dem Entschließungsantrag Mollets gleichkam, nannte als das fundamentale Problem der gegenwärtigen internationalen Lage die mangelnde Bereitschaft der Sowjetunion zur partiellen Souveränitätsabgabe und die daraus resultierende Bedrohung des Friedens durch Schaffung eines starken Ostblocks und forderte eine kompromißlose Vertretung des internationalistischen Standpunkts, auch gegenüber der kommunistischen Partei, anstelle der jetzigen französischen Schaukelpolitik zwischen Ost und West: „Pour contribuer à dissiper le lourd malaise qui pèse sur le monde depuis que s'affirment de graves divergences entre les Grandes Puissances victorieuses, il ne suffit donc pas de ménager tantôt la chèvre soviétique, tantôt le chou anglo-saxon, sous prétexte de ne pas favoriser la politique des blocs ou de ne pas envenimer les relations entre le Parti socialiste et le Parti communiste."[21]

Zwar lag die internationale Politik nicht so sehr im Blickfeld der meisten Mayer-Opponenten, denen in erster Linie an der Vertretung von im nationalen Rahmen begriffenen Interessen der Arbeiterklasse gelegen war; doch folgten sie, soweit sie sich zu Fragen der auswärtigen Politik äußerten, der von Blum vorgezeichneten Linie. „Seul un internationalisme constructif", bekannten sie, deutlich unter dem Einfluß André Ferrats, in dem Abschnitt „Politique internationale" des Mollet-Antrags, „apportera les solutions qui, dépassant le cadre national pour aller vers le fédéralisme permettront la renaissance d'une classe ouvrière majeure, unie dans une nouvelle Internationale et apte à sa mission historique". Der Mollet-Antrag warnte vor einem konfliktträchtigen Chauvinismus und forderte in Übereinstimmung mit dem „Famille-occidentale"-Konzept eine „étroite coopération économique, particulièrement entre les peuples d'Europe, non assujettis à des blocs, qui ont subi un appauvrissement considérable du fait de la guerre et qui ont à poursuivre la même tâche de reconstruction."[22] Die ausdrückliche Beschreibung des supranationalen Mechanismus, die die von Jules Moch eingebrachte Kompromißresolution zusätzlich zu den Formulierungen des Mollet-Antrags enthielt, wurde von Mollet wenig später wörtlich übernommen.[23] Freilich führten die Diskussionen des 38. Kongresses[24] auch zu keiner Fortentwicklung oder Aktualisierung des internationalistischen Konzepts. Die kategorische Forderung nach supranationalen Lösungen und die vage Andeutung des Programms der „Famille occidentale" — etwa in der Formulierung der Moch-Resolution: „La France (...) doit grouper autour d'elle toutes les nations ayant les mêmes aspirations et être l'animatrice de la solidarité internationale" — zeigten, daß die französischen Sozialisten im Grunde keine Antwort auf die definitive Lähmung der UNO wußten.

Auch gab es in der Deutschlandfrage Kritik an der Blumschen Politik. Als Blum im Sommer 1946 die Kontroverse zwischen den Sozialisten und dem von den Kommunisten unterstützten Bidault an die Öffentlichkeit trug, meinten zahlreiche Parlamentarier der SFIO, bei aller Berechtigung in der Sache sei es in der augenblicklichen permanenten Vor-Wahlkampf-Phase nicht opportun, das sozialistische Deutschlandkonzept zu vertreten, um sich nicht der Gefahr der Unpopularität auszusetzen.[25] Doch bekräftigte Léon Boutbien, einer der Initiatoren des Mollet-Antrages, in seiner Rede vor dem Kongreß und in einem im wesentlichen gleichlautenden Artikel in „La Pensée socialiste" ausdrücklich die Argumentation von Blums Populaire-Artikeln. „Sa thèse sert non seulement la cause de la France, mais elle prépare l'organisation fédérative de l'Europe, hors de laquelle il n'y a pas de salut." Als Motiv für die Haltung der Kommunisten glaubte er das Bestreben erkennen zu können, durch die Förderung eines deutschen Chauvinismus die Kraft der deutschen Sozialdemokratie zu brechen und damit den einzigen Widerstand beiseite zu räumen, der einer Sowjetisierung aller vier deutschen Zonen noch im Wege stehe. Mit Blum (und anders als Auriol und Grumbach) forderte er statt dessen eine beschleunigte Demokratisierung und Wiedereingliederung Deutschlands. Gegen Blums Programm der „Famille occidentale" hielt er eine föderative Einigung Europas schon zum jetzigen Zeitpunkt für das geeignete Mittel, den russisch-amerikanischen Gegensatz zu überwinden, freilich nur für den Fall, daß Deutschland an dieser europäischen Föderation beteiligt würde.[26] Nichts war für die Nichtübertragbarkeit innenpolitischer Frontstellungen auf die außenpolitische Haltung kennzeichnender als die Tatsache, daß mit Salomon Grumbach ein Vertreter der Mollet-Gegner auf dem Kongreß gegen Boutbien (und damit gegen Blum) an der Notwendigkeit einer langjährigen Besatzungszeit und einer totalen Entnazifizierung vor jeder Integration festhielt, Grumbach, der vierzehn Tage zuvor sein Deutschlandkonzept in Hamburg und in Baden-Baden vorgetragen hatte und dafür von MRP und PCF wegen nationaler Unzuverlässigkeit angegriffen worden war[27], erreichte auf dem Kongreß 1946 die erneute Bestätigung seiner Variante sozialistischer Deutschlandpolitik in der Schlußresolution.[28] Der Entschließungsantrag Mollets hatte, in der Frage einer früheren oder späteren Reintegration Deutschlands in die internationale Gemeinschaft unentschieden, lediglich allgemein vermerkt: „Ce n'est pas en démembrant l'Allemagne, en plongeant le peuple allemand dans une extrême misère qu'on extirpera le nazisme."

Dennoch blieben die Ereignisse des 38. Kongresses nicht ganz ohne Auswirkungen beeinträchtigender Art auf die künftige außenpolitische Haltung der SFIO. Die irrealen Klassenkampf-Diskussionen banden zahlreiche Kräfte in der Partei und hielten sie von einer Beschäftigung mit außenpolitischer Problematik ab. Mit Mollet waren zwar auch engagierte Internationalisten wie Ferrat und Boutbien in die Führungsmannschaft der Partei vorgedrungen, zum größeren Teil aber Parteimitglieder ohne sonderliches außenpolitisches Interesse und außenpolitische Erfahrung. Die aus den Divergenzen resultierende Unbeweglichkeit übertrug sich auch auf das außenpolitische Gebiet: das neu betonte Denken in ideologischen Schemata versperrte oft zunächst den Blick für die in der außenpolitischen Situation eingetretenen Wandlungen, so daß sie erst nach längeren Konfrontationen mit Experten wie Blum und Philip auf deren Linie einschwenkten. Es verleitete außerdem zu vorschnellen Generalisierungen, die eine differenzierte Betrachtung außenpolitischer Sachlagen verhinderten; die Rehabilitierung vulgärmarxistischer Formeln führte deshalb paradoxerweise im Ost-West-Konflikt zu einem pauschalisierenden Antikommunismus. Die neue Betonung marxistischer Formeln verleitete zu einem Eskapismus auch auf außenpolitischem Gebiet. Wenn etwa in einer Resolution des Kongresses die Wiedergründung einer effektiven sozialistischen Internationale als wesentliche Bedingung für den Frieden der Welt bezeichnet und ihre schnellstmögliche Realisierung gewünscht wurde[29], so zeigte sich in diesen Formulierungen ein Nichtzurkenntnisnehmen der Heterogenität sozialistischer Kräfte in Europa und ein allzu großes Vertrauen in ideologische Etiketten.

2. Die Lähmung des internationalen Sozialismus

Die Entstehung des COMISCO

In der Tat war ein derartiges Vertrauen angesichts der Entwicklung im internationalen Bereich des Sozialismus nicht mehr angebracht. Die auf der Londoner Konferenz vom März 1945 eingesetzte Kommission, die eine Charta und einen Statutenentwurf für eine neue Internationale vorlegen sollte, war infolge mangelnder Kooperationsbereitschaft der britischen Labour-Party niemals zusammengetreten. Auch die erste Vollkonferenz der sozialistischen Parteien nach dem Kriege, zu der erneut die Labour-Party für den 17. bis 19. Mai 1946 nach Clacton-on-Sea in der Nähe von London eingeladen hatte,[30] konnte sich nicht dazu durchringen, mit der Wiedergründung einer Sozialistischen Internationale ein Instrumentarium zur Förderung der westeuropäischen Gruppierung und der späteren gesamteuropäischen Föderation zu schaffen, wie sie der SFIO vorschwebten. André Philip, Salomon Grumbach und Jules Moch, die Vertreter der französischen Partei, wurden in ihrem Drängen auf Wiedererrichtung der Internationale nur von den Belgiern, Österreichern und Schweizern unterstützt. Alle anderen Parteien standen dem Projekt skeptisch bis gänzlich ablehnend gegenüber. Hatten die Befürchtungen der britischen und skandinavischen Sozialisten, eine Einmischung eines internationalen, im Grunde niemandem verantwortlichen Parteiengremiums in ihre Regierungsangelegenheiten dulden zu müssen, schon zum negativen Ergebnis der Londoner Sozialistenkonferenz geführt, so kam diesmal die Angst der bereits vielfach unter sowjetischem Druck stehenden osteuropäischen Parteien hinzu, einem weisungsbefugten internationalen Gremium gegenüber, in dem die westeuropäischen Parteien tonangebend sein würden, die eigene Unabhängigkeit aufgeben zu müssen und damit in der eigenen Manövrierfähigkeit gegenüber der Sowjetunion behindert zu werden. Die Vertreter Polens, Rumäniens, Ungarns und der Tschechoslowakei plädierten statt für eine Sozialistische Internationale für die Schaffung einer sozialistisch-kommunistischen Einheitsinternationale nach dem Vorbild des im September 1945 gegründeten Weltgewerkschaftsbundes. Unterstützt wurde dieser reichlich ehrgeizige, vielleicht auch nur propagandistisch gemeinte Vorschlag von einigen prominenten westeuropäischen Sozialistenführern, inbesondere Louis de Brouckère und dem Führer der mit den italienischen Kommunisten in enger Aktionsgemeinschaft verbundenen P.S.I.U.P., Pietro Nenni. Freilich wurde auch diese Vorstellung nur unverbindlich diskutiert.[31] Die Konferenz kam lediglich überein, periodische Treffen aller sozialistischen Parteien ein- oder zweimal pro Jahr abzuhalten, die in erster Linie dem vertraulichen Meinungsaustausch über internationale Probleme dienen sollten und nicht notwendigerweise Beschlüsse fassen müßten. Sollten allerdings Resolutionen verabschiedet werden, so müßten diese einstimmig gefaßt werden. Damit führte die internationale Organisation des Sozialismus das gleiche Vetorecht ein, das die Sozialisten an der UNO kritisierten. Auf Drängen der osteuropäischen Parteien, unter denen es wegen der Frage der Zusammenarbeit mit den Kommunisten zu Spaltungen gekommen war, wurde ferner beschlossen, pro Land nur eine Partei zu der Konferenz zuzulassen, Exilparteien jedoch von vorneherein auszuschließen. Zur technischen Vorbereitung der Konferenz, zum Informationsaustausch der Parteien untereinander und zur Vorklärung von Aufnahmeanträgen wurde beschlossen, ein kleines „Socialist Information and Liaison Office" (S.I.L.O.) einzurichten. Das S.I.L.O. fand in den Räumen des internationalen Sekretariats der Labour Party in London seinen Platz; der Labour-Sekretär für internationale Angelegenheiten, Denis Healey, übernahm in Personalunion die Verwaltung dieses Büros.[32]

Im übrigen wurde die Frage der Wiedererrichtung einer Internationale vertagt, so daß sie auf der nächsten internationalen Sozialistenkonferenz vom 3. bis 8. November 1946 im südenglischen Bournemouth erneut auf der Tagesordnung stand. Erneut zeigte sich, daß weder bei den Briten und Skandinaviern noch bei den Osteuropäern die Bereitschaft vorhanden war, auf die französischen Vorstellungen einzugehen. Als die osteuropäischen Vertreter deutlich machten, daß sie sich einer offiziellen sozialistischen Internationale nicht würden anschließen können, gewann damit die Labour-Führung ein neues Argument gegen die Internationale: eine Organisation, so meinten sie, an der nur westeuropäische Parteien partizipierten, würde der Ost-West-Spaltung der Parteien und damit der Spaltung Europas Vorschub leisten; um diese zu vermeiden, sei die augenblickliche Form lockerer Kooperation vorzuziehen. Das eigene Interesse an einer Verhinderung der Internationale verdeckend, suchten sie sich als Wahrer einer die Ost-West-Spannung überbrückenden Einheit zu profilieren. Die Parteiführung der SFIO setzte trotz des jüngsten Parteitagsbeschlusses, alles zur Wiedergründung der Internationale Mögliche zu unternehmen, von Anfang an wenig Hoffnung auf diese Konferenz; sie schickte lediglich – den ohnehin in London residierenden – Louis Lévy als Vertreter. Die übrigen Delegierten fehlten, offiziell wegen des Wahlkampfes in Frankreich, tatsächlich, weil die SFIO-Führung nach der Enttäuschung von Clacton-on-Sea nicht an einen rapiden Meinungsumschwung unter den sozialistischen Parteien glaubte.

Wie nicht anders zu erwarten, konstatierte die Konferenz denn auch abschließend, daß „die Neuorganisation einer Sozialistischen Internationale im Augenblick nicht möglich sei."[33] Einen neuen Anlauf versuchte die SFIO erst auf der dritten Vollkonferenz, die vom 6. bis 9. Juni 1947 in Zürich tagte, und auf der sie durch Mollet, Grumbach, Mayer, Lévy, Boutbien, Emilienne Moreau und Suzanne Colette Kahn vertreten war. Das an ganz Europa gerichtete Hilfsangebot Marshalls vom 5. Juni 1947, für das sich auch in den osteuropäischen Ländern erhebliches Interesse zeigte, und das noch nicht von der Sowjetunion zurückgewiesen worden war, gab der Idee eines Zusammenschlusses der sozialistischen Kräfte Gesamteuropas einen neuen Auftrieb.[34] Eine Einigung der Sozialisten in Europa, so argumentierte in der Nachtsitzung vom 8. Juni Guy Mollet im Namen der französischen Delegation, die das Konferenzgeschehen wesentlich mitbestimmte, könne helfen, die notwendige wirtschaftliche Einigung Europas beschleunigt und im sozialistischen Sinne in Gang zu setzen; sie könne die Tendenz zur Blockbildung überwinden helfen; sie werde als Element westeuropäisch-osteuropäischer Kooperation keineswegs als gegen die Sowjetunion gerichtetes Instrument verstanden werden. Max Buset, der Vorsitzende der belgischen Arbeiterpartei, unterstützte diese Position mit einem eindringlichen Appell. Abermals waren es die Briten, die diesen Vorstoß zurückwiesen; ihr Sprecher Morgan Philipps, angesichts des Marshall-Angebots momentan des Spaltungsarguments beraubt, nannte die Idee schlichtweg „verfrüht" und weiterer Diskussion bedürftig. Wie schon in London 1945 wurde diesmal auf Antrag Busets eine Kommission zum weiteren Studium der Frage gebildet, die der nächsten Vollkonferenz berichten sollte; immerhin bot die Tatsache, daß diese Kommission unter französischem Vorsitz und in Paris tagte, eine gewisse Gewähr dafür, daß sie anders als die erste Kommission überhaupt zusammentreten würde.[35]
Die neue Kommission tagte zweimal im Sommer und Herbst 1947. Die inzwischen eingetretenen Wandlungen in der weltpolitischen Szene, das Nein Molotows zur Marshall-Hilfe und die Gründung des Kominform, machten nicht nur den Gedanken einer sozialistisch-kommunistischen Einheits-Internationale völlig illusorisch, sie verschoben die Akzente auch zuungunsten der von den Franzosen gewünschten sozialistischen Internationale. Die westeuropäischen Parteien waren bemüht, angesichts der Polarisierung der Kräfte die Verbindungen zu den osteuropäischen Sozialisten nicht abreißen zu lassen; die Kommissionsmehrheit sah ein, daß dies nur möglich sein würde, wenn man jetzt keine offizielle Internationale errichtete, an der teilzunehmen den osteuropäischen Parteien ebenso verwehrt gewesen wäre, wie den osteuropäischen Regierungen eine Teilnahme am Marshall-Programm verwehrt war. Statt einer neuen Internationale schlug die Kommission die Erweiterung des S.I.L.O. zu einem permanenten Ausschuß der sozialistischen Konferenz vor, der Konferenzentscheidungen auch inhaltlich vorbereiten sollte, und in dem alle Mitgliedsparteien durch die Mandate ihrer Delegierten vertreten sein sollten. Das „Committee of International Socialist Conference" (COMISCO), wie das neue Gremium heißen sollte, sollte ferner über ein eigenes Büro zur Ausführung von Konferenzbeschlüssen verfügen.[36] Mit diesem Plan, der von der nächsten Vollkonferenz sanktioniert wurde, die vom 28. November bis 1. Dezember 1947 in Antwerpen tagte, war der französische Plan, über eine sozialistische Internationale den Aufbau eines sozialistischen Europas forcieren zu können, vorerst

gescheitert. Auch das Comité directeur der SFIO hatte sich in seiner Sitzung vom 12. November dazu durchgerungen, der vorgesehenen unverbindlichen Organisationsform seine Zustimmung zu geben; Léon Boutbien, Salomon Grumbach und Irène Laure, die die SFIO in Antwerpen repräsentierten, vermochten an dem Ergebnis der Kommissionsarbeit nichts mehr zu ändern.[37]

Die Aufnahme der SPD
Wie wenig internationalistisches Denken im Kreis des internationalen Sozialismus verbreitet war, zeigte noch einmal bestätigend die Diskussion um die Zulassung der deutschen Sozialdemokratie. Auf dem Treffen von Bournemouth legte die britische Labour-Party einen Antrag auf gleichberechtigte Aufnahme der Sozialdemokratischen Partei Deutschlands in die internationale Konferenz vor – eine Initiative, die durchaus im Sinne der SFIO war: Innerhalb der französischen Partei hatte bei allen Divergenzen über den Zeitpunkt der Reintegration Deutschlands die Forderung nach einer Stärkung und Förderung demokratischer Kräfte in Deutschland, die schon im Juni-Programm 1943 enthalten war, nie zur Disposition gestanden; Salomon Grumbach hatte trotz seiner These von der Kollektivverantwortlichkeit des deutschen Volkes und der darin enthaltenen Verurteilung der SPD durch seine Kontakte zu deutschen Sozialdemokraten keinen Zweifel daran gelassen, daß diese demokratischen Kräfte insbesondere in der SPD zu suchen sein würden; Léon Boutbien hatte vor dem 38. Kongreß ausdrücklich die SPD als Zukunftshoffnung Deutschlands dargestellt, deren Zerstörung die Zerstückelungspolitik der Kommunisten gelte. Seit Anfang 1946 hatten über den Mainzer Redakteur Günter Markscheffel Verbindungen Kurt Schumachers zur SFIO-Führung bestanden.[38] Die osteuropäischen Vertreter hinderte jedoch ihre verständliche nationale Erbitterung, die rationale Argumentation der Franzosen nachzuvollziehen; zudem lag eine Unterstützung der SPD nicht im Zuge ihrer prosowjetischen Politik. Sie wandten sich daher heftig gegen eine Zulassung der SPD. Nur eine Minderheit der Konferenz, unter ihnen die SFIO-Delegation[39], votierte für die sofortige Aufnahme der deutschen Partei; daraufhin wurde beschlossen, die Frage zu vertagen und zunächst für die nächste Zusammenkunft Vertreter der SPD zur Anhörung einzuladen.

Diese Anhörung der deutschen Vertreter – Kurt Schumacher, Erich Ollenhauer und Fritz Henssler – erfolgte am 9. Juni 1947, dem letzten Tag der Konferenz von Zürich. Dieser Konferenztag geriet zu einer Debatte über die Frage der deutschen Kollektivschuld, eine Debatte, in der Kurt Schumacher sichtlich von seiner Persönlichkeit her beeindruckend wirkte, die aber verständlicherweise keine Klärung des Problems erbrachte. Ein überzeugendes Plädoyer für die Zulassung der SPD hielt der als Jude und Elsässer doppelt betroffene Salomon Grumbach im Namen der SFIO-Delegation: Gewiß könnten Grausamkeiten der Nationalsozialisten nicht vergessen werden und leichtfertig entschuldigt werden, doch müsse man jetzt an die Zukunft Deutschlands und Europas denken; der Wiederaufbau Europas sei dringend notwendig; Voraussetzung dazu sei eine Demokratisierung Deutschlands. „Or, de tous les partis existant en Allemagne, n'est-ce pas celui de Schumacher qui nous offre le plus de garanties."[40] In der Abstimmung im Anschluß an die Debatte erlangte der Aufnahmeantrag der SPD nur eine einfache statt der erforderlichen Zweidrittelmehrheit; Ungarn, Mapai, Polen, Rumänien und die Tschechoslowakei stimmten dagegen; Südafrika, Belgien, Griechenland, Italien und die Schweiz enthielten sich. Nach dieser Enttäuschung für die deutsche Abordnung brachte Max Buset im Namen der belgischen Delegation eine Resolution ein, die die Errichtung einer Kommission zur weiteren Prüfung des deutschen Antrags und zur ständigen Verbindung mit der SPD forderte. Diese Resolution fand bei zwei Enthaltungen die Billigung der Konferenz; Louis de Brouckère wurde zum Vorsitzenden der Kommission gewählt, Grumbach, der Brite Joe Reeves, der Tscheche Vilem Bernard, der Österreicher Franz Jonas, der Niederländer W. Thomassen und der Norweger John Sannes zu ihren weiteren Mitgliedern.[41]

Innerhalb dieser Kommission konnte Grumbach seinen ganzen Einfluß als kompetenter Deutschlandkenner für die SPD-Zulassung geltend machen. Schon in der konstituierenden Sitzung am 9. Juni, nach Abschluß der Züricher Konferenz, kam man überein, zum besseren Kennenlernen der Verhältnisse in der deutschen Sozialdemokratie den bevorstehenden SPD-Parteitag in Nürnberg zu besuchen. Grumbach nutzte die Anwesenheit auf dem Parteitag, der vom 28. bis 30. Juni 1947 tagte, um der SPD moralische Unterstützung zukommen zu lassen. Als offizieller französischer Delegierter bekundete er in Nürnberg öffentlich die Bereitschaft der SFIO, mit der SPD eng zusammenzuarbeiten.[42] Der 39. Parteitag der SFIO vom 14. bis 17. August 1947 tat ein übriges, um die Anerkennung der SPD zu bekräftigen. Ein einziger Parteitagsredner, der Delegierte Levillain, kritisierte die Haltung der SFIO-Delegation in Zürich: die neue Internationale dürfe die SPD unter keinen Umständen aufnehmen, denn diese Partei sei ein Refugium alter Nazis; er erfuhr jedoch sofort scharfen Widerspruch von Paul Lévy. Léon Boutbien nannte die Teilnahme der SPD eine unerläßliche Voraussetzung für ein Gelingen der neuen Internationale; Grumbach wies nochmals auf die Notwendigkeit der SPD als demokratischer Kraft im Hinblick auf den Wiederaufbau Deutschlands und damit den Wiederaufbau Europas hin; der Jahresrapport der Commission internationale der Partei, der unter anderem die Zulassung der SPD zur Internationale empfahl, wurde mit großer Mehrheit angenommen.[43]

Die SPD-Kommission unter de Brouckère kam denn auch zu dem Ergebnis, der internationalen Sozialistenkonferenz die Anerkennung der SPD als Bruderpartei zu empfehlen und einen Schlußstrich unter strittige Fragen der Vergangenheit zu ziehen. „Es gibt nur eine Partei", hieß es in dem von de Brouckère verfaßten Abschlußbericht, „die dazu beitragen kann, ein Deutschland zu schaffen mit einer erfolgreichen, demokratischeren und vor allem einer friedvolleren Zukunft. Dies ist die SPD."[44] Damit hatte sich das Hauptargument Grumbachs durchgesetzt; es war nur folgerichtig, daß das Comité directeur der SFIO in seiner Sitzung vom 12. November 1947 den Kommissionsbericht billigte.[45] Auf der Konferenz von Antwerpen plädierte Grumbach erneut für die SPD-Zulassung, indem er ausführlich über die Anstrengungen der deutschen Sozialdemokraten berichtete, Nationalismus und Antisemitismus zu überwinden. Die Konferenz beschloß, der Kommissionsempfehlung folgend, die Aufnahme der SPD als gleichberechtigtes Mitglied mit den Stimmen aller westeuropäischen Parteien, der Skandinavier und Kanadas (12 Stimmen) gegen die Stimmen der israelitischen, ungarischen, tschechoslowakischen und polnischen Parteien und bei Stimmenthaltung des polnischen Bundes und Italiens.[46] De facto wurde mit diesem Schritt bereits ein Stück Integration des westlichen Deutschlands in das westliche Europa vollzogen; das ursprüngliche

Anliegen der SFIO, die Eingliederung Deutschlands in ein föderalistisches System Europas und der Welt, war durch den Gang der weltpolitischen Ereignisse inzwischen in weite Ferne gerückt.

3. Die Beschränkung auf zwischenstaatliche Lösungen: Der Vertrag von Dünkirchen zwischen Blum und Bidault

Die Bildung des Kabinetts Blum

Eine neue Chance, die Blockierung ihres außenpolitischen Konzepts durch die Interessenkoalition von MRP und PCF zu überwinden, bot sich der SFIO paradoxerweise, als mit dem Referendum vom 13. Oktober 1946 der zweite Verfassungsentwurf gebilligt worden war, und die sozialistische Partei in der darauffolgenden Wahl zur ersten regulären Nationalversammlung der IV. Republik am 10. November 1946 erneut erhebliche Stimmenverluste hinnehmen mußte. Indem der sozialistische Stimmenanteil von 21,1 % in den Wahlen vom 2. Juni 1946 auf 17,9 % fiel, schien Philips in die Schlußresolution des 38. Kongresses übernommene Idee eines homogenen sozialistischen Kabinetts zunächst ausgeträumt; der Ruf nach marxistischer Erneuerung hatte die Partei Teile ihrer bürgerlichen Anhängerschaft gekostet, ohne die Hoffnung Mollets auf neuen Zustrom aus den arbeitenden Schichten zu erfüllen; sie war zudem Opfer des Polarisierungsprozesses innerhalb der tripartistischen Koalition geworden, die wechselseitigen antikommunistischen („Bidault sans Thorez") und antireaktionär-antiklerikalen („Thorez sans Bidault") Parolen hatten den Wähler die Existenz der dritten Partei vergessen lassen.[47]

Mit der SFIO hatte jedoch auch der MRP an Stimmen verloren; sein Anteil war von 28,1 % auf 26,3 % gefallen, während die Kommunisten mit 28,6 % wieder an die erste Stelle gelangt waren. Damit und infolge der von kommunistischer wie von volksrepublikanischer Seite bekundeten Entschlossenheit, die tripartistische Koalition nicht länger fortzuführen, war die Ministerpräsidentschaft Bidaults in Frage gestellt; auch für die SFIO stellte sich die Koalitionsfrage und damit auch die Frage nach der Durchsetzbarkeit ihres außenpolitischen Programms neu. Dem kommunistischen Anspruch auf Führung einer kommunistisch-sozialistisch-radikalen Koalition begegneten die Sozialisten mit Zurückhaltung. Vor die Alternative gestellt, im Eingehen auf dieses Koalitionsangebot den MRP an die Seite de Gaulles zu drängen und damit zu einer innenpolitischen Blockbildung beizutragen oder durch dessen Ablehnung als arbeiterfeindliche Partei diskreditiert zu werden und möglicherweise eine antisozialistische Wirtschafts- und Gesellschaftspolitik zu ermöglichen, beschloß der Conseil national am 18. November 1946 zunächst einmal, die Möglichkeiten einer Einigung mit den Kommunisten auf ein gemeinsames Koalitionsprogramm zu erkunden.[48] Die Verhandlungskommission der SFIO[49] erreichte jedoch nur vage Programmzusagen von kommunistischer Seite. Immerhin, so konnte Grumbach dem Conseil national in seiner Sitzung vom 3. Dezember berichten, hatten sich die Kommunisten in der Deutschlandfrage der sozialistischen Position wesentlich angenähert, wie sie sich überhaupt sehr konziliant zeigten, um den Sozialisten die Zustimmung zu dem Koalitionsangebot zu erleichtern.[50] Der Conseil national beschloß, nachdem das Comité directeur geteilter Meinung geblieben war, mit 3121 gegen 843 Mandaten bei 458 Enthaltungen eine Kandidatur Thorez' in

der Nationalversammlung zu unterstützen; nur wenigen Delegierten war freilich am tatsächlichen Zustandekommen einer Volksfrontkoalition gelegen; die meisten rechneten sich aus, daß Thorez auch bei Unterstützung durch die SFIO-Fraktion keine echte Wahlchance haben würde, und hofften auf Unterstützung eines sozialistischen Kandidaten durch die Kommunisten in einem notwendigen zweiten Wahlgang als Gegenleistung für die Unterstützung Thorez' im ersten Wahlgang.
In der Tat erhielt Thorez, als er sich am 4. Dezember zur Wahl stellte, mit 259 Stimmen nicht die erforderliche Mehrheit, zumal ein Teil der sozialistischen Abgeordneten sich nicht an den Nationalratsbeschluß hielt.[51] Eine Koalition ohne Beteiligung der Kommunisten kam jedoch für die Sozialisten auch nicht in Frage. Im Namen der Sarthe-Föderation brachte Christian Pineau im Nationalrat einen Entschließungsantrag ein, der die Partei festlegen sollte, sich nicht an einer Koalition zu beteiligen, an der nicht auch die Kommunisten beteiligt seien und die nicht eine Politik im Sinne des am Vortage beschlossenen Regierungsprogramms der SFIO verfolge. Der Gegenantrag der Vaucluse-Föderation forderte die Partei sogar auf, sich überhaupt nicht mehr an einer Regierung zu beteiligen, sondern allenfalls eine Regierung parlamentarisch zu unterstützen, die der politischen Linie der SFIO in etwa entspräche. Mit 2242 Mandaten für den Sarthe-Antrag gegen 2125 für den Vaucluse-Antrag entschied sich der Nationalrat für die Fortsetzung des Regierungsbündnisses mit den Kommunisten; die sozialistische Fraktion enthielt sich daraufhin am 5. Dezember der Stimme; mit nur 240 Stimmen erreichte auch Bidault nicht die erforderliche Mehrheit.[52]
Damit war allen Parteien deutlich geworden, daß ohne das allseits unbeliebte tripartistische Konzept eine Regierungsmehrheit nicht zu finden war. Zumindest bis zur Wahl des ersten Präsidenten der IV. Republik, die auf den 16. Januar 1947 festgelegt worden war, würde man eine Regierung nach dem bisherigen Muster bilden müssen; wenn der neue Präsident verfassungsgemäß einen Ministerpräsidenten zu bestellen hätte, würden neue Verhandlungen möglich werden. Nachdem eine PCF-Kandidatur unter dem Vorzeichen einer Volksfrontkoalition und eine MRP-Kandidatur unter dem Vorzeichen einer Zentrumskoalition gescheitert waren, implizierte die tripartistische Lösung die Ministerpräsidentschaft eines Sozialisten. Unter diesen Umständen erwies sich in Verhandlungen, in denen Auriol als Parlamentspräsident eine entscheidende Rolle spielte, eine Kandidatur Léon Blums als praktikable Lösung. Am 12. Dezember akzeptierte Blum das angetragene Amt für die Zeit bis zum Amtsantritt des Staatspräsidenten; die Nationalversammlung wählte ihn mit 575 von 590 Stimmen.[53] Blum suchte zunächst ein Kabinett der Nationalen Union zustande zu bringen, mit Kommunisten, Sozialisten, Radikalsozialisten, UDSR, MRP und Unabhängigen Republikanern; als sich jedoch MRP, UDSR und Radikale gegen die von den Kommunisten beanspruchte Zuteilung eines Schlüsselministeriums wehrten, ergriff er die Initiative zur Schaffung eines rein sozialistischen Kabinetts mit parlamentarischer Unterstützung dieser Nationalen Union. Das sozialistische Kabinett Blum wurde am 17. Dezember nach der Verlesung der Regierungserklärung mit 544 gegen 2 Stimmen von der Nationalversammlung bestätigt.[54] Im Grunde war mit dieser Entscheidung die Koalitionsfrage nur vertagt worden; die Diskussion in der SFIO und die annähernde Stimmengleichheit in der Abstimmung vom 3. Dezember hatten die Partei ohne entschiedenen Kurs und ohne entschiedene Führerschaft gezeigt[55]; wider Erwarten war

aber kurzfristig die Realisierung eines sozialistischen Regierungsprogramms möglich geworden. Mit der Ankündigung des Kabinetts Blum, das in den Reihen der Partei wie in der Bevölkerung emotionsgeladene Erinnerungen an die Volksfrontzeit und an Blums Résistance-Ruhm wachrief, schienen die innerparteilichen Auseinandersetzungen der SFIO vorerst vergessen.

Blums London-Reise
Seit den Tagen des Wahlkampfs ließ Blum keinen Zweifel daran, daß er in einem neuen Kabinett unter Beteiligung der SFIO erneut versuchen würde, die französische Deutschlandpolitik neu zu orientieren und mit dem Abschluß des britischfranzösischen Bündnisses den entscheidenden ersten Schritt zur Realisierung der „famille occidentale" zu tun.[56] Als Übergangs-Ministerpräsident zugleich Leiter des Außenministeriums entschied er, den jeweiligen Ressortministern die volle Kompetenz für ihren Sachbereich zu übertragen, um sich persönlich zwei vordringlichen Komplexen ungeteilt widmen zu können: der Preissenkungspolitik und den Verhandlungen über ein britisch-französisches Bündnis als Schlüsselproblem des außenpolitischen Programms.[57] „Pourquoi conserver un point de vue sur l'Allemagne auquel personne ne croit plus?", instruierte er General Koenig am 27. Dezember für die Verhandlungen im Alliierten Kontrollrat. „L'Allemagne travaille à 18 % de sa production d'avant guerre. On ne peut en permanence bloquer le développement de ce pays. Il faut le remanier."[58] Blum versuchte, das bisher von de Gaulle und Bidault aufrechterhaltene Junktim zwischen britischer Anerkennung der französischen Rheinlandforderungen und Bündnisabschluß aufzuheben und damit einerseits das Bündnisprojekt voranzubringen, andererseits die Deutschlandpolitik soweit neu zu orientieren, daß auch nach dem Ende seiner kurzen Amtszeit eine Rückkehr zur gaullistischen Position nicht mehr möglich war. Unter stillschweigender Umgehung der Abtrennungsforderung wollte er die britische Regierung auf möglichst konkrete Absprachen über das Bündnisprojekt festlegen. Indem er in den beiden Fragen der schon von Gouin als Ministerpräsidenten verlangten, vom britischen Außenminister Bevin aber bisher abgelehnten Erhöhung der Kohlelieferungen aus der britischen Zone an Frankreich und der ebenfalls strittigen Internationalisierung der Ruhrindustrie[59] Zugeständnisse von britischer Seite zu erreichen bemüht war, hoffte er, in Frankreich eine günstige Stimmung für den Vertragsabschluß zu schaffen, die auch nach dem Ende der Amtszeit des sozialistischen Kabinetts anhielt. Nach Abschluß des Vertrages, so hoffte er, würden künftige Differenzen in einem „esprit d'alliance" leichter geregelt werden können[60]; insbesondere würde auf französischer Seite die irreale und durch die alliierten Zugeständnisse in der Saarfrage kompensierbare Abtrennungsforderung in Vergessenheit geraten. Das Bündnis sollte so als Mittel dienen, in Frankreich das sozialistische Deutschlandkonzept durchzusetzen; umgekehrt sollte die den Briten in Aussicht gestellte Realisierung des sozialistischen Deutschlandkonzepts den Bündnisabschluß beschleunigen.
Die Briten zeigten sich, wie ein erstes Gespräch zwischen Botschafter Duff Cooper, Unterstaatssekretär Lapie und Blum sowie anschließende Sondierungen Botschafter Massiglis in London ergaben, nach wie vor am Abschluß des Bündnisses interessiert; damit waren die Voraussetzungen für eine persönliche Aktion Blums gegeben. Am 1. Januar 1947 bat er Attlee in einem persönlichen, nicht regierungs-

amtlichen Brief um eine Revision der britischen Politik in der Frage der Kohlelieferungen; so könne das letzte Hindernis beseitigt werden, das dem Vertragsabschluß im Wege stehe. „Un ou deux millions de tonnes de charbon de plus ou de moins par mois, voilà à quoi tient notre reconstruction économique ou notre destruction politique. Je n'exagère aucunement en affirmant que le sort de la Démocratie et du Socialisme en France – et par conséquant en Europe – se joue à ce prix." Die französische Öffentlichkeit wünsche einen baldigen Vertragsabschluß, aber erst die Aussicht auf eine Lösung des Kohleproblems werde es ihr ermöglichen, das Projekt mit uneingeschränkter Zufriedenheit zu verfolgen. Er selbst sei an dem Vertragsabschluß lebhaft interessiert; „rien ne me causerait plus de joie et plus de fierté que de pouvoir, durant mon bref passage aux affaires, apposer ma signature au bas d'un tel acte." Sollten Verhandlungen über die Kohlelieferungen – allein oder in Zusammenhang mit der Gesamtproblematik der beiderseitigen Beziehungen – möglich sein, so würde er gerne nach London kommen, ein Wunsch, den Jules Moch als Überbringer des Briefes in einem Gespräch mit Attlee noch einmal ausdrücklich bekräftigte.[61]

Nach Rücksprache mit Bevin antwortete Attlee am 4. Januar. Sein Brief machte deutlich, daß sich Großbritannien infolge der Schwierigkeiten in der eigenen Besatzungszone nicht in der Lage sah, den französischen Kohleforderungen unmittelbar nachzukommen, aber dennoch zu einem gewissen Entgegenkommen bereit war, um den Vertragsabschluß zu ermöglichen. „Je n'ai pas besoin de dire combien un traité d'alliance serait bienvenu à nos yeux et combien nous apprécierions votre visite, mais je ne veux montrer aucun espoir d'exportation de charbon hors de ce pays dans un avenir proche."[62] Diese Auskunft in der Kohlefrage war nicht sehr erfolgversprechend; bei Blum überwog jedoch der Wunsch, das Bündnisprojekt voranzutreiben, die Bedenken, es nicht auf eine genügend solide Grundlage aufzubauen. Nachdem das Comité directeur der SFIO am 12. Januar in Anwesenheit Blums und des aus London angereisten Louis Lévy die Möglichkeiten des Projektes erörtert hatte[63], flog Blum am 13. Januar, für alle Beobachter der Pariser politischen Szene überraschend und ohne politische Begleiter, nach London.

Die Gespräche zwischen Blum, Attlee und Bevin verliefen, wie von beiden Seiten mehrfach betont wurde, in äußerst herzlicher Atmosphäre. In der Kohlefrage erreichte Blum die prinzipielle Anerkennung des französischen Anspruchs auf eine Steigerung der Lieferungen durch die britische Seite. „L'accroissement des importations de charbon est nécessaire pour le relèvement de l'économie française", hieß es in dem am 15. Januar veröffentlichten gemeinsamen Kommuniqué.[64] Attlee konnte Blum davon überzeugen, daß der größte Teil der bisherigen Ruhrkohleproduktion in den Wiederaufbau der Produktionsstätten an der Ruhr selbst investiert worden war; er versicherte ihm, den Anteil der Exporte nach Frankreich zu erhöhen, sobald durch diese Investitionen die Ruhr wenigstens einen Teil ihrer Vorkriegsproduktion wieder erreiche. Das Kommuniqué deutete an, ohne daß die britische Regierung sich auf exakte Ziffern verpflichten ließ, daß für Ende April 1947 eine merkliche Erhöhung der Lieferungen zu erwarten sei, sodaß die Höhe vom November 1946 wieder erreicht würde; vom Mai 1947 an sollten die Ziffern monatlich steigen. Diese Regelung bedeutete zwar keine unmittelbare Verbesserung der französischen Versorgungslage[65] und damit auch in der Optik der französischen Öffentlichkeit keinen durchschlagenden Erfolg sozialistischer Außenpolitik, doch

war es Blum gelungen, das Problem langfristig zu regeln; insbesondere konnte es in Zukunft keine die beiderseitigen Beziehungen belastende Streitfrage mehr bilden. Mit dieser Regelung sah Blum auch die französischen Bedenken hinsichtlich eines bevorzugten Wiederaufbaus Deutschlands als erledigt an. „Il est de l'intérêt des deux pays", vermerkte das Kommuniqué, „d'empêcher que cette restauration ne puisse, une fois de plus, créer une menace pour la paix du monde."
Das Deutschlandproblem war Gegenstand einer intensiven Aussprache. Blum erreichte jedoch ebensowenig eine Anerkennung der SFIO-Forderung nach wirtschaftlicher Internationalisierung der Ruhr wie er einen offiziellen Verzicht auf die bisherige französische Forderung nach politischer Abtrennung vermeiden mußte. Indem das gemeinsame Kommuniqué lediglich vermerkte, der wirtschaftliche Wiederaufbau Deutschlands sei in mehrfacher Hinsicht notwendig, erweckten beide Regierungen den Anschein, sich in der Deutschlandfrage auf eine Linie geeinigt zu haben, die notwendigerweise in der Richtung des SFIO-Konzeptes liegen mußte, ohne daß Blum von französischer Seite der Vorwurf gemacht werden konnte, die bisherigen Abtrennungsforderungen desavouiert zu haben. Formal zu Recht, in der Sache letztlich zu Unrecht, versicherte Blum nach seiner Rückkehr dem besorgten Bidault: „Je n'ai abandonné ni modifié aucune de nos positions."[66] De facto waren die Abtrennungsforderungen durch ihre Nichterwähnung außer Kurs geraten, zumal beide Gesprächspartner ihre Absicht bekundeten, das seit mehr als zwei Jahren überfällige Bündnis nunmehr zu schließen. Wie Bevin später gegenüber Bidault erklärte, war es Blum, der auf den Beginn der Vertragsverhandlungen drängte. Die beiden Regierungen vereinbarten, möglichst bald Verhandlungen mit dem Ziel aufzunehmen, „pour conclure entre eux, dans le cadre de la charte des Nations Unies, un traité d'alliance ayant pour objet de prévenir toute nouvelle agression de l'Allemagne et de garantir la paix et la sécurité." Über die Wahrung der beiderseitigen Sicherheitsinteressen gegenüber Deutschland nach dem Vorbild des französisch-sowjetischen Paktes von 1944 hinaus sollte der Vertrag nach der Erklärung der beiden Regierungen den Rahmen für eine permanente gegenseitige Abstimmung bilden: „Il facilitera le règlement, dans un esprit de compréhension respective, de toutes les questions se posant entre les deux pays."
In einer besonders aktuellen Frage wurde die gegenseitige Abstimmung bereits in London vereinbart. Die britischen und französischen Wiederaufbau-Experten sollten sich in Paris treffen, um den Monnet-Plan mit dem inzwischen erarbeiteten britischen Weißbuch über industriellen Wiederaufbau und Modernisierung abzustimmen, um Überschneidungen und Diskrepanzen in den Plänen zu verhindern und der Tatsache der weitgehenden wirtschaftlichen Verflechtung der beiden Länder gerecht zu werden. Im Sinne des Konzepts der „Famille occidentale" wurde damit zum ersten Mal in der französischen Nachkriegspolitik ein Teilstück wirtschaftlichen Zusammenschlusses auf europäischer Ebene anvisiert.
Mit dieser Erklärung war das Kernstück sozialistischer „Famille-occidentale"-Politik mit einem Mal in den Bereich bilateraler offizieller Verhandlungen gerückt. Der Vertragsabschluß war damit unvermeidlich geworden; hätte die Nachfolgerin der Blum-Regierung versucht, die Verhandlungen durch erneute Vorlage der Abtrennungsforderungen zu blockieren, wäre sie es gewesen, die die Kontinuität französischer Außenpolitik offen gebrochen hätte. Frankreich stand nunmehr gegenüber der britischen Regierung im Wort; die Fiktion des gemeinsamen nationalen Inter-

esses, der Blum sich geschickt anzupassen verstanden hatte, mußte eine neue Vereitelung des Bündnisprojektes verhindern. Offen blieb nur, wieweit das britisch-französische Bündnis, an dessen Verabschiedung nun nicht mehr zu zweifeln war, tatsächlich als Grundlage einer Politik im Sinne der „Famille occidentale" dienen würde, die über die Achse Paris—London zu einem Zusammenschluß westeuropäischer Staaten und durch diesen Zusammenschluß zu einer Verständigung mit der Sowjetunion führen würde. Daß Blum das Bündnisprojekt nach wie vor in diesem Sinne verstand und keineswegs, wie später behauptet wurde[67], mit diesem Vertrag Frankreich bereits Anfang 1947 auf einen westlichen Kurs festzulegen versuchte, vielmehr immer noch hoffte, den Vertrag in den Rahmen der „Organisation internationale" einbringen zu können, zeigte der Umstand, daß er sowohl die amerikanische als auch die sowjetische Regierung ständig über den Fortgang der Gespräche in London wie auch über deren Ergebnisse informierte. Blum nahm nicht wahr, daß die Voraussetzungen seines Konzepts zum Zeitpunkt des ersten Schrittes seiner Realisierung nicht mehr stimmten. Neben den Veränderungen auf weltpolitischer Ebene bedrohte auch die Ungewißheit über die Nachfolge der Blum-Regierung den Erfolg des Gesamtkonzepts; mit dem Londoner Kommuniqué allein war Frankreich noch keineswegs, wie die „New York Times" schrieb, aus der Isolierung herausgetreten, in die es die Politik de Gaulles und Bidaults geführt hatte; Frankreich hatte keineswegs, wie die Londoner „Times" vermutete, offiziell auf seine Abtrennungsforderungen verzichtet; Blums Reise bedeutete nicht an sich, wie Charles Dumas verkündete, „un redressement extérieur qui est un événement historique de la plus haute importance"[68]; sie bedeutete nur für den Fall tatsächlich einen Wendepunkt, daß sein Nachfolger das Vertragsprojekt nicht nur der momentanen Opportunität halber, sondern im Sinne einer dauerhaften Verständigung fortführte.

Von Blum zu Bidault
Nach der Wahl Vincent Auriols zum Staatspräsidenten am 16. Januar 1947 drängte die Mehrheit des sozialistischen Comité directeur zunächst auf eine Fortführung des in der Bevölkerung und der Partei beliebten rein sozialistischen Minderheitskabinetts. Blum wandte sich jedoch dagegen — aus persönlichen Gründen, aber auch, weil er die augenblickliche Stärke des rein sozialistischen Kabinetts in Zeiten einer normalen parlamentarischen Ordnung nicht mehr gegeben glaubte. Wichtiger noch war, daß die Kommunisten auf erneute Regierungsbeteiligung drängten, und der MRP ein Kabinett der Nationalen Union forderte, also eine Erneuerung der tripartistischen Koalition unter Hinzuziehung der Radicaux, der Unabhängigen und der UDSR, eine Formel, der das SFIO-Comité directeur schließlich zustimmte.[69] Die Entscheidung über die Person des neuen Ministerpräsidenten fiel ohne Beteiligung des Generalsekretariats der SFIO. Während Mollet lieber Edouard Depreux an der Spitze des Kabinetts gesehen hätte, berief Auriol am 17. Januar mit Paul Ramadier einen Politiker seiner eigenen Generation, der als liberal-gemäßigter Exponent der SFIO wohl zur Integrationsfigur eines durch den Einschluß der Radikalen und einiger Unabhängiger Republikaner nach rechts gerückten Kabinetts werden konnte, jedoch nicht als Garant einer spezifisch sozialistischen Politik galt und daher nicht in jedem Fall mit einer Unterstützung durch die eigene Partei rechnen konnte.[70] Von der Nationalversammlung am 21. Januar

ohne Gegenstimmen bei wenigen Enthaltungen investiert, bildete Ramadier ein Fünfparteien-Kabinett[71], in dem Bidault abermals das Außenministerium zufiel. Bidault ließ sich durch den von Ramadier in seiner Regierungserklärung vorgetragenen Appell an das überparteiliche Sicherheitsinteresse[72] nicht täuschen: Er wußte genau, daß die Londoner Gespräche Blums im Ergebnis die Chance eines Wendepunkts der französischen Außenpolitik beinhalteten. Um einer Revision seiner Politik durch Blum von vorneherein den Boden zu entziehen, beschrieb er in einem Interview, das die New York Times am 12. Januar veröffentlichte, nochmals ausführlich seine Vorstellungen von der Abtrennung des Rheinlandes.[73] Am Tage nach der Nominierung Ramadiers bekundete er diesem gegenüber seine „Besorgnis, ja seine Erbitterung" über Blums Londoner Aktion. Ramadier arrangierte daraufhin für den Abend des 18. Januar eine Unterredung mit Blum, Bidault und Auriol, die zu einer Art Rechenschaftsbericht Blums gegenüber Bidault geriet. Von Blums Erklärung, keine französische Position aufgegeben oder kompromittiert und dem Bündnisangebot nur auf Bevins Drängen zugestimmt zu haben[74], nur oberflächlich befriedigt, beeilte sich Bidault, den Beamten seines Ministeriums gegenüber Blums Amtszeit als unverbindliches Zwischenspiel abzuqualifizieren.[75] In der Ministerratssitzung vom 5. Februar erklärte er sich im Prinzip mit dem Bündnisprojekt einverstanden, gab aber, gegen Blums Vorstellungen eines umfassenden politischen und wirtschaftlichen Abkommens gerichtet, zu bedenken, daß ein Vertrag stets an realem Gehalt verliere, was er an Umfang zunehme.[76] Als der französische Botschafter in Moskau, General Catroux, ihm die Inopportunität des Vertrages vorhielt, fand er einen Außenminister, der vor den Entscheidungen seines Vorgängers resigniert hatte: „Bien qu'il partageât mon sentiment, M. Georges Bidault fut empêché de me suivre parce qu'il se trouvait lié par les décisions de son prédécesseur."[77] Nunmehr stand fest, daß der Vertrag zustande kommen würde, daß er freilich, solange Bidault am Quai d'Orsay residierte, nicht zu einem Instrument westeuropäischer Einigungspolitik werden würde.
Bereits am 14. Februar tauschten die britische und die französische Regierung ihre respektiven Vertragsentwürfe aus. Beide Seiten besaßen weitgehend gleichartige Vorstellungen über das Projekt; die Briten hatten lediglich, wie Bidault in der Ministerratssitzung vom 18. Februar erläuterte, eine fünfzigjährige Vertragsdauer statt der ursprünglich vorgesehenen zwanzig Jahre vorgeschlagen und darauf gedrängt, den casus foederi unter Berufung auf die Artikel 51 und 107 der UNO-Charta präzise zu umschreiben, während der französische Vertragsentwurf dem Muster des französisch-sowjetischen Vertrages folgend Präventivmaßnahmen gegen eine deutsche Aggressionspolitik vorgesehen hatte, auch wenn diese nicht durch die Bestimmungen der UNO-Charta als solche charakterisiert waren. Gegen den Verlängerungsvorschlag gab es im Ministerrat keine Einwände; Bidault wollte jedoch die Briten zu einem Engagement über die Bestimmungen der UNO-Charta hinaus verpflichten.[78] Innerhalb von zehn Tagen konnten nun die offiziellen Vertragsverhandlungen in London abgeschlossen werden. Am 28. Februar legte Bidault den fertiggestellten Vertragsentwurf dem Ministerrat zur Beratung vor; am Nachmittag des selben Tages kündigte er in der Nationalversammlung unter dem Beifall der Abgeordneten aller Fraktionen den Vertragsabschluß an[79]; am 4. März unterzeichneten Bidault und Bevin sowie die beiden Botschafter Duff Cooper und Massigli in Dünkirchen den britisch-französischen Vertrag.

Gewiß war der Dünkirchen-Vertrag auch im Verständnis der Sozialisten zunächst ein Defensivbündnis gegenüber Deutschland, doch sollte er nach ihren Vorstellungen die Grundlage für eine weiterreichende Verflechtung der beiden Länder bilden. Bidault gelang es jedoch in den Vertragsverhandlungen, die weiterreichenden Aspekte des Bündnisses in den Hintergrund zu schieben, so daß der Text schließlich als reines Defensivbündnis gegen Deutschland interpretiert und in seiner Bedeutung heruntergespielt werden konnte. Der Vertrag trug dem französischen Sicherheitsbedürfnis gegenüber Deutschland, das Anfang 1947 trotz der gegenwärtigen Ohnmacht Deutschlands angesichts der im Katastrophenwinter 1946/47 erlebten eigenen Schwäche und der Unsicherheit über die Zukunft der weltpolitischen Entwicklung durchaus noch eine Grundvoraussetzung französischer Außenpolitik bildete, insofern Rechnung, als er in Artikel 1 ein Wirksamwerden der Beistandsklauseln nicht nur im Falle eines deutschen Angriffs, sondern bereits für den Fall vorsah, daß die deutsche Politik die Sicherheit eines der beiden Vertragspartner bedrohe.[80] Diese Bestimmung galt jedoch nur, ebenso wie die Verpflichtung zu militärischem Beistand in Artikel 2, im Hinblick auf aggressive Akte Deutschlands, die nach den Definitionen der UNO-Charta als solche präzise bestimmbar waren. Indem die Partner des Vertrages sich in dieser eindeutigen Weise der UNO-Charta verpflichteten, bewiesen sie die Ernsthaftigkeit ihrer Absichtserklärungen, das kollektive Sicherheitssystem ausbauen zu wollen. Bidaults Versuch, sich über den UNO-Rahmen hinaus, durch eine Allianz traditionellen Stils abzusichern, war nicht gelungen. Dadurch entstand jedoch für Frankreich eine Diskrepanz zwischen diesem Vertrag und den gegen eine deutsche Aggressionspolitik gerichteten Passagen des Moskauer Vertrages, die Aggression nicht unter Berufung auf die UNO-Charta charakterisierten: Sollte Frankreich aufgrund des Moskauer Vertrages und außerhalb der UNO-Bestimmungen in Feindseligkeiten mit Deutschland verwickelt werden, war Großbritannien nicht automatisch zum Beistand verpflichtet.[81]
Von dem Plan eines breiten Grundlagenvertrages blieben nur allgemein gehaltene Formulierungen in der Präambel und Bestimmungen über Absprachen in der Wirtschaftspolitik. In der Präambel wurde die beiderseitige Überzeugung zum Ausdruck gebracht, „daß der Abschluß eines solchen Vertrages die Regelung aller Fragen, die sich zwischen den beiden Ländern ergeben können, in einem Geist gegenseitigen Verständnisses erleichtern kann", und die Entschlossenheit bekundet, „aufs engste miteinander sowie mit allen anderen Vereinten Nationen zusammenzuarbeiten, um den Frieden zu wahren und sich jedem Angriff zu widersetzen gemäß der Charta der Vereinten Nationen, insbesondere ihren Artikeln 49, 51, 52, 53 und 107." Artikel 4 des Vertrages bedeutete eine Festschreibung der bereits von Blum eingegangenen Verpflichtung, Monnet-Plan und britisches Weißbuch miteinander abzustimmen: die beiden Vertragspartner vereinbarten, sich „ständig über alle Fragen in Verbindung (zu) halten, die ihre wirtschaftlichen Beziehungen betreffen". Der Zusatz, „alle notwendigen Maßnahmen zur Steigerung der Wohlfahrt und zur Gewährleistung der wirtschaftlichen Sicherheit der beiden Länder" treffen zu wollen, stellte vor dem Hintergrund der französischen Kohleforderungen eine prinzipielle Anerkennung des französischen Wiederaufbau-Interesses durch die Briten dar. Über die Bestimmungen dieses Artikels entstand eine Kontroverse im französischen Ministerrat. Thorez, im Kabinett Ramadier wieder stellvertretender Ministerpräsident, erklärte, die Kommunisten sähen hier bei aller prinzipiellen

Befürwortung wirtschaftlicher Zusammenarbeit die Gefahr einer wirtschaftlichen westeuropäischen Blockbildung als gegeben an. Philip und auch Auriol suchten diesen Einwand mit dem Hinweis zu entkräften, daß Artikel 4 im Grunde nur eine sehr sockere Kooperationsform vorsehe.[82] In der Tat fehlte im Dünkirchen-Vertrag nicht nur jedes supranationale Element — das nach dem „Famille-occidentale"-Konzept auch ausgespart bleiben sollte, bis die Beziehungen zur Sowjetunion verbessert worden waren —; die Verpflichtung zu ständigen Absprachen hinderte die britische Regierung in den Folgejahren auch nicht, etwa ihre Zoll- und Währungspolitik ohne vorherige Absprache und ohne Rücksicht auf französische Interessen zu gestalten. Unabdingbarkeit des nationalstaatlichen Souveränitätsprinzips bei MRP und PCF, aber auch beim britischen Vertragspartner, Furcht der Kommunisten vor einer Stärkung des nichtsowjetischen Europas durch Zusammenschluß und Rücksichtnahme auf diese Furcht im taktischen Kalkül der SFIO hatten dazu geführt, daß der erste Schritt zu einem regionalen Zusammenschluß, der auf dem supranationalen Konzept basierte, auf die herkömmliche Form bilateraler zwischenstaatlicher Beziehungen beschränkt blieb.

Ohne daß es den beiden vertragschließenden Regierungen recht bewußt wurde, veränderte der Dünkirchen-Vertrag auch Frankreichs Position im weltpolitischen Kräftefeld. In Artikel 5 verpflichteten sich Frankreich und Großbritannien, „keinerlei Bündnis ein(zu)gehen und an keiner Koalition teil(zu)nehmen, die gegen eine der beiden Parteien gerichtet sind". Solange man sich immer noch im Vorfeld eines globalen Sicherheitssystems zu bewegen glaubte und die aufgetretenen Spannungen zwischen der Sowjetunion und den westlichen Alliierten für kurzfristig überwindbar hielt, paßte sich diese Bestimmung nahtlos in die gleichlautende Formulierung des französisch-sowjetischen Vertrages ein. Im Bewußtsein aller Koalitionspartner der französchen Regierung traf diese Interpretation der Weltlage noch zu. Comité directeur und Parlamentsfraktion der SFIO bezeichneten in einem gemeinsamen Kommuniqué zum Vertragsabschluß den Dünkircher Pakt ebenso wie den Moskauer Vertrag als Teilschritte zum kollektiven Sicherheitssystem.[83] Thorez bekundete in der Ministerratssitzung vom 4. März seine Zustimmung zu dem Vertragswerk; er sah lediglich in Aufnahme des einstigen taktischen Gegenarguments von de Gaulle im Zeitpunkt der Unterzeichnung vor Beginn der Moskauer Außenministerratstagung eine Schwächung der französischen Verhandlungsposition.[84] Bidault wehrte sich heftig gegen einen vom amerikanischen Botschafter unterstützten Vorschlag Bevins, die Vertragsunterzeichnung zum Anlaß für ein gemeinsames Kommuniqué der USA, Großbritanniens und Frankreichs zu nehmen, in dem die drei Länder ihren Wunsch bekunden sollten, den von Byrnes vorgeschlagenen Viererpakt zu realisieren. Eine solche Erklärung, so argumentierte er, würde die Sowjetunion kompromittieren und damit den Sinn des Vertragswerkes verfälschen. Lediglich zu einer zweiseitigen Erklärung Frankreichs und Großbritanniens fand er sich bereit.[85]

Gerade dieser letzte Vorfall war jedoch ein Indiz dafür, daß im internationalen System der Antagonismus der beiden Weltmächte inzwischen die Kooperationstendenzen überwog. Nur eine Woche nach der Unterzeichnung des Dünkirchen-Paktes proklamierte Präsident Truman in seiner Kongreßbotschaft die später als „Truman-Doktrin" bekanntgewordene Entschlossenheit der USA, dem sowjetischen Vordringen Einhalt zu gebieten. War das Bündnis mit Großbritannien wie die

Washingtoner Vereinbarungen mit den USA im Sinne des bisherigen globalen Konzepts nur ein Ausgleich zur vordem nur einseitigen vertraglichen Bindung an Moskau, so entstand nun unter den neuen Voraussetzungen einer weltweiten Bipolarität ein potentieller Widerspruch zwischen den jeweiligen Bündnisverpflichtungen und Neutralitätsvereinbarungen des Dünkirchener und des Moskauer Vertrages. Der Schritt auf Großbritannien zu geriet zugleich zu einem Schritt von der Sowjetunion weg. In einer Phase der Gleichzeitigkeit des Ungleichzeitigen enthielt der Dünkirchen-Vertrag zwei ungleichzeitige Elemente: in der Absicht der sozialistischen Initiatoren war er ein weiterer Schritt zum globalen Sicherheitssystem; als solcher war er jedoch zwei Jahre zu spät geschlossen worden; darum wurde er in der Vorphase des Kalten Krieges ungewollt zu einem Kernstück westlicher und westeuropäischer Integration.[86]

4. Das Ende der Hoffnung auf eine Weltfriedensordnung: Die Moskauer Außenministerratstagung

Bidault war durch den Londoner Besuch Blums nicht nur in der Frage des britisch-französischen Bündnisses in Handlungszwang geraten; die Aufhebung des Junktims zwischen Bündnisabschluß und Anerkennung der deutschlandpolitischen Forderungen Bidaults durch die Briten führte den Intentionen Blums entsprechend auch zu einer Abkehr Frankreichs von den Rhein- und Ruhrgebiet betreffenden Abtrennungsforderungen Bidaults und de Gaulles. Insofern bedeutete Blums kurze Ministerpräsidentschaft auch in der französischen Deutschlandpolitik einen ersten Wendepunkt.

Memoranden zur Deutschlandpolitik
Auf der New Yorker Außenministerratstagung waren die vier Alliierten Anfang Dezember 1946 übereingekommen, die Erarbeitung eines Friedensvertragsentwurfs mit Deutschland als ersten Punkt auf die Tagesordnung ihres nächsten Treffens in Moskau zu setzen und zur Klärung der Verfahrensfragen für die Moskauer Tagung sowie zur Anhörung von achtzehn kleineren Verbündeten zur Deutschlandfrage für Mitte Januar 1947 eine Konferenz der Stellvertretenden Außenminister nach London einzuberufen.[87] Im Hinblick auf die bevorstehenden Entscheidungen in der Deutschlandfrage überreichte die Regierung Ramadier der britischen, amerikanischen und sowjetischen Regierung am 21. Januar 1947 zwei vom 17. Januar, dem Tag nach dem Rücktritt der Regierung Blum, datierte Memoranden über die provisorische Verwaltung Deutschlands während der Besatzungsperiode und über den konstitutionellen Aufbau Deutschlands nach Inkrafttreten des Friedensvertrages. Am 1. Februar folgte ein drittes Memorandum über das künftige Statut der Ruhrindustrie. Die drei Memoranden waren noch von Bidault in Auftrag gegeben worden; eine Kommission von Experten der verschiedenen Ministerien unter der Leitung von Marcel Berthelot hatte sie erarbeitet; Blum hatte als Ministerpräsident und Chef des Außenministeriums auf ihre beschleunigte Vorlage gedrängt, selbst, wie ein Vergleich ihrer Ausführungen mit seinen eigenen Pressekommentaren ergibt, an der Gestaltung der beiden ersten mitgewirkt, und sie abschließend gebilligt. Lapie hatte am 13. Januar die französischen Unterhändler in den alliierten Gre-

mien über die neue, sozialistisch inspirierte Linie in der Deutschlandpolitik instruiert. Der gesamte Ministerrat gab in seiner Sitzung vom 29. Januar der in den drei Memoranden enthaltenen deutschlandpolitischen Linie seine Zustimmung.[88] Das erste Memorandum über die vorläufige Organisationsform Deutschlands unterschied zwischen den in den Besatzungszonen gebildeten Ländern, deutschen Zentralbehörden und den Besatzungsmächten als Organisationsträgern. Kultus, Unterricht, Justiz, Gesundheitswesen und Kommunalverwaltung sollten in die alleinige Verantwortung der von Deutschen regierten Einzelländer fallen. Ernährung, Landwirtschaft, Post- und Verkehrswesen sollten von den deutschen Zentralbehörden verwaltet werden, die Verantwortung für die Gesamt-Wirtschafts- und Finanzpolitik sollte jedoch noch in der Hand der Besatzungsmächte bleiben. Die Einzelstaaten sollten über einen eigenen Haushalt verfügen, zugleich aber der Aufsicht des jeweiligen Besatzungskommandanten unterliegen, ebenso wie die Zentralinstanzen vom Alliierten Kontrollrat beaufsichtigt werden sollten. Die Grundlinie dieses Entwurfs — Beibehaltung der Einheit des deutschen Staatsverbandes aus Anerkennung der Notwendigkeit einer wirtschaftlichen Einheit Deutschlands und der Gefahr eines deutschen Revanchismus bei gleichzeitiger weitestmöglicher Dezentralisierung aus Sorge vor erneuter Machtkonzentration und Übergewicht des preußischen Elements — wurde im zweiten Memorandum über die künftige deutsche Verfassung weiter ausgeführt. Der Entwurf wies auf die Notwendigkeit eines echten Föderalismus hin: „Es wäre gefährlich, durch die Zusammenfassung kleinerer und mittlerer Staaten nach der Methode, die bei der Bildung des preußischen Einheitsstaates angewandt wurde, zu große Massen zu schaffen. Andererseits wäre nichts gewagter, als eine zu ausgesprochene Zerstückelung vorzunehmen, die das Bestehen von Staaten zur Folge hätte, die nicht imstande wären, eine wirkliche Eigenpersönlichkeit wiederzufinden oder zu bewahren." Träger der Staatsgewalt sollten die Einzelländer werden; einen Teil ihrer Gewalt sollten sie einem gemeinsamen Föderativstaat überantworten. Kultus, Unterricht, Justiz, Gesundheitswesen, Kommunalverwaltung sollten weiterhin den Einzelländern verbleiben, hinzukommen sollte die Polizeihoheit. Die Ernährung, Landwirtschaft, Post- und Verkehrswesen sowie die zentrale Finanz- und Wirtschaftspolitik sollten einer Bundesregierung zufallen. Die gemeinsame Außenpolitik sollte von der Bundesregierung verantwortet werden; zugleich sollten die Einzelländer das Recht haben, selbst „die internationalen Angelegenheiten zu führen, die nur ihre eigenen Interessen berühren."
Das zentrale Parlament des Föderativstaates sollte nicht direkt gewählt werden, sondern aus je vier Delegierten der einzelnen Staaten bestehen.
Mit diesen beiden Memoranden war die langjährige sozialistische Forderung nach Dezentralisierung Deutschlands bei Beibehaltung der deutschen Staatseinheit zum offiziellen Regierungsstandpunkt Frankreichs geworden; die Regierung Ramadier hatte die Forderungen de Gaulles nach territorialer Abtretung und politischer Zerstückelung des restlichen deutschen Gebietes nicht mehr erwähnt und damit desavouiert; sie hatte das Prinzip der Einheit des deutschen Staatsverbandes anerkannt und die Obstruktion des Alliierten Kontrollrats aufgegeben; ihr Außenminister Bidault fühlte sich durch die Entscheidungen seines Vorgängers Blum zu sehr gebunden, um noch am Tage seiner Ernennung die Veröffentlichung der Memoranden in der von Blum gebilligten Form zu verhindern. Die extreme Betonung der Länderhoheit in dem Entwurf war ein Zugeständnis an die bisherige

Sicherheitspolitik Bidaults; innerhalb der SFIO entsprach sie eher der Grumbachschen Tendenz in der Deutschlandpolitik; dennoch warnte gerade Grumbach, der Föderalismus sei gewiß eine Voraussetzung für die Entwicklung eines friedlichen Deutschlands, freilich nur unter der Bedingung, daß die Deutschen ihn auch als Ordnungsprinzip akzeptierten.[89] Léon Blum hoffte auf eine Einigung der vier Alliierten auf eine gemeinsame Lösung, die, berücksichtigte man die zentralistische Gegenposition der UdSSR, das Gewicht der zentralen Instanzen stärker betonen mußte als der französische Entwurf. Für die Erarbeitung dieser gemeinsamen Lösung stellte er zwei Grundprinzipien auf: „Erstens, daß ein politisch und verwaltungsmäßig dezentralisiertes Deutschland mehr Chancen für eine demokratische und folglich friedliche Entwicklung bietet als ein Reich Hitlerscher oder auch nur imperialistischer Art. Zweitens, daß — immer im Interesse des Friedens — Deutschland in seinen eigenen Augen als eine politische Einheit erscheinen und als deutsche Nation bestehen können muß."[90] Die Frage, wie weit die französischen Vorschläge, an deren Erarbeitung er beteiligt gewesen war, dem zweiten Prinzip entsprachen, glaubte er sich offensichtlich mit Rücksicht auf die Neigung der übrigen Alliierten, die Zentralinstanzen stärker zu betonen, nicht stellen zu brauchen.
Größere Zugeständnisse an seine frühere Linie vermochte Bidault in dem Memorandum zur Ruhrfrage durchzusetzen, das Blum nicht mehr zu Gesicht bekommen hatte. Indem das Memorandum nur über „die künftige Rechtsregelung für die Wirtschaft des Ruhrgebietes" handelte, erweckte die Regierung zwar zunächst den Eindruck, die sozialistische Position einer „Nationalisation internationale" der Ruhrindustrie bei gleichzeitigem politischem Verbleib des Ruhrgebietes im deutschen Staatsverband übernommen zu haben. Das Eigentum an den Gruben und Industriewerken der Ruhr sollte „ungeteilt auf solche Nationen übergehen, die gemeinsam im Kampf gegen Deutschland gestanden" hatten. Während die französische Regierung sich damit im Prinzip zu einer von den Briten und Amerikanern abgelehnten Beteiligung der Sowjetunion an einem internationalen Ruhrkonsortium bereitfand, ließ die nachfolgende These, „die Verwaltung dieser Werte den besonders interessierten Mitgliedern der Vereinten Nationen" zu übertragen, die unter den Alliierten umstrittene Frage offen, welche Nationen denn als „besonders interessiert" zu gelten hätten. Blum erklärte sich bereit, auch eine Beteiligung der Sowjetunion an der Verwaltung des Ruhrkonsortiums zu akzeptieren.[91] Da eine internationale Industriebehörde im Ruhrgebiet, wie auch die Sozialisten anerkannten[92], nicht ohne ein Mindestmaß an Verwaltungskompetenzen politischer Art auskam, sah das Memorandum die Berufung eines „Hohen Kommissars" durch die Vereinten Nationen vor, der als Mittler zwischen der Industriebehörde und der politischen Gebietskörperschaft der Ruhr fungieren sollte. Dieser Plan wurde in der französischen wie internationalen Öffentlichkeit allgemein als Verzicht Frankreichs auf seine bisherige Forderung nach politischer Separierung des Ruhrgebiets aufgefaßt; auch die Sozialisten begrüßten ihn als praktikablen Ausgangspunkt für die Verhandlungen der Alliierten, der ihren eigenen Vorstellungen weithin entgegenkomme.[93] Bidault ließ jedoch ausdrücklich dementieren, daß Frankreich seine frühere Position in der Ruhrfrage aufgegeben habe. In der Tat war es ihm in den wenigen Tagen seiner erneuten Amtstätigkeit gelungen, in das Memorandum einen dem Gesamttenor im Grunde widersprechenden Passus einzufügen, in dem darauf hingewiesen wird, daß sich die französische Regierung auch für eine politische

Internationalisierung des Ruhrgebietes ausgesprochen hat.[94] Gegen diesen Passus stand freilich die doppelte Tatsache, daß das Memorandum ansonsten nur von der wirtschaftlichen Internationalisierung handelte, und daß die Institution eines zwischen wirtschaftlicher und politischer Autorität vermittelnden „Hohen Kommissars" weithin ihren Sinn verlor, wenn die politische Autorität ohnehin eine internationale war. Nach dem Dementi des Außenministeriums entstand eine Debatte unter den Kommentatoren über die richtige Interpretation des französischen Standpunkts; in Wahrheit spiegelte das Ruhr-Memorandum den Umstand wider, daß es innerhalb der französischen Regierungskoalition zwei unterschiedliche deutschlandpolitische Linien gab, die im Augenblick beide um ihre Realisierung rangen; nach dem Vorstoß Blums folgten nun die Rückzugsgefechte Bidaults.

Zwei deutschlandpolitische Linien zugleich
Nach dem ersten Erfolg Bidaults in der Ruhrfrage mußten die Sozialisten befürchten, daß der Außenminister auf der Moskauer Ratstagung, die ja schließlich die Entscheidung in der Deutschlandfrage bringen sollte, auch in den übrigen Bereichen der Deutschlandpolitik wieder zu seinen früheren Positionen zurückkehren und die durch die drei Memoranden bereits erreichte Wende rückgängig machen würde. Um Bidault zur Einhaltung der von Blum vorgezeichneten Linie zu zwingen, schlug Daniel Mayer vor, zur französischen Delegation für die Moskauer Konferenz Vertreter der politischen Parteien hinzuzuziehen; damit wäre es der SFIO möglich geworden, direkt in Moskau auf die Haltung Bidaults und den Gang der Verhandlungen Einfluß zu nehmen. Das Comité directeur der Partei billigte am 27. Februar einstimmig diesen Vorschlag; Ramadier und Auriol erklärten jedoch, eine Zweiteilung der Delegation in Regierungs- und Parteienvertreter würde die bestehenden Schwierigkeiten in der Deutschlandfrage nur noch komplizieren, die Forderung des Comité directeur sei daher inakzeptabel. Die Verhandlungsführung in Moskau blieb Bidault alleine überlassen[95]; seine Position wurde noch dadurch gestärkt, daß ihm die Nationalversammlung am 28. Februar, durch die Ankündigung des Dünkirchener Vertragsabschlusses zu einem Solidaritätsbeweis genötigt, für die bevorstehenden Verhandlungen in Moskau einstimmig ihr Vertrauen aussprach.[96]
Was das Comité directeur befürchtet hatte, traf ein: am 10. April forderte Bidault auf der Moskauer Konferenz erneut neben der wirtschaftlichen auch die politische Internationalisierung des Ruhrgebietes und die Schaffung eines oder mehrerer politisch autonomer und militärisch permanent besetzter Rheinstaaten. Ohne daß diese Hauptfrage der Deutschlandpolitik Gegenstand von Beratungen im Kabinett Ramadier gewesen wäre, bekannte sich sein Außenminister zur vormaligen Position de Gaulles. Eine Aussicht auf Realisierung dieser Forderungen bestand jedoch nicht mehr: nicht nur, daß die übrigen Alliierten im Frühjahr 1947 weniger denn je bereit waren, auf sie einzugehen[97]; die französische Öffentlichkeit hatte sich inzwischen in Reaktion auf Blums doppelten Vorstoß in der Großbritannien- und in der Deutschlandpolitik mehrheitlich von ihrer Nichtrealisierbarkeit überzeugt und ihr Interesse auf die an Ruhr und Saar erreichbaren wirtschaftlichen Vorteile konzentriert; sie qualifizierte Bidaults Stellungnahme als persönliche Eigenbrötelei ab. „Ne parlons pas du détachement politique de la Rhénanie", schrieb „Le Monde" am 12. April, „prôné par notre ministre avec insistance, pour des raisons que la raison ne connaît pas." Und Pierre-Olivier Lapie bemerkte: „Les raisons de M.

Bidault sont des raisons à lui personelles." Bidault seinerseits hatte die Desavouierung seitens der öffentlichen Meinung schon vor Konferenzbeginn verspürt: „Il est extrêmement fâcheux", protestierte er in der Nationalversammlung, „que à l'heure où le monde s'interroge sur lui-même, et la France sur ses propres résolutions, il n'y ait pas dans la capitale de la France un seul journal qui puisse faire connaître à l'opinion quelles sont, dans leur forme précise, les propositions françaises."[98] Blums Politik, durch Totschweigen der Abtrennungsforderungen und gleichzeitige Realisierung von Teilen des sozialistischen Deutschlandkonzepts die Position de Gaulles in Vergessenheit geraten zu lassen, zeigte ihre Wirkung. Von Blums Ministerpräsidentschaft bis zur Moskauer Außenministerratstagung verfolgte Frankreich zwei deutschlandpolitische Linien zugleich; die Ablehnung der Linie Bidaults durch die Alliierten verwies die französische Öffentlichkeit nunmehr auf die Linie der SFIO; das Scheitern der Moskauer Tagung machte die von Blum vorgezeichnete erste Wende der französischen Deutschlandpolitik vollständig.[99] Das Einschwenken der französischen Öffentlichkeit auf die SFIO-Linie wurde durch die sozialistische Tendenz erleichtert, das Nebenziel der wirtschaftlichen Sanierung Frankreichs in den Vordergrund ihrer Deutschlandpolitik zu stellen. In der Saarfrage wie in der Frage der Reparationsleistungen durch Kohlelieferungen fand Bidault die volle Unterstützung der Sozialisten. Hinsichtlich der Saar einigte sich der Ministerrat am 18. Februar ohne größere Schwierigkeiten auf ein Statut, das der saarländischen Bevölkerung völlige politische Autonomie im Rahmen der Prinzipien der französischen Verfassung zugestand, einer Anregung Thorez' folgend die Saargruben an das Saargebiet selbst übereignete und die Nutzungsrechte an den saarländischen Gruben an Frankreich übertrug.[100] Als Molotow auf der Moskauer Konferenz die prinzipielle Zustimmung zum französischen Saarprojekt von der Akzeptierung seiner Forderung nach einer Viermächte-Kontrolle der Ruhr abhängig machte und damit de facto verweigerte, teilte die SFIO die überraschte Enttäuschung der französischen Öffentlichkeit. „Das Unbehagen und sogar die Enttäuschung sind offenkundig", schrieb Blum; als einziger Ausweg bleibe, den eigentlichen Zweck des Saarprojekts, ein privilegiertes französisches Nutzungsrecht an den für den Export bestimmten Überschüssen der saarländischen Kohle- und vielleicht auch Stahl-Produktion, unter Umgehung der Anschlußfrage durch direkte Verhandlungen anzustreben.[101]
Noch deutlicher zeigte sich in der Reparationsfrage, wie sehr sich die Sozialisten mit dem Ziel einer wirtschaftlichen Stärkung Frankreichs durch Rückgriff auf die deutschen Ressourcen identifizierten. Aus Rosenfelds Berichterstattung direkt aus Moskau sprach eine uneingeschränkte Befürwortung der Reparationsforderungen Bidaults. In seinen Kommentaren zur Konferenz unterstützte Blum Bidaults Behauptung, eine jegliche französische Regierung würde auf seiner Forderung nach Erhöhung der Kohlelieferungen als einer Frage „auf Leben oder Tod" beharren; auch mit Bidaults Zustimmung zu Molotows Forderung nach Reparationsleistungen aus der laufenden Produktion erklärte er sich einverstanden. „A mon humble avis", stellte er fest, „les Alliés sont aujourd'hui victimes d'une erreur exactement inverse de celle qu'ils avaient commise au moment du Traité de Versailles. (...) Après avoir tant attendu des réparations allemandes, ce qui était absurde, il semble qu'on n'en espère plus rien, ce qui est pour le moins téméraire." Für seine Haltung in der Reparationsfrage glaubte er eine doppelte moralische Rechtfertigung anführen zu

können: einmal verwies er auf die absolute Lebensnotwendigkeit der Kohlelieferungen für ein gerade durch den deutschen Angriff geschwächtes Frankreich, zum anderen hielt er ein Reparationssystem für möglich, aus dem der deutschen Bevölkerung kein Schaden entstünde, so daß die Deutschen die Reparationen als freiwillige Wiedergutmachung im Zeichen ihrer Reintegration in die internationale Gemeinschaft akzeptieren würden.[102] Als die USA, Großbritannien und Frankreich am 21. April am Rande der Moskauer Konferenz vereinbarten, den deutschen Kohleexport vom 1. Juli an auf 25 % zu erhöhen, und damit Frankreich für Ende 1947 eine Steigerung des Imports auf immerhin 370 000 der nach dem Monnet-Plan für notwendig erachteten 500 000 Tonnen pro Monat in Aussicht stellten, feierte der „Populaire" dieses Kohle-Abkommen als ein direktes Ergebnis von Blums Londoner Mission vom vergangenen Januar, ohne die Gefahr einer Verschlechterung der Beziehungen zur Sowjetunion zu sehen.[103]

In der Frage der Wiedererrichtung einer deutschen Industrieproduktion distanzierte sich Blum jedoch von Bidault. Während der Außenminister in Moskau gegen Molotows und Bevins Vorschlag, die deutsche Stahlproduktion von 7 auf 10 bzw. 12 Millionen Tonnen zu erhöhen, Protest einlegte, verglich Blum die Forderung nach einer generellen Verarmung Deutschlands mit den Plänen territorialer Zerstückelung. „La garantie véritable de sécurité sur le plan économique devait être recherchée non pas dans une limitation quantitative de l'ensemble de la production allemande, mais, d'une part, dans l'interdiction absolue de certaines fabrications déterminées, et, d'autre part, dans la maîtrise et la gestion internationales des centres vitaux de l'industrie lourde."[104] Gegen Bidaults Forderung, die deutsche Stahlproduktion nach Frankreich zu verlagern, machte er den Einwand geltend, dadurch werde zwar die Sicherheit erhöht, doch auch der französische Arbeitskräftemangel noch größer. Daß hinter Bidaults Pauperisationspolitik nicht nur das Sicherheitsmotiv stand, sondern wie in der Zerstückelungspolitik die umfassendere Zielsetzung der französischen Vormachtstellung durch Schwächung Deutschlands, überging Blum geflissentlich. Wie selbstverständlich nahm er an, daß, falls tatsächlich ein Teil der deutschen Stahlproduktion nach Frankreich verlagert würde, der Ertrag dieser Produktion letztlich doch wieder Deutschland zugute kommen müsse, und daß damit das britische Interesse an der Deckung des Defizits ihrer Besatzungszone befriedigt werden könnte. Indem er – eine mehrfach geübte Methode – mit der Motivation auch den Gehalt der französischen Forderung änderte, zeigte er Kompromißmöglichkeiten in der Deutschlandpolitik der vier Alliierten auf.[105] Die Widersprüchlichkeit einer Politik, die Deutschland wiederaufbauen wollte, aber zugleich auf einer Erhöhung der deutschen Reparationsleistungen bestand, umging Blum mit der Behauptung, die deutsche Industrie lasse sich auf ein Produktionsniveau steigern, das den Binnenverbrauch, einen deutschen Exporterlös zur Deckung notwendiger Importe und zusätzliche Reparationslieferungen zugleich ermögliche. In Anbetracht des tatsächlichen deutschen Produktionsstandes war diese Behauptung jedoch nur eine Scheinlösung, die die entscheidende Frage, wozu eine deutsche Produktionssteigerung denn zunächst verwandt werden sollte, unbeantwortet ließ.

Indem die SFIO das Nebenziel der wirtschaftlichen Sanierung Frankreichs in den Mittelpunkt ihrer Deutschlandpolitik stellte und die in den drei Memoranden enthaltenen Vorstellungen zum föderalistischen Aufbau Deutschlands und zur wirtschaftlichen Internationalisierung der Ruhrindustrie als wirksamste Garanten der nationalen Sicherheit deklarierte[106], suchte sie der französischen Öffentlichkeit ihr Deutschlandkonzept als geeignetes Mittel zu empfehlen, nach dem Scheitern des de Gaulle/Bidaultschen Konzepts das doppelte Ziel der nationalen Sicherheit vor Deutschland und der eigenen Prosperität doch noch zu erreichen. Die SFIO hatte sich die nationale Zielsetzung der bisherigen Deutschlandpolitik so weit zu eigen gemacht, wie sie glaubte, sie mit ihrem eigenen internationalistischen Konzept vereinbaren zu können. In dem Maße jedoch, in dem das SFIO-Deutschlandkonzept als geeignete Grundlage zur Verwirklichung der nationalen Zielsetzung erschien, geriet es in Gefahr, seinen ursprünglichen internationalistischen Bezugsrahmen zu verlieren. Die primär nationalegoistische Betrachtungsweise ließ die Interdependenz der Nationen aus den Augen geraten.

Keine weltpolitische Strategie mehr
Diese Gefahr wuchs um so mehr, als die Voraussetzung dieses internationalistischen Bezugsrahmens, die Allianz der Siegermächte als Grundlage eines weltweiten friedlichen Zusammenlebens der Nationen, im Winterhalbjahr 1946/47 immer weniger gegeben war. Zu der bisherigen Fragestellung, wie Frankreich und die Welt vor einem neuen deutschen Angriff zu schützen seien, und Deutschland in einen demokratischen Staat umgewandelt werden könne, kam die neue Sorge, zunächst einmal zu verhindern, daß die Deutschlandpolitik zu einer Vertiefung der Gegensätze zwischen den Weltmächten führte. So akzeptierte Blum im August 1946 resignierend die französische Absage an die Aufforderung seiner westlichen Alliierten, die Besatzungszonen in Deutschland zu vereinen: Frankreich sollte nicht, und sei es nur indirekt, zur Bildung zweier Machtblöcke beitragen.[107] Auriol warnte nach Trumans Kongreßbotschaft vom 12. März 1947 vor der Schaffung eines westdeutschen Blocks und der damit verbundenen Schaffung eines allgemeinen Westblocks. Grumbach sah in einer Anpassung der französischen Deutschlandpolitik an die Politik einer der beiden Weltmächte die Gefahr der Spaltung Deutschlands und damit der Welt. Lapie warnte vor der doppelten Gefahr einer offenen Ost-West-Auseinandersetzung und einer Stärkung der deutschen Position, die im Falle eines Scheiterns der gemeinsamen Deutschland-Regelung der vier Mächte drohe[108]; Odette Merlat meinte jedoch bereits, eine endgültige Regelung der deutschen Frage sei, so dringend die Interdependenz der europäischen Länder eine Beendigung der gegenwärtigen politischen, wirtschaftlichen und sozialen Anarchie Deutschlands gebiete, gegenwärtig wenig wahrscheinlich.[109]
In der Tat hatten es die französischen Sozialisten seit Mitte 1946 selbst kaum noch gewagt, ihren ehrgeizigen Plan der „Organisation internationale" zur konkreten Weltpolitik im Zeichen eines zunehmenden Antagonismus der beiden Weltmächte in Beziehung zu setzen. Das Entsetzen und die Enttäuschung über das Kriegsende ohne Friedensschluß waren alltäglich geworden. Zwar sprach die SFIO immer noch von der Zielsetzung eines globalen föderativen Systems, in ihren offiziellen Resolutionen wie in zahlreichen fundierten Kommentaren.[110]
Doch nahmen sich diese Erinnerungen an die internationalistische Zielsetzung der SFIO neben den tatsächlichen weltpolitischen Spannungen in hohem Maße unpolitisch aus; es fehlte jeder Hinweis, wie eine Politik auszusehen habe, die das Ziel des globalen föderativen Systems anstrebe. Das Konzept der „Famille occidentale" vom Herbst 1945, das noch den Versuch einer Antwort auf diese Frage dargestellt

hatte, wurde expressis verbis nicht mehr erwähnt. Die SFIO bemühte sich zwar weiterhin um eine Verständigung mit der Sowjetunion und um eine Konzentration der westeuropäischen Länder um die Achse Paris—London[111]; in kritischer Distanz zur Truman-Doktrin forderte Blum die USA auf, sich der Sowjetunion gegenüber um „la franchise et l'amitié, la fermeté et la confiance" zu bemühen.[112] Es war jedoch inzwischen deutlich geworden, daß diese Politik zumindest nicht so kurzfristig zur Errichtung eines sozialistischen Friedenssystems im europäischen Bereich führte, wie dies Blum bei der Konzipierung der „Famille occidentale" angenommen hatte. Die engere Bindung an Großbritannien hatte nicht zu der beabsichtigten besseren Verständigung mit der Sowjetunion geführt, im Gegenteil war es zu einer Entfernung Frankreichs von seinem ersten Bündnispartner gekommen. Der wiederholte Appell, die Sozialistische Internationale neu zu konstituieren und zur entscheidenden Waffe im Kampf um die supranationale Organisation zu machen[113], war angesichts der Lähmung des internationalen Sozialismus, bei dessen Zusammenkünften sich die nationalpolitischen Divergenzen im europäischen Raum nahezu unverändert wiederspiegelten, mehr ideologisches Trostpflaster als reale Alternative zum im Scheitern begriffenen Konzept der „Famille occidentale".

Im Grund konnte 1946/47 auch kein Alternativkonzept mehr entstehen, das zur Schaffung der „Organisation internationale" hätte führen können. Voraussetzung für die Errichtung eines supranationalen Systems war die Bereitschaft beider Weltmächte zur partiellen Souveränitätsabgabe. Von der Sowjetunion wußten die Sozialisten, daß sie gegenwärtig einen extrem nationalistischen Kurs verfolgte; bei den USA waren sie sich nicht sicher, ob dort die Bereitschaft zur Souveränitätsabgabe bestand; de facto bestand sie auch dort nicht.[114] Voraussetzung für diese Bereitschaft zur Souveränitätsabgabe war aber auf jeden Fall, daß die Weltmächte die Kooperation der Konfrontation vorzogen. Bei den Vereinigten Staaten glaubten die Sozialisten Anzeichen für eine Kooperationsbereitschaft feststellen zu können; hinsichtlich der Sowjetunion hatten sie sich durch das sowjetische Vorgehen in Osteuropa, den „Genossen Veto" in den UNO-Versammlungen und zuletzt durch die sowjetische Intransigenz in der Deutschlandfrage davon überzeugen lassen müssen, daß die Kooperationsbereitschaft nicht zunahm.[115] Solange die Sowjetunion nicht mehr Kooperationsbereitschaft zeigte, rückte die „Organisation internationale" nicht näher; solange die Sozialisten an der globalen Föderation als konkretem Ziel ihrer Politik festhielten, blieb ihnen nur die Hoffnung auf eine Wandlung der sowjetischen Position. Die Anhänger des Föderationsgedankens waren zu ohnmächtigen Zuschauern des Weltgeschehens geworden. Die Unsicherheit in der Interpretation der weltpolitischen Entwicklung und die Ermüdung angesichts der Wirkungslosigkeit der von Mal zu Mal steriler werdenden Rufe nach einer supranationalen Friedensordnung führten in der SFIO zu einer Abkehr von außenpolitischen Problemen; auf Parteitagen und in der Parteipresse nahmen sie immer weniger Raum ein.

Solange die Sozialisten in einer Phase der Gleichzeitigkeit des Ungleichzeitigen dieses Scheitern nicht wahrhaben wollten und nicht wahrhaben konnten und am supranationalen Konzept unter Beteiligung aller Nationen festhielten, mußte ihnen jedes neue Konzept unverständlich erscheinen, das die nichtkooperative Haltung der Sowjetunion als Faktum hinnahm und den Weltfrieden durch das traditionelle Mittel des Kräftegleichgewichts auf der Basis nationalstaatlicher Souveräni-

tät zu gewährleisten suchte. Als im September 1946 der amerikanische Handelsminister und frühere Vizepräsident Henry Wallace die gegenwärtige außenpolitische Linie der Truman-Administration als aggressiv verurteilte und statt dessen für ein System friedlicher Koexistenz der beiden unterschiedlichen Gesellschaftssysteme in West und Ost eintrat, nannte Charles Dumas dieses Konzept die „reaktionärste Politik, die man sich denken könne"; Wallace's Vorschlag bedeute die Aufgabe des supranationalen Prinzips, „le retour aux plus dangereuses formules de l'histoire, celle des zones d'influence des nations délibérément divisées en deux blocs se partageant la maîtrise du monde, en attendant l'heure inévitable de s'affronter."[116] Churchills Konzept einer Auffüllung des europäischen Machtvakuums durch Schaffung vereinigter Staaten von Europa, das der britische Ex-Premier in seiner Züricher Rede vom 19. September 1946 der Weltöffentlichkeit vorstellte, mußte auf den gleichen Vorwurf stoßen, unter Aufgabe des supranationalen Prinzips auf globaler Ebene die Bildung von Machtblöcken nur noch zu verstärken. Charles Ronsac billige Churchill zwar ausdrücklich zu, die kommunistische Unterstellung, er strebe einen Krieg gegen die Sowjetunion an, für nichtzutreffend zu halten; im übrigen nannte er Churchills Vorschlag – einen Aspekt des Projekts zweifelsohne richtig treffend – einen Versuch, Großbritannien neuen Einfluß in der Weltpolitik zu verschaffen, der notwendigerweise zu einem Interessenkonflikt mit der Sowjetunion führe; ohne sozialistische Revolution könne keine europäische Föderation friedlichen Charakter haben.[117] Churchill suchte Blum Ende Januar 1947 über einen persönlichen Sendboten zur Mitarbeit an der Gründung einer „French Group on parallel lines" zu seinem „United Europe Movement" zu gewinnen; René Courtin, der bekannte liberale Jurist und Mitherausgeber von „Le Monde", trug ihm sogar die Präsidentschaft des – schließlich erst im Juli 1947 gegründeten – „Conseil français pour l'Europe unie" an; Blum jedoch lehnte ab, ebenso wie nach Rücksprache mit der Labour-Führung André Philip und andere prominente SFIO-Politiker. Eine europäische Föderationsbewegung, noch dazu in Verbindung mit dem in Einflußsphären und Machtblöcken denkenden Churchill, sahen sie zum gegenwärtigen Zeitpunkt als mit ihrer Politik unvereinbar an.[118]
Im Sinne des Konzepts der „Famille occidentale", das eine europäische Föderation von einer Verständigung mit der Sowjetunion und diese wiederum von einer Orientierung Westeuropas auf den Sozialismus hin abhängig machte, war diese Ablehnung europäischer Einigungsbestrebungen 1946 zwar verständlich; es machte jedoch auch die Problematik des die Sowjetunion einbeziehenden Föderationskonzeptes angesichts der sowjetischen Weigerung deutlich: bestand man weiterhin auf dem bisherigen Konzept, verurteilte man sich selbst zur Wirkungslosigkeit; um diese Wirkungslosigkeit vor sich selbst zu rechtfertigen, griff man zu undifferenzierten ideologischen Schemata. Churchills Europa-Idee im Hinblick auf das Friedensziel von vornherein als erfolglos, da per definitionem nichtsozialistisch, abzuqualifizieren, kam einer Weigerung gleich, Alternativen zum eigenen gescheiterten Konzept zu durchdenken – so verständlich diese Weigerung angesichts der Diskrepanz zwischen supranationalem und Gleichgewichts-Denken auch sein mochte.
Die Notwendigkeit zur Revision des sozialistischen Konzepts zeigte sich freilich im Frühjahr 1947 mit aller Deutlichkeit. Als der frühere amerikanische Vizepräsident Henry Wallace und General de Gaulle vor einem dritten Weltkrieg warnten und die Moskauer Außenministerratstagung fast ohne positives Ergebnis auseinander-

ging, wagte kein Kommentator mehr, von der „Organisation internationale" zu sprechen. Blum meinte zwar in seinem gewohnten Hang zu übergroßem Optimismus und harmonisierender Synthesenbildung, „die Konferenz endet, meiner Meinung nach, eher mit einem Aufschub als mit einem Mißerfolg"[119]; als Beleg für diese Behauptung führte er jedoch nur die wenigen für sein Deutschlandkonzept — nicht für das Deutschlandkonzept Bidaults — positiven Auswirkungen des Konferenzverlaufs auf. Rosenfeld sprach als Summe seiner siebenwöchigen Berichterstattung aus Moskau von einer Polarisierung der beiden imperialistischen Mächte und von einem „échec total" der Konferenz. Jean Lechantre meinte, die Unfähigkeit der Großmächte zur Verständigung über das Deutschlandproblem impliziere ihre Resignation zur Spaltung der Welt. Die nüchternste Analyse der Situation bot Marcel Gimont im „Combat": die Blockbildung werde sich verstärken; sie würde sich insbesondere in einer Zweiteilung Deutschlands manifestieren; die ihrer Freiheit beraubten Länder würden diese nicht so bald wiedererlangen; die Länder, in denen der Hunger herrsche, würden nicht mehr völlig frei über ihre Politik entscheiden können. Der Nationalrat der SFIO sprach am 19./20. März von einem Krisencharakter der gegenwärtigen Phase internationaler Beziehungen.[120]

V. „Troisième force": Der Versuch einer Zwischenlösung
Mai 1947 — Januar 1948

Mit dem Scheitern der Moskauer Außenministerratstagung war für den neuen amerikanischen Außenminister Marshall das Ende jeglichen Kooperationsansatzes zwischen den beiden Weltmächten gekommen; damit waren die Grundlagen der Vereinten Nationen in Frage gestellt und die Voraussetzungen für ihre Weiterentwicklung zu einer „Organisation internationale" im Sinne der SFIO endgültig zerstört. Friedenssicherung, das wichtigste Motiv internationalistischer Konzeptionen des französischen Sozialismus, konnte fortan nur noch durch ein internationales Gleichgewichtssystem gewährleistet werden. Der relative Grad an Stabilität, den ein neues Gleichgewichtssystem erreichen würde, und die Stellung Europas wie Frankreichs innerhalb dieses Systems hingen, nachdem die Sowjetunion ihre Entschlossenheit gezeigt hatte, ihre nichtkooperative Haltung fortzusetzen, nunmehr entscheidend von der Politik der USA ab.

Die Neubestimmung der Mittel amerikanischer Außenpolitik, die die Truman-Administration im Frühjahr 1947 in Reaktion auf die Erkenntnis des Ungenügens des „One-World"-Modells vornahm[1], ließ idealtypisch zwei neue Konzepte erkennen, die in der Truman-Doktrin und im Marshall-Plan ihren repräsentativen Ausdruck fanden: ein tendenziell universales und ein in seinen Ausmaßen restringiertes Eindämmungskonzept. Für die Vertreter des restringierten Konzepts waren das gegenwärtige Kräftegleichgewicht und damit die Sicherheit der USA in erster Linie durch die wirtschaftliche und politische Instabilität des außerhalb des sowjetischen Einflußbereiches verbliebenen Europas bedroht, dem sie im Hinblick auf eine Konfrontation mit der Sowjetunion eine strategisch, wirtschaftspolitisch und ideell herausragende Bedeutung zumaßen. Die Instabilität Europas wurde als Einladung an die Sowjetunion verstanden, diesen Raum mittels ideologisch-subversiver (nicht militärischer) Mittel in ihren Einflußbereich einzubeziehen; eine amerikanische Wirtschaftshilfe, verbunden mit den für ihren Erfolg nötigen Strukturreformen in Europa, sollte dieser Gefahr begegnen. Die Beschränkung in der Konfrontation mit der sowjetischen Politik auf derartige indirekte politische Mittel sollte der Sowjetführung eine Rückkehr zu kooperativem Verhalten nahelegen, ihr aber zumindest die letzte Entscheidung für oder gegen die Beibehaltung des Konfrontationskurses überlassen.[2] Für die Vertreter des universalen Konzepts gehörte dagegen im Prinzip der gesamte nichtkommunistische Bereich zum Vorfeld der amerikanischen Sicherheit; für sie hatte die ideologische Komponente der Konfrontation mit der Sowjetunion ein größeres Gewicht. Die von der Sowjetunion ausgehende Bedrohung erschien damit umfassender; die Neigung, ihr nicht nur mit politischen, sondern auch mit militärischen Mitteln zu begegnen, nahm zu. Die tendenzielle Universalisierung der Mittel ließ einen Ausgleich nur noch als konsequente Zweiteilung der Welt realistisch erscheinen.

Beide Eindämmungskonzepte veränderten die Position des westlichen Europas wie des westlichen Deutschlands: Die Vertreter des restringierten Konzepts befürworteten einen föderativen Zusammenschluß Europas als optimale, den Erfolg der Wirtschaftshilfe garantierende Strukturreform und forderten der wirtschaftlichen Interdependenz der europäischen Staaten wegen eine Einbeziehung zumindest des westlichen Teils Deutschlands in das europäische Wiederaufbauprogramm. Die Vertreter des universalen Konzepts sahen in der wirtschaftlichen Stärkung Europas auch ein Mittel, die Europäer zur eigenen militärischen Stärkung zu befähigen; in ihren Augen wurde Europa, insbesondere aber der ehemalige Kriegsgegner Deutschland, zum exponiertesten Vorfeld der eigenen Sicherheit und damit der eigenen Verteidigung.

In der Praxis näherten sich beide Konzepte nach und nach einander an, da einerseits die Gesetzmäßigkeiten der Eskalation der west-östlichen Auseinandersetzung die Bereiche des ursprünglich restringierten Konzepts immer mehr ausweiteten, andererseits die der amerikanischen Außenpolitik innewohnenden Effektivitäts-Kontrollmechanismen[3] das universale Konzept immer mehr beschränkten. Die ab 1947 realisierte Außenpolitik der USA bewegte sich auf einer mittleren Linie zwischen beiden Konzepten, die zwar bestimmte Bereiche — etwa China — aus dem Eindämmungskonzept ausklammerte, den Versuchungen zur Eskalation jedoch nicht immer widerstand. Das Jahr 1947 stand — trotz der programmatischen Ankündigung des universalen Konzepts in Trumans Kongreßbotschaft vom 12. März — mit Griechenland-Türkei-Hilfe und Marshall-Plan noch ganz im Zeichen des restringierten Konzepts; mit den Bemühungen um den Aufbau eines kollektiven und kooperativen Verteidigungssystems unter Führung der USA begann im Jahr 1948 die Universalisierung des Konzepts.[4]

Als Regierungspartei eines der Länder, die 1947 direkte Adressaten der amerikanischen Initiativen wurden, sah sich die SFIO nach dem Ende der Ost-West-Gemeinsamkeit zur Neuformulierung ihres außenpolitischen Konzeptes gedrängt. In der neuen Situation erwuchsen den französischen Sozialisten eine Reihe gegensätzlicher Motivationen: Als Vertreter des supranationalen Prinzips mußten sie in jedem Friedenssystem, das auf zwischenstaatlichem Interessenausgleich und zwischenstaatlicher Austarierung von Macht beruhte, eine Wiederholung der Fehler der Vergangenheit sehen; andererseits mußten sie in einer Welt, in der — wenigstens vorläufig — kein Ansatz für ein supranationales System mehr zu finden war, um eine größtmögliche Stabilisierung im zwischenstaatlichen Rahmen bemüht sein. Beharrten sie auf ihrem supranationalen Prinzip, so liefen sie Gefahr, in eine doktrinäre, apolitische Position zu geraten; paßten sie ihr Konzept den neuen Bedingungen an, so drohte das alte supranationale Ziel zu verblassen. Von ihrem Teilziel einer Verständigung mit der Sowjetunion her standen sie dem restringierten Eindämmungskonzept näher als dem universalen; ihre eigene Gewohnheit, politische Konflikte in ideologische Schemata zu übertragen, prädisponierte sie jedoch, das universale Eindämmungskonzept zu unterstützen. Gesellschaftspolitisch kam eine amerikanische Wirtschaftshilfe einerseits ihren eigenen Zielen entgegen, insofern sie zur Festigung eines demokratischen Staatsaufbaus dienen sollte, andererseits lief sie ihren Zielen zuwider, insofern sie zugleich eine Stabilisierung des liberal-kapitalistischen Wirtschaftssystems implizierte. Wahltaktisch gesehen konnte die amerikanische Hilfe für die SFIO sowohl positive Auswirkungen haben, insofern sie darauf abzielte, den kommunistischen Einfluß zu beschränken, als auch negative, insofern eine Festigung liberaler Strukturen eher auf eine Stärkung der

„mittleren" und „rechten" Parteien hinauslief. Die Entscheidung über ein neues außenpolitisches Konzept konnte der SFIO nicht leicht fallen.

In dieser Situation lag es nahe, daß die französischen Sozialisten 1947 zunächst eine Zwischenlösung anstrebten, die es ihnen ermöglichte, die von dem amerikanischen Anstoß ausgehende neue Politik in der Praxis mitzumachen, ohne deswegen die alten Zielsetzungen in der Theorie aufgeben zu müssen. Diese Zwischenlösung war insofern vertretbar, als der Prozeß der weltpolitischen Polarisierung im Mai 1947 noch nicht abgeschlossen war, sondern sich – von einer Phase der Vorentscheidungen nach dem Scheitern der Moskauer Außenministerratstagung über eine Phase der Entscheidungen für oder gegen den Marshall-Plan bis zu einer Phase der Konsolidierung des sowjetischen Machtbereichs, markiert durch die Gründung des Kominform und den Umsturz in Prag – in Etappen bis Anfang 1948 vollzog.

1. Vorentscheidungen in Frankreich und in den USA

Entlassung der kommunistischen Minister
Die für die künftige Position der SFIO wie für den künftigen außenpolitischen Kurs der IV. Republik wichtigste Vorentscheidung im Zeichen der zunehmenden Ost-West-Spannung bildete das Ende der tripartistischen Regierungskoalition. Als Ministerpräsident Ramadier am 4. Mai 1947 anläßlich einer Gesetzesvorlage zur Eindämmung der Inflation die Vertrauensfrage stellte, stimmten die anwesenden kommunistischen Minister mit den kommunistischen Abgeordneten gegen die Regierung; am 5. Mai verkündete ein Dekret Ramadiers im „Journal Officiel" die Entlassung der kommunistischen Minister als Folge des Bruchs der Kabinettssolidarität und die vorläufige Überantwortung ihrer Ämter an andere Kabinettsmitglieder.[5] Nach dem Scheitern der Moskauer Außenministerratstagung, die sich nachträglich als Wendepunkt in der Geschichte der russisch-amerikanischen Beziehungen erweisen sollte, war nun auch das Ende einer kommunistischen Regierungsbeteiligung in Frankreich gekommen. Die Duplizität der Ereignisse legt es nahe, einen Kausalzusammenhang zwischen ihnen zu vermuten. Die Entlassung der kommunistischen Minister ist dementsprechend häufig als direkte Konsequenz der Moskauer Außenministerratstagung dargestellt worden; die Schlüsselrolle der SFIO bei diesem Vorgang hat – in Aufnahme späterer Argumentation von kommunistischer Seite – zu der These geführt, die SFIO habe unter amerikanischem Druck den PCF aus der Regierungsverantwortung eliminiert. Sorgfältige Analysen des Verlaufs der Regierungskrise, die zu den Ereignissen vom 4. Mai geführt hatte, erbrachten jedoch stets den Eindruck, daß außenpolitische Erwägungen auf keiner Seite, zumal nicht bei den Sozialisten, die Entscheidungen beeinflußt haben. In jüngster Zeit erschlossene Quellen haben diesen Eindruck bestätigt.[6]

In Wahrheit waren es die Kommunisten, die den Bruch bewußt herbeigeführt hatten; den Sozialisten kam er alles andere als gelegen. Die Kommunisten hatten im Kabinett Ramadier mehrfach Entscheidungen akzeptieren müssen, die sie in Gefahr brachten, die Unterstützung ihrer Anhänger zu verlieren. Im Indochinakonflikt hatte Ramadier gegen den Willen der Kommunisten – und „linker" SFIO-Kreise um Déchézelles und Boutbien – in Übereinstimmung mit Kolonialminister Marius Moutet entschieden, nicht mit Ho Chi Minh zu verhandeln, sondern zunächst die militärische Ruhe im vietnamesischen Gebiet wiederherzustellen; als die Kommuniten weiteren Militärkrediten für den Konflikt nicht mehr zustimmen wollten und Ramadier aus diesem Grunde am 22. März die Vertrauensfrage gestellt hatte, war eine Regierungskrise nur dadurch vermieden worden, daß die kommunistischen Minister nicht wie ihre Parteifreunde in der Fraktion mit Enthaltung gestimmt, sondern sich für die Regierung ausgesprochen hatten. Am 16. April hatten die Kommunisten unter Protest den Ministerrat verlassen, als dieser mehrheitlich entschieden hatte, die Arrestierung der sechs madegassischen Abgeordneten, die im Zusammenhang mit dem Aufstandsversuch in Madagaskar erfolgt war, nicht rückgängig zu machen.[7] Vor allem aber spürten die Kommunisten, daß ihnen die vom Kabinett Blum initiierte Preissenkungspolitik, die trotz der katastrophalen Verschlechterung der Lebenshaltung im Winter 1946/47 im Moment einen Lohnstopp implizierte, die Anhängerschaft unter den Arbeiterschichten entfremdete. Nachdem die CGT am 14. Januar Lohnerhöhungen gefordert hatte, war es, ohne daß die Kommunisten Einfluß nehmen konnten, zu einer Reihe von Arbeitskämpfen gekommen. „Ils chercheront un point de chute, fin juin", hatte Ramadier am 17. April diese Situation analysierend prophezeit; doch ein unvorhergesehenes Ereignis sollte die Aktion der Kommunisten beschleunigen: Gegen ihren Willen war am 25. April in den Renault-Werken, die bisher als kommunistische Hochburg gegolten hatten, ein Streik ausgebrochen; erst nachträglich hatten sie sich mit der Streikbewegung solidarisiert. Damit war die Entscheidung über eine Fortsetzung der Finanzpolitik André Philips für den PCF zu einer vitalen Frage geworden. Gegen den Willen Thorez' entschied die Mehrheit des Politischen Büros der Partei, zum taktischen Mittel einer Regierungskrise zu greifen, um entweder durch Ramadiers Demission einen Prestigeerfolg zu erringen oder im weniger günstigen Falle als Oppositionspartei gegenüber einer angesichts der gegenwärtigen Wirtschaftslage notwendigerweise unpopulären Regierung ihre Position unter der Arbeiterschaft festigen zu können.[8]

Etwaige langfristige Konsequenzen des Scheiterns der Moskauer Außenministerratstagung wurden Anfang Mai 1947 weder von den Kommunisten noch von den Sozialisten bedacht.[9] Wie sehr sich die Kommunisten noch immer mit der Außenpolitik Bidaults identifizierten, hatte sich gerade am 22. März wieder gezeigt: ein wesentliches Motiv für die Entscheidung, der Regierungskrise noch einmal die Spitze abzubrechen, war die Sorge gewesen, Bidaults Position auf der Moskauer Konferenz nicht durch eine erzwungene Demission des Kabinetts Ramadier zu schwächen.[10] Daß die Kommunisten nunmehr Oppositionspartei waren, betrachtete niemand als endgültig noch als gravierend; bis in den Herbst hinein hofften Kommunisten und Sozialisten auf eine Erneuerung der alten Koalition.[11] Nur nach und nach und nur in dem Maße, wie die Ost-West-Polarisierung im Sommer 1947 zunahm, verwiesen die Kommunisten auf den außenpolitischen Bezugsrahmen der Ereignisse vom 4. Mai; erst nach der Gründung des Kominform klagten sie – erstmals in einem Artikel von Jacques Duclos am 8. Oktober – die Sozialisten an, sie auf amerikanischen Druck hin aus der Regierung vertrieben zu haben.[12]

Die Sozialisten hatten sich, seitdem sich die Anzeichen für die Krise gemehrt hatten, um die Beibehaltung der von ihnen nach wie vor als politische Notwendigkeit erachteten tripartistischen Koalition bemüht; der Nationalrat vom 19.–20. März hatte Comité directeur und Parlamentsfraktion beauftragt, „à ne pas se prêter à la formation de deux blocs, dressant les uns contre les autres les grands Partis issus du suffrage universel".[13] Die neuerliche Opposition des PCF gegen die Lohn- und Preispolitik der Regierung und die Entscheidung der kommunistischen Minister, am 4. Mai gegen die Regierung zu stimmen, stellten die Sozialisten vor ein grundsätzliches Dilemma: Sollte Ramadier demissionieren und damit nicht nur seine Lohn- und Preispolitik gefährden und die Wirtschaftskrise verlängern, sondern auch die Verfassung schwächen[14], damit de Gaulle, der gerade in seiner Rede von Bruneval die Gründung des Rassemblement du Peuple Français angekündigt hatte, in die Arme arbeiten und die Polarisierung zwischen „rechten" und „linken" Parteien vergrößern? Oder sollte er dem Pressionsversuch der Kommunisten Widerstand leisten und die Koalition nach dem Ausscheiden des PCF fortführen, damit jedoch die Sozialisten zunehmender Unpopularität aussetzten, sie in der Gesellschafts- und Wirtschaftspolitik zum linken Flügel einer bürgerlichen Regierung machen und die Spaltung zwischen den Kommunisten und den übrigen Parteien vergrößern? Die Antworten innerhalb der SFIO fielen unterschiedlich aus; aus der Sicht des Parteiapparats, der die Unzufriedenheit unter der Bevölkerung allenthalben zu spüren bekam, und von der Klassenkampf-Ideologie her mußte die Demission Ramadiers naheliegen; aus der Sicht der Regierungsverantwortung und der demokratisch-republikanischen Tradition des französischen Sozialismus die Fortsetzung der Koalition ohne die Kommunisten. Dementsprechend plädierten Mollet und seine Anhänger im Parteiapparat für die erste Lösung, Blum, Auriol, Ramadier und die Parlamentsfraktion für die zweite.[15] Der Nationalrat entschied sich am 6. Juni nach über zwölfstündiger Debatte mit einer knappen Mehrheit von 2547 gegen 2058 Stimmen für eine Beibehaltung der Regierung Ramadiers und revidierte damit den Beschluß vom 4. Dezember 1946, wonach die SFIO stets nur in Koalitionsgemeinschaft mit dem PCF an einer Regierung teilnehmen sollte.[16] Mollet hatte seine erste Niederlage erlitten.

Dennoch ließ das knappe Abstimmungsergebnis bereits voraussehen, daß die letztlich im ungeklärten Selbstverständnis der SFIO begründeten partei-internen Auseinandersetzungen in den folgenden Monaten zu einer Dauerkrise der Regierung Ramadier führen würden. Signale für die Unzufriedenheit der an der Klassenkampf-Ideologie orientierten Parteigruppierungen mit dem erstmaligen Verbleib der SFIO in einer bürgerlichen Regierung, die den Arbeitern finanzielle Opfer abverlangte und in der Indochinafrage eine der antikolonialistischen Tradition der Partei entgegenstehende Politik betrieb, waren die Demission Dechézelles als Stellvertretender Generalsekretär am 12. Juni[17] und die Häufung von Zusammenstößen der Partei-Jugendorganisation „Jeunesses socialistes" mit dem Comité directeur, die zur Auflösung des Nationalbüros der Jugendorganisation am 4. Juni führten.[18] Diese grundsätzliche Kritik am Parteikurs konnte der Generalsekretär kraft Amtes und von seinem Selbstverständnis als Anwalt der Durchschnitts-Parteimitglieder her nicht nachvollziehen; insofern geriet ein Teil der Mayer-Opponenten von 1946 nunmehr auch in Opposition zu Mollet. Mollet selbst versuchte, nachdem ihm die Demission des Kabinetts Ramadier nicht geglückt war, die Regierung wenigstens programmatisch so weit wie möglich an die Entscheidungen der Parteitage und Nationalräte und taktisch an die Weisungen des Comité directeur zu binden, was ihn einerseits in einen permanenten Gegensatz zu Ramadier brachte, andererseits sein Ansehen in den unteren Parteirängen stärkte. Ramadier stieß nicht nur auf den Widerstand der Mollet-Anhänger; seine liberalen Grundansichten brachten ihn in der Wirtschaftspolitik in einen Gegensatz zu seinen eigenen Ministern Philip, Depreux und Tanguy-Prigent sowie Daniel Mayer; seine Befürwortung des neuen Algerien-Statuts[19] in einen Gegensatz zur sozialistischen Parlamentsfraktion. Auf dem 39. Nationalkongreß, der vom 14. bis 17. August in Lyon tagte, schlug die neue Taktik Mollets zu Buche: sein Entschließungsantrag, der die Sozialisten im Kabinett anklagte, eine von den Parteibeschlüssen differierende Politik betrieben zu haben, erhielt, unterstützt u. a. von Gazier und Pivert 2423 Mandate gegen 2002 für den Antrag Verdiers, Mayers und der Fédération du Nord und 274 für den Antrag Dechézelles; das neue Comité directeur bestand zu zwei Dritteln aus Befürwortern seines Antrags.[20] Ramadier war nur durch ein von Auriol vermitteltes Vertrauensvotum der Fraktion davon abzuhalten, sogleich zu demissionieren. Unterdessen wuchsen sowohl die Sammlungsbewegung de Gaulles als auch die Intransigenz der kommunistischen Opposition; Blum nannte die offensichtlichen Anpassungsschwierigkeiten der SFIO an ihre neue Rolle als sozialistische und demokratische Mittelpartei ein Trauerspiel.[21]

Gab es also für das Ausscheiden der Kommunisten aus der Regierung Ramadier keine außenpolitischen Gründe, so hatte es doch außenpolitische Konsequenzen. In ihrem Bemühen um eine Verständigung mit der Sowjetunion mußte der SFIO an der Fortsetzung der Koalition mit den Kommunisten gelegen sein. Insofern der Tripartismus ein Mittel darstellte, die innenpolitische Polarisierung gering zu halten, sollte er nach dem Verständnis der Sozialisten auch dazu beitragen, die internationale Polarisierung zu verringern und Frankreichs Mittlerposition gegenüber der Sowjetunion wie gegenüber den USA glaubhaft zu machen.[22] Nachdem sich die Kommunisten gegen die Fortsetzung der Koalition entschieden hatten, war die Orientierung Frankreichs an einem Verständigungskurs und einer partiellen Stabilisierung des internationalen Systems im sozialistischen Sinne noch am ehesten gewährleistet, wenn die Sozialisten in der Regierung verblieben; insofern mußte, wer die außenpolitische Zielsetzung in seine Argumentation miteinbezog — wie etwa Salomon Grumbach im Nationalrat vom 6. Mai 1947[23] —, für eine Fortsetzung des Kabinetts Ramadier plädieren; und insofern bedeutete die Entscheidung für die Fortsetzung der Regierung auch eine Entscheidung gegen die vorläufige Selbstaufgabe der außenpolitischen Zielsetzung. Indem die Kommunisten in Opposition gingen, erleichterten sie unbeabsichtigt ihren späteren, von Moskau verfügten Übergang zu einem radikalen Oppositionskurs und die spätere bewußte Integration Frankreichs in die westliche Hemisphäre. Daß sie mit ihrem Ausscheiden die Erlangung des Ziels amerikanischer Wirtschaftshilfe überhaupt erst ermöglicht hätten[24], wird man allerdings nicht behaupten können: zumindest nach den Vorstellungen des Planungsstabes im US-Außenministerium war die amerikanische Hilfe nicht gegen die Präsenz von Kommunisten in europäischen Regierungen gerichtet, sondern gegen die Ausnutzung der wirtschaftlichen Misere durch die Kommunisten.[25] Eher erschwerte ihr Übergang in die Opposition den Erfolg der Wirtschaftshilfe: als Regierungspartei hatten die Kommunisten 1946 keinen Anlaß gesehen, gegen das Blum-Byrnes-Abkommen vorzugehen, als Oppositionspartei entfachten sie im Herbst 1947 eine starke Streikbewegung gegen die Annahme der Marshall-Hilfe. Das Ende des stillschweigenden außenpolitischen Bündnisses zwischen PCF und MRP vergrößerte die Chance einer Neuorientierung der französischen Außenpolitik an sozialistischen Maximen; die Bindung vieler SFIO-Kräfte durch die dem Ausscheiden der Kommunisten folgenden parteiinternen Auseinandersetzungen verringerte sie wieder. Im Hinblick auf das restringierte Eindämmungskonzept war die Entlassung der kommunistischen Minister ambivalent; langfristig gesehen bedeutete sie jedoch eine Vorentscheidung für das universale Eindämmungskonzept.

Blum: „Le Prêt-Bail de la Paix"
Unterdessen fielen in der amerikanischen Regierung die Vorentscheidungen für eine Politik im Sinne des restringierten Eindämmungskonzepts. Am 29. April sprach Außenminister Marshall in einer Rundfunkrede erstmals von der Notwendigkeit eines beschleunigten Wiederaufbaus Westeuropas und Osteuropas; am gleichen Tag berief er einen Planungsstab ein, der unter der Leitung von George F. Kennan ein Programm für den Wiederaufbau Europas entwickeln sollte. In einem Kommentar zu der Rede vom 29. April deutete der renommierte amerikanische Journalist Walter Lippmann am 1. Mai erstmals in der Öffentlichkeit die Grundzüge dieses Programms an; insbesondere wies er auf die Notwendigkeit eines kollektiven Gesamtplans für den europäischen Wiederaufbau anstelle der bisherigen bilateralen Abkommen mit Einzelländern hin.[26] Die erste offizielle Skizzierung des neuen Programms, offensichtlich zur Erkundung der Reaktionen in der Weltöffentlichkeit gedacht, unternahm der scheidende Unterstaatssekretär im Außenministerium, Dean Acheson, am 8. Mai in einer Rede vor dem „Delta-Council" in Cleveland, Missoui. Acheson führte aus, daß sich die USA nicht durch den Mißerfolg der Moskauer Außenministerratstagung davon abhalten lassen würden, den Wiederaufbau Europas einschließlich Deutschlands in Angriff zu nehmen. Im Gegensatz zur Truman-Rede vom 12. März sprach er so wenig wie möglich von dem Gegensatz zur Sowjetunion, um so mehr jedoch von den wirtschaftlichen Bedürfnissen Europas und dem Interesse der USA an seiner Wiedergesundung; im Gegensatz zur Truman-Rede betonte er auch, die Unterstützungsmöglichkeiten der USA für andere Länder seien naturgemäß beschränkt; sie müßten sich daher darauf beschränken, dort zu helfen, wo sie die Autorität der UNO stärken könnten.[27]
Entscheidend für die spätere Reaktion der SFIO auf den Marshall-Plan wurde die Tatsache, daß Léon Blum bereits in dieser frühen Phase der amerikanischen Planung die Chancen erkannte, die das neue Eindämmungskonzept im Hinblick auf die relative Stabilisierung des internationalen Systems enthielt, und die amerikanische Initiative auf dieses Ziel der relativen Stabilisierung hin interpretierte. Seine Artikelserie „Le Prêt-Bail de la Paix", die der „Populaire" vom 19. Mai an veröffentlichte, zeigte ihn nicht nur als über die Vorgänge in der Truman-Administration hervorragend orientierten Journalisten, sondern als den ersten europäischen Politiker, der öffentlich auf die grundsätzliche Tragweite des im Entstehen befindlichen amerikanischen Konzepts hinwies.[28]
Gegen die Ansicht, die amerikanische Hilfe würde Europa zu einem Satelliten Amerikas machen, und unter dem Druck des amerikanischen Kapitalismus werde beispielsweise Frankreich seine Selbständigkeit in der Innen-, Außen-, Wirtschafts- und Sozialpolitik aufgeben müssen, betonte Blum, noch sei die Art der amerikanischen Hilfe nicht bekannt, und darum ein solches Urteil nicht möglich; es gäbe keinen Anlaß zu bezweifeln, daß die amerikanische Hilfe ohne Bedingungen

politischer Natur gewährt werden würde.²⁹ Die amerikanische Wirtschaft stehe keineswegs vor einer Krise der Überproduktion; darum entbehre der Gedanke an die Gefahr eines amerikanischen Wirtschaftsimperialismus anstelle eines Vorgehens in internationalistischem Geist jeder Grundlage.³⁰ Das eigentliche Ziel der USA sei vielmehr, eine Ordnung der wirtschaftlichen Verhältnisse als notwendige Voraussetzung für die Etablierung einer Weltfriedensordnung sicherzustellen. Damit aber, fuhr er fort, laufe die gegenwärtige Politik der USA darauf hinaus, bei grundsätzlicher Hoffnung auf eine Fortentwicklung der UNO auf ein supranationales Gremium hin angesichts der augenblicklichen Lähmung ihrer Organe an Stelle und im Geiste der UNO zu handeln. In diesem Sinne seien der Vorschlag eines Viererpaktes und die amerikanische Hilfe für Griechenland und die Türkei zu verstehen. Auch die von Acheson angekündigte Hilfe in der drohenden Wirtschaftskrise Europas wäre im Grunde eine Aufgabe der internationalen Organisation.³¹
Freilich lasse sich nicht leugnen, daß eine solche Aktion der USA in internationalistischem Geist eine gewisse amerikanische Vormachtstellung zur Folge hätte, und daß die Welt, die Erfahrung nationalstaatlicher Machtpolitik vor Augen, an dem internationalistischen Charakter der Initiative einer einzigen Nation zweifeln würde. „La conclusion est donc que les Etats-Unis ne peuvent éliminer ces réactions qu'en les privant de leur raison d'être, c'est-à-dire si, en se substituant à la Communauté internationale, ils agissent dans le même esprit et selon les mêmes principes qui auraient réglé l'action de la Communauté elle-même."³² Wenn die gegenwärtig in der UNO verkörperte internationale Gemeinschaft selbst eine solche Hilfsaktion unternehmen würde, würde sie sich zweifelsohne der 1946 im Rahmen der UNO gegründeten „Europäischen Wirtschaftskommission" (ECE) als Instrument bediene; wenn die USA ihre Hilfe nun gleichfalls durch die ECE organisieren ließen, wären die Schwierigkeiten und Verdächtigungen, denen das amerikanische Angebot jetzt ausgesetzt sei, mit einem Male beseitigt. „Une initiative nationale doit être internationalisée."³³
Zwei Bedingungen seien die USA allerdings zu stellen berechtigt, ja geradezu verpflichtet, zwei Bedingungen, die die UNO ebenso stellen würde, wenn sie selbst in der Lage wäre, eine Hilfsaktion zu unternehmen: erstens müßten sich die Staaten, die amerikanische Hilfe erhalten wollen, verpflichten, sich in ihrem Innern um die Verwirklichung und Verteidigung der Demokratie und der Menschenrechte zu bemühen; zweitens müßten — da die Hilfeleistung nur im Rahmen eines internationalen Plans erfolgen sollte — die teilnehmenden Staaten zu enger Kooperation bereit sein.³⁴ Von der Forderung der Kooperation ausgehend verband Blum nun die amerikanische Wirtschaftshilfe mit seinen früheren Überlegungen zur europäischen Einigung. Einen Weltwirtschaftsplan zu verwirklichen, sei in der gegenwärtigen Situation zu schwierig; die Vorstellungen von den Vereinigten Staaten von Europa, wie sie von Winston Churchill oder Paul van Zeeland propagiert würden, böten Modelle, wie ein Plan zum Wiederaufbau der europäischen Länder verwirklicht werden könne.³⁵ Schwierig sei nur, die Grenzen eines solchen vereinten Europas festzulegen: Würde Deutschland zugelassen werden? Würde Großbritannien, würden die UdSSR und ihre osteuropäischen Vasallenstaaten an einer europäischen Föderation teilnehmen? Blum ließ die Antwort offen, zog aber bereits von den Erfahrungen der letzten Monate her eine eventuelle Ablehnung seitens der Sowjetunion in Betracht: „Je le dirai avec franchise: il n'est pas entièrement impossible

d'imaginer qu'un jour ou l'autre, sur le plan de l'organisation internationale ou intereuropéenne, on soit obligé de passer outre à l'absence ou à l'abstention volontaire de l'U.R.S.S., de même qu'en France, sur le plan de la politique intérieure, nous avons été obligés de passer outre à la retraite volontaire de nos camarades communistes. Mais c'est une solution de dernière extrémité qu'à mons sens on doit tout faire pour éviter."[36]

Diesen Bruch der Sowjetunion mit der internationalen Gemeinschaft zu verhindern, seien nach wie vor insbesondere die sozialistischen Parteien berufen. In der Initiative der USA sei die Chance für eine internationale Friedensordnung enthalten; an den sozialistischen Parteien liege es nun, eine gemeinsame Politik des sozialistischen Internationalismus neu zu formulieren. Auf der für Juni 1947 nach Zürich einberufenen Konferenz der sozialistischen Parteien sei dazu Gelegenheit. Das Finden einer gemeinsamen Doktrin sei gewiß mit großen Schwierigkeiten verbunden; doch in den großen Konferenzen der Sozialistischen Internationale nach dem Ersten Weltkrieg, die vor einer ähnlichen weltweiten Wiederaufbauproblematik gestanden hätten, hätten die Sozialisten schon einmal bewiesen, daß sie zur Erarbeitung konstruktiver Vorschläge zur internationalen Friedensplanung fähig seien. „Le Socialisme international peut dès à présent prendre la tête du grand mouvement d'opinion qui orienterait l'initiative américaine au lieu de la rebuter."[37]

Was Blum als gemeinsame Politik des internationalen Sozialismus unter dem Vorzeichen der zu erwartenden amerikanischen Initiative vorschwebte, war im Ansatz bereits in dieser Artikelserie enthalten: das Konzept eines vermittelnden sozialistischen Europas zwischen den beiden Weltmächten. Die Interpretation der neuen amerikanischen Politik als provisorische Statthalterschaft für die unwirksam gewordene UNO implizierte die Anerkennung des Scheiterns der „Organisation internationale" im globalen Maßstab. Zumindest vorläufig waren auch für Blum universale Lösungen nicht mehr denkbar; was partielle Stabilisierungen des internationalen Systems betraf, so vertraute er, in seinem Urteil von seiner Interpretation der US-Politik von 1946 als „auf dem Weg zum Sozialismus befindlich" vorbestimmt, auf die Führung der USA. Insofern die neue amerikanische Politik sich auf die Mittel der Führung und der Kooperation beschränkte[38], und ihre Aktionen innerhalb des von der UNO vorgezeichneten Rahmens verblieben, den sie ja im wesentlichen selbst abgesteckt hatte, fand sie in Blum einen kooperationswilligen Partner. Damit geriet die universale Zielsetzung für Blum als gegenwärtig unpraktikabel in den Hintergrund; andere Zielsetzungen traten in den Vordergrund: Nötig war, das hatte ihm die katastrophale Verschlechterung der wirtschaftlichen Lage Europas im Winter 1946/47 vor Augen geführt, eine neue amerikanische Wirtschaftshilfe; nur sie konnte seine vergeblichen Forderungen nach Stärkung der französischen Wirtschaft aus dem deutschen Potential kompensieren; eine weitere Verschlechterung der Lage würde de Gaulle zugute kommen, der gerade sein gegen die Ordnung der IV. Republik gerichtetes „Rassemblement du Peuple Français" gegründet hatte, vielleicht auch den Kommunisten, auf keinen Fall aber den Sozialisten. Nötig war, dieser Gedanke hatte seine Schriften seit der Résistancezeit durchzogen, und darin hatte ihn André Philip nach seiner Rückkehr von der Eröffnungssitzung der ECE soeben noch einmal bestärkt[39], ein Zusammenschluß der europäischen Nationalwirtschaften als Pendant zu einer amerikanischen Wirtschaftshilfe; Bedenken, die Blum zur Zeit des „Famille-occidentale"-Konzepts gehindert hatten, allzu unmittelbar für einen föderativen Zusammenschluß europäischer Länder zu plädieren, bestanden nun nicht mehr: die Sowjetunion hatte sich trotz der damaligen Zurückhaltung nicht zur Überwindung ihres Blockdenkens bewegen lassen; die Dringlichkeit der Strukturreform Europas schien nun ein Zuwarten nicht mehr zu erlauben. Nötig war schließlich eine Politik, die alles tat, die bestehenden Spannungen zwischen den beiden Weltmächten nicht zu vergrößern, sondern nach und nach abzubauen.

Die Problematik des Entwurfs lag in der Vereinbarkeit des letztgenannten Ziels mit den beiden ersten: Gewiß würde ein durch Wirtschaftshilfe und Einigung gestärktes Europa die Welt um ein Konfliktfeld ärmer machen. Wie aber sollte Europa, noch dazu mit amerikanischer Unterstützung, dahin gelangen, ohne zugleich den Abstand zur Sowjetunion zu vergrößern? Würde die Einigung Europas nicht die Spaltung der Welt implizieren? Das Problem stellte sich schärfer, als Blum es sah. In seiner Interpretation handelten die USA in internationalistischem Geist, aus Einsicht in die Interdependenz der Nationen; tatsächlich verstanden sie die UNO jedoch stets nur instrumental, als ein Mittel, die eigene Sicherheit und den eigenen Wohlstand zum geringstmöglichen Preis zu garantieren[40]; damit tendierte diese Politik stärker und kompromißloser auf einen Gegensatz zur Sowjetunion, als es eine auf das Ziel der Stärkung der UNO gerichtete Politik getan hätte. Immerhin mußte auch für Blum der Polarisierungsprozeß der beiden Weltmächte bereits erhebliche Ausmaße angenommen haben, wenn er seinen gewohnten optimistischen Duktus aufgab, um, wenn auch in vorsichtigen Worten, von einer möglichen freiwilligen Selbstisolation der Sowjetunion zu sprechen. Blums Antwort auf die Gefahr einer Zweiteilung der Welt war zunächst die Forderung nach einer Politik der Offenen Tür gegenüber der Sowjetunion. Diese Antwort konnte jedoch nicht hinreichend sein, insofern eine ähnliche Haltung den bisherigen Polarisierungsprozeß nicht hatte aufhalten können; um so mehr Gewicht fiel auf die zweite Antwort: die Forderung nach einer internationalen Aktion des Sozialismus. Die sozialistischen Parteien Europas sollten zunächst einmal sicherstellen, daß die amerikanische Initiative und die Antwort der europäischen Länder auf diese Politik tatsächlich zu einem Wiederaufbauprogramm im internationalistischen Geist führte; sie sollten durch ihre gemeinsame Anstrengung verhüten, daß die amerikanische Wirtschaftshilfe zu einer Reaktivierung kapitalistischer Wirtschaftsstrukturen in Europa führte; und sie sollte dadurch schließlich ein Europa schaffen, das, sozialistisch und demokratisch, strukturell zwischen den beiden Weltmächten angesiedelt war und damit langfristig zum Ausgleich und zur Annäherung der USA und der UdSSR beitragen konnte.

Dieses Europa der „Dritten Kraft" war nicht als eine neutrale Position zwischen den beiden Weltmächten zu verstehen, da der Begriff des Neutralismus die Anerkennung der Existenz zweier gegensätzlicher Machtblöcke vorausgesetzt hätte, deren Entstehung Blum ja gerade zu verhindern bemüht war. Eher war es als ein Europa gedacht, das trotz der amerikanischen Wirtschaftshilfe politisch unabhängig genug war, um die eigene Gesellschaftsreform voranzutreiben und die Verbindung zur Sowjetunion zu wahren, ein Europa, das in dieser offenen Form auch die osteuropäischen Länder umfassen konnte. Freilich wußte auch Blum, daß zur Schaffung eines solchen Europas der internationale Sozialismus in einem ganz anderen Maße aktiviert werden müßte, als das seit Kriegsende bisher der Fall gewesen war; nicht anders war sein Rückgriff auf die Zeit der Internationale-Konferenzen nach dem Ersten Weltkrieg zu verstehen. Sollten die sozialistischen Parteien dem Appell Blums nicht folgen, so würde sich seine Antwort auf das Problem der Spaltung der Welt als eine Scheinantwort entpuppen. Der Schlußpunkt von Blums Argumentation konnte sich als ihr schwächster Punkt erweisen.

Reaktionen auf die Marshall-Rede

Nachdem Blum bereits im Mai 1947 eine sozialistische Politik in Antwort auf das restringierte Eindämmungskonzept der USA vorformuliert hatte, war die Reaktion der SFIO auf die definitive Ankündigung der neuen Wirtschaftshilfe durch Außenminister Marshalls Rede vom 5. Juni in der Harvard-Universität leicht vorauszusehen. Die amerikanische Initiative richtete sich offiziell „nicht gegen irgendein Land oder irgendeine Doktrin, sondern gegen Hunger, Armut, Verzweiflung und Chaos"; das Hilfsprogramm sollte allen europäischen Ländern einschließlich der Sowjetunion und ihrer osteuropäischen Satelliten offenstehen; die Initiative zu seiner Verwirklichung sollte von den europäischen Staaten selbst ausgehen; sie sollten „untereinander zu einer Einigung darüber kommen, was die gegenwärtige Lage am dringendsten erfordert".[41] Dieser Plan, so Charles Dumas und Blum in ersten Kommentaren, konkretisierte die in der Rede Achesons enthaltenen Vorstellungen genau in der Weise, die Blum in seiner Artikelserie als notwendig erachtet hatte. Er bedeute, so Jean Lechantre, „la dernière chance qui s'offre à l'Europe de s'unir dans une paix constructive et au monde d'éviter une tragique division".[42] Im „Combat" schrieb Marcel Gimont, der noch vierzehn Tage zuvor den europäischen Einigungsgedanken als im Hinblick auf die Fortentwicklung der globalen Organisation inopportun abgetan hatte, Marshalls Vorschlag habe Europa den einzig möglichen Weg zur Schaffung einer Wirtschaftseinheit gezeigt. Claude Bourdet betonte die versöhnende, den Frieden stabilisierende Anlage des Plans, der im Gegensatz zu den gefährlichen Blockpolitik-Tendenzen der Truman-Doktrin stehe. Jean Texcier und Bourdet wiesen auf die Chancen für sozialistische Vereinigte Staaten von Europa hin, die sich aus dem Plan ergäben.[43]

Daß Blum und die führenden Politiker der SFIO tatsächlich an die Möglichkeit eines gemeinsamen, Osteuropa einschließenden Wiederaufbauprogramms glaubten und das Angebot Marshalls nicht zu einer einseitig prowestlichen Orientierung der französischen Politik zu nutzen gedachten, zeigte ihre Auseinandersetzung mit Außenminister Bidault in den folgenden Wochen bis zum Beginn der britisch-französisch-sowjetischen Dreierkonferenz über den Marshall-Plan am 27. Juni. Blum rief in seinen Pressekommentaren wiederholt die französische Regierung auf, die Initiative zu einer gemeinsamen gesamteuropäischen Aktion zu ergreifen und dafür Sorge zu tragen, daß nun tatsächlich, wie er es vorgeschlagen hatte, die ECE in Genf zum Träger des Programms würde. Die ECE galt ihm als Zeichen der Hoffnung für eine gesamteuropäische Lösung, hatte sich doch die Sowjetunion entgegen den allgemeinen Erwartungen doch noch in letzter Minute an der konstituierenden Sitzung der Kommission beteiligt. „Quand on demande: qu'est-ce l'Europe? nous pouvons donc légitimement répondre: l'Europe, en pareille matière, se nomme la Commission Économique Européenne. C'est à elle qu'il appartient de répondre à la suggestion américaine; c'est à elle que revient le plein droit d'initiative de la mise en train et la direction du travail."[44] In der Ministerratssitzung vom 11. Juni, in der sich das französische Kabinett erstmals mit dem amerikanischen Hilfsangebot beschäftigte, griffen Ramadier und Philip die Forderungen Blums auf. Nur die ECE, so Ramadier, sei kompetent, über die Grenzen des in das Programm aufzunehmenden Europas zu entscheiden; nur wenn die amerikanische Hilfe durch Vermittlung eines internationalen Gremiums gegeben werde, so Philip, werde den osteuropäischen Ländern eine Teilnahme möglich werden. Bidault lehnte den Gedanken an die ECE mit dem Hinweis ab, die USA seien nicht geneigt, nebulösen internationalen Organisationen ihre Wirtschaftshilfe zu gewähren, schon gar nicht einer Organisation, an der sich die Sowjetunion beteiligt habe.[45] In Wahrheit war Bidault die Haltung der USA in der ECE-Frage überhaupt nicht bekannt; der Bericht des Planungsstabes im amerikanischen Außenministerium vom 23. Mai 1947 enthielt sogar explizit den Ratschlag, zunächst eine Initiative der ECE anzuregen und lediglich Vorkehrungen zu treffen, die amerikanische Hilfe auch bei einer Blockierung der ECE durch die Sowjetunion wirksam werden zu lassen[46]; Bidaults Argumentation war eine reine Zweckbehauptung. Der Außenminister war, wie Beobachter seines Verhaltens während dieser Tage notierten, seit dem Ende der Moskauer Konferenz offensichtlich von der Notwendigkeit eines Bruchs mit der Sowjetunion überzeugt; daß die amerikanische Initiative die Sowjetunion miteinbezog, konnte ihm folglich nicht mehr gelegen sein, zumal „es in die Augen sprang, daß die Einbeziehung von Staaten des kommunistischen Europas sich wahrscheinlich in einer Verringerung der jeder Nation zugewiesenen Quote auswirken würde".[47]

Tatsächlich war es nicht Bidault, der die Initiative zu der britisch-französischen Zweierkonferenz über eine gemeinsame Antwort an die amerikanische Regierung ergriff, sondern der britische Außenminister Bevin. Nachdem Bevin am 17. Juni nach Paris gekommen war, bedurfte es einer eindringlichen Intervention Ramadiers in der Ministerratssitzung vom 18. Juni — „Si vous vous arrêtez sur le Rhin, ce sera alors un tout petit canton, le but sera manqué. Il est essentiel qu'il y ait, pour le moins, une certaine participation de l'Union soviétique et une part entière des Etats satellites" — bevor Bidault in eine gemeinsame britisch-französische Einladung an Moskau zu einem Dreiergespräch einwilligte.[48] Während Bevin in den folgenden Tagen bis zum Eintreffen Molotows in Paris am 27. Juni seine Erklärungen über die bevorstehende gemeinsame Politik häufte, schwieg sich Bidault derart aus, daß sich Blum veranlaßt sah, bei Auriol seine Besorgnis über das mangelnde Interesse des Außenministers an einem Gelingen der Gespräche zu äußern. Am 23. Juni, dem Tag der Übermittlung der positiven sowjetischen Antwortnote, nur gerüchteweise über die positive Reaktion Stalins informiert, vereinbarten Blum und Auriol, Bidault durch eine offizielle Anfrage der SFIO-Franktion zur Bestätigung der sowjetischen Zusage zu zwingen. Auriol selbst scheint nicht von seinem Außenminister, sondern erst nachträglich vom französischen Botschafter in London, Massigli, über den Inhalt der sowjetischen Antwort informiert worden zu sein.[49]

Nachdem die ECE als Trägerorganisation für ein gesamteuropäisches Wiederaufbauprogramm ausfiel, da Bidault sich nicht hatte entschließen können, den sozialistischen Vorschlag aufzugreifen, war die SFIO darauf bedacht, wenigstens die Erarbeitung eines kollektiven gesamteuropäischen Plans sicherzustellen. Bis zum Eintreffen Bevins in Paris hatte Bidault in der Frage des Hilfsprogramms nur bilaterale Kontakte auf Botschafterebene mit der amerikanischen Regierung unterhalten; deshalb wiesen die sozialistischen Kommentatoren mehrfach darauf hin, es sei eine Illusion zu glauben, Hilfsgesuche einzelner europäischer Länder oder auch eine bloße Zusammenstellung aller europäischen Einzelgesuche hätten Aussicht auf Erfolg. Nötig sei ein gesamteuropäischer Plan, nicht nur, weil ihn die USA zur Bedingung für die Gewährung der Hilfe machten, sondern weil infolge der wirtschaftlichen Interdependenz nur durch die Schaffung einer über das freie Unternehmertum des Kapitalismus hinausgehende europäische Wirtschaftseinheit die Möglichkeiten der amerikanischen Hilfe voll ausgenutzt werden könnten und so der europäische Wiederaufbau gelingen könnte. Zur Erarbeitung dieses Plan schlugen sie eine funktionalistische Methode vor: Zunächst sollte man sich über dringende Einzelfragen verständigen, wie etwa die Ernährung und das Verkehrswesen, nach und nach müßten dann umfassendere Fragen gelöst werden wie die kollektive Ausbeute der Rohstoffe Europas und die Umwandlung der bestehenden bilateralen Handelsverträge in ein Kollektivabkommen. Durch die zunehmende wirtschaftliche Verflechtung der europäischen Länder würde schließlich ein Klima geschaffen werden, in dem auch politische Probleme leichter gelöst werden könnten als bisher.[50] Zunächst aber konzentrierte sich das Interesse der französischen Sozialisten auf die sowjetische Antwort auf das amerikanische Hilfsangebot. Léon Blum gab sich betont optimistisch: nachdem die „Prawda" am 16. Juni die Marshall-Rede als neues Beispiel für den Dollar-Imperialismus bezeichnet hatte, schrieb er, er könne sich dennoch keinen sachlichen Grund für eine sowjetische Ablehnung vorstellen. „Je n'aperçois pas pourquoi l'U.R.S.S. maintiendrait son opposition de principe à une offre dont les dernières manifestations du général Marshall ont transformé le caractère." Nachdem die Annahme der französisch-britischen Einladung durch Molotow bekannt geworden war, sprach er am 25. Juni von einem echten Interesse Molotows an einer Einigung auf ein gemeinsames Wiederaufbauprogramm.[51] Auf der anderen Seite klang es wie eine vorsorgliche Absicherung, wenn Robert Verdier und Charles Dumas zur gleichen Zeit die zunehmende Ausschaltung demokratischer Opposition in Polen und die Prozesse gegen Petkoff in Bulgarien und Maniu in Rumänien zum Anlaß nahmen, der Sowjetunion eine Politik der fortschreitenden Blockbildung vorzuwerfen[52], und Oreste Rosenfeld als Summe seiner Rußland-Impressionen einen sowjetischen „Staatskapitalismus" anstelle des proklamierten Sozialismus diagnostizierte.[53] Jean Lechantre reagierte bereits auf den „Prawda"-Artikel mit der Forderung, die westeuropäischen Nationen müßten das Wiederaufbauprogramm notfalls auch alleine durchführen. „Ni la France, ni l'Angleterre, ni les autres démocraties de l'ouest européen n'ont le droit de laisser échapper une chance de salut."[54] Freilich: „Il est certain qu'en effet une fin de non-recevoir de l'U.R.S.S. (...) créerait une situation toute nouvelle."[55] Noch waren die Entscheidungen nicht gefallen.

2. Entscheidungen für oder gegen den Marshall-Plan

Reaktionen auf Molotows „Nein"
Molotows Entschluß, die britischen und französischen Vorschläge für ein gemeinsames Wiederaufbauprogramm unter Berufung auf die „Unantastbarkeit der natio-

nalen Souveränität" abzulehnen und die Verhandlungen in Paris abzubrechen[56], rief bei der SFIO Bestürzung und Ratlosigkeit hervor. „Cela serait une catastrophe", schrieb Blum am Abend des 1. Juli, als die Divergenzen bereits offenkundig geworden waren, „Il m'est impossible de croire à cela, il m'est impossible d'accepter cela. L'opinion universelle doit se raidir, se dresser, élever la voix pour prévenir un tel désastre."[57] Als das Desaster eingetreten war und Molotow am 2. Juli die Pariser Konferenz verlassen hatte, war die sozialistische Presse einen Tag lang zu keinem Kommentar fähig. Dann folgte eine Fülle von bestürzten Kommentaren: „Personne ne prévoyait la cassure quasi immédiate, la cassure nette, tranchante, brutale comme une amputation. (...) Dans sa montée laborieuse vers l'ordre, l'amitié, le travail prospère et la paix, le monde vient de subir une chute brusque et rude" (Blum); Molotow habe Europa in zwei Teile gespalten (Blum/Mayer); den Versuch einer europäischen Kooperation zunichte gemacht (Ronsac); die letzten Elemente internationaler Solidarität zerstört (Gimont); die Sowjetunion sei offensichtlich auf die Verelendung der europäischen Völker angewiesen, um ihrer Propaganda Nahrung zu geben (Lechantre), sie wolle den Wiederaufbau Europas scheitern lassen; „l'U.R.S.S. manifeste qu'elle considère l'amélioration du sort des peuples, le renforcement de la démocratie et de l'indépendance des nations, comme autant d'obstacles au triomphe du communisme sous l'hégémonie russe" (Dumas).[58]

Die Absage Molotows stellte das erst ansatzweise entwickelte sozialistische Konzept einer europäischen Einigung im Zeichen der Marshall-Hilfe grundsätzlich in Frage. Die amerikanische Wirtschaftshilfe und die Überwindung der nationalstaatlichen Wirtschaftsgrenzen in Europa waren, davon war die SFIO-Mehrheit nach wie vor überzeugt, für die wirtschaftliche Gesundung Frankreichs wie aller übrigen europäischen Länder, für die Festigung der Demokratie und den Aufbau des Sozialismus unabdingbar. Doch wenn sich die Sowjetunion nicht an dem gemeinsamen europäischen Programm beteiligte, wuchs, so Charles Ronsac, zwangsläufig das Gewicht der USA innerhalb des Programms[58a]; damit vergrößerten sich die Gefahren der Einflußnahme der USA auf die europäische Politik und der Reaktivierung des europäischen Kapitalismus. Die Absage Molotows trieb, so Jean Texcier, die französischen Kommunisten in eine systematische Opposition gegen die den Marshall-Plan unterstützenden bürgerlichen Parteien[59]; damit implizierte eine Parteinahme für den Plan für die SFIO das Ende aller Aussichten auf eine Erneuerung der Koalition mit den Kommunisten, die Gefahr, zur Gefangenen einer liberalen Koalition zu werden, den Abschied von der Klassenkampf-Ideologie der Parteitagsmehrheit von 1946 und die Bestätigung der gefürchteten innenpolitischen Polarisierung. Vor allem aber geriet — und dies war das entscheidende Problem — durch die sowjetische Weigerung ein als regionale Stärkung der UNO gedachtes Programm in den Verdacht, die Spaltung der Welt zu perpetuieren. „Nous sommes dans l'ombre de la guerre", notierte Vincent Auriol. „Les gens sont engagés sur des voies où personne ne peut faire de concession. Les Etats-Unis ont leur opinion publique. L'Union soviétique a son dogmatisme doctrinaire. Personne n'est capable d'un retournement."[60]

Blum und die führenden Außenpolitiker der SFIO versuchten dennoch das Unmögliche: die Option für die Marshall-Hilfe und das in Aussicht genommene europäische Gemeinschaftswerk beizubehalten, gleichzeitig jedoch die negativen Folgen dieser Politik abzuwenden. „Il faut", erklärte Blum gegenüber Auriol, „continuer dans la voie que nous avons choisie. Il faut lutter jusqu'au bout, jusqu'au désespoir même, pour empêcher de cristalliser cette situation, ce bloc de l'Est contre le bloc de l'Ouest."[61] Folglich stellten sie sich rückhaltlos hinter die Entscheidung der französischen Regierung, zusammen mit der britischen Regierung am 3. Juli 22 europäische Länder zu einer Konferenz über das amerikanische Hilfsangebot nach Paris einzuladen.[62]

Die Entscheidung für die Marshall-Hilfe bedeutete für sie in erster Linie eine Entscheidung für den Aufbau eines die nationalstaatlichen Grenzen überwindenden, an sozialistischer Planung ausgerichteten Teil-Europas. Die amerikanische Hilfe, so Ramadier vor dem Nationalrat der SFIO am 6. Juli, werde nur in dem Maße effektive Ergebnisse zeitigen, wie die europäischen Länder sich gemeinsam zu organisieren wüßten. Das Angebot Marshalls, so Grumbach bei der gleichen Gelegenheit, bedeute für Europa „une occasion unique pour faire, au moins sur le plan économique, le premier pas, je ne dis pas vers une unification mais au moins vers la condensation de ses besoins économiques, de ses capacités économiques."[63] Der Nationalrat erklärte sich in einer einstimmig angenommenen Resolution „convaincu que les États du vieux continent agiraient dans l'intérêt suprême de tous ses peuples en saisissant l'occasion unique que leur fournit l'offre de général Marshall pour s'entendre entre eux en vue de l'établissement d'un plan de reconstruction européenne. Un accord général, même limité, constituerait un premier pas vers une Europe qui serait dorénavant, au moins sur le plan économique, autre chose qu'une conception purement géographique."[64]

Blum, Ramadier und Jean Le Bail forderten, nicht bei dieser Harmonisierung der europäischen Nationalwirtschaften stehenzubleiben, sondern in die gemeinsame Organisation der europäischen Wirtschaft konsequent das supranationale Prinzip einzuführen. „Aucune organisation internationale n'est concevable sans l'abandon par chaque État d'une portion de sa souveraineté nationale." Mit Blick auf Molotows Argument, der gemeinsame europäische Wiederaufbauplan beeinträchtige die Unabhängigkeit der europäischen Nationen, bekräftigte Blum noch einmal den Grundgedanken des Föderalismus: Durch den Eintritt in eine kollektive Organisation werde die Unabhängigkeit einer Nation nicht verletzt, sofern dieser Eintritt und die damit verbundene partielle Souveränitätsabgabe ein freiwilliger Akt war; im Gegenteil, erst der Eintritt in eine kollektive Organisation garantiere dem Nationalstaat heute eine echte Unabhängigkeit. „Indépendance reste une expression internationale; souveraineté est devenu un vocable nationaliste et nous le laissons à d'autres."[65] Gegenüber Jean Monnet regte er die Schaffung einer ersten supranationalen Behörde im Zuge der Verwirklichung der Marshall-Hilfe an: „Ne croyez-pas que le comité central de coopération puisse être transformé en un office international de reconstruction solidairement garanti par chaque Etat contractant? C'est cet office qui gérerait les fonds avec la garantie de chaque Etat."[66] Als die am 12. Juli eröffnete Konferenz der 16 europäischen Staaten sich zunächst zu kaum mehr als zu einer Addition von 16 nationalen Hilfsgesuchen bereitfand, sprach Auriol von der Gefahr eines Scheiterns des gesamten Programms; das amerikanische Drängen auf Intensivierung der Kooperation der europäischen Staaten fand seine volle Unterstützung.[67] Guy Mollet und André Philip schließlich beklagten vor dem SFIO-Nationalkongreß am 16. August Bidaults Festhalten am nationalstaatlichen Prinzip; seine Außenpolitik bezeichneten sie als „nicht repräsentativ" für eine sozialistische Regierung.[68]

Entscheidungen in der Partei
Die Sorgen der französischen Sozialisten vor den negativen Implikationen eines europäischen Wiederaufbauprogramms ohne Beteiligung der Sowjetunion kamen vor allem in der innerparteilichen Diskussion zur Vorbereitung dieses 39. Nationalkongresses zum Ausdruck. Einer der Entschließungsanträge — vorgelegt von dem zurückgetretenen Stellvertretenden Generalsekretär Yves Dechézelles und von der Rhône-Föderation unterstützt — ging so weit, den Marshall-Plan als „une initiative de l'impérialisme américain d'étendre son hégémonie sur l'économie européenne" kompromißlos abzulehnen. „Susceptible d'apporter une amélioration relative dans le domaine du ravitaillement, il fait peser sur la classe ouvrière européenne le danger d'une emprise de plus en plus étroite de la bourgeoisie et d'une restriction de nos libertés démocratiques." Als Alternative empfahl der Antrag die Sammlung des internationalen Proletariats in einer „véritable internationale de lutte", die allein dem Kriegstreiben der beiden Weltmächte Einhalt gebieten könne.[69] Der Verweis auf eine revolutionäre Internationale war freilich nur eine Scheinantwort, die tatsächliche Absicht vielmehr, angesichts der Entscheidung der westeuropäischen Regierungen für den Marshall-Plan wenigstens den erwarteten Schaden von der eigenen Partei abzuwenden.[70] Innerhalb der SFIO fand diese Sicht des Marshall-Plans allerdings nur wenig Zustimmung; die „Motion dite de fidelité à la doctrine socialiste" erhielt auf dem Parteitag nur 274 von insgesamt 4984 registrierten Mandaten.

Die übrigen Anträge waren sich in der Befürwortung des Marshall-Plans einig. Sowohl der mit 2423 Mandaten siegreiche Antrag Mollets, den unter anderen Arrès-Lapoque, Boutbien, Commin, Ferrat, Gazier, Pivert, Rous und Rimbert mitunterzeichnet hatten, als auch der mit 2002 Mandaten unterlegene Antrag Verdiers, Mayers und der Nord-Föderation, dem sich unter anderen Jaquet, Lejeune, Lussy, Meunier, Noguères und Texcier angeschlossen hatten, plädierten für eine sozialistische Wirtschaftsplanung auf europäischer Ebene im Zeichen des Marshall-Plans. Beide avisierten eine europäische Gemeinschaft, die die Tür für alle interessierten Mächte offenhalte (Mollet) und sich weigere, eine Politik der Isolierung der Sowjetunion mitzuvollziehen (Verdier). Sowohl der Antrag Mollets als auch ein weiterer, vor der Abstimmung wieder zurückgezogener Antrag Verdiers, Jaquets und anderer sprachen sich für eine föderative Form dieser europäischen Gemeinschaft aus; beide sahen in der Schaffung einer effektiven sozialistischen Internationale das notwendige Instrument, um aus dem gegenwärtigen Ansatz zu europäischer Wirtschaftsplanung eine europäische Föderation entstehen zu lassen. Keine der Resolutionen sprach explizit vom Ost-West-Konflikt, alle gaben jedoch mit dem Bekenntnis zur Politik der Offenen Tür zu verstehen, daß sie unter „europäischer Gemeinschaft" vorerst einen nur westeuropäischen Zusammenschluß zu akzeptieren bereit waren.

Unterschiedliche Akzentsetzungen enthielten sie nur insofern, als nur die Verdier-Anträge die sowjetische Isolations- und Pressionspolitik offen angriffen, und nur die Mollet-Resolution die Unterstützung des Marshall-Programms durch eine Bedingung aus der Feder Piverts einschränkte, es müsse „s'accompagner plus que jamais d'une lutte de classe à l'échelle internationale, en direction des objectifs socialistes".

Diese Unterschiede bedeuteten jedoch keinen fundamentalen Gegensatz zwischen uneingeschränkter Befürwortung des Marshall-Plans und skeptischer Zurückweisung eines Bündnisses mit Kapitalismus und Antisowjetismus[71]: auf dem Parteitag attackierte gerade Pivert den „totalitären Stalinismus"[72]; die Planungspolitik auf europäischer Ebene „en liaison avec les autres partis socialistes", die die Verdier-Mayer-Resolution vorsah, ließ sich als ein Teil des „begleitenden Klassenkampfes" im Pivertschen Sinne verstehen; die Betonung sozialistischer Planung entsprang den gleichen Vorbehalten gegen eine Reaktivierung des europäischen Kapitalismus, die Warnung vor einer Isolation der Sowjetunion der gleichen Sorge vor einer Verschärfung der Ost-West-Auseinandersetzung wie die Forderung nach internationalem Klassenkampf. Wenn die Verdier-Mayer-Resolution eine Stärkung der Aktion und der Autorität der Vereinten Nationen forderte, „en opposition avec la formation de blocs séparés et rigides", und Mollet in einem Artikel über „Internationalismus" gegen die Wahl eines Blocks auftrat und für „une politique autonome basée sur la sécurité collective et la solidarité des peuples" plädierte, so gaben beide damit zu verstehen, daß die von ihnen projektierte europäische Gemeinschaft nicht einem westlichen Lager angehören, sondern trotz Marshall-Hilfe eine unabhängige Politik vertreten sollte.[73] Der Unterschied zwischen beiden Haupttendenzen des 39. Kongresses bestand vielmehr darin, daß die Anhänger des Verdier-Antrags ihre Bedenken gegen die möglichen negativen Folgen des Marshall-Plans nicht so stark in ideologische Schemata faßten wie die Befürworter des Mollet-Antrags und damit in dem gemeinsam proklamierten schwierigen Unterfangen, trotz amerikanischer Hilfe und allenthalben zunehmender Polarisierung die Unabhängigkeit Europas zu wahren und den Ost-West-Gegensatz zu vermindern, eine flexiblere und politisch wirksamere Haltung einnehmen konnten.

Vom Tripartismus zur Dritten Kraft
Die Erfolgsaussichten für diese Politik des Ausgleichs verminderten sich jedoch rapide, kaum daß sich die SFIO für sie entschieden hatte. Die nunmehr offene Polarisierung in den Beziehungen der beiden Weltmächte führte zu einer entscheidenden Vertiefung der innenpolitischen Gräben in Frankreich; umgekehrt wuchs mit der innenpolitischen Polarisierung das Bewußtsein (und damit auch die Tatsache) einer definitiven Zweiteilung Europas.

Der Bruch von links kam nicht unerwartet, wenngleich seine Schärfe nicht vorauszusehen war. Die Konzentration aller Ressourcen auf einen kompromißlosen Kampf gegen den westlichen Imperialismus, wie sie die Sowjetführung mit der Gründung des Kominform als Antwort auf den als westliche Offensive interpretierten Marshall-Plan anstrebte, implizierte ein Einschwenken der französischen Kommunisten auf einen radikalen Oppositionskurs. „Il ne s'agit pas d'apporter de petites modifications, mais de changer de fond en comble la politique des deux partis", hielt ZK-Sekretär Shdanow, der eifrigste Verfechter der Kominform-Politik innerhalb der Sowjetführung, den französischen und italienischen Kommunisten auf der Gründungskonferenz des Kominforms entgegen, die vom 22. September bis 4. Oktober 1947 in Sklyaraka Poremba bei Warschau tagte. Nach entsprechender Selbstkritik Duclos' zeigte das Schlußkommuniqué der Konferenz

das neue Verständnis des kommunistisch-sozialistischen Verhältnisses an, das sich aus dem Oppositionskurs ergab:
„Ein besonderer Platz in dem taktischen Arsenal der Imperialisten kommt der Ausbeutung der verräterischen Politik der rechtsgerichteten Sozialisten vom Typ Blums in Frankreich, Attlees und Bevins in Großbritannien, Schumachers in Deutschland, Renners und Scharfs in Österreich, Saragats in Italien und anderen zu. Sie sind bestrebt, die wahre Räubernatur der imperialistischen Politik unter der Maske der Demokratie und der sozialistischen Phraseologie zu verbergen, während sie in Wirklichkeit in jeder Hinsicht als treue Komplizen der Imperialisten handeln, Verwirrung in den Reihen der Arbeiterklasse hervorrufen und deren Gewissen vergiften. (...) Unter diesen Umständen muß sich das antiimperialistische, demokratische Lager konsoldieren, ein gemeinsames Aktionsprogramm ausarbeiten und seine Taktik gegen die Hauptkräfte des imperialistischen Lagers, gegen den amerikanischen Imperialismus, gegen seine britischen und französischen Alliierten, gegen die rechtsgerichteten Sozialisten − vor allem in Großbritannien und Frankreich − wenden."[74]
Von den Kommunisten ins imperialistische Lager verwiesen, suchte die SFIO ihre Politik des Ausgleichs zu behaupten; die Schärfe des Angriffs trieb sie jedoch zu Feststellungen, die dieser Politik bereits die Grundlagen entzogen. „Il nous fait constater", hieß es in einer Verlautbarung des Generalsekretariats zur Kominform-Gründung, „que cette déclaration constitue un acte de subversion complète des partis communistes à la politique de l'U.R.S.S. (...) Il s'agit d'une initiative de l'U.R.S.S. qui signifie que la Russie se résigne à la division du monde en deux blocs (...) Cette tactique implique une lutte ouverte contre les démocraties occidentales et l'acceptation de la fatalité du conflit." Blum nannte die Warschauer Verlautbarungen „une déclaration de guerre à la social-démocratie en général et à la S.F.I.O. en particulier".[75]
Die Drohung von rechts nahm Ausmaße an, die niemand erwartet hatte. Die internationale Konjunktur förderte de Gaulles Ambitionen auf ein Präsidialregime; seine entschlossen antisowjetische und antikommunistische Kampagne zahlte sich aus: In den Kommunalwahlen vom 19. und 26. Oktober erhielt de Gaulles RPF in den größeren Kommunen bis zu 40 % der Stimmen. Am 27. Oktober, dem Tag nach dem zweiten Wahlgang, forderte der General die Nationalversammlung ultimativ auf, ein Mehrheitswahlrecht zu schaffen und sich anschließend selbst aufzulösen. Nur neun Monate nach der Installation der IV. Republik war ihre Existenz ernsthaft in Frage gestellt, der Aktionsspielraum der SFIO damit erneut eingeschränkt.[76]
„Si l'entreprise gaulliste était conduite jusqu'à son terme", befand Blum, „il n'y aurait plus en France de démocratie, il n'y aurait plus en France la réalité d'une République." Das Comité directeur rief zum Kampf „contre le Césarisme" auf.[77]
Die doppelte Radikalisierung der innenpolitischen Szene ließ jeden Gedanken an eine Rückkehr zum tripartistischen Konzept illusorisch werden, auf die ein − ständig kleiner werdender − Teil der Sozialisten bis in den September 1947 hinein gehofft hatte[78], und verwies die SFIO mehr denn je auf eine Koalition der Mitte, innerhalb derer spezifische Zielvorstellungen der Sozialisten zu verwirklichen immer schwieriger wurde. Für Léon Blum nahm diese Koalition historische Dimensionen an: „J'ai le sentiment que le Parti se trouve à nouveau dans un de ces moments solennels où son existence même est mise en cause", schrieb er in einem

Entschließungsantrag für den zum 22./23. November vorgesehenen außerordentlichen Parteitag.[79] „Le moment présente de l'Histoire impose à notre Parti, sur deux fronts, une double bataille défensive. Défense du socialisme et de la démocratie contre le communisme, défense de la démocratie et de la République contre le gaullisme." Am 30. Oktober forderte Guy Mollet in der Nationalversammlung alle demokratischen Kräfte auf, die SFIO in diesem Zweifrontenkampf zu unterstützen; das Konzept der „Troisième Force" war geboren. Die Problematik dieses Konzepts lag darin, daß es in der Theorie dem Erhalt der Demokratie als Grundvoraussetzung für eine Entwicklung auf den Sozialismus hin dienen sollte, in der Praxis jedoch in Anbetracht der tatsächlichen Kräfteverhältnisse mit dem Erhalt der Demokratie auch zu einer Stärkung von der SFIO als konservativ erachteter Positionen beitrug.[80] Eine „Troisième-Force"-Koalition war nur auf der Grundlage eines gemeinsamen Defensivprogramms möglich; eine positive Zielsetzung scheiterte an der Heterogenität ihrer Zusammensetzung. Die „Troisième Force" barg also von Anfang an ein Moment der Instabilität in sich, in dem sie die Diskrepanz zwischen sozialistischer Erwartungshaltung und den praktischen Möglichkeiten sozialistischer Politik perpetuierte.

Die innenpolitische Chronik des letzten Vierteljahrs 1947 liest sich wie eine Illustration zu der skizzierten Problematik: Ramadiers Kabinettsumbildung vom 22. Oktober, die einer Stärkung der Dritten Kraft dienen sollte, bedeutete das Ende sozialistischen Einflusses auf die Wirtschafts- und Finanzpolitik der IV. Republik; André Philip und Tanguy-Prigent, Exponenten des unbeliebten Dirigismus, waren nach der Umbildung nicht mehr im Kabinett vertreten. Ramadiers Rücktritt vom 19. November, eine Folge des von Mollet, der SFIO-Gruppe um Blum und Mayer und vom MRP jeweils in einem anderen Sinne verstandenen Wunsches nach Festigung der Dritten Kraft[81], führte nicht zu dem von der SFIO-Führung erhofften Mitte-Links-Kabinett unter Léon Blum, sondern zu einer im weitesten Sinne republikanischen Koalition unter Robert Schuman.[82] Die Serie von Streiks und Sabotageakten vom 18. November bis 9. Dezember, von den beteiligten Arbeitern mehrheitlich als Arbeitskampf, von den kommunistischen Kadern als Demonstration der Stärke des Widerstands gegen Frankreichs Wiederaufbau im Zeichen der Marshall-Hilfe verstanden, von Arbeitsminister Daniel Mayer eher im ersten, von Innenminister Jules Moch im zweiten Sinne beantwortet, endete zwar mit einer Niederlage der Kommunisten, von der sie sich in der IV. Republik nicht mehr erholen sollten, entfernte die SFIO jedoch von dem tendenziell kommunistischen Teil der Arbeiterschaft wie der Intellektuellen und band sie unwiderruflich an die „Troisième-Force"-Koalition.[83] Auf dem Nationalrat vom 16./17. Dezember plädierten nur noch Rimbert, Rous und Boutbien für eine Aufkündigung der Koalition mit den bürgerlichen Parteien; für Mollet wie für die überwiegende Mehrheit der Partei stand die Unausweichlichkeit der „Troisième-Force"-Koalition fest.[84] Je mehr die Dritte Kraft im innenpolitischen Bereich Gestalt annahm, desto weniger entsprach sie den sozialistischen Zielvorstellungen — ein schlechtes Omen für die Politik der ausgleichenden Dritten Kraft im internationalen Bereich.

3. Das Konzept der Dritten Kraft

Vier Motivkreise
Innenpolitisch wie außenpolitisch zwischen zwei Extreme geraten, suchte die SFIO im zweiten Halbjahr 1947 das Konzept der Dritten Kraft zu profilieren, um ihre Position behaupten zu können.
Vier Motivkreise für eine europäische Einigung, die sich in der Diskussion um den Marshall-Plan im Sommer 1947 herausgebildet hatten, wurden nun weiter ausgebaut, vier Motivkreise, die sich wechselseitig erklärten und bedingten: Europa als Voraussetzung für ein Gelingen der Marshall-Hilfe, Europa als Grundlage für den Aufbau des Sozialismus, Europa als die Blockbildung überwindende, ausgleichende Dritte Kraft und Europa als einzig verbleibende Lösung für die Deutschlandfrage.[85]
(1) Die Überwindung der europäischen Nationalstaatsgrenzen als für den Erfolg unabdingbares Pendant der amerikanischen Wirtschaftshilfe war bereits in der Formulierung des Marshall-Plans von amerikanischer Seite explizit genannt worden. Die SFIO sah in dieser Forderung eine Bestätigung ihrer langjährigen Föderationsvorschläge aus wirtschaftlichen Erwägungen und eine außerordentliche Gelegenheit zur Realisierung dieser Vorschläge. Gaston Goldschild und Maurice Klein betonten in einer Studie über „la construction de l'Europe" die prinzipielle Erfolgslosigkeit jeder Wirtschafts-und Sozialpolitik, die das Faktum der wirtschaftlichen Interdependenz Europas außer acht lasse:
„La concentration des capitaux, le perfectionnement et la centralisation de ses moyens de production, les caractères divers et complémentaires de sa production tant agricole qu'industrielle, la rapidité et le développement de ses moyens de communication, le besoin qu'elle a des matières premières et des débouchés qui lui offrent les autres parties du monde, la densité de sa population font de l'Europe un tout économique (...) qu'on ne saurait diviser ni contenir sans commettre un crime contre cette évolution économique et sans rétrograder."
Die Technik der Massenproduktion erreiche erst bei kontinentalen Märkten ihre volle Rentabilität; wenn Europa im Gegensatz zu den beiden Weltmächten an nationalen Märkten festhalte, laufe es Gefahr, in den Grenzen eines selbstgeschaffenen Protektionismus zu verarmen oder das Opfer einer wirtschaftlichen Kolonisierung durch die Weltmächte zu werden. Als notwendige Gegenmaßnahmen empfahlen sie den schrittweisen Abbau von Zollschranken bis zu ihrem völligen Verschwinden, eine Rationalisierung der europäischen Industrie durch Wirtschaftsplanung auf europäischer Ebene und die Europäisierung der Schlüsselindustrien.[86]
Eine Europäisierung der Ruhrindustrie als Pendant zur amerikanischen Wirtschaftshilfe forderten Claude Bourdet im „Combat" und Marcel Fourrier im „Franc-Tireur". Darüberhinausgehend plädierte der niederländische Sozialist Henri Brugmans, Präsident der „Union Européenne des Fédéralistes" (UEF) im „Populaire" für die Europäisierung der gesamten europäischen Schwerindustrie als aus psychologischen wie strukturellen Gründen unabdingbare Voraussetzung für ein Gelingen der Ruhrindustrie-Europäisierung; der Internationalisierung der Ruhrindustrie sollte seiner Meinung nach eine Katalysatoren-Funktion im Hinblick auf die Schaffung supranationaler Institutionen im europäischen Raum zukommen. Jacques Piette griff diese Vorschläge auf dem SFIO-Nationalrat auf; André Philip stellte sie in den Mittelpunkt einer Pressekonferenz, die er als Delegierter der Regierung

Schuman für die Internationale Handelskonferenz von Havanna am 17. Dezember in Washington hielt. Der Marshall-Plan, erklärte er, könne ohne die Schaffung der westeuropäischen Zollunion nicht gelingen; die internationale Ruhrbehörde solle von einer Kommission der drei Westmächte, verstärkt durch Vertreter des Produktionslandes — also Deutschland — und der Empfängerländer geleitet werden. „La reconstruction de l'Europe", faßte Blum zusammen, „implique la coopération constante, active, hardie, de l'Europe elle-même, et, au premier chef, des seize nations qui participent jusqu'à nouvel ordre au plan Marshall."[87]
(2) Daß der europäische Zusammenschluß eine notwendige Voraussetzung für den Aufbau einer sozialistischen Gesellschaftsform war, ergab sich bereits aus dem ersten Argumentationskomplex: Ungeachtet aller ideologischen Divergenzen bzw. mangelnder theoretischer Reflexion war sich die SFIO darüber einig, daß der Weg zum Sozialismus nicht über eine zunehmende Verarmung, sondern über eine zunehmende Prosperität der arbeitenden Bevölkerung führte. Insofern der Wiederaufbau Europas nicht ohne amerikanische Wirtschaftshilfe und europäischen Zusammenschluß möglich war, stellten diese beiden Projekte zwar nicht genuin sozialistische, aber doch historisch notwendig gewordene Instrumente sozialistischer Politik dar. Pivert und Philip faßten diese Überlegung in negative Formeln: „Bientôt, en face de la crise économique (...) les masses populaires européennes seront une proie facile pour les propagandes totalitaires, staliniennes ou néo-fascistes" — „In such circumstances, no one could foresee what the political outcome might be"; Goldchild und Klein betonten den positiven Aspekt: „Les travailleurs (...) bénéficieraient des progrès de la science et de la technique que la production à l'échelle europénne permettrait autrement que la production à l'échelle nationale."[88] Schließlich, so Pivert, Goldchild und Klein, würde die Prosperität Europas nicht nur den Europäern selbst zugute kommen, sondern langfristig gesehen dazu beitragen, den Lebensstandard der amerikanischen wie der russischen Bevölkerung zu steigern und die materiellen Grundlagen für die Emanzipation der ehemaligen Kolonialvölker zu schaffen.
Eine zweite Überlegung kam unausgesprochen oder ausgesprochen hinzu: nur ein geeintes Westeuropa würde stark genug sein, in dem Zielkonflikt zwischen kapitalistischer Wirtschaftshilfe und dem Entwurf einer sozialistischen Gesellschaftsordnung das Maß an Selbständigkeit gegenüber den USA zu wahren, das nötig sein würde, um Europa einen eigenen Weg zur Überwindung des Kapitalismus zu erlauben. Blum und Texcier suchten zwar gelegentlich den Eindruck zu erwecken, als sei die amerikanische Hilfe mit keinerlei politischen Implikationen verbunden, doch war diese buchstabengetreue Interpretation der Marshall-Hilfe eher als öffentlichkeitswirksame Antwort auf den kommunistischen Vorwurf, Handlanger des Imperialismus zu sein, gedacht; tatsächlich unterschieden auch sie zwischen politischen Bedingungen und politischen Konsequenzen.[89] Zu dem Argument der Stärke eines vereinten Europas verbanden sich die Befürchtung, die amerikanische Hilfe könne infolge einseitiger Präferenzen den kapitalistischen Liberalismus Europas noch einmal vor dem Untergang retten (explizit bei Jean Lorrain), ein allgemeines Mißtrauen gegenüber den expansiven Tendenzen des amerikanischen Kapitalismus (bei Pivert), Ansätze zu einer Übertragung des Wertes nationaler Unabhängigkeit auf die europäische Ebene und zu einem zwischen beiden Weltmächten vermitteln wollenden Neutralismus (explizit bei Goldchild und Klein).[90] „J'ai la conviction",

faßte Paul Ramadier vor dem SFIO-Nationalrat zusammen, „que nous pouvons (...) reconstituer les éléments d'une Europe; qui soit peut-être la médiatrice, mais qui soit certainement entre les deux grandes forces économiques et matérielles, une force reconstituée, puissante."[91]
Hinter der Sorge um den Wohlstand der europäischen Bevölkerung und um die Sicherung der Freiheit Europas, seinen eigenen Weg zu gehen, zeichnete sich das Bild eines sozialistische Ordnungsvorstellungen verwirklichenden vereinten Europas ab. Léon Blum traf das Anliegen aller zitierten Autoren, als er den ideologischen Standort Westeuropas zu bestimmen suchte:
„Zwischen den Vereinigten Staaten, ‚den Kämpfern für die individuelle Freiheit und die Menschenrechte', wo jedoch die kapitalistische Wirtschaft in ihrer unmenschlichen Härte unangetastet bleibt, und der Sowjetunion, die das kapitalistische Privateigentum zerstört, aber auch alle bürgerlichen und sozialen Freiheiten ausgeschaltet hat, gibt es Platz für jene Nationen, die gleichzeitig die persönliche Freiheit und die Kollektivwirtschaft, die Demokratie und die soziale Gerechtigkeit wollen. Das heißt, daß zwischen dem amerikanischen Kapitalismus — der, wie jeder Kapitalismus in aufsteigender Entwicklung, ‚expansionistisch' ist — und dem totalitären imperialistischen Kommunismus der Sowjets Platz ist für die Sozialdemokratie, für den Sozialismus. (...) Der demokratische Sozialismus ist derzeit das Hauptstreben des alten Europa, insbesondere des westlichen Europa. (...) Er repräsentiert, was man den geometrischen Ort der europäischen Ideologien nennen kann."[92]
Dieses Bild eines die individuellen Freiheiten und die soziale Freiheit von Ausbeutung zugleich realisierenden Europas stellte eine auf den aktuellen weltpolitischen Polarisierungsprozeß bezogene Anwendung des synthetisierenden Sozialismusbegriffs Jaurès' dar. Es teilte mit dem Jaurèsschen Sozialismus den Vorzug, von den unterschiedlichsten weltanschaulichen Positionen aus akzeptierbar zu sein; in der SFIO tauchte es bei nahezu allen mit Außenpolitik befaßten Politikern auf, vom liberalen Pragmatiker Ramadier bis zum Neo-Trotzkisten Pivert, über die Partei hinaus — an Gemeinsamkeiten der Résistancebewegung anknüpfend — in den Kreisen des französischen Personalismus und Existentialismus, aber auch in der britischen Labour-Party von den parteiinternen Linksopponenten um Richard Crossman bis zu Premierminister Attlee und bei deutschen Sozialdemokraten wie Richard Löwenthal und Kurt Schumacher.[93] Mit der Doktrin Jaurès' teilte es jedoch auch den Nachteil, inhaltlich wenig konkret zu sein, so daß seine pluralistische Anhängerschaft Gefahr lief, in der Diskussion über konkrete Schritte zu seiner Verwirklichung auseinanderzubrechen. In der Vision eines sozialistischen geeinten Westeuropas lag in der Krisensituation des Jahres 1947 die Chance eines beträchtlichen moralischen Impetus zum Wiederaufbau Europas und zugleich die Gefahr eines illusionären Eskapismus.
Die Verbindung wirtschaftspolitischer, sicherheitspolitischer und nationalegoistischer Überlegungen, die in dem Konzept eines geeinten Europas ihren Ausdruck fanden, mit der Zielvorstellung eines demokratischen Sozialismus erwiesen das „Vereinigte Europa" als einen ideologischen, nicht territorialen Begriff. Anders als in den vorwiegend strategischen Überlegungen eines Churchill implizierte dieser Europa-Begriff von vornherein die Nichtzugehörigkeit von Staaten, die nicht, wenn schon nicht sozialistisch regiert', doch zumindest nach dem westlich-demokratischen Modell

verfaßt waren. Offen ausgesprochen wurde, daß eine Beteiligung etwa Spaniens und Portugals undenkbar blieb; offen blieb, in welcher Form Deutschland beteiligt werden sollte; unausgesprochen enthielt das Konzept den Verzicht auf eine Teilnahme der osteuropäischen Länder. Die Rede von den Sozialistischen Vereinigten Staaten von Europa ermöglichte es den Sozialisten, sich an der beginnenden Neuorganisation des Aufbaus Westeuropas zu beteiligen, ohne sich zugleich dem früher von ihnen selbst betriebenen Vorwurf der Westblock-Politik aussetzen zu müssen: die auch nach ihrer Überzeugung definitiv gewordene Zugehörigkeit der osteuropäischen Staaten zu einem Ostblock wurde stillschweigend übergangen, andererseits wurde an der Möglichkeit einer von den westlichen Mächten unabhängigen Politik festgehalten. Wie Großbritannien seit dem Labour-Wahlsieg von 1945 mehr und mehr zu einem Kristallisationspunkt des demokratischen Sozialismus in Europa geworden war, so sollte nun auch die britische Regierung in der Bildung des geeinten Europas die führende Rolle übernehmen. Die SFIO-Gruppe um Marceau Pivert hatte die entscheidenden Impulse für ihre Vorstellungen eines vereinten Europas sogar von der ideologisch verwandten Labour-Gruppe um Richard Crossmann erhalten; Léon Blum plädierte in konsequenter Fortführung seiner außenpolitischen Linie seit der Résistance-Zeit für eine britisch-französische Initiative zur Realisierung der „Troisième Force Européenne": „L'entente, le concert, la coopération active entre les seize nations dépendent à leur tour de l'entente, du concert, de la coopération active entre la Grande-Bretagne et la France."[94]
Zur Realisierung eines sozialistischen Vereinten Europas war freilich, dies war den französischen Sozialisten klar, eine bessere Zusammenarbeit der europäischen sozialistischen Parteien, überhaupt eine stärkere Schlagkraft des internationalen Sozialismus nötig, als sie die zweieinhalb Jahre vergeblichen Ringens um eine Wiedererrichtung der Internationale hervorgebracht hatten. Das Pathos zahlreicher Appelle der SFIO an ihre Bruderparteien spiegelte die Kritik und das Unbehagen an der bisherigen Entwicklung, zum Teil auch die Unzufriedenheit mit der strukturellen Schwäche der eigenen Partei wider. „Je réponds comme socialiste", deklarierte etwa Léon Blum, „comme membre de la section française de l'Internationale ouvrière, que le devoir le plus urgent du socialisme international et spécialement du socialisme européen, à l'heure présente, c'est de rassembler ses forces, de définir clairement sa pensée, d'agir de tout son pouvoir et du pouvoir de tous les gouvernements qu'il inspire, sur l'Organisation des Nations Unies pour insuffler en elle son âme (...). Que le socialisme prenne donc hardiment, avec courage, avec confiance, ‚la tête de la colonne humaine', comme a dit Hugo."[95]
(3) Der Zusammenschluß Westeuropas zu einer die Blockbildung überwindenden, ausgleichenden Dritten Kraft wurde, je mehr sich die im Juli 1947 durch Molotows Ablehnung des Marshall-Plans geschaffene bipolare Situation verfestigte, zur einzig verbleibenden Antwort der SFIO-Politiker auf den offenen Ausbruch des Gegensatzes der beiden Weltmächte. Spätestens mit dem ergebnislosen Abbruch der Londoner Außenministerratstagung vom 25. November bis 15. Dezember war auch für sie dieser Gegensatz definitiv geworden, die Bildung eines Ostblocks bestätigt, die Gefahr der Entgegensetzung eines Westblocks gestiegen. Die Warnungen Blums, Grumbachs und Lapies vor den unabsehbaren Folgen eines Scheiterns dieser Konferenz verrieten nur, daß sie selbst von ihrem Erfolg und von der Möglichkeit, eine Konfrontation der beiden Blöcke zu vermeiden, kaum noch überzeugt waren.[96]

Als die Londoner Tagung selbst ohne Vereinbarung eines neuen Verhandlungstermins auseinandergegangen war, konstatierte Lapie: „La division de l'Europe risque de se consolider"; Léon Blum, nach dem Bericht Ariols, „a eu un moment de découragement en constatant que la séparation entre les puissances anglo-saxonnes et l'U.R.S.S. et par contrecoup entre l'Allemagne de l'Ouest et l'Allemagne de l'Est, s'est approfondie. Deux blocs antagonistes tranchés se consolident et l'avenir s'assombrit"; in der Öffentlichkeit rief er dazu auf, den Solidaritätsbruch der Vier Alliierten als eine Art Atempause des historischen Prozesses zu betrachten, während der der sozialistischen Dritten Kraft der entscheidende Durchbruch gelingen müsse.[97] Blums Beteuerung: „Je suis convaincu que ni l'U.R.S.S. ni les U.S.A. ne veulent la guerre" entsprach wohl einer auf nüchterner Analyse der Politik der beiden Weltmächte beruhenden Überzeugung, doch waren nach sozialistischer Auffassung Blockpolitik und Eskalation des bipolaren Gegensatzes bis zu einem bewaffneten Konflikt synonym; in der Tat war 1947 noch nicht abzusehen, daß die Zweiteilung der Welt im Zeitalter der Atomwaffen zu einer Fixierung des status quo führen würde; und in der Tat bedeutete die Perpetuierung des Gegensatzes der beiden Weltmächte die endgültige Blockierung des Weges zur supranationalen Weltorganisation.[98]

Der Appell an die Dritte Kraft war zunächst eher Ausdruck des Entsetzens über die Möglichkeit eines neuen Weltkrieges als inhaltlich konkretes Programm. Die Regierungserklärung Blums vom 21. November, die ihm nicht die erforderliche Mehrheit der Nationalversammlung einbrachte, kann als Grundmanifest der „Troisième Force européenne" gelten:

„Il existe en Europe, et sur tous les continents, des États, des groupes, des individus, qui comprennent qu'en l'état présent de l'évolution économique aucun grand problème ne peut plus trouver de solution satisfaisante dans le cadre des frontières, qu'aucun peuple ne peut plus prospérer ni même subsister sans une solidarité vitale avec les autres et qu'il faut se grouper, se fédérer, s'unir, ou périr. Ils n'acceptent pas de s'enrôler d'avance dans un des camps qui semblent se partager le monde, parce qu'ils perçoivent la nécessité de cette solidarité universelle, parce qu'ils mesurent le danger qui feraient courir à la paix, en se prolongeant, la division et l'opposition, parce qu'ils comprennent aussi ce qui signifie aujourd'hui le mot guerre. Le rôle, la mission de la France est d'aider à la constitution de la *Troisième Force internationale*, celle qui s'emploiera à aplanir les mésintelligences et à apaiser les soupçons par un effort infatigable de conciliation et de persuasion réciproques, celle qui n'admet pas pour les nations d'autre assujettissement qu'aux pactes conclus entre elles et à la Charte commune qu'elles se sont donnée, mais qui ne reculera devant rien, fût-ce devant l'abandon par les États d'une fraction de leur souveraineté particulière, pour fournir à la communauté internationale l'autorité suprême qu'exigent la conservation de la paix et la préservation de la condition humaine."[99]

Zieht man von dieser Deklaration das in ihr enthaltene Maß verbalen Beschwörens und Überspielens des tatsächlichen Ost-West-Konfliktes ab, so verbleibt als Grundlage für eine Politik der Dritten Kraft zuerst der sozialistische Glaube an die friedensstiftende Kraft der arbeitenden Bevölkerung. Auriols wiederholte Bemerkungen, man solle die Einflußmöglichkeiten der öffentlichen Meinung nicht unterschätzen, wie Piverts Vision einer von allen Schichten der Bevölkerung getragenen neuen sozialistischen Bewegung zeugen von der gleichen Annahme.[100] Zum zweiten ging

diese Politik von der Möglichkeit rationaler Konfliktbewältigung aus; die Deklaration war ein Appell, der Eskalation des Ost-West-Gegensatzes durch Rationalisierung und Domestizierung der vorhandenen Konfliktfelder entgegenzuwirken. Drittens setzte die Politik der Dritten Kraft auf die Stärkung und Befriedung des europäischen Raums durch die Marshall-Hilfe. Ein wirtschaftlich saturiertes und kooperierendes Europa würde, darauf wies insbesondere Ramadier hin, den Weltmächten die Möglichkeit nehmen, ihre Gegensätze in diesem Raum auszutragen; Europa würde damit zu einem Element der Stabilität im internationalen Bezugsfeld.[101]
Voraussetzung für eine stabilisierende Funktion war allerdings – dies der vierte Bestandteil –, daß Europa, obwohl auf die nicht unter sowjetischer Vormacht stehenden Gebiete beschränkt und erst durch die amerikanische Hilfe erstarkt, nicht zum Bestandteil eines westlichen Blocks unter amerikanischer Führung wurde, sondern sich seine Selbständigkeit bewahren konnte. Daniel Mayer gab dieser Überlegung, speziell auf Frankreich als kontinentale Führungsmacht Europas bezogen, Ausdruck: „Si nous donnions, sur le plan international, l'impression d'avoir choisi définitivement le 'camp américain contre le camp russe', il y aurait une grande repercussion sur le plan des échanges internationaux. Il y aurait désormais dans le monde deux camps et c'est la France qui aurait permis que chacun de ces camps soient ainsi cristallisés soit autour de l'Amérique, soit autour de la Russie."[102]
Europa sollte also, einerseits mit amerikanischer Unterstützung, andererseits trotz dieser Hilfe, soviel Eigengewicht entwickeln, daß es die Bildung eines Westblocks als Antwort auf die östliche Blockbildung verhindern konnte.
Statt dessen sollte – fünftens – ein selbständiges Europa zwischen den beiden Weltmächten vermitteln können. Dabei war allerdings nicht an eine machtpolitische Mittlerposition gedacht; das hierzu erforderliche Maß an Stärke und Eigengewicht trauten die Sozialisten Europa nicht zu; zudem war das Mißtrauen gegen die traditionelle Gleichgewichtspolitik, die eine solche Mittlerposition beinhaltete, immer noch groß. Europa sollte vielmehr indirekt, durch die langfristigen Wirkungen seines Gesellschaftssystems, die beiden Weltmächte einander annähern, also sozusagen eine ideologische Mittlerposition einnehmen. Europas Aufgabe war es, nach den Worten Blums, „nicht als Barriere oder Puffer, sondern als Instrument der Annäherung, des gegenseitigen Verständnisses und der Versöhnung zwischen den beiden entgegengesetzten Blöcken zu dienen". Ein prosperierendes sozialistisches Europa würde, so Pivert, sich sowohl den USA als für ihre Wirtschaftsexpansion notwendiger Partner anbieten als auch den Einfluß der amerikanischen Konzerne dämpfen und damit die Emanzipation der amerikanischen Arbeiter vorantreiben; es würde weiterhin zur wirtschaftlichen und sozialen Entwicklung der Sowjetunion beitragen, die wiederum Voraussetzung für ihre schrittweise Demokratisierung sei. Konkret erforderte die Vermittlerposition, nachdem die Bindungen Europas an die USA ohnehin von Tag zu Tag enger wurden, daß die Kontakte zu den osteuropäischen Ländern nicht abrissen. Die bestehende wirtschaftliche Interdependenz Gesamteuropas wurde als Gewähr für den Erhalt der Bindungen angesehen, inspirierte jedoch zu unterschiedlichen Schlußfolgerungen: während Charles Ronsac davor warnte, die Spaltung auf westlicher und westeuropäischer Seite zu vertiefen, meinte Jean Lechantre in Vorwegnahme des späteren Arguments der Stärke amerikanischer Westpolitik, früher oder später werde man auf östlicher Seite die Selbst-

isolation rückgängig machen müssen.¹⁰³ Auch unter diesem Aspekt stellte das Konzept der Sozialistischen Kraft Europa eine Mischung aus ernsthaftem Versuch, die Ost-West-Spannung zu überwinden, und Eskapismus dar.

(4) Eine europäische Einigung als Lösungsmöglichkeit für das Deutschlandproblem anzustreben, lag sowohl für die Vertreter der universalistischen als auch für die Anhänger der stärker auf traditionelle Sicherheitsvorkehrungen bedachten Richtung innerhalb der Deutschlandpolitik der SFIO nahe. Eine Lösung der Deutschlandfrage durch Integration in die supranationale Weltgemeinschaft war in unabsehbare Ferne gerückt; durch die Unfähigkeit der Alliierten, sich auf ein gemeinsames Konzept zu einigen, war selbst die bisher erreichte Sicherheit Frankreichs vor einer neuen deutschen Aggression in Frage gestellt. Nur im europäischen Rahmen war es künftighin möglich, Befriedigung des französischen Sicherheitsinteresses, Schutz vor deutschem Revanchismus und Beachtung der deutsch-französischen Interdependenz auf wirtschaftlichem Gebiet zugleich zu berücksichtigen, indem man Deutschland in eine umfassendere supranationale Körperschaft eingliederte. Die Tatsache, daß in diese Eingliederung nach Lage der Dinge zumindest vorläufig nur die drei westlichen Besatzungszonen einbezogen werden konnten, stellte die SFIO-Deutschlandpolitik allerdings vor neue Probleme.¹⁰⁴

Träger der „Dritte-Kraft"-Politik
Die vier Motivationskomplexe, die die französischen Sozialisten vom Sommer 1947 an verstärkt für eine europäische Einigung eintreten ließen, waren untereinander in etwa gleichgewichtig¹⁰⁵; *alle* mit Außenpolitik befaßten Politiker der SFIO teilten diese vierfache Motivation für eine europäische Einigungspolitik, allerdings mit unterschiedlichen Akzentsetzungen. Mit einiger Vorsicht lassen sich im Herbst 1947 innerhalb der Partei drei von unterschiedlichen Voraussetzungen ausgehende Gruppierungen unterscheiden: Eine erste „europäische" Gruppe legte den Hauptakzent auf das Motiv des wirtschaftlichen Wiederaufbaus Europas, eine zweite „sozialistische" Gruppe auf das Motiv der Errichtung eines sozialistischen Gesellschaftssystems im europäischen Rahmen, eine dritte „internationalistische" Gruppe auf das Motiv der Friedenssicherung. Als Hauptvertreter der ersten, technokratischpragmatisch argumentierenden Gruppe profilierten sich André Philip, seit Ramadiers Kabinettsumbildung von Ministerpflichten befreit, Jacques Piette und Pierre-Olivier Lapie; zur zweiten stärker ideologisch operierenden Gruppe zählten Marceau Pivert, die Intellektuellen-Gruppe der Seine-Föderation und – über die Partei hinaus – Teile der „Combat"- und „Franc-Tireur"-Redaktionen, mit Einschränkungen auch Daniel Mayer; zur dritten Gruppe zählten die eher aus der Sicht der Regierungsverantwortung urteilenden Politiker, etwa Blum, Ramadier, Grumbach und – trotz des Staatsamtes nach wie vor im sozialistischen Sinne Einfluß nehmend – Auriol.¹⁰⁶ Gegensätze zwischen den drei Gruppen zeichneten sich in der Frage des Weges zu einer europäischen Föderation und in der Frage der Beurteilung der amerikanischen Politik ab. Während die „sozialistische" Gruppe von der Möglichkeit einer Volksbewegung fortschrittlicher Kräfte fasziniert war und die Einberufung einer europäischen Konstituante ins Auge faßte, rechnete die „internationalistische" Gruppe bei allem Festhalten am supranationalen Prinzip vorläufig nur mit der Möglichkeit zwischenstaatlicher Kooperation; die „Europäer" forderten supranationale Institutionen für Teilbereiche.¹⁰⁷ In der „sozialistischen"

Gruppe verblieb trotz prinzipieller Einsicht in die Notwendigkeit der Marshall-Hilfe ein deutliches Maß an Mißtrauen gegenüber dem amerikanischen Kapitalismus, während die „europäische" und „internationalistische" Gruppe die neue amerikanische Europapolitik zwar auch durch amerikanische Sicherheitsinteressen bestimmt, aber doch in dem von der UNO vorgezeichneten Rahmen verbleibend sahen.[108] Blums Leistung lag in dem entscheidenden Impuls für das gesamte Konzept, den seine Artikelserie vom Mai 1947 bewirkt hatte, und in der Synthese der verschiedenen Argumentationszusammenhänge zu einem gemeinsamen Konzept. Mollet, der sich bislang mit außenpolitischen Fragen nur wenig befaßt hatte, erkannte im Herbst 1947 die neue Tragweite der internationalen Entwicklung für das Schicksal der SFIO und schenkte der Außenpolitik künftighin mehr Beachtung; seinem Selbstverständnis als Anwalt der Optionen des durchschnittlichen Parteimitglieds entsprechend bewegte er sich in seinen Stellungnahmen zwischen allen drei Gruppen.[109]

Insgesamt hatten das offensichtliche Ende der Gemeinsamkeit der beiden Weltmächte und die Ankündigung des Marshall-Plans die internationalistische Tradition der SFIO neu aktiviert und nach einer Phase ohnmächtiger Desorientiertheit zu einer umfassenden Aktualisierung des SFIO-Konzepts angeregt. Die Bewegung für eine westeuropäische Einigung, die sich damit im Herbst 1947 im französischen Sozialismus abzeichnete, entsprach der gleichzeitigen Bedeutungszunahme proeuropäischer Interessenverbände von Churchills UEM bis zur UEF Brugmans. War die SFIO-Führung noch Anfang 1947 den Bemühungen Churchills skeptisch gegenübergestanden, in Frankreich eine Parallelorganisation zum UEM zu organisieren, so waren nun am 16. Juli 1947 Francis Leenhardt, André Le Trocquer, Robert Lacoste und Minjoz an der Gründung des „Conseil français pour l'Europe unie" beteiligt – in gleicher Stärke wie Vertreter des MRP und der Radicaux.[110] Die Reichweite dieser Bewegung innerhalb der SFIO und ihrer Anhängerschaft bleibt schwer abzuschätzen. Unter den SFIO-Spitzenpolitikern gab es niemanden, der dem Konzept der sozialistischen Dritten Kraft widersprach oder ein andersartiges außenpolitisches Konzept verfocht. Die Gruppe um Yves Dechézelles, die im Sommer 1947 gegen den Marshall-Plan votiert hatte, schied Anfang Dezember aus der Partei aus. Eine einstimmig verabschiedete Resolution des Nationalrats vom 16./17. Dezember billigte das Konzept der Dritten Kraft in groben Zügen.[111] Das verstärkte Interesse Mollets für außenpolitische Fragen und die Tatsache, daß Rimbert und Rous auf dem Nationalrat ihr Plädoyer für einen Rückzug aus der Regierung Schuman mit Argumenten aus dem Dritte-Kraft-Konzept zu stützen suchten, sprechen dafür, daß das neue Konzept der Außenpolitiker in die unteren Gliederungen der Partei Eingang gefunden hatte; die Forderung Piettes bei der gleichen Gelegenheit, die SFIO zu einer Pressure-Group für die europäische Einigung zu machen, deutet darauf hin, daß sie es noch nicht war, d. h. daß die unteren Parteigliederungen das Konzept der Dritten Kraft noch nicht als vordringliches Anliegen betrachteten. Die Idee eines Vereinten Europas der Dritten Kraft fand über die SFIO hinaus bei Teilen der MRP-Führung und zahlreichen Intellektuellen „progressiver" Observanz Anklang; die Breite des Spektrums ihrer Anhängerschaft wird etwa aus einem im Dezember 1947 veröffentlichten Manifest deutlich, das die SFIO-Politiker Georges Izard, Jacques Piette und Jean Texcier, „Combat"-Chefredakteur Claude Bourdet, „Franc-Tireur"-Chefredakteur Georges Altman,

„Revue-socialiste"-Direktor Ernest Labrousse, die „Esprit"-Leiter Emmanuel Mounier und Jean-Marie Domenach, ferner Simone de Beauvoir, Jean-Paul Sartre, René Mathieu und Maurice Merleau-Ponty unterzeichnet hatten.[112] Um in weiten Kreisen der Bevölkerung Fuß zu fassen, blieb dem Konzept der Dritten Kraft zu wenig Zeit. Kaum daß es im Herbst 1947 im Zuge der innenpolitischen Polarisierung an Profil gewonnen hatte, zerstörten im ersten Halbjahr 1948 der Umsturz von Prag und die Blockade Berlins seine Voraussetzungen, indem sie in der sowjetischen Politik nicht mehr freiwillige Selbstisolation, sondern akute Bedrohung Westeuropas vermuten ließen.[113]

Der Anfang einer organisatorischen Gruppierung der Anhänger des neuen europapolitischen Konzepts umfaßte 1947 vorzugsweise SFIO-Politiker der „sozialistischen" Gruppe. Den entscheidenden Impuls für die Gründung eines internationalen Sozialistenverbandes zur Förderung des europäischen Einigungsgedankens gaben Gruppen des linken Flügels der Labour-Party und der Independent Labour Party.[114] Dort hatte man seit dem Kriege die Idee des europäischen Zusammenschlusses nicht so sehr wie in Frankreich vom Motiv der Friedenssicherung her, sondern betonter als unabdingbare Voraussetzung für eine sozialistische Gesellschaftsumwandlung verfolgt. Der Gewerkschaftsfunktionär Bob Edwards, Mitglied der Independent Labour Party, und der Labour-Politiker F.-A. Ridley hatten in einer gemeinsamen Broschüre „To the Socialist United States of Europe" das Kriegsende als die historische Stunde für den Aufbau eines sozialistischen Europas bezeichnet. In der Auseinandersetzung mit der Außenpolitik Bevins hatte sich schon 1946 die Idee einer sozialistischen Dritten Kraft profiliert, die im Konflikt zwischen den beiden Weltmächten ideologisch vermitteln sollte. Richard Crossmans Amendement zur Thronadresse vom 18. November 1946, das Bevin zur Korrektur seiner Außenpolitik zwingen sollte, wie die im Mai 1947 veröffentlichte Broschüre „Keep Left", deren Autoren Crossman, Michael Foot und Ian Mikardo von einer Reihe von Labour-Abgeordneten, unter ihnen Ronald W. G. Mackay, namentlich unterstützt wurden, tendierten in die gleiche Richtung. Unzufrieden mit der Entwicklung der offiziellen internationalen Konferenzen sozialistischer Parteien, die nicht zur erhofften Neugründung einer effektiven Internationale geführt hatten, trafen sich am 22. und 23. Februar 1947 in London auf Initiative der Independent Labour Party Politiker des linken Labour-Flügels mit deutschen, niederländischen und italienischen Sozialisten, Gewerkschaftlern, ehemaligen Mitgliedern der Widerstandsbewegungen und nichtparteigebundenen Linksintellektuellen – aus Frankreich kamen u. a. Marceau Pivert, Henri Frenay, Claude Bourdet und Jacques Robin – zur Gründung einer als Vorläufer einer breiten Volksbewegung verstandenen internationalen Organisation, die das Ideal eines wirtschaftlich lebensfähigen und politisch unabhängigen sozialistischen Europas in die Realität umzusetzen helfen sollte. Die Konferenz wählte Bob Edwards zum vorläufigen Präsidenten der Organisation und beauftragte ein provisorisches Exekutivkomitee mit der Bildung nationaler Gruppen in allen demokratischen Ländern Europas bis zu einem konstituierenden Kongreß.[115]

Als dieser konstituierende Kongreß des „Comité international pour les États-Unis socialistes d'Europe" am 20. Juni 1947 in Montrouge bei Paris zusammentrat, zeigte sich, daß die Bewegung in einer Vielzahl europäischer Länder Anklang gefunden hatte – an dem Kongreß nahmen belgische, deutsche, dänische, griechische, britische, italienische, jugoslawische, niederländische, norwegische, polnische, tschechische, ungarische und exilspanische Sozialisten teil –, daß sie jedoch noch nicht in die Breite wirken konnte, nachdem sie allenthalben auf das Mißtrauen der Parteileitungen gestoßen war, die die offiziellen internationalen Sozialisten-Konferenzen nicht kompromittieren wollten. Den vergleichsweise größten Anklang hatte die Bewegung in der SFIO gefunden. Zwar konnte sich auch das Comité directeur der SFIO nicht zu einer offiziellen Billigung des Kongresses entschließen, ließ es jedoch an Unterstützung nicht fehlen. Die organisatorische Ausrichtung des Kongresses übernahm die SFIO-Seine-Föderation. Marceau Pivert, der kurz nach seiner Wiederaufnahme in die Partei durch den Kongreß 1946 Gérard Jaquet in der Leitung der Seine-Föderation abgelöst hatte[116], gewann viele seiner ehemaligen Anhänger in der PSOP, in der Seine-Föderation und in den Résistance-Gruppen um „Libérer et Fédérer" und „L'Insurgé" – unter ihnen Alexandre Marc – für die neue Organisation, so daß die französische Delegation das zahlenmäßig größte Kontingent des Kongresses stellte. Daß Pivert Bob Edwards als Präsident ablöste, war eine Folge dieser französischen Dominanz. Im übrigen war es mehr eine Notlösung, daß der Kongreß beschloß, vorläufig keine Massenbewegung zu gründen, sondern in Komiteeform den Gedanken einer sozialistischen Volksbewegung für die Vereinigung Europas in den sozialistischen Parteien zu propagieren und in einem Ausschuß die politischen und wirtschaftlichen Probleme einer europäischen Einigung zu studieren.[117] Die französische Sektion des Comité international trug in den folgenden Monaten zur Profilierung des sozialistischen Konzepts der „Dritten Kraft Europa" erheblich bei; zugleich erfuhr sie, durch Marshall-Plan und zunehmende Ost-West-Polarisierung in einen neuen Bedeutungszusammenhang gestellt, mehr und mehr Zuwachs von SFIO-Politikern und -Sympathisanten der unterschiedlichsten Richtungen, auch über die „sozialistische" Gruppe von Europapolitikern hinaus.

Ein Übergangskonzept
Gemessen an dem Gesamtkonzept der „Organisation internationale" bedeutete das Programm der „Troisième Force Européenne" eine erhebliche Einschränkung der ehemals universalistischen Zielsetzung der SFIO. Indem das neue Programm die Interessen Frankreichs und Westeuropas in den Vordergrund stellte und im globalen Rahmen nur noch auf einen Erhalt des gegenwärtigen Modus vivendi, mit der Perspektive auf eine langfristige Stabilisierung durch Konfrontationsabbau, gerichtet war, vermieden die SFIO-Politiker allerdings, in den Bereich apolitischer Deklamationen zu geraten. Gewiß waren das verbale Überspielen des Ost-West-Konfliktes wie die Hervorhebung der Mission des Sozialismus nicht frei von eskapistischen Elementen, doch können diese als wohl unvermeidliche Begleiterscheinungen des Anpassungsprozesses sowohl der SFIO-Politiker als auch des SFIO-Publikums an die neue Lage gewertet werden; als realer Kern des Programms bleibt der Versuch, die Zweiteilung der Welt und Europas mit ihren in den Augen der SFIO fatalen Folgen dadurch aufzuhalten oder rückgängig zu machen, daß man mit der Konzentration der Kräfte der europäischen Demokratien und insbesondere des europäischen Sozialismus dem Polarisierungsprozeß ein gegenläufiges Element entgegensetzte oder zumindest die Situation im Fluß zu halten bemüht war.[118]
Die Basis für dieses Programm war allerdings von vornherein ziemlich schmal;

dies mußten auch die Sozialisten insgeheim konstatieren, je weniger sie sich – von der „sozialistischen" über die „internationalistische" zur „europäischen" Gruppe – durch ideologische Schemata den Blick verstellen ließen. Ob die Konzentration der Kräfte stark genug sein würde, um dem Polarisierungsprozeß entgegenzuwirken, war doppelt fragwürdig: Erstens ließen die bisherigen Erfahrungen mit dem internationalen Sozialismus und mit der Labour-Party der Möglichkeit einer Konzentration der Kräfte gegenüber trotz der im zweiten Halbjahr 1947 aufbrechenden europäischen Einigungsbewegung und trotz der Konzentration der SFIO auf das Konzept der Dritten Kraft Skepsis geboten erscheinen. Bereits im innerfranzösischen Raum war der Konzentration wenig Erfolg beschieden: Die Dynamik des Ost-West-Konfliktes ließ den größten Teil des MRP als wichtigsten Koalitionspartner der „Troisième Force" von dem Konzept der außenpolitischen Dritten Kraft bereits wieder zugunsten eines Konzepts der Westintegration abrücken, noch ehe es recht hatte Fuß fassen können.[119] Zweitens war die Polarisierung um so schwerer aufzuhalten, je weiter sie fortgeschritten war. Solange in der amerikanischen Europapolitik das restringierte Eindämmungskonzept vorherrschte, konnte Europas Abhängigkeit von den USA trotz amerikanischer Wirtschaftshilfe gering gehalten werden; das Programm der Dritten Kraft hatte um so größere Realisierungschancen, als es mit dem restringierten Eindämmungskonzept den gleichen politisch-ideologischen, nicht militärischen Stabilisierungsbegriff teilte. Je weiter sich 1948 die Bereiche des Einzudämmenden ausdehnten, desto geringer wurde die Chance für eine unabhängige europäische Politik. Entscheidend für das Schicksal des Programms der Dritten Kraft wurde jedoch die sowjetische Europapolitik: Indem die Sowjetführung den Marshall-Plan nicht als Warnung interpretierte, ihren Machtbereich nicht noch mehr auszudehnen, sondern als Angriff auf das eigene Imperium, mußte sie ihrem dichotomischen Weltbild entsprechend das nichtkommunistische Europa dem gegnerischen Lager zurechnen. Zu Recht hatte die SFIO Shdanows' Verdikt auf der Kominform-Gründungskonferenz, das Frankreich und die Sozialisten mit aller Eindeutigkeit in den imperialistischen Block verwiesen hatte, als Kampfansage an die Adresse der westlichen Demokratien und insbesondere des demokratischen Sozialismus bezeichnet.[120] Indem aber zu der amerikanischen Wirtschaftshilfe eine faktische Bundesgenossenschaft mit den USA in der Abwehr der – vermeinten oder tatsächlichen – sowjetischen Offensive hinzukam, wurde die Eingliederung des nichtkommunistischen Europas in eine westliche Hemisphäre Realität. Die Sowjetführung hatte das Konzept der „Troisième Force Européenne" zurückgewiesen, noch ehe es recht entwickelt worden war. Als sich Anfang 1948 zeigte, daß das sowjetische Verdikt nicht vorübergehend, sondern dauerhaft war, war dem sozialistischen Konzept die Grundlage entzogen. „Si l'Union soviétique est définitivement résolue à rompre", bereitete Léon Blum am 17. Januar seine Leser auf das Unvermeidliche vor, „ce n'est ni l'Angleterre, ni les États-Unis, ni la France qui la feront revenir sur sa résolution, et il ne restera plus, hélas! qu'à en tirer les conséquences."[121]

4. Deutschlandpolitik im Zeichen des Marshall-Plans

Das SFIO-Konzept als Alternative
Die mit dem Marshall-Plan initiierte neue amerikanische Europapolitik stellte das SFIO-Deutschlandkonzept in einen neuen Realitätszusammenhang. Noch war in der Truman-Administration nicht endgültig entschieden, ob die westlichen Zonen Deutschlands langfristig zu einem Bollwerk gegen die sowjetische Hemisphäre ausgebaut werden sollten oder ob ein geschwächtes Gesamtdeutschland als Pufferzone zwischen Ost und West angestrebt werden sollte; kurzfristig führten die Unmöglichkeit einer Verständigung mit der Sowjetunion, die Einsicht in die Interdependenz des west- und mitteleuropäischen Wirtschaftsraums und die dringende Notwendigkeit, die unnatürliche Abschnürung des deutschen Wirtschaftslebens wie die zunehmende Widersprüchlichkeit der „policy of postponement" zu überwinden, zu dem Entschluß, vorerst auch in der Deutschlandpolitik ohne die Sowjetunion voranzugehen und die drei Westzonen in das europäische Wiederaufbauprogramm einzubeziehen. Zur Versorgung ihrer Besatzungszone dringend auf die amerikanischen Kredite angewiesen, mußte die britische Regierung 1947 den Versuch einer eigenen Linie in der Deutschlandpolitik weitgehend aufgeben. Frankreich sah sich nun in der deutschen Frage mit einem übermächtigen Partner konfrontiert; in der Auseinandersetzung mit ihm mußte die Entscheidung über die Art der Einbeziehung der westlichen Besatzungszonen in den europäischen Wiederaufbau fallen.[122]
Die ehemaligen Maximalforderungen de Gaulles nach Zerstückelung, Separierung und Annexion besaßen nicht erst in dieser Situation so gut wie keine Realisierungschancen; neu war, daß die offensichtliche Entschlossenheit der amerikanischen Führung, die Westzonen in das Wiederaufbauprogramm einzubeziehen, der französischen Öffentlichkeit die Unhaltbarkeit der gaullistischen Position drastischer als zuvor vor Augen führte, den Desillusionierungsprozeß beschleunigte und die französische Regierung Fakten zu setzen zwang, die das Ende der Hoffnungen auf Verwirklichung der einstigen Forderungen besiegelten. Die Desillusionierung der öffentlichen Meinung führte, wo nicht zur Apathie, zur Konzentration der Erwartungen auf die Nebenziele sozialistischer Deutschlandpolitik. Schon vor der Moskauer Außenministerratstagung waren, nicht zuletzt als Folge der Initiativen Blums, die Ziele der Wirtschaftssanierung durch Lieferung von Ruhrkohle und Integration der Saar und der Sicherheit durch wirtschaftliche Internationalisierung der Ruhr in den Vordergrund der Diskussion gerückt[123]; im Zeichen des amerikanischen Wiederaufbauwillens mußten diese Elemente des SFIO-Deutschlandkonzepts vollends als die einzig noch realisierbaren Ziele einer aus traditionellem Sicherheitsdenken geborenen französischen Deutschlandpolitik erscheinen, zumal durch den Kurswechsel der Kommunisten und die Schwächung des MRP durch de Gaulles Sammlungsbewegung die Basis der bisherigen Politik Bidaults schmäler wurde.
Das SFIO-Konzept bot sich aber auch deswegen 1947 als realistische Alternative an, weil es in seiner positiven Zielsetzung den Implikationen des Marshall-Programms weitgehend entsprach. Die geforderte Einbeziehung der deutschen Westzonen in das europäische Wiederaufbauprogramm tendierte langfristig gesehen auf das sozialistische Maximalziel einer Integration Deutschlands in die internationale Staatengemeinschaft hin; die notwendige Mitwirkung der Deutschen in dem Wiederaufbauprogramm machte das von der SFIO stets – bis auf das Saargebiet –

vertretene Festhalten an der territorialen Integrität und an einem einheitlichen deutschen Staatsverband erforderlich; mehr noch: die aus dem Anstoß Marshalls erwachsene neue sozialistische Konzeption einer europäischen Föderation der Dritten Kraft schuf zugleich einen neuen Bezugsrahmen für die Integration Deutschlands. Somit stärkte die amerikanische Europapolitik beide Grundlinien des SFIO-Deutschlandkonzepts: die internationalistische, indem sie mit der Schaffung des europäischen Bezugsrahmens den mit dem Verblassen des globalen Föderationsplans in den Hintergrund geratenen Gedanken der Integration Deutschlands aktualisierte, und die nationalistische, indem sie ein Einschwenken der übrigen Gruppen der Regierungskoalition auf diesen Teil des SFIO-Konzepts bewirkte. Aus beiden Grundlinien erwuchsen zusätzliche Motive für eine europäische Einigung: vom internationalistischen Standpunkt aus verblieb das Europa der Dritten Kraft als die einzig noch mögliche supranationale Körperschaft, in die Deutschland integriert werden konnte, vom nationalistischen Standpunkt erschien dieses Europa als die einzig verbleibende Möglichkeit, Sicherheit und Prosperität Frankreichs in Relation zu Deutschland doch noch zu garantieren.

Die im Zeichen des Marshall-Plans 1947/48 tatsächlich realisierte französische Deutschlandpolitik war durch eine widersprüchliche Inkohärenz gekennzeichnet, die sich aus der Übernahme des SFIO-Deutschlandkonzepts in den Bereich offizieller Regierungspolitik erklärt.[124] Die Widersprüche lagen auf drei Ebenen zugleich: Erstens übernahm Bidault notgedrungen mehr und mehr von dem sozialistischen Konzept, ohne das diametral entgegengesetzte gaullistische Konzept gänzlich aufzugeben; daher schwankte die Regierung beispielsweise zwischen bewußter Verzögerung einer Lösung der Deutschlandfrage, um – in der eigenen Besatzungszone nicht so dringend auf eine Revision der bestehenden Verhältnisse angewiesen wie die Briten und Amerikaner – auf diese Weise ein Höchstmaß an Zugeständnissen an das alte Sicherheitskonzept zu ertrotzen, und energischem Betreiben dieser Lösung, um den dringenden europäischen Wiederaufbau nicht noch mehr zu verzögern. Zweitens erbte die französische Regierung mit dem SFIO-Deutschlandkonzept auch dessen inhärenten Widerspruch zwischen der internationalistischen und der nationalistischen Grundlinie, die mit der dehnbaren Formel „Je mehr Demokratisierung, desto mehr Integration" einen oberflächlichen Kompromiß eingegangen waren. Vom internationalistischen Standpunkt aus mußte Deutschland zügig wiederaufgebaut werden und nach einer relativ kurzen Periode eines Status minus als gleichberechtigtes Mitglied in die europäische Gemeinschaft aufgenommen werden, um die Nutzung des deutschen Potentials für den europäischen Wiederaufbau optimal zu sichern; vom nationalistischen Standpunkt aus mußte man den deutschen Wiederaufbau bremsen und durch sorgfältige Kontrollvorrichtungen beschränken, um das vermeintliche französische Sicherheitsinteresse genügend zu berücksichtigen; nur ein dauerhaft geschwächtes Deutschland war als Mitglied einer europäischen Union vorstellbar. Drittens führte die schrittweise Wende der Deutschlandpolitik des Quai d'Orsay zu Auseinandersetzungen mit der Besatzungsregierung General Koenigs, die die gaullistische Linie weiter zu verfolgen für angemessen hielt. Während man sich in Paris etwa zu dem Zugeständnis einer, wenn auch extrem föderalistischen, Verfassung des geplanten westdeutschen Provisoriums durchrang, suchte man von Baden-Baden aus das Zustandekommen einer westdeutschen Verfassung noch bis 1949 zu hintertreiben.

Die zunehmende Re-Nationalisierung der SFIO-Deutschlandpolitik seit 1945 trug somit zur Widersprüchlichkeit der französischen Deutschlandpolitik 1947—1949 bei, indem sie verhinderte, daß sich das SFIO-Konzept als klare, weitgehend widerspruchsfreie Alternative anbot. Der Prozeß der Auseinandersetzung Frankreichs mit dem stärkeren amerikanischen Partner wurde zugleich zu einem Prozeß der Rückbesinnung auf die internationalistische Grundlinie der SFIO, ein Prozeß, in dem die Anhänger der Blumschen Richtung in der Deutschlandpolitik vorwärts drängten und die Anhänger der Auriolschen Richtung bremsten.

Wiederaufbau und Westintegration
Die Einbeziehung Deutschlands in den europäischen Wiederaufbauplan wurde von den Anhängern der Blumschen Richtung von Anfang an mit großem Nachdruck gefordert. Léon Blum selbst, der in seiner Artikelserie über den „Prêt-Bail de la Paix" die Frage einer deutschen Mitgliedschaft in der europäischen Gemeinschaft noch offen gelassen hatte, nannte am 6./7. Juli 1947 die deutsche Wirtschaft einen integralen Bestandteil des europäischen Wirtschaftsraums und ein deutsches Wiederaufbauprogramm die notwendige Voraussetzung für ein Gelingen des europäischen Wiederaufbauprogramms. „L'Allemagne dénazifiée, l'Allemagne démocratique doit retrouver le plus tôt possible sa place égale dans la collectivité europénne comme dans la communauté internationale. Rien de fécond, rien de durable ne s'édifie sur la haine et sur l'asservissement."[125] Als Bidault in London und Washington gegen die Beschlüsse der Frankfurter Ministerpräsidentenkonferenz der Bizone vom 7./8. Januar 1948 zur Umgestaltung und Befugniserweiterung der bizonalen Wirtschaftssituationen protestieren ließ, schrieb Blum, man werde sich in Frankreich an die Vorstellung gewöhnen müssen, daß es einen deutschen Staat geben werde, und daß dieser Staat, obwohl dezentralisiert, doch eine politische Einheit darstellen müsse; notgedrungen müsse man sich sogar daran gewöhnen, daß es zwei deutsche Staaten geben werde.[126]

Im Zielkonflikt zwischen der Einbeziehung Deutschlands in das europäische Wiederaufbauprogramm und einer Vermeidung der Spaltung Deutschlands räumten die Sozialisten dem Gelingen des Wiederaufbauprogramms von Anfang an Priorität ein; nach Lage der Dinge implizierte dies ein Votum für die westdeutsche Lösung. Das Ziel der deutschen Einheit war in erster Linie von dem Motiv des Rückgängigmachens der Ost-West-Spaltung bestimmt; das Motiv der Berücksichtigung deutscher Nationalinteressen spielte anders als bei deutschen Politikern verständlicherweise keine Rolle. Hinsichtlich des Motivs der Sicherheit war die Frage nach Einheit oder Spaltung Deutschlands ambivalent: einerseits bot, was damals nur de Gaulle offen aussprach, die Zweiteilung Deutschlands die Gewähr für eine relative Schwäche des deutschen Mitglieds der europäischen Union, andererseits barg jede Spaltung, so das sozialistische Argument gegen die früheren gaullistischen Zerstückelungspläne, die Gefahr eines deutschen Revanchismus.[127] Ausschlaggebend für die sozialistische Entscheidung war die Einsicht, daß der westeuropäische Wiederaufbau nicht ohne das deutsche, zumindest das westdeutsche Potential zu bewerkstelligen war. Einwänden gegen die Verschmelzung der Westzonen begegnete man daher nur noch selten; wo sie, etwa bei Vincent Auriol und Jules Moch, noch auftraten, war der Hinweis auf die Vertiefung der Blockbildung nur noch vorgeschobenes Argument zur Deckung des ausschlaggebenden nationalen Ressentiments. Blum, der sich 1946 um der Vermeidung der Spaltung willen den Gegnern des Trizonen-Projekts angeschlossen hatte, forderte nun entschlossen, falls die Sowjetunion einer Internationalisierung der schlesischen Industrie nicht zustimme, die Ruhrindustrie zunächst den drei westlichen Alliierten und dann der westeuropäischen Staatengemeinschaft zu unterstellen, und falls die Sowjetunion ingesamt zum Bruch mit den Westmächten entschlossen bleibe, konsequenterweise wenigstens den westlichen Teil Deutschlands in das Aufbauwerk einzubeziehen. „Wenn die deutsche Frage nicht in einigen Monaten einvernehmlich geregelt wird, ist die Teilung Deutschlands in zwei Staaten unvermeidlich, und die Teilung Deutschlands wird zum Abbild und zum Symbol der Teilung der Welt in zwei Blöcke."[128]

Dominanz oder Sicherheit?
Den Zielkonflikt zwischen einer optimalen Nutzung des deutschen Potentials für den europäischen Wiederaufbau und der Sicherung des französischen Führungsanspruchs in Europa, wie er von de Gaulle formuliert worden war, erkannten die Sozialisten nur bedingt und in unterschiedlichem Ausmaß. Wollte man Deutschland in das Wiederaufbauprogramm einbeziehen, so mußte man alles daran setzen, eine wirtschaftliche Stärkung des ehemaligen Feindstaates zu erreichen; infolge der engen wirtschaftlichen Interdependenz im europäischen Raum war ein als Produzent wie als Konsument potentes Deutschland Voraussetzung für ein Gelingen des Wiederaufbauprogramms.[129] Wollte man dagegen eine französische Vormachtstellung in Europa erreichen, mußte man um eine dauerhafte Schwächung Deutschlands bemüht sein; sein wirtschaftliches Potential sollte, wenigstens zum Teil, nach Frankreich transferiert werden, um die Grundlage der französischen Führungsrolle zu bilden. Reparationsleistungen Deutschlands an Frankreich, insbesondere in der Form von Kohlelieferungen, waren von beiden Positionen her denkbar: einerseits war der Aufbau Deutschlands geradezu Voraussetzung für Lieferungen an Frankreich, andererseits konnten Reparationsleistungen dazu beitragen, diesen Aufbau Deutschlands zu verhindern. Ob die französischen Reparationsansprüche in das gesamteuropäische Interesse einzuordnen waren, entschied sich an der doppelten Variablen des Zeitpunkts und des Umfangs der deutschen Reparationslieferungen. Die SFIO hatte sich in der Energiekrise des Winters 1946/47 Bidaults Forderungen nach Kohlelieferung angeschlossen und dabei die Tatsache der deutsch-französischen Interdependenz im wirtschaftlichen Bereich aus den Augen verloren; im Sommer 1947 stand sie vor der Aufgabe, ihre Reparationspolitik mit der neuen europäischen Perspektive in Einklang zu bringen.
Als am 15. Juli 1947 die Benelux-Vertreter auf der Pariser CEEC-Konferenz die Einbeziehung der drei westlichen Besatzungszonen Deutschlands in das Marshall-Programm forderten, suchte die französische Delegation die Behandlung dieser Frage unter Hinweis auf die Zuständigkeit des Alliierten Außenministerrats zu verzögern; als Anfang Juli die beiden Militärgouverneure Clay und Robertson in Berlin einen neuen, vorläufig noch geheimgehaltenen Industrieplan für die Bizone vereinbarten, der insbesondere das Limit der bizonalen Stahlproduktion auf 10,7 Millionen Tonnen pro Jahr erhöhte – zuvor galt das vom Alliierten Kontrollrat im März 1946 festgesetzte Limit von 7,8 Millionen Tonnen für ganz Deutschland –, begann der Quai d'Orsay eine heftige diplomatische Kampagne gegen die Realisierung dieser Vereinbarung zu entwickeln. Am 17. Juli erklärte Hervé Alphand vor

dem CEEC, Frankreich befürworte zwar eine Anhebung der deutschen Kohle- und Landwirtschaftsproduktion, ordne im übrigen aber jede Erhöhung der Industrieproduktion dem Sicherheitsinteresse unter.[130] In dieser Kampagne erhielt Bidault von der SFIO zunächst Rückendeckung. Ramadier erhob in seiner Rede vom 20. Juli in Perpignan den Konflikt zur Prinzipienfrage: „La renaissance allemande ne peut venir qu'après la nôtre. Notre priorité a été proclamée et affirmée. Elle doit passer dans les faits. L'Allemagne doit recevoir tout ce qui est nécessaire à sa vie, mais notre force industrielle doit être reconstituée avant la sienne." Im gleichen Sinne äußerte sich ein von dem MRP-Abgeordneten Marc Scherer eingebrachtes Amendement, dem die SFIO-Fraktion in der Nationalversammlung am 26. Juli zustimmte. In der Ministerratssitzung vom 23. Juli erhielt Bidault eine einstimmige formelle Billigung seines Vorgehens, ohne daß allerdings das Problem ausdiskutiert worden wäre. Der „Franc-Tireur" forderte kategorisch „Nous d'abord, l'Allemagne après". Und selbst nachdem – trotz einer auf französischen Wunsch einberufenen französisch-britisch-amerikanischen Dreierkonferenz in London – Ende August 1947 die Vereinbarung der Militärgouverneure definitiv geworden war, erklärten Staatspräsident Auriol in seiner Rede vom 21. September in Marseille und das Comité directeur der SFIO in seinem Kommuniqué vom 25. September in fast gleichlautenden Worten, das deutsche Volk solle zwar leben, müsse aber zunächst für die Begleichung der von ihm zu verantwortenden Kriegsschäden in Europa arbeiten.[131]

Das in den diplomatischen Verhandlungen betonte Sicherheitsinteresse stellte allerdings nur einen Aspekt der französischen Position dar: in Wahrheit waren mit dem Monnet-Plan Überlegungen verbunden gewesen, die französische Schwerindustrie noch vor einer Reorganisation der Ruhrproduktion großzügig auszubauen, um so den europäischen Stahlmarkt beherrschen und auf diese Weise die französische Vormachtstellung stützen zu können; so wenig der in Berlin ausgehandelte Industrieplan die nur durch immense amerikanische Zahlungen vom totalen wirtschaftlichen Ruin abgehaltenen Westzonen tatsächlich zu einem bedrohenden Faktor für Frankreich machte, so sehr verringerte er den französischen Vorsprung und so sehr gefährdete er die französischen Ausbaupläne, indem er eine Ausweitung der Ruhrkohlelieferungen nach Frankreich in Frage stellte. Die simplifizierende Parole „Nous d'abord, l'Allemagne après" war offensichtlich wegen ihres sicheren Effektes auf eine ressentimentgeladene öffentliche Meinung formuliert worden; tatsächlich widersprach sie allen in der Diskussion der amerikanischen Wirtschaftshilfe hervorgehobenen Einsichten in die europäische Interdependenz.

Die ersten, die auf die Widersprüchlichkeit und Unhaltbarkeit der Position der französischen Regierung hinwiesen, waren Léon Blum und André Philip. Blum nannte die französische Haltung „offensichtlich unvereinbar mit den Leitlinien des Marshallplans und den Zukunftsperspektiven des europäischen Wiederaufbaus". „L'industrie lourde allemande subsiste; ce serait une entreprise illusoire, vaine et dommageable que d'en comprimer arbitrairement le développement." Dem gefühlsmäßig zur These Bidaults neigenden Staatspräsidenten erklärte Blum am 25. Juli 1947, über den Versuch, die deutsche Stahlproduktion zu drosseln, höchst beunruhigt zu sein („irrité"); Deutschland zu einem Land nur verarbeitender Industrie machen zu wollen und den Franzosen die Gesamtheit der Stahlproduktion Europas zu reservieren, sei eine absurde Idee, nicht zuletzt weil Frankreich weder genügend

Arbeitskräfte noch genügend Anlagen hätte, um das deutsche Rohstoffpotential voll auszuschöpfen.[132]

Die sozialistische Alternative entwickelte Philip: War schon, so seine Überlegung, infolge der wirtschaftlichen Interdependenz eine französische Hegemonie nur zum Preis einer gesamteuropäischen Schwächung zu haben, so mußte wenigstens vermieden werden, daß die Stärkung Deutschlands zu einer deutschen Hegemonie führte. In den Worten Philips: „In the future the master of the Ruhr will be the master of economic life in the west. (...) The problem is how to let Europe be dependent on the Ruhr (a fact which cannot be altered) without letting her be dependent upon a powerful Germany." Zur Lösung dieses Problems empfahl er wie Blum die „Nationalisation internationale" der Ruhrindustrie durch die drei Westalliierten als Vorläufer der westeuropäischen Staatengemeinschaft, und — solange diese Regelung der Ruhrfrage noch nicht erreicht sei — eine dynamische Fixierung des deutschen Produktionslimits an der Steigerungsrate der westeuropäischen Länder: „We think that a sort of sliding scale ought to be arranged, establishing a close unity of interest between the metal industries of France, Belgium and Luxembourg and the metal industry of Germany, the maximum steel output of the Ruhr being fixed each year with reference to the previous years' output in the other countries of western Europe."[133] Auch die Blum-Philipsche Position beinhaltete also eine Restriktion des deutschen Potentials, allerdings, anders als bei Bidaults These, eindeutig aus Sicherheitserwägungen heraus und in viel geringerem Umfang als diese. Insofern sie dem deutschen Wiederaufbau ebenfalls Beschränkungen auferlegte, konnte sie wie Bidaults These mit der amerikanischen Wiederaufbaupolitik, besonders in ihrer vom Blickpunkt der Besatzungskommandantur betriebenen Version, in Konflikt geraten. Der Plan einer „close unity of interest" als vorläufiger Ersatz für die noch nicht existente Ruhr-Internationalisierung erhellt ein wesentliches Motiv für den Schuman-Plan, der nach dem Scheitern der Ruhr-Internationalisierung lanciert wurde.

Blums und Philips Bemühungen, die Position des „Frankreich vor Deutschland" durch ein „Deutschland in dem Maße wie Europa" abzulösen, blieben nicht ohne Erfolg. Jean Texcier propagierte die Blum-Philipsche These in „Combat"; die französische Delegation auf der Londoner Dreier-Konferenz griff sie auf, indem sie — allerdings vergeblich — die Forderung erhob, die bizonale Stahlproduktion stets im gleichen Verhältnis wie die bizonalen Kohlelieferungen nach Frankreich zu erhöhen. Nach seiner Auseinandersetzung mit Blum widersetzte sich Auriol nicht mehr einer Erhöhung der deutschen Stahlproduktion, drängte aber um so heftiger auf die Internationalisierung der Ruhrindustrie; selbst Bidault begnügte sich schließlich mit der Forderung, Deutschland wenigstens keine Priorität im europäischen Wiederaufbauprogramm einzuräumen.[134]

Der Wechsel vom „Frankreich vor Deutschland" zum „Deutschland in dem Maße wie Europa" änderte Frankreichs Position in der Reparationsfrage, ohne daß dies allerdings in der Öffentlichkeit deutlich geworden wäre. Zuvor hatte die französische Regierung Kohlelieferungen als conditio sine qua non ihres eigenen Wiederaufbauprogramms und ohne Blick auf die deutsch-französische wirtschaftliche Interdependenz verlangt; nun ordnete Blum die Kohlelieferungen dem gesamteuropäischen Interesse unter. „Le problème est donc", erklärte er, „de porter la production allemande à un degré tel qu'elle suffise: d'abord aux besoins vitaux de l'Allemagne, ensuite à la couverture de ses importations indispensables; en troisième lieu aux fournitures et prélèvements privilégiés de réparation; en quatrième lieu aux reports à prévoir sur l'ensemble de l'économie européenne"; schließlich sollte die Produktion auch noch genügend Erträge einbringen, um den deutschen Bundeshaushalt oder die deutschen Länderhaushalte ausgleichen zu können.[135] Damit war der französische Reparationsanspruch zwar prinzipiell beibehalten, de facto aber im Umfang erheblich verringert und im Zeitpunkt auf ein späteres Datum verschoben worden. Insofern die von Blum aufgestellte Rangfolge auch eine zeitliche Reihenfolge bedeutete, und insofern er dem anglo-amerikanischen Interesse an einem Ausgleich des deutschen Budgets Priorität einräumte, gestand er indirekt zu, daß beim gegenwärtigen Stand der deutschen Produktion eine spürbare Erhöhung der deutschen Kohlelieferungen nach Frankreich, die noch Philip als eine „Frage auf Leben oder Tod" bezeichnet hatte, nicht möglich war. Damit erhielt auch die Ruhr-Internationalisierung insgesamt eine anders akzentuierte Finalität: „Ce qui importe, c'est la maîtrise de la gestion, non pas l'attribution du profit."[136] Indem Blum freilich den Blick beständig auf einen künftigen hohen Produktionsstand Deutschlands lenkte, verhinderte er die Einsicht in diese unmittelbare Konsequenz seiner deutschlandpolitischen Position.

Schrittweise Abdankung Bidaults

Blums Zurückhaltung im Deutlichmachen der Konsequenzen einer europa-orientierten Deutschlandpolitik, die starken Worte Auriols und Ramadiers, ja selbst die diplomatische Kampagne Bidaults lassen ein gemeinsames, für die Bewertung dieser Phase französischer Deutschlandpolitik wesentliches Element erkennen: das Bemühen, die als irreal erkannten Zielvorstellungen de Gaulles zu revidieren, ohne dabei in den Augen des eigenen, von den nationalistischen Parolen der Kommunisten wie der Gaullisten überfütterten Volkes das Gesicht zu verlieren, und damit das Gesamtziel der „Troisième Force Européenne" oder, in Bidaults Version, der Westintegration zu gefährden. Jean Monnet formulierte diese Aufgabe bereits im Juli 1947 in einem Memorandum für Bidault, über dessen Inhalt er auch mit Blum und Auriol diskutierte: die Einbeziehung Deutschlands in ein europäisches Wiederaufbauprogramm und eine langfristige Zusammenarbeit Frankreichs mit den USA und Großbritannien seien nun unvermeidlich geworden, aber:
„Sans règlement allemand et statut de la Ruhr satisfaisants, cette politique prendra aux yeux des Français l'aspect d'une ‚abdication nouvelle': ‚Nous nous sommes inclinés en 1940 devant la Force allemande — maintenant, poussés par la nécessité, nous nous inclinons devant la force des crédits américains.' Avec un règlement allemand et un statut de la Ruhr satisfaisant, cette politique sera considérée au contraire par les Français comme une politique de relèvement, d'indépendance nationale et de sécurité européenne."[137]
Der Zielkonflikt zwischen dem deutschen Wiederaufbau und dem französischen Vormachtanspruch reduzierte sich in dieser Sicht auf einen momentanen Konflikt zwischen den europapolitischen Einsichten der Regierung Ramadier und der Erwartungshaltung der öffentlichen Meinung. Bidaults Lavieren zwischen gaullistischem und sozialistischem Deutschlandkonzept wie das sozialistische Lavieren zwischen der nationalistischen und der internationalistischen Version des eigenen Konzepts erfolgten aus einer Mischung von jeweils eigener Überzeugung und Einsicht in die

Notwendigkeit, die Nachwirkungen gaullistischer Deutschlandpolitik behutsam zu liquidieren. Die Umstellung der französischen Deutschlandpolitik vom Konzept de Gaulles auf das Konzept Blums konnte nicht auf einen Schlag erfolgen. Was Bidault betraf, so trennte er sich nur zögernd und nur auf energisches Betreiben der Sozialisten hin von seiner früheren Politik. Seine Niederlage in Moskau suchte er dadurch zu verdecken, daß er die Debatte der Moskauer Ergebnisse in der Nationalversammlung bis zum 20. Juni hinauszögerte; die Abgeordneten der Regierungskoalition beschwor er insgeheim, die Rheinlandfrage nicht zu erwähnen.[138] In den Sitzungen des Ministerrats, in den Gesprächen Bidaults mit Auriol und Monnet rückte der Gedanke einer bloß wirtschaftlichen Internationalisierung der Ruhr nach und nach in den Brennpunkt der Zielvorstellungen; auch die „befriedigende Lösung" des Monnet-Memorandums lief im Grunde auf diese Regelung hinaus. Auriol unterstützte seine Bemühungen, Bidault auf die „Nationalisation internationale" der Ruhrindustrie festzulegen, mit einem vom 7. August 1947 datierten memorandumartigen Brief, in dem er — wie Blum — die Erfolgsaussichten des Projekts mit der Zustimmung der Briten auf der Londoner Sozialistenkonferenz von 1945 belegte. Im Wahlkampf Oktober 1947 stellte Blum das SFIO-Deutschlandkonzept bereits als *die* Politik der französischen Regierung schlechthin dar.[139] Doch noch im November zögerte Bidault, seine frühere Position aufzugeben. Blum wieder direkt auf die Außenpolitik Einfluß nehmen zu lassen, schien ihm immer noch äußerst gefährlich. Zunächst suchte er Blums Kandidatur für die Nachfolge Ramadiers zu verhindern; dann machte er seinen ganzen Einfluß geltend, um einige MRP-Abgeordnete zu bewegen, entgegen dem Fraktionsbeschluß sich der Stimme zu enthalten. Daß Blum im Ergebnis 10 Stimmen zur verfassungsmäßigen Mehrheit fehlten, war nicht nur, worauf oft hingewiesen wurde, eine Folge seines für das Empfinden der Mittelparteien zu heftigen Angriffs auf de Gaulles Sammlungsbewegung, sondern ebenso eine Folge seiner außenpolitischen Initiativen.[140] Trotzdem war es — wie von seiten der SFIO verlautete — schließlich Blum selbst, der Bidault in langen Gesprächen von der Notwendigkeit überzeugte, auf die Abtrennungs- und Zerstückelungsforderungen definitiv zu verzichten.[141] Am 5. Dezember 1947 bekannte sich der französische Außenminister auf der Londoner Außenministerratstagung zum Prinzip der deutschen Produktionssteigerung im Maße seiner Kohleexportsteigerung und zum Prinzip der wirtschaftlichen Einheit Deutschlands; hinsichtlich der Ruhr sprach er vorsichtig von einem „régime spécial". Am 13. Februar 1948 übernahm er in der Nationalversammlung öffentlich die Argumente seiner früheren sozialistischen Gegenspieler: die einzige Lösung des Deutschlandproblems sei „l'intégration d'une Allemagne pacifique dans une Europe unie"; Deutschland solle als politische Einheit, wenngleich auf extrem föderalistischer Basis, wiedererrichtet werden; für die Ruhr sollte ein „régime internationale" geschaffen werden, das eine wirkungsvolle Kontrolle und eine gerechte Kohleverteilung sicherstelle; die Besatzung der rheinischen Provinzen solle nicht vorab zeitlich begrenzt werden. Mit diesen Grundzügen der SFIO-Deutschlandpolitik übernahm Bidault auch Elemente der SFIO-Europapolitik: „Le champ de notre action est l'Europe"; Grundlage für die Einigung Europas müsse eine enge Zusammenarbeit zwischen Großbritannien und Frankreich werden; die Spaltung Europas dürfe nicht als definitiv betrachtet werden, die Tür zur Sowjetunion müsse offengehalten werden.[142] „L'action diplomatique (...)", urteilte de Gaulle zu Recht über die

Deutschlandpolitik Bidaults, „fut une série continue de reculs jusqu'à l'abandon final."[143] Auch wenn die Wende von der französischen Öffentlichkeit kaum zur Kenntnis genommen wurde, da Bidaults Intervention am späten Freitagabend in einer kaum noch besetzten Kammer erfolgte, war Anfang 1948 das deutschlandpolitische Konzept der SFIO wenn schon nicht Praxis, so doch Programm der französischen Regierung geworden; das Gesamtkonzept der „Troisième Force Européenne" rückte damit von der Ebene der Parteidiskussion auf die Ebene der Regierungspolitik.[144]

VI. „Fédération Européenne": Die Entscheidung für die Westintegration, 1948

Die 1947 im Zeichen des Ost-West-Konflikts entwickelte neue Europapolitik der USA und der nichtkommunistischen Länder Europas konkretisierte sich 1948 in neuen Organisationsformen; zugleich veränderte die Dynamik des Ost-West-Konflikts die Position der neuen Organisationen im internationalen System. Der Foreign Assistance Act vom 3. April und das Abkommen über die Organisation für europäische wirtschaftliche Zusammenarbeit (OEEC) vom 16. April, die Vandenberg-Resolution vom 11. Juni und der Brüsseler Fünf-Mächte-Vertrag vom 17. März waren nicht nur – wie auf amerikanischer Seite intendiert – Mittel zur Stabilisierung des europäischen Vorfelds amerikanischer Sicherheit zum geringstmöglichen Preis und – wie von europäischer Seite behauptet – Bausteine zum gemeinsamen Wiederaufbau des nichtkommunistischen Europas; die Gesetzmäßigkeiten einer bipolaren Auseinandersetzung im Weltmaßstab banden die USA zugleich enger an die europäischen Staaten und die europäischen Staaten enger an die USA, als dies von beiden Seiten gewünscht und vorausgesehen worden war.
Die Dynamik des Antagonismus der beiden Weltmächte entwickelte sich nach dem Prinzip der sich selbst erfüllenden Prophezeiung: Die Sowjetunion sah in dem amerikanischen Eindämmungskonzept nicht die Auffüllung des westeuropäischen Machtvakuums zur Verhinderung weiterer sowjetischer Expansion, als das es gedacht war, sondern die Vorstufe zu einem Angriff auf den sowjetischen Machtbereich; sie reagierte auf die vermeintliche Bedrohung mit einem ideologisch-verbalen Totalangriff, signalisiert in der Kominform-Gründung, und mit einer Zentralisation und Konsolidation im Innern des eigenen Einflußbereiches, dramatisch zugespitzt im tschechoslowakischen Staatsstreich, die bei den USA und den nichtkommunistischen Europäern jene Blockbildung hervorriefen, die die Sowjetführung schon zuvor glaubte diagnostizieren zu müssen. In den USA und mehr noch in den europäischen Ländern begann man, die Zentralisierung des Ostblocks nicht als voraussehbare Reaktion auf die westliche Initiative zu begreifen, sondern als Ausdruck einer akuten Bedrohung der westlichen Welt; die aus dieser Annahme resultierende Formierung eines westlichen Lagers legte die Sowjetunion erst langfristig auf jenen Konfrontationskurs fest, der die westliche Blockbildung rechtfertigte. Die Blockade Westberlins, die das im Entstehen begriffene westliche Lager in seinem schwächsten Punkt treffen und damit seine Entstehung von vorneherein verhindern sollte, ermöglichte erst recht seine Formierung, indem sie den entscheidenden psychologischen Baustein lieferte und den „Westen" sich als „Westen" begreifen lehrte. Erst jetzt – in der zweiten Jahreshälfte 1948 – wurde deutlich, daß die in der Vandenberg-Resolution verlangte Förderung regionaler und anderer „arrangements" zur kollektiven Selbstverteidigung[1] zur Bildung einer amerikanisch-europäischen Militärallianz führte; erst jetzt wurden der Wiederaufbau und die Formierung Westdeutschlands nicht nur aus einer Mischung von Nötigung durch die unhaltbar gewordenen Zustände in den Besatzungszonen und Einsicht in die

europäische Wirtschaftsinterdependenz betreiben, sondern in dem Bewußtsein, damit das exponierteste Vorfeld der eigenen Sicherheit zu stärken.² Standen die amerikanische Außenpolitik und die Antwort der europäischen Partner auf diese Politik 1947 noch ganz im Zeichen eines restringierten Eindämmungskonzepts, so führte die Dynamik des Ost-West-Konflikts 1948 zu einer fast unvermeidlichen Ausweitung der Bereiche des Einzudämmenden. Noch blieb die bipolare Auseinandersetzung auf den europäischen Raum beschränkt, doch griff sie auf den strategisch-militärischen und ideologischen Bereich über, die beide ihre Eigengesetzlichkeiten zu entfalten begannen. Die Zweiteilung der Welt wurde damit immer definitiver, die Chancen für eine unabhängige europäische Politik, die zudem dem weltweiten Teilungsprozeß entgegenwirken sollte, immer geringer. Als die Vertreter des Konzepts der „Troisième Force Européenne" Anfang 1948 daran gingen, ihre Vorstellung von einem Vereinten Europa, die zuvor im wesentlichen nur theoretisch entwickelt und diskutiert worden war, zu realisieren, hob die Entwicklung des Ost-West-Konflikts gleichzeitig die Voraussetzungen dieses Konzepts Zug um Zug auf, so daß die Einigungsbemühungen im Ergebnis nicht zur Schaffung einer Dritten Kraft, sondern zur Konsolidation des westlichen Lagers führten.

Dieser Prozeß schuf für die Vertreter des Konzepts der „Troisième Force Européenne", insbesondere in der SFIO, eine neue Problemlage: Zwischen der Stabilisierung Westeuropas und der Vermeidung einer Blockbildung entsand jener Zielkonflikt, den das Konzept der „Troisième Force" gerade zu vermeiden bemüht gewesen war; die Zustimmung zum Marshall-Plan und die neue Frontstellung gegen die Kommunisten prädisponierten die SFIO zwar zum Einschwenken in das westliche Lager, doch mußten dabei so viele der in die „Troisième Force" gesetzten Hoffnungen, allen voran der Anspruch auf universale Friedenssicherung, aufgegeben werden, daß nicht zu erwarten war, der Prozeß der Westorientierung der SFIO würde ohne interne Reibungen und Rückwirkungen vonstatten gehen. Vier Entwicklungslinien kennzeichnen die SFIO-Außenpolitik des Jahres 1948: Erstens die Zielmodifikation des Vereinten Europas von der Dritten Kraft zur westeuropäischen Integration als Teil des westlichen Systems; zweitens die neutralistische Gegenreaktion auf diese Zielverlagerung und die parteiinterne Auseinandersetzung mit ihr; drittens unabhängig von der Zielbestimmung ein erster Anlauf, die Vereinigung des nichtkommunistischen Europas in Gang zu setzen, und die daraus resultierende Auseinandersetzung mit der britischen Labour-Party; und viertens das Bemühen um die Realisierung der sozialistischen Version französischer Deutschlandpolitik in der Auseinandersetzung mit der angelsächsischen Deutschlandpolitik.

1. Europäische Einigung zwischen Dritter Kraft und Westintegration

Bevins „Western Union"
Unter dem Eindruck des Prozesses der Abschließung des sowjetischen Machtbereiches und der sowjetischen Bemühungen, die Formierung eines westlichen Lagers zu vereiteln, veränderte der SFIO-Zielbegriff der „Fédération européenne" fast unmerklich, aber um so folgenreicher seinen Gehalt. Eine erste Veränderung erlebte er in der Vorgeschichte des Brüsseler Paktes, den die Sozialisten noch ganz von ihrem Verständnis einer Dritten Kraft her begriffen, obwohl er unzweifelhaft im

Zeichen der Westintegration stand. Die beiden Außenminister Bidault und Bevin hatten, von Churchill nachdrücklich bekräftigt, eine direkte Bedrohung des nichtkommunistischen Europas durch die Sowjetunion schon weitaus früher als die französischen Sozialisten empfunden; seit dem Scheitern der Londoner Außenministerratstagung suchten sie die USA für eine militärische Verpflichtung in Europa zu gewinnen. Nachdem ihnen Marshall bedeutet hatte, ein derartiges Engagement sei in den USA innenpolitisch nur unter der Voraussetzung durchzusetzen, daß die Europäer wie im Zuge des Marshall-Plans ihre Wiederaufbauanstrengungen nun auch ihre Verteidigungsmaßnahmen koordinierten, betrieben sie die Erweiterung des Dünkirchener Paktes zu einem westeuropäischen Militärbündnis, das ihnen nur unter der Perspektive eines amerikanischen Militärschutzes sinnvoll erschien.[3] Obwohl die SFIO-Führung sich zumindest über die Intentionen Bidaults im klaren war[4], interpretierte sie die öffentliche Ankündigung der Bündnisverhandlungen in Bevins Unterhausrede vom 22. Januar 1948 als einen Schritt zur Realisierung der „Troisième Force Européenne". Bevin hatte die Zielsetzung des vorgesehenen Bündnisses mit der Bemerkung vorsichtig angedeutet, Europa dürfe nicht von einer einzigen Macht beherrscht werden, zugleich aber mit Blickrichtung auf das inzwischen erreichte Gewicht des europäischen Einigungsgedankens nebulose Formulierungen über eine „geistige Union" Westeuropas hinzugefügt, die das tatsächliche Vorhaben wieder verdeckten. Robert Verdier, der als Stellvertreter Blums in der Politischen Redaktion des „Populaire" im ersten Halbjahr 1948 maßgeblichen Anteil an der Formulierung des außenpolitischen Standpunkts der Partei hatte, erwähnte nun in seinem Leitartikel vom 23. Januar den militärischen Aspekt des projektierten Bündnisses mit keinem Wort, sondern stellte den Vorschlag Bevins als eine Neuauflage des „Famille-occidentale"-Konzepts Blums vom Herbst 1945 dar: als eine zur Lösung der europäischen Wirtschaftsprobleme unabdingbare regionale Wirtschaftsentente, die weder zu den USA in einem wirtschaftlichen, noch zur Sowjetunion in einem politischen Gegensatz stehen wolle, sich vielmehr um eine Politik der Offenen Tür bemühe. „Est-il besoin d'ajouter qu'il n'y a pas de meilleur moyen de consolider la paix?"[5] Bidaults verbales Bekenntnis zu einem Europa der Dritten Kraft nach Art der SFIO-Vorstellungen in der Sitzung der Nationalversammlung vom 13. Februar wurde von Pierre-Olivier Lapie publizistisch vorbereitet, indem er die französische Regierung aufforderte, über den britischen Vorschlag einer engen wirtschaftlichen Kooperation hinaus eine politische Föderation der „Troisième Force Européenne" anzustreben:
„C'est donc la tâche de la France de prendre l'initiative d'un appel aux peuples européens pour une Fédération. Cette Fédération doit comprendre l'Allemagne, sous les conditions de démocratie fédérale et de neutralité volontaires (...). Cette Fédération doit être largement mouverte aux pays de l'Est européen, qui doivent comprendre qui'il y a pour eux d'autres espoirs qu'une soumission satelitte à l'U.R.S.S. Elle doit être économiquement forte pour montrer aux U.S.A. que nous avons la volonté de nous reconstruire par nous-mêmes. Enfin, cette Fédération doit être socialiste pour que les richesses arrachées par le labeur des hommes aux entrailles de la terre reviennent, par dessus les frontières économiquement abolies, aux travailleurs de toutes les nations."
Noch Mitte Februar 1948 schien es der SFIO-Führung möglich und angebracht, ein europapolitisches Konzept zu vertreten, das einem Vereinten Europa soviel Eigen-

gewicht zumaß, daß es nicht nur die weltweite Polarisierung aufhalten, sondern langfristig sogar das gesamte, gegenwärtig bereits Schauplatz amerikanisch-sowjetischer Auseinandersetzung bildende Deutschland absorbieren konnte.[6] Subjektiv glaubten die Sozialisten noch an die Möglichkeit der Dritten Kraft; indem sie jedoch in diesem Glauben die Westunionpolitik Bevins und Bidaults unterstützten, füllte sich ihr Begriff der „Fédération européenne" objektiv bereits mit dem Sicherheitsbegriff des späteren Brüsseler Paktsystems und den diesem innewohnenden Implikationen.

Prager Umsturz

Die Nachricht von der kommunistischen Machtergreifung in der Tschechoslowakei am 25. Februar 1948, durch die Meldung vom Tode des tschechoslowakischen Außenministers und Präsidentensohnes Jan Masaryk am 10. März — damals der offiziellen tschechoslowakischen Verlautbarung folgend als Selbstmord interpretiert, heute mit einiger Sicherheit als Mord im Auftrag des sowjetischen Geheimdienstes erkannt — zusätzlich dramatisiert, veränderte den sozialistischen Föderationsbegriff zum ersten Mal auch subjektiv. Die Umstände der Prager Ereignisse, die traditionelle französische Freundschaft zur Tschechoslowakei, die exklusiven Beziehungen führender SFIO-Politiker zu tschechoslowakischen Demokraten und die vermeintliche Parallelität zum tschechoslowakischen Schicksal von 1938/39 und zu dessen Bedeutung für den damaligen Weltfrieden akkumulierten sich bei den französischen Sozialisten zu einem nachhaltig emotional bestimmten Eindruck, der die jaurèsistische Tradition eines demokratischen Freiheitsideals in bisher nicht gekanntem Ausmaß reaktivierte. Léon Blum beispielsweise bezeichnete die Zerschlagung der tschechoslowakischen Demokratie als „un deuil personnel" und beschrieb das Ergebnis dieses Prozesses mit einer für ihn ungewöhnlichen illusionslosen Offenheit: „Die Republik existiert in der Tschechoslowakei nur noch dem Namen nach, da ja die Souveränität des Volkes abgeschafft ist, und der kommunistische Staatsstreich bereits die Pressefreiheit, die Versammlungsfreiheit, die freie Betätigung der politischen Parteien unterdrückt hat und die anderen Menschen- und Bürgerrechte zu unterdrücken im Begriff ist." Jean Texcier sah im Tode Masaryks eine stumme Botschaft: „Quelle leçon pour les peuples et pour les hommes politiques qui aiment encore la démocratie et la liberté! Vont-ils demeurer jusqu'à la fin des temps soumis à la crainte? Vont-ils désormais accepter de subir en silence le chantage permanent de la guerre et de la violence?"[7]

Damit war die Auseinandersetzung der SFIO mit der Sowjetpolitik auf einer emotional-generalisierenden Ebene angelangt, in der die Sowjetunion in einer dem universalen Eindämmungskonzept artverwandten Weise als eine aufgrund ihres ideologischen Selbstverständnisses und ihrer inneren Verfaßtheit notwendigerweise expansive Macht erschien. Oreste Rosenfeld erklärte in einem Grundsatzartikel des „Populaire" zu den Prager Ereignissen, die Sowjetunion werde ihren Expansionsdrang auch nach der Konsolidierung des Ostblocks nicht aufgeben. „La logique d'un régime totalitaire — qu'il soit fasciste ou communiste — ne le lui permet pas." Guy Mollet, Marceau Pivert und Pierre Metayer sahen nun — in einem Aufruf zur Jahrhundertfeier der 1848er Revolution — das nichtkommunistische Europa direkt von der sowjetischen Expansion bedroht: „Sous prétexte de socialisme, un mon-

179

strueux régime d'oppression et d'expansion impérialiste primitive s'avance inexorablement vers l'Europe occidentale et vient d'absorber l'un des peuples les plus fiers, les plus ardents dans la défense des droits de l'homme et des libertés essentielles." Jean Texcier, Jean Lechantre und SFIO-Abgeordneter Just Évrard sprachen in gleicher Weise von der für Europa lebensbedrohenden Gefahr des internationalen Bolschewismus.[8] Empfand man aber die sowjetische Politik nicht mehr, wie noch im Sommer 1947, als Ausdruck eines freiwilligen Isolationismus, sondern als direkte Bedrohung der eigenen Freiheit und Sicherheit, so konnte die Konsequenz für das eigene außenpolitische Konzept nur lauten, eine direkte Möglichkeit der Verteidigung gegen die Sowjetunion zu schaffen.

Sehr bald gelangte diese Sicht der sowjetischen Politik und die neue Zielbestimmung der „Fédération européenne" in parteioffizielle Verlautbarungen. In seiner Resolution vom 25. Februar begnügte sich das Comité directeur der SFIO noch damit, gegen „les méthodes antidémocratiques d'intimidation et de violence employés par le stalinisme dans son oeuvre de conquête et d'asservissement des peuples" zu protestieren und „tous ceux qui luttent pour défendre à la fois le socialisme et la liberté" seiner Solidarität zu versichern; unter dem Eindruck der Berichte Mollets und Dumas', die zum Zeitpunkt des Umsturzes gerade zur Kontaktnahme mit den tschechoslowakischen Sozialisten in Prag weilten[9], beschrieben die Direktionsmitglieder am 10. März erstmals das Vereinte Europa als Staudamm gegen die kommunistische Gefahr: „C'est par une offensive politique internationale de tous les démocraties, de tous les socialistes pour l'organisation d'une Europe fédérée et planifiée qu'un barrage puissant sera opposé aux dictatures et à la guerre." Am 11. März verabschiedete die Nationalversammlung mit den Stimmen der SFIO-Fraktion eine unter anderen von Lapie eingebrachte Resolution, in der die Regierung aufgefordert wurde, „à montrer la plus active vigilance à l'égard des entreprises d'asservissement politique, qui constituent une menace pour la paix du monde." Auch in der einstimmig verabschiedeten Schlußresolution des sozialistischen Nationalrats vom 27.–28. April erschien die europäische Föderation nun als Retter der westlichen Demokratien vor der sowjetischen Expansion: „La Paix peut seulement être assurée et la Liberté consolidé, si les egoismes nationaux font place à une organisation internationale des peuples libres, étroitement associée dans les États-Unis d'Europe."[10]

Für die übrigen sozialistischen Parteien des nichtkommunistischen Europas bedeuteten die Prager Ereignisse eine ähnliche Initialzündung wie für die SFIO-Führung; für die französischen Vertreter war es daher nun ein Leichtes, ihre Auffassung von der neuen Funktion eines europäischen Zusammenschlusses auch auf internationaler Ebene durchzusetzen. Am 20. März verurteilte das COMISCO auf seiner Londoner Sitzung zum ersten Mal die sowjetische Kominform-Politik. Mit ungewöhnlicher Schärfe betonte die Schlußresolution der Konferenz, an deren Erarbeitung Mollet mitgewirkt hatte, den Gegensatz zwischen Totalitarismus bolschewistischer Prägung und freiheitlichem Sozialismus. Sie erklärte das Ausscheiden der sozialistischen Parteien Rumäniens, Bulgariens und Ungarns aus dem Kreis der Internationalen Sozialistenkonferenz, sie beschloß den Ausschluß der am Prager Umsturz beteiligten tschechoslowakischen Sozialistenpartei Fierlingers und sie rief die ebenfalls nicht mehr vertretene sozialistische Partei Polens dazu auf, sich der Vereinnahmung durch die Kommunisten zu widersetzen, solange noch Zeit dazu sei. Als wichtigste Aufgabe des Sozialismus bezeichnete sie die Verteidigung der Demokratie in Europa: „Le Comité proclame sa volonté de construire une Europe démocratique et socialiste, libérée de toute menace de tyrannie à l'intérieur et d'agression extérieure, d'où qu'elle vienne." Im Laufe der nächsten Vollkonferenz der im COMISCO zusammengeschlossenen Parteien, die vom 4. bis 7. Juni in Wien tagte, formulierten die Delegierten — zum ersten Mal in der Geschichte des internationalen Sozialismus — in Abgrenzung zu den als Diktaturen bezeichneten Volksdemokratien eine Erklärung über die persönlichen Freiheitsrechte, die Grundvoraussetzung jeder sozialistischen Gesellschaftsordnung seien.[11] Wegen ihres Aktionsbündnisses mit den Kommunisten wurde die italienische PSI Nennis nun — anders als 1947 — heftig angegriffen; mit Blick auf den Wahlkampf in Italien verabschiedete das Comité directeur am 7. April 1948 eine Resolution zugunsten der PSLI Saragats; am 9. April, neun Tage vor der Wahl, hielt Léon Blum auf einer Veranstaltung der PSLI in Stresa eine beschwörende Rede über die Grundsätze des demokratischen Sozialismus. Auf Betreiben der SFIO wurde die PSI schließlich zugunsten der PSLI aus dem COMISCO ausgeschlossen.[12]

Neben dieser emotionalen, ideologischen und generalisierenden Argumentation lief jedoch in der SFIO — und zum Teil bei den gleichen Autoren — die rationale, vernunftgläubige und differenzierende Argumentation weiter, die für das Konzept der „Troisième Force" kennzeichnend gewesen war. Léon Blum suchte gleich in seinem ersten richtungsweisenden Kommentar die Prager Ereignisse nüchtern unter dem Gesichtspunkt internationaler Gleichgewichtspolitik zu deuten: „Die Sowjetunion hat soeben unter Bedingungen, die uns mit Recht empören, ihr politisches und militärisches Verteidigungssystem vervollständigt; aber ich bin (...) überzeugt, daß sie keinen Krieg will. (...) Die internationale Lage hat keine effektive Veränderung erfahren." Im Sinne der „Troisième-Force"-Konzeption bezogen in den folgenden Wochen Jean Texcier, Claude Bourdet, Marcel Gimont und Charles Ronsac gegen die weitverbreitete Kriegspsychose Front.[13]

Die Aufrufe zur Besonnenheit reichten jedoch nicht hin, die Folgerungen der emotionalen Argumentationsweise gänzlich rückgängig zu machen. Das Gefühl des direkten Bedrohtseins durch die Sowjetunion blieb und damit das Ziel, eine europäische Föderation zur Verteidigung der Freiheit des nichtkommunistischen Eruopas zu schaffen. Lediglich was die Art der Bedrohung betraf, vermochte die nüchterne Betrachtungsweise zu dem Zugeständnis führen, daß mit einem militärischen Angriff der Sowjetunion aufgrund ihrer inneren Schwäche zumindest derzeit nicht zu rechnen sei, und daß die Bedrohung daher politisch, als eine Folge von subversiven Aktionen im Sinne des Kominform-Programms, verstanden werden müsse. Die Möglichkeit einer solchen Gefahr räumte auch Blum ein, wenngleich er mit seiner Mahnung, die Sowjetunion könne sich im Grunde *keine weitere Expansion* mehr leisten, sondern brauche mehrere Dekaden Ruhe für ihren eigenen Wiederaufbau und die Sicherung ihres Herrschaftsbereiches, weithin unbeachtet blieb.[14] Die Mehrheit der SFIO-Außenpolitiker verstand auch eine derart eingeschränkte sowjetische Bedrohung in erster Linie vom ideologischen Anspruch der Sowjetführung her und generalisierte sie zu der Vorstellung von einer weltweiten Subversionstätigkeit des internationalen Kommunismus, als deren nächstes Ziel Robert Verdier und ein Großteil des Comité directeur Italien, Jules Moch nicht ohne Seitenblick auf die eigene verdienstvolle Aufgabe als Innenminister Frankreich, und Charles Dumas den asiatischen Raum vermuteten. „Si le communisme fut peut-être autrefois un idéal, il n'est plus aujord'hui qu'une conspiration à l'échelle mondiale."[15] Noch vor knapp zehn Monaten waren die Bindungen der SFIO an die kommunistische Partei so eng gewesen, daß sie nur unter großen Bedenken und nicht ohne parteiinterne Auseinandersetzung in eine Regierungskoalition ohne kommunistische Beteiligung eingewilligt hatte; von der Dynamik des Ost-West-Konfliktes gleichsam überrollt, zog sie nun die Trennungslinie zum Kommunismus mit einer derart nachhaltigen Schärfe, daß ihr Verhältnis zur kommunistischen Bruderpartei für nahezu zwei Jahrzehnte davon bestimmt bleiben sollte.[16]

Brüsseler Pakt und Atlantikpakt
Als Antwort auf das Gefühl der Bedrohung durch die Sowjetunion schrieben die französischen Sozialisten nun dem Vereinten Europa eine eindeutige Schutzfunktion zu. „Nous pensons en conséquence", erklärten die sozialistischen Minister am 22. April 1948 in einem Brief an Regierungschef Schuman, „qu'il faut (...) s'efforcer d'organiser l'Europe occidentale, à la fois économiquement et militairement." Westeuropa müsse sich zusammenschließen, führte Paul Ramadier am gleichen Tag in einer Rede in Abbeville aus, „non pour jouer le rôle assez vain d'arbitre ou de courtier, mais pour protéger un patrimoine commun"; Europa müsse dem sowjetischen Imperialismus Widerstand leisten, „qui prive les nations à la fois de la liberté intérieure et de l'indépendance nationale". Als Beginn dieses Schutzbündnisses gewann der Brüsseler Pakt an Bedeutung. „La France", unterstrich Jean LeBail als Fraktionssprecher der SFIO am 5. März in der Nationalversammlung, „doit s'engager hardiment dans ce grand groupement de l'Europe occidentale. C'es pour elle une question de vie ou de mort." Mehr noch: Wenn den übrigen nichtkommunistischen Staaten Europas das Schicksal der sowjetischen Satelliten erspart bleiben solle, so am 10. März Oreste Rosenfeld, müßten sie sich der Fünfer-Allianz anschließen.[17] Mehr und mehr schwand der Begriff der „Troisième Force Européenne" aus den Verlautbarungen der SFIO-Politiker; vom 40. Parteitag Anfang Juli 1948 an galt „la réalisation des Etats-Unis d'Europe libre" als Hauptziel sozialistischer Außenpolitik.[18]

An der Integration dieses Vereinten Europas in jenen Teil der Welt, der sich im Laufe des Jahres 1948 als der „Westen" begreifen lernte, war nicht mehr zu zweifeln. Zu der bisherigen Interessengemeinschaft mit den USA in der Marshall-Hilfe kam nun ein gemeinsames Verteidigungsinteresse: „Une neutralité est un enfantillage", notierte Auriol am 5. April. „La France est un pays de bases militaires et ses possesions la prolongent. Même si elle était neutre, elle ne le serait pas longtemps, car l'un des deux belligérants s'en emparerait. Peut-être l'Amérique la première, et nous serions obligés de nous battre contre elle avec ceux que nous combattons!" „Il s'agit", so folgerte Jean Texcier, „d'organiser le rassemblement et la ronde des peuples libres, et c'est parce que l'Europe, enfin rassemblée, donne la main à la libre Amérique que la guerre pourra être évitée." „Aucun pacte particulier ou régional", bestätigte Léon Blum, „entre puissances européennes ne peut offrir, à l'heure présente, de conditions de solidité suffisantes s'il ne s'appuie sur le contrefort soit des Etats-Unis, soit de l'Union soviétique. C'est pourquoi les cinq puissances signataires du pacte de Bruxelles se sont tournées presque aussitôt vers Washington."[19]

Von der Notwendigkeit der Hinwendung zu den USA überzeugt, räumten die Sozialisten während der Londoner Deutschlandverhandlungen der Verständigung mit den USA Priorität gegenüber der Durchsetzung der eigenen Ziele in der Deutschlandpolitik ein[20], unterstützten sie während der Berliner Blockade nachhaltig die Präsenz der westlichen Alliierten in Berlin[21], engagierten sie sich in der Ratifizierung und Durchführung der OEEC-Konvention und des französisch-amerikanischen Vertrages zur Marshall-Hilfe in vorderster Front.[22] Vor allem aber stellten sie sich nun hinter Bevins und Bidaults Bemühungen um eine materielle Hilfe der USA für die westeuropäische Verteidigung und um eine amerikanische Sicherheitsgarantie für Westeuropa. Schon am 16. März fand Bidault im Kabinett Schuman Zustimmung zu seiner Feststellung, der Brüsseler Pakt „ne peut prendre toute sa valeur que dans le cadre d'une aide américaine". Am 14. April drängte Auriol im Ministerrat auf eine möglichst rasche Schaffung einer europäischen Verteidigungsorganisation unter amerikanischer Hilfe: „Si vous gagnez du temps, vous pourrez être prêts; alors l'Europe sera forte. Appuyés par les Etats-Unis, nous aurons conjuré le péril. C'est cette politique qu'il faut suivre. C'est le plus urgent."
Am 6. Juli begannen mit Unterstützung der SFIO-Führung die Washingtoner Vorverhandlungen zwischen den USA, Kanada und den fünf Staaten des Brüsseler Pakts. Am 26. Oktober gaben die Außenminister der Paktstaaten ihre prinzipielle Einigung über die Bildung einer nordatlantischen Verteidigungsgemeinschaft bekannt. Paul Ramadier als Verteidigungsminister des Kabinetts Queuille und Max Lejeune als dessen Staatssekretär waren nun direkt in die Verhandlungsführung involviert; auch die übrigen sozialistischen Minister bekannten sich nachdrücklich zu der neuen Organisation.[23]
Bis in den Spätherbst 1948 wahrte die SFIO-Führung über diese Wende zu einer atlantischen Militärallianz die größtmögliche Diskretion. Auf dem ordentlichen Parteitag Anfang Juli wurde sie mit keinem Wort diskutiert; erst während des Nationalrats vom 13./14. November bekannte sich Philip zu der neuen Politik: Die europäische Einigung werde und müsse auch die Verteidigung Europas miteinschließen; denn wenn die „Russen" jetzt angreifen würden, wären sie innerhalb von 48 Stunden in Frankreich, „et la neutralité française est quelque chose d'impossible et d'inpensable". Ramadier pflichtete ihm bei: Europa könne nicht isoliert bleiben; die Verteidigung gegen die Sowjetunion sei ein gemeinsames Interesse, das über den europäischen Rahmen hinausgehe; gewisse militärische Maßnahmen seien unabdingbar, um den Frieden zu retten; das politisch vereinte Europa müsse sich mit den USA und Kanada zu einem „pacte de défense mutuelle" zusammenfinden. Selbst Léon Boutbien, der bisher von seinen trotzkistischen Grundüberzeugungen her in der vordersten Front der Kritiker des amerikanischen Imperialismus gestanden hatte, akzeptierte nun den Nordatlantikpakt; er billigte nicht nur die bisherige Verhandlungsführung Ramadiers und Lejeunes, sondern forderte darüber hinaus, ein solides nationales Verteidigungskonzept zu erstellen, an dem es unter der neuen Perspektive bisher fehle.[24] In der Nationalversammlung rechtfertigte Philip das neue Bündnis erstmals am 30. November: „Nous constatons qu'à l'heure actuelle les Américains nous comprennent et nous aident, tandis que les Russes font tout ce qu'ils peuvent pour s'opposer à notre relèvement." Und im „Populaire" bemühte sich Robert Verdier erstmals am 14. Dezember, diese Haltung der Weltmächte als nicht nur momentan, sondern strukturell bedingt und damit dauerhaft nachzuwei-

sen: an die öffentliche Meinung der USA könne man stets mit Aussicht auf Erfolg appellieren, wenn sich in der politischen Führung einmal imperialistische Tendenzen durchsetzen sollten; ein Appell an die öffentliche Meinung der östlichen Diktaturen sei dagegen von vorneherein wirkungslos; Demokratie und Friedenssicherung bedingten sich wechselseitig. „Ce serait, en effet, uns simplification artificielle et aussi dagereuse (...) de parler confusément de ‚lutte sur deux fronts'. Que nous le voulions ou non, il ne nous est pas possible de renvoyer dos à dos les deux antagonistes en les déclarant l'un et l'autre également impérialistes et par conséquent également menaçants pour la paix européenne." Zugleich gab er eine verschlüsselte Rechtfertigung des Bündnisses vom Gesichtspunkt der Maximalforderung sozialistischer Außenpolitik her: „Nous voilà bien loin sans doute de la grande espérance d'un gouvernement mondial. Mais nous en éloignerions encore davantage si, pour commencer, nous ne cherchions pas à conjurer les dangers les plus pressants et si nous nous refusions à faire preuve de réalisme dans l'appréciation des risques que nous menacent et des chances qui nous restent."[25]

Daß sich die SFIO-Führung erst mit mehr als halbjähriger Verspätung offen zu ihrer Politik der Westintegration bekannte, war eine Folge des Dilemmas, das sich aus der neuen Funktionsbestimmung der „Fédération européenne" ergab. Denn trotz des Eingeständnisses, daß die Schutzfunktion das nichtkommunistische Europa in eine Bundesgenossenschaft mit der Weltmacht USA führte, hielten die gleichen SFIO-Politiker jedoch an dem Anspruch fest, mit dem Vereinten Europa eine Dritte Kraft schaffen zu können, die die Wahl zwischen den beiden Blöcken unnötig mache. Wiederholt beteuerten sie, dieses Europa dürfe sich nicht unbesehen in einen Westblock eingliedern, es müsse für die Osteuropäer und die Sowjetunion offen bleiben, seine Beziehungen zu Osteuropa müßten allein schon aufgrund der wechselseitigen wirtschaftlichen Abhängigkeit intensiviert werden, die Osteuropäer, vielleicht sogar die Sowjetunion würden sich der europäischen Föderation eines Tages anschließen.[26] Im Sinne des restringierten, den militärischen Bereich möglichst gering veranschlagenden Eindämmungskonzepts konzentrierten sie die Diskussion auf den wirtschaftlich-politischen Aspekt des europäischen Zusammenschlusses und der europäisch-amerikanischen Kooperation: Das beste Mittel gegen eine kommunistische Subversion sei die Stabilisierung der wirtschaftlichen Verhältnisse des nichtkommunistischen Europas; eine europäische Wirtschaftskrise katastrophalen Ausmaßes sei jedoch nur durch die amerikanische Wirtschaftshilfe und den Zusammenschluß der antiquierten europäischen Nationalwirtschaften zu verhindern; die wirtschaftliche Einigung führe zwangsläufig zur politischen Föderation Europas; geeint werde Europa stark genug sein, zwischen den beiden Weltmächten auszugleichen. In den Worten Philips:
„Le seul espoir de notre pays, c'est de réussir, pendant le temps qui est encore à notre disposition, à constituer cette troisième force internationale de 220 millions d'habitants, plus puissante en hommes que les Etats-Unis, potentiellement aussi puissante qu'eux au point de vue économique, plus puissante économiquement que la Russie, presque aussi puissante qu'elle du point de vue du potentiel humain, une troisième puissance aussi libre et aussi indépendante de l'un de l'autre bloc, capable par là même de trouver son unité et de sauvegarder la paix du monde."

Wider bessere Einsicht interpretierten sie auch die europapolitischen Initiativen Be-

vins, Bidaults und Churchills in diesem Sinne; den Brüsseler Pakt etwa bezeichneten sie als „Instrument des Friedens und des Ausgleichs zwischen den USA und der UdSSR" (Verdier), „un premier exemple de ce que sera l'Europe fédérée dans le cadre de l'O.N.U., et un premier état de ce que nous considérons comme la Troisième Force internationale" (Blum).[27]
Das Konzept der Westintegration löste also das Konzept der Dritten Kraft nicht ab; vielmehr wurde es diesem gleichsam übergestülpt. Die Diskussion der beiden Konzepte war keine Angelegenheit verschiedener Fraktionen innerhalb der SFIO; vielmehr versuchte nahezu die gesamte SFIO-Führung, soweit sie mit außenpolitischen Fragen befaßt war, beide Konzepte zu vereinen.[28] Genauer gesagt: zu den vier Motivationskomplexen, die die SFIO im zweiten Halbjahr 1947 zu einer Aktualisierung der Idee einer europäischen Föderation geführt hatten, — Gelingen des wirtschaftlichen Wiederaufbauprogramms unter Einbeziehung der Marshall-Hilfe, Schaffung einer Grundlage für den Aufbau des Sozialismus, Friedenssicherung durch Vermeidung der Zweiteilung der Welt und Lösung des Deutschlandproblems durch Integration in eine supranationale Körperschaft — kam ein fünfter, aus einer in hohem Maße emotional empfundenen Bedrohung[29] resultierender Komplex hinzu: die Schaffung eines Schutzschildes gegen eine mögliche sowjetische Aggression. Damit geriet die „Fédération européenne" sozialistischer Prägung in eine faktische Solidarität mit den USA, die der Sowjetunion mehr denn je Anlaß gab, dieses Europa dem westlichen Lager zuzurechnen, und damit die Möglichkeit, mit einem Vereinten Europa den Ost-West-Konflikt zu überwinden, von vorneherein aufs äußerste einzuschränken. Mehr und mehr verloren die Bekenntnisse zu einer Politik der Offenen Tür an realem Gehalt, gerieten sie zu einer verbalen Selbstrechtfertigung vor der eigenen Doktrin, deren Häufigkeit ein enormes Kompensationsbedürfnis anzeigte. Der Zielkonflikt zwischen die Ost-West-Spaltung überwindender Vermittlungsfunktion und den Graben zum Osten vertiefender Schutzfunktion blieb in der Theorie ungelöst; er erklärt das Zögern der SFIO-Führung, sich offen zur Zugehörigkeit zum westlichen Lager zu bekennen[30]; in der Praxis wurde der Schutzfunktion uneingeschränkte Priorität eingeräumt.
Was in der Summe von ursprünglicher Intention und realisierter Praxis von dem Ziel der Friedenssicherung durch Vermeidung der Blockbildung gerettet werden konnte, war eine Art „Entschärfung" des nicht mehr aufzuhaltenden bipolaren Antagonismus. Den europäischen Föderalismus als „une espérance de paix, un instrument de paix (...) en une heure critique de l'histoire, à un moment où n'existe sans doute aucun danger précis, concret, tangible, de guerre, mais où de troubles inquiétudes semblent envelopper et corroder la paix" (Blum)[31] zu bezeichnen, konnte im Ernst nur noch bedeuten, daß man einem demokratischen und sozialistischen Europa sehr langfristig eine ideologische Vermittlerfunktion zuschrieb, mit deren Hilfe sich die weltpolitische Lage durch eine Annäherung des sowjetischen und des amerikanischen Gesellschaftssystems allmählich stabilisieren sollte. Kurzfristig, für die weltpolitische Situation des Jahres 1948, konnte das Festhalten an der friedenssichernden Zielsetzung des europäischen Einigungsgedankens nur die Hoffnung beinhalten, die Polarisierung durch die Schaffung einer einheitlichen europäischen Mächtegruppe *etwas* geringer halten zu können, als sie als Resultat der Bindung einzelner europäischer Staaten an die USA erfolgt wäre. Dieser vorsichtige Ansatz zu einer Entspannungspolitik von der sicheren Grundlage

der amerikanischen Sicherheitsgarantie aus hatte um so mehr Aussicht auf Erfolg, wenn man wie Blum an einem besonnenen, restringierten Eindämmungskonzept festhielt; die Erfolgsaussichten waren jedoch um so geringer, je mehr man, was dem Durchschnitt der an ideologische Vereinfachungen gewöhnten Parteimitglieder weitaus eher entsprach, den Eindämmungsbegriff generalisierte.
Indem die projektierte europäische Föderation an die USA näher heranrückte, erhielt die nationale Komponente des Ziels des Aufbaus des Sozialismus ein stärkeres Gewicht. Voraussetzung für die Schaffung einer Gesellschaftsstruktur im sozialistischen Sinne war, daß Europa von kapitalistischem Einfluß der USA weitgehend frei blieb; hier traf sich die gesellschaftspolitische Zielsetzung einer sozialistischen Partei mit dem nationalen Ziel der Unabhängigkeit. „Il y va aussi de sa grandeur", erklärte LeBail unter dem Beifall Bidaults in der Nationalversammlung zur europäischen Mission Frankreichs. Je mehr sich die nichtkommunistischen Staaten Europas in das westliche Lager integrierten, desto deutlicher proklamierten die SFIO-Politiker das Ziel einer „freien Partnerschaft" zwischen USA und Vereintem Europa, die den Europäern trotz der Annäherung die Autonomie garantierte. Bis auf die neutralistische Gegenströmung war nun die gesamte SFIO bereit, der Haltung Blums von 1947 zu folgen, der mit der politischen Führung der USA zu kooperieren geneigt war, soweit sich deren politische Mittel auf Führung und Kooperation beschränkten und nicht auf den Bereich der Domination ausgriffen. Gewiß enthielt das Zielbild der „Partnerschaft" auch ideologische und verhüllende Momente; die „troisième puissance aussi libre et aussi indépendante de l'un que de l'autre bloc" Philips war 1948 in Anbetracht des realen Gewichtsverlusts der europäischen Staaten nicht mehr zu verwirklichen; realistisch war dagegen, für den Fall, daß die politische Föderation Europas tatsächlich verwirklicht wurde, Claude Bourdets Wunsch, „que cette Union puisse constituer un garde-fou contre les entreprises plus ou moins affolés des ‚paniquards du Kremlin' et, simultanement, opposer aux tentations similaires des U.S.A. une volonté sinon totalement, du moins largement autonome."[32]
Von einer atlantischen Allianzpolitik, wie sie de Gaulle forderte, Churchill formulierte und Bidault betrieb, unterschied sich diese Politik gleichzeitiger europäischer Einigung und Partnerschaft mit den USA in dreifacher Hinsicht: Erstens blieb sie nicht in militärisch-strategischen Dimensionen befangen, sondern bedachte sie die Rückwirkung sozio-ökonomischer Strukturen auf das internationale System mit; zweitens betrachtete sie den Zusammenschluß Europas nicht nur als Verteidigungsmaßnahme gegenüber der Sowjetunion, sondern auch als Garantiemaßnahme gegen ein Ausarten der Kooperation mit den USA in deren Dominanz; drittens setzte sie die Politik der Offenen Tür gegenüber Osteuropa nicht mit einer Politik der Stärke gleich. „Sous une vaine et spécieuse apparence de mots", so Blum zu de Gaulles Forderung nach einem europäischen Militärbündnis unter Führung Frankreichs, „nous sommes en désaccord fondamental avec le général."[33] Der Gegensatz zwischen Bidaults Atlantismus und der zurückhaltenden Westintegrationspolitik der sozialistischen Minister bestimmte die außenpolitische Diskussion im ersten Kabinett Schuman: Während Bidault aus Furcht vor einer Isolierung Frankreichs der Konsolidierung des westlichen Bündnissystems uneingeschränkte Priorität einräumte, suchten die Sozialisten trotz des Ausbaus des Bündnissystems alles zu vermeiden, was die Sowjetunion als direkte Bedrohung empfinden und mit einem

Präventivangriff beantworten konnte, und jede Chance zu einem Gespräch unter den vier Alliierten zu nutzen. Gegen den Widerstand Bidaults drängten sie bei den USA auf einen letzten Versuch zur Verständigung mit der Sowjetunion in der Deutschlandfrage vor der Realisierung der Londoner Empfehlungen.[34] Nach Bidaults Sturz im Juli 1948 bestimmte das sozialistische Konzept die Westpolitik der französischen Regierung: Das Außenministerium, für das Auriol Blum vorgesehen hatte, blieb zwar der Koalitionsarithmetik wegen eine Domäne des MRP; der außenpolitisch vorerst unerfahrene Robert Schuman ließ den SFIO-Ministern jedoch genügend Spielraum, eine stärkere Betonung des europäischen Eigengewichts in die Wege zu leiten. Im Kabinett Marie lancierte Blum als stellvertretender Ministerpräsident das Projekt eines Europarats; im Kabinett Queuille setzte sich Ramadier als Verteidigungsminister mit Erfolg gegen die Tendenz von Bidault-Anhängern im Außenministerium zur Wehr, den Brüsseler Pakt im Atlantikpakt aufgehen zu lassen.[35]

Philips Europäischer Großraummarkt
In dem Maße, wie die SFIO im Laufe des Jahres 1948 ihren Anspruch relativieren mußte, einen Plan zur universalen Friedenssicherung zu vertreten, gewann nun in der Diskussion um die europäische Einigung das Motiv der Sicherung des europäischen Wiederaufbauprogramms an Gewicht. André Philip und die „europäische" Gruppe sozialistischer Außenpolitiker entwickelten das im Herbst 1947 formulierte Konzept eines europäischen Großraummarktes zu einer Theorie des europäischen Sozialismus fort. Eine sozialistische Gesellschaftsordnung war ihrer Überzeugung nach nur auf der Grundlage allgemeiner Prosperität zu verwirklichen; allgemeine Prosperität jedoch war, wie die Beispiele der USA und in vermindertem Maße auch der Sowjetunion gezeigt hatten, beim gegenwärtigen Entwicklungsstand der Produktionstechnik nur zu erreichen, wenn man für Märkte produzierte, die weitaus größer waren als die bisherigen Binnenmärkte der europäischen Nationalstaaten. Eine sozialistische Gesellschaftsordnung ließ sich ferner nur innerhalb einer Gemeinschaft verwirklichen, in der der Anteil des Außenhandels am Bruttosozialprodukt weniger als zehn Prozent betrug; nur in dieser Relation, so Philips Überzeugung, war die nötige Autonomie einigermaßen garantiert.
„Ce qu'il nous faut rechercher, c'est un énorme développement des grandes industries lourdes, seules capables de donner à la France et à l'Europe les moyens d'action pour résoudre leurs difficultés présentes. Cela n'est possible que si ces industries travaillent non pour un marché de 30 ou 40 millions d'habitants, mais pour un marché de 200 à 250 millions d'habitants, permettant de rendre rentables les investissements nécessaires par une production en série et un abaissement massif des prix de revient. Il nous faut, dans les années qui viennent, créer les unions douanières efficaces, et, pendant le répit que nous laisse le plan Marshall, commencer à construire l'unité économique de l'Europe. Dans ce cas seulement nos problèmes sont solubles."
Eine wirtschaftliche Vereinigung Europas war, wie die Erfahrungen mit der Benelux-Union, der französisch-italienischen Zollunion, dem Brüsseler Pakt und der OEEC erneut bewiesen, im Grunde nur zu erreichen, wenn man zugleich auch zu einer politischen Föderation schritt; die Schaffung einer politischen Föderation Europas wurde damit zur aktuellen Aufgabe des demokratischen Sozialismus

schlechthin. Philip hoffte, die ausstehende Erneuerung des französischen Sozialismus könne gelingen, wenn sich die SFIO diesen Ansatz zu eigen machte und insgesamt zu einer Pressure-Group für die europäische Föderation wurde; mehr noch: „Le moment est venu d'avoir un véritable Parti Socialiste Européen."
Diese Aufgabe schien ihm um so mehr geboten, als er bei seinem USA-Aufenthalt im Dezember 1947 die dortigen unterschiedlichen politischen Kräfte besser kennengelernt hatte, als dies dem Durchschnitt der französischen Politiker möglich war, und dabei zu der durchaus begründeten Ansicht gelangt war, die politische Öffentlichkeit der USA könnte ihr Interesse an einer wirtschaftlichen Föderierung Europas sehr bald wieder verlieren, wenn die europäischen Staaten nicht die ihrerseits zu bewerkstelligenden Strukturreformen mit größerem Eifer in Angriff nahmen, als dies bisher geschehen war. „Le plan Marshall n'apporte pas une solution à nos problèmes, il évite une catastrophe imminente, il donne à l'Europe le délai nécessaire pour forger son propre destin. Mais ce temps est court." In spätestens vier Jahren müsse die wirtschaftliche und politische Vereinigung im entscheidenden Maße gelungen sein.[36]
Diese Analyse erklärt den Eifer, mit dem Philip auf die Realisierung seiner Vorstellungen drängte. Unermüdlich popularisierte er den Einigungsgedanken durch in ihrer Logik bestechende, dramatisch zugespitzte Situationsanalysen, unermüdlich diskutierte er mit Francis Leenhardt, Pierre-Olivier Lapie, Jacques Piette, Gérard Jaquet und anderen Experten der Partei im internationalen und wirtschaftlichen Ausschuß der Parteiführung die Probleme, die sich bei der Realisierung der wirtschaftlichen Vereinigung ergaben, insbesondere die Probleme, die aus der gegenwärtigen Unterschiedlichkeit der europäischen Länder in Lebensstandard, Industrieniveau und Sozialstruktur resultierten. Durch diese Diskussion schuf sich die SFIO im Jahr 1948 eine theoretische Grundlage für eine europäische Einigungspolitik, wie sie in diesem Umfang keine andere sozialistische Partei Europas vorzuweisen hatte. Daß Philip, der 1947 nicht mehr in das Comité directeur gewählt worden war, nun bei den Wahlen des 40. Parteitages nach einer mit großer Begeisterung aufgenommenen Rede die meisten Stimmen auf sich vereinigen konnte — Mollet folgte erst an vierter, Mayer an fünfter Stelle —, zeigte an, daß die Diskussion des Expertenkreises nicht ohne Echo in der Gesamtpartei blieb.[37]

2. Europäische Einigung zwischen Dritter Kraft und Neutralismus

Gegen die Westintegration
Indem die SFIO-Führung ihrem Zielbild der „Fédération européenne" die neue Funktion eines Schutzschildes gegen sowjetische Aggression zuschrieb und damit notgedrungen eine Bundesgenossenschaft mit den USA befürwortete, mußte sie von ihrem ursprünglichen Anspruch, eine Politik der universalen Friedenssicherung zu verfolgen, erhebliche, wenn nicht entscheidende Abstriche machen. Die Politik gleichzeitiger europäischer Einigung und Partnerschaft mit den USA war zwar nicht mit einer atlantischen Allianzpolitik im Stile Churchills oder Bidaults oder auch de Gaulles gleichzusetzen; dennoch teilte sie mit der von den Sozialisten einst bekämpften Westblock-Politik die Gefahr, die Zweiteilung der Welt festzuschreiben, in dem Maße, wie aus antikommunistischem Affekt ein starres Freund-Feind-

Denken erwuchs. Darüber hinaus führte sie in eine Kooperation mit jenen kapitalistischen Kräften, die die SFIO in der Theorie zu bekämpfen angetreten war. Insofern das Motiv „Schutz vor sowjetischer Aggression" dem durchschnittlichen Empfinden der Parteimitglieder entsprach, verfügte die Westintegrationspolitik der führenden SFIO-Außenpolitiker über eine sichere Grundlage in der Partei; insofern diese Politik eine Zielmodifikation des bisherigen Dritte-Kraft-Konzepts darstellte, war dennoch mit innerparteilichem Widerstand zu rechnen: Wer sich durch die suggestive Kraft ideologischer Formeln zu einer eskapistischen Haltung hatte verleiten lassen, mußte aus Prinzipientreue an dem Ziel universaler Friedenssicherung festhalten. Bei wem in der Beurteilung der amerikanischen Politik die ideologischen Schemata die Erfahrungsdaten überwogen, der mußte der Kooperation mit den USA mit erheblich mehr Argwohn gegenüberstehen, als jene SFIO-Politiker, die die hegemonialpolitischen Tendenzen der USA gegenwärtig gering einschätzten. Wem schließlich die Klassenkampftheorie nicht emotional bestimmte Rückversicherung in der eigenen Desorientiertheit, sondern lebendige Wirklichkeit war, der mußte die Zusammenarbeit mit den kapitalistischen Kräften Europas höchst suspekt finden. In dem Maße, wie die Theorie der Dritten Kraft im Laufe des Jahres 1948 von der Praxis der Westintegration überlagert wurde, formierte sich aus diesen Impulsen eine Gegenbewegung, die sich weniger durch ein konkretes eigenes Programm als durch eine Anti-Haltung gegen die Politik der Parteiführung auszeichnete.

Diese Bewegung fand insbesondere bei jenen Kräften innerhalb und außerhalb der SFIO Anklang, die die Vereinigung Europas mit besonderer Betonung des Motivkreises „Aufbau des Sozialismus" propagiert hatten. Zu ihnen zählten die Mollet-Opponenten von „links", die die gegenwärtige Praxis der Parteiführung von der Basis marxistischer Prinzipien kritisierten und die in der „Pensée Socialiste" Jean Rous' ihr Sprachrohr gefunden hatten, die Kerngruppe des Internationalen Komitees für die Sozialistischen Vereinigten Staaten von Europa um Marceau Pivert, Teile der „Combat"-Redaktion unter Claude Bourdet, Teile der „Franc-Tireur"-Redaktion unter Georges Altman, der „Esprit" Emmanuel Mouniers und die „Temps Modernes" Jean-Paul Sartres. So heterogen die Zusammensetzung dieses Kreises war, so unterschiedlich war seine Argumentation im einzelnen. Gemeinsamer Ausgangspunkt war das Konzept der Dritten Kraft, wie es die nichtkommunistische Linke unter Einschluß der SFIO 1947 formuliert hatte; gemeinsames Ergebnis eine mehr oder weniger pronocierte Spielart des Neutralismus.

Den Ausgangspunkt des Dritte-Kraft-Konzeptes teilte die neutralistische Gegenbewegung mit der offiziellen SFIO-Politik; insoweit diese nach wie vor den föderativen Zusammenschluß des nichtkommunistischen Europas als Voraussetzung für ein Gelingen des europäischen Wiederaufbauprogramms für die Schaffung einer sozialistischen Gesellschaftsstruktur in Europa, für Friedenssicherung durch Konfrontationsabbau und für die Lösung des Deutschlandproblems durch Integration anstrebte, fand sie die uneingeschränkte Unterstützung auch dieser oppositionellen Tendenzen. Trotz aller im Gegenzug zur Annäherung der offiziellen SFIO-Politik an eine Bundesgenossenschaft mit den USA entwickelten Warnungen vor der Gefahr einer Amerikanisierung Europas erhob sich so gut wie kein Widerstand gegen die Realisierung des Marshall-Plans im ursprünglichen Sinne des restringierten Eindämmungskonzeptes. Einsicht in die Unabdingbarkeit der amerikanischen Wirtschaftshilfe für den europäischen Wiederaufbau und Einsicht in die Unabdingbarkeit der Überwindung nationalstaatlicher Grenzen für den Aufbau des Sozialismus bildeten die Grundlagen auch der neutralistischen Europa-Konzepte. „En tant qu'il s'agit d'efforts pour déborder l'horizon national", erklärte etwa Jean Rous, „les socialistes, contrairement aux Staliniens, ne s'opposent pas à ces essais, pas plus qu'ils ne se sont opposés aux tentatives passées, concernant l'unité nationale. Mais, comme par le passé, ils ne donnent pas aux formes nouvelles le même contenu que les capitalistes." Charles Ronsac schrieb im „Franc-Tireur" zum Haager Kongreß der Europäischen Bewegung: „L'idée fédérale européenne, partie intégrante de l'idée fédérale mondiale, est désormais en marche, poussée par la loi de la nécessité. (...) Quels que soient les hommes et les doctrines qui s'affrontent, les socialistes et les démocrates révolutionnaires savent que leur tâche sera d'autant plus aisée qu'un cadre existera enfin." Und Claude Bourdet forderte, eine europäische Konstituante müsse „noch in diesem Jahr" einberufen werden, die europäische Föderation noch in diesem Jahr ins Leben gerufen werden, wenn die Zielsetzung des Dritte-Kraft-Konzeptes erreicht werden solle.[38]

Was die Vertreter neutralistischer Positionen von den führenden SFIO-Außenpolitikern unterschied, war eine abweichende Interpretation der Sicherheitslage. Entweder wurde die sowjetische Politik nicht als Bedrohung der eigenen Sicherheit verstanden, dem Vereinten Europa folglich keine Schutzfunktion zugeschrieben; oder aber wurde der sowjetischen Bedrohung eine Bedrohung durch die amerikanische Politik als gleichwertig, annähernd gleichwertig oder mehr als gleichwertig gegenübergestellt, die Funktion des Vereinten Europas also als ein Schutz nach beiden Seiten verstanden. In beiden Fällen gab es keinen Grund für eine Bundesgenossenschaft mit den USA, es entstand kein Zielkonflikt zwischen Schutzfunktion und Vermittlungsfunktion, der Anspruch auf universale Friedenssicherung durch Ausgleich zwischen den beiden Weltmächten blieb erhalten. An ein Europa der Dritten Kraft, das die Spaltung der Welt verhindern konnte, war freilich nicht mehr zu denken; die Vermittlungsfunktion konnte ein Vereintes Europa nur wahrnehmen, wenn es sich neben den beiden schon bestehenden Blöcken als eine Art Dritter Block konstituierte, der den USA gegenüber soviel an Distanz wahrte bzw. erst wieder schuf, wie nötig war, um die Sowjetunion von der eigenen Autonomie überzeugen zu können und damit die Voraussetzungen für eine Politik des Ausgleichs zu schaffen. Im Rahmen eines derart verstandenen „Neutralismus" entwickelten sich unterschiedliche Ansätze, dem Konzept der Westintegration zu entkommen.

Varianten des Neutralismus
1. Für Sartre und die „Temps Modernes" war der Weltfriede in erster Linie durch das Verhalten der USA und der sie unterstützenden reaktionären Kräfte in Europa bedroht. Im Marshall-Plan sahen sie zwar nicht das von den Kommunisten behauptete imperialistische Ausgreifen der USA auf den europäischen Kontinent, sondern – einen wesentlichen Aspekt der amerikanischen Politik zweifellos richtig treffend – eine Form des Kapitalismus, der aus Einsicht in die inzwischen weltweite wirtschaftliche Interdependenz die Stufe des Imperialismus überstieg. Doch führte diese Politik in ihren Augen zu der von den reaktionären Kräften noch geförderten und beschleunigten Einbeziehung des nichtkommunistischen Europas in den westlichen Block und zur Einkreisung der Sowjetunion. Imperialistische Tendenzen in der

Politik der Sowjetunion, wie sie sich etwa in der Konsolidierung des Ostblocks gezeigt hatten, erschienen in dieser Perspektive als Reflex der amerikanischen De-facto-Aggressivität. Der Schlüssel zur Friedenssicherung lag im Verhalten der Europäer. Anstatt die Rolle eines antisowjetischen Vorpostens des Kapitalismus zu übernehmen, sollten sie „agir dans la perspective de la paix et chercher, pour l'Occident, les moyens de coexister librement avec l'U.R.S.S. Tant que l'U.R.S.S. ne manifestera qu'elle veut la guerre, nous maintiendrons qu'il faut, à propos de chaque problème, prendre en considération son point de vue, qu'il faut se demander si et à quelles conditions le plan Marshall est acceptable pour elle, voir le communisme d'aujourd'hui dans l'évolution qui l'a peu à peu produit, en un mot chercher à comprendre, et observer envers lui le ton de la contestation, qui n'est pas celui de la guerre." Voraussetzung dazu war der Zusammenschluß Europas: „Il ne s'agit pas d'unir l'Europe contre l'une ou contre l'autre, mais de l'unir précisément dans le refus d'être pour l'une ou pour l'autre. (...) En faisant son unité, elle cessera d'être tentation permanente et danger permanent." Nur wenn sich das Vereinte Europa tatsächlich als Mittler zwischen den beiden Weltmächten konstituierte, war ein Ende der sowjetischen Furcht abzusehen.[39] Das Konzept Jean-Paul Sartres, David Roussets und Gérard Rosenthals war offensichtlich eine unveränderte Adaption des Dritte-Kraft-Konzeptes in seiner ideologischen Version, in welcher der Ost-West-Konflikt als ein Ringen zweier Ideologien verstanden wurde, dem nur die ideologische Synthese durch das Vereinte Europa ein Ende bereiten konnte. Daß für eine Verwirklichung des Dritte-Kraft-Konzeptes im Jahre 1948 die Voraussetzungen fehlten, verstärkte nur noch die eskapistische Tendenz dieser ideologischen Version, die von den tatsächlichen Kräfteverhältnissen in Europa in hohem Maße abstrahieren mußte. Sartre und Rousset konzentrierten ihre Hoffnungen auf die „Forces socialistes et progressistes"; tatsächlich blieb ihr Dritte-Kraft-Konzept ein abstraktes Wunschbild, das in der Praxis bei Sartre zu einem einseitig anti-amerikanischen Affekt führte, bei Rousset und Rosenthal trotz aller Kritik auch am sowjetischen Imperialismus die beginnenden regierungsseitigen Maßnahmen zu europäischer Integration nur als destruktive Blockpolitik begreifen lehrte.[40]

2. Für Emmanuel Mounier, Jean-Marie Domenach, Paul Fraisse, Charles Ronsac und den gesamten Kreis um „Esprit" war der Ost-West-Konflikt keine ideologische, sondern eine machtpolitische Auseinandersetzung. Differenzierender in der Analyse als der Sartre-Kreis kamen sie zu dem Schluß, daß das nichtkommunistische Europa recht daran tat, sich gegen die Gefahr einer Eingliederung in den sowjetischen Block zusammenzuschließen und den Marshall-Plan für den gemeinsamen wirtschaftlichen Wiederaufbau zu nutzen, den die USA nicht zur Erweiterung ihrer Absatzmärkte oder zur Schaffung einer antisowjetischen Bastion lanciert hatten, sondern weil sie die wirtschaftliche Prosperität Europas als das beste Gegenmittel gegen kommunistische Subversion betrachteten.[41] Was sie schreckte, war nicht der amerikanische Kapitalismus oder Imperialismus, sondern die Befürchtung — und in Anbetracht der Eskalationsmechanismen des Kalten Krieges und der Schwäche des europäischen Sozialismus zum Teil auch die Tatsache —, daß die amerikanische Sicherheitspolitik in einem ungeahnten Ausmaß zur Stärkung der konservativen und im militärisch-strategischen Denken befangenen Kräfte Europas führte. In den Worten Ronsacs:

„Une Fédération européenne, telle qu'on la conçoit à Washington, exige une unité de doctrine dont les fondements ne peuvent être fournis que par les Etats-Unis, étant donné le rapport des forces en présence. (...) La ‚libre entreprise' sera inévitablement la base, écrite ou non de la magna charta fédérale. L'opération sera facilitée par le fait que les Etats-Unis sont déjà la principale puissance européenne grâce au contrôle direct qu'ils exercent sur l'économie de la Ruhr, premier bassin industriel du continent. De ce fait, la Fédération américaine de l'Europe occidentale, loin de dresser un barrage contre la seule expansion communiste et soviétique, freinera et bloquera pour un certain temps les progrès du socialisme en général, qu'il soit ou non d'inspiration russe. (...) La Fédération européenne sera américaine ou ne sera pas."

Hinzu kam, wie Ronsac mit dem gleichen Realismus wie die Vertreter der offiziellen SFIO-Politik, aber mit ungleich größerer Offenheit bemerkte, daß ein derart „westlich" orientiertes Europa nicht mehr die Vermittlungsfunktion der Dritten Kraft wahrnehmen konnte: „Pour tout dire, comment les Etats-Unis d'Europe pourraient-ils constituer le ‚troisième bloc qui garantirait la paix' (...), alors même que toutes les pierres de ce bloc seraient importées des U.S.A.?"[42]

Damit drohte erneut die Gefahr eines Dritten Weltkrieges: „Esprit" wurde nicht müde, die Schrecken eines Krieges im Atomzeitalter zu beschreiben. Ein eindeutiges Konzept entstand aus dieser Analyse nicht. Nach der Vertragsunterzeichnung von Brüssel hofften die Autoren des „Esprit"-Kreises noch auf ein „autonomes" und „unabhängiges" Europa; spätestens seit dem Beginn der Berliner Blockade schien ihnen diese Alternative nicht mehr gegeben. Der realistische Ansatz verhinderte Eskapismus, führte aber zur Ratlosigkeit. „La possibilité de faire de l'Europe une grande Suisse", erklärte Mounier im November, „de déclarer la neutralité européenne dans un futur conflit est peut-être un refuge abstrait; elle évoque directement les illusions de 1939; elle n'éveille que des sentiments de retrait, incapables de susciter une grande passion créatrice."[43] Fraisse forderte den wirtschaftlichen Zusammenschluß Europas und als Gegengewicht gegen den amerikanischen Einfluß die Ausweitung des Handels mit Osteuropa, Nationalisierungen in allen europäischen Ländern nach dem Vorbild von Großbritannien und Widerstand gegen alle Wiederaufrüstungsversuche; Ronsac hoffte auf die langfristige Wirkung der gesamteuropäischen Wirtschaftsinterdependenz und den Realismus der beiden Weltmächte, der sie zu einem fragilen Modus vivendi führen werde; Mounier vertraute in völliger Verkennung sozialpsychologischer Gesetzmäßigkeiten auf die Vernunft der Volksmassen, die nur durch einsichtige Führungskräfte geweckt werden müsse. Für die politische Praxis des Jahres 1948 führten das Erschrecken über die Gefahren für den Sozialismus und für den Frieden den „Esprit"-Kreis zu einem vorsichtigen Attentismus, wie er etwa aus Domenachs Verurteilung des Haager Kongresses sprach: „Si les souverainetés nationales ne sont pas une fin, elles peuvent redevenir un refuge de la liberté et une arme de combat contre l'oppression."[44]

3. Auch Claude Bourdet im „Combat" fürchtete einen Vormarsch der konservativen Kräfte Europas und eine Zuspitzung der gegenwärtigen Krisensituation durch eine Vertiefung der Ost-West-Spaltung. Pragmatischer in der Einzelargumentation als der „Esprit"-Kreis und zugleich weniger realistisch in der Beurteilung der europäischen Gesamtsituation setzte er sich jedoch nach wie vor mit Nachdruck für den föderativen Zusammenschluß des nichtkommunistischen Europas ein, wobei er

glaubte — in der Beurteilung der sowjetischen Gefahr ähnlich zurückhaltend wie Blum —, dieser Zusammenschluß ließe sich immer noch ohne gleichzeitige Integration in das westliche Lager vollziehen, werde gerade diese Integration verhindern können. Seine wiederholten Forderungen nach Einberufung einer europäischen Konstituante „noch in diesem Jahr" gipfelten in einer engagierten Befürwortung des „Interlaken-Plans" der Europäischen Parlamentarier-Union Coudenhove–Kalergis vom 4. September 1948 für eine europäische Bundesverfassung und — in Anbetracht der merklichen Zurückhaltung der britischen Regierung in der Europarat-Frage — in der Befürwortung einer Europäischen Union ohne Großbritannien: „Du point de vue qui nous occupe aujourd'hui, peut-être serait-il préférable de faire l'Europe, même sans la Grande-Bretagne plutôt que de ne la faire pas."[45] Dieses vereinte Europa sollte seine Neutralität für den Fall eines bewaffneten Ost-West-Konfliktes proklamieren, dann würde die Gewißheit, daß Europa neutral bleiben würde, zu einer Entspannung zwischen den beiden ohnehin nicht kriegsbereiten Weltmächten führen. Europa könne diese neutrale Position ohne Gefahr für seine Sicherheit einnehmen, da sein militärischer Beitrag weder für die USA noch für die UdSSR von Bedeutung wäre, sein gegenwärtiger Rüstungsstand einem russischen Angriff standzuhalten nicht erlaube, andererseits aber gerade eine erhebliche Einschränkung des Rüstungsetats notwendig sei, um den wirtschaftlichen Aufbau als Voraussetzung für eine starke neutrale Position zu ermöglichen. Sollte aber die Sowjetunion tatsächlich angreifen, so seien Partisanenkampf und Evasion nach Nordafrika weit wirkungsvoller als eine kostspielige Aufrüstung im Gefolge des Brüsseler Paktes.[46] In der Annahme einer latenten Bedrohung Europas durch die Sowjetunion und dem gleichzeitigen Bemühen, dieser Bedrohung mit wirkungsvolleren Mitteln zu begegnen als einer europäisch-amerikanischen Militärallianz, bewegte sich Bourdet auf einer ähnlichen Ebene wie die inneramerikanischen Kritiker einer Ausweitung des restringierten Eindämmungskonzeptes, die an eine Abschwächung der Präsenz beider Weltmächte zumindest im mitteleuropäischen Raum dachten. Bourdets „europäische Neutralität" war eher ein Appell zur Beschränkung des amerikanischen Eindämmungskonzeptes inklusive der bestehenden Bindungen zwischen den USA und dem nichtkommunistischen Europa als die Forderung nach Schaffung einer strikt neutralen Mächtegruppe im Sinne traditioneller Gleichgewichtspolitik.[47]
4. Von einem wesentlich ideologisch bestimmten Ansatz her argumentierte Marceau Pivert. Für den sich stets als Revolutionär verstehenden Bewunderer Trotzkis stand der Sozialismus 1948 am Beginn der dritten, entscheidenden Phase seiner Entwicklung: nach einer Phase der Renationalisierung durch reformistische Verbürgerlichung bis zum Ersten Weltkrieg und einer zweiten Phase erneuter Pervertierung durch russischen Nationalegoismus und kommunistische Diktatur „nous voici placés devant la nécessité de l'élaboration collective d'une conscience politique commune à tous les prolétaires du monde". In diesem historischen Moment begriff Pivert den föderativen Zusammenschluß des nichtkommunistischen Europas als die vordringlichste Aufgabe des demokratischen Sozialismus:
„D'une part, l'organisation de l'Europe de l'Ouest pourrait devenir une arme pour l'impérialisme américain dans la préparation d'un 3ᵉ guerre mondiale éventuelle; dans cette même conception, elle pourrait redonner de la vigueur au capitalisme bourgeois qui se meurt entre les frontières nationales de l'Europe. — D'autre part, l'échec de l'organisation économique de l'Europe de l'Ouest, s'il était obtenu par

les Partis communistes opposés à toute coordination concentrée sur la Russie, marquerait la mort de l'Europe et la fin de toute possibilité immédiate d'une transformation de cette Europe par le socialisme démocratique. (...) Pour que la fonction internationale du socialisme puisse s'exercer avec succès, il faut qu'elle émane d'un puissant mouvement populaire vers les Etats-Unis d'Europe, groupant tous les éléments indépendants à la fois du capitalisme américan et du totalitarisme stalinien."

Fand damit in der Theorie das Dritte-Kraft-Konzept seine ideologische Rechtfertigung unter marxistischen Prämissen, so führte die Realität des Ost-West-Konflikts in der Praxis die Position Piverts zu einer weitgehenden Unterstützung des Westintegrationskurses der SFIO-Führung. Indem er sich mehrfach uneingeschränkt hinter Mollet stellte, die bisherigen europapolitischen Initiativen der COMISCO-Parteien vorbehaltlos begrüßte und darüber hinaus — im Grunde gegen die Labour-Führung und Mollet — für eine Zusammenarbeit mit der gesamten demokratischen Föderationsbewegung „nettement et sans retenue" eintrat, stärkte er den auf ein Konzept der Westintegration hinauslaufenden offiziellen Kurs der Parteiführung. Im Begriff des „Aktionsbündnisses" fand er die ideologische Rechtfertigung für diese Kooperation mit nichtsozialistischen Kräften: „Si le Parti a conscience de ce qu'il représente, il cherchera ses alliés là où ils sont: dans la classe ouvrière à reprendre au parti communiste, dans les impérialismes qu'il faut associer à nos efforts, dans les éléments démocratiques qui sentent la nécessité de l'intégration de l'Europe." Die theoretische Begründung des Dritte-Kraft-Konzeptes führte nicht zu einer neutralistischen Praxis, sondern zu einer ideologischen Rechtfertigung der Politik eines unabhängigen, aber mit den USA verbündeten Europas, wie sie etwa Philip formulierte. Lediglich als in den Vorverhandlungen zum Atlantikpakt die Perspektive einer Erhöhung der europäischen Verteidigungsanstrengungen sichtbar wurde, rang sich Pivert zu einer partiellen Kritik des Parteikurses durch: Die Aufrüstung dürfe nicht Inhalt sozialistischer Politik werden, da sie via Militarismus zur Diktatur führe.[48]

5. Auch für die „linken" Mollet-Opponenten um Jean Rous war die Sicherheit des nichtkommunistischen Europas von der doppelten Gefahr einer stalinistischen Expansion und einer kapitalistischen kriegstreibenden Reaktion bedroht:
„La politique du Fédéralisme européen comporte (...) un danger redoutable: c'est de voir l'organisation européenne devenir un instrument de manoeuvre de l'impérialisme américain pour la préparation de la 3e guerre mondiale. Nous devons dénoncer inlassablement une telle éventualité car le Parti ne saurait s'associer aux conceptions impérialistes de l'Europe, telles qu'elles résultent du pacte militaire de Bruxelles qui traduisent infiniment plus l'Europe de Churchill et du Général de Gaulle que l'Europe démocratique et progressive voulue par les Socialistes et fédéralistes européens."

Diese theoretische Begründung eines europäischen Dritten Weges führte jedoch noch weniger zu einer neutralistischen Praxis als das Konzept Piverts. Die Mollet-Opponenten wandten sich zwar nach dem Vorbild der Labour-Party gegen eine Zusammenarbeit mit den am Haager Kongreß beteiligten konservativen Kräften, doch akzeptierten sie, wie aus der Rede ihres wichtigsten außenpolitischen Sprechers, Léon Boutbien, auf dem Nationalrat vom 13./14. November 1948 deutlich wurde, ebenfalls in Anlehnung an die Labour-Party den Atlantikpakt. So war es

nur konsequent, daß ihre Kritik am Mollet-Kurs im außenpolitischen Bereich stets in eine Unterstützung der Parteiführung umschlug: „C'est particulièrement sur ce plan (= dem außenpolitischen) que le Parti a fait preuve d'initiatives heureuses qu'il conviendra de poursuivre, de coordonner et de développer", bemerkten sie in ihrem Entschließungsantrag für den 40. Parteitag.[49]
Die Übergänge zwischen den einzelnen Ansätzen zu einer neutralistischen Position waren fließend, ebenfalls der Übergang von den beiden letztgenannten zu dem ebenfalls noch verbal am Begriff der Dritten Kraft festhaltenden offiziellen SFIO-Konzept.[50] Darüber hinaus verwischten sich die Unterschiede durch die Gemeinsamkeit der verschiedenen Gruppen in Publikation und Aktion. Im „Combat" publizierten etwa gleichzeitig Claude Bourdet als Anwalt europäischer Neutralität und Jean Texcier als Befürworter eines Bündnisses mit den USA; im „Franc-Tireur" stand neben Charles Ronsacs Attentismus Georges Altmans Forderung nach einem aktiven Neutralismus im Sinne Bourdets.[51] Gemeinsam war allen Gruppen einschließlich der SFIO-Führung ein Autonomiebestreben, das von einer Mischung nationaler Impulse und sozialistischer Wertemuster motiviert wurde, und die Bereitschaft, soviel an Bindungen an die USA hinzunehmen, wie zur Wahrung der Sicherheit und Prosperität Europas notwendig war; unterschiedlich beurteilten sie das Ausmaß dieser Notwendigkeit. Insgesamt war die „neutralistische" Gegenbewegung ebensosehr Reaktion auf die Aushöhlung des Dritte-Kraft-Konzeptes in der Politik der Parteiführung wie objektiver Reflex der allgemeinen Gewichtsverlagerung nach „rechts" im Sinne einer Stärkung konservativer Kräfte, wie sie im Gefolge des Ost-West-Konflikts in den USA wie im nichtkommunistischen Europa zu bemerken war.[52] Insofern sie nur Re-Aktion war und keine eigene konkrete Strategie zu entwickeln vermochte, lief sie jedoch Gefahr, in eine politische Abseitsstellung zu gelangen. Mehr noch: indem sie den Föderalismus als gegenwärtig von den Kräften der kapitalistischen Reaktion okkupiert betrachtete, reaktivierte sie wider bessere Einsicht die nationalistischen Tendenzen in den eigenen Reihen. Kam zu dieser Konstellation noch ein Sozialismus-Begriff hinzu, der sich am Vorbild des britischen Nationalisierungsprogrammes orientierte, mußte der Versuch, vom alten internationalistischen Programm der SFIO soviel als möglich an Prinzipien zu retten, zu einer nationalistischen Politik führen, die die nationalen Strukturen in dem Moment stärkte, in dem ihre Überwindung in greifbare Nähe gerückt war.[53] Für die SFIO bedeutete daher die „neutralistische" Gegenbewegung eine Schwächung des internationalistischen Westintegrationskurses der Parteiführung, für die außenpolitische Position Frankreichs gerade durch diese Schwächung eine Stärkung des nur militärisch-strategischen und antikommunistischen Denkens.

RDR und innerparteiliche Auseinandersetzung
Eine organisatorische Basis fanden Teile dieser Opposition gegen den Westintegrationskurs der Parteiführung im „Rassemblement Démocratique Révolutionnaire" (RDR), dessen Gründung im Februar 1948 proklamiert wurde. In den Augen seiner Inspiratoren, des „Temps-Modernes"-Kreises und der „Franc-Tireur"-Redaktion, sollte der RDR zu einer Volksbewegung aller Kräfte des demokratischen und revolutionären Sozialismus werden, die weder in einer moskauhörigen PCF noch in einer dem unaufhaltsamen Verfall nach dem Muster der bourgeoisen Radikalsozialisten entgegengehenden SFIO ihre Heimat finden konn-

ten; für den Stellvertretenden SFIO-Generalsekretär Arrès-Lapoque, die Mitglieder des Comité directeur Boutbien, Rimbert und Rous sowie die SFIO-Abgeordneten Badiou, Lamine-Gueye, Pouyet und Rabier, die der neuen Bewegung beitraten, war sie ein Versuch, gegen die Rechtstendenzen innerhalb der Regierungskoalition ein Gegengewicht zu schaffen und dadurch die Parteibeschlüsse über Zielrichtung und Aufgabe der „Troisième Force" zu verwirklichen, der Sammlungsbewegung der Gaullisten entgegenzuwirken und dem Versuch einer Sammlungsbewegung der Kommunisten in einer neuen „Front national" vorzubeugen. „Le R.D.R. doit permettre", so Rous, „de prendre contact avec les inorganisés et de substituer à une troisième force sans âme une organisation de combat."[54]

Die Reaktion der SFIO-Führung auf die Gründung des RDR war zwiespältig. Guy Mollet sah den Versuch zunächst nicht ungern: er glaubte damit ein Druckmittel erhalten zu können, das alle Ambitionen innerhalb des MRP durchkreuzen könnte, die Regierungskoalition um die Gaullisten zu erweitern. Die führenden Politiker der Seine-Föderation, allen voran Pivert und Daniel Mayer, sahen ihre eigene Position durch den im Grunde nur im Pariser Raum erfolgreichen RDR bedroht und betrachteten den Versuch als eine in der augenblicklichen Belastungsprobe des doppelten Kampfes gegen Kommunisten und Gaullisten unerträgliche zusätzliche Schwächung der Partei. Zunächst siegte Mollet: das Comité directeur forderte am 10. März den RDR auf, sich der Formation der „Troisième Force" anzuschließen. Dann ließen die Heftigkeit der Angriffe des Sartre-Kreises und sich anschließender trotzkistischer Gruppen gegen die SFIO und — parallel zur zunehmenden Westorientierung der SFIO-Außenpolitik — der anscheinend neutralistische Kurs des RDR diese Position immer unhaltbarer werden. Am 12. Mai erklärte das Comité directeur fast einstimmig die Mitgliedschaft im RDR mit der Mitgliedschaft in der SFIO für unvereinbar, eine Entscheidung, die der 40. Parteitag bestätigte.[55] Seiner politischen Führer beraubt, zerbrach der RDR ein knappes Jahr später am Gegensatz Roussets und Sartres in der Beurteilung des Kommunismus sowjetrussischer Prägung. Wie die „neutralistische" Bewegung eine Folge der Stärkung konservativer Kräfte auf internationaler Ebene war, so bildete der RDR den Reflex auf den Rechtsruck in der französischen Politik und innerhalb der SFIO. Sein spektakuläres Auftreten war im Grunde eine Option für eine nicht nur in der Abwehrhaltung gegen PCF und RPF einige, sondern die soziale Umgestaltung vorantreibende „Troisième Force"; sein Scheitern lieferte den Beweis, daß es für eine Dritte Kraft mit positivem Ziel im Frankreich des Jahres 1948 keine Grundlage mehr gab.

Diese Situation erklärt nicht nur das Auftreten des RDR, sondern die innerparteilichen Schwierigkeiten der SFIO im Jahre 1948 überhaupt. Die Partei war zur linken Flügelgruppe einer Regierungskoalition geworden, die sich zwar in der Außenpolitik nach und nach dem sozialistischen Programm näherte, deren Maßnahmen im Bereich der Wirtschafts- und Finanzpolitik und der Kolonialpolitik jedoch zunehmend sozialistischen Prinzipien widersprachen, und die durch die von interessierter, insbesondere gaullistischer Seite immer wieder neu entfachte Diskussion um das Dogma des Laizismus zusätzlich belastet wurde. In den Worten Mollets: „Dans la coalition parlementaire, nous sommes, nous les socialistes, les dupes. Nous jouons franc jeu. On nous a fait accepter des décisions impopulaires et parfois à nos yeux injustifiées. Nous avons jeté le désarroi dans l'esprit de certains de nos camarades. Et nos partenaires n'acceptaient jamais nos solutions (...)."[56] Der Wechsel der Kabinette von Robert Schuman über André Marie (24. Juli) und nach einem vergeblichen Versuch Paul Ramadiers nochmals Schuman (31. August) zu Henri Queuille (11. September), an deren Zustandekommen für die SFIO Blum und Mollet führend beteiligt waren, erklärt sich aus dem Unvermögen der „Troisième Force", sich auf ein positives Programm zu einigen, und aus dem Versuch der SFIO, dieser Situation zu entkommen. Der Manövrierfähigkeit der Sozialisten waren dabei enge Grenzen gesetzt; das Bemühen, die kommunistische Bewegung einzudämmen und, entscheidender noch, die Furcht vor einer Machtergreifung durch die Gaullisten verboten sowohl die inzwischen nicht nur im Kreis der „linken" Mollet-Opponenten geforderte Rückkehr in die Opposition als auch die allzu häufige Provokation von Regierungskrisen. „Un parti socialiste", dozierte Léon Blum, „ne peut pas refuser sa participation ou son soutien – ce qui, théoriquement et pratiquement, revient au même – lorsqu'il fournit l'élément indispensable à toute majorité possible. Il ne peut pas la refuser lorsque son concours est indispensable au maintien des institutions démocratiques qui sont l'atmosphère respirable et le milieu de développement nécessaire du socialisme."[57] Die Verpflichtung des Sozialismus gegenüber der parlamentarischen Demokratie, die 1948 in Reaktion auf die Sowjetisierung Osteuropas stärker empfunden wurde als jemals zuvor, war die Ursache der Schwäche der SFIO gegenüber ihren Regierungspartnern. Diese Schwäche vergrößerte noch den Abstand zwischen Theorie und Praxis sozialistischer Politik; zur Unzufriedenheit der Reformisten über das Ausbleiben einer Erneuerung der sozialistischen Theorie kam die Enttäuschung der Traditionalisten über den Mangel an sozialistischer Praxis, eine Enttäuschung, die sich im Rückgang der Mitgliederzahlen, der zunehmenden Distanz intellektueller Kräfte gegenüber der SFIO und dem politischen Leben überhaupt seit dem Bruch mit dem RDR, und dem Schwinden der materiellen Ressourcen der Partei zeigte. Von 1944 bis 1948 sank die Zahl der Mitglieder von schätzungsweise 280 000 auf 190 000; die verkaufte Auflage des „Populaire" von 240 000 auf 110 000, bis 1949 auf 59 000; die inzwischen renommierte „Revue socialiste" mußte ihr Erscheinen zwischen August 1948 und März 1949 ganz einstellen.[58] Die SFIO war auf dem Wege, um des Erhalts der von ihr mitkonzipierten IV. Republik willen an eigener Substanz zu verlieren.

Die Enttäuschung gefährdete 1948 die Position Mollets in ähnlicher Weise wie 1946 die Position Mayers. Um Mollets ehemalige Anhänger Rous und Boutbien scharten sich jene Kritiker, die immer noch auf eine Realisierung des Parteitagsprogrammes von 1946 pochten; aus dem Kreis der ehemaligen Anhänger Mayers wurde dem Generalsekretär seine ostentative Feindseligkeit dem Ramadier-Kabinett gegenüber, sein Zögern in der Europapolitik[59], überhaupt ein allzu opportunistisches und allzu ungeschicktes Taktieren zum Vorwurf gemacht. Auf dem 40. Parteitag vom 1. bis 4. Juli 1948 entging Mollet mit 2150 gegen 1035 Mandaten nur knapp einer Ablehnung des „Rapport moral"; seine Rettung verdankte er ausgerechnet seinen erklärten Opponenten um Rous: „J'estime qu'il est préférable de maintenir Guy Mollet plutôt que de désigner un secrétaire général venant de l'aile droite du parti. C'est là la politique du moindre mal."[60] Die Verabredung Verdiers und Boutbiens zu einer Ablösung Mollets durch Edouard Depreux scheiterte lediglich an dem Entschluß des letzteren, nicht Generalsekretär einer heterogenen Mehrheit werden zu wollen; mit nur 17 gegen 14 Stimmen wurde Mollet im Comité directeur wiedergewählt. In der Tat war durch den Zwang zur Fortsetzung der Regierungskoalition ohne begründete Aussicht auf eine Stärkung der sozialistischen Position eine Situation entstanden, in der die Erschütterung der Stellung Mollets nicht zur Bildung einer tragfähigen neuen Mehrheit führte. Die innerparteilichen Gruppierungen lähmten sich gegenseitig, so daß nach außen der Eindruck des Immobilismus entstand. Zugleich erfuhr der Rechtsruck der politischen Szene Frankreichs sein Pendant innerhalb der sozialistischen Partei: Der Parteitag endete mit einer Niederlage der „linken" Mollet-Opponenten um Rous gegenüber einer diffusen Mehrheit; ihr Entschließungsantrag erhielt nur 955 Mandate gegenüber 3652 für den inhaltlich unpräzisen Kompromißantrag, den Mollet rapportierte; von den ehemaligen RDR-Mitgliedern gelang Boutbien als einzigem die Wiederwahl zum Comité directeur.

Damit war die Entscheidung zwischen „neutralistischem" und Westintegrationskurs in der Europapolitik vorgezeichnet: Eine explizit neutrale Position forderte überhaupt nur jene zahlenmäßig völlig unbedeutende Randgruppe der SFIO, die Ende 1947 versucht hatte, die historische „Bataille socialiste" wiederzubeleben, und deren Hauptcharakteristikum es war, eine Koalition mit der „kollektivistischen" PCF immer noch einem Bündnis mit dem „bourgeoisen" MRP vorzuziehen. In einem unter anderen von Angousset, Georges Bourgin, Alfred Kastenbaum, Odette Merlat, dem Abgeordneten Pouyet und Jean Riès unterzeichneten Entschließungsantrag vereinte sie — nicht ohne Widerspruch — eine Absage an ein westliches Europa im Sinne des „Esprit"-Kreises und eine konditionierte Unterstützung der Föderationsbestrebungen im Sinne Bourdets.[61] Der Antrag gelangte auf dem Parteitag jedoch noch nicht einmal zur Abstimmung. Der „Klassenkampf auf internationaler Ebene" im Sinne Piverts trat auf dem Parteitag nicht als eigenständige Position in Erscheinung; Pivert, Ferrat und Gazier zogen im Bestreben, Mollet zu unterstützen, ihren unter anderen von Commin, Tanguy-Prigent und Jouve mitunterzeichneten Antrag zugunsten des Kompromißtextes der Mehrheit zurück. Die einzige Position innerhalb der „neutralistischen" Gegenbewegung, die tatsächlich zur Abstimmung gelangte, war der im Grunde nur noch verbale Neutralismus der Gruppe um Rous und Boutbien. Die eklatante Niederlage der RDR-Mitglieder bedeutete zugleich eine energische Abfuhr für die Opposition gegen den Westintegrationskurs, selbst für eine Opposition in dieser abgeschwächten Form. Die übrigen, insgesamt zugunsten des Mollet-Antrages zurückgezogenen Entschließungsanträge — ein Antrag von Jaquet, unterzeichnet unter anderen von Verdier, Archidice, Desson, Meunier und Schmitt, und zwei Anträge von Leenhardt, mitunterzeichnet von Cartier, Deixonne, Mathiot und Maurice Weill — sprachen zwar auch vom Ziel der Unabhängigkeit Europas, ließen jedoch keinen Zweifel, daß damit eine Unabhängigkeit im Sinne des Westintegrationskurses der Parteiführung gemeint war.[62] Die Schwäche der „neutralistischen" Position ermöglichte sogar die einstimmige Verabschiedung einer „Résolution sur l'action internationale", die den Kurs der Parteiführung bestätigte. Als Zugeständnis an die Rous-Gruppe enthielt sie den allgemein gehaltenen Satz, die Bemühungen der Partei um die Schaffung der Vereinigten Staaten des freien Europas dürften nicht „être détournés en faveur d'aucun des blocs en présence"; im übrigen enthielt sie eine präzise Wiedergabe der von André Philip formulierten Position in der Europapolitik einschließlich einer

Befürwortung der Londoner Deutschlandempfehlungen. Die Marshall-Hilfe, so lautete die wesentliche Passage des Textes, „ne saurait être acceptable que si elle respecte le droit démocritique des peuples d'Europe de déterminer la politique économique et sociale de leur choix. Elle ne saurait être efficace que si les peuples de l'Europe savent utiliser ce délai pour réaliser un acroissement général de la production grâce à la création d'industries nouvelles capables de produire en série, à un faible prix de revient pour un large marché continental. — L'unification économique de l'Europe ne saurait être réalisée par la seule suppression des barrières douanières. Elle suppose l'unification des législations, l'organisation concertée de la production, la planification des exportations, l'internationalisation des grandes industries de base, c'est-dire qu'elle entraîne la nécessité d'une unification politique comportant la création d'un organisme supranational, doté de pouvoirs effectifs, appuyé sur l'opinion populaire, première institution des futurs Etats-Unis d'Europe (...). Pour cette oeuvre créatrice, les Partis socialistes d'Europe doivent être au premier rang, en ralliant autour de cet idéal toutes les bonnes volontés."

Die SFIO hatte sich für das Ziel einer mit den USA verbündeten Föderation des nichtkommunistischen Europas entschieden; wer künftig noch an irgendwie „neutralistischer" Position festhielt, sah sich innerhalb der Partei in eine bedeutungslose Außenseiterrolle gedrängt.[63] Selbst Opfer eines Rechtstrends, der ihr die Verwirklichung spezifisch sozialistischer Wertvorstellungen beschnitt, vollzog sie eine innerparteiliche Wende nach „rechts", indem sie den Stellenwert vulgärmarxistischer Position erheblich einschränkte. Dem Versuch, durch den Kampf für die Einigung Europas vom augenblicklichen theorielosen Tag-für-Tag-Empirismus zu einer neuen, anhand der aktuellen historischen Situation reflektierten Doktrin zu gelangen, waren allerdings insofern Grenzen gesetzt, als der Verlust an sozialistischer Machtsubstanz immer weniger Gewähr dafür bot, daß sich diese Einigung Europas auch im sozialistischen Sinne vollziehen würde.

Vom E.U.S.E.-Komitee zum M.S.E.U.E.
Die Geschichte des „Comité international pour les États-Unis socialistes d'Europe", in dem trotz seiner heterogenen Zusammensetzung stets die französischen Sozialisten dominierten, war 1948 in vielem eine Widerspiegelung der Auseinandersetzung um Neutralismus und Westintegration zwischen RDR und SFIO. Zur Zeit des Gründungskongresses von Montrouge im Juni 1947 galt das Zielbild des Europas der Dritten Kraft noch unangefochten; folglich waren die führenden Mitglieder des Komitees um Kooperation mit allen, auch nichtsozialistischen Kräften bemüht, sofern sie nur dazu beitrug, die europäische Föderation möglichst unmittelbar Wirklichkeit werden zu lassen. Nicht ob dieses Europa nur aus sozialistischen Ländern bestehen könne, war die entscheidende Frage; die Grundüberzeugung lautete vielmehr, daß nur eine Föderierung der europäischen Länder den Sozialismus ermöglichen werde.[64] Von diesen Voraussetzungen ausgehend sprach sich der Gründungskongreß gegen eine Zusammenarbeit mit dem UEM Churchills aus, das eine europäische Union nicht als Dritte Kraft, sondern als Teil des westlichen Lagers begriff, intensivierte jedoch die Zusammenarbeit mit der u. a. von Brugmans repräsentierten UEF. Ein Verbindungskomitee wurde errichtet; zahlreich waren die Doppelmitgliedschaften im sozialistischen Komitee und in den Mitgliedsverbänden der UEF; Alexandre Marc, einer der Initiatoren des sozialistischen Komitees,

wurde sogar Generalsekretär der UEF.[65] In dem Maße, wie nun 1948 deutlich wurde, daß die Vereinigung Europas nicht als Dritte Kraft und nicht ohne Bindung an die USA möglich war, verschlechterten sich die Beziehungen des „Comité international" zur UEF, die nun mit den übrigen Verbänden für europäische Einigung näher an das UEM heranrückten. Daß ausgerechnet von dem Churchill-Verband im Spätherbst 1947 die Initiative zu einer Sammlung aller Europa-Pressure-Groups in einem Internationalen Koordinierungskomitee ausging, erschien den Sozialisten ebenso bezeichnend für die Tendenz der Einigungsbewegung wie erschwerend für ihr eigenes Mitwirken. „Quelle scandaleuse alliance avec les puissances économico-financières liées à l'initiative Churchill", so eine typische Reaktion des Vorstandsmitglieds Garros, „Quelle arme inespérée pour les attaques staliniennes dans l'avenir! Et quelles réactions dans l'Europe de l'Est comme dans les pays coloniaux! N'était-ce pas l'entrée définitive dans l'orbe capitaliste, et la fin des espoirs d'une troisième solution interblocs?"[66]

Die Problematik der Zusammenarbeit mit den nichtsozialistischen Europa-Verbänden beschäftigte die Sitzungen der Exekutivorgane des sozialistischen Komitees von Ende 1947 an mehrere Monate lang. Sprach nicht, so die Summe der Gegenargumente, gegen diese Bedenken, daß das Komitee unter dem Vorzeichen angetreten war, um der Effektivität der Bemühungen wegen mit allen föderationswilligen Kräften zusammenzuarbeiten, und daß eine Verweigerung der Kooperation angesichts der Kräfteverhältnisse im Europa des Jahres 1948 einer Selbstverurteilung zur Wirkungslosigkeit gleichkam? Für Jean Rous zählten diese Einwände nicht. Schon im Dezember 1947 erklärte er in einem Schreiben an die Commission internationale der SFIO-Parteiführung, die Sozialisten dürften niemals mit kapitalistischen Gruppen in der Einigungsbewegung zusammenarbeiten: „Le Socialisme ne saurait devenir l'aile gauche d'une opération d'ensemble qui tend à restabiliser le capitalisme."[67] Den Ausschlag gaben schließlich die Mitglieder des RDR, dessen Gründung dem sozialistischen Europa-Komitee insofern einen Rückschlag brachte, als viele ursprünglich am Komitee interessierten Kräfte sich nun dem Aufbau des RDR widmeten, andererseits aber einen Aufschwung insbesondere für die französische Sektion zur Folge hatte, insofern der RDR einen Großteil seiner Mitglieder zum Eintritt in das Komitee motivierte, so daß dieses im ersten Halbjahr 1948 immerhin mehrere tausend Mitglieder zählte. So unterschiedlich die außenpolitischen Positionen der RDR-Mitglieder waren, sie trafen sich in einem Höchstmaß an Skepsis gegenüber den USA und gegenüber den „bourgeoisen" Außenpolitikern Europas: dies führte zu dem mit 9 gegen 7 Stimmen knapp gefaßten Entschluß des Komitee-Vorstands, sich am Haager Kongreß der im Internationalen Koordinierungskomitee zusammengefaßten Verbände nicht zu beteiligen.[68] Der zweite Jahreskongreß des sozialistischen Europa-Verbandes, der vom 18. bis 22. Juni 1948 in Puteaux stattfand, bestätigte diese Entscheidung: Ein von Henri Frenay vorbereiteter Rapport wurde angenommen, der Rous' Warnung vor einer Komplizenschaft mit dem im nationalen Rahmen tödlich angeschlagenen Kapitalismus enthielt; das weitere Verhältnis zum Internationalen Koordinierungskomitee wurde gegen das Drängen von Alexandre Marc und Henri Brugmans lediglich als Beobachterstatus definiert; Marceau Pivert, der sich in der Zusammenarbeit mit nichtsozialistischen Kräften weitaus konzilianter gezeigt hatte, wurde durch den für seinen Rigorismus bekannten Präsidenten der Luxemburgischen sozialistischen Arbeiterpartei, Michel Rasquin, als Vorsitzender abgelöst.[69] Das „Comité international pur les États-Unis d'Europe" war zu einer Oppositionsgruppe gegen die gegenwärtigen Initiativen zu europäischer Integration geworden. Nach der Niederlage der RDR-Anhänger und der „neutralistischen" Bewegung auf dem SFIO-Parteitag wurde diese Position jedoch immer unhaltbarer. Die nach wie vor kooperationsbereite Minorität wurde zur Majorität, zumal immer mehr SFIO-Mitglieder zum Komitee fanden, die nicht den Gruppen um Rous oder auch Pivert angehörten. Zur Revision der Politik des Komitees bedurfte es nur noch einer diskreten Intervention durch das Comité directeur der SFIO. Im November 1948 änderte das Komitee seinen Namen in „Mouvement socialiste pour les États-Unis d'Europe" (MSEUE); zugleich wurde es Vollmitglied des inzwischen aus dem Internationalen Koordinierungskomitee hervorgegangenen Dachverbandes „Europäische Bewegung", dessen Ehrenpräsidentschaft Léon Blum neben Churchill, de Gasperi und Spaak übernommen hatte. Das MSEUE-Mitglied René Lhuillier, Gewerkschaftsführer in der „Force Ouvrière", wurde Generalsekretär des Exekutivrats der französischen Sektion der „Europäischen Bewegung", Gérard Jaquet ein Mitglied dieses Exekutivrats.[70] Von einer kleinen Gruppe überzeugter Internationalisten aus Enttäuschung über die Lähmung des offiziellen internationalen Sozialismus gegründet, war der MSEUE zu einer offiziellen Gruppierung innerhalb des europäischen Sozialismus geworden, die die neue Europapolitik der SFIO nachhaltig unterstützte.

3. Europäische Einigung zwischen Europa-Pressure-Groups und britischem Sozialismus

Unabhängig von der Diskussion um die Frage, in welchem Maße eine Bindung des zu schaffenden Vereinten Europas an die USA notwendig und erträglich sei, war die SFIO vom Beginn des Jahres 1948 an nahezu ohne Ausnahme bemüht, den wirtschaftlichen und politischen Zusammenschluß des nichtkommunistischen Europas durch Maßnahmen auf publizistischer, internationaler, Partei- und Regierungs-Ebene energisch voranzutreiben. Dieses starke internationalistische Engagement ließ den seit Kriegsende latenten Konflikt zwischen französischen und britischen Sozialisten in der Frage der Methoden und Zielsetzungen internationaler Zusammenarbeit offen zum Ausbruch kommen, ein Konflikt, der sich auf den Effekt der französischen Bemühungen verhängnisvoll auswirkte.

Die Londoner Sozialistenkonferenz
Léon Blums seit der Résistance-Zeit unermüdlichen Appelle, die Errichtung supranationaler Zusammenschlüsse zu einem vordringlichen Anliegen des Sozialismus zu machen, fanden nun, unter dem Eindruck der dramatischen Zuspitzung der weltpolitischen Krisensituation, in den Führungsgruppen der SFIO ein stärkeres Echo als zuvor. Typisch in dieser Hinsicht war die Haltung Guy Mollets, der, von Hause aus kein Außenpolitiker und daher auch nicht der „sozialistischen", „europäischen" oder „internationalistischen" Gruppe von SFIO-Europapolitikern zuzurechnen, seit Ende 1947 in einer Mischung von Bestürzung über die Unmittelbarkeit der Auswirkungen des internationalen Geschehens auf das Schicksal der SFIO und

einem sicheren Gespür für die Gewichtsverlagerungen in den Zielvorstellungen der SFIO-Führungsgruppen, die Europapolitik als eine seiner vordringlichen Präokkupationen betrachtete: „J'ai acquis depuis quelques mois l'absolue conviction que c'est seulement sur le plan international que peuvent être compris et résolus les problèmes français."[71] In der Frage der Westintegration vermied er, in seiner Position ohnehin arg bedrängt, jede allzu deutliche Stellungnahme vor dem 40. Parteitag; de facto unterstützte jedoch auch er den Kurs, der auf eine Bindung des Vereinten Europas an die USA hinauslief, im Prinzip sogar unerbittlicher, weil stärker ideologisch motiviert, als der zur Besonnenheit mahnende Blum.[72] Damit war zwischen Parteiapparat und den führenden SFIO-Politikern in Parlament und Regierung in der außenpolitischen Zielrichtung eine in den übrigen Bereichen seltene Einmütigkeit entstanden, die der SFIO ein mit keiner anderen sozialistischen Partei Europas vergleichbares „proeuropäisches" Gesicht gab. Welchen Stellenwert die Frage der europäischen Einigung inzwischen in der SFIO-Führung erhalten hatte, geht aus einer Resolution hervor, die der SFIO-Nationalrat in seiner Sitzung vom 27./28. April 1948 in Clichy einstimmig verabschiedete:
„Le Conseil National (...) considère comme essentiel pour l'avenir de la paix et de la liberté, que l'idée d'une Fédération Européenne, lancée par les divers partis socialistes comme une étape vers l'organisation du monde, soit aujourd'hui acceptée par l'opinion publique. Le Socialisme international doit constituer l'élément actif et moteur de la constitution des Etats-Unis d'Europe. Chaque Fédération, chaque Section, chaque militant du Parti doit se considérer comme mobilisé pour propager cette idée essentielle (...)"[73]
Freilich: Wenn ein Vereintes Europa tatsächlich all die Funktionen wahrnehmen sollte, die ihm im Konzept der „Troisième Force" zugeschrieben worden waren, dann – so die Mitglieder der Commission internationale und der Commission des Affaires Economiques in einem vom Comité directeur am 17. März einstimmig gebilligten Exposé – müsse sich der europäische Sozialismus energisch an die Spitze der im Grunde führungslosen europäischen Einigungsbewegung stellen; als Auftakt müßten sich im Frühjahr 1948 alle sozialistischen Kräfte Europas zu einer Konferenz über die Probleme der Einigung treffen. „Cette Conférence, parfaitement organisée, et associée à de grandes manifestations dans les masses socialistes, peut jouer un rôle historique en montrant que le Socialisme démocratique prend en charge le sort de l'Europe et de la paix du monde."[74]
Die Chancen für eine gemeinsame Strategie des europäischen Sozialismus standen in der Tat insofern günstiger als in den vergangenen Jahren, als mit dem Ausschluß der osteuropäischen Sozialisten aus dem Kreis der Internationalen Sozialistenkonferenz durch die Londoner Sitzung des „Committee of International Socialist Conference" (COMISCO) am 19./20. März 1948 ein Haupthindernis beseitigt wurde, das die früheren Initiativen der SFIO zur Wiederbelebung der Internationale zur Erfolglosigkeit verurteilt hatte. Um im Sinne des „Troisième-Force"-Konzeptes die Verbindung zu den osteuropäischen Sozialistenparteien nicht abreißen zu lassen, hatte sich die SFIO noch Ende November 1947 in Antwerpen bereitgefunden, sich mit der Schaffung des COMISCO anstelle einer effektiven Internationale zu begnügen; mit der gleichen Zielrichtung hatten Salomon Grumbach als SFIO-Vertreter und Viktor Larock im Namen der belgischen Sozialisten auf der konstituierenden Sitzung des COMISCO am 9./10. Januar 1948 in London die Einberufung

einer Konferenz aller Mitgliedsparteien einschließlich der Osteuropäer gefordert, in der die sozialistische Europapolitik im Zeichen des Marshall-Plans erörtert werden sollte. Daß diese Rücksichtnahme auf die eingeschränkte Bewegungsfreiheit der Osteuropäer ohne Resultat blieb, war ein Indiz für das Scheitern des „Troisième-Force"-Konzeptes gewesen: in Antwerpen hatten sich die osteuropäischen Vertreter der Stimme enthalten, als eine gemeinsam ausgearbeitete Resolution zur Abstimmung anstand, die die Überwindung der Blockpolitik und die Einigung (Gesamt-)Europas forderte; in London hatten sie den französisch-belgischen Vorschlag mit dem Argument blockiert, derartige Fragen gehörten nicht in den Zuständigkeitsbereich des COMISCO. Von der Notwendigkeit eines Bruchs mit den Osteuropäern überzeugt, hatte in London die britische Labour-Party von sich aus zu einer Konferenz über die Europapolitik eingeladen, diese Einladung jedoch nur an die Parteien gerichtet, deren Länder am Marshall-Programm beteiligt waren; als das Comité directeur der SFIO am 14. Januar der britischen Aufforderung entsprach, ebenfalls als einladende Körperschaft für diese sozialistische Marshall-Plan-Konferenz zu zeichnen, war der Ausschluß der osteuropäischen Parteien aus dem Kreis des europäischen Sozialismus politisch bereits vollzogen, noch ehe er durch den COMISCO-Beschluß vom 20. März unter dem Eindruck des Prager Umsturzes formal Geltung erlangte.[75]

In der Vorbereitung der für den 20.–22. März anberaumten Marshall-Plan-Konferenz, für die die SFIO-Kommissionen die eben zitierten Positionen erarbeiteten, trat nun nach dem Bruch mit den Osteuropäern das zweite Haupthindernis um so deutlicher hervor, das seit Kriegsende einer Aktivierung des sozialistischen Internationalismus im Wege gestanden hatte: die Sorge der britischen Labour-Party vor einer Beschränkung ihrer eigenen Machtvollkommenheit, die in einer Sorge vor der Beschränkung nationaler Souveränität ihren Ausdruck fand. Die Labour-Party vertrat zwar in der Theorie ebenfalls die Schaffung Vereinigter Staaten von Europa; hinter dieser Theorie stand jedoch im Grunde nur die ehemalige „Keep-Left"-Gruppe um Richard Crossman und Ronald Mackay, in deren außenpolitischen Vorstellungen sich von 1947 auf 1948 ein ähnlicher Wandel vollzog wie bei der SFIO-Führung. Crossmans Unterhausrede vom 23. Januar 1948 zeigte die Entwicklung von der Anti-Blockpolitik zum Konzept der Westintegration an: Eindämmung des Kommunismus nicht durch militärische Spielereien, sondern durch das schöpferische Ideal eines unter dem Vorzeichen sozialistischer Planwirtschaft geeinten Europas, Internationalisierung aller europäischen Schwerindustrien einschließlich der Ruhr, Integration Deutschlands in die von Großbritannien und Frankreich zu initiierende westeuropäische Organisation – all diese Ziele fanden im SFIO-Konzept ihr Pendant.[76] Die politische Praxis der Labour-Exekutive in Partei und Regierung war dagegen nicht von einem derartigen an sozialistischen Prinzipien orientierten Konzept, sondern von einem gänzlich undogmatischen Pragmatismus bestimmt. Für Außenminister Bevin, für den sich außenpolitische Maximen auf die extrem pragmatische Formel „Was nützt dem britischen Transportarbeiter?" reduzierten, war die Idee des europäischen Zusammenschlusses nur insoweit relevant, als er eine gemeinsame Verteidigung der europäischen Länder und der USA gegen die Sowjetunion für das Gebot der Stunde hielt und die europäische Einigungsbewegung als willkommene Gelegenheit benutzte, dieses Ziel ideologisch einzukleiden, um es politisch durchsetzen zu können. Vor einem effektiven politischen Zusammenschluß Großbritanniens mit den nichtkommunistischen Staaten des Kontinents schreckte die Labour-Exekutive jedoch zurück: vor allem aus Sorge vor einer Gefährdung ihrer nationalen Planwirtschaftspolitik durch den Einfluß mächtiger nichtsozialistischer Kräfte auf europäischer Ebene, aber auch aus Sorge um den Verlust der ökonomischen wie politischen Vorteile, die die Commonwealth-Bindungen Großbritannien boten, aus dem Bemühen, ihrem Hauptgegner Churchill keine innenpolitisch verwertbare Munition zu liefern, und aus einem grundsätzlichen Mißtrauen gegenüber dem doktrinären Sozialismus Frankreichs und Italiens. Dieses Verhältnis zur europäischen Einigungsbewegung war insgesamt Ausdruck eines am nationalstaatlichen Rahmen fixierten Sozialismusbegriffes und eines Nationalbewußtseins, das durch die Erfahrungen des Zweiten Weltkrieges nicht in dem Maße erschüttert worden war wie in den meisten kontinentaleuropäischen Ländern, die den faktischen Zusammenbruch ihrer Nationalstaaten erlebt hatten. In der Situation des Jahres 1948 erforderte es ein ständiges Lavieren zwischen Ermuntern der einigungswilligen Europäer und Vermeiden substantieller Zugeständnisse an die Einigungspolitik, die die britische Souveränität aufs Spiel setzten; für die föderationswilligen Sozialisten des Kontinents wie für die europäische Einigungspolitik überhaupt wurde die Labour-Party damit zum entscheidenden Hemmschuh.[77]

Den Auftakt zur Auseinandersetzung zwischen britischen und französischen Sozialisten bildete die Veröffentlichung des Arbeitsberichtes der Labour-Party für die Londoner Konferenz zum Marshall-Plan am 28. Februar. Anders als der SFIO-Arbeitsbericht enthielt dieses Dokument keinen Hinweis auf das Ziel einer politischen Föderation Europas; als notwendige Konsequenz des europäischen Wiederaufbauprogramms hielten die Verfasser lediglich eine stärkere Institutionalisierung der wirtschaftlichen und politischen Kooperation für geboten: „A more effective organization might be based on regular meetings of national representatives with the administrative calibre and political stature to carry the authority of their respective governments; at crucial points such meetings would be attended by ministers." Einer derart reduzierten Zielsetzung entsprechend blieben auch die taktischen Vorschläge der Labour-Party wenig konkret: während der SFIO-Bericht eine grundlegende Strategiekonferenz des europäischen Sozialismus und die anschließende Beteiligung der sozialistischen Parteien an dem für Mai anberaumten Haager Kongreß der im Internationalen Koordinierungskomitee zusammengeschlossenen Europa-Verbände forderte, begnügte sich der Labour-Bericht mit einer Warnung vor den reaktionären Europaplänen der Churchill-Anhänger und dem vieldeutigen Hinweis, diese Gefahr sei zu bannen, „if Socialists themselves take the initiative in promoting their ideal (= der europäischen Einigung) on the plane of constructive realism".[78]

Was die Labour-Party unter konstruktivem Realismus in der Zielsetzung verstand, wurde gerade anhand der taktischen Frage des Haager Kongresses deutlich. Während sich die sozialistischen RDR-Mitglieder und demzufolge auch eine knappe Mehrheit des Vorstands im Internationalen sozialistischen Europa-Komitee gegen eine Teilnahme an dieser Veranstaltung der — wie sie meinten — europäischen Rechtskräfte aussprachen und statt dessen ihren eigenen Kongreß in Puteaux proklamierten[79], war für eine ganze Reihe von SFIO-Spitzenpolitikern die Zusammenarbeit mit nichtsozialistischen Befürwortern der europäischen Einigung schon

selbstverständlich geworden. Professor René Courtin hatte zwar nicht den nach wie vor zögernden Léon Blum zu Präsidenten des im Juli 1947 gegründeten „Conseil français pour l'Europe unie" gewinnen können, wohl aber Paul Ramadier zu einem der Vizepräsidenten; André Le Trocquer, André Philip und — auch dies für die SFIO beeindruckend — Léon Jouhaux waren Mitglieder des Rates geworden. Die Abgeordneten Gorse, Guyon, Jaquet, Jouve, Lapie, Le Bail, Leenhardt, Minjoz, Rincent und Rivet hatten sich der interfraktionellen Föderalistengruppe des Parlaments angeschlossen; Paul Rivet übte in diesem Gremium, das sich geschlossen für eine Teilnahme am Haager Kongreß aussprach, zeitweise die Funktion des Präsidenten aus, Francis Leenhardt die Funktion eines der Vizepräsidenten.[80] Die Kräfte des Internationalen Koordinierungskomitees der Europa-Verbände hatten gleich nach dessen Konstituierung im Dezember 1947 Léon Blum und andere führende SFIO-Politiker gedrängt, die SFIO in das Komitee einzubringen, zumindest aber ihre Teilnahme an dem Europa-Kongreß im Haag sicherzustellen. Das Comité directeur hatte sich am 18. Februar 1948 im Prinzip für die Beteiligung der SFIO am Haager Kongreß entschieden: „Notre participation peut engager l'action dans la voie de l'Internationalisme qui demeure le caractère essentiel de notre action socialiste. Par contre, notre nonparticipation risquerait, ou bien de faire échouer cette tentative ou de la faire dévier dans un sens réactionnaire." Der Vorschlag einer grundlegenden sozialistischen Strategiekonferenz zur Vorbereitung des Haager Kongresses war eine Folge dieser Entscheidung gewesen. Rous und Boutbien hatten allerdings als Zugeständnis erreichen können, daß eine Teilnahme an dem Kongreß von Puteaux ebenfalls beschlossen wurde und die Teilnahme am Haager Kongreß von einer breiten Repräsentation auch der übrigen sozialistischen Parteien abhängig gemacht wurde.[81]
Damit hatte das Comité directeur aber de facto der Labour-Party die Schlüsselrolle in der Entscheidung über die sozialistische Taktik zugespielt. Mollet wurde beauftragt, nach London zu fahren, um die Labour-Exekutive auf eine Teilnahme am Haager Kongreß festzulegen und den Kontakt zwischen den beiden Parteiführungen zu institutionalisieren. Weder die eine noch die andere Mission war erfolgreich; Mollet stieß bei seinen britischen Kollegen auf jene heftige Kritik an den Unternehmungen der Europa-Verbände, die auch in dem Labour-Arbeitsbericht vom 28. Februar zum Ausdruck kam; das Comité directeur mußte am 17. März Paul Ramadier bitten, mit seiner Zusage zum Haager Kongreß nicht die Partei insgesamt zu engagieren; deren definitive Haltung hänge von der Entscheidung der sozialistischen Marshall-Plan-Konferenz ab.[82]
Als die Delegierten der 14 sozialistischen Parteien, deren Länder am Marshall-Programm beteiligt waren, am 20. März in London zusammentraten, erklärten Hugh Dalton und Morgan Philipps, die Labour-Party lehne jede Zusammenarbeit mit den Initiatoren des Haager Kongresses ab; die Kräfte, die sich für dieses Unternehmen engagierten, seien ebenso disparat wie nichtrepräsentativ. Der französischen Delegation — Mollet, Grumbach, Lévy, Piette, Ferrat und Robin[83] — gelang zwar die prinzipielle Anerkennung ihrer taktischen Vorstellungen durch die Schlußresolution — „Il n'est possible d'empêcher les politiciens réactionnaires de détourner de sa véritable signification l'idéal d'une unité européenne que si les socialistes se placent eux-mêmes à la tête du mouvement pour sa réalisation" — der gleichzeitige Mehrheitsbeschluß, keine Partei solle sich am Haager Kongreß betei-

ligen, machte diese Erklärung jedoch zu einem wertlosen Stück Papier. Um den europäischen Sozialismus nicht schon zum Beginn seines Kampfes für einen europäischen Zusammenschluß zu spalten, stimmte auch die SFIO-Delegation diesem Beschluß zu. Demgegenüber half es wenig, daß die übrigen Parteien den französischen Vorschlag einer gemeinsamen Strategiekonferenz aufgriffen: Durch das britische Veto gegen eine Teilnahme am Haager Kongreß war die Strategiekonferenz ihrer ursprünglichen Funktion beraubt; statt der von der SFIO gewünschten historischen Manifestation des internationalen Sozialismus erschien sie nun als eine Art Zugeständnis an die allein als einladende Partei zeichnenden Franzosen, das bestenfalls einem unverbindlichen Gedankenaustausch dienen konnte.

Der französischen Niederlage in der taktischen Frage entsprach eine kaum verhüllte Niederlage in der Festsetzung der inhaltlichen Zielsetzung. Die Londoner Konferenz akzeptierte zwar die grundsätzlichen Vorstellungen der SFIO zur Nutzung der Marshall-Hilfe im ursprünglichen, vom Schlußprotokoll der Pariser CEEC-Konferenz im September 1947 festgehaltenen Sinne, vermied aber jede allzu konkrete Festlegung der politischen Konsequenzen, die nach Meinung der SFIO aus dem Plan zu folgern waren. Der französischen Forderung nach unmittelbarer Grundlegung einer europäischen Föderation hielten die Briten die zahlreichen Schwierigkeiten entgegen, die sich aus der Unterschiedlichkeit der Wirtschafts- und Sozialstruktur der einzelnen Länder ergaben; demgegenüber verwiesen die Franzosen auf die Prager Ereignisse, die in ihren Augen eine Beschleunigung des Einigungsprozesses erforderlich machten; in der Schlußresolution blieb die vage Feststellung, daß „en attendant la création des Etats-Unis d'Europe" die wechselseitige Kooperation der europäischen Staaten auszuweiten sei. Die französische Forderung nach gleichberechtigter Einbeziehung der Überseevölker verblaßte zu dem Vorschlag, die überseeischen Ressourcen im beiderseitigen Interesse zu entwickeln. Die Forderung nach Sozialisierung der Grundindustrien auf europäischer Ebene gelangte überhaupt nicht in die Schlußresolution; als Grumbach beantragte, wenigstens für die europäische Sozialisierung der Ruhrindustrie zu votieren, kam es zu einer Auseinandersetzung mit Dalton, der das britische Regierungskonzept einer Sozialisierung im nationalen Rahmen vertrat; der Antrag wurde vertagt.[84]

Die Pariser Sozialistenkonferenz
Für die französischen Sozialisten stellte die internationale Strategiekonferenz zur Europapolitik, die in London für den 24. und 25. April nach Paris einberufen wurde, nun in erster Linie einen Versuch dar, die Niederlage von London und insbesondere die Entscheidung gegen den Haager Kongreß rückgängig zu machen. Unterstützung hofften sie dabei von den Kräften der innerparteilichen Labour-Opposition um Richard Crossman zu erhalten, die die Zurückhaltung der britischen Europapolitik kritisierten. Bereits im Januar 1948 hatte sich im britischen Unterhaus eine Reihe von Sozialisten zu einer Gruppe zusammengeschlossen, die für eine substantielle europäische Einigung eintrat; das französische Comité directeur hatte am 4. Februar die Zusammenarbeit dieser Gruppe mit französischen Abgeordneten begrüßt und in die Wege geleitet.[85] Diese Kontakte trugen zum Zustandekommen einer gemeinsamen britisch-französischen Parlamentarier-Initiative bei, die — fast zur gleichen Zeit wie die Londoner Konferenz — den Weg zu einer tatsächlich supranationalen Politik auf europäischer Ebene beschleunigen wollte. Am 18. März

brachten 190 britische Abgeordnete, Sozialisten und Nicht-Sozialisten, im britischen Unterhaus einen Entschließungsantrag ein, der die unmittelbare Schaffung eines koordinierenden Westeuropäischen Rates und die Einberufung einer Verfassunggebenden Versammlung der europäischen Föderation forderte; am 19. März deponierten 130 französische Abgeordnete einen inhaltlich gleichen Resolutionsvorschlag in der Nationalversammlung:
„L' Assemblée nationale demande la réunion rapide d'une Assemblée Constituante Européenne Démocratique. Cette Assemblée serait constituée par des représentants des parlementaires de chacune des nations prêtes à s'associer entre elles en une Fédération Européenne.

L' Assemblée nationale invite le gouvernement français à prendre d'urgence l'initiative des négociations avec les gouvernements européens pour la conclusion d'un accord prévoyant la composition et la réunion de l'Assemblée Constituante Européenne."

Beiden Anträgen war zunächst kein unmittelbarer Erfolg beschieden. Der britische Entschließungsantrag wurde nach einer heftigen Kontroverse zwischen Bevin, Crossman und Mackay von der Parlamentsmehrheit zurückgewiesen; der französische Resolutionsvorschlag, den unter anderen die Sozialisten Cerclier, Deixonne, Guesdon, Jaquet, Lapie, Leenhardt, Le Trocquer, Lousteau, Lussy, Noguères, Ramadier, Rincent, Rivet, Schmitt und Tanguy-Prigent unterzeichnet hatten, wurde zur Beratung an den Auswärtigen Ausschuß verwiesen.[86] Ihre Publizierung bildete jedoch ein deutliches Gegengewicht gegen die Beschlüsse der Londoner Sozialistenkonferenz. In der Vorbereitung der Pariser Sozialistenkonferenz arbeiteten oppositionelle Labour-Abgeordnete und die SFIO-Führung erneut zusammen: Im Rahmen eines Treffens sozialistischer Parlamentarier aus mehreren europäischen Ländern, das von beiden Gruppen im Laufe ihrer Kontaktnahme vereinbart worden war, erörterten Mackay, Rivet, Jaquet, Gazier, Rosenfeld, Piette und andere die noch verbleibenden Möglichkeiten, der Forderung ihrer gemeinsamen Schlußresolution – „Le socialisme doit être l'animateur du fédéralisme européen" – Rechnung zu tragen.[87]

Léon Blum begann sogleich nach der Londoner Konferenz im „Populaire" eine umfangreiche Kampagne für einen effektiven wirtschaftlichen und politischen Zusammenschluß des nichtkommunistischen Europas, für eine Unterstützung der Föderationsbewegung und damit implizit auch für eine Teilnahme der Sozialisten am Haager Kongreß. „Le fédéralisme européen se pose comme une espérance de paix (...). Sa puissance s'accroîtra encore de jour en jour à mesure qu'elle sera plus profondément plus évidemment pénétrée par l'influence du socialisme international." Bisher habe der internationale Sozialismus unter dem Einfluß der Labour-Party anderen die Initiative überlassen; die gehemmte, vorsichtige und zögernde Haltung der britischen Bruderpartei sei als Folge des dominierenden Einflusses Churchills auf die Föderationsbewegung verständlich; doch jetzt müsse der internationale Sozialismus seiner traditionellen Mission treu bleiben, indem er die Marshall-Hilfe zur konsequenten supranationalen Organisierung Europas nutze:
„Wie alle meine Parteigenossen wünsche ich also, daß der internationale Sozialismus, weit davon entfernt, ‚abseits zu stehen' (wie Churchill ihm geschrieben hatte), sich an dem edlen Wettstreit beteilige, der heute so viele Menschen dieses ‚hohe und

bewährte' Ideal anstreben läßt. Ich wünsche, daß er sich an die Spitze dieser Bewegung stelle, daß er sein ganzes Überzeugungsvermögen einsetze, um die europäische Bewegung mit diesem Ideal zu beleben und zu inspirieren. Ich bin folglich überzeugt, daß diese Bewegung einer wesentlichen Voraussetzung für den Erfolg und sogar für ihr Leben beraubt wäre, wenn der Sozialismus nicht an ihr teilnähme. (...) Die Vereinigten Staaten von Europa werden also nicht ohne uns zustande kommen."
Aber, so fügte er in Beantwortung eines Briefes von Churchill hinzu, in dem dieser ihn aufgefordert hatte, den SFIO-Mitgliedern die Teilnahme am Haager Kongreß zumindest freizustellen, „wir haben auch nicht die ‚absurde und bedauernswerte' Anmaßung, sie heute ganz alleine errichten zu wollen. Wir haben absolut nicht die Absicht, mit der Grundsteinlegung des europäischen Werkes zu warten, bis alle Länder Europas eine sozialistische Mehrheit im Parlament und eine einheitliche sozialistische Regierung haben werden". Bei alledem vermied Blum jedoch einen direkten Angriff auf die britische Haltung; er mahnte sogar – in Auseinandersetzung mit André Ferrat – zur Zurückhaltung in der Kampagne für eine unmittelbare Konstituierung einer politischen Föderation, vordergründig mit dem Argument, eine politische Föderation ohne die Grundlage einer realen Wirtschaftseinigung könne nicht von Dauer sein, tatsächlich jedoch, um die Briten nicht von vornherein durch für sie unannehmbare Maximalforderungen abzuschrecken.[88]
Auch während der Pariser Konferenz am 24. und 25. April war Blum als Leiter der französischen Delegation um eine Annäherung der Standpunkte bemüht, die er sich freilich nur als Befürwortung einer Teilnahme am Haager Kongreß vorstellen konnte. Seine Bemühungen brachten ihm jedoch außer einer Kontroverse mit dem britischen Delegationsleiter Hugh Dalton nichts ein; im Gegenteil forderte Labour-Generalsekretär Morgan Phillipps die 40 Labour-Parlamentarier, die sich zu einer Teilnahme am Haager Kongreß entschlossen hatten, während der Pariser Konferenz von London aus auf, ihre Entscheidung rückgängig zu machen. Die internationale Sozialistenkonferenz war nicht einmal bereit, den Befürwortern einer Zusammenarbeit mit dem Internationalen Koordinierungskomitee die Entscheidung über ihre persönliche Teilnahme freizustellen.[89]
Diese definitive Entscheidung schränkte den Wert der Fortschritte ein, die die französische Delegation in der gemeinsamen Festlegung der Zielvorstellungen erreichen konnte. Die SFIO hatte nahezu ihre gesamte außenpolitische Führungsmannschaft aufgeboten; neben Blum gehörten Mollet, Ferrat, Piette, Jaquet, Philip, Lapie, Grumbach, Gazier, Pivert, Rosenfeld und Rivet der französischen Delegation an. Insgesamt waren 16 Parteien in Paris vertreten, neben den Briten, Franzosen und Belgiern die Niederländer, Luxemburger, Norweger, Dänen, Schweden, Schweizer, Österreicher, die deutschen Sozialdemokraten, die PSLI, die italienische Unita Socialista und der jüdische Bund. Mehr als 20 einzelne Rapporte wurden der Konferenz von den verschiedenen Parteien vorgelegt; Blum formulierte daraus eine Synthese, die der Konferenz als Diskussionsgrundlage diente und die die Schlußresolution im französischen Sinne nachhaltig beeinflußte. Die SFIO-Delegation erreichte nicht nur die Zustimmung aller Parteien zu einer ganzen Reihe von koordinierenden Maßnahmen im Rahmen des europäischen Wiederaufbauprogramms – Vereinheitlichung der Sozialgesetzgebung, Zoll- und Währungspolitik, gemeinsame Strukturbereinigung, gemeinsame Export- und Importplanung, plan-

wirtschaftliche Rohstoff-, Energie- und Kreditpolitik –, sondern auch die Anerkennung des supranationalen Prinzips: „La Conférence (...) déclare qu'il est du devoir des Partis socialistes de renforcer les pouvoirs réels supranationaux des organismes constitués par les 5 et par les 16 et de les combiner étroitement en vue de former un Conseil de l'Europe occidentale."[90] Dieser Weg zu einer Föderation der „États-Unis de l'Europe libre" sollte durch zwei neugeschaffene Institutionen garantiert werden; ein sozialistisches Kontaktkomitee der fünf Parteien des Brüsseler Paktes, das unter dem Vorsitz von Max Buset in Brüssel installiert wurde, und ein Sozialistisches Dokumentations- und Propagandazentrum für die Vereinigten Staaten von Europa mit Sitz in Paris, das die Arbeit der 16 Parteien für die Realisierung der Einigungspläne unterstützen und koordinieren sollte, und mit dessen Einrichtung die SFIO beauftragt wurde.[91] Je konkreter die Fragestellungen wurden, desto mehr wichen die Briten, Skandinavier und auch die Belgier vor den Forderungen der Franzosen und Italiener zurück: nicht nur in der Frage des Haager Kongresses kam keine Einigung zustande, auch die französischen Vorstellungen von einer Internationalisierung der europäischen Grundindustrien einschließlich der Ruhr und einer Einbeziehung Westdeutschlands blieben unberücksichtigt; die Konferenz einigte sich lediglich auf die Schaffung „gewisser neuer Industrien" in europäischem Gemeineigentum. Blums Konferenz-Resumee „Le socialisme international a pris position en faveur du fédéralisme européen"[92] galt im Generellen, nicht im Konkreten; der französische Erfolg war mehr deklamatorischer als politischer Natur. Lapie: „Je sors de la conférence assez découragé."[93]

Der Haager Kongreß
Nachdem die Hoffnung auf eine Revision der Londoner Entscheidung in der Kongreßfrage durch die Pariser Konferenz getrogen hatte, sah sich das französische Comité directeur endgültig vor die Wahl gestellt, der Solidarität mit dem internationalen Sozialismus oder dem ursprünglichen eigenen taktischen Plan den Vorzug zu geben. In der Sitzung vom 30. April wurde nach einer heftigen Debatte, in der die Entscheidungen der internationalen Sozialistenkonferenzen den Kongreßgegnern um Rous und Boutbien neue Argumente lieferten, den SFIO-Mitgliedern eine Teilnahme am Haager Kongreß untersagt, mit Ausnahme der Politiker, die nicht Mitglieder des Comité directeur oder der Delegation bei der Pariser Konferenz waren oder eine sonstige parteioffizielle Funktion innehatten. Das Plädoyer Mollets, der die Vorstandsmitglieder beschwor, nicht den internationalen Sozialismus zu spalten und gerade dadurch jeden Einfluß des Sozialismus auf die europäische Bewegung zu verunmöglichen, gab den Ausschlag.[94]
Damit war genau das eingetreten, was die Mehrheit des Comité directeur schon im Januar 1948 vermeiden wollte: Als sich die Kräfte, die – in welcher Form und zu welcher Zielsetzung auch immer – für einen Zusammenschluß des nichtkommunistischen Europas eintraten, auf dem Haager Kongreß vom 7. bis 10. Mai 1948 formierten, stand der internationale Sozialismus nicht, wie von der SFIO gewünscht, an der Spitze der Bewegung; vielmehr mußte er sich mit einer bescheidenen Nebenrolle zufriedengeben. Der erropäische Integrationsprozeß begann sich zu entwickeln, doch diese Entwicklung entfernte sich immer mehr von den spezifisch sozialistischen Wertemustern. Zwar fuhren 23 der ursprünglich 40 zur Teilnahme entschlossenen Labour-Abgeordneten unter der Führung von Mackay

tatsächlich nach Den Haag; von der SFIO waren die Abgeordneten Ramadier, Lapie, Leenhardt, Gorse, Desson vertreten, unterstützt von den „Force-Ouvrière"-Führern René Lhuillier und Jean Mathé; auch Philip war im Haag anwesend, ohne sich allerdings an den Arbeiten des Kongresses zu beteiligen[95]; doch vermochten die wenigen Sozialisten das Konferenzgeschehen wenig zu beeinflussen.[96] Hinzu kam, daß Ramadier zwar als Vorsitzender des Politischen Ausschusses und der vom Kongreß eingesetzten permanenten Internationalen Studiengruppe zur Frage europäischer Institutionen sowie als Redner der Eröffnungs- und Schlußsitzungen eine dominierende Stellung innerhalb des Kongreßgeschehens innehatte, sein europapolitisches Konzept jedoch für die SFIO nicht repräsentativ war. Der ehemalige sozialistische Ministerpräsident befand aus einer Mischung von Rücksichtnahme auf die zögernden Briten und Skandinavier und dem ihm eigenen vorsichtigen Empirismus, daß die Zeit für eine substantielle politische Föderation noch nicht reif sei, revolutionäre Akte sogar dem Anliegen der Einigung schaden könnten, und man sich daher mit einer schrittweisen Erweiterung der Kompetenzen europäischer Gremien und der Heranbildung einer europäischen öffentlichen Meinung begnügen müsse.[97] Daß die „Politische Resolution" des Kongresses zur Enttäuschung der Föderalisten der UEF zwar die Notwendigkeit des supranationalen Prinzips anerkannte, konkret jedoch nur die Einberufung einer von nationalen Parlamenten zu wählenden „Europäischen Versammlung" zur Entwicklung von Einigungsplänen und zur Bildung der öffentlichen Meinung verlangte, und, anders als die Pariser Sozialistenkonferenz, offen ließ, ob das Ziel der Integrationsbemühungen die zwischenstaatliche Union oder die überstaatliche Föderation Europas sein sollte, war neben dem britischen Widerstand auch dem Einsatz Ramadiers zu verdanken.

Besonders deutlich zeigte sich die schwache Position der Sozialisten in der Arbeit des Wirtschaftlichen Ausschusses. Trotz der Proteste Leenhardts gingen die gemeinsam beschlossenen Forderungen nicht über die bereits in der OEEC-Konvention vorgesehenen Koordinierungsmaßnahmen hinaus, supranationale Einrichtungen wurden nicht vorgesehen. Weder die von Bob Edwards geforderte Beteiligung der europäischen Arbeiter und ihrer Organisationen an den europäischen Gremien noch die SFIO-Vorstellungn zur Ruhrfrage wurden in die Resolution aufgenommen – weswegen 14 Gewerkschafter unter Protest den Saal verließen –; als René Lhuillier zum Ausgleich der Forderung nach uneingeschränktem Kapitalverkehr in Europa den Vorschlag einer supranationalen Kontrollorganisation des Kapitalverkehrs zum Schutze der Arbeiterschaft durchzusetzen versuchte, lehnte die Mehrheit diesen Vorschlag als „völlig unvereinbar" mit der Idee der europäischen Union ab. Jean Mathé meinte in der abschließenden Plenumsdiskussion, mit der vorliegenden Resolution werde sich die Arbeiterklasse nicht für den Gedanken der europäischen Einigung gewinnen lassen.[98] In der Tat dominierten in ihr marktwirtschaftliche Vorstellungen, die den Programmen der europäischen sozialistischen Parteien wenig entsprachen.

Die SFIO hatte bei dem Versuch, ihr Konzept einer europäischen Einigung in politische Praxis umzusetzen, erkennen müssen, daß die Labour-Party, nach den eigenen Vorstellungen Hauptverbündeter im Kampf für eine europäische Föderation, zugleich den Hauptgegner ihres Konzepts darstellte. Weil sie sich ein geeintes Europa ohne Großbritannien schlechthin nicht vorstellen konnten, waren die

SFIO-Politiker trotz dieser bitteren Erkenntnis bemüht, die Einheit mit den britischen Kollegen zu wahren, selbst dann noch, als sie de facto nicht mehr vorhanden war. Die unbedingte Solidarität mit der Labour-Party ließ den ersten Anlauf eigenständiger SFIO-Politik zur europäischen Einigung im ersten Halbjahr 1948 scheitern.

Bidaults Initiative: Europäische Versammlung

Nach dem Haager Kongreß folgte ein zweiter Anlauf, in dem sich die SFIO-Mehrheit unter der Führung von Blum auf einen begrenzten Konflikt mit den britischen Sozialisten einließ. Auf dem 40. Parteitag wurde Mollets „doppelte Moral" in der Entscheidung gegen die Teilnahme am Haager Kongreß heftig angegriffen.[99] Die Schwächung der Stellung Mollets, die Niederlage der Rous-Gruppe, der persönliche Erfolg Philips trugen dazu bei, daß sich die Partei nach dem Parteitag im Juli 1948 zur Zusammenarbeit mit dem Internationalen Koordinierungskomitee bekannte, den Impuls des Haager Kongresses weitertragen half, und den MSEUE in den Dachverband „Europäische Bewegung" einbrachte. Die vom Parteitag proklamierte Bereitschaft zur Sammlung aller Kräfte guten Willens um das Ziel der europäischen Einheit[100] fand in der Wahl Léon Blums zu einem der Präsidenten der „Europäischen Bewegung" am 25. Oktober 1948 ihren symbolischen Ausdruck. Vom Sommer 1948 an bildete nicht mehr die Konferenz der im COMISCO zusammengefaßten Parteien das Hauptinstrument der SFIO-Europapolitik; die Zusammenarbeit mit den Europa-Pressure-Groups und die Unterstützung daraus resultierender regierungsseitiger Initiativen traten an ihre Stelle.

Der neue Anlauf sozialistischer Europapolitik begann mit einem Angriff auf die Führung der französischen Außenpolitik durch Georges Bidault. Dieser hatte sich zwar seit Februar 1948 zur Politik der europäischen Einigung bekannt, mit der Mitarbeit am Brüsseler Pakt, der OEEC-Konvention und den Londoner Deutschlandempfehlungen Elemente dieser Politik verwirklicht, de facto diente sie ihm jedoch in erster Linie zur Schaffung eines amerikanisch-europäischen Verteidigungssystems, im übrigen zur Weiterverfolgung der alten Zielsetzungen mit neuen Mitteln. Als die Nationalversammlung die Londoner Vereinbarungen diskutierte, legte André Philip am 12. Juni die Halbheiten der Bidaultschen Politik dar: sie enthalte Versuche in eine neue „europäische" Richtung, sei aber im übrigen die herkömmliche nationalistische Außenpolitik. Am 6. Juli wiederholte er: „Le groupe socialiste demande en tout cas au Gouvernement d'exercer toute la pression nécessaire pour aller plus vite qu'on ne l'a fait jusqu'alors dans la voie d'une véritable unification de l'Europe libre."[101] Der Sturz Bidaults, seine Ablösung durch Robert Schuman, der die Funktion des Außenministers im Kabinett Marie (24. Juli) und den folgenden Kabinetten übernahm, war dennoch nicht das Werk der Sozialisten, sondern im Gegenteil der Verfechter der bisherigen nationalistischen Deutschlandpolitik, insbesondere innerhalb des MRP, die Bidault sein Zurückweichen vor den Alliierten in London nicht verzeihen konnten.[102] Die zunehmende Kritik dieser Kreise im Juni und Juli erklärt, warum Bidault in letzter Minute versuchte, sich auf die Sozialisten zu stützen, indem er in der Europapolitik die Flucht nach vorne antrat: am 20. Juli legte er der zweiten Tagung des Konsultativrates der Brüsseler Paktstaaten zwei Resolutionen vor, die die Einberufung einer „Europäischen Parlamentarischen Versammlung" zum „Meinungsaustausch" über die Probleme eines europäischen Zusammenschlusses und die Bildung eines OEEC-Sonderausschusses zur Prüfung des Problemkreises Wirtschafts- und Zollunionen der Brüsseler Paktstaaten verlangten. Beide Vorschläge wurden von Bevin und Spaak — von diesem mit Rücksicht auf die an der britischen Haltung orientierten Teile der belgischen Sozialisten — prinzipiell gutgeheißen, aber als „zum gegenwärtigen Zeitpunkt ungünstig" abgelehnt und auf die nächste Sitzung des Konsultativrates vertagt.[103] Acht Tage später wurde im Auswärtigen Ausschuß der Nationalversammlung der Resolutionsvorschlag vom 19. März erörtert, in der die französische Regierung aufgefordert worden war, Initiativen zur Einberufung einer europäischen Konstituante zu entwickeln. Mit großer Mehrheit, die die Stimmen der sozialistischen Ausschußmitglieder einschloß, billigte der Ausschuß einen positiven Rapport des MRP-Außenpolitikers Marc Scherer zu diesem Resolutionsvorschlag. Als die vom Haager Kongreß eingesetzte Internationale Studiengruppe unter Paul Ramadier am 17. August den europäischen Regierungen ein Memorandum vorlegte, das die Funktionen einer europäischen Beratenden Versammlung im Sinne der Politischen Resolution des Haager Kongresses beschrieb und den Regierungen der fünf Brüsseler Paktstaaten die Einberufung einer die Organisation dieses europäischen Parlaments vorbereitenden Konferenz vorschlug, konnte dieser Plan daher in Frankreich mit parlamentarischer Unterstützung rechnen. Hinzu kam, daß das neue Kabinett André Marie profilierte Vertreter des europäischen Einigungsgedankens umfaßte: Léon Blum und Pierre-Henri Teitgen (MRP) als Stellvertretende Ministerpräsidenten, Paul Ramadier als mit der Vertretung der Regierung im Planungsausschuß und in den beiden Kammern beauftragter Staatsminister, Daniel Mayer als Arbeitsminister und Paul Reynaud, der auf dem Haager Kongreß die Direktwahl des europäischen Parlaments vorgeschlagen hatte, als Finanzminister. Blum auch mit dem Außenministerium zu betrauen, wie es Auriol gewollt hatte, erwies sich zwar als unmöglich, da ein Verzicht des MRP auf dieses „große" Ministerium das nur mühsam wiederhergestellte Koalitionsgleichgewicht erneut gefährdet hätte; doch blieb den sozialistischen Ministern unter dem vom MRP als Ersatz nominierten und außenpolitisch vorerst unprofilierten Robert Schuman genügend Spielraum, die europapolitischen Weichen in ihrem Sinn zu stellen. „Le moment est venu d'agir", schrieb Oreste Rosenfeld am 17. August in einem „Populaire"-Editorial. „Les organisations embryonnaires des ‚Seize' et des ‚Cinq', les difficultés qu'elles rencontrent à chaque instant en raison de l'absence d'une autorité supra-nationale, le démontrent abondamment." Bereits am folgenden Tage billigte der französische Ministerrat nach Interventionen Blums, Ramadiers und Reynauds das Memorandum des Ramadier-Komitees und beauftragte er Schuman, die Regierungen Großbritanniens, Belgiens, der Niederlande und Luxemburgs zu der vorgeschlagenen vorbereitenden Konferenz einzuladen.[104] In der mehr als vierzehntägigen Regierungskrise, die mit dem Rücktritt Maries am 27. August begann und mit der Investitur Queuilles am 11. September endete, bildete, wie Mollet am 31. August vor der Nationalversammlung ausführte, das Interesse der SFIO am Gelingen dieser französischen Demarche ein wesentliches Motiv für ihre erneute Beteiligung an der Regierungskoalition. Mit der wesentlichen Hilfe der SFIO hatte zum ersten Mal eine europäische Regierung eine Initiative ergriffen, die — wenn auch um der britischen Beteiligung willen mit aller nur möglichen Behutsamkeit — auf die Schaffung einer supranationalen Körperschaft des nichtkommunistischen Europas abzielte.[105]

Mit diesem Durchbruch der Idee eines europäischen Zusammenschlusses auf Regierungsebene hatte sich die SFIO auf einen begrenzten Konflikt mit der Labour-Party eingelassen — auf einen Konflikt, insofern sie ihre Aktivitäten in der Europapolitik nicht mehr wie vor dem Haager Kongreß von der Zustimmung des britischen und internationalen Sozialismus abhängig machte; begrenzt, weil sie nach wie vor um eine Teilnahme Großbritanniens an dem Einigungsprogramm bemüht war und sich daher zunächst mit vorsichtigen Schritten wie dem einer nur beratenden europäischen Versammlung zufriedengab[106]; begrenzt aber auch, weil sie in allzu großem Vertrauen auf die Einflußmöglichkeiten sozialistischer Doktrin fest damit rechnete, daß die Labour-Party nach Beseitigung einer Reihe offensichtlich vorhandener Mißverständnisse schließlich doch bereit sein würde, Großbritannien in eine europäische Föderation einzubringen. Nachdem der niederländische Premier Drees die Einberufung einer europäischen Versammlung am 27. August im Prinzip begrüßt hatte, und Schuman am 31. August mit Spaak vereinbart hatte, das Projekt der nächsten Tagung des Konsultativrates der Brüsseler Paktstaaten zu unterbreiten, sah sich Bevin vor die Notwendigkeit gestellt — unter dem Druck der Konservativen und der innerparteilichen Opposition, vor allem aber um seine Pläne einer europäisch-amerikanischen Allianz nicht zu gefährden — die französische Initiative mit einem Gegenvorschlag zu parieren, der der Einigungsbewegung die Spitze abbrach, ohne deswegen die Bündnisbemühungen zu treffen. Ohne auf den französischen Vorschlag näher einzugehen, griff er am 15. September im Unterhaus alle Pläne für eine politische Föderierung Europas als den „soliden" Aufbau einer europäischen Union gefährdend an und bekannte sich zum „Prinzip der ungeschriebenen Verfassung" nach dem Vorbild des Commonwealth; zur gleichen Zeit wurde aus Berichten der Londoner „Times" der Inhalt des für den Konsultativrat vorbereiteten Gegenvorschlags deutlich: Bevin schlug statt einer europäischen Parlamentarierversammlung die Schaffung eines europäischen Ministerrats (European Council) aus Vertretern der nationalen Regierungen vor, dessen Beschlüsse die Einstimmigkeit seiner Mitglieder voraussetzten.[107] Die Begründung für diese Haltung lieferte die Labour-Exekutive gleich mit; in der zweiten Septemberhälfte veröffentlichte sie eine Streitschrift unter dem Titel „Feet on the Ground", in der sie vor den Gefahren illusionärer Experimente in der Europapolitik warnte: „Western Union is a practical political issue and (...) Britain has taken the lead in promoting it." Ziel dieser Politik sei es jedoch, „to produce a common European foreign policy, and, in consequence, a common defense policy"; darüber hinaus eine künstliche Föderation der europäischen Staaten bilden zu wollen, würde nicht nur mit einem Fiasko für alle Föderationspläne, sondern auch für das gemeinsame Verteidigungsbündnis enden. „An attempt to federate now would exaggerate divisions, excite mutual fear, distrust, contempt, and jealously, and greatly favor centrifugal tendencies." Die Politik der Föderationsanhänger sei das Haupthindernis auf dem Weg zu einer soliden Westunion, nicht, wie diese „muddle-headed doctrinaires" meinten, die Politik des britischen Sozialismus.[108]

Damit drohte auch der zweite Anlauf sozialistischer Europapolitik zu scheitern. Die führenden SFIO-Politiker bezogen das Verdikt gegen die doktrinären Phantasten in erster Linie auf sich selbst und reagierten mit einer Mischung von Gegenangriff und Ratlosigkeit. „Je veux bien être traité d'idéaliste et de chimérique, cela m'offusque en rien", schrieb Blum zwei Tage vor seiner Wahl zum Präsidenten der Europäischen Bewegung in Brüssel, aber es sei bitter, daß eine derartige Kritik ausgerechnet von Sozialisten komme. Die Kritik sei außerdem ungerechtfertigt: Der Marshall-Plan und die europäische Zusammenarbeit seien Realitäten, die Conclusio der Pariser Sozialistenkonferenz vom April, daß keine wirtschaftliche Einigung ohne politische Föderation möglich sei, sei wohlbegründet. Nicht der französische, sondern der britische Sozialismus verkenne die Realitäten und hemme den Weg zur Einigung. „A quoi répond cette attitude de désaveu intime et obstruction pratique qui pèse si lourdement, depuis un an, sur les autres sections de l'Internationale socialiste?"[109] Nur Claude Bourdet wagte bereits offen auszusprechen, daß die Kontinentaleuropäer notfalls ohne die Briten mit dem Aufbau der europäischen Föderation beginnen sollten.[110]

4. Europäische Einigung, Deutschland und die Internationalisierung der Ruhr

Westdeutsches Provisorium
Im gleichen Maße, wie der Zusammenschluß des nichtkommunistischen Europas erste konkrete Formen annahm, zeichnete sich 1948 auch das Entstehen eines in diesen Verbund integrierten westdeutschen Staates ab. Die Befugniserweiterung der bizonalen Wirtschafts- und Verwaltungsinstitutionen (9. Februar), die Einbeziehung der drei Westzonen in die OEEC, an deren Beratungen die Militärgouverneure unter Hinzuziehung deutscher Berater teilnahmen (16. April), der Auszug des sowjetischen Gouverneurs Sokolowski aus dem Alliierten Kontrollrat (20. März), der Auftrag der Londoner Sechs-Mächte-Konferenz an die westdeutschen Ministerpräsidenten, eine verfassunggebende Versammlung einzuberufen (7. Juni), die Währungsreform in den drei Westzonen (18. Juni), die darauffolgende Blockade Berlins (24. Juni), der Beginn der Arbeit des Parlamentarischen Rates in Bonn (1. September), die durch ein bizonales Gesetz verfügte Überantwortung der Eigentumsfrage an der Ruhrindustrie an die künftige deutsche Regierung (10. November) und schließlich die Bekanntgabe eines Entwurfs für eine internationale Ruhrbehörde (28. Dezember) — all dies waren wesentliche Etappen auf dem Weg zur Gründung der westdeutschen Bundesrepublik, ein Weg, auf dem einerseits die aus der Teilnahme der westdeutschen Zonen am europäischen Wiederaufbauprogramm resultierenden Notwendigkeiten zur Eile drängten, andererseits die Sorge, der Sowjetunion die letzte Verantwortung für die Teilung Deutschlands zu überlassen, zur besonnenen Vorsicht mahnte. Im Laufe dieses Gründungsprozesses wurde Westdeutschland von der nun allein maßgebenden amerikanischen Regierung immer mehr in der Funktion eines Vorpostens des westlichen Lagers gesehen, der Gedanke einer deutschen Pufferzone zwischen den beiden Machtbereichen als mit der Einbeziehung der deutschen Wirtschaft in das europäische Wiederaufbauprogramm unvereinbar betrachtet.
Daß das SFIO-Deutschlandkonzept in dieser Situation zum offiziellen Deutschlandprogramm der französischen Außenpolitik unter Bidault wie unter Schuman avancierte, erfüllte die französischen Sozialisten mit beträchtlicher Genugtuung. „Pour la première fois depuis la libération", urteilte etwa Oreste Rosenfeld rückblickend zur Jahreswende 1948/49, „le ministre des Affaires étrangères de la France a eu recours à la collaboration du Parlement"; drei Jahre völlig absurder Deutsch-

landpolitik im Stil de Gaulles hätten Frankreich in eine derart große Isolierung geführt, daß es nun schwierig sei, selbst die Zielsetzungen des SFIO-Konzepts zu erreichen; dennoch sähen sich die Sozialisten in ihren Anschauungen bestätigt.[111] Die proklamierte „satisfaction et fierté" war freilich nicht in jeder Hinsicht gerechtfertigt: auch 1948 war die tatsächlich realisierte französische Deutschlandpolitik von dem dreifachen Widerspruch zwischen sozialistischem und verdeckt gaullistischem Konzept des Außenministeriums, zwischen internationalistischem und nationalistischem Ansatz im SFIO-Konzept, und zwischen den Intentionen der französischen Regierung und der Militärregierung in Baden-Baden bestimmt.
Als am 23. Februar in London die Gespräche der „Sechs Mächte", USA und Brüsseler Paktstaaten, über eine gemeinsame staatliche Organisation der drei deutschen Westzonen begannen, suchten die Sozialisten, im Zielkonflikt zwischen der Einbeziehung des deutschen Wirtschaftspotentials in das europäische Wiederaufbauprogramm und der Vermeidung einer Spaltung Deutschlands im Prinzip bereits für die erstere Zielsetzung entschieden, verzweifelt nach Möglichkeiten, beides zu erreichen, um nicht mit dem Grundanliegen ihres eigenen „Dritte-Kraft"-Gedankens in Konflikt zu geraten. Pierre-Olivier Lapie und Vincent Auriol hofften zunächst, wenn Deutschland feierlich seine Neutralität zwischen den beiden Weltmächten proklamiere, könne es insgesamt Mitglied der europäischen Föderation werden – ein Gedanke, der nicht nur einen Anfang 1948 nicht mehr vorhandenen Handlungsspielraum Deutschlands wie Europas voraussetzte, sondern sich auch in dem Maße verflüchtigen mußte, wie sich die Vorformen der „europäischen Föderation" in das westliche Lager integrierten. Jean Texcier plädierte aus Einsicht in diese Situation und in Übereinstimmung mit dem „Plan A" der Kennan-Planungsgruppe im amerikanischen State Department dafür, Deutschland insgesamt aus der europäischen Föderation herauszuhalten und in der Verantwortung der Vier Alliierten zu belassen – ein Plan, der freilich nicht mit dem Faktum in Einklang zu bringen war, daß die westeuropäischen Staaten auf das westdeutsche Wirtschaftspotential angewiesen waren. Als reale Möglichkeit blieb daher nur der taktische Vorschlag Léon Blums, in einer gemeinsamen Demarche der drei Westmächte der Sowjetunion gesamtdeutsche freie Wahlen zu einer verfassunggebenden Versammlung vorzuschlagen, um der Sowjetführung damit wie bei der Lancierung des Marshall-Plans die Spaltung zuzuspielen und der Gefahr eines deutschen Revanchismus unter nationalkommunistischen Vorzeichen vorzubeugen: „Si l'U.R.S.S. refuse, alors, mais alors seulement, on pourra envisager une application partielle à l'Allemagne de l'Ouest, l'intégration de l'Allemagne de l'Est restant toujours possible (...)."[112] Die vage Hoffnung, die Sowjetunion könne eine solche Demarche positiv beantworten, und die Forderung nach Fortsetzung der Bemühungen um eine Einigung der vier Großmächte in der Deutschlandfrage, von André Philip in der Nationalversammlungsdebatte zu den Londoner Empfehlungen vorgetragen und in dem Ordre du Jour der Debatte aufgenommen, dienten im Grunde nur noch zur Selbstrechtfertigung; an der Notwendigkeit, mit der staatlichen Organisation Westdeutschlands nicht mehr länger warten zu können, ließ Philip als Fraktionssprecher in der gleichen Debatte keinen Zweifel.[113] Zu hoffen war lediglich, wie die sozialistischen Minister – in Übereinstimmung mit den deutschen Ministerpräsidenten und im Gegensatz zur entschlossenen Konsolidierungspolitik General Clays – in ihrem Brief an Schuman forderten, daß die Neugründung einen möglichst provisorischen

Charakter trage; „une Allemagne occidentale politiquement aussi légèrement conçue que possible" würde für den östlichen Teil noch am ehesten offenstehen.[114] Zwar lehnte Jules Moch als Vertreter des „harten" Flügels in der SFIO-Deutschlandpolitik, dem die Integration Deutschlands nun doch einige Jahre, wenn nicht Jahrzehnte zu früh kam, die Londoner Empfehlungen nach Bidaults Rückkehr im Kabinett als definitive Festschreibung der Zweiteilung der Welt und Provokation der Sowjetunion ab; auch einige Vertreter der neutralistischen Gegenbewegung wie etwa Charles Ronsac im „Franc-Tireur" argumentierten in dieser Weise gegen den Beginn westdeutscher Staatlichkeit; im Auswärtigen Ausschuß der Nationalversammlung stimmten jedoch alle sieben SFIO-Mitglieder für die Annahme der Vereinbarungen; der zustimmende Ordre du jour der Nationalversammlung wurde am 16. Juni mit den Stimmen der gesamten SFIO-Fraktion verabschiedet.[115] Durch den Druck der anglo-amerikanischen Vorstellungen begünstigt, hatte sich die Blumsche Version sozialistischer Deutschlandpolitik in einem entscheidenden Moment durchsetzen können.

Das gleiche galt in der Frage der inneren Struktur des zu schaffenden Weststaates: Während Auriol in Anlehnung an de Gaulles These einer unmittelbaren Eingliederung deutscher Länder in die europäische Föderation unter Frankreichs Führung davon sprach, das deutsche Volk „soit intégré avec ses États fédérés dans une Europe fédérée", und Bidault in London für eine weitgehende Stärkung der Länderhoheit nach dem Muster des französischen Memorandums vom 17. Januar 1947 eintrat, befürwortete Blum uneingeschränkt die Londoner Bestimmungen über einen deutschen Bundesstaat nach amerikanischem Muster:

„L'accord de Londres, à cet égard, ne pourra décevoir que ceux qui, sous un faux prétexte de fédéralisme, visaient en réalité le morcellement de l'Allemagne, certains des morceaux devant d'ailleurs tomber à plus ou moins longue échéance sous l'attraction des puissances limitrophes. Libre au général de Gaulle de rester le champion acharné de ce système qui nous a fait tant de mal. Un des mérites certains de la Convention de Londres est de le désavouer une fois pour toutes."[116]

Ruhr-Europäisierung
Die Kritik der SFIO an den Londoner Deutschlandvereinbarungen setzte an den in der Ruhrfrage vorgesehenen Regelungen an. Die von den französischen Sozialisten seit Kriegsende unablässig wiederholte Forderung nach wirtschaftlicher „Nationalisation internationale" der Ruhrindustrie war zum Hauptanliegen der offiziellen französischen Verhandlungsposition in London geworden, weil die Vertreter des bisherigen de Gaulle/Bidaultschen Konzeptes hofften, mit einem derartigen Verfahren ihre bisherige Zielsetzungen der Sicherheit vor Deutschland und der Prosperität in Relation zu Deutschland wenigstens teilweise retten zu können. In der SFIO glaubte man, gute Gründe für die Annahme zu haben, die beiden Alliierten würden Frankreich eine solche gegenüber den früheren französischen Forderungen äußerst maßvolle Regelung zugestehen: Der außenpolitische Sprecher der Republikaner, John Foster Dulles, hatte bei seinem Frankreich-Besuch anläßlich der November-Streiks 1947 sowohl Blum als auch Auriol eine wirtschaftliche Internationalisierung in Aussicht gestellt; Blum glaubte mit seinem Vorschlag, den Ertrag der Ruhrindustrie uneingeschränkt den Deutschen zur Verfügung zu stellen und nur die kontrollierende Leitung einem europäischen Gremium zu überlassen,

alle Bedenken aus dem Weg geräumt zu haben, die die britische Regierung an einer Zustimmung zu dem SFIO-Konzept hinderten.[117] Blum und seine Kollegen hatten jedoch nicht bedacht, daß Dulles als Führer des frankreichfreundlichen Flügels amerikanischer Außenpolitiker nur *eine* Tendenz der US-Politik repräsentierte; daß mit General Clay ein Vertreter der anderen Tendenz zum Zuge kam, die der Notwendigkeit deutschen Managements, amerikanischer Anleger und der Vermeidung von Entschädigungszahlungen wegen für einen Wiederaufbau der deutschen Schwerindustrie in privatkapitalistischer Form eintrat; und daß die britischen Sozialisten einer Internationalisierung in der von der SFIO vorgeschlagenen Form skeptisch gegenüberstanden, insofern sie ja eine Europäisierung auch der übrigen Schwerindustrien — einschließlich der britischen — nach sich ziehen sollte.
Daß es in der Ruhrfrage trotz des Blumschen Kompromißvorschlages zu keiner Einigung mit den Briten kommen würde, zeichnete sich schon auf den internationalen Sozialistenkonferenzen des Frühjahrs 1948 ab. Nachdem die Behandlung des SFIO-Ruhrkonzepts schon von der Londoner Konferenz zum Marshall-Plan vertagt worden war, vertagte sie die Pariser Konferenz zur Europäischen Einigung weiter; lediglich der von Grumbach geleitete Unterausschuß zur Ruhrfrage sprach sich im französischen Sinne aus.[118] Erst die nächste Vollversammlung der COMISCO-Parteien, die vom 4. bis 7. Juni 1948 in Wien tagte, diskutierte die Ruhrfrage im Plenum. Hier stießen Grumbach, unterstützt von Philip und Boutbien, und der vormalige Internationale-Präsident de Brouckère auf den Widerstand des Labour-Delegierten Denis Healey und des SPD-Vertreters Erich Ollenhauer, die in Übereinstimmung mit dem Ergebnis der gerade zu Ende gehenden Londoner Besprechungen für eine internationale Kontrolle der Ruhrindustrie eintraten, die Entscheidung über eine Sozialisierung jedweder Art dem deutschen Volke vorbehalten wissen wollten. Die Schlußresolution der Konferenz sprach lediglich von einer Sozialisierung, nicht von der Internationalisierung der Ruhrindustrie, dafür aber — ein besonderer Erfolg Ollenhauers — von der Notwendigkeit, die gesamte europäische Schwerindustrie einer internationalen Kontrolle zu unterwerfen.[119]
Während die antiamerikanischen Linkskräfte die Londoner Bestimmungen zur Ruhrfrage zu Recht als eine Vorentscheidung für eine Restitution der Ruhrindustrie in privatkapitalistischer Form interpretierten — Charles Ronsac: „Oh! ce n'est pas que ces messieurs préfèrent le capitalisme allemand au nôtre. Outre-Rhin, leurs capitaux sont simplement tout à fait chez eux, alors qu'ici, avec les communistes, de Gaulle et le reste, on ne sait jamais" — und Bidault in der Nationalversammlung zugab, daß die Chancen, eine effektive Internationalisierung doch noch zu erreichen, äußerst gering stünden[120], gingen Blum und Philip in ihrem Urteil von der Annahme aus, die anglo-amerikanische These sei es, die Sozialisierung nicht aufzuoktroyieren, sondern dem künftigen deutschen Staat als Aufgabe zu überlassen. „La tactique adoptée à Londres préjuge donc, selon toute apparence, une solution et une solution qui n'est pas la ‚nationalisation internationale' mais la socialisation au profit du Reich ou des Laender." Diese Lösung beeinträchtige jedoch nicht nur das allgemeine Sicherheitsinteresse, sondern provoziere eine europäische Wirtschaftskrise, da zwar ganz Europa wirtschaftlich auf die Ruhr angewiesen sei, jedoch niemand in Europa von den Deutschen allein abhängig sein möchte. Daß die Londoner Bestimmungen die Schaffung einer von den Sechs Mächten und Deutsch-

land zu bildenden Behörde zur Kontrolle der Verteilung der Ruhrprodukte vorsahen und die Kontrolle der für den deutschen Binnenmarkt bestimmten Produktion zunächst den alliierten Kommandanturen und für die Zeit nach der Wiederherstellung deutscher Staatlichkeit ebenfalls der internationalen Behörde überantworteten, wurde von Blum und Philip als ein den besonderen Status der Ruhr überhaupt erst einmal vertraglich festlegender Teilerfolg der französischen Delegation in London gewertet; sie wandten jedoch ein, daß ein derartiges Kontrollverfahren — weil außerhalb des Produktionsprozesses stehend — weitgehend unwirksam bleiben müsse. Insgesamt, so Blum zu Lapie, „l'accord est mauvaise, mais on ne peut pas ne pas le voter".[121] Vor dem Ziel der Konsolidierung des westlichen Systems zogen die Sozialisten die Verfolgung ihrer spezifischen Zielsetzung in der Deutschlandpolitik zurück.

Wenn sowohl der Ordre du jour der Nationalversammlung als auch die außenpolitische Resolution des 40. SFIO-Parteitags dem Londoner Kommuniqué nur unter dem Vorbehalt zustimmten, daß diese Kontrollmaßnahmen zu einer Internationalisierung der Ruhrindustrie ausgeweitet werden müßten, so war dies nur noch ein verbales Bekenntnis zur bisherigen französischen Maximalposition; de facto konzentrierten die Sozialisten nach der Londoner Konferenz ihre Hoffnungen mehr und mehr auf die nationale Sozialisierung und auf gleichzeitige Effektivierung der internationalen Kontrollmaßnahmen. Das Prosperitätsmotiv war infolge der Hilfe, die Frankreich durch den Marshall-Plan erfuhr, zwar nicht ganz verschwunden, aber doch in den Hintergrund gerückt; allein entscheidend für die SFIO-Politik war nunmehr das Sicherheitsmotiv.[122]

Um so größer war die Bestürzung, als die britische und die amerikanische Regierung, um einem von der SPD geforderten Sozialisierungsbeschluß im Parlamentarischen Rat zuvorzukommen, am 10. November 1948 die definitive Entscheidung in der Eigentumsfrage der deutschen Grundindustrien durch eine bizonale Ordonnanz der künftigen deutschen Regierung überantworteten. Dies stellte nun auch in den Augen der Sozialisten eine Präjudizierung für die privatkapitalistische Unternehmensform dar. Blum nannte die Ordonnanz „un coup rude, peut-être irréparable, au système français de sécurité"; Auriol nannte es in seiner Rede zum Waffenstillstandstag „impardonnable de laisser restaurer l'arsenal de la Ruhr entre les mains des complices de Hitler ou d'une collectivité allemande susceptible de s'en servir contre la paix du monde"; das Comité directeur der SFIO protestierte am 17. November, der Auswärtige Ausschuß der Nationalversammlung am 18., Außenminister Schuman am 19., alle unter Hinweis auf das Maximalziel einer Internationalisierung der Ruhrindustrie.[123] Daß diese Protestkampagne bei den Sozialisten anders als bei den Kräften des Quai d'Orsay und der Baden-Badener Militärregierung, denen immer noch eine französische Vormachtstellung gegenüber Deutschland vor Augen schwebte, lediglich von dem Sicherheitsziel motiviert war, zeigte sich in der Deutschlanddebatte, zu der die Nationalversammlung aus Anlaß der Ordonnanz vom 10. November zusammentrat. Im Namen der SFIO-Fraktion forderte André Philip am 30. November als Ersatz für die Internationalisierung der Ruhrindustrie das gleiche, was er im Herbst 1947 als Vorläufer dieser Internationalisierung propagiert hatte: „la création d'un service public intereuropéen pour le charbon et l'acier", eine europäische Wirtschaftsinstitution mit Befugnissen in der Produktions-, Investitions-

und Preispolitik zur Koordinierung aller westeuropäischen Grundindustrien einschließlich der Ruhr. Diese Forderung, erklärte er, stelle anders als das einseitige Beharren auf Internationalisierung nur des deutschen Industriepotentials ein positives Programm dar, das dem französischen Sicherheitsinteresse Genüge tun könnte; Voraussetzung für eine solche Politik sei freilich, „que la France renonce aujourd'hui définitivement à une politique dite de grandeur et d'action unilatérale qui ne correspond plus aux nécessités de l'heure".[124] Die Konturen wie die Zielsetzungen des späteren Schuman-Plans zeichneten sich ab.

VII. „Fédération Européenne": Die Hoffnung auf den Europarat, Oktober 1948 — Oktober 1949

Zwischen Herbst 1948 und Herbst 1949 institutionalisierte sich das neue bipolare System im europäischen Bereich, dessen grundsätzliche Strukturen sich schon im Laufe des Jahres 1948 herausgebildet hatten. Die Schaffung der Nordatlantischen Allianz wie die Gründung des Europarats und die Gründung der Bundesrepublik Deutschland waren in den Entscheidungen der Fülle westlicher Konferenzen im Jahr 1948 bereits angelegt worden; die Konstituierung des COMECON und der DDR stellten sichtlich Folgemaßnahmen dieser Entscheidungen auf östlicher Seite dar. Selbst die erneute und letztmalige Tagung des Alliierten Außenministerrates, der nach der Beendigung der Berliner Blockade im Mai 1949 in Paris zusammentrat, trug zur Verfestigung des neuen Systems bei: sie bestätigte die Aufteilung der Welt in die Einflußsphären der beiden Weltmächte und führte durch die stillschweigende wechselseitige Anerkennung dieser Einflußsphären zu jenem Modus vivendi, der die Konsolidierung der beiden Sphären langfristig sicherstellte. Kräftegleichgewicht und Überdimensionierung der militärischen Machtmittel beider Weltmächte führten zusammen zu einem Zustand relativer Stabilität, in dem sich die Möglichkeiten einer direkten Konfrontation der beiden Einflußsphären, aber auch der Spielraum der Akteure innerhalb der beiden Sphären verringerten.
Im Verständnis der französischen Sozialisten sollte 1949 das Jahr sein, in welchem die Liste der dann tatsächlich realisierten Institutionalisierungen um eine weitere entscheidende Maßnahme fortgeführt werden sollte, die den Ländern des nichtkommunistischen Europas trotz ihrer Zustimmung zur Integration in die westliche Hemisphäre ein Mindestmaß an Eigenständigkeit und Unabhängigkeit sichern konnte und damit auch die Voraussetzung für eine Durchsetzung sozialistischer Ordnungsvorstellungen in diesen Ländern bildete: „Nous avons fait la preuve", erklärte Guy Mollet am 30. Januar auf einem SFIO-Nationalrat unter dem Beifall der Delegierten, „que l'année 1949 peut, pour la construction des États-Unis d'Europe, être décisive. (...) Les élections cantonales sont importantes, je n'en doute pas. La participation gouvernementale est importante, je n'en doute pas, mais cela n'a aucune espèce d'importance si on ne réussit pas en 1949, en 1950, à bâtir économiquement et politiquement l'Europe."[1]
Aus der Forderung, 1949 den entscheidenden Schritt zur Schaffung der „Fédération européenne" zu vollziehen, sprachen sowohl die Einsicht in die Notwendigkeit, mit der Realisierung des 1947/48 entwickelten Konzeptes Ernst zu machen, als auch die Einsicht in die Schwierigkeiten, denen dieses Konzept begegnete: insbesondere die Desinteressiertheit Großbritanniens, sich in einer allzu festen Form an den europäischen Kontinent zu binden; die daraus resultierende Lähmung des europäischen Sozialismus; und infolgedessen wiederum die Gefahr, daß sich das nichtkommunistische Europa unter nicht-sozialistischen, wenn nicht gar antisozialistischen Vorzeichen organisierte; aber auch die Skepsis und Beharrungstendenz der im nationalen Rahmen angesiedelten Institutionen gegenüber allen Vorstellungen von Supranationalität; die Relikte gaullistischer Positionen in der Politik des franzö-

sischen Außenministeriums etwa; oder jene Tendenzen in der beginnenden westdeutschen Außenpolitik, die die europäische Einigung lediglich als willkommenes Mittel betrachteten, den Prozeß der Wiedererlangung nationaler Gleichberechtigung zu verkürzen. Zwischen Planung und Politik in der Auseinandersetzung um den Europarat, zwischen Vertuschen und ideologischer Rechtfertigung in der Frage des Atlantikpakts, und zwischen Mißtrauen und Vertrauen gegenüber dem Neubeginn deutscher Staatlichkeit erlebten die Sozialisten 1948/49 eine Phase angestrengten Kampfes für eine europäische Einigung im Sinne des demokratischen Sozialismus — eine Phase, die mit einer jähen Ernüchterung, um nicht zu sagen Enttäuschung, endete.

1. Zwischen Planung und Politik: Die Sozialisten in der Gründungsphase des Europarats

„Or, voici le dilemme qui vous est posé, qui nous est posé, camarades. D'une part, on ne fera pas l'Europe sans l'Angleterre travailliste. D'autre part, l'Angleterre travailliste n'est pas d'accord avec nous sur la façon de la faire."[2] Mit diesen Worten hatte Mollet treffend das beherrschende Thema der SFIO-Europapolitik zwischen Herbst 1948 und Herbst 1949 beschrieben. Was die SFIO-Vertreter in der Auseinandersetzung mit den Labour-Delegierten im Rahmen des COMISCO erfahren hatten, wiederholte sich nun in der Auseinandersetzung zwischen britischer und französischer Regierung im Rahmen der Brüsseler-Pakt-Verhandlungen über den Europarat: die britischen Sozialisten lavierten zwischen verbalem Anreiz und Zurückweichen vor materiellen Zugeständnissen. Mit der europäischen Einigung ohne ihren Hauptverbündeten und ihr geheimes Vorbild zu beginnen, war den französischen Sozialisten schlechthin noch nicht vorstellbar; nachdem schon die Wende zu einer Politik der westeuropäischen Integration 1947/48 ein erhebliches Maß an Verzicht auf die ehemals universalistische Zielsetzung bedeutet hatte, war eine Abkehr von Großbritannien als weiterer Schritt von der Verwirklichung spezifisch sozialistischer Wertvorstellungen in der internationalen Ordnung weg nicht vollziehbar. Der SFIO blieb also nur die Politik des begrenzten Konflikts mit der Labour-Party, die von der — von den Briten durch gelegentliche Ermunterungen sorgsam wachgehaltenen — Hoffnung lebte, der britische Sozialismus werde sich der Einsicht in die Richtigkeit der kontinentalen Argumentation letztlich doch nicht verschließen können.

Verhandlungen um den Europarat
Als der Konsultativrat der Brüsseler Mächte in seiner Sitzung vom 25./26. Oktober 1948 in Paris auf französischen Antrag hin mit der regierungsseitigen Beratung des Projektes einer europäischen Versammlung begann[3], waren die Differenzen zwischen französischer und britischer Position durch die vorangehenden diplomatischen Aktivitäten bereits deutlich geworden: hier Eintreten für eine beratende, den OEEC-Rahmen umfassende europäische Parlamentarierversammlung, dort Beschränkung auf einen an die Weisungen der Regierungen gebundenen Ministerrat im Rahmen des Brüsseler Paktes. Die Entscheidung des Konsultativrates, die weitere Behandlung des Problems einem neu zu bildenden „Ständigen Ausschuß zum

Studium und zur Entwicklung der europäischen Einigung" zu überantworten, bedeutete einen Teilerfolg für die französische Seite: damit stand zumindestens fest, daß überhaupt ein neues europäisches Gremium geschaffen werden sollte. In diesem „Komitee der 18" begegneten sich führende Kontrahenten des internationalen Sozialismus erneut: die britische Delegation stand unter der Leitung von Hugh Dalton; zur luxemburgischen gehörte der derzeitige MSEUE-Präsident Michel Rasquin; die französische Regierung berief neben Herriot, Reynaud, de Menthon und Corbin Léon Blum.[4] Als das Komitee am 26. November in Paris zusammentrat, gehörte Blum jedoch nicht zu den Teilnehmern; unmittelbar zuvor ernstlich erkrankt, mußte er sich noch im November einem chirurgischen Eingriff unterziehen, dem eine lange und mühselige Zeit der Rekonvaleszenz folgte; erst Mitte Juni 1949 konnte Blum seine politischen Aktivitäten wieder aufnehmen. Vom Comité directeur mit dem Auftrag versehen, für eine von den nationalen Parlamenten gewählte, aber auch außerparlamentarische Kräfte umfassende, in ihren Beratungen souveräne Europäische Versammlung einzutreten, nahm nunmehr Guy Mollet anstelle Blums an den Beratungen des Komitees teil. Der SFIO-Generalsekretär begann, sich auf dem Wege über eine Profilierung in der Europapolitik auf die Nachfolge des stets in der außenpolitischen Domäne dominierenden Blum als De-facto-Parteiführer vorzubereiten.[5]

Damit hatte die SFIO direkten Einfluß auf die Verhandlungen des „Komitees der 18" gewonnen. Konkrete Verhandlungsanweisungen der Pariser Regierung für die französische Delegation existierten nicht; Mollet nutzte den daraus resultierenden eigenen Spielraum, um den Fortgang der Gespräche ständig mit dem sozialistischen Comité directeur zu beraten. Drei von Mollet initiierte Sondersitzungen der sozialistischen Mitglieder des 18er-Komitees trugen wesentlich dazu bei, daß sich sehr bald eine Annäherung des französischen und des britischen Standpunkts abzeichnete. Auf der Grundlage eines — von Robert Verdier im „Populaire" als „excellent" bezeichneten — Kompromißmemorandums des Exekutivkomitees der Europäischen Bewegung (23. November) und nach Anhörung von Vertretern der Europäischen Parlamentarier-Union (8. Dezember) und der Europäischen Bewegung (9. Dezember) einigten sich die Komiteemitglieder in einem Zwischenbericht an die auftraggebenden Regierungen auf das Doppelprojekt eines „Europarats" und einer „Europäischen Konsultativversammlung" (15. Dezember). In dem Rat sollte jedes Land durch einen Minister und eine ihm assistierende Delegation vertreten sein; Beschlüsse sollten in nichtöffentlicher Sitzung „in Übereinstimmung" gefaßt werden. Für die Versammlung war eine Diskussions- und Beratungsfunktion vorgesehen; sie sollte zwar nicht, wie vom Haager Kongreß vorgeschlagen, Pläne zum Zusammenschluß Europas entwickeln, aber immerhin „rechercher les mesures propres à amener les peuples européens à une compréhension plus approfondie des principes qui sont à la base de leur civilisation commune"; die Beratungen ihrer von den nationalen Parlamenten designierten Mitglieder sollten pro Jahr einen Monat dauern; die Bildung von Unterkommissionen sollte möglich sein. Gewiß war noch eine Reihe von Fragen offengeblieben, insbesondere was den Kreis der Teilnehmerstaaten betraf; im Grundsatz hatte sich die französische Position jedoch durchgesetzt. Zu Recht beglückwünschte das sozialistische Comité directeur am 15. Dezember Mollet einstimmig zu den erreichten Resultaten.[6]

Als die britische Regierung jedoch am 4. Januar 1949 um eine Verschiebung des für

den 6. Januar vorgesehenen Wiederbeginns der Komiteeverhandlungen nachsuchte, wurde deutlich, daß Hugh Dalton in den Augen Bevins eine zu konziliante Haltung eingenommen hatte. Der Gegenvorschlag, den die britische Delegation beim Wiederbeginn der Beratungen am 18. Januar präsentierte, trug deutlich Bevins Handschrift. Neben dem Ministerausschuß sah er nur noch eine „Delegiertenkonferenz" vor, die in nationalen Gruppen und gemäß den Weisungen ihrer jeweiligen nationalen Regierung abstimmen sollte; selbst die Tagesordnung dieses Gremiums sollte von den nationalen Regierungen vorgeschrieben werden. Die Schaffung eines falsche Sicherheit bietenden europäischen „Talking shop" wolle er auf jeden Fall vermeiden, erklärte Bevin in einer Rede am 26. Januar. Die sozialistische Presse in Frankreich sprach bereits davon, daß das Projekt einer europäischen Föderation gescheitert sei.[7] Diesmal nutzte die sozialistische Vermittlung wenig. Eine auf Anregung der SFIO zusammengerufene Konferenz der sozialistischen Parteien der Brüsseler Pakt-Staaten am 15. und 16. Januar in Brüssel, an der von französischer Seite Mollet, Ferrat und Jaquet teilnahmen, blieb ohne konkretes Ergebnis. Was das 18er-Komitee geplant hatte, schien politisch nicht durchsetzbar zu sein. Erst nachdem Außenminister Schuman bei seinem Besuch in London am 13. Januar angedeutet hatte, die französische Regierung werde notfalls auch ohne Großbritannien handeln, sah Bevin die Gefahr, daß sich die kontinentalen Europäer zu weit von Großbritannien entfernten. Noch war der Atlantikpakt nicht unter Dach und Fach; um des intendierten westlichen Verteidigungssystems willen mußte sich der britische Außenminister zu Zugeständnissen in der Europarat-Frage bereitfinden: das „Komitee der 18" erzielte zwischen dem 18. und 20. Januar keine Fortschritte; auf der erneuten Tagung des Konsultativrates am 27. und 28. Januar lenkte Bevin jedoch ein: das Verfahren zur Ernennung der Delegationsmitglieder der Europäischen Versammlung sollte den nationalen Regierungen freistehen, die Delegierten sollten nach ihrem Gewissen abstimmen, sowohl Versammlung als auch Ministerrat sollten Vorschläge zur Tagesordnung machen können. Die Außenminister der Fünf verkündeten ihre prinzipielle Einigung über die Gründung eines Europarates.[8]
Die weiteren Verhandlungen brachten im Grunde nur noch eine Ausgestaltung dieser Vereinbarungen. Im ständigen Ausschuß des Konsultativrates, dem nun wieder die Verhandlungsführung übertragen wurde, wurden die Vereinbarungen zunächst in einem Kommuniqué zusammengefaßt (veröffentlicht am 7. Februar) und dann ein Statut für den Europarat vorberaten. Die Gespräche endeten mit der Einladung an die Außenminister Italiens, Schwedens, Norwegens, Dänemarks und Irlands, an der endgültigen Beratung der Organisationsform teilzunehmen (7. März). Die Vertreter der nun insgesamt zehn Außenminister berieten vom 28. März an in London; am 5. Mai verabschiedeten die Außenminister in London die endgültige Satzungsvorlage.[9]

Kritik am Statut des Europarats
Obwohl die Einigung auf ein gemeinsames Statut eines Europarats erst unter massivem Druck der Kontinentaleuropäer zustandegekommen war und in den Augen der britischen Regierung bereits ein Höchstmaß an Zugeständnissen an die kontinentalen Einigungspläne enthielt, drängte die SFIO sogleich auf eine Ausweitung der getroffenen Vereinbarungen.

Wir begrüßen den Europarat, führte André Philip im „Populaire" aus[10], weil wir hoffen, daß er den Grundstein zu einem künftigen Europäischen Parlament bildet. Aber wir sind zugleich vom gegenwärtigen Text enttäuscht. „Il semble, en effet, que l'on ait cédé à la pression de l'opinion publique, mais en rechignant, avec crainte et mauvaise volonté en entourant cette première assemblée européenne de tant de restrictions et de précautions, que l'on semble avant tout éviter de lui donner aucune responsabilité et n'en faire rien d'autre qu'une ‚parlote', pour gens distingués." Es ist nicht einzusehen, daß im Ministerrat ein Quasi-Vetorecht vorgesehen worden ist, da er ohnehin nur unverbindliche „Empfehlungen" aussprechen kann. 84 Mitglieder (statt der vom Brüsseler Kongreß der Europäischen Bewegung geforderten 300) sind ebenso zu wenig wie die Begrenzung der Sitzungsperiode auf einen Monat im Jahr. Das gemeinsame Sekretariat für Ministerrat und Beratende Versammlung ist eine psychologische Unmöglichkeit. Die Tagesordnungskompetenz des Ministerrats provoziert geradezu Konflikte mit der Versammlung; außerdem ist zu befürchten, daß so der Versammlung das Recht genommen wird, über die entscheidende Problematik der wirtschaftlichen Einigung zu sprechen; denn hier könnte die OEEC ihre Ansprüche geltend machen.

Dennoch bietet das vorliegende Statut einige Möglichkeiten zur unmittelbaren Verbesserung: Das Problem der zu geringen Zahl kann dadurch verringert werden, daß man die ebenfalls vorgesehenen 84 Stellvertreter der Miglieder sofort an der Arbeit des Rates teilhaben läßt, ihnen zunächst die Zuschauerbänke der Versammlung reserviert. Ferner dürfen Ständige Ausschüsse geschaffen werden, in die man Nicht-Ratsmitglieder entsenden kann. Ein solcher Ausschuß könnte die Funktion des (von der Europakonferenz in Westminster geforderten) Wirtschafts- und Sozialrates übernehmen. Der Ministerrat muß von vorneherein erklären, daß auch wirtschaftliche Fragen diskutiert werden können; er darf nicht die Tagesordnungen in allen Einzelheiten vorschreiben dürfen. Damit die Versammlung genügend Eigengewicht entwickeln kann, ist ein tatkräftiges Büro notwendig. Vor allem aber: „L'essentiel, c'est que les hommes politiques responsables de *l'Europe* prennent l'habitude de se réunir et de discuter ensemble les problèmes communs. Lorsqu'ils se seront mis d'accord, les gouvernements, bon gré mal gré, seront tous obligés du suivre car ces hommes entraîneront la majorité des diverses Assemblées."[11]

Auf dem 41. SFIO-Parteitag vom 15. bis 18. Juli 1949 gelangten die außenpolitischen Experten der Partei, die in einem Unterausschuß zur Frage der „États-Unis d'Europe" diskutierten, nach einem Exposé Philips zu den gleichen Kritiken und zu den gleichen Erweiterungsvorschlägen, die sie — ergänzt um den Rat Piettes und Grumbachs, die Arbeit des Europarats zunächst auf wenige konkrete Probleme wie den Wiederaufbau, die Angleichung der Sozialgesetzgebung oder die Schaffung einer Europäischen Universität zu konzentrieren — in das von Daniel Mayer rapportierte und zum Schluß des Parteitages einstimmig verabschiedete „Manifeste pour l'Europe" einbrachten.[12] Durch die normative Kraft des Faktischen sollte in den Augen der SFIO aus dem Europarat der Beginn einer supranationalen europäischen Souveränität entstehen.

Diese Politik der Umwandlung durch Ausweitung war sichtlich von dem Bewußtsein bestimmt, nur noch über eine kurze Frist zur erfolgreichen Einigung Europas zu verfügen. „L'Europe divisée encore en 1952", rief Philip vor dem Parteitag aus, „c'est la catastrophe". Andererseits mußte sie sich den kritischen Einwand gefallen lassen, daß eine Forcierung des Einigungsprozesses Gefahr lief, den gerade noch knapp vermiedenen Bruch mit der Labour-Party nun doch herbeizuführen. Grumbach und Louis Lévy warnten davor, den Briten durch zuviel Kritik an dem bisher Erreichten und zuwenig Verständnis für ihre spezifischen Schwierigkeiten jede Motivation für eine weitere Zusammenarbeit zu nehmen; „Populaire" und „Revue socialiste" informierten ausführlich über die Probleme, die sich aus der Aufgabe ergaben, ein wenigstens ansatzweise sozialistisch organisiertes Großbritannien in ein noch nicht sozialistisches Europa zu integrieren.[13] Der Zielkonflikt zwischen einer raschen Einigung und einer Einigung unter Einschluß Großbritanniens wurde noch durch den Umstand verschärft, daß sich die britische Teilnahme und eine Ausrichtung Europas nach sozialistisch-planwirtschaftlichem Muster wechselseitig bedingten. Eine rationale Wirtschaftsplanung auf europäischer Ebene, die den Erhalt des Fortschritts garantierte, welche das sozialistische Experiment in den Augen der SFIO den Briten gebracht hatte, konnte der Labour-Party den Schritt zur effektiven Einigung mit den Kontinentaleuropäern erleichtern; andererseits war gerade die Mitarbeit der Labour-Party in dem Einigungsprozeß Voraussetzung dafür, daß sich die europäische Wirtschaftseinigung nicht auf eine Erweiterung der Möglichkeiten des europäischen Kapitalverkehrs im liberalen Sinne beschränkte. Dieses doppelte Dilemma erklärt, warum sich die SFIO in der Planungsdiskussion der Verbände für eine europäische Einigung um ein Höchstmaß an Aufnahme spezifisch sozialistischer Wertvorstellungen bemühte. Daß diese Planungen eben wegen der Zurückhaltung der Briten politisch wenig relevant wurden, war die Hauptschwäche der SFIO-Europapolitik in der Gründungsphase des Europarats.

Sozialisten in der Europäischen Bewegung
Immerhin bewirkte die SFIO, spätestens seit dem 40. Parteitag 1948 nicht mehr einer unbedingten Solidarität mit der Labour-Party verpflichtet, daß sich in dieser Planungsdiskussion 1949 der sozialistische Standpunkt in weitaus stärkerem Maße durchsetzte als noch auf dem Haager Kongreß 1948. Wichtigstes Instrument hierzu wurde der internationale „Mouvement socialiste pour les États-Unis d'Europe", der sich im November 1948 unter dem Einfluß der SFIO dem Dachverband der Europäischen Bewegung angeschlossen hatte. Zwischen Oktober und Dezember 1948 suchte die Commission des Affaires Internationales der SFIO unter dem Vorsitz von Oreste Rosenfeld in ständigem Kontakt mit dem Comité directeur das Verhältnis zu dem bislang privaten Zusammenschluß sozialistischer Befürworter einer europäischen Einigung neu zu bestimmen. Das Comité directeur anerkannte den MSEUE als autonome, aber für den demokratischen Sozialismus einzig repräsentative Bewegung für eine europäische Föderation und forderte die Parteimitglieder zur Mitarbeit in dieser Bewegung auf. „Les militants résolus et convaincus de l'importance capitale de l'oeuvre à accomplir", erklärte der stellvertretende SFIO-Generalsekretär Pierre Commin in einem offiziellen Aufruf, „prendront l'initiative de constituer partout, dans chaque ville et village de France, un comité local ou régional du MSEUE." Das Bureau national des „Cercle d'études Jean Jaurès" rief seine Mitgliedsgruppen dazu auf, als Initiatoren von MSEUE-Gruppen zu fungieren. Das Exekutivkomitee des MSEUE bat die SFIO, vier ständige Vertreter in dieses internationale Vorstandsgremium zu entsenden; das Comité directeur designierte daraufhin am 1. Dezember Commin, Ferrat, Piette und Rosenfeld. Die

enge Verzahnung der internationalen Pressure-Group mit der nationalen Partei wurde noch durch die Neukonstituierung einer französischen Sektion des MSEUE ergänzt, in dessen Vorstand sich die Mitglieder der Commission des Affaires Internationales einen bedeutsamen Einfluß sicherten. Alduy, Boutbien, Ferrat, Izard, Jaquet, Mireille Osmin und Piette gehörten dem provisorischen Exekutivkomitee an, das auf dem Gründungskongreß dieses „Mouvement socialiste français pour les États-Unis d'Europe" am 8. und 9. Januar 1949 in Paris gewählt wurde.[14] Erfuhr der MSEUE durch die offizielle Anerkennung und Förderung seitens der SFIO eine grundlegende Stärkung und Neubelebung, so erhielt die SFIO ihrerseits in ihrem Bemühen um eine sozialistische Europapolitik seitens des MSEUE Unterstützung über den Rahmen der Partei hinaus. Der autonome Status erlaubte dem MSEUE weiterhin, den Charakter einer die Parteigrenzen überschreitenden Sammlungsbewegung heterogener Föderalistengruppen beizubehalten. „Le MSEUE", hieß es in dem Gründungsaufruf der französischen Sektion, „se propose de grouper, sans distinction de parti, de croyances philosophiques ou religieuses, les travailleurs intellectuels ou manuels, les hommes libres, convaincus que l'édification d'une Europe fédérale démocratique est la seule chance de survie d'une civilisation à laquelle ils sont attachés par leur culture et leurs liens affectifs et qu'ils veulent voir s'épanouir dans la justice et la paix." Neben den genannten Mitgliedern der SFIO-Führung gehörten dem französischen Exekutivkomitee u. a. die Atlantikpakt-Gegner Claude Bourdet, Gérard Rosenthal und Charles Ronsac sowie der Gewerkschaftsführer René Lhuillier an; auf dem ersten Ordentlichen Kongreß am 29. und 30. Oktober 1949 in Issy-les-Moulineaux kamen neben Pivert, Philip, Leenhardt, Dumas und Rosenfeld Georges Altman und die MRP-Politiker Léo Hamon, Paul Bacon und Robert Buron hinzu.[15]

Die effektive Neuformierung des MSEUE durch die SFIO war Voraussetzung für eine umfangreiche Planungs- und Studientätigkeit im Laufe des Jahres 1949. In vier Ausschüssen der internationalen Bewegung — Sozialpolitik, Wirtschafts- und Finanzpolitik, Übersee, Propaganda — konzentrierten sich die Mitglieder auf die Frage, wie bei einem europäischen Zusammenschluß ein Höchstmaß an Verwirklichung sozialistischer Ordnungsvorstellungen erreicht werden könne; für den dritten internationalen Kongreß des MSEUE, an dem vom 5. bis zum 7. November 1949 in Paris 150 Delegierte teilnahmen, publizierten diese Ausschüsse Rapporte zur Europäisierung der Grundindustrien, zur Koordinierung des europäischen Agrarmarktes, zum Verhältnis Europas zu den Überseegebieten, zur Integration Deutschlands, zur Frage der europäischen Sicherheit, zur Schaffung einer europäischen Politischen Autorität und zur Wahl einer Verfassunggebenden Europäischen Versammlung. Als der Kongreß diese Rapporte verabschiedete, existierte nun tatsächlich jenes seit Anfang 1948 von der SFIO geforderte internationale Konzept des Sozialismus zur Einigung Europas; es hatte freilich dadurch an Wert verloren, daß die an seiner Erarbeitung beteiligten Sozialisten — für Großbritannien etwa Bob Edwards, Fenner Brockway und MacNair, für Italien Ignazio Silone, für die Niederlande Last, für Belgien Georges Bohy — außer in Frankreich nur Teile, die Briten sogar nur eine Minderheit ihrer jeweiligen Partei repräsentierten.[16] Michel Rasquin trat im Sommer 1949 aus Protest gegen die Zusammenarbeit des MSEUE mit der von ihm als Hilfstruppe Churchills betrachteten Europäischen Bewegung als Präsident zurück. Zu seinem Nachfolger wählte das internationale Exekutivkomitee des MSEUE in seiner Straßburger Sitzung vom 2. und 3. September André Philip, der sich soeben in der ersten Sitzungsperiode des Europarats als Wortführer des föderalistisch gesonnenen Sozialismus profiliert hatte.[17] Die SFIO begann, die Labour-Party als die Führungsmacht des europäischen Sozialismus abzulösen. Auf dem Brüsseler Kongreß des Internationalen Rates der Europäischen Bewegung vom 25. bis 28. Februar 1949 wurde der sozialistische Einfluß entsprechend deutlicher sichtbar. Mollet, der um der internationalen Aktionseinheit des Sozialismus willen eine SFIO-Beteiligung am Haager Kongreß verhindert hatte, nahm nun als Stellvertreter des erkrankten Blum selbst am Brüsseler Kongreß teil; weitere wichtige Mitarbeiter waren André Philip und Léon Jouhaux. In den vom Kongreß verabschiedeten „Grundsätzen europäischer Politik" wurden nicht nur die politischen Freiheitsrechte gegenüber totalitären Ansprüchen verteidigt, sondern auch sozialistische Grundpositionen ausdrücklich bekräftigt: „Europa wird zu einer Zeit geboren, da die es konstituierenden Nationen eine tiefgreifende soziale Umwandlung durchmachen. Innerhalb der neuen Organisationen müssen die Arbeiter im vollen Maße ihrer technischen und politischen Fähigkeiten an der Ausübung der Autorität beteiligt sein." Als Kompromiß mit den Vertretern nichtsozialistischer Kräfte wurde als gemeinsame Zielstellung eine „Synthese zwischen einer freien und einer kollektiven Wirtschaft" proklamiert, als konkrete Maßnahme einer neuen Wirtschaftspolitik „zumindest ein Gesamtplan für die Erzeugung der Grundindustrien Westeuropas und die fortschreitende Beseitigung der bestehenden nationalen Schranken gegen die Freizügigkeit von Personen, Gütern und Kapital" gefordert. „Die Integration der Schwerindustrie Westeuropas ist dringend erforderlich, denn sie ist die notwendige Grundlage für die Gesamtwirtschaft der Union. Von diesem Gesichtspunkt aus betrachtet darf das Ruhrstatut nicht als ein Ausnahmeregime bestehenbleiben, sondern soll als ein Schritt auf dem Wege zur Schaffung gemeinsamer Institutionen für Westeuropa dienen." Die Teilnahme an einem derart organisierten Europa, so hofften die SFIO-Delegierten, würde Großbritannien möglich sein, ohne daß es deshalb seine sozialistische Wirtschaftsordnung aufgeben müßte. Die Wahl Jouhaux's zum Präsidenten des Internationalen Rates, die Wahl Mollets zum Mitglied des Rates, die Wahl Philips zum Generaldelegierten des Exekutivkomitees, der künftig die Europäische Bewegung in ungezählten Konferenzen, Kongressen und öffentlichen Veranstaltungen in ganz Europa vertrat, und schließlich die Wahl Ramadiers zum Vorsitzenden der Politischen Studienkommission, die künftig die offiziellen Memoranden der Bewegung vorzubereiten hatte, bestätigten den Eindruck, daß den nichtsozialistischen Kräften an einer Mitarbeit der einigungswilligen Sozialisten sehr gelegen war.[18]

Auch auf der von der Europäischen Bewegung veranstalteten Europäischen Wirtschaftskonferenz, die vom 19. bis 25. April 1949 in Westminster stattfand, konnten sich die sozialistischen Delegierten – unter ihnen Philip, Jouhaux und Francis Leenhardt – weithin durchsetzen. Während sich der unter dem Vorsitz von Philip erarbeitete vorbereitende Bericht der Wirtschaftskommission der französischen Sektion der Bewegung noch durch eine strikte Gleichgewichtigkeit von liberalen und sozialistischen Thesen zum Problem der Wirtschaftseinheit auszeichnete, überwogen in der in Westminster verabschiedeten Resolution die sozialistischen Thesen. Der Organisationsausschuß forderte die Schaffung eines Europäischen Wirtschafts- und Sozialrates von Arbeitgebern, Arbeitnehmern und Wirtschaftsexperten, der parallel zur Beratenden Versammlung des Europarates Empfehlungen zur fortschreitenden Vereinheitlichung der europäischen Wirtschaft und zur Wahrung des sozialen Fortschritts entwickeln sollte. Der Wirtschafts- und Finanzausschuß ergänzte die liberale These einer freien Konvertibilität der europäischen Währungen zum jetzigen Zeitpunkt durch die Forderung, die Verantwortung für die Durchführung der Vereinheitlichung des Währungssystems einer europäischen Behörde zu übertragen. Vor allem aber gelangte der Ausschuß für Grundindustrien unter dem Vorsitz Philips zu der Forderung, für die Bereiche von Kohle, Eisen und Stahl, Energie und Verkehrswesen supranationale europäische Institutionen zu errichten. Für jeden dieser vier Bereiche sollte eine europäische Regierungskörperschaft geschaffen werden, die über die Richtlinienkompetenz in der Investitions-, Erzeugungs- und Preispolitik verfügen sollte; ferner eine oder mehrere Organisationen von privaten und öffentlichen Unternehmern, denen die konkrete Unternehmenspolitik in Anlehnung an die Regierungsrichtlinien obliegen sollte; und schließlich ein Konsultativrat von Arbeitgebern, Arbeitnehmern und Vertretern der Öffentlichkeit, der den Regierungskörperschaften zur Seite stehen sollte. Dieses Programm einer Europäisierung der Schlüsselindustrien ließ zwar das Problem der demokratischen Kontrolle der neu zu schaffenden Institutionen noch ungelöst; es garantierte jedoch den Beginn rationaler Wirtschaftsplanung auf europäischer Ebene, die der von den Sozialisten befürchteten anarchischen Ausweitung des Kapitalismus im Falle einer Beschränkung auf die Abschaffung aller Zoll- und Handelsschranken wirksam begegnen konnte; außerdem bedeutete es einen Schritt zur partiellen Föderierung, die den nationalen Staaten in Teilgebieten bisherige Hoheitsrechte entziehen sollte, nachdem die unmittelbare Schaffung einer politischen Föderation immer unwahrscheinlicher wurde. „Pour nous socialistes", so resümierte Philip, „(les résultats) ne peuvent que nous satisfaire."[19]

Demgegenüber begnügte sich der offizielle internationale Sozialismus mit einer Festschreibung des bestehenden begrenzten Konfliktes zwischen Föderationsanhängern und Labour-Exekutive. Der SFIO-Nationalrat hatte in seiner Sitzung vom 13. und 14. November 1948 einen letzten Versuch zur Realisierung der Idee eines gemeinsamen sozialistischen Strategiekonzeptes unternommen, indem er das Comité directeur beauftragt hatte, einen neuen europäischen Sozialistenkongreß zu initiieren[20]; diese Initiative führte jedoch lediglich dazu, daß sich die nächste Vollversammlung der Internationalen Sozialistischen Konferenz vom 14. bis 17. Mai 1949 im niederländischen Baarn schwerpunktmäßig mit der europäischen Einigungspolitik beschäftigte. Auf der Grundlage eines Rapports des Belgiers Viktor Larock einigten sich die Delegierten — die SFIO war vertreten durch den stellvertretenden Generalsekretär Georges Brutelle, André Philip, Salomon Grumbach, Jacques Piette, Oreste Rosenfeld, Louis Lévy und Berthe Fouchère — auf eine Ratifizierung der bisherigen Praxis: den Mitgliedsparteien wurde freigestellt, ob sie ihre Mitglieder zur Mitarbeit in den Verbänden und Gremien der Europäischen Bewegung autorisierten oder nicht; eine Informationspflicht über die Tätigkeit in der Bewegung gegenüber dem COMISCO wurde nicht festgelegt, jedoch empfohlen. Schärfer als noch während der Pariser Sozialistenkonferenz vom April 1948 stießen nun die Befürworter und Gegner des supranationalen Prinzips zusammen; während die Schlußresolution von Paris noch die Schaffung einer supranationalen Souveränität als Aufgabe des Sozialismus bezeichnet hatte, rang sich die von

Brutelle rapportierte Resolution von Baarn nur zu der Feststellung durch, der gegenwärtige Europarat sei ein „Schritt auf dem Weg zu einer dauernden Einheit Europas mit gemeinsamen administrativen, wirtschaftlichen und sozialen Einrichtungen unter der ständigen Kontrolle der verantwortlichen Vertreter der Völker" — eine Formulierung, die den Gegensatz kaum verhüllen konnte. Gewiß verabschiedete die Konferenz auch eine von einer Expertenkommission unter Piette vorbereitete Wirtschaftsresolution, die die von der Pariser Konferenz seinerzeit noch nicht akzeptierte Grundforderung nach Europäisierung der Grundindustrien enthielt; die Tatsache, daß diese Resolution im wesentlichen nur von französischen und niederländischen Experten erarbeitet worden war, reduzierte ihren Wert jedoch erheblich; die offizielle Genugtuung in der SFIO-Berichterstattung über die Konferenz war nicht gerechtfertigt.

Dies galt um so mehr, als sich erneut zeigte, daß die Briten um so weniger zu Zugeständnissen bereit waren, je mehr es nicht um die Formulierung allgemeiner Absichtserklärungen, sondern um den Beschluß konkreter Maßnahmen ging. Ein Plädoyer von Grumbach für den Ausbau der gegenwärtigen COMISCO-Organisationsform fand kein Echo. Die Forderung Piettes, in Straßburg eine Fraktion der sozialistischen Europarat-Delegierten zu konstituieren, zumindestens aber ihre Aktion eng zu koordinieren, führte lediglich zu der vagen Empfehlung, „die auf der Tagesordnung des Beirats befindlichen Gegenstände von der Gesamtheit der sozialistischen Delegierten im Lichte der gemeinsamen Interessen der von ihnen vertretenen Länder" prüfen zu lassen, und zum Auftrag an die SFIO, zu diesem Zwecke vor dem Beginn der ersten Sitzungsperiode der Beratenden Versammlung eine Zusammenkunft der delegierten Sozialisten zu organisieren. Das Bemühen der SFIO um eine Stärkung der Schlagkraft des internationalen Sozialismus wurde erneut mit einem substantiell geringen Zugeständnis abgetan.[21] Obwohl sich die Europa-Experten der SFIO auf dem 41. Parteitag im Juli 1949 in der Anerkennung der Notwendigkeit einer sozialistischen Fraktion im Europarat einig waren, wagten sie nicht, diese Forderung in die Schlußresolution des Parteitages zu setzen, um nicht von vorneherein eine Abspaltung der Labour-Delegierten von einer solchen Fraktionsbildung zu erzielen. „Les Délégués Socialistes Français", verkündete das Schlußmanifest schließlich, „prendront l'initiative de contacts étroits avec leurs Camarades des autres Délégations Socialistes, afin d'assurer une coordination efficace et de prises de positions solidaires entre tous les Socialistes Européens" — mit anderen Worten: eine effektive Koordination der sozialistischen Kräfte durch Fraktionsbildung war nicht möglich.[22] Die SFIO ging theoretisch gut gerüstet, aber ohne nachhaltige Unterstützung durch den internationalen Sozialismus in die erste Sitzungsperiode des Europarats.

2. Zwischen Schweigen und ideologischer Rechtfertigung:
Die Sozialisten zur Gründung des Atlantikpakts

Der Beitritt Frankreichs zur nordatlantischen Verteidigungsgemeinschaft war im Herbst 1948 politisch bereits entschieden. In den offiziellen Paktverhandlungen zwischen den fünf Brüsseler Pakt-Staaten, Kanada und den USA, die vom 10. Dezember 1948 bis zum 11. März 1949 in Washington geführt wurden, und in der abschließenden Beratung des Konsultativrates der Brüsseler Organisation am 14. und 15. März 1949 in London ging es lediglich noch um sekundäre politische Implikationen der multilateralen Allianz, insbesondere um die Frage, ob die von den Europäern gewünschte automatische Beistandspflicht im amerikanischen Senat durchsetzbar war, um die territoriale Reichweite des Bündnisses und die Einbeziehung weiterer Staaten, und um die Frage amerikanischer Waffenlieferungen und europäischer Rüstungsanstrengungen.

Der Abschluß der Vertragsverhandlungen, die Billigung des Vertragstextes durch den französischen Ministerrat am 16. März, die Unterzeichnung durch die Außenminister der zwölf Paktstaaten am 4. April und die Ratifizierung durch die französische Nationalversammlung am 26. Juli 1949[23] erforderten von der SFIO keine grundsätzliche Neuorientierung ihrer auswärtigen Politik mehr. Die Zielmodifikation des Jahres 1948 stellte sie jedoch vor die doppelte Aufgabe, einmal die proklamierte Politik der Partnerschaft mit den USA oder — realistischer gesprochen — die Politik relativer Unabhängigkeit trotz enger Bindung an die USA in der Praxis zu konkretisieren, und zum anderen den notgedrungenen De-facto-Verzicht auf das Ziel universaler Friedenssicherung vor dem eigenen Selbstverständnis wie vor der Anhängerschaft der Partei zu rechtfertigen.

Neutralistische Kampagne
Während die SFIO mit Paul Ramadier als Verteidigungsminister in die Paktverhandlungen einbezogen war, bezog die außerparteiliche neutralistische Gegenbewegung gegen den Abschluß des Atlantikpaktes Stellung. Das Fehlen eines konkreten Ansatzes zur Realisierung einer Dritte-Kraft-Politik in den verschiedenen Versionen des neutralistischen Konzepts konnte nun durch die Kritik an den Implikationen des Atlantikpaktes verdeckt werden; insofern konkretisierte sich der Neutralismus im Laufe des Jahres 1949 zu einem auf die amerikanische Politik bezogenen Anti-Konzept. Während der „Temps-Modernes"-Kreis weiterhin seine abstrakte Vision eines um ein neutrales Frankreich gruppierten und die Verbindungen zu den osteuropäischen Staaten erneuernden sozialistischen Europas proklamierte und eine unmittelbare Neutralitätserklärung Frankreichs forderte[24], beschränkten sich der „Esprit"-Kreis und der „Combat"-Kreis auf eine in der Enttäuschung sarkastische Kritik des Westintegrationskurses der französischen Außenpolitik; der vorsichtige Attentismus Ronsacs übertrug sich nun auch auf Bourdet, für den im Laufe der Verhandlungen über den Europarat die Schaffung einer neutralen europäischen Föderation ebenfalls den Charakter einer nur noch theoretischen, nicht mehr realisierbaren Alternative annahm: „Oser parler encore, dans ces conditions, d'Europe, d'espoirs du socialisme occidental, de Troisième Force, de Troisième Force internationale, devient une galejade, que l'on nous épargnera, j'éspère."[25]

Vom Spätherbst 1948 an führten diese Gruppen den publizistischen Kampf gegen die Verabschiedung des Atlantikpaktes mit großer Intensität. Der „Franc-Tireur" publizierte Anfang Dezember in einer „Woche des Friedens" Appelle prominenter Intellektueller. „Combat" veröffentlichte im Januar ein Neutralismus-Plädoyer des schwedischen Journalisten Bertil Svahnstrom. Das Februar-Heft des „Esprit" widmete sich der „Revision des pacifismes", das Mai-Heft dem „Pacte Atlantique". In „Le Monde" deutete sich die neutralistische Strömung im März mit ersten

Artikeln des Sorbonne-Professors und MRP-Senators Étienne Gilson an.[26] Hauptargument der Kampagne war die vom ursprünglichen Friedenssicherungsmotiv bestimmte Warnung, die Schaffung einer westlichen Allianz werde die bestehende Ost-West-Spannung bis zur Gefahr eines bewaffneten Konfliktes steigern. Dabei anerkannte dieser sozialistische Neutralismus im Gegensatz zu den Kommunisten und deren Sympathisanten durchaus den defensiven Charakter des Bündnisses; seine Sorge resultierte aus der Grundannahme, die Sowjetunion sei zu einem militärischen Ausgreifen über die mitteleuropäische Grenze hinaus weder entschlossen noch in der Lage. Die militärische Präsenz der USA in Europa erschien in dieser Sicht als eine zwar ungewollte, aber zwangsläufige Herausforderung der Sowjetführung zu unüberlegten Präventivmaßnahmen, das Bündnis insgesamt als eine Perpetuierung der Spaltung Europas. Ein absolutes Urteil über die Grundannahme dieser bis in die Neutralismus-Diskussion der beginnenden 50er Jahre vorherrschenden Argumentation ist insofern nicht möglich, als, nachdem der Eskalationsmechanismus des Kalten Krieges erst einmal eingesetzt hatte, Einflußsphärendenken und Präventivdenken in der Politik der sowjetischen Führung nur noch idealtypisch, aber nicht mehr für einen konkreten historischen Moment zu unterscheiden waren. Berechtigt war zweifelsohne die in der Argumentation implizierte Kritik an den Generalisierungen eines systematischen Antikommunismus, der eine weltweite Expansion der Sowjetunion nicht nur für ideologisches Programm, sondern für eine reale Möglichkeit hielt. Die entscheidende Schwäche der von Rationalisten geführten Argumentation lag im Übersehen des psychologischen Elements in der Konsolidierung des nichtkommunistischen Europas: zum Schutz vor kommunistischer Subversion genügte die von ihnen geforderte Entwicklung eines allgemeinen wirtschaftlichen Wohlstandes allein nicht; das subjektive Gefühl der Sicherheit mußte hinzukommen. Der Atlantikpakt stand folglich auch im ersten Jahr seines Bestehens ganz im Zeichen dieser psychologischen Sicherheit; eine substantielle Erhöhung der militärischen Sicherheit erfolgte nur schrittweise.
Als zweites Argument äußerten die sozialistischen Neutralisten die schon 1948 thematisierte Befürchtung, der Atlantikpakt werde die konservativen und militaristischen Kräfte in Europa stärken. Zumindest tendenziell existierte diese Gefahr in der Tat; die Bemühungen der wie die Neutralisten dem Motivkreis „Aufbau des Sozialismus" verpflichteten SFIO-Politiker um eine effektive europäische Einigung waren zu einem wesentlichen Teil Versuche, ihr zu begegnen. Als drittes und letztes wesentliches Argument diente schließlich der Hinweis auf die Bedrohung der nationalen Souveränität. Um der Publizität ihrer Thesen willen ließen sich die Neutralisten in Wiederaufnahme der jakobinischen Tradition auf eine Reaktivierung nationalistischer Impulse in einem Maße ein, das ihren eigenen Einsichten über die Relativität nationalstaatlicher Grenzen widersprach.[27] Sie warnten nicht nur vor der Gefahr einer amerikanischen Einflußnahme auf die französische Politik, sondern auch vor dem Risiko der französischen Armee, als Menschenmaterial und Vorposten in einem atlantischen Krieg geopfert zu werden, und vor allem vor der Möglichkeit einer Wiederherstellung des deutschen Kriegspotentials. Ungewollt zeichnete sich eine Verbindung von sozialistischem Neutralismus und Gaullismus ab.[28]
In der SFIO fanden diese Überlegungen des sozialistischen Neutralismus kein Echo mehr. Lediglich für Marceau Pivert waren die Dritte-Kraft-Parolen der Partei-

führung noch intentionale Realität; der Widerspruch zwischen dieser ursprünglichen Zielsetzung der SFIO und ihrer jetzigen Politik machte ihn betroffen: „Sur le Pacte Atlantique, peut-être ne suis-je pas assez intelligent, mais je n'arrive pas à comprendre comment on peut concilier l'idée d'une troisième force internationale, l'idée que le Parti a cent fois répétée, pendant tous ses Congrès, tous ses Conseil nationaux, qu'il voulait se tenir à l'écart des deux blocs, je n'arrive pas à concilier cette idée avec l'idée du pacte Atlantique." Die Einsicht in die Unvermeidbarkeit des Paktabschlusses ließ ihn jedoch darauf verzichten, gegen den Vertrag politisch zu opponieren; innerhalb der Gremien der Partei beschränkte er sich darauf, auf der Priorität des Prinzips der Eindämmung durch Aufbau eines wirtschaftlich progressiven Europas zu beharren.[29]

SFIO unter Rechtfertigungszwang
In eklatantem Gegensatz zu der Kampagne des sozialistischen Neutralismus und zu der kommunistischen Propaganda hüllte sich die SFIO in ein hartnäckiges Schweigen, das die eigene Verlegenheit und bewußte taktische Vorsicht zugleich manifestierte. In der sozialistischen Presse erfolgte so gut wie keine Berichterstattung über die laufenden Paktverhandlungen. Vor der Veröffentlichung des Vertragstextes am 18. März tauchte der Atlantikpakt in keinem einzigen Kommentar der sozialistischen Presse und keiner einzigen öffentlichen Stellungnahme eines sozialistischen Politikers als Thema auf; mit dem bezeichnenden Argument, die öffentliche Meinung sei noch nicht genügend auf den Vertrag vorbereitet, hatten die sozialistischen Minister in der Kabinettssitzung vom 16. März sogar den — vergeblichen — Versuch unternommen, die Veröffentlichung des Textes vor den Kantonalwahlen zu verhindern, und eine Änderung in der Redaktion des Artikels III (wechselseitige Verpflichtung zur Aufrechterhaltung und Erhöhung der Verteidigungsbereitschaft) zu erreichen.[30] Statt dessen bemühte sich die Parteiführung, ihre eigene Aktivität in der europäischen Einigungspolitik im Bewußtsein der öffentlichen Meinung zu verankern und die Fiktion des „Troisième-Force"-Konzeptes aufrechtzuerhalten. Während Ramadier mit Forrestal über die militärische Integration konferierte und Mollet Bevin das Zugeständnis des Europarats abzuringen suchte, veröffentlichten die als Argumentationshilfe für die Parteimitglieder gedachten „Arguments et Ripostes" des Parteibüros im Januar 1949 eine Sondernummer zum Thema „Union Européenne", die Blums Thesen vom Herbst 1947 popularisierte: „Il n'est pas d'autre moyen de s'insérer entre les deux blocs antagonistes, dont l'opposition conduirait nécessairement à un conflit que de constituer une troisième masse, comparable par sa masse à chacune des autres (...), capable de tenir tête à chacune des autres, de rétablir l'équilibre mondial gravement compromis."[31]
Freilich sah sich die SFIO zugleich genötigt, die neutralistische Kampagne abzuwehren und ihr früher oder später doch unvermeidliches Eintreten für den Atlantikpakt in der Öffentlichkeit publizistisch vorzubereiten. Neben dem Hinweis auf den Mangel an Sicherheit durch die Funktionsunfähigkeit der Vereinten Nationen diente ihr dazu vor allem eine grundsätzliche Verurteilung der sowjetischen Politik. Bedrohung wie Eindämmung wurden nahezu universal verstanden. Jean Lechantre beispielsweise nannte die — dem Konzept der Dritten Kraft zugrundeliegende — Hoffnung auf Evolution des sowjetischen Systems zu demokratischeren Formen hin illusionär: „Nous avons oublié une chose: c'est que si la tactique bolcheviste est

capable de toutes les souplesses, le but du bolchevisme, lui, ne saurait changer."
Guy Mollet traf in seiner Parlamentsrede vom 24. Februar eine für die Auseinandersetzung der kommenden Jahre bestimmende Unterscheidung zwischen Sozialismus und sowjetischem System: dieses sei nichts anderes als eine besonders rigorose Form des Staatskapitalismus, in der die Grundrechte des Individuums, Voraussetzung für jede sozialistische Ordnung, mißachtet würden.³²
Um so heftiger verteidigten die Sozialisten den Vertragsabschluß, nachdem der Text erst einmal offiziell bekannt geworden war. Parallel zu einer im Ministerrat sorgfältig abgestimmten Redekampagne der Regierung inszenierte die SFIO eine umfangreiche Argumentation für die Annahme des Vertragstextes: die kollektive Sicherheit in der UNO und die Abrüstung seien durch die Sowjetunion blockiert, die in ihrem Einflußbereich politischen Terror mit wirtschaftlicher Ausbeutung verbinde; ein regionaler Verteidigungspakt sei daher zur Friedenssicherung der friedenswilligen Nationen notwendig; dieser Pakt sei strikt defensiv, da seine Mitglieder sich verpflichteten, einem Spruch des Sicherheitsrates Folge zu leisten; er bedeute das Ende der Angst und der Schwäche der freien Welt, die die Sowjetunion bislang zu ihren Gunsten ausgenutzt habe; „une négociation n'aboutit qu'entre puissants; les pays totalitaires bafouent les isolés et les faibles, mais avec les forts et les unis, ils traiteront" (Lapie); der Pakt sei daher auch der einzige Weg, über Verhandlungen schließlich doch noch zu einer kollektiven Sicherheitsorganisation zu gelangen.³³ Argumente des Eindämmungskonzeptes verbanden sich mit dem formalen Rechtfertigungsdenken der Schiedsgerichtsbarkeit-Idee von Jaurès; die negativen Implikationen des Paktes wie Vertiefung der Spaltung Europas oder Reaktivierung des militärischen Denkens wurden nicht erwähnt.

Blum: Sozialismus versus Kommunismus
Die entscheidende ideologische Ergänzung und Fortführung erfuhr diese Argumentation durch Léon Blum, der nach dem Ende seiner Rekonvaleszenz Mitte Juni 1949 der Öffentlichkeit eine letzte Weiterentwicklung seines Sozialismus-Begriffes vorstellte. Zur Verblüffung seiner Parteifreunde und mit erstaunlichem Geschick zur Umdeutung gegenläufiger Tendenzen erklärte der „grand old man" des französischen Sozialismus, der Sozialismus sei nunmehr überall in der Welt auf dem Vormarsch begriffen, er habe sich in einem Maße durchgesetzt, das alle früheren Phasen der Geschichte übertreffe. In diesem Urteil trat die idealistische und voluntaristische Komponente des Blumschen Sozialismusverständnisses in den Vordergrund: der Sozialismus sei keineswegs ein Relikt vergangener Zeiten, wie Sartre geurteilt hat; was ihm gefehlt habe, und was ihn nunmehr auszeichne, sei der Glaube seiner Anhänger an seine Kraft. Freilich lasse er sich nicht mehr in die herkömmlichen Schemata einordnen:
„L'antagonisme réel n'est pas, ou n'est plus, entre un capitalisme impérialiste, que symboliseraient les Etats-Unis, et le communisme. Il n'est pas, ou n'est plus, entre le communisme et le fascisme. Le véritable conflit international est celui du socialisme et du communisme, ou plutôt, celui du pseudosocialisme dictatorial et du socialisme démocratique. Or, à mesure que se développe ce conflit, le socialisme démocratique avance, et le pseudo-socialisme totalitaire recule."
Parallel zur Durchsetzung des demokratischen Sozialismus seien die überkommenen kapitalistischen Methoden und der kapitalistische Geist in der freien Welt zusehends

im Schwinden begriffen. Die USA, so hatte er — zum gleichen Gedankengang gehörig — schon kurz vor seiner Erkrankung ausgeführt, stünden dem Übergang zur sozialistischen Gesellschaftsform bereits näher als das alte Europa mit seinem traditionellen Kapitalismus. Das Privaterbrecht als eines der wesentlichsten Kennzeichen der kapitalistischen Eigentumsform spiele für die Amerikaner kaum eine Rolle; ihnen gehe es hauptsächlich um die Freiheit der persönlichen Initiative; diese wiederum stelle auch ein wesentliches Ziel des Sozialismus dar. Auch jener patrimoniale Traditionsgeist, der in Europa ein erhebliches Hindernis auf dem Wege zum Sozialismus darstelle, fehle in der amerikanischen Gesellschaft. Nicht nur in den Parteien des COMISCO, den Erben des demokratischen Sozialismus, sondern auch anderswo, in den Gewerkschaftsbewegungen, in den christdemokratischen Parteien und sogar in den USA sei der sozialistische Geist lebendig.[34]

Diese Interpretation der aktuellen historischen Situation beruhte offensichtlich auf einer Wiederaufnahme der Konzeption des „offenen Sozialismus", wie Blum ihn in „A l'échelle humaine" vertreten hatte. Sie stand im Einklang mit dem eigenen Selbstverständnis Blums und der sozialistischen Tradition, insofern sie auf dem Grundsatz beruhte, daß die Schaffung einer sozialistischen Gesellschaftsordnung die Schaffung und den Erhalt einer demokratischen Ordnung voraussetzte. Sie offenbarte aber auch die ganze Problematik seines eklektizistischen Integralismus: indem er nun die ganze westliche Welt, soweit sie einem dynamischen Demokratiebegriff verpflichtet war, unter dem Begriff einer auf dem Wege zum Sozialismus befindlichen Welt subsumierte, lief er Gefahr, seinen Sozialismusbegriff auf den Demokratiebegriff zu reduzieren. „Bloc occidental" und „Troisième force" fielen nun nicht nur in der Praxis, sondern auch in der Theorie zusammen; aber noch war nicht ausgemacht, ob sich in dieser westlichen Welt tatsächlich jene Kräfte durchsetzten, die auf eine Überwindung der kapitalistischen Eigentumsform hin tendierten. Durch bloße Denomination allein waren Fakten wie der Machtverlust der SFIO, die zentrifugale Vielfalt des internationalen Sozialismus oder das Anwachsen global-strategischen Denkens nicht zu ändern. Blum stand im Begriffe, den Schritt vom Verändern der Welt zum bloßen Interpretieren zurück zu tun. Damit aber erwies sich die Blumsche Sozialismus-Doktrin erneut in ihrer für die SFIO wesentlichen Funktion: als eine Art praktikabler Geschäftsgrundlage für eine sozialistischen Lehren verpflichtete, aber in nichtsozialistischer Umwelt agierende Partei. Wie kein anderes Argument sicherheitspolitischer oder machtpolitischer Art rechtfertigte sie das Eintreten der französischen Sozialisten für den Antlantikpakt und ihr Mitwirken beim Aufbau des „westlichen" Europas.

Es ist gewiß nicht berechtigt, bei dieser Ausdeutung und Ausweitung des Sozialismus-Begriffes von Pseudosozialismus zu sprechen; die SFIO-Politik des Jahres 1949 war in der Tat der Versuch, Grundwerte des Sozialismus wie das Selbstbestimmungsrecht oder die soziale Emanzipation zumindest für die Länder des nichtkommunistischen Europas zu retten. Blums Definition ermöglichte es der Partei, in diesem Bemühen mit allen Kräften undogmatisch zusammenzuarbeiten, die partiell die gleichen Grundwerte vertraten. Doch enthielt eine allzu großzügige Ausweitung des Begriffes die Gefahr, daß das kritische Moment dieser ursprünglich auf radikale Veränderung abzielenden Gesellschaftstheorie verlorenging. Im Übersehen oder bewußten Überspielen der mit den sozialistischen Grundwerten unvereinbaren Tendenzen manifestierte sich erneut Blums Neigung zum Eskapismus.

Der Gefahr des Verlustes des kritischen Moments sind viele SFIO-Politiker, insbesondere aus der breiten „Mitte" der Partei um Mollet, in der Tat erlegen. Anders als 1945 wurde Blums Konzept des „offenen Sozialismus" nun bereitwillig aufgenommen. Auf dem 41. Parteitag etwa war von einer „Dritten Kraft" nicht mehr die Rede; zahlreiche Delegierte griffen Blums bipolare Sicht von Sozialismus und Kommunismus auf, unter ihnen Generalsekretär Mollet und Léon Boutbien als Berichterstatter zur Atlantikpaktfrage; in der Ratifikationsdebatte der Nationalversammlung begründete Jean Le Bail das Votum der sozialistischen Fraktion für den Atlantikpakt mit einer gleichen Argumentation.[35] Damit schien es nun möglich geworden zu sein, die seit 1945 überfällige, durch die Entscheidungen des Parteitages 1946 verdrängte Erneuerung der sozialistischen Theorie zu beginnen. Doch lebte Blum nicht mehr lange genug, um an dieser Erneuerung aktiv mitzuwirken; ohne ihn gaben die Sozialisten ihrer Neigung zu generalisierenden Vereinfachungen allzusehr nach: Wem infolge des Theoriedefizits der Begriff Sozialismus kaum mit konkreten Inhalten gefüllt war, für den lag es nahe, aus dem Gegensatzpaar Sozialismus-Kommunismus abzuleiten, daß Sozialismus durch Antikommunismus substituierbar war. Insofern wurde der Antikommunismus zu einem neuen Konstitutivum der SFIO; die gleichen Politiker, die nach der Befreiung aus Mangel an inhaltlich konkreter Theorie auf die traditionellen Klassenkampf-Formeln zurückgegriffen hatten, entwickelten sich nun zu unkritischen Antikommunisten.

Das kritische Moment fehlte bereits in der Diskussion über die nordatlantische Verteidigungsgemeinschaft. Bis auf eine Warnung vor einer aus Artikel III des Vertragwerkes abzuleitenden Steigerung der Militärrüstungen übten die Sozialisten keinerlei Kritik an den negativen Implikationen des Bündnisses. Es blieb der französischen Sektion des MSEUE, in der neben Befürwortern aus der SFIO auch die Atlantikpaktgegner Ronsac und Bourdet vertreten waren, vorbehalten, in einem Kommuniqué auf die antisozialistischen Tendenzen des Paktes hinzuweisen: Ohne den Pakt insgesamt zu verurteilen, erinnerte ihr Exekutivkomitee an den restringierten Eindämmungsbegriff, von dem die sozialistischen Befürworter des europäischen Zusammenschlusses ursprünglich ausgegangen waren. Im Chaos der nationalen Wirtschaftsgrenzen und des sozialen Elends finde der stalinistische Terrorismus seine besten Chancen; Europas Einigung sei daher das beste Mittel für seine Sicherung; jeder noch so defensive Militärpakt enthalte jedoch die Gefahr, daß strategische und militärische Erwägungen der politischen Lösung politischer Probleme den Rang abliefen. Insbesondere warnte das Komitee vor einer freiwilligen Beschränkung der Handelsbeziehungen zu Osteuropa, vor einer allgemeinen Senkung des Lebensstandards infolge neuer Rüstungsausgaben und vor allen Ansätzen, das Bündnis nach dem Vorbild der „Heiligen Allianz" zur Durchsetzung reaktionärer Interessen zu nutzen. Ein Appell an das amerikanische Volk, die Notwendigkeit der Schaffung einer autonomen und progressiven europäischen Föderation zu begreifen, schloß das Dokument ab.[36]

Die SFIO aber verzichtete darauf, durch eine ähnliche Erklärung ihren eigenen Zielsetzungen in der Europa- und Westintegrationspolitik stärkeres Gewicht zu geben. Auf das Problem der Rechtfertigung ihres eigenen Verhaltens fixiert, stimmte sie in den allgemeinen antikommunistischen Chor ein. Wir müssen verhindern, erklärte Boutbien unter dem Beifall der Parteitagsdelegierten als Conclusio der Arbeitsgruppe Atlantikpakt des 41. Parteitages, daß die fünfte Kolonne

Moskaus auch bei uns einen Umsturz vorbereitet; wir sollten den Pakt nicht nur mit den Lippen billigen, sondern ihn ohne Zögern ratifizieren. Am 26. Juli votierte die sozialistische Fraktion der Nationalversammlung ebenso einstimmig für die Ratifikation wie schon am 30. März das Comité directeur der SFIO.[37] Die Rechtfertigung war gelungen, die Formulierung einer dem proklamierten Partnerschaftsverhältnis zwischen USA und Europa entsprechenden Politik nicht.

3. Zwischen Mißtrauen und Vertrauen:
Die Sozialisten zur Gründung der Bundesrepublik Deutschland

Für die neue Republik
Was der SFIO 1949 im Problembereich der Westintegration nicht gelang, erfolgte mit um so größerer Eindeutigkeit in den Fragen der Deutschlandpolitik: die Entwicklung einer politischen Haltung, die den Entwicklungen im Kräftefeld der „westlichen" Welt Rechnung trug und doch auf wesentlichen Grundpositionen des sozialistischen außenpolitischen Konzepts beharrte. Vom Druck der amerikanischen Forderungen begünstigt, hatte sich in der SFIO 1948 endgültig die Blumsche Version des sozialistischen Deutschlandkonzepts durchsetzen können; in der Phase der Gründungsverhandlungen der Bundesrepublik Deutschland vom Zusammentritt des Parlamentarischen Rates in Bonn am 1. September 1948 bis zum Petersberg-Abkommen vom 24. November 1949[38] bestimmte sie unangefochten die SFIO-Politik; auch für Salomon Grumbach, den profiliertesten deutschlandpolitischen Sprecher der Partei, hatte nun anders als in den Jahren seit 1944 das Ziel der Sicherheit durch Integration Deutschlands Vorrang vor dem Ziel der Sicherheit durch souveränitätsbeschneidende Kontrollmaßnahmen. Ein weiteres Zuwarten, davon war er überzeugt, konnte die Chancen für eine demokratische Entwicklung in Westdeutschland nur noch verschlechtern. Die neue Geschlossenheit sozialistischer Deutschlandpolitik ermöglichte ihr eine ebenso eindeutige wie konstruktive Kritik an den Relikten des gaullistischen Konzepts, soweit sie in der Politik des Quai d'Orsay und insbesondere der Baden-Badener Militärregierung noch sichtbar waren.
Die baldige Integration Westdeutschlands in die europäische Föderation, nunmehr erklärtes Ziel der französischen Sozialisten[39], setzte freilich in ihrem Verständnis nach wie vor den Aufbau und die Festigung einer demokratischen Ordnung im Innern des neuen Staatswesens voraus. Hierzu war es notwendig, einerseits alle verhängnisvollen Generalisierungen wie die Kollektivschuldthese aufzugeben, um die demokratischen Kräfte zu stärken und durch einen raschen Abbau des deutschen Status minus fördern zu können, andererseits auf deutscher Seite die historischen Ursachen aufzuarbeiten, die zu dem nationalsozialistischen Regime geführt hatten. In den Worten Blums:
„Das deutsche Volk muß endlich eines verstehen: Wenn die alliierten Regierungen sich haben Fehler zuschulden kommen lassen, dann ist das Hitlerregime dafür verantwortlich, mit dem es sich so lange solidarisch erklärt hat. Die Alliierten und Europa im allgemeinen müssen endlich verstehen, daß ein großes Volk nicht ewig in Reue und Zerknirschung leben kann und daß ein Augenblick kommt, in dem man ihm eine neue Hoffnung geben muß. Die Alliierten und Europa im allgemeinen

müssen von ihrer Tendenz loskommen, in Deutschland den Patriotismus mit dem Nationalismus zu verwechseln."
In diesem Sinne verstand sich die SFIO als kritischer Anwalt der deutschen Demokratie: „Aidons la démocratie allemande", kommentierte Jean Texcier zur Annahme des Grundgesetzes im Parlamentarischen Rat, „aidons-la à la fois avec solicitude et vigilance. De son existence depend l'existence pacifique de l'Europe et du monde." Auf internationaler Ebene fand die junge deutsche Republik in der französischen Sozialistenpartei einen Fürsprecher, der zumindest im Prinzip ein Partnerschaftsverhältnis anstrebte.[40]
Aus diesem Verständnis heraus protestierten die französischen Sozialisten gegen die zahlreichen Eigenmächtigkeiten der französischen Zonenverwaltung in Deutschland, die der Politik der Integration zuwiderliefen, forderten sie die Ablösung der Militärgourverneure durch zivile Verwaltungen und nach dem entsprechenden Beschluß der Washingtoner Dreimächte-Konferenz vom 8. April 1949 die Verringerung des Verwaltungspersonals in den Zonenbehörden. Sie bekämpften die Fortführung der Industriedemontage wegen ihrer verhängnisvollen psychologischen Effekts und alle Restriktionen, die nur darauf abzielten, die den Deutschen zustehende Verbesserung des Lebensstandards zu verhindern, protestierten gegen alle Versuche, auf die Arbeiten des Parlamentarischen Rates Einfluß zu nehmen, insbesondere gegen die erkennbaren Neigungen der Alliierten, die künftigen deutschen Bundes-Kompetenzen gering zu halten und forderten die rasche Einigung der Alliierten auf ein Besatzungsstatut, das dem Parlamentarischen Rat noch vor der letzten Lesung des Grundgesetzes bekanntzugeben sei. Sie verlangten den sofortigen Eintritt der Bundesrepublik in den Europarat, sobald diese über ein direkt gewähltes Parlament verfüge, mithin also zur zweiten Sitzungsperiode der Beratenden Versammlung, und anerkannten das deutsche Recht auf Wiedervereinigung. All diese Forderungen wurden von der SFIO im ersten Halbjahr 1949 wiederholt vorgetragen; in der Demontagefrage wurde Grumbach mehrfach in den zuständigen Ministerien vorstellig. Das Petersberger Abkommen vom 24. November, das den Schlußstrich unter die Demontagepolitik zog, wurde folglich von der SFIO-Fraktion auch als ein „Friedensinstrument" begrüßt.[41]
Die „harte" Linie in der früheren SFIO-Deutschlandpolitik kam nun innerhalb der Parteiführung so gut wie nicht mehr zu Wort; ein Protestbrief von Jules Moch an Blum wegen dessen „allzugroßem Wohlwollen" der deutschen Bundesrepublik gegenüber blieb ohne Folgen.[42] Lediglich in einzelnen Randgruppen der Partei blieb die früher vorherrschende Linie erhalten; hier gewann sie allerdings einen eindeutig nationalistischen Einschlag. In der „République du Sud-Ouest" etwa polemisierte Pierre Orsini gegen die Vertrauensseligkeit gegenüber den „ewigen" Deutschen: „Sans de puissantes garanties politiques et militaires, telles que la France et les pays limitrophes les réclament, l'Europe s'expose à de nouveaux massacres. Croire qu'une autorité de la Ruhr suffira à réprimer tout effort de libération armée, c'est (. . .) se leurrer comme on l'a déjà fait après 1918." Deutschland als Vorposten der westlichen Sicherheit zu betrachten, „c'est donner un revolver à un malfaiteur mal repenti".[43] Die „Revue socialiste" veröffentlichte eine Serie von Situationsberichten eines anonymen, vom nationalen Kurs der SPD zutiefst enttäuschten deutschen Sozialisten, in dessen Augen die notwendige Strukturreform in Deutschland mißlungen, und ein neuer nationalisti-

scher Revanchismus im Entstehen war. Ludwig Erhard war ihm ein „pourfendeur du socialisme (...) faisant de son pays l'Etat le plus réactionnaire de l'Europe au point de vue économique", Konrad Adenauer „un simple von Papen faisant le lit d'un successeur X.", die deutsche Bundesrepublik insgesamt „une position de repli de l'éternelle réaction d'outre-Rhin."[44] So verständlich diese Positionen von einem starren Deutschland- und einem starren Sozialismus-Verständnis aus auch waren, ihre Verbreitung in der sozialistischen Presse behinderte die von der Parteiführung intendierte Verständigung mit der neuen Republik.

Gegen Wiederbewaffnung und Ruhrprivatisierung
Die Parteiführung behielt von den materiellen Sicherheitsvorkehrungen, die im ursprünglichen SFIO-Deutschlandkonzept vorgesehen waren, lediglich die Forderungen nach Verhinderung einer deutschen Wiederbewaffnung und nach einem internationalen Status für die Ruhrindustrie bei.
Die Möglichkeit einer deutschen Wiederbewaffnung, die in alliierten militärischen Kreisen bereits ernsthaft erwogen wurde[45] und seit dem prophetischen Le Monde-Leitartikel vom 6. April 1949 — „Qu'on en convienne ou non, le réarmement de l'Allemagne est contenu dans le pacte de l'Atlantique comme le germe dans l'oeuf" — in der französischen Öffentlichkeit im Gespräch war, wurde nun auch in der SFIO, wenngleich noch eher beiläufig, diskutiert. Schon im Mai 1948 hatte Auriol seine prinzipielle Gegnerschaft angekündigt: „Si le gouvernement acceptait de remilitariser l'Allemagne, je m'en irais." Pierre-Olivier Lapie dankte in der Ratifizierungsdebatte des Atlantikpakts dem Außenminister für seine „selbstverständliche" Versicherung „que l'Allemagne n'ait pas d'armements et n'en ait jamais." Salomon Grumbach bemühte sich, seine Opposition gegen eine deutsche Wiederbewaffnung nicht so sehr als Folge eines partikularen französischen Sicherheitsinteresses erscheinen zu lassen, wie es der traditionellen französischen Politik entsprach, sondern als Konsequenz aus der neuen Europapolitik der SFIO: erstens, führte er aus, sei die Schaffung einer neuen deutschen Armee das beste Mittel, um Deutschland zu remilitarisieren und seine Demokratisierung, notwendiges Pendant zur Integrierung in die europäische Gemeinschaft, zu verhindern; zweitens sei der Ausbau der beiden Teile Deutschlands zu einem Vorfeld der westlichen wie östlichen militärischen Sicherheit das beste Mittel, die letzte noch bestehende Chance zu einer Verständigung, so partiell und instabil sie auch sein mag, zunichte zu machen und damit die Zweiteilung Deutschlands zu perpetuieren; folglich liege eine ständige Entmilitarisierung Deutschlands nicht nur im französischen Interesse, sondern im Interesse aller deutschen Demokraten und aller Europäer. Die Commission des États-Unis d'Europe des 41. Parteitages zeigte sich mit dieser Argumentation Grumbachs einverstanden.[46]
Freilich stand diese prinzipielle Ablehnung eines deutschen Verteidigungsbeitrages in einem Widerspruch zu den Implikationen des Atlantikpaktes. Zu Recht bezogen Atlantikpakt-Gegner wie Pivert und Ronsac die Andeutung der Gefahr einer neuen deutschen Armee in ihre Argumentation gegen das Bündnis ein: die Bundesrepublik Deutschland sollte, in den Worten des 41. Parteitages, eine „intégration politique et économique à l'ensemble de l'Union Européenne" erfahren; diese europäische Union war jedoch unter dem Schutzdach des Nordatlantikpaktes Teil des westlichen Staatensystems; folglich implizierte die Integration Westdeutsch-

lands in die europäische Gemeinschaft seine Einbeziehung in das westliche System. Konsequenterweise war das westdeutsche Territorium durch Artikel VI des Paktes — Angriff auf die Besatzungsstreitkräfte in Europa — in das Bündnis miteinbezogen worden, und konsequenterweise erwog Lapie in der gleichen Rede, in der er eine deutsche Remilitarisierung verwarf, die Zulassung Deutschlands zum Atlantikpakt, zwar nicht zum augenblicklichen Zeitpunkt, aber doch nach einer Phase der Bewährung als Mitglied des Europarats. Im Problem der deutschen Mitgliedschaft in der NATO wurde endgültig deutlich, daß der Plan eines unabhängigen Europas zwischen den Blöcken eine Fiktion gewesen war.[47] Entweder hielt man einen bewaffneten Angriff der Sowjetunion auf das westliche System für eine reale Möglichkeit, dann bildete Westdeutschland das primäre Vorfeld der westlichen und insbesondere der französischen Sicherheit, war seine Verteidigung unabdingbar, wenn die Verteidigungsdrohung nicht unglaubwürdig werden sollte. Oder aber man teilte die Hypothese eines Angriffs nicht, dann war das gesamte Bündnissystem unnötig. In jedem Falle war es ein Widerspruch, zugleich die definitive Entmilitarisierung und den Beitritt der Bundesrepublik zum Atlantikpakt zu verlangen, da eine Verteidigung deutschen Bodens durch Atlantikpakt-Mitglieder, etwa Franzosen, ohne Mithilfe der Deutschen dem französischen Nationalempfinden mindestens ebenso unannehmbar war wie die Schaffung einer neuen deutschen Armee. Die widersprüchliche Forderung zeigt, daß die Sozialisten wie alle übrigen politischen Kräfte nicht bereit waren, das alte Ziel der Sicherheit vor Deutschland zugunsten des neuen Ziels der Sicherheit vor der Sowjetunion aufzugeben[48]; daß sie den Atlantikpakt dennoch nachhaltig befürworteten, ohne diesen Zielkonflikt näher zu bedenken, belegt zugleich, daß sie sich Mitte 1949 der gesamten Implikationen des universalen Eindämmungskonzepts noch nicht voll bewußt geworden waren.
Als die Problematik der deutschen Wiederbewaffnung während der großen außenpolitischen Debatte der Nationalversammlung vom 22. bis 25. November 1949 nach einer provokativen Rede von Pierre Cot stärker ins Bewußtsein der öffentlichen Meinung rückte, suchte Léon Blum den von ihm bewußt realisierten Zielkonflikt zwischen der Sicherheit vor Deutschland und der Sicherheit vor der Sowjetunion durch die Möglichkeiten des föderativen Prinzips zu lösen:
„Zweifellos wäre es (...) logisch und nützlich, daß die Deutschen zur Verteidigung ihres Landes an der Seite der Mächte des Atlantikpaktes beitragen. Aber kann man wissen? Zwingt uns nicht eine grausame Erfahrung zu Mißtrauen, zu Verdacht? (...) Man könnte sich eine deutsche Militärmacht vorstellen, die nicht mehr dem deutschen Staat unterstehen würde, die auch nicht Frankreich oder den Alliierten unterstehen würde, sondern der europäischen Union oder Föderation, die dem europäischen Frieden, der europäischen Verteidigung dienen würde. Wenn eine Wahrheit einen zwangsläufigen und allgemeinen Charakter hat, dann führen alle Fäden der Vernunft dorthin."
Die Idee der Europäischen Verteidigungsgemeinschaft, die Blum hier vorformulierte, bot in der Tat einen Ansatzpunkt, beiden Sicherheitsinteressen Genüge zu tun. Voraussetzung für die Integration deutscher Streitkräfte in ein europäisches Verteidigungssystem war allerdings die Schaffung einer effektiv supranationalen Autorität dieser europäischen Gemeinschaft; Voraussetzung war im Verständnis Blums auch, mehr unausgesprochen als ausgesprochen, daß Großbritannien Mitglied dieser Gemeinschaft wurde, und auf diese Weise eine direkte Konfrontation Frankreichs

mit Westdeutschland vermieden wurde. So bestechend der Gedanke an eine Verteidigungsgemeinschaft zunächst war, in der Situation der europäischen Einigungspolitik des Spätherbstes 1949 stellte er noch keine konkrete Lösungsmöglichkeit des Zielkonflikts in der Sicherheitsfrage dar; immerhin erwuchs aus ihm ein zusätzliches Motiv für den föderativen Zusammenschluß der europäischen Staaten. Für die politische Öffentlichkeit Frankreichs freilich kamen selbst diese Vorüberlegungen zu einer Lösung zu früh. In einem von den Sozialisten mitverfaßten Ordre du jour verwarf die Nationalversammlung am 25. November kategorisch jeden Gedanken an eine deutsche Wiederbewaffnung; der de facto bestehende Zielkonflikt wurde erneut aus dem Bewußtsein verdrängt.[49]

In der Ruhrfrage teilte die gesamte Partei die Position, die Blum in der Frage der Wiederbewaffnung vertrat: eine Lösung des Zielkonflikts zwischen den Implikationen der Westintegration und dem französischen Sicherheitsinteresse durch Anwendung des föderalistischen Prinzips. Der einmütige französische Protest gegen die bizonale Ordonnanz vom 10. November 1948[50] blieb nicht ohne Erfolg: Die Verhandlungen der Sechs Mächte über die Verabschiedung des in der Londoner Deutschlandempfehlungen vorskizzierten Ruhrstatuts gingen nicht nur schneller voran als erwartet, der französischen Seite wurden auch mehr Zugeständnisse gemacht, als ursprünglich abzusehen war. Am 28. Dezember 1948 konnten die in London versammelten Delegierten der sechs Regierungen den Entwurf eines Ruhrstatuts bekanntgeben. Eine von den sechs Mächten und Deutschland zu bildende Internationale Ruhrbehörde sollte die Verteilung der Ruhr-Produkte zwischen Export und innerdeutschem Verbrauch, mithin also die Ausfuhr nach Frankreich, gemäß den in Moskau und Berlin 1947 vereinbarten gleitenden Skalen sicherstellen, die Dekartellisierungsmaßnahmen durchführen, die die Ruhr betreffenden wirtschaftspolitischen Maßnahmen deutscher Stellen und die allgemeine Erzeugungs-, Weiterentwicklungs- und Investitionspolitik der Ruhrunternehmen kontrollieren. Damit hatte der Kontrollmechanismus doch konkretere Formen angenommen, als Blum im Juni 1948 befürchtet hatte; Verdier und Rosenfeld kommentierten den Statutenentwurf als eine Bestätigung der SFIO-Ruhrpolitik, der zwar leider die Eigentumsfrage noch ungeregelt lasse, aber doch wirksame Sicherheitsgarantien biete. Auch Blum und Grumbach stellten sich hinter den Entwurf.[51]

Während Mollet zunächst jeden Gedanken an eine Sozialisierung der Ruhrindustrie im nationalen deutschen Rahmen als mit dem französischen Sicherheitsinteresse unvereinbar zurückwies — „On ne peut pas nationaliser au bénéfice d'un état allemand quel qu'il soit, parce que nous ne savons pas encore ce qui sera l'état allemand de demain, s'il sera dans les mains ou des bolcheviks ou des néo-fascistes" — hielten Pivert und Grumbach die Sicherheitsgarantien des Ruhrstatuts offensichtlich für ausreichend, um nun offen zu fordern, was sich schon nach dem De-facto-Scheitern der Internationalisierungspläne in den Londoner Deutschlandbesprechungen als alternative Hoffnung abgezeichnet hatte: eine nationale Sozialisierung, um zumindest die SPD zu stärken und eine Rückkehr der kapitalistischen Unternehmensform zu verhindern. „Il y a actuellement un danger terrible: celui de voir la classe ouvrière allemande isolée du socialisme international et obligée de lutter toute seule contre le capitalisme international" (Pivert). Nachdem im Herbst 1949 die Hoffnung der französischen Sozialisten auf einen Wahlsieg der SPD getrogen hatte und sich in der CDU mit Adenauer ein offensichtlich allen Sozialisierungs-

plänen abgeneigter Kurs durchgesetzt hatte, schloß sich auch Blum dieser Position an: „Da die internationale Sozialisierung des Ruhrgebietes derzeit nicht zustande kommen konnte — was ein Fehler und ein Unglück ist —, müssen wir alle unsere Kräfte einsetzen, um die Sozialisierung zum Nutzen des deutschen Staates oder des Landes Nordrhein-Westfalen durchzusetzen."[52] Vor allem aber forderte die SFIO einmütig, die Ruhrbehörde zu einer Lenkungs- und Kontrollbehörde der gesamten europäischen Schwerindustrie, insbesondere der Kohle- und Stahlindustrie auszubauen. Damit sollte nicht nur die Erhöhung der deutschen Produktion ohne Gefährdung der französischen Sicherheit und die Sicherstellung deutscher Kohlelieferungen nach dem voraussehbaren Ende der Reparationsleistungen ermöglicht werden, sondern auch dem Ruhrstatut sein auch von der SFIO als für die Deutschen diskriminierend und daher politisch langfristig nicht haltbar gewerteter Charakter genommen, eine erste effektiv supranationale Institution geschaffen und schließlich trotz des Scheiterns der Internationalisierungspläne doch noch ein erster Anlauf zu sozialistischer Wirtschaftsplanung auf europäischer Ebene verwirklicht werden. In den Worten Philips:
„Dès maintenant, nous devons dire que l'autorité européenne de la Ruhr n'est pas, pour nous, un régime d'exception: c'est la première expérience de gestion intraeuropéenne d'industries de base, gestion destinée, dès que l'expérience nous en aura montré le succès, à être généralisée et appliquée à l'ensemble des industries de base de notre Europe occidentale. — Je ne parle pas ici d'une sorte de transposition des nations sur le plan européen. Je crois qu'il est normal de laisser chaque pays libre de choisir son régime de propriété. Ces industries de base pourront être des entreprises nationalisées dans un pays ou des propriété privées dans un autre. Mais ce qui est indispensable pour toutes les industries de base, c'est d'être placées sous une autorité économique européenne, seule compétente pour définir la politique à suivre en matière de volume de production, de montant des investissements et de fixation des prix. Ces trois fonctions doivent être exercées, pour chaque industrie de base, par une autorité publique européenne, ayant à ses côtés un Conseil consultatif mixte représentant, d'une part, l'ensemble de tous ceux qui participent à la production, et, d'autre part, les intérêts des consommateurs."
Den Sozialisten gelang es, diese Forderung im Frühjahr 1949 in der Europäischen Bewegung durchzusetzen; in der ersten Sitzungsperiode der Beratenden Versammlung des Europarats erreichten sie allerdings trotz der Unterstützung von „föderalistischen" Abgeordneten wie Bonnefous, Bouthby, Lee nur die Aufnahme einer Resolutionspassage, die Maßnahmen zur „Koordinierung der Investitionen der Grundindustrien" forderte. Als sich im November 1949 mit dem Petersberger Abkommen die Revision des Besatzungsstatuts für Westdeutschland abzeichnete und ein Report der Europäischen Wirtschaftskommission in Genf eine Überproduktionskrise in der europäischen Stahlindustrie ankündigte, die die französische Exportplanung zu gefährden drohte, forderte Philip die Schaffung der supranationalen Grundindustriebehörde „maintenant, cette année". Die SFIO drängte mit aller Macht zu der Lösung, die im Frühjahr 1950 von der französischen Regierung im Schuman-Plan aufgegriffen wurde.[53]

Sorge vor deutscher Restauration
Trotz der bei allen spezifisch nationalen und sozialistischen Zielsetzungen unverkennbaren Sorge der SFIO in der Ruhrpolitik und in der Deutschlandpolitik überhaupt, den deutschen Status minus rasch zu beseitigen, mußten die französischen Sozialisten eine „divergence profonde" (Grumbach) zu ihrer westdeutschen Bruderpartei feststellen. Die SPD unter der Führung von Kurt Schumacher hatte zwar ein europapolitisches Konzept entwickelt, das von ähnlichen Voraussetzungen ausgehend wie bei der SFIO ebenfalls auf eine sozialistische Föderation Westeuropas unter der Führung Großbritanniens abzielte. Um allen nationalistischen Gegenbewegungen zuvorzukommen, und weil ihm eine ohne Kuratel der Siegermächte zustandegekommene demokratische Ordnung im Innern als Voraussetzung für eine stabile Ordnung unabdingbar war, betrachtete Schumacher jedoch die volle Gleichberechtigung a priori als notwendige Voraussetzung zur Mitgliedschaft Westdeutschlands in dieser Föderation. Was den Deutschen Voraussetzung für eine Integration Deutschlands war, verstanden die Franzosen als Folge dieser Integration; damit war der permanente Konflikt zwischen SPD und SFIO vorprogrammiert.[54] Das von der SFIO als Vorstufe zu einem europäischen Planungssystem befürwortete Ruhrstatut wurde von der SPD als mit dem Marshall-Plan unvereinbares und die demokratische Entwicklung hemmendes Instrument der Siegermächte abgelehnt; schon jetzt, hieß es in einer offiziellen Parteierklärung zur Bekanntgabe des Statut-Entwurfs am 28. Dezember 1948, werden die deutschen Sozialdemokraten für die Revision dieses Statuts kämpfen — eine Reaktion, die die französischen Sozialisten heftig erschreckte und selbst Blum dazu führte, vom Krankenbett aus den Deutschen die SFIO-Position in der Ruhrpolitik unmißverständlich darzulegen. Grumbach erklärte, sollten die Deutschen nicht die Berechtigung der SFIO-Ruhrpolitik einsehen, dann „je serai inquiet pour l'avenir", wobei er freilich zu bedenken oder zu erwähnen vergaß, daß sich auch die SFIO-Ruhrpolitik der Komplizenschaft mit jenen Kräften schuldig machte, die in den Internationalisierungsmaßnahmen nicht nur ein Mittel zur Friedenssicherung, sondern auch zum Ausbau der französischen Vormachtstellung sahen. Schumachers Gegenreaktion — eine Erklärung an die Adresse Blums, die Schaffung einer demokratischen Ordnung sei nicht gleichbedeutend mit einer Unterwerfung unter französische Hegemonieansprüche — entbehrte also nicht einer gewissen Berechtigung, wiewohl sie am Grundanliegen der SFIO vorbeiging.[55] Realer Grund der französischen Befürchtungsäußerungen war die Sorge, daß die — durchaus als solche erkannten und anerkannten — Bemühungen der SPD, nationalistischen Strömungen zuvorzukommen, selbst in einen neuen Nationalismus umzuschlagen drohten, und daß die SPD es damit versäumte, die Selbstreflexion über die Ursachen des Nationalsozialismus in Gang zu setzen.[56]
Diese grundsätzlichen Bedenken hielten die französischen Sozialisten jedoch nicht davon ab, in der SPD immer noch den geeignetsten Garanten für eine demokratische Entwicklung in Westdeutschland zu sehen. Blum nannte Schumacher einen demokratischen Patrioten, verurteilte die französischen Presseurteile, die in ihm einen fanatischen Nationalisten sahen, als böswillige Demagogie; Grumbach fand das Insistieren der SPD, namentlich auf dem Parteitag von Hannover am 19. und 20. April 1949, auf einer Stärkung der Zentralgewalt in der neuen Republik und insbesondere einer Stärkung ihrer Finanzhoheit nachträglich — also nach Bekanntwerden des alliierten Gegenentwurfs, der den SPD-Vorstellungen entgegenkam

– vom Anti-Zerstückelungs-Prinzip her gerechtfertigt; allgemein hoffte man auf einen Wahlsieg der SPD.⁵⁷
Nach den Bundestagswahlen vom 14. August, in denen die Christlichen Demokraten mit 139 Bundestagssitzen acht Mandate mehr erringen konnten als die Sozialdemokraten, konzentrierte die SFIO ihre Hoffnung und ihr Engagement auf das Zustandekommen einer Großen Koalition zwischen CDU und SPD, die die in den Augen der französischen Sozialisten demokratischste deutsche Partei an der Regierung beteiligen und in der CDU die dem Ahlener Programm verpflichteten Reformkräfte stärken sollte. Mit Sorge verfolgten sie bei der CDU, „qui est peut-être un parti démo, mais qui est beaucoup plus chrétien" (Grumbach), das Vordringen Adenauers und der von ihm repräsentierten konservativ-bürgerlichen, antisozialistischen Kräfte gegenüber den Befürwortern einer Großen Koalition wie Arnold, Lemmer, Kaiser. Unter den Befürwortern der Koalition glaubten sie zahlreiche demokratische Elemente entdecken zu können, die die gleichen politischen Grundintentionen verfolgten wie die Sozialdemokraten, in manchen Bereichen – man denke nur an Karl Arnolds Engagement für eine Internationalisierung der europäischen Grundindustrien – der SFIO sogar näher standen als die SPD; in der Politik Adenauers vermuteten sie eine Neuauflage der unheilvollen Allianz von Kapitalismus und Nationalismus: „Leur programme économique se réclame des principes de l'économie libérale tout en étant en réalité celui des cartels et des trusts qui cherchent à imposer le dirigisme du grand capitalisme. Les conceptions sociale de cette fraction du parti chrétien sont conservatrices, voire réactionnaires. Ses notions politiques se rattachent à celles du nationalisme allemand" (Rosenfeld). Vor allem, fürchteten sie, führe diese Politik zu einer Restituierung der Ruhrindustrie in privatkapitalistischer Form, erschwere sie das für die Integration Westdeutschlands in die europäische Gemeinschaft notwendige Vertrauen und Gefühl der Sicherheit der Nachbarvölker und vergrößere sie den Abstand zwischen den beiden Teilen Deutschlands.
Als darum Adenauer Mitte September sein bürgerliches Kabinett präsentierte und endgültig feststand, daß es ihm gelungen war, die SPD in die Opposition zu verweisen, schienen der SFIO die Perpektiven düster geworden zu sein: „La constitution du gouvernement Adenauer, succédant aux pénibles incidents de la campagne électorale, m'inspire une inquiétude. (...) Ce gouvernement est constituée en dehors de la classe ouvrière, presque contre elle, sous la protection patente de toutes les forces de réaction. Sa tâche sera rude" (Blum).⁵⁸ Nachdem in der Gründungsphase der Bundesrepublik das Vertrauen in die demokratischen Kräfte überwogen hatte, wuchs nun wieder das Mißtrauen, ein Mißtrauen, das seinen realen Grund in der Tatsache hatte, daß die junge Republik nicht den Weg zu einer sozialistischen Gesellschaftsordnung beschritt, das aber auch aus einem simplifizierenden Kapitalismusbegriff heraus und nicht ohne ein Element antiklerikalen Affekts die nationalistische Komponente der Adenauerschen Politik entschieden überschätzte. Die Tendenz, die „harte" Linie in der SFIO-Deutschlandpolitik wieder stärker zu betonen, verstärkte sich noch, als im Herbst 1949 die Bemühungen der SFIO um eine föderative Einigung Europas unter Einschluß Großbritanniens als Garanten einer sozialistischen Ordnung einen erheblichen Rückschlag erfahren mußten.

4. Zwischen Anstrengung und Ernüchterung: Die Sozialisten in der ersten Sitzungsperiode des Europarats

In der ersten Sitzungsperiode der Beratenden Versammlung des Europarats[59] sollte nach den Vorstellungen der SFIO der Zielkonflikt zwischen einer raschen Einigung Europas und einer Einigung unter Einschluß Großbritanniens dadurch überwunden werden, daß die Briten, insbesondere die Labour-Führung, von der Logik der französischen Argumente, von ihrer Evidenz aus sozialistischen Prinzipen überzeugt, ihre bisherige reservierte Haltung revidierten. Das Korsett, in das man die föderative Idee mit dem Statut des Europarats gezwängt hatte, sollte in zügigen Schritten vom Beginn der Arbeiten des Rates an wieder beseitigt werden; aus der Beratenden Versammlung sollte so in einem Prozeß der Umwandlung durch Ausweitung die Keimzelle eines europäischen Parlaments entstehen. Die ganze Hoffnung der SFIO-Politiker konzentrierte sich auf das Bemühen, ihre britischen und skandinavischen Kollegen zu überzeugen. „J'y vois, je veux y voir, un des grands commencements, ou si l'on veut, un des grands recommencements de l'histoire. De toute ma force, de toute mon âme, je souhaits qu'elle demeure comme une de ces dates cardinales dont la succession jalonne et mesure le progrès humain", schrieb Blum, als die erste Sitzungsperiode am 10. August 1949 begann; und Mollet drängte in seiner ersten Intervention vor der Versammlung: „Faisons vite car le peuple européen attend. Un échec aujourd'hui serait un désastre. Or, une décision timide serait un échec et, par là même, un désastre. (...) Il eût alors probablement mieux valu ne pas nous réunir pour ne pas créer dans l'opinion publique européenne cette cruelle déception".[60]

Kampf für den Ausbau
Dieses Bewußtsein führte die SFIO-Delegierten – Le Bail, Mollet, Moutet und Philip, unter den stellvertretenden Mitgliedern ferner Lapie und Jaquet – zu einem angestrengten Einsatz in den Verhandlungen der Beratenden Versammlung: Guy Mollet als Berichterstatter des Allgemeinen Ausschusses zur Frage der politischen Struktur Europas, Jean Le Bail und Pierre-Olivier Lapie in der Erarbeitung der Empfehlungen zur kulturellen Zusammenarbeit, Gérard Jaquet in der Diskussion über den Entwurf einer Europäischen Konvention zum Schutz der Menschenrechte und Grundfreiheiten, vor allem aber André Philip in der Wirtschaftskommission, im Plädoyer für eine Europäische Kohle- und Stahlbehörde, in unzähligen Interventionen zur Effektivierung der Arbeiten der Versammlung, zum Ausbau ihrer Befugnisse, zum Erreichen möglichst substantieller und konkreter Ergebnisse.[61] Dabei bemühten sie sich stets um eine Übereinstimmung mit den britischen und skandinavischen Abgeordneten. Weder Philip noch Mollet ließen einen Zweifel offen, daß ihnen eine europäische Einigung ohne britische Beteiligung nicht vorstellbar war. Sie setzten sich für die Wahrung der sozialen Errungenschaften in Skandinavien wie für die Erhaltung der britischen Bindungen an das Commonwealth ein; sie vermieden sorgsam jede Grundsatzdiskussion zwischen Unionismus und Föderalismus in der Einigungsmethode wie zwischen Liberalismus und Sozialismus in der Wirtschaftsmethode; statt dessen bemühten sie sich um eine Verständigung in konkreten Einzelfragen. Die Überzeugung, daß diese Verständigung in der Linie der eigenen Position liegen würde, war eine unausgesprochene, aus dem

Glauben an die Rationalität des eigenen Konzepts resultierende Voraussetzung ihrer Taktik. Offene Konfrontationen blieben selten. Dennoch und trotz der der SFIO zugestandenen wöchentlichen Treffen aller sozialistischen Abgeordneten zeigte sich bald, daß die grundlegende Auseinandersetzung der Versammlung nicht zwischen sozialistischen und nichtsozialistischen Befürwortern einer europäischen Einigung stattfand, sondern zwischen Abgeordneten, die supranationale Einrichtungen im Prinzip für notwendig hielten, und solchen, die sie im Prinzip ablehnten, und daß die Labour-Delegierten bis auf Ronald Mackay und Frederick Lee der zweiten Fraktion angehörten. Der Zielkonflikt zwischen rascher Einigung und Einigung unter Einschluß Großbritanniens blieb erhalten — eine Situation, die die Arbeit der SFIO-Delegierten unendlich schwierig gestaltete, und sie mehr als einmal zu eskapistischer Selbstbeschwichtigung im Stil von Jean Jaurès greifen ließ: „Il semble que nous soyons tous d'accord sur l'essentiel. La seule différence est que certains préconisent la sagesse et d'autres l'audace. Laissez-moi dire ma conviction que la sagesse n'a jamais exclu l'audace" (Mollet).[62]

In dieser Situation lancierte Léon Blum am 26. August einen dramatischen Appell an die in Straßburg versammelten Abgeordneten, ungeachtet des Zögerns der nationalen Regierungen und Parteien und ungeachtet der Restriktionen, die ihnen das Europarat-Statut auferlegte, einen entscheidenden Schritt zur endlichen und tatsächlichen Überwindung der europäischen Nationalstaatsgrenzen zu tun. „Tous les observateurs sont d'accord pour affirmer que, quelles que soient la nationalité et la spécification politique des délégués, il s'est formé entre eux, comme jadis aux États généraux de 1789, un commencement d'esprit commun. (...) Pourquoi cet esprit et cette volonté ne se manifestent-ils pas par des actes?" Die bedrohliche Situation Europas erlaube es nicht, mit der Schaffung einer Politischen Autorität zu warten, bis eine breite Volksbewegung die britische Regierung zur Aufgabe ihrer Zurückhaltung zwinge; niemand könne die Beratende Versammlung hindern, sich für ein rasches Einigungprogramm zu engagieren. „Si j'étais à Strasbourg, je ne résisterais pas à la tentation de placer les États participants devant le fait accompli. Oui, évoquer les litiges pendants, formuler avant Washington une doctrine économique européenne, poser les bases d'une constitution politique, voilà ce qu'il faudrait oser, avec une audace tranquille et assurée, en se sentant fort du voeu ardent, de l'assentiment profond de la conscience populaire. Qui fera passer sur l'Assemblée ce courant magnétique? La Constituante européenne attend encore son Mirabeau."

Churchill, so bekannte Blum nachträglich, erschien ihm am ehesten in der Lage, die Rolle des europäischen Mirabeau zu übernehmen. Freilich war dieser Appell eher Ausdruck der schwer erträglichen Spannung, die der Zielkonflikt in der SFIO-Europapolitik hervorrief, als Konsequenz aus einer exakten Analyse der Situation. Tatsächlich verlief die Front nicht zwischen einer einigungswilligen Versammlung und hemmenden nationalen Regierungen; der Konflikt war vielmehr in dieser Versammlung selbst angesiedelt; selbst Churchill zeigte wenig Bereitschaft zu supranationalen Lösungen. Die vorsichtige Zurückhaltung in den Vorschlägen der einigungswilligen Abgeordneten war gerade der Preis, um den jenes von Blum zu Recht konstatierte Minimum an Gemeinsamkeit, jener Beginn eines „europäischen Bewußtseins" zu haben war. Blum selbst fühlte diese Problematik: „J'ai jeté hier", schrieb er am folgenden Tag, „pour la satisfaction de ma conscience, un appel dont, hélas! je n'attends pas grand écho."[63]

Immerhin ermöglichte jener Beginn einer europäischen Denkweise eine Reihe von Beschlüssen und Absichtserklärungen, die deutlich machten, daß die Beratende Versammlung des Europarates auf eine Evolution hin angelegt war und eine wenn auch eingeschränkte Katalysatorenfunktion im Hinblick auf eine substantielle Einigung Europas wahrnehmen konnte. Was Philip schon zu Beginn der Beratungen von der Versammlung gefordert hatte — eine Erklärung, „daß Zweck und Ziel des Europarats die Schaffung einer europäischen politischen Autorität mit begrenzten Funktionen, aber echten Vollmachten ist" — beschloß die Versammlung am 5. September in einem von Mackay eingebrachten und von Mollet und Philip nachhaltig unterstützten Amendement.[64] Die von der SFIO verlangte Ausweitung des Europarat-Statuts zeichnete sich insofern ab, als der Versammlung gleich zu Beginn die Vermeidung eines straffen Reglements der Tagesordnung durch den Ministerrat gelang; als eine Ständige Kommission unter dem Vorsitz von Spaak als Lenkungsorgan geschaffen wurde, das die Kontinuität der Arbeiten zwischen den Sitzungsperioden der Versammlung garantierte und mit der Vorbereitung der jeweils nächsten Sitzungsperiode und der Verhandlungsführung mit dem Ministerrat beauftragt sich zu einem politisch höchst einflußreichen Organ entwickeln konnte; als sie ihren sechs regulären Ausschüssen die Möglichkeit gab, sich zwischen den Sitzungsperioden der Versammlung nach eigenem Arbeitsprogramm zu treffen; und als sie den Ministerrat zu einer Reihe von Änderungen des Statuts wie Verzicht des Ministerrats auf die Vorbereitung der Tagesordnung, Vetorecht der Versammlung bei der Zulassung neuer Mitglieder und Ernennung eines nur der Versammlung verantwortlichen Stellvertretenden Generalsekretärs aufforderte. Die Forderung der Wirtschaftsresolution nach Schaffung einer europäischen Wirtschaftseinheit „in zentraler Planung in Verbindung mit einem Höchstmaß an individueller Freiheit", der Auftrag an den Wirtschaftsausschuß, die Ruhrfrage und die Koordinierung der europäischen Grundindustrien erneut zu prüfen, das Ersuchen an den Ministerrat, vor Beginn der nächsten Sitzungsperiode die Frage der Zulassung neuer Mitgliedsländer zu behandeln, um insbesondere einen Beitritt Westdeutschlands zu ermöglichen, die Empfehlungen an den Ministerrat zur kulturellen Kooperation und zur Verbreitung eines europäischen Bewußtseins, das Verlangen, die Frage einer Europäischen Universität auf die Tagesordnung der nächsten Sitzungsperiode zu setzen, die Erarbeitung des Entwurfs einer Menschenrechtskonvention und die Empfehlung, die Sozialgesetzgebung in den Mitgliedsländern zu vervollständigen, bis sie überall einen gleich hohen Stand erreicht hat, der eine generelle europäische Sozialgesetzgebung ermöglicht — all dies waren Ergebnisse, die den Zielen der SFIO-Europapolitik entgegenkamen. Der Auftrag an den Ständigen Ausschuß, die Frage der Politischen Autorität näher zu prüfen und eine Sondersitzung der Versammlung zu Beginn des Jahres 1950 zu veranlassen, und der Auftrag an den Allgemeinen Ausschuß, „bis zum 30. April 1950 einen der Versammlung zu unterbreitenden Europäischen Pakt zu entwerfen, der die Leitsätze des Europarates auf politischem, wirtschaftlichem, sozialem und kulturellem Gebiet definiert; der für alle Mitglieder oder assoziierten Mitglieder bindend sein soll", öffneten die Perspektive auf eine Entscheidung über das Einigungsprojekt noch im kommenden Jahr.[65]

Gemessen an der SFIO-Forderung nach Schaffung wenn schon nicht einer vollständigen politischen Föderation, so doch supranationaler Institutionen in Teilbereichen noch vor Ablauf des Marshall-Programms waren die Fortschritte dieser ersten Sitzungsperiode gewiß gering, gemessen an der bisherigen britischen Zurückhaltung aber beträchtlich. „Je ne suis pas satisfait", kommentierte Blum das Ergebnis. „Je ne suis pas découragé ni même pas trop amèrement déçu." Die zweite Sitzungsperiode werde von weitaus günstigeren Startbedingungen ausgehen können als die erste. „La conclusion est que, loin de perdre confiance, nous devons, nous, socialistes, redoubler d'efforts."[66] Die Anstrengung der SFIO-Abgeordneten in der Beratenden Versammlung schien gerechtfertigt.

Veto der Labour-Regierung
Die Ernüchterung der französischen Sozialisten setzte erst ein, als sich nur wenige Wochen nach dem Ende der ersten Sitzungsperiode der Beratenden Versammlung zweimal drastisch zeigte, daß der britischen Regierung nach der Konsolidierung des westlichen Bündnissystems – am 17. September traten in Washington die Außenminister der NATO-Staaten zur ersten Sitzung des Atlantikrates zusammen, auf der die Bildung gemeinsamer Verteidigungsorgane beschlossen wurde – kaum noch an einem raschen Fortschreiten des europäischen Einigungsprozesses und nun auch nicht mehr an dem Schein eines Interesses an dieser Einigung gelegen war. Am 18. September verkündete der britische Schatzkanzler Sir Stafford Cripps die Abwertung des britischen Pfundes von 4,03 auf 2,80 Dollar, eine Maßnahme, die beträchtliche Währungsabwertungen in den meisten Ländern der Sterling-Zone und des nichtkommunistischen Europas in den folgenden Tagen nach sich zog.[67] Die Pfundabwertung als Folge des britischen Zahlungsbilanzdefizits gegenüber den USA war schon seit der Ankündigung einer britisch-amerikanisch-kanadischen Finanzkonferenz für den 7. September im Gespräch gewesen; die französischen Sozialisten hatten allerdings gehofft, daß sich die britische Regierung nicht zu einseitigen Maßnahmen entschließen würde, da infolge der europäischen Interdependenz jede erhebliche britische Abwertung entsprechende Maßnahmen der übrigen europäischen Staaten und einen allgemeinen Preisanstieg in Europa nach sich ziehen mußte. Blum hatte sich sogar der These J. Lévy-Jacquemins angeschlossen, die gegenwärtige Währungskrise zu einer grundlegenden Revision des Welthandelssystems zu nutzen: Europa werde auch bei einem föderativen Zusammenschluß den Abstand zum wirtschaftlichen Entwicklungsfortschritt der USA zwar verringern, aber nicht einholen können; um das permanente europäische Handelsdefizit gegenüber den USA zu beheben, sei ein System universaler Schuldenverrechnung notwendig: „Les États européens débiteurs des États-Unis pourrant se libérer vis-à-vis d'eux par des fournitures faites gratuitement à d'autres nations, placées au-dessous d'eux dans l'échelle du progrès économique."[68] Der französische Außenminister Schuman hatte immerhin am 15. September in Washington erreicht, daß die von der Dreierkonferenz beschlossenen amerikanischen Maßnahmen zur Senkung des Dollardefizits auf die übrigen Mitgliedsstaaten der OEEC ausgedehnt wurden. Nun aber erfolgte der britische Schritt ohne irgendwelche vorherige Konsultation der übrigen europäischen Regierungen. Völlig überrascht mußten die kontinentalen Europäer konstatieren, daß die Briten den gemeinsamen Erklärungen über die Notwendigkeit einer europäischen Wirtschaftseinheit und einer europäischen Wirtschaftspolitik im Ernstfall keinerlei Bedeutung zumaßen. „Au lendemain de Strasbourg", gab Blum das allgemeine Empfinden wieder, „alors que la solidarité

européenne commencait à s'éboucher, convenons qu'un argument inattendu et redoutable est fourni aux sceptiques. J'éprouve à le constater un regret quelque peu amer." Im privaten Gespräch gab er seiner Enttäuschung noch deutlicher Ausdruck: „Au moment où on bâtit l'Europe faire cavalier seul! Il faut convoquer la commission permanente (du Conseil de l'Europe). Je ne suis pas seulement surpris, comme je l'écris dans mon article, mais scan-da-li-sé!"[69]
Die zweite Enttäuschung bildete die Sitzung des Ministerrats des Europarats vom 3. bis 5. November in Paris. Der Einstimmigkeitsregel wegen mußten die Minister britischem Druck folgend alle Empfehlungen der Beratenden Versammlung zur Erweiterung des Statuts ablehnen. Der Ministerrat bekundete lediglich, sein Recht zur Kontrolle der Tagesordnung der Beratenden Versammlung nicht in extenso ausüben zu wollen. Die Aufnahme Deutschlands als assoziiertes Mitglied und — auf Drängen Schumans, aber unter dem Vorbehalt einer endgültigen Entscheidung über dessen Status — des Saarlandes wurden befürwortet. Alle übrigen Empfehlungen und Anregungen wurden an regierungsamtliche und zwischenstaatliche Stellen zum weiteren Studium verwiesen, ohne daß diese verpflichtet worden wären, ihre Berichte bis zu einem bestimmten Datum abzuliefern.[70] Der Weg des Europarates zu einer europäischen Konstituante war gestoppt worden, noch ehe er in den Arbeiten der Kommissionen der Beratenden Versammlung recht begonnen hatte. Die einigungswilligen Parlamentarier, die sich in der Straßburger Versammlung um die Überzeugung der Briten bemüht hatten, fühlten sich zu Recht brüskiert. André Philip sprach von einer Bevormundung der Versammlung durch den Ministerrat, und Guy Mollet wiederholte seine Warnung, wenn die Entschlüsse der Beratenden Versammlung weiterhin ohne Konsequenzen blieben, dann wäre es besser, dieser Europarat wäre nie entstanden und hätte keine vergeblichen Hoffnungen geweckt.[71]
Der Zielkonflikt zwischen einer raschen Einigung Europas und einer Einigung unter Einschluß Großbritanniens stellte sich erneut in unvermittelter Schärfe. Die zahlreichen Rückschläge mußten die französischen Sozialisten mit Sorge erfüllen: gleichsam zur Bestätigung der britischen Politik erklärte Stafford Cripps am 1. November, der Einbeziehung Großbritanniens in ein europäisches Wirtschaftssystem seien aufgrund seiner Bindungen an die Sterling-Zone Grenzen gesetzt; die OEEC intensivierte ihre innereuropäischen Liberalisierungsmaßnahmen, ohne daß die von der SFIO geforderte gleichzeitige zentrale europäische Planungspolitik irgendwie näherrückte; in offiziösen europäischen Kreisen begann man mit dem FRITALUX-Projekt eine kontinentale Wirtschaftsgruppierung ohne britische Beteiligung zu planen; Westdeutschland schien der SFIO unter Adenauer einen Kurs zu nehmen, der zur Reaktivierung des deutschen Kapitalismus wie Nationalismus führte. Als schließlich der deutsche Wirtschaftsminister Ludwig Erhard am 9. November zu Gegengesprächen über eine Ausweitung des deutsch-französischen Handels in Paris eintraf und erklärte, die Bundesrepublik wolle sich an dem FRITALUX-Projekt beteiligen, verbanden sich bei den SFIO-Politikern die Furcht vor einer weiteren Schwächung des Sozialismus durch eine europäische Wirtschaftseinigung unter strikt kapitalistischen Vorzeichen und die Furcht vor der deutschen Übermacht zu einer angstvollen Vision. „Il n'y a pas d'Europe sans la Grande-Bretagne", erklärte Blum kategorisch. „Une entente partielle du continent, comprenant la France, le Benelux et l'Italie, à laquelle l'Allemagne de Bonn s'incorporait un jour ou l'autre et d'où

la Grande-Bretagne serait absente m'apparaît à la fois comme un non-sens économique et comme une grave erreur d'orientation politique." Deutlicher formulierte Mollet die sozialistischen Befürchtungen: „Une union continentale dont l'Angleterre serait exclue tomberait rapidement sous la domination allemande et s'orienterait vers les formes les plus brutales de capitalisme." Und noch schärfer drückte sich Francis Leenhardt aus: „C'est la domination industrielle de l'Allemagne, c'est la France jardin potager, c'est le rêve de Hitler réalisé malgré sa défaite, c'est l'Europe allemande!"[72] Die Formulierungen mochten um des parlamentarischen Effektes willen übertrieben sein; im Grunde waren diese Übertreibungen jedoch nur Ausdruck der Ausweglosigkeit, in die die sozialistische Europapolitik hineinsteuerte.

„Voilà bien le dilemme: il n'y a pas de solution sans l'Europe, il n'y a pas d'Europe possible sans l'Angleterre travailliste, mais les Travaillistes sont réticents. Ils le sont même sur le plan socialiste." Die Antwort auf diese Analyse Mollets auf dem außerordentlichen Parteitag der SFIO am 13. und 14. Dezember in Paris lautete nach wie vor: „Il nous faut convaincre et il nous faut rassurer." Die Erfolglosigkeit der bisherigen Überzeugungsversuche machte freilich deutlich, daß die SFIO Gefahr lief, ihren eigenen europapolitischen Impetus zu lähmen und in eine pure Negativposition zu geraten. Darüber vermochten auch die beiden Ausweichthemen nicht hinwegzutäuschen, mit denen sich die Sozialisten im Spätjahr 1949 vorzugsweise beschäftigten: die Kritik an allen vorgeblichen und tatsächlichen Versuchen, Großbritannien zur Aufgabe seines isolationistischen Kurses zu nötigen, sein sozialistisches Experiment zu gefährden, oder es bewußt aus der europäischen Union herauszudrängen — und die Warnung an die Briten, ihr isolationistischer Kurs sei vom sozialistischen Standpunkt aus unhaltbar, Sozialismus in einem Lande sei nicht möglich, das Labour-Experiment werde scheitern, wenn unterdessen Europa nicht geschaffen werden kann.[73] Noch immer überschätzten die Franzosen das ideologische Moment in der britischen Politik.

Lediglich André Philip begann, eine Alternative zu entwickeln. Auf dem Nationalrat vom 6. November griff er Ignazio Silones These von der Nationalisierung der sozialistischen Parteien auf, um damit den Plan eines engeren Zusammenschlusses der kontinentalen Parteien zu rechtfertigen:

„Je crois que la tragédie du socialisme est que l'ensemble du socialisme européen — et je pense surtout à l'Europe continentale — est passé à maturité, et sorti de l' état d'espoir d'opposition pour rentrer dans le sens des responsabilités, mais pour entrer dans le sens des responsabilités dans un cadre national, au moment même où l'evolution de la technique des forces productives fait éclater sur notre continent européen les cadres des nations. Et alors, le phénomène essentiel des dix dernières années a été la nationalisation des différents partis socialistes européens dont on peut dire que de tous les nationalisations c'est peut-être celle qui, hélas! a été la mieux réussie."

Die SFIO solle daher einen Kongreß der kontinentalen Sozialistenparteien einberufen, einen tatsächlichen Kongreß, dessen Beschlüsse nicht so folgenlos blieben wie die Resolutionen der COMISCO-Konferenzen, einen Kongreß, der zur Gründung einer tatsächlichen Internationale führe. Mit anderen Worten: Nachdem offensichtlich feststand, daß sich Großbritannien an einer europäischen Föderation nicht beteiligen würde, war es immer noch besser, mit dem Zusammenschluß ohne

Großbritannien zu beginnen, anstatt alle Hoffnung auf eine Besserung der europäischen Situation aufzugeben; damit die Befürchtungen, die die SFIO-Politiker diesem „Kleineuropa" gegenüber verspürten, nicht oder wenigstens nicht völlig Wirklichkeit würden, sollten sich die kontinentalen Sozialisten ein wirksames Instrument zur Durchsetzung ihrer Interessen schaffen.[74]

Für die meisten SFIO-Politiker kam dieser Versuch zur Befreiung von der eigenen Lähmung durch die Dominanz der Labour-Party über den europäischen Sozialismus jedoch noch zu früh. Guy Mollet begegnete Philips Vorschlag mit der auf emotionale Wirkung bedachten Feststellung, man könne nicht für die Einbeziehung Deutschlands in die europäische Union eintreten und zugleich unterstellen, diese Union sei ohne die Einbeziehung Großbritanniens möglich. Die Auseinandersetzung Philips mit Mollet, die die SFIO-Europapolitik des Jahres 1950 belasten sollte, bahnte sich an; doch noch blieb der Zielkonflikt ungelöst. Die ohne große Diskussion verabschiedete Resolution des außerordentlichen Parteitages zur Europapolitik betonte die Unabdingbarkeit einer raschen supranationalen Lösung und die Unabdingbarkeit einer britischen Teilnahme zugleich.[75]

VIII. Fédération Européenne: Föderalistisches Prinzip und funktionalistische Initiativen, Oktober 1949—1950

Für die weltpolitische Auseinandersetzung, die man sich inzwischen mit dem etwas mystifizierenden Begriff des Kalten Krieges zu bezeichnen angewöhnt hatte, bedeutete das Jahr 1950 einen ersten fühlbaren Einschnitt. Die beiden Lager hatten sich inzwischen formiert und in einem Maße institutionalisiert, das jede Rückkehr zu einem Kondominium der beiden Weltmächte unmöglich zu machen schien. Die ursprüngliche Zielsetzung der Eindämmungspolitik war erreicht, die Verhältnisse im nichtkommunistischen Europa hatten sich derart stabilisiert, daß an ein weiteres Vordringen der Sowjetunion im europäischen Bereich nicht mehr zu denken war; die sowjetischen Machthaber beschäftigten sich vorzugsweise mit der Konsolidierung des eigenen Einflußbereiches. Dennoch endete der Kalte Krieg mit diesem Einschnitt nicht: Daß sich die Lage in einem Kräftegleichgewicht bereits stabilisiert hatte, konnte von den Zeitgenossen noch nicht unmittelbar wahrgenommen werden; die Dynamik wechselseitigen Präventivdenkens ließ sie die Auseinandersetzung weiterführen, als es in der ursprünglichen Absicht beider Kontrahenten lag.
Der Vormarsch nordkoreanischer Truppen über den 38. Breitengrad am 25. Juni 1950 war in den Augen der sowjetischen Führung lediglich der Versuch eines Gegenzugs nach der Serie amerikanischer Erfolge in der Eindämmungspolitik, des Gegenzugs in einem Raum, der außerhalb der unmittelbaren strategischen Linie des westlichen Systems lag; dennoch führte er in diesem westlichen System endgültig zu jener Universalisierung des Eindämmungsbegriffes, in deren Folge die Differenzen innerhalb des kommunistischen Lagers durch zunehmende Ideologisierung der Betrachtungsweise aus dem Blick gerieten und politische Strategien militärischen Erwägungen weichen mußten, insgesamt die westliche Politik an Flexibilität verlor. Im Gegensatz zu 1947/48 waren es nun mehr noch die Amerikaner als die Europäer, die ein militärisches Vordringen der Sowjetunion in Richtung auf Westeuropa befürchteten und auf eine Stärkung des europäischen Verteidigungssystems drängten. Von der Explosion der ersten russischen Atombombe im September 1949 beunruhigt, die drei Jahre früher als ursprünglich erwartet erfolgte, war ihnen der Koreakrieg ein willkommener Anlaß, die Erweiterung europäischer Landstreitkräfte zur Herstellung eines ausgewogenen militärischen Gleichgewichts voranzutreiben. Die gesamte Entwicklung, die 1950 einsetzte, lief den Prinzipien sozialistischer Außenpolitik zuwider: Die Perpetuierung des Ost-West-Konflikts widersprach dem sozialistischen Ziel der Friedenssicherung durch Annäherung, die Remilitarisierung dem Ziel des sozialen Fortschritts, die unausweichliche Einbeziehung Westdeutschlands in die gemeinsame Verteidigungsorganisation dem Ziel der Sicherheit vor Deutschland. Dennoch sahen sich die französischen Sozialisten nicht in der Lage, ihr entgegenzutreten. Durch den generalisierenden Antikommunismus der Parteimehrheit verlor die SFIO an außenpolitischer Flexibilität; zudem war der Ausbau des westlichen Verteidigungssystems mit dem Fortschritt in der europäischen Einigung untrennbar verbunden; der Zusammenschluß Europas reduzierte sich fast auf eine Funktion des westlichen Verteidigungswerkes.

Für den Prozeß der europäischen Einigung stellte der Plan zur Schaffung einer Europäischen Gemeinschaft für Kohle und Stahl, den der französische Außenminister Schuman am 9. Mai 1950 zur französischen Regierungsinitiative machte, einen wesentlichen neuen Impuls dar. Er bedeutete zwar nicht jenen revolutionären Umbruch in der französischen Außenpolitik, als der er gemeinhin dargestellt wird[1]; die neue europapolitische Linie Frankreichs war durch die schrittweise Übernahme des SFIO-Konzepts seit Anfang 1947 vorbereitet worden; zugleich blieben auch in der neuen Politik alte Zielsetzungen erhalten; dennoch stellte er einen ersten markanten Einschnitt in der Geschichte des Einigungsprozesses dar. Noch ehe der erste Anlauf zur Schaffung einer europäischen Föderation unter Einschluß Großbritanniens im Dezember 1950 im Europarat endgültig gescheitert war, leitete er eine Entwicklung ein, die auf die Schaffung eines Minimums europäischer Supranationalität vorerst ohne Beteiligung Großbritanniens abzielte und die Stagnation überwinden half, in der sich die Einigungsbewegung seit der Enttäuschung über die Folgenlosigkeit der ersten Sitzungsperiode des Europarates befand. Auch diese Entwicklung widersprach der sozialistischen Zielsetzung: Das Fernbleiben der Briten und der Skandinavier stärkte das Gewicht der nichtsozialistischen Kräfte in der noch verbleibenden europäischen Gemeinschaft; nahm man hinzu, daß sich in den britischen Unterhauswahlen vom 23. Februar 1950 der Vorsprung der Labour-Mehrheit auf ganze sieben Sitze reduzierte, daß die SPD in Westdeutschland den europäischen Integrationskurs Adenauers mehr und mehr bekämpfte, und daß die SFIO in Frankreich weiter an Einfluß verlor, so wurde deutlich, daß sich die Chancen für eine Verwirklichung sozialistischer Ordnungsvorstellungen im Rahmen eines föderierten Europas zusehends verringerten. Aber auch dieser Entwicklung konnte sich die SFIO letztlich nicht widersetzen: Die Einsicht, daß die Probleme Europas nur durch einen föderativen Zusammenschluß zu lösen seien, saß zu tief, als daß die Sozialisten ihre Mitarbeit in dem Einigungsprozeß verweigern konnten, selbst wenn die Perspektive einer europäischen Union, wie sie sich 1950 darbot, nur noch wenig mit dem Zielbild des SFIO-Konzepts von 1947/48 zu tun hatte. Diese Situation erlaubte es zwar nicht, ausschließlich von „pathologischen Zügen" in der SFIO-Außenpolitik zu sprechen[2]: Wenn auch die umfassende Zielsetzung eines sozialistisch orientierten föderierten Europas immer mehr entschwand, so blieben Teilziele dieses Konzepts — wie die Wahrung eines relativen Maßes an Unabhängigkeit gegenüber dem amerikanischen Bündnispartner, die Schaffung eines Europäischen Wirtschaftsraumes als Voraussetzung für sozialen Fortschritt, die Integration Westdeutschlands, die Überwindung nationalpartikularistischen Denkens — nach wie vor reale Möglichkeiten. Sie macht jedoch eine gewisse Irritation und ein gewisses Zögern der französischen Sozialisten verständlich, ebenso eine innerparteiliche Auseinandersetzung über die geeigneten taktischen Mittel, um im europäischen Einigungsprozeß dennoch ein Maximum an sozialistischen Wertvorstellungen zu erreichen. In der SFIO-Europapolitik des Jahres 1950 überschritten sich zwei Entwicklungslinien: einerseits ein unablässiges Bemühen, die Schaffung des föderierten Europas im ersten Anlauf doch noch zu erreichen, genährt von der verzweifelten Hoffnung auf eine Wende in der britischen Politik; andererseits der vergebliche Versuch, den negativen Implikationen von Koreakrieg und Schuman-Plan zu entkommen und der Beginn der parteiinternen Auseinandersetzung über den Weg, der nach dem Scheitern des ersten Anlaufs einzuschlagen war.

1. Formale Macht oder reale Ohnmacht des französischen Sozialismus

Fortschreitende Schwächung
Die Fortexistenz des Ost-West-Konflikts über das Ende der unmittelbaren Eindämmung hinaus festigte auch die ungünstige Position, in die die SFIO als linke Flügelgruppe der regierenden Mittelparteien geraten war. Formal hatte sie zwar nach wie vor eine Schlüsselstellung im politischen System Frankreichs inne: Bei einer kommunistischen Opposition in der Stärke von 182 Abgeordneten der Nationalversammlung und der Gefahr eines Einbruchs der Gaullisten in das Parlament im Falle einer Neuwahl war keine Regierungskoalition der Mittelparteien ohne sozialistische Beteiligung denkbar. Tatsächlich aber bedeutete diese Situation für die SFIO nicht eine Position der Stärke, sondern eine Position der Schwäche: Ihre Koalitionspartner wußten genau, daß die Sozialisten um der Verteidigung der demokratischen Ordnung der IV. Republik willen, gegen die Kommunisten wie Gaullisten aus unterschiedlichen Motiven zum Kampf angetreten waren, auf eine Fortführung der bestehenden Koalition angewiesen waren; sie brauchten daher in der Gestaltung der Regierungspolitik kaum auf sozialistische Sonderinteressen Rücksicht zu nehmen. Folglich entfernten sich die französischen Regierungen in der Wirtschafts- und Finanzpolitik, der Kolonialpolitik und schließlich auch in der Kulturpolitik immer mehr von sozialistischen Prinzipien, ohne daß die Sozialisten dem entgegenzutreten vermochten. Seit Ramadiers Kabinettsumbildung vom 22. Oktober 1947, die André Philip als Finanzminister ersetzte, blieb die SFIO ohne Einfluß auf die nunmehr wieder nach liberal-konservativen Grundsätzen gestaltete Wirtschaftspolitik; die Übernahme des Finanzministeriums in der einen Woche des zweiten Kabinetts Schuman Anfang September 1948 blieb Episode. Daß die SFIO dem Erhalt der demokratischen Ordnung in der Form der IV. Republik Priorität auch um den Preis der Schwächung ihres eigenen Einflusses einräumte, machte sie verletzlich. „C'est ainsi", urteilte Blum 1950 rückblickend, „que nous sommes passés de gouvernement en gouvernement, libres chaque fois de notre décision en théorie, mais obligés en fait, obligés par la gravité des circonstances et des périls, prisonniers de notre devoir qui était tout simplement le devoir républicain."[3]

Die Regierungsbeteiligung ohne gleichzeitigen Einfluß auf die für Wahlentscheidungen besonders relevanten Fragen bildete naturgemäß eine Quelle ständig wachsender Frustrationen in der Parteiführung, mehr noch unter den Parteimitgliedern, und zum Teil auch in der Parteiwählerschaft. Der Rückgang des Mitgliederstandes von 175 000 voll beitragszahlenden Mitgliedern im Jahr 1948 auf 100 000 im Jahr 1951[4], der Rückgang der verkauften „Populaire"-Auflage im gleichen Zeitraum von 110 000 auf 39 000, schließlich der Verlust an Wählerstimmen von 17,8 % im November 1946 auf 14,6 % am 17. Juni 1951 – der dank des neuen Wahlsystems allerdings noch den Gewinn von fünf Parlamentssitzen erbrachte – waren Ausdruck der Unzufriedenheit über die relative Erfolglosigkeit der Sozialisten.[5]

Die Unzufriedenheit in der Partei artikulierte sich kaum noch in der klassenkämpferisch argumentierenden Anti-Mollet-Opposition um Jean Rous. Hatte sie auf dem Parteitag 1948 mit nur 955 Mandaten für ihren Resolutionsvorschlag eine entscheidende Niederlage erlitten, so kam ihr definitives Ende mit dem Parteitag 1949, auf dem sie nur noch 432 Mandate sammeln konnte. Zur Zeit eines erbitterten Zweifrontenkampfes gegen Kommunismus und Gaullismus war eine prinzipielle Opposition gegen eine Mitwirkung im bourgeoisen Regierungssystem nicht mehr vertretbar. Die neue Opposition formierte sich aus jenen Kreisen, die bei aller Absage an den traditionellen Marxismus dem theoriearmen Pragmatismus des Mollet-Kurses den Kampf ansagten, um an sozialistischen Prinzipien festzuhalten. Auf dem Parteitag 1949 brachten André Philip und Edouard Depreux einen Entschließungsantrag ein, der einer konditionierten Regierungsbeteiligung das Wort redete: sollte die Regierungspolitik weiterhin auf die sozialistischen Forderungen keine Rücksicht nehmen, so sollten die Sozialisten die Koalition verlassen. „Je préférais", erklärte Depreux, „la dissolution de l'Assemblée à celle du parti socialiste." Der Antrag erhielt immerhin 852 Mandate gegenüber 1603 Mandaten für den Mollet unterstützenden Mehrheitsantrag.[6] Die Frage, in der Befürworter und Gegner einer Regierungsbeteiligung differierten, war nicht mehr die Prinzipienfrage nach der Legitimität einer sozialistischen Regierungsbeteiligung im kapitalistischen System, sondern eine Frage der innenpolitischen Lagebeurteilung. Ob sich die Sozialisten ein Ausbrechen aus der Koalition leisten konnten, hing davon ab, ob und wieweit die Gefahr einer Erschütterung durch Kommunisten oder Gaullisten gebannt war. 1949 glaubten neben Philip und Depreux etwa Jaquet, Pivert, Gazier und Deferre, diese Frage mit einem relativen Ja beantworten zu können, die Mehrheit mit Blum, Mollet, Mayer, Ramadier und Moch jedoch nicht; als Daniel Mayer als Arbeitsminister im Herbst 1949 ungewollt eine Regierungskrise auslöste, indem er als Pendant zur liberalen Preispolitik eine Aufhebung des Lohnstopps sowie als kurzfristige Sofortmaßnahme die Gewährung einer Gratifikation von 3000 Francs für die unteren Arbeitnehmerschichten forderte, fanden sich die Sozialisten schließlich nach dem Rücktritt Queuilles am 6. Oktober und nach vergeblichen Versuchen von Jules Moch und René Mayer am 27. Oktober in einem neuen Kabinett Bidault wieder, ohne daß ihnen präzise Zugeständnisse gemacht worden wären. Anfang 1950 hatten sich die Mehrheitsverhältnisse in der Lagebeurteilung geändert: Während Blum die Gefahr für den Bestand der Republik nach wie vor hoch einschätzte, hielt Mollet die Situation für gefestigt genug, um aus einem zeitweiligen Ausscheiden aus der Regierung einen taktischen Vorteil ziehen zu können. Die erneute Zurückweisung der Prämie von 3000 Francs durch Bidault nahmen die sozialistischen Minister zum Anlaß, am 3. Februar zurückzutreten; fortan praktizierten die Sozialisten eine Politik der konditionierten parlamentarischen Unterstützung Bidaults. Die Unzufriedenheit der Parteimitglieder konnte damit aufgefangen werden; zu Recht konstatierte Daniel Mayer auf dem Parteitag Ende Mai 1950 eine neue Solidarität in der Partei.[7]

Doch im Grunde änderte die Politik des „soutien contractuel, soutien conditionnel, préjugé favorable" (Blum) wenig an der Lage der Partei. Die SFIO vermochte zwar die Regierung zu stürzen, wenn sie zu Maßnahmen schritt, die sich allzuweit von den Interessen des von den Sozialisten apostrophierten „kleinen Mannes" zu entfernen schienen; eine grundsätzliche Richtungsänderung im jeweils folgenden Kabinett erreichte sie jedoch damit nicht, zumal die Sorge um den Fortgang der Europapolitik und, je länger die Regierungskrise andauerte, wieder zunehmende Sorge um den Bestand der Republik sie de facto als Regierungspartei agieren ließen. Als Bidault am 23. Juni sich einer Neuregelung der Beamtenbesoldung widersetzte, auf eine Parlamentsauflösung zielend die Vertrauensfrage stellte, und mit den Stimmen der Sozialisten gestürzt wurde, kehrten die Sozialisten nach einem vergeblichen Versuch Queuilles und einer Sondierungsmission Mollets in die Regierungsverantwortung zurück. Im Kabinett Pleven, das am 13. Juli von der Nationalversammlung gebilligt wurde, übernahm Mollet die neugeschaffene Funktion eines Staatsministers für Angelegenheiten des Europarates, Moch mit Lejeune als Staatssekretär das Verteidigungsministerium. Im dritten Kabinett Queuille (10. März bis 10. Juli 1951) figurierte Mollet statt als Staatsminister als Stellvertretender Ministerpräsident; im übrigen blieb die Situation unverändert. Die Wahlen vom 17. Juni 1951, die der kommunistischen Opposition von 103 Sitzen eine ebenso große Fraktion von Gaullisten mit 118 Sitzen gegenüberstellten, verringerten noch die Möglichkeiten, in der Nationalversammlung eine auf ein positives Regierungsprogramm gestützte Mehrheit zu finden. Der Druck des an Wahlversprechungen gebundenen MRP in der Schulfrage hinderte die SFIO, die das strittige Problem des Laizismus eigentlich als sekundäre Frage ausklammern wollte, sich am nächsten Kabinett Pleven (10. Auguost 1951) zu beteiligen. Fortan sollte sie während der gesamten zweiten Wahlperiode des Parlaments nicht mehr an der Regierungsverantwortung teilhaben und zwischen konditionierter Unterstützung und Opposition lavieren. „Il importe de reconquérir pas à pas l'autonomie sans faire chavirer la barque gouvernementale" (Quilliot)[8]; beides konnte nicht recht gelingen. Der Prozeß der Erstarrung der IV. Republik wie der SFIO war mit dieser Politik zwar zu verlangsamen, aber nicht aufzuhalten.

Erstarrung der Doktrin
Der Tod Léon Blums am 30. März 1950, einen Tag nach Erscheinen seines letzten „Populaire"-Artikels[9], begünstigte die Tendenz zur Erstarrung der SFIO. Nachdem Jules Moch auf dem 42. Parteitag Ende Mai 1949 vergeblich versucht hatte, sich durch einen — allzu vorsichtigen — Theorieentwurf als Nachfolger Blums in der intellektuellen Führung der Partei zu profilieren[10], wurde Guy Mollet mehr und mehr zum unbestrittenen Führer der Partei. Hatte er seine Stellung als Generalsekretär bis Ende 1948 nur durch die Unterstützung von wechselnden und knappen Mehrheiten halten können, so war ihm nun durch seine Aktivität in der Europapolitik der Nachweis staatsmännischer Fähigkeiten gelungen; als einflußreichster sozialistischer Politiker im Europarat und führendes sozialistisches Regierungsmitglied besaß er eine Machtfülle wie kein zweiter Sozialist; die Politik der konditionierten Regierungsunterstützung, ergänzt durch eine beträchtliche taktische Geschicklichkeit, ermöglichte es ihm, die Wünsche aller innerparteilichen Tendenzen soweit zufriedenzustellen, daß seine Position nicht mehr ernsthaft in Frage gestellt werden konnte. Das Faktum der Verantwortung für die Geschicke des Landes hatte die Sozialisten sukzessive — Blum spätestens 1936, Mollet 1947, Rous 1949/50 — zu der Einsicht geführt, daß die Teilnahme an der Regierungsverantwortung nicht eine Ausnahmesituation einer prinzipiell revolutionären Partei darstellte, sondern den Regelfall einer essentiell demokratischen Gruppierung; die Sorge um die internationale Politik hatte sie vollends in das bestehende parlamentarische System integriert; Pragmatismus, Arbeitsintensität, nostalgisches Bekenntnis zu einem verbalen Marxismus, wie sie Mollet als Inkarnation des durchschnittlichen Parteimitglieds verkörperte, konnten jedoch nicht darüber hinwegtäuschen, daß der Partei nun eine umfassende Theorie fehlte, die es ihr ermöglicht hätte, trotz

der Teilnahme am parlamentarischen System an der Verfolgung sozialistischer Prinzipien festzuhalten. Blum hatte der Aktion der SFIO durch seine täglichen Reflexionen und Interventionen noch einen inneren Zusammenhalt gegeben und immer wieder langfristige Perspektiven aufgezeigt, wenn ihm auch der Reformversuch von 1945/46 mißglückt war; die Erneuerungsversuche nach Blum blieben vage; Mollets Mißtrauen gegenüber intellektueller Eloquenz hemmten sie zusätzlich.[11]

Infolgedessen traten die ungelösten Widersprüche in der Parteipraxis wieder stärker hervor; das Bild des französischen Sozialismus wurde diffuser. „De quel socialisme s'agit-il?" schrieb ein zeitgenössischer Beobachter pointiert: „Il hésite à se déclarer ouvertement réformiste comme le travaillisme britannique ou suédois mais il n'ose s'affirmer non plus franchement marxiste. (. . .) D'ailleurs la S.F.I.O. ce n'est pas seulement le socialisme, c'est encore (et non sans contradiction quelquefois) l'internationalisme et le jacobinisme, l'anticolonialisme et la politique d'assimilation coloniale, une velléité d'anarchisme et d'étatisme centralisateur, le rationalisme mais aussi le romantisme de la Nouvelle Héloise, la laicité républicaine et la ‚Profession de foi du Vicaire Savoyard', etc. ..."[12] Während im außenpolitischen Bereich dank der Bemühungen Blums die internationalistische Theorie noch im Kampf für die europäische Einigung fortwirkte, war der systematische Antikommunismus, der nun den Platz des Klassenkampf-Topos einnahm, kein vollwertiger Ersatz für den Theoriemangel in der Innenpolitik; mehr noch: es gelang nicht, die Gesamtdoktrin von der Idee der europäischen Föderation her zu erneuern, wie es Philip erhofft hatte; statt dessen korrumpierte der Antikommunismus auch die sozialistische Europadoktrin, indem er ihr ihre Flexibilität und ihr Differenzierungsvermögen nahm. Mangelndes Adaptionsvermögen der aktuellen historischen Entwicklung in die eigene Theorie und praktischer Immobilismus in der konditionierten Regierungsunterstützung bedingten sich zum Teil wechselseitig; mangelndes Erneuerungsvermögen der Parteiführung um Mollet und die Zwangslage, in die die Partei in der IV. Republik geraten war, führten zusammen dazu, daß die SFIO erstarrte und an Einfluß verlor.[13] Wenn die französischen Sozialisten auch an ihrer grundsätzlichen Entschlossenheit zum föderativen Zusammenschluß Europas festhielten, so fehlten ihnen doch die Machtmittel, die nötig gewesen wären, die französische Europapolitik weiterhin nachhaltig in ihrem Sinne zu beeinflussen. Je mehr sie die Rolle von Vorkämpfern mit derjenigen von Mitstreitern des Einigungsgedankens vertauschen mußten, desto mehr entfernte sich die realisierte Europapolitik von dem SFIO-Konzept. Je weniger es gelang, internationalistische Theorie und innenpolitische Praxis zu einer umfassenden Doktrin zu verbinden, desto starrer wurden die Sozialisten auch in ihrer Außenpolitik, desto weniger gelang es den Sozialisten, durch Flexibilität in der Wahl ihrer Methoden auf die Gestaltung der realen Europapolitik Einfluß zu nehmen.

2. Solidarität mit der Labour-Party oder Solidarität mit der Einigungsbewegung: Vorgeschichte und Diskussion des Schuman-Plans

Der Zielkonflikt zwischen einer raschen föderativen Einigung Europas und einer Einigung unter Einschluß Großbritanniens drängte im Winter 1949/50 immer stärker zur Lösung. Einerseits glaubten die Sozialisten nur noch wenig Zeit zur Realisierung ihrer Einigungspläne zu haben; „en ce qui concerne la prochaine session de Strasbourg", so Mollet, „elle sera décisive: ou elle marquera le point de départ de la marche à la fédération européenne – et pour cela il faudrait que le comité des ministres modifie profondement son attitude – ou elle sonnera la fin du Conseil de l'Europe." Andererseits hatten die Briten und Skandinavier alle weiterreichenden Initiativen durch ihre Zurückhaltung gelähmt; „Les institutions créées", so Ramadier, „semblent parvenues au point mort. On s'accroche désespérément à des états fragiles et l'on rejette délibérément vers l'avenir le debut de l'oeuvre constructive."[14] Wenn die SFIO-Politiker vermeiden wollten, durch ständige Wiederholung ihrer Maximalzielsetzung – föderative Einigung unter Einschluß Großbritanniens – in eine rein deklamatorische Position hineinzugeraten, von der aus die Entwicklung nicht mehr zu beeinflussen, bestenfalls konkrete Einigungsinitiativen zu bremsen waren, mußten sie Alternativen zu ihrer bisherigen Europapolitik entwickeln. Zwei Möglichkeiten boten sich an: Entweder das Ziel des unmittelbaren föderativen Zusammenschlusses hintanzustellen und nach Organisationsformen zu suchen, an denen teilzuhaben auch die Briten einwilligten; oder aber die britische Teilnahme hintanzustellen und mit den einigungswilligen europäischen Nationen nach Lösungen zu suchen, die eine effektive Supranationalität garantierten. Beide Alternativen lebten von der Hoffnung auf eine schließliche Revision des britischen Standpunkts: die Vertreter der ersten hofften auf eine Wandlung der britischen Einstellung durch die Überzeugungskraft der Argumentation, die Vertreter der zweiten auf eine Wandlung durch die Überzeugungskraft des Beispiels der schon geeinigten Staaten. Beide riskierten einen Bruch mit der ursprünglichen Zielsetzung: Im Hinauszögern des Zusammenschlusses bis zum Zeitpunkt des britischen Einverständnisses lag die Gefahr, den europäischen Einigungsprozeß insgesamt zum Scheitern zu bringen, im Beschleunigen des Zusammenschlusses die Gefahr, die britischen Bindungen an den Kontinent insgesamt geringer werden zu lassen. Während sich Mollet im Politischen Ausschuß des Europarates, unterstützt von Blum und der Parteimehrheit, um Verständigungsmöglichkeiten mit den Briten bemühte und damit auf die erste Alternative zusteuerte, visierte Philip mit seinem Vorschlag eines kontinentalen Sozialistenkongresses die zweite Möglichkeit an.[15]

Bundespakt-Pläne und Kompromißvorschläge
Der Auftrag, den die Beratende Versammlung des Europarates zum Schluß ihrer ersten Sitzungsperiode ihrem Allgemeinen Ausschuß, nunmehr als Politischer Ausschuß bezeichnet, übergeben hatte, bis Ende April 1950 einen „Europäischen Pakt" zu entwerfen, der die Leitsätze der Mitgliedstaaten des Rates verpflichtend definieren sollte, lief im Grunde bereits auf eine europäische Lösung ohne Großbritannien hinaus, insofern er, wenn auch in mit Rücksicht auf die zögernden Abgeordneten verklausulierter Formulierung, auf die Schaffung supranationaler Strukturen abzielte. Deutlicher wurde die UEF in ihrer außerordentlichen General-

versammlung vom 29. bis 31. Oktober 1949 in Paris: sie forderte „die unmittelbar und am ernstesten durch die Auflösung Europas bedrohten Staaten" auf, durch einen gemeinsamen Bundespakt („Pacte fédéral)") eine supranationale europäische Autorität mit vorzugsweise koordinierenden Kompetenzen zu schaffen, „selbst wenn bestimmte Regierungen sich noch einer föderativen Einigung widersetzen". Mit anderen Worten: Mit dem Beginn europäischer Supranationalität sollte ohne britische Beteiligung begonnen werden; die neue Organisation sollte den Briten aber jederzeit offenstehen; bis zu ihrem Beitritt sollten „organische und besonders freundschaftliche Beziehungen" mit ihnen unterhalten werden — aus der Sicht der Sozialisten die zweite Alternative.[16] Der MSEUE schloß sich auf seinem dritten internationalen Jahreskongreß vom 5. bis 7. November 1949 in Paris dieser Position an. Unter dem wesentlichen Impuls Philips verabschiedete der Kongreß eine Resolution, in der der MSEUE seinen Entschluß bekräftigte, an der Schaffung einer europäischen Föderation mitwirken zu wollen, auch wenn diese nicht von Anfang an sozialistische Ordnungsvorstellungen wie „das europäische Besitzrecht an den Grundindustrien und die allgemeine Wirtschaftsplanung in demokratischer Weise" verwirklichen werde. „Die Bewegung macht ihre aktive und loyale Beteiligung nur von einer einzigen Bedingung abhängig: daß die der Europäischen Bundesautorität zu verleihenden Vollmachten ihr nicht die verfassungsmäßigen Mittel zur Verwirklichung der obengenannten Ziele versagen." Aus diesem Selbstverständnis heraus begrüßte der MSEUE die Initiative, die europäischen Regierungen zur Unterzeichnung eines gemeinsamen Paktes aufzufordern. Die Richtlinienkompetenz in den Grundindustrien, in der Handels- und Sozialpolitik, die Aufsicht über die OEEC, die Koordinierung der Außenpolitik, die Leitung der Verteidigungspolitik sollten, so forderten die Delegierten, europäischen Behörden unterstellt werden, ein europäischer Währungsfond sollte geschaffen werden, alle diese Exekutivorgane sollten einer Völkerversammlung und einer Staatenversammlung, Fortentwicklungen der Beratenden Versammlung und des Ministerrats, verantwortlich sein.[17] Das Problem der britischen Teilnahme mit dem Hinweis umgehend, „que l'Europe qui doit se créer ne saurait être abandonné à la domination des intérêts capitalistes", folgte das nationale Komitee des französischen MSEUE in seiner Sitzung vom 18./19. Februar 1950 in Paris dem Beschluß des internationalen Kongresses; seine Resolution betonte „la nécessité de réaliser au plus tôt une véritable autorité européenne, un véritable gouvernement européen responsable devant le Parlement européen."[18] Der Bundespakt-Gedanke fand weiterhin die Zustimmung des französischen, belgischen, deutschen, italienischen und niederländischen Rats der Europäischen Bewegung; schließlich schloß sich am 21. Januar 1950 das internationale Exekutivkomitee der Europabewegung im Prinzip an; der britische Rat freilich lehnte ab.[19] Eine umfassende Propagierung des Einigungsgedankens sollte nach dem Willen der Initiatoren des Plans in den folgenden Monaten in der breiten Öffentlichkeit ein einigungswilliges Klima entwickeln, das die Abgeordneten in der Beratenden Versammlung — zumindest in ihrer kontinentalen Mehrheit — in die Lage versetzen sollte, im Laufe ihrer zweiten Sitzungsperiode einen Paktentwurf auszuarbeiten.

Der Politische Ausschuß des Europarates freilich klammerte auf seiner ersten Sitzung vom 19. bis 21. Dezember 1949 in Straßburg den Auftrag zum Entwurf eines Europäischen Paktes zunächst einmal aus. Guy Mollet, auch in diesem permanenten Ausschuß wieder Berichterstatter, hatte in seinem Rapport zur Vorbereitung der Sitzung den Bundespakt-Plan der Verbände der Europäischen Bewegung als erste der weiteren Verfahrensmöglichkeiten genannt; die Mehrheit der Ausschußmitglieder kam jedoch gerade durch diesen auf Supranationalität zielenden Plan zu der Überzeugung, daß das gesamte Paktprojekt den Spielraum der Gemeinsamkeit in der Beratenden Versammlung überschritt. Mollet trat selbst mit einer derartigen Überzeugung für die föderative Lösung ein, daß ihn zeitgenössische Beobachter als der UEF nahestehend bezeichnen konnten[20]; andererseits war er um keinen Preis bereit, den Bruch mit Großbritannien zu riskieren; seine Funktion als Berichterstatter trug ein weiteres dazu bei, daß er sich von nun an mit großer Arbeitsintensität um Kompromißlösungen bemühte, die auch den zurückhaltendsten Mitgliedern des Rates annehmbar waren — von der Problemstellung der SFIO her die erste Alternative. Der Ausschuß beschloß, sich Einzelfragen der Fortentwicklung des Europarates zuzuwenden; hierzu sollte Mollet einen neuen Bericht erstellen.[21] Am 23. März 1950 legte Mollet dem Ausschuß nicht weniger als 15 Empfehlungen vor, die nach Anhörung von Experten von den Ausschußmitgliedern noch einmal modifiziert und am 26. Juni als Vorlagen für die zweite Sitzungsperiode der Beratenden Versammlung bekanntgegeben wurden. Mollets Empfehlungen betrafen insbesondere: die Integration von OEEC, Brüsseler Pakt und Europarat, Koordination der Auswärtigen Politik durch vorbereitende Konsultationsgespräche, regionale Teilabkommen zwischen einzelnen Mitgliedstaaten des Rates, Rechenschaftsberichte des Ministerrats an die Versammlung zu jeder Sitzungsperiode, Konsultationspflicht des Ministerrates gegenüber der Versammlung, Recht der Versammlung, auch Sicherheitsfragen vom politischen Aspekt her zu behandeln, Verbindlichkeit der Beschlüsse des Ministerrats für die Mitgliedstaaten, Einrichtung von Europa-Referaten in den betroffenen Ministerien aller Mitgliedstaaten und regelmäßige Konsultationstreffen der Referenten, schließlich eine Lockerung in der Verfahrensordnung der Versammlung — insgesamt also ein Höchstmaß an Maßnahmen zur Stärkung des Europarates, soweit sie ohne Beeinträchtigung der nationalen Souveränitäten möglich war.[22] Ein weitergehender Vorschlag Mollets — die Schaffung eines gemeinsamen Exekutivausschusses von sieben Ministern für europäische Angelegenheiten und sieben Vertretern der Versammlung, der die Arbeit des Rates nicht nur koordinieren und planen, sondern auch die Beschlüsse exekutieren und dabei nach dem Mehrheitsprinzip verfahren sollte — wurde denn auch von Ernest Bevin in der Sitzung des Ministerrats vom 30. März bis 1. April in Straßburg sogleich angegriffen. Während der von Mollet geplante Exekutivausschuß in der Tat den Beginn einer europäischen Exekutive bedeutet hätte und Beratende Versammlung wie Ministerrat in die Rolle der beiden Kammern eines europäischen Parlaments gedrängt hätte, bedeutete der Kompromißvorschlag, auf den sich der Ministerrat und der Politische Ausschuß nach Konsultationen am 31. März und 18./19. Mai am 3. Juni einigten — ein nach dem Einstimmigkeitsprinzip verfahrender Gemeinsamer Ausschuß zur Koordination von Ministerrat und Versammlung mit dem Recht, beiden Gremien Tagesordnungsvorschläge zu machen und Mittel zu beraten, die den Beschlüssen des Ministerrates praktische Wirksamkeit verleihen könnten — zwar eine Stärkung der Stellung der Beratenden Versammlung, insgesamt aber doch einen Rückschritt zu strikt zwischenstaatlichen Konferenzmechanismen.[23] „Nous sommes alors obligés de constater", kommentierte Philip zu Beginn der zweiten Sitzungsperiode des Rates am 8. August das Ergebnis des Ringens in den Ausschüssen und mit dem Ministerrat, „que, par rapport à l'idéal qui est le nôtre, par rapport aux espérances qui ont été mises en nous au moment de la naissance du Conseil de l'Europe, bien peu a été réalisé au cours des mois qui viennent de s'écouler. (...) Avons-nous le temps de continuer à marcher à ce rythme de tortue? Est-il possible de continuer à utiliser des méthodes et des techniques qui nous permettraient de créer l'Europe en trente ans, alors que nous ne sommes pas surs d'avoir trente mois devant nous?"[24]

Atlantikrat-Plan und Saar-Verträge
In Wahrheit stellte sich die Problematik noch dramatischer: Die Verwirklichung des europapolitischen und deutschlandpolitischen Konzepts der SFIO machte nicht nur kaum Fortschritte; es mehrten sich die Anzeichen, daß ihm entscheidende Rückschläge bevorstanden. Das Ende des Plans einer europäischen Einigung schien vielen Beobachtern bereits gekommen, als Ministerpräsident Bidault am 16. April 1950 ohne vorherige Rücksprache mit dem Kabinett einer Anregung Jean-Jacques Servan-Schreibers folgend den Plan eines „Hohen Atlantikrats" lancierte, der als gemeinsames Gremium der Staaten der westlichen Welt die Verteidigungsanstrengungen und die Wirtschaft, späterhin auch die Politik des Westens koordinieren sollte. Ziel Bidaults war es, die reale Präsenz der USA auf europäischem Boden auch nach dem Ende des Marshall-Hilfsprogramms und der Besatzung in Deutschland sicherzustellen, angesichts der Verteidigungsschwäche Westeuropas britische und amerikanische Truppenverstärkungen auf dem Kontinent zu erreichen, vor allem und am dringendsten aber über die Einrichtung einer gemeinsamen atlantischen Finanzplanung eine vermehrte Finanzierung der europäischen Rüstungsanstrengungen durch die USA zu erzielen.[25] In der Tat signalisierte der Plan das Ende des Vertrauens Bidaults in die Schaffung einer effektiven europäischen Organisation. Ein direkter Zusammenschluß der europäischen Einzelstaaten mit den USA aber, so die erschreckten Kommentare der französischen Sozialisten, würde die Chancen für die Verwirklichung einer sozialistischen Gesellschaftsordnung in Europa entscheidend verringern, indem er die uneinigen Europäer verstärkt dem amerikanischen Einfluß ausliefere; er würde die Spaltung Europas vertiefen und jede Aussicht auf einen Konfrontationsabbau durch das Gewicht eines unabhängigen Europas verbauen; selbst das bisher Erreichte müsse dann aufgegeben werden; der Atlantikrat bedeute das Ende des Europarats.[26] Daß die SFIO-Politiker in der Reaktion auf Bidaults Vorschlag nochmals wesentliche Motivationskomplexe sozialistischer Europapolitik zur Sprache brachten, war ein Indiz dafür, daß die Organisation des europäischen Raums eine andere Richtung nahm, als es dem SFIO-Konzept entsprach.
Hinter dem Atlantikrat-Vorschlag verbargen sich schließlich Entwicklungen, die dem SFIO-Deutschlandkonzept zuwiderliefen. Die Weigerung der noch im Wiederaufbau begriffenen europäischen Länder, ihre Verteidigungsanstrengungen aus eigenen Mitteln wesentlich zu erhöhen, führte immer unvermeidlicher zu der Konsequenz, die westdeutsche Bundesrepublik zur Stärkung des westlichen Militärpotentials heranzuziehen, und ließ Amerikaner wie Europäer immer unausweichlicher die Aufstellung neuer deutscher Streitkräfte ins Auge fassen. Eine Einbeziehung Westdeutschlands in das westliche Verteidigungssystem ließ die weitere Aufrecht-

erhaltung des deutschen Status minus immer problematischer erscheinen. Ein weiterer Abbau der Kontroll- und Restriktionsmaßnahmen für die deutsche Wirtschaft, ein weiterer Ausbau der deutschen Schwerindustrie, schließlich das Ende der deutschen Reparationslieferungen waren abzusehen. Damit sanken die Chancen für das französische Ziel der Sicherheit vor Deutschland — der nationale Aspekt des SFIO-Konzepts — ohne daß die Chancen für das Ziel einer deutsch-französischen Verständigung im europäischen Rahmen — der internationale Aspekt des SFIO-Konzepts — stiegen. Die Aufstellung deutscher Streitkräfte führte zu der von den Sozialisten gefürchteten Remilitarisierung Deutschlands, der Abbau der Wirtschaftsbeschränkungen zu einer neuen deutschen Vormachtstellung im wirtschaftlichen Bereich und — nahm man die voraussehbare Überproduktionskrise in der Stahlindustrie hinzu — zum Ende aller französischen Hoffnungen auf eine eigene Vormachtstellung, das Ende der Reparationsleistungen zur Verknappung der für die französische Industrie nach wie vor unabdingbaren Ruhrkohle. Die gegen diese Entwicklung gerichteten Bekräftigungen des sozialistischen Standpunkts[27] vermochten nicht zu verhindern, daß sich die Aussichten für eine Integration Deutschlands durch die französischen Versuche, wenigstens in der Saarfrage Restbestände des früheren gaullistischen Deutschlandkonzepts zu retten, zusätzlich verschlechterten.
Die SFIO hatte sich im Winter 1949/50 vergeblich darum bemüht, die Saarfrage als eine Quelle deutsch-französischer Auseinandersetzungen zu neutralisieren. Ein offenes Eintreten für eine Revision der französischen Saarpolitik, die auf eine Absorption des saarländischen Wirtschaftspotentials durch Frankreich zielte und somit im Widerspruch zu der inzwischen auch von der französischen Regierung proklamierten ungeteilten Integration Westdeutschlands in die europäische Union stand, war ihr nicht möglich; der Stand der öffentlichen Meinung in Frankreich und die Folgewirkungen ihres eigenen Bruchs mit den deutschlandpolitischen Prinzipien der Partei in der Energiekrise des Winterhalbjahrs 1946/47 ließen dies nicht zu. Statt dessen suchte sie die Bedeutung des Saarproblems herunterzuspielen. Den weitesten Vorstoß unternahm dabei Blum, indem er auf das Selbstbestimmungsrecht der saarländischen Bevölkerung verwies — ein Vorschlag, der geeignet war, das Aufkommen nationalistischer Emotionen auf beiden Seiten zu verhindern, ohne daß er in der innersaarländischen Situation 1949/50 gleich ein Votum für die Angliederung des Saarlandes an das Staatsgebiet der Bundesrepublik implizierte. Das Saarproblem lasse sich leicht lösen, schrieb Blum, „si l'on s'entendait une bonne fois, de part et d'autre, sur le principe qu'il dépend d'abord de la volonté de la population, volonté librement, clairement et explicitement exprimée, ce qui n'a pas été fait jusqu'à présent." Aber auch Grumbach distanzierte sich vorsichtig von seiner früheren Position: „Rendre la Sarre purement et simplement à l'Allemagne n'a pas paru possible", genauso falsch wäre es aber, die jetzige Situation durch einseitige französische Maßnahmen zu zementieren.[28] Genau dies war jedoch die Absicht von Ministerpräsident Bidault und Außenminister Schuman. Die Frage der Zulassung der Bundesrepublik zum Europarat nahmen sie zum Anlaß, den Sonderstatus des Saarlandes auf internationaler Ebene sanktionieren zu lassen, indem sie die gleichzeitige Aufnahme der Saar zur Vorbedingung der französischen Zustimmung machten. Während Guy Mollet und der norwegische Sozialist Jakobsen in der Pariser Tagung der Ständigen Kommission des Europarates vom 7. bis 9. November 1949 gegen die Zulassung der Saar als eigenes assoziiertes Mitglied

des Europarates votierten[29], trug die französische Regierung mit ihrem Junktim zur Verzögerung des tatsächlichen Beitritts der Bundesrepublik bei und rief die Opposition der SPD gegen den Europarat auf den Plan. Durch eine westdeutsche Pressekampagne für eine Revision der Saarpolitik zusätzlich aufgeschreckt, schlossen sie am 3. März 1950 mit der saarländischen Regierung insgesamt 12 Konventionen ab, die die saarländisch-französische Währungs- und Zollunion trotz Gewährung einer politischen Rest-Autonomie des Saarlandes zu gewährleisten suchten und die saarländischen Kohlegruben auf 50 Jahre dem französischen Staat verpachteten.[30] Die erneute Entrüstung, die diese Maßnahmen in der westdeutschen Öffentlichkeit hervorriefen, nötigten die SFIO zu einer Kontroverse mit der SPD, in der sich die nationalistischen Ressentiments auf beiden Seiten noch einmal wechselseitig eskalierten und die SFIO zu einer stärkeren Identifikation mit den französischen Regierungsmaßnahmen führte, als es ihren Einsichten entsprach. Immerhin gelang es Grumbach, Mollet, Ollenhauer und dem saarländischen Sozialistenführer Dr. Braun, sich auf der COMISCO-Vollversammlung in Hastings am 18./19. März auf die Einsetzung eines Vermittlungsausschusses zu einigen. Dessen Vorarbeiten ermöglichen es der COMISCO-Vollversammlung von Kopenhagen, am 2. Juni eine gemeinsame Resolution zu verabschieden, die der SPD die Perspektive auf eine Revision der französischen Maßnahmen eröffnete und der SFIO einen Ausweg aus ihrem durch das Einlassen auf das Nebenziel der wirtschaftlichen Stärkung Frankreichs selbstverschuldeten Dilemma bot: Einerseits die Anerkennung der lothringisch-saarländischen Wirtschaftsinterdependenz und des französischen Reparationsanspruchs, andererseits die Anerkennung der Bedeutung der Saarkohle für den deutschen Markt und die Feststellung, „que la complexe intégration de l'économie sarroise dans l'économie française n'est pas une nécessité inévitable", insgesamt der Verweis auf deutsch-französische Wirtschaftsverträge und die Überantwortung der saarländischen Wirtschaftshoheit an eine supranationale europäische Behörde, und damit eine gute Grundlage für die spätere Regelung der Saarfrage in den Pariser Verhandlungen zwischen SFIO-Außenminister Christian Pineau und dem bundesdeutschen Außenminister von Brentano 1956.[31] Die Vermeidung einer tiefer reichenden Divergenz zwischen SPD und SFIO konnte allerdings das Faktum nicht ungeschehen machen, daß die Spannungen zwischen Frankreich insgesamt und dem neuen deutschen Staat eine bislang nicht erreichte Intensität angenommen hatten.

Ausweg aus den Sackgassen
Insgesamt war also die SFIO-Europapolitik und -Deutschlandpolitik im Frühjahr 1950 in eine doppelt verfahrene Situation geraten: Die Lähmung der europapolitischen Initiativen machte jeden Ansatz zu einer auf Integration zielenden Deutschlandpolitik illusorisch; die Verschlechterung des deutsch-französischen Verhältnisses belastete die Bemühungen um die Schaffung einer europäischen Gemeinschaft. „Wohin man sich in der gegenwärtigen Weltlage auch wendet, überall trifft man auf Sackgassen." — Mit diesen Worten leitete Jean Monnet sein Memorandum für Robert Schuman vom 3. Mai 1950 ein, in dem er die Gründe zusammenfaßte, die dafür sprachen, jetzt in einer „konkreten und entschlossenen Aktion, die auf einen begrenzten, aber entscheidenden Punkt abzielt, im Hinblick darauf eine fundamentale Veränderung nach sich zieht", den Plan einer Europäischen Gemeinschaft für

Kohle und Stahl zu lancieren.[32] Den Grundgedanken des Schuman-Plans vom
9. Mai 1950 — die Richtlinienkompetenz und koordinierende Planung der europäischen Grundindustrien einem nationenübergreifenden europäischen Gremium zu übertragen — hatten die französischen Sozialisten seit dem Herbst 1948 in den Vordergrund ihrer Europapolitik gestellt, nachdem die Verwirklichung des von Auriol und Blum formulierten Maximalziels einer europäischen Sozialisierung aller Grundindustrien in absehbarer Zeit nicht mehr möglich erschien; insbesondere dem Einsatz Philips war es zu verdanken, daß sich auch die Europäische Bewegung in ihren Kongressen von Brüssel und Westminster Februar und April 1949 diesen Gedanken zu eigen machte; in der Beratenden Versammlung des Europarates und im französischen Parlament hatte Philip im August und November 1949 vergeblich auf die Dringlichkeit des Projekts hingewiesen; seit der Bekanntgabe des Ruhrstatuts hatte die SFIO es nicht unterlassen, beständig daran zu erinnern, daß die Kontrollmaßnahmen für die Ruhrindustrie nur als ein erster Schritt zur Schaffung einer europäischen Grundindustrieorganisation gesehen werden dürften.[33] Als Vorsitzender des Unterausschusses Grundindustrien des Wirtschaftlichen Ausschusses der Europarat-Versammlung unternahm Philip einen erneuten Vorstoß zur Realisierung der sozialistischen Pläne; hier gelang ihm am 13. Dezember 1949 die Annahme einer Resolution, die unter Berufung auf die im ECE-Report avisierte Überproduktionskrise der Stahlindustrie die sofortige Schaffung einer „Autorité publique de l'acier" forderte. Dieser aus Delegierten der nationalen Regierungen bestehenden Organisation sollte nach den Vorstellungen des Unterausschusses die gesamte europäische Stahlpolitik überantwortet werden, insbesondere die Entscheidungen über Investitionen, Produktionsumfang und Preise. Sie sollte den nationalen Regierungen und dem Wirtschaftlichen Ausschuß des Europarates zugleich verantwortlich sein; ein Rat von Vertretern der Unternehmerschaft und Arbeitnehmerschaft der Stahlindustrie, der Abnehmerindustrien und der allgemeinen Öffentlichkeit sollte sie in ihrer Unternehmenspolitik beraten. Der Wirtschaftsausschuß insgesamt befaßte sich am 19. Dezember 1949 unter dem Vorsitz von Paul Reynaud mit dieser Forderung seines Unterausschusses; er erweiterte zwar den Plan, insofern er von der Notwendigkeit sprach, europäische Einrichtungen nicht nur für die Stahlindustrie, sondern für sämtliche Grundindustrien — wie Kohle, Öl, Elektrizität, Verkehrsmittel — zu schaffen, beraubte ihn jedoch seines wesentlichen Gehalts, indem er die Aufgaben der „Organisation publique de l'acier" aus Regierungsexperten und Konsultativrat auf rein beratende Momente reduzierte: der Rat sollte die notwendigen Maßnahmen auf dem Stahlmarkt „étudier et faire connaître"; die Entscheidungen über die zu ergreifenden Maßnahmen blieben den Unternehmensleitungen vorbehalten. Während der Plan der Unterkommission in Anlehnung an die Beschlüsse der Westminster-Konferenz auf ein erstes supranationales Gremium europäischer Wirtschaftspolitik zielte, fand sich der Ausschuß selbst nur zu dem Gedanken bereit, die Zahl der intergouvernementalen Organisationen um ein weiteres Konsultativgremium zu vergrößern.[34]

Der Vorgang macht erneut die Grenzen der sozialistischen Einflußmöglichkeiten deutlich und erhellt zugleich die Bedeutung der Initiative Monnets und Schumans im Mai 1950. Nicht die Idee, die vielfältigen Probleme Frankreichs in einem stagnierenden Europa durch die Schaffung einer Montanunion lösen zu wollen, war das wesentliche dieser Initiative, sondern die Entschlossenheit Monnets, diese

Idee ohne Abstriche zur französischen Regierungspolitik zu machen, und die weitsichtige Entscheidung Schumans, das politische Risiko ihrer Realisierung auf sich zu nehmen. Der Plan einer organischen Verbindung insbesondere der deutschen und französischen Schwerindustrie war in den vergangenen Jahren immer wieder in den verschiedensten Formen aufgetaucht[35]; die politischen Planer der SFIO hatten ihm die Form gegeben, in der er schließlich realisiert werden sollte; allein fehlte es ihnen an den nötigen Machtmitteln zu seiner Durchsetzung. Die Bekanntgabe des Schuman-Plans war nun der vorläufig letzte Schritt zur sukzessiven Ablösung des gaullistischen Konzepts in der französischen Außenpolitik durch das sozialistische, der Endpunkt eines Prozesses, der nach dem vergeblichen Versuch Gouins vom März 1946 mit dem Londoner Besuch Blums im Januar 1947 begonnen hatte.

Gewiß waren die SFIO-Planung und das Vorhaben Monnets nicht schlechthin identisch; trotz teilweise unterschiedlicher Motivation kamen sie jedoch im Resultat zur Deckung. Während den Sozialisten an einem Schutz Europas vor kapitalistischen Übergriffen der USA lag, war ein wesentliches Motiv Monnets die Wahrung eines Restbestands französischer Vormachtstellung; beides ließ die relative Unabhängigkeit Europas durch Zusammenschluß erstrebenswert erscheinen. Während Philip für die Schaffung eines europäischen Großraummarktes zur Vermeidung permanenter Wirtschaftskrisen kämpfte, hoffte Monnet um der Erhaltung der französischen Konkurrenzfähigkeit willen, durch auswärtigen Druck die französischen Industriellen zur Aufgabe ihres traditionellen Malthusianismus zwingen zu können; beides traf sich in dem Vorhaben, zwischen den wesentlichen europäischen Grundindustrien einen direkten, aber geregelten Kontakt herzustellen. Auch in der Methode des Vorhabens waren die Ausgangspunkte verschieden, das Ergebnis gleich: Monnet hatte anders als die Sozialisten weniger das Zielbild einer europäischen Föderation als die konkreten Probleme des Jahres 1950 vor Augen; sein ursprüngliches Vorhaben, wie es in der Erklärung vom 9. Mai zum Ausdruck kam, war daher wesentlich an der funktionalistischen Methode im Sinne eines David Mitrany orientiert, deren Prinzip es war, nicht Staaten schlechthin zu föderieren, sondern konkrete Einzelfunktionen eines Staates mit den nämlichen Funktionen all derjenigen Staaten in einer internationalen Behörde zusammenzufassen, die von der gleichen Problematik betroffen waren. Das Resultat dieser Methode konnte nicht im schrittweisen Aufbau einer geschlossenen Föderation liegen, sondern mußte zu einer Einbettung der Einzelstaaten in eine Vielzahl internationaler Zusammenschlüsse mit den unterschiedlichsten Partnerstaaten führen.[36] Insofern Monnet jedoch nicht nur die aktuelle Problematik des wirtschaftlichen Wiederaufstiegs Westdeutschlands, der Gewährleistung französischer Sicherheit und der Überwindung der allgemeinen europapolitischen Malaise ins Auge faßte, sondern auch um eine Realisierung der langfristigen Zielsetzungen Wahrung des französischen Großmachtrangs, Integration Deutschlands und Entspannung im Ost-West-Konflikt durch Schaffung eines Gleichgewichtsfaktors bemüht war, verstand er selbst sein funktionales Vorhaben nur als ersten Schritt auf dem Weg zur Schaffung einer tatsächlichen Föderation; im Widerspruch zur funktionalen Theorie hoffte er auf die Kraft der Folgewirkungen der wirtschaftlichen Integration eines Sektors auf die übrigen Wirtschaftsbereiche, schließlich der wirtschaftlichen Integration insgesamt auf den politischen Bereich.[37] Damit entsprach die von ihm vorgesehene Methode genau den Vorstellungen der sozialistischen Föderalisten, die die mangelnde Föderationsbereitschaft ihrer politischen Mit- und Gegenspieler seit jeher zu evolutionärem Denken und gradualistischem Vorgehen genötigt hatte. Was dem ursprünglichen Projekt der Kohle-Stahl-Gemeinschaft an supranationalen Attributen im Sinne des Föderalismus noch fehlte — die parlamentarische Kontrolle durch ein Zweikammernsystem von parlamentarischer Versammlung und Ministerrat sowie die Judikative in Form eines Gerichtshofs — kam im Laufe der Verhandlungen bis zum tatsächlichen Vertragsabschluß beinahe zwangsläufig, nicht zuletzt aber auf sozialistischen Druck hin hinzu. Nicht der — von einer unpräzisen Terminologie der Zeitgenossen beschworene — Gegensatz zwischen Funktionalismus und Föderalismus bestimmte die Auseinandersetzung des europäischen Einigungsprozesses, sondern der Gegensatz zwischen Festhalten an der formal absoluten nationalen Souveränität und Bereitschaft zu supranationalen Lösungen; in diesem Ringen fanden sich Monnet und die SFIO auf der gleichen Seite wieder.

Mit oder ohne Großbritannien?

Das Eintreten Monnets und Schumans für das supranationale Prinzip, ihre Taktik, sich durch die Umgehung der sonst üblichen Vorkonsultationen interessierter Kreise vor Beginn der eigentlichen Vertragsverhandlungen dieses entscheidende Wesenselement des Projekts nicht verwässern zu lassen, machte nun allerdings für die SFIO eine Lösung des Zielkonflikts zwischen rascher Einigung und Einigung unter Einschluß Großbritanniens unausweichlich. Die Frage, ob Monnet von vorneherein mit einer britischen Absage rechnete, ist sekundär; ihre Beantwortung hängt von der Einschätzung der britischen Haltung und der Einschätzung der Informationen Monnets über diese Haltung ab; wesentlich ist in gleicher Weise wie 1947 bei der Lancierung des Marshall-Plans, daß Monnet und Schuman die Briten in unmißverständlicher Weise vor die Entscheidung stellten, sich an den nächsten Schritten des Einigungsprozesses zu beteiligen oder nicht, wobei beide Alternativen mit den grundlegenden Zielsetzungen der eigenen Politik vereinbar waren.[38] Diese vorläufige Offenheit ändert jedoch nichts daran, daß der Schuman-Plan de facto eher zu einer Lösung ohne britische Beteiligung tendierte und Frankreich in eine doppelte Umkehrung der Bündnisverhältnisse führte, in der der vormalige deutsche Gegner nicht nur durch den russischen ersetzt wurde, sondern auch an die Stelle des britischen Partners als Hauptverbündeter trat.

Die Reaktion der SFIO auf die Initiative Monnets und Schumans wurde von diesen Tendenzen bestimmt. Am Tage nach der Rede Schumans versammelte sich das Comité directeur; seine Resolution anerkannte den Fortschritt, den die Lancierung des Schuman-Plans für die europapolitische Zielsetzung der Sozialisten bedeutete, spiegelte aber zugleich die Befürchtungen wider, die die Sozialisten mit der französischen Initiative zum jetzigen Zeitpunkt verbinden mußten:

„Le Comité directeur constate que l'initiative du gouvernement français 1. Pose le problème franco-allemand sur un plan nouveau et constructif et change par là même l'atmosphère entre les deux pays en suscitant de grands espoirs;

2. Aborde la question de l'organisation européenne sous une forme positive en proposant la création d'autorités publiques dans les industries de base;

3. Ne cherche cependant pas d'emblée à créer un organisme couvrant toute l'Europe

libre, même si l'autorité prévue reste ouverte à tous et soumise au contrôle permanent d'un délégué de l'O.N.U.
Le Comité directeur estime nécessaire d'englober dans l'autorité le plus grand nombre de nations possible et demande au gouvernement un effort particulier pour obtenir, dès le départ, l'adhésion de la Grande-Bretagne."
Damit war das Problem, wie zu reagieren sei, wenn die Briten einer supranationalen Lösung ihre Zustimmung verweigerten, zunächst noch einmal verschoben worden; die weiteren Forderungen des Comité directeur ließen jedoch erkennen, daß sich die Sozialisten um eine Absicherung ihrer spezifischen Zielsetzungen auch für den Fall bemühten, daß Frankreich ohne britische Beteiligung mit dem Aufbau einer Kohle-Stahl-Gemeinschaft begann. Die Resolution bekräftigte Schumans Eintreten für ein Exekutivorgan der geplanten Union mit effektiven Vollmachten, forderte allerdings, sie durch eine supranationale parlamentarische Kontrolle zu ergänzen, die aus dem Europarat hervorgehen müsse. Zugleich forderte sie, die Ruhrbehörden in ein regionales Exekutivorgan der geplanten europäischen Behörde umzuformen, die Rückkehr zur privatkapitalistischen Eigentumsform in der Ruhrindustrie zu verhindern und die Leiter der Kohle-Stahl-Behörde nicht aus den Finanzkreisen der Kohle- und Stahlindustrie zu wählen, um ein Wiederaufleben des europäischen Stahlkartells zu verhindern.[39] Die sozialistische Presse und die Gewerkschaftspresse der „Force Ouvrière" schlossen sich in den folgenden Tagen einstimmig dieser Position an.[40]
Auf dem 42. Nationalkongreß der SFIO vom 26. bis 29. Mai in Paris gingen die Sozialisten nach außen hin nach wie vor von der Hypothese einer britischen Beteiligung aus, insgeheim begann aber bereits das Ringen um die geeignete taktische Position im Falle einer Ablehnung. Monnet war zwar am 14. Mai nach London gereist, um die vom sozialistischen Comité directeur geforderte besondere Anstrengung um eine britische Teilnahme zu dokumentieren, doch hatte sein Insistieren auf einer Anerkennung des supranationalen Prinzips die Aussichten auf einen Erfolg seiner Bemühungen nicht gerade erhöht; am 27. Mai teilte die britische Regierung der französischen in einem Memorandum mit, „daß, falls die französische Regierung beabsichtigt, auf einer Verpflichtung, Hilfsquellen zusammenzulegen und eine Behörde mit gewissen souveränen Rechten zu bilden, als einer Vorbedingung zur Teilnahme an den Besprechungen zu bestehen, die Regierung Seiner Majestät leider nicht in der Lage sein würde, eine solche Bedingung anzunehmen".[41] Noch ohne Kenntnis dieser De-facto-Absage begannen sich Befürworter und Gegner einer Einigung ohne Großbritannien voneinander abzusetzen. Auf der einen Seite konnte Mollet kaum verbergen, daß er in der Schuman-Initiative ein Konkurrenzunternehmen zu seinen eigenen Bemühungen im Politischen Ausschuß der Beratenden Versammlung sah, die nun viel von ihrer Relevanz verloren. Francis Leenhardt warnte vor den Gefahren der Arbeitslosigkeit infolge einer neuen Kartellpolitik, Jules Moch vor den Implikationen eines „Europe vaticane", Léon Boutbien vor dem Versuch, den Nationalisierungen einen Riegel vorzuschieben. Auf der anderen Seite hatten Philip, Jaquet, Depreux und Pivert einen Entschließungsantrag eingebracht, der dafür eintrat, die europäische Föderation *jetzt* zu schaffen und damit den Boden für ein späteres sozialistisches Europa zu bereiten. Philip und Lapie setzten den Akzent ihrer Stellungnahmen auf den Mangel an supranationalen Attributen in Schumans erstem Plan und forderten eine Präzisierung des Projekts:

„Notre tâche doit être d'introduire dans le plan Schuman autant de socialisme qu'il sera possible." Gouin forderte die Partei auf, als Initiator einer „großen Politik" zu wirken, die eine europäische Regierung zum Ziel hat. Die einstimmig verabschiedete Schlußresolution des Parteitages begnügte sich mit einer Wiederholung der ersten Erklärung des Comité directeur. Die Aufnahme einer Passage, die die Zustimmung der SFIO ausdrücklich von einer britischen Teilnahme abhängig machte, hatte Philip in der Resolutionskommission zu verhindern gewußt.[42]
Drei Tage später war die Erklärung jedoch überholt. Am 2. Juni wurde bekannt, daß die britische Regierung das gemeinsame Communiqué der französischen, belgischen, niederländischen, luxemburgischen, deutschen und italienischen Regierung, sich zu einer Montanunion im Sinne des Schuman-Vorschlags zusammenzuschließen, nicht mit unterzeichnen würde. Mollet, Grumbach, Lévy, Brutelle, Piette und Berthe Fouchère, die an diesem Tag an der COMISCO-Vollversammlung in Kopenhagen teilnahmen, konnten im Laufe einer vorläufigen Diskussion des Schuman-Plans in Erfahrung bringen, daß die Briten jeden Versuch ablehnten, mehr als eine zwischenstaatliche Assoziation zu schaffen.[43] Doch behielten die Franzosen immer noch einen Rest an Hoffnung auf eine Revision des britischen Standpunkts, zumal das COMISCO der Einberufung einer internationalen Sonderkonferenz zum Schuman-Plan für den 16. bis 18. Juni zugestimmt hatte. Immer noch suchten sie eine Entscheidung in ihrem Zielkonflikt zu vermeiden. „Quoi qu'il en soit", kommentierte Robert Verdier als neuer „Populaire"-Direktor die britische Absage, „le gouvernement français ne doit négliger aucun effort pour rendre possible une modificiation dans l'attitude britannique. Les négociations qui vont s'ouvrir doivent être conduites de telle manière que, sans altérer les traits essentiels du plan, une adhésion de la Grande-Bretagne demeure toujours possible." Die Kritik richtete sich eher auf die französische Verhandlungsführung als auf die britische Renitenz.[44]
Erst mit der Veröffentlichung der Erklärung „European Unity", einer Broschüre des Nationalen Exekutivkomitees der Labour-Party, am 12. Juni änderte sich die Zielrichtung der Kritik; nun waren an der definitiven Entschlossenheit der britischen Sozialisten, sich nicht an föderativen Lösungen zu beteiligen, keine Zweifel mehr möglich. Europäische Einheit im Rahmen der atlantischen Allianz sei nötig, erklärten die Briten, diese Einheit könne jedoch nur durch die Zusammenarbeit der Regierungen erreicht werden. Supranationale Organisationen könnten nicht zu diesem Ziel führen, da sie undemokratisch seien und somit keinen Bestand hätten, und — dies war offensichtlich das entscheidende Argument — da sie permanent von nichtsozialistischen Mehrheiten beherrscht würden und so allen Staaten eine nichtsozialistische Politik aufzwingen würden. „The decisive part in co-ordinating Europe's basic industries must be played by the governments, as trustees for their peoples."[45] Im Comité directeur entstand daraufhin am 13. Juni eine heftige Diskussion über die Verantwortung der französischen Regierung für das Scheitern der britisch-französischen Gespräche — der Notenwechsel wurde an diesem Tag veröffentlicht — und über die Frage, ob es überhaupt noch lohne, sich mit den Briten an einen Tisch zu setzen: Sollten die Sozialisten die französische Politik einer Einigung ohne Großbritannien unterstützen oder weiter nach Kompromißmöglichkeiten mit den Briten suchen? In ihrer gemeinsamen Erklärung rettete sich die SFIO-Exekutive in die Formel, daß sie keine gegen Großbritannien gerichtete Europapolitik dulden werde, konzentrierte aber ihre Kritik auf die britische Adresse:

„Il regrette que le Parti travailliste anglais ait cru devoir, à la vieille d'une réunion socialiste internationale, publier un manifeste dont certaines parties présentent certes un réal intérêt (...) mais dont d'autres dénotent des modifications profondes d'attitude relatives à la conception même de l'Europe, modifications auxquelles il ne saurait jamais s'associer." Philip sprach in seiner Gegen-Streitschrift „Le Socialisme et l'unité européenne" weitaus deutlicher von einem „coup très dur porté à l'ensemble des partis socialistes du continent européen" und „l'expression d'un isolationisme nationaliste qui n'avait jamais été jusqu' à ces derniers temps que l'apanage des partis de droite." Immerhin erreichte Mollet, daß die Teilnahme an der sozialistischen Schuman-Plan-Konferenz nicht ganz abgesagt wurde; er wurde beauftragt, als einziger Vertreter der SFIO teilzunehmen und einen letzten Kompromißversuch zu unternehmen; die Aussichten auf Erfolg waren freilich minimal.[46]
Mit ihrer definitiven Absage an das supranationale Prinzip hatte die Labour-Party den Befürwortern einer Einigung auch ohne Großbritannien einen entscheidenden Dienst erwiesen: Indem sich die Perspektive auf eine baldige Revision des britischen Standpunkts verdunkelte, gewann das Argument der Veränderung durch die Kraft geschaffener Tatbestände an Gewicht; von nun an konnte kein Zweifel mehr sein, daß die Ablehnung des Schuman-Plans durch die Briten nicht auch eine Ablehnung durch die französischen Sozialisten nach sich ziehen würde.
In der Tat stellten die Auseinandersetzungen auf der internationalen Sozialistenkonferenz in London nur noch ein Nachhutgefecht dar; die Trennung des europäischen Sozialismus in Strategie und Taktik in zwei Lager war längst vollzogen. Mollet bezeichnete das britische Europa-Statement formal zu Recht, in der Substanz zu Unrecht als einseitigen Bruch der in Paris April 1948 gemeinsam definierten europäischen Politik. Doch führte dieser Versuch, sich eine taktisch günstigere Ausgangsposition für die Diskussion zu schaffen, ebensowenig weiter wie Mollets Kontroverse mit Aneurin Bevan über die Berechtigung und Notwendigkeit des supranationalen Prinzips oder sein Kompromißvorschlag eines Montanvertrages, in dem zwischen genau definierten Fällen unterschieden werden sollte, in denen die gemeinschaftliche Hohe Behörde autonome Entscheidungsbefugnis hat, und den übrigen, in denen die Entscheidung dem Ministerrat vorbehalten bleibt. Die Labour-Delegierten waren nur zu einer grundsätzlichen Anerkennung der Kohle-Stahl-Gemeinschaft bereit, ohne sich auf deren Organisationsform festzulegen. Die Schlußresolution der Konferenz begrüßte „die Schumanschen Vorschläge als ein kühnes Beispiel europäischer Initiative. (...) Eine solche internationale Planung wäre ein grundlegender Schritt in der Richtung zur europäischen Einheit und zur Sicherung der wirtschaftlichen Stabilität sowie der Vollbeschäftigung"; sie begrüßte seine Tendenz zur Ausweitung von Nachfrage und Beschäftigung im Gegensatz zur Gefahr eines restriktiven Kartells; sie „hielt es jedoch nicht für zweckmäßig, in diesem Stadium die Frage in den Einzelheiten nachzuprüfen, welche Vorkehrungen getroffen werden sollten, um die oben angeführten Grundsätze in die Tat umzusetzen".[47] Die Unverbindlichkeit ermöglichte jedem Lager, die von ihm eingeschlagene Politik weiter zu betreiben, die grundsätzliche Befürwortung des Schuman-Plans ließ den Franzosen den nötigen Spielraum, an der Unterstützung des Projektes festzuhalten, ohne damit ihre Beziehungen zur Labour-Party weiter zu verschlechtern.
Diese Londoner COMISCO-Konferenz bedeutete das Ende der französischen Ver-

suche, mit dem Mittel des offiziellen internationalen Sozialismus sozialistische Außenpolitik zu betreiben. Von nun an beschränkten sich die internationalen Sozialistenkonferenzen auf die Aufzählung gemeinsamer Minimalpositionen wie etwa die Warnung der Pariser COMISCO-Konferenz vom 21./22. Oktober 1950, den Schuman-Plan nicht zur Durchsetzung einer arbeitsplatzgefährdenden Kartellpolitik zu nutzen.[48] Politische Initiativen gingen von diesen Konferenzen nicht mehr aus; die Bemühungen um eine Rekonstitution der Sozialistischen Internationale waren endgültig gescheitert. An dieser Feststellung ändert die von der Londoner COMISCO-Konferenz vom 2. bis 4. März 1951 beschlossene und von der Frankfurter Vollkonferenz vom 30. Juni bis 3. Juli 1951 vollzogene formelle Neugründung einer „Sozialistischen Internationale" nichts. Die Initiative zu dieser endgültigen Etablierung eines Konsultationsforums von Politikern sozialistischer Provenienz ging nicht, wie in den vergangenen Jahren, von den Franzosen, sondern von den Belgiern aus. Die Briten gaben ihre Zustimmung zu dem Projekt erst, nachdem Viktor Larock in einem Brief an Morgan Phillips ausdrücklich versichert hatte, daß keineswegs eine Beeinträchtigung der bisher gehandhabten „funktionellen Methode", lediglich die Erneuerung des historischen Namens für die internationale Organisation der Arbeiterschaft beabsichtigt sei, „weil mit dem Namen Sozialistische Internationale die tiefsten und mächtigsten Inspirationen der Arbeiterklasse verbunden sind und ihre internationale Solidarität manifestiert" — eine Solidarität, die in der Praxis auf dem Papier blieb.[49]

Indem die Labour-Party der SFIO in ihrem Eintreten für den supranationalen Schuman-Plan freie Hand ließ, dieses Eintreten zumindest nicht als feindseligen Akt gegenüber Großbritannien betrachtete, nahm sie dem französischen Dilemma zwischen Solidarität mit der Labour-Party und dem Betreiben der europäischen Einigung viel von seiner Schärfe. Damit überwogen bei der SFIO die Gründe, die für eine Unterstützung des Schuman-Plans sprachen. Paul Ramadier erklärte am 26. Juli 1950 in der Nationalversammlung im Namen der sozialistischen Fraktion, das Projekt sei zum Erfolg verurteilt. „Le plus grave danger est celui d'un échec, qui pourrait miner les espoirs mis dans l'Europe."[50] Am 13. Dezember 1951 wurde der Vertrag über eine Europäische Gemeinschaft Kohle und Stahl im französischen Parlament mit den Stimmen der Sozialisten ratifiziert.

Freilich fehlte der sozialistischen Unterstützung des Schuman-Plans zugleich viel von dem ursprünglichen Elan ihres Einsatzes für ein vereinigtes Europa. Sollte eine nachträgliche Zustimmung Großbritanniens nicht doch noch erreicht werden, so Ramadier in der gleichen Rede, dann wäre es besser gewesen, man hätte den Plan jetzt nicht lanciert. Die negativen Implikationen, die die Schaffung eines europäischen Wirtschaftsraums aus strukturell verschiedenartigen Ländern für die Realisierung einer sozialistischen Gesellschaftsordnung potentiell beinhaltete, traten nun in der sozialistischen Argumentation stärker hervor, als zu der Zeit, da man noch mit einer britischen Teilnahme rechnete. Die Bedenken führten dazu, daß der nationalegoistische Ansatz der SFIO-Außenpolitik wieder stärker hervortrat. Zur Verhinderung eines Niedergangs der französischen Stahlindustrie durch direkte Konfrontation mit der strukturell überlegenen deutschen Konkurrenz verlangte Ramadier zum Abschluß dieser ersten parlamentarischen Erklärung der SFIO zum Schuman-Plan die zumindestens vorläufige Beibehaltung einzelner Schutzmaßnahmen in der Tarifpolitik der Kohle- und Stahlindustrie. Solange die umfassende europäische

Föderation noch nicht in greifbare Nähe gerückt war, brachen nationale Partikularinteressen immer wieder durch; wie jede europäische Politik nach dem Scheitern des ersten Anlaufs zu einer föderativen Einigung 1950 lief die Politik der SFIO damit Gefahr, den Weg zur tatsächlichen Einigung zu erschweren.

Im sozialistischen Bemühen um den Schuman-Plan war vor allem deswegen ein Nachlassen zu verspüren, weil die Perspektive auf die weiteren Einigungsschritte unklar wurde. Nach dem föderalistischen Element in den Vorstellungen Monnets wie im gradualistischen Denken der SFIO-Politiker sollte der Schaffung einer Hohen Behörde für die Montanindustrie die Realisierung weiterer supranationaler Projekte folgen, die schließlich in der Bildung einer europäischen Politischen Autorität ihren Abschluß fanden. Bedeutete aber nicht ein Mehr an Einigungsprojekten zugleich ein Mehr an Abrücken von Großbritannien? Bis zu welchem Schritt in der kontinentalen Einigung konnten sich die Sozialisten vorwagen, ohne eine definitive Abkehr der Briten vom europäischen Kontinent befürchten zu müssen? Im Hinblick auf diese Perspektive stellte sich der grundlegende Zielkonflikt der SFIO-Europapolitik des Jahres 1950 erneut, als im Europarat die Bundespaktpläne Philips und die Kompromißlösungen Mollets zusammenstießen.

3. Regionale oder sektorale Teilföderationen:
Die zweite Sitzungsperiode des Europarats

Daß die britische Absage an den Schuman-Plan das SFIO-Engagement für ein föderiertes Europa im entscheidenden Moment gehemmt hatte, zeigte sich im Verlauf der zweiten Sitzungsperiode der Beratenden Versammlung des Europarates, die am 7. August 1950 begann, am 28. August zur Beratung ihrer vorläufigen Ergebnisse im Ministerrat und in den nationalen Parlamenten unterbrochen wurde, und vom 18. bis 24. November ihren Abschluß fand. Das Zögern und die Irritation der SFIO wirkten sich in diesem Moment derart hemmend aus, daß sie zum Scheitern des ersten Anlaufs zur Realisierung einer europäischen Föderation beitrugen.

Konfrontation Philip — Mollet
Die den kontinentalen Föderalistenverbänden um UEF, MSEUE und NEI nahestehenden Abgeordneten des Straßburger Parlaments drängten nun, über die Ergebnisse des Ringens zwischen den Ausschüssen und dem Ministerrat seit der ersten Sitzungsperiode gründlich enttäuscht, auf die endliche Verwirklichung substantieller Einigungsmaßnahmen in dieser zweiten Sitzungsperiode. Im wesentlichen infolge der Initiative Philips und der SFIO-Delegation brachten sie in Fortführung der Bundespakt-Pläne seit dem Spätherbst 1949 gleich zu Beginn der Verhandlungen einen Resolutionsentwurf ein, der auf die unmittelbare Errichtung supranationaler Organisationen zielte, ohne auf die bisher zögernden Mitglieder des Europarates Rücksicht zu nehmen:

„1. L'Assemblée Consultative tient à rappeler sa décision de l'an dernier, affirmant qu'un des buts essentiels du Conseil de l'Europe est l'institution d'une autorité politique européene dotée de fonctions limitées mais de pouvoirs réels.
2. Pour atteindre un tel but l'Assemblée Consultative demande à tous les Etats

Membres du Conseil de l'Europe de conclure sans délai un accord solonnel instituant une autorité politique, au moyen de laquelle les Etats Membres décideraient ensemble et à la majorité d'une politique commune en matière de protection des droits de l'homme, de rélations extérieures, d'affaires économiques et de sécurité européenne.

3. En outre et dès maintenant, l'Assemblée Consultative encourage les Etats, qui désirent établir entre eux des liens organiques plus étroits, à signer un Pacte Fédéral, instituant un Parlement démocratiquement élu et un Gouvernement responsable devant ce dernier.

L'organisation fédéral ainsi créée, inscrite dans le cadre du Conseil de l'Europe, resterait ouverte à tous les Etats Membres qui souhaiteraient plus tard y adhérer."[51]

Indem die Unterzeichner dieses Antrags – unter den Franzosen neben Philip, Mme. Brossolette, Gérard Jaquet, Marius Moutet und Leopold Senghor – föderative Organisationsformen und eine Teilnahme aller Ratsmitglieder an der „Politischen Autorität" für Kernbereiche europäischer Politik zugleich anstrebten, vertraten sie eine Position, die von vorneherein zum Scheitern verurteilt war: Großbritannien und die skandinavischen Länder konnten einer nach dem Mehrheitsprinzip verfahrenden „Politischen Autorität" nie ihre Zustimmung geben, selbst wenn sie von den Attributen einer bundesstaatlichen Organisation noch sehr weit entfernt war. Die Initiatoren des Antrags waren sich der Unrealisierbarkeit ihres Maximalziels selbst bewußt: „Pendant un an", erklärte Philip der Beratenden Versammlung, „nous avons accepté, pour faire l'unanimité parmi nous, des compromis et des demi-mesures. Nous nous sommes sans cesse alignés sur le plan du plus petit commun dénominateur. Le résultat en an été que rien n'a été fait. (...) C'est ici et maintenant que les décisions doivent être prises et que nous devons essayer de sauver l'Europe en essayant de nous mettre d'accord, tous si possible, et si ce n'était pas possible, en décidant ceux qui sont d'accord pour créer l'Europe à marcher à l'avant en espérant que nos autres collègues nous rejoindront à leur tour un peu plus tard." – Mit anderen Worten: Die einigungswilligen Staaten sollten ohne Großbritannien beginnen, um die Lähmung des Einigungsprozesses zu überwinden, die aus der britischen Weigerung resultierte, den entscheidenden Schritt zur Supranationalität zu tun.[52]

Genau dies suchte jedoch Guy Mollet als Berichterstatter des Politischen Ausschusses und erster französischer Staatsminister für Fragen des Europarates zu verhindern. Ein Beginn ohne Großbritannien, so fürchtete er, würde nicht zu einem späteren Nachrücken der Briten durch die zwingende Kraft des kontinentalen Beispiels führen, sondern zur Reduzierung der einigungswilligen Staaten auf einen Minimalkreis, der nur noch wenig mit dem ursprünglichen Zielbild eines unabhängigen Europas zu tun habe. „Si la Grande-Bretagne, la Suède, la Norvège, le Danemark, l'Islande, l'Irlande restent en dehors, il est de toute évidence que les Pays-Bas en seraient difficilement, et, dans la mesure où ils en seraient difficilement, je pense que les autres pays du Benelux n'en seraient pas: Hollande, Belgique, Luxembourg, resteraient eux, aussi, en dehors. Voulez-vous voir, maintenant que l'on a procédé par élimination, ce qu'il reste? Italie, Allemagne, France, avec peut-être la Grèce et la Turquie. (...) C'est impossible." Als Föderalist, als Sozialist und als Franzose müsse er einer solchen Lösung widersprechen. Statt dessen suchte er einen Bruch mit Großbritannien zu vermeiden und dennoch den Europarat Schritt für

Schritt zu supranationalen Organisationsformen fortzuentwickeln. Seine Vorschläge im Politischen Ausschuß hatten in diese Richtung gezielt; ebenso sein von Mackay, Teitgen, Maurice Schumann u. a. mitunterzeichneter Antrag, der Beratenden Versammlung das Recht zur Ausarbeitung von Gesetzen zu übertragen, die nach Billigung durch den Ministerrat Gültigkeit erlangten, und insgesamt zehn Verwaltungsabteilungen des Rates mit aus der Versammlung gewählten „Councillors" an der Spitze für die einzelnen politischen Fachbereiche zu schaffen, insgesamt also den Rat mit paralegislativen und paraexekutiven Vorformen auszustatten; schließlich auch seine Unterstützung supranationaler Teilzusammenschlüsse einzelner Staaten zu begrenzten Zwecken nach dem Muster des Schuman-Plans.[53] Dieses Konzept, mit den Briten schrittweise zu substantieller Einigung vordringen zu wollen, besaß freilich von vorneherein und aus den gleichen Gründen ebensowenig Erfolgsaussichten wie der Philip-Antrag in seinem vollen Wortsinn; im Unterschied zu Philip war sich Mollet dessen jedoch nicht voll bewußt. Wie gering der Spielraum Mollets tatsächlich war, zeigte sich in der Abstimmung über den ersten Rapport des Politischen Ausschusses am 18. August. Obwohl Mollet sich darum bemüht hatte, den Bericht in einer Form vorzulegen, die von allen Abgeordneten akzeptiert werden konnte, in der Versammlung wiederholt auf seine einstimmige Annahme gedrängt hatte und auch von den Briten die mündliche Zusage eines positiven Votums erhalten hatte, enthielten sich nun alle neun anwesenden Labour-Delegierten — Mackay nahm an der Sitzung nicht teil — der Stimme. Für Mollet war dies ein Grund, von dem Amt des Berichterstatters zu demissionieren; erst nach längerem Drängen Spaaks und Bidaults war er bereit, die Funktion weiterhin zu übernehmen; zuvor hatte Callaghan ihm Hoffnung gemacht, daß sich die Labour-Delegierten im britischen Unterhaus für die Annahme der Empfehlungen des Berichts einsetzen würden.[54]

Waren die Diskussion der ersten Sitzungsperiode und die daran anschließenden Debatten in den Ausschüssen und im Ministerrat noch ganz von der Auseinandersetzung zwischen Anhängern supranationaler Lösungen und Vertretern strikt zwischenstaatlicher Kooperationspolitik bestimmt gewesen, so war der beherrschende Gegensatz dieser zweiten Sitzungsperiode der Kampf zwischen den Befürwortern einer regionalen Teilföderation ohne Großbritannien unter Führung Philips und Jaquets und den Fürsprechern partieller Föderationsabkommen für politische Teilbereiche unter Führung Mollets.[55] Die entschiedenen Föderationsgegner sahen in der Taktik Philips die Gefahr einer Aushöhlung des bestehenden Europarates; im übrigen blieben sie jedoch in der Auseinandersetzung neutral; einem engeren Zusammenschluß der kontinentalen Länder schienen sie im Prinzip nicht ihre Sympathie zu versagen. Sowohl Mollets als auch Philips Resolutionsentwurf wurden am 18. August ohne nähere Diskussion zunächst an den Politischen Ausschuß zur weiteren Beratung überwiesen; dort gingen beide Anträge unter, da Mollet nach wie vor um ein einstimmiges Statement des Ausschusses bemüht war. In der Debatte des zweiten Ausschußberichtes am 28. August suchten die Philip-Anhänger ihr Programm in der Form von Zusatzanträgen erneut durchzusetzen, während Mollet auf eine neue Präsentation seines Antrages verzichtete. Der fast zehnstündigen Debatte fehlte es weder an Leidenschaft noch an Intransigenz, etwa in der Erklärung Mollets: „L'Europe plus unie se fera avec tous ou elle ne se fera pas", oder in der Replik Jaquets: „Il n'est plus necessaire dans ces conditions à travailler dans cette enceinte. Non seulement le Conseil de l'Europe n'a plus aucune espèce d'utilité, mais il devient même plus nuisible qu'utile, car il crée de fausses illusions."[56] Ein Teil der ursprünglichen Befürworter des Philip-Antrags — unter ihnen Moutet und Le Bail, aber auch die meisten deutschen Abgeordneten wie von Brentano, Kiesinger, Ollenhauer und Carlo Schmid — sahen nun in Philips Kurs eine Gefahr für den Fortbestand des Europarates und schlossen sich dem Kurs des „mittleren Weges" Mollets an. Als es zur Abstimmung kam, wurde Philips Amendement mit 68 gegen 19 Stimmen bei 7 Enthaltungen zurückgewiesen, ein zweiter, etwas zurückhaltender Antrag Benvenutis u. a. mit 74 gegen 14 Stimmen bei 8 Enthaltungen. Das Scheitern des Bundespakt-Projekts wurde durch eine Personalentscheidung zusätzlich symbolisiert und besiegelt: Bei der Neuwahl zum Ständigen Ausschuß der Beratenden Versammlung bewarben sich Philip und Mollet um den für einen französischen Sozialisten vorgesehenen Sitz; die französische Delegation entschied sich mehrheitlich für Philip; im Plenum präsentierten daraufhin Dalton, Ollenhauer, Larock u. a. dennoch Mollet als Gegenkandidat; mit 57 Stimmen gegen 29 für Philip wurde Mollet erneut in dieses Gremium gewählt.[57]

Der Niederlage Philips entsprach zumindest scheinbar ein Sieg Mollets. Die britischen und skandinavischen Abgeordneten gestanden ihm zu, daß in den schließlich verabschiedeten politischen Entschließungen der Versammlung nicht nur das Mackay-Amendement von 1949 bekräftigt wurde, wonach die Zielsetzung des Europarates in der Schaffung einer „europäischen Autorität mit begrenzten Funktionen, aber echten Vollmachten" besteht, sondern auch die Idee der sektoralen Teilföderationen ausdrücklich gebilligt wurde: „Sonderbehörden im Rahmen des Europarates, deren Zuständigkeit jeweils auf politischem, wirtschaftlichem, sozialem und kulturellem Gebiet liegen soll" sollten im Prinzip allen Mitgliedstaaten des Europarates offenstehen; es sollte jedoch „jeder Nation freistehen, den Sonderbehörden oder einer oder mehrerer von ihnen beizutreten". Die zahlreichen übrigen Empfehlungen, die in diesem Teil der Sitzungsperiode verabschiedet wurden, im wesentlichen eine Fortführung der Linie des ersten Berichts Mollets, eine Befürwortung des Schuman-Plans und eine Empfehlung über die Schaffung einer europäischen Armee, bewegten sich im Rahmen dieser Grundsatzerklärung.[58] In den nationalen Parlamenten des Kontinents, die die wichtigsten dieser Empfehlungen nach Aufforderung durch den Ständigen Ausschuß in den folgenden Wochen berieten, fanden sich durchweg breite Mehrheiten für ihre Annahme. Der Ministerrat, der sich in seiner Sitzung vom 3. bis 5. November in Rom mit den Empfehlungen beschäftigte, vermied eine Wiederholung seines negativen Votums vom vergangenen Jahr: die Empfehlungen zur Kohle-Stahl-Gemeinschaft und zur Verteidigungsgemeinschaft wurden zwar ausgeklammert, da sie gegenwärtig Gegenstand anderer internationaler Verhandlungen bildeten, die übrigen Resolutionen wurden jedoch vom Ministerrat aufgegriffen. Insbesondere stimmte er dem Grundsatz der sektoralen Teilföderationen zu und unterzeichnete als erstes reales Ergebnis der Arbeit des Europarates die Europäische Menschenrechtskonvention.[59] Ein Bruch mit Großbritannien war vermieden worden, und dennoch zeichnete sich eine, wenn auch langsame Evolution des Europarates ab. Der SFIO-Zielkonflikt schien im Sinne der ersten Alternative gelöst.

Doppeltes Scheitern
Die Auseinandersetzung zwischen den beiden taktischen Varianten der SFIO-Europapolitik war allerdings noch nicht beendet. Während Philip und der MSEUE darauf hofften, mit Hilfe der öffentlichen Meinung in dem für Ende November geplanten letzten Abschnitt der zweiten Sitzungsperiode eine Revision der Entscheidung vom 28. August erreichen zu können, suchte Mollet mit den Mitteln der Parteidisziplin die opponierende Tendenz zur Revision ihres Standpunktes zu zwingen — ein Verfahren, das er in der Auseinandersetzung um die EVG 1952 bis 1954 erneut, aber in noch größerem Maße und zu entsprechend größerem Schaden der Partei anwenden sollte.[60] In der Sitzung des Comité directeur vom 13. September stießen die beiden Kontrahenten erneut zusammen. Vordergründig ging es zunächst um den Zwischenfall bei der Wahl des Ständigen Ausschusses; Philip warf Mollet Ämterhäufung vor; Mollet verurteilte Philips taktisches Bündnis mit Paul Reynaud. Doch dann stieß Mollet zum entscheidenden Grundsatz-Argument vor: Philip und Jaquet hätten in Straßburg die vom 42. Parteitag vorgezeichnete Linie verlassen, der festgestellt habe, daß eine europäische Einigung ohne Großbritannien nicht möglich sei — eine zweifelsohne einseitige Interpretation der Parteitagsbeschlüsse, hatte sich doch die Schlußresolution lediglich zur Notwendigkeit bekannt, sich um einen britischen Beitritt zum Schuman-Plan zu bemühen, im übrigen aber gerade unter dem Einfluß Philips jede weitere Festlegung für den Fall vermieden, daß sich die Briten weiterhin renitent zeigen sollten. Die Mehrheit des Comité directeur machte sich jedoch Mollets Interpretation zu eigen; Philip und Jaquet wurde ausdrücklich nonkonformes Verhalten bescheinigt, der Nationalrat der Partei damit beauftragt, in seiner nächsten Sitzung darüber zu entscheiden, ob die Beschlüsse des 42. Parteitages revidiert werden sollten, Maßnahmen des Comité directeur gegen künftige Verstöße gegen die Parteidisziplin in der Außenpolitik angekündigt.[61] Die Konferenz des COMISCO am 21. und 22. Oktober in Paris nutzte Mollet — neben ihm waren von der SFIO lediglich Grumbach und Brutelle vertreten — zur weiteren Absicherung seiner Position gegenüber Philip. „Le COMISCO", hieß es in der Mollets Handschrift tragenden Schlußresolution, „confirme sa conviction qu'une unité européenne, réalisée sans la Grande-Bretagne et la Scandinavie, serait sans valeur, et qu'il faut rechercher l'unité européenne par des méthodes qui permettent à ces pays d'y participer."[62] Auf dem SFIO-Nationalrat vom 4. und 5. November konnte Mollet die Verabschiedung einer der COMISCO-Verlautbarung wortgleichen Resolution durchsetzen; dennoch wünschte der Nationalrat „la réalisation rapide de telles institutions (spécialisées) toujours ouvertes à tous, chacune ayant à sa tête une autorité supranationale sous contrôle parlementaire dans le cadre de l'Assemblée européenne".[63]
Unterdessen hatten die UEF unter der Führung Henri Frenays, die NEI unter Robert Bichet und der MSEUE André Philips einen „Conseil Européen de Vigilance" gebildet, der an die europäischen Parlamente und Regierungen, insbesondere aber an die französische Regierung appellierte, jetzt mit allen zur Föderation bereiten Staaten einen Bundespakt zu schließen. Unterstützt von Gérard Jaquet, Edouard Depreux, Georges Izard in der SFIO-Führung, von René Lhuillier als französischem Generalsekretär der Europäischen Bewegung, von Charles Ronsac und Georges Altman aus den Kreisen des außerparteilichen Linkssozialismus suchte Philip den — wie er hoffte — im Ansatz bereits vorhandenen Einsichtsstand

der französischen Bevölkerung auf außerparlamentarischem Wege in politischen Druck auf die nationalen Institutionen umzusetzen. Das Manifest des Conseil de Vigilance wurde allen Bürgermeistern des Landes, darüber hinaus einer Vielzahl regionaler und lokaler politischer Gruppierungen wie den SFIO-Föderationen und -Sektionen zur Unterzeichnung zugesandt; „Franc-Tireur" und „Combat" veröffentlichten ausführliche Artikelserien im Sinne der Bundespakt-Aktion; lokale Meinungsumfragen sollten den Einigungswillen der Bevölkerung dokumentieren; die Mitglieder des Conseil de Vigilance sollten während des letzten Sitzungsabschnitts der Beratenden Versammlung Ende November in Straßburg direkt auf die Abgeordneten einwirken. „C'est à la France", so Philip, „à prendre les responsabilités nécessaires et à assurer le leadership de l'Europe naissante; la Grande-Bretagne suivra, car le risque pour nous de créer une Europe continentale sans l'Angleterre est moindre que le risque pour elle de la laisser se constituer sans elle."[64] Mollet bemühte sich, diese Aktion nach Kräften zu behindern. Den MSEUE warnte er auf dessen Straßburger Konferenz vom 19. November vor einer Zusammenarbeit mit den „permanenten Gegnern" des Sozialismus wie Paul Reynaud, Paul Bastid, Chaban-Delmas und Michel Debré; die sozialistischen Bürgermeister wurden von Pierre Commin vor einer Unterzeichnung des Bundespakt-Manifestes gewarnt; die Spalten der offiziellen Parteipresse blieben der Kampagne verschlossen.[65]
Freilich hätte es gar nicht dieser Intervention des SFIO-Parteiapparates bedurft, um die Aktion Bundespakt zum Scheitern zu bringen. Die gelegentlichen Meinungsumfragen ergaben zwar eine grundsätzliche Option der Bevölkerungsmehrheit für einen europäischen Bundesstaat; zugleich aber sahen sich die nationalen Regierungen und die hinter ihnen stehenden Entscheidungsträger von den gleichen Bevölkerungsgruppen mit der Vertretung nationaler Partikularinteressen beauftragt, die mit den Implikationen einer europäischen Föderation oft nicht vereinbar waren. Das allgemeine Votum für eine europäische Einigung war eher ein unbestimmtes Zeichen für das Unbehagen an der Ineffektivität der nationalen Institutionen und für eine grundsätzliche Verständigungsbereitschaft als der Ausdruck eines dezidierten Primärinteresses an supranationalen Organisationsformen oder der Einsicht in die Notwendigkeit solcher Supranationalität. Insofern war die Aktion des Conseil de Vigilance nicht in der Lage, politischen Druck zu erzeugen, weder auf die nationalen Regierungen, noch auf die Abgeordneten der Straßburger Versammlung. Die Abgeordneten um Philip versuchten daher im zweiten Sitzungsabschnitt vom 18. bis 24. November erst gar nicht mehr, das Bundespakt-Projekt erneut zum Gegenstand der Verhandlung zu machen. Ihr weitestgehender Vorschlag — in der Form eines Amendements Jaquets und Philips zu der Erklärung über sektorale Teilföderationen — betraf die Schaffung einer „Autorité politique dont la compétence s'étendrait aux problème a) de sécurité; b) de politique étrangère, par la nomination de deux Ministres responsables devant une assemblée parlementaire européenne." Als dieser Vorschlag bei Enthaltung der Labour-Delegierten mit den Stimmen aller übrigen sozialistischen Abgeordneten am 23. November abgelehnt wurde, insgesamt mit 57 gegen 39 Stimmen bei 12 Enthaltungen, war der Plan eines unmittelbaren föderativen Zusammenschlusses zumindest des kontinentalen Europas endgültig gescheitert. Mit der Vertagung des — ebenfalls von Philip und Jaquet mitunterzeichneten — Antrags auf Bildung eines Ausschusses zur Ausarbeitung einer europäischen Verfassung der einigungswilligen Staaten auf die nächste Sitzungs-

periode begann bereits der zweite, längerfristig angelegte Anlauf zur Schaffung einer europäischen Föderation.[66]

Aber auch Mollets Taktik eines schrittweisen Vorangehens mit Großbritannien hatte inzwischen Schiffbruch erlitten. Als das britische Unterhaus am 13. November die Empfehlungen der Beratenden Versammlung diskutierte, ließen sowohl die Labour-Abgeordneten wie auch die Konservativen keinen Zweifel daran offen, daß sie bei aller Bereitschaft zu loyaler Zusammenarbeit mit den Kontinentaleuropäern jeden Ansatz zu supranationalen Organisationsformen als mit den Interessen der eigenen Außenpolitik unvereinbar betrachteten. Sowohl Bevin als auch Oppositionssprecher Davies wollten die Aufgaben des Europarates auf die Funktion eines europäischen Forums begrenzt sehen, Bevin bezeichnete sogar die bisherigen Versuche, das Einstimmigkeitsprinzip im Ministerrat zu revidieren, als eine „Semi-Sabotage" des bestehenden Europarates.[67] Nachdem sich das britische Parlament entgegen Callaghans Zusicherung an Mollet nicht bereit fand, den Kompromißresolutionen des August-Sitzungsabschnittes zuzustimmen, sah sich Mollet zu der Konsequenz gedrängt, seinen im August noch einmal zurückgenommenen Rücktritt vom Amt des Berichterstatters des Allgemeinen Ausschusses nun doch wahrzumachen. Am 17. November legte er sein Amt mit der Begründung nieder, für die Position des „mittleren Weges" gebe es offensichtlich keine tragfähige Mehrheit mehr.[68] Auch er begann die Unmöglichkeit des Vorhabens zu begreifen, zugleich das Tempo der europäischen Einigung dem britischen Maßstab anpassen und bis zu föderativen Lösungen vordringen zu wollen. Initiativen, die auf einen Ausbau des Europarates abzielten, wie nun im letzten Sitzungsabschnitt der sogenannte „Mackay-Plan", eine Fortentwicklung des Mollet-Antrags auf Umwandlung von Ministerrat und Beratender Versammlung in ein Zweikammer-Parlament, der allerdings die entscheidende Frage nach der Beibehaltung des Vetorechts im Ministerrat noch offenhielt[69], bildeten, insofern sie ein Mehr an britischer Bindung an europäische Gemeinschaftsorgane beabsichtigten, in der Tat nur noch Scheingefechte.

Gründe für die Niederlage

Damit aber hatte der Konflikt zwischen Philip und Mollet viel von seinem Sinn verloren. Wenn die Vielzahl sektoraler Teilföderationen, die Mollet anstrebte, stets ohne britische Beteiligung blieb, dann liefen diese Zusammenschlüsse letztlich doch auf eine regionale Teilföderation im Sinne Philips hinaus, dann galt auch Philips Argument, daß die an sich begrüßenswerten Partialzusammenschlüsse in politischen Teilbereichen letztlich der Koordination in einem gemeinsamen Gremium bedurften. Wenn die Briten zu einer definitiven Absage an eine europäische Föderation entschlossen waren, dann war es in der Tat besser, um wenigstens Teile der ursprünglichen Zielsetzung zu retten, mit dem Zusammenschluß der restlichen Staaten zu beginnen und zugleich eine entschlossene Gemeinschaftsaktion des kontinentalen Sozialismus anzustreben. Mollet und die Parteimehrheit sahen sich nach 1950 genötigt, diese — zweite — Alternative zu übernehmen; der konservative Unterhauswahlsieg 1951 erleichterte ihnen in einem gewissen Maße den Entschluß. Hätten sie ihn bereits 1950 gefaßt und sich zudem noch bemüht, die übrigen kontinentalen Sozialisten für ihren Standpunkt zu gewinnen, so wäre zumindest die Schaffung einer kontinentalen supranationalen Behörde für Verteidigung und Außenpolitik in greifbare Nähe gerückt.

Ihr Zögern, das zum Scheitern des ersten Anlaufs zu substantieller europäischer Einigung beitrug, darf dennoch nicht als Ausdruck eines verkappten Nationalismus oder eines unreflektierten Vertrauens in den Führungsanspruch der Labour-Party begriffen werden; Philips Vorwurf, daß die nationalen Sozialismen Gefahr liefen, „mehr und mehr die tatsächliche Konservativ-Kraft Europas zu werden", war für die SFIO nicht gerechtfertigt; die britischen Sozialisten, das wußte auch Mollet, und er wurde nicht müde, es zu bekräftigen, „commettent des erreurs gigantesques" in ihrem Versuch, sozialistische Strukturen im nationalen Rahmen durchzusetzen und gegen supranationale Eingriffe abzuschirmen.[70] Die Tatsache, daß die europäische Einigung nur zum Preise einer — in welchem Maße, blieb unklar — vorübergehenden Trennung von jener Nation zu haben war, in der die SFIO stets den wichtigsten Bündnispartner einer französischen sozialistischen Außenpolitik gesehen hatte, mußte die SFIO-Politiker 1950 fast zwangsläufig irritieren; was sie selbst dazu beitrugen, diese Irritation zu vertiefen, war jener aus Mangel an Flexibilität und langfristiger Theoriebildung herrührende Fatalismus, der in einer europäischen Einigung ohne britische Beteiligung zunächst das Schreckbild eines „Europa vaticane" sehen zu müssen glaubte, ohne die Möglichkeit einer gemeinsamen Strategie der kontinentalen Sozialisten, vielleicht sogar in Zusammenarbeit mit den reformorientierten Elementen der kontinentalen Christdemokraten, ins Auge zu fassen. Als Mollets wie Philips Bemühungen um eine Realisierung der respektiv vordringlich scheinenden Grundelemente des SFIO-Europakonzepts 1950 gescheitert waren, wurde deutlich, daß Mollet in der von Wunschdenken genährten Hoffnung auf eine schließliche Revision des britischen Standpunkts de facto dazu beigetragen hatte, die Chancen für die tatsächliche Verwirklichung des eigenen Europakonzeptes zu verringern. Statt zum „vereinten Sieg", wie ihn Mollet wünschte,[71] hatte das „getrennte Marschieren" von MSEUE und SFIO-Führung so zur gemeinsamen Niederlage geführt.

4. Sicherheitsbedürfnis oder Integrationsbereitschaft: Die Diskussion über die deutsche Wiederbewaffnung

Ein entscheidendes und von Philip stets in den Vordergrund gestelltes Argument für die rasche Schaffung supranationaler Organisationsformen auch ohne britische Beteiligung war die sich im Laufe des Jahres 1950 immer deutlicher abzeichnende Unausweichlichkeit einer Einbeziehung Westdeutschlands in das westliche Verteidigungssystem. Die Logik des universalen Eindämmungskonzepts führte nicht nur die USA dazu, bei ihren europäischen Verbündeten auf einen westdeutschen Verteidigungsbeitrag zu drängen; sie führte auch die SFIO-Politiker letztlich zu der Überzeugung, daß eine deutsche Wiederbewaffnung zur Wahrung der eigenen Sicherheit vor der Sowjetunion unvermeidlich war, so sehr sie auch in diametralem Widerspruch zur bisherigen Zielsetzung der Sicherheit vor Deutschland stand. Einen Ausweg aus dem Dilemma bot der französischen Öffentlichkeit wie schon in der Frage der wirtschaftlichen und politischen Restituierung eines deutschen Staates die Anlehnung an das SFIO-Konzept der Lösung des Deutschlandproblems durch Integration; die daraus resultierende Verbindung der Wiederbewaffnungsproblematik mit der Frage der europäischen Einigung zu einem Zeitpunkt, da der Einigungsprozeß ins Stocken geraten war, bedeutete allerdings eine neue schwere Belastung für das sozialistische Europa-Konzept.

Universales Eindämmungskonzept
Daß sich die SFIO 1950 das universale Eindämmungskonzept ganz zu eigen gemacht hatte und in einem systematischen Antikommunismus geradezu ein außenpolitisches Axiom sah, das den ursprünglichen durch Rationalisierung konfliktabbauenden Ansatz ihrer Außenpolitik vergessen ließ, zeigte sich in der deutlichen Distanzierung von allen Versuchen, das frühere Konzept der „Troisième Force" in neutralistischer Form wiederzubeleben. Nach wie vor bildeten der Hinweis auf die entspannungsfördernde Wirkung eines neutralen Europas und einer Vermeidung weiterer militärischer Konsolidierung, die Warnung vor den sozialistischer Wirtschaftspolitik und sozialistischem Einfluß zuwiderlaufenden Konsequenzen einer militärischen Aufrüstung, und der auf nationale Emotionen zielende Appell zur Wahrung nationaler Souveränität und Verhinderung deutscher Remilitarisierung die grundlegenden Elemente der neutralistischen Argumentation, wie sie von Etienne Gilson in Le Monde und von Claude Bourdet im Combat, ab April 1950 in seiner neuen Zeitschrift L'Observateur vertreten wurde.[72] In der SFIO jedoch hatte dieser Neutralismus weniger denn je Platz. Lediglich eine kleine Pariser Sozialistengruppe um Jean Riès, Lucien Weitz und Odette Merlat hatte sich den Bourdetschen Thesen angeschlossen; auf dem 42. Parteitag konnte ihr Entschließungsantrag, eingebracht als Amendement zur einstimmig verabschiedeten Resolution zur internationalen Politik, ganze sechs Mandate auf sich vereinigen.[73]
„L'Europe que nous voulons fonder", bekannte die von Philip verteidigte und mit großem Beifall bedachte Resolution, „ne saurait se complaire, entre les Etats-Unis et la Russie, dans la dangereuse illusion d'une impossible neutralité. Elle fait partie de cette communauté atlantique qui, aprés avoir à deux reprises sauvé le monde de la dictature, se trouve seule aujourd'hui en mesure de défendre la démocratie, d'assurer la sécurité, et de préparer, pour succéder au plan Marshall, une politique économique." Vor der Beratenden Versammlung in Straßburg fand Philip sogar den Mut, mit seiner früheren „Troisième-Force"-Terminologie zu brechen und die Politik europäischer Unabhängigkeit im atlantischen Rahmen auf das Maß seiner tatsächlichen Möglichkeiten reduziert zu beschreiben: „Il ne s'agit point d'essayer de constituer entre nous une troisième force qui ne peut pas exister à l'heure présente, nous n'en avons absolument ni les moyens ni le goût. (...) Que l'Europe, dans la communauté atlantique, soit une réalité et que sa voix puisse s'exprimer hautement vis-à-vis de nos amis, comme celle d'égaux et non pas simplement de clients ou de protégés."[74] Diese Position wurde von der nahezu absoluten Mehrheit der Partei geteilt; die neutralistische Minderheit war so unbedeutend, daß sich die Parteiführung noch nicht einmal zu disziplinären Gegenmaßnahmen veranlaßt sah. Womit sich die SFIO-Führung tatsächlich auseinandersetzen mußte, war die kommunistisch inspirierte Stockholmer Friedensbewegung, deren Problematik zwar die Neutralisten in der Regel durchschauten, die jedoch die Sozialisten in den unteren Parteigliederungen ihren kommunistischen Kontrahenten gegenüber oft in Verlegenheit brachte. Entsprechend umfangreich war das von der SFIO verbreitete Material zur Gegenpropaganda; auf dem Parteitag wurde sogar eine „Sozialistische Friedenskampagne" als Gegenmaßnahme gefordert.[75]

Folgerichtig begriffen die französischen Sozialisten wie fast alle ihre Zeitgenossen den Einmarsch nordkoreanischer Truppen in Südkorea am 25. Juni 1950 als den Beginn einer Expansion des östlichen Lagers in den Bereich des westlichen, die einen solidarischen Zusammenhalt und eine beträchtliche Konsolidierung des westlichen Lagers erforderlich mache. Philip, Boutbien, Mayer, Le Bail, Verdier, Commin, Mollet betrachteten das Eingreifen der amerikanischen Truppen als „justifiée par les faits eux-mêmes"; das UNO-Verdikt gegen Nordkorea gab ihnen die Möglichkeit, die amerikanische Aktion als einen Anwendungsfall des von Jaurès formulierten Prinzips – der Angreifer ist definiert als derjenige, der sich dem Spruch eines internationalen Schiedsgerichts nicht beugt – zu sehen. Jean Texcier erklärte die Situation mit einer historischen Parallele: „Nous savons où conduit Munich". Charles Dumas sprach von einem universalen Plan Stalins: „La vérité est qu'à l'heure actuelle l'U.R.S.S. toute entière est tournée vers la conquête de l'Asie où elle espère trouver des ressources inepuisables de matières et des réserves illimités de soldats"; sei Asien erst einmal in ihrer Hand, könne sie gefahrlos Europa angreifen. Und Vincent Auriol zog die Nutzanwendung für die eigene Vorsorgepolitik: „Faire comprendre à l'agresseur éventuel que l'agression ne paie plus."[76] Als es General MacArthur Ende September gelungen war, die kommunistischen Truppen aus Südkorea zu vertreiben, und er auf die Genehmigung zum Überschreiten des 38. Breitengrades drängte, war es für die SFIO-Politiker und selbst für den „neutralen" Charles Ronsac im „Franc-Tireur" selbstverständlich, daß die UNO-Streitmacht ganz Korea wieder vereinigte, freilich nicht, um das autokratische Regime Syngman Rhees zu reinstallieren, sondern um ein demokratisches Regime für das ganze Land zu schaffen.[77] Daß das Vordrängen der Amerikaner die Intervention der Chinesen hervorrufen mußte, die dann im November zur Eskalation des Konfliktes führte, war ihnen nicht bewußt.

Europäische Armee als Ausweg
Der Beginn des Koreakrieges machte, sofern man ihn als Teil einer weltweiten kommunistischen Expansion begriff, mit einem Schlage deutlich, daß Sicherheit vor der Sowjetunion und Sicherheit vor Deutschland, zumindest mit den herkömmlichen Methoden, nicht zugleich zu haben waren[78]: Einesteils mußte die Schaffung eines deutschen Militärpotentials höchst wünschenswert erscheinen. Westdeutschland bildete das exponierteste Vorfeld der westlichen, und, wie jeder Blick auf die Landkarte lehrte, insbesondere der französischen Sicherheit; seine Verteidigung war also im Prinzip unabdingbar. Die Zündung der ersten sowjetischen Atombombe und das in Korea vermutete Exempel machten aus dem Prinzip ein konkretes Erfordernis: mit einem sowjetischen Angriff auf Westeuropa mit konventionellen Waffen war zwar nicht im Moment zu rechnen, wohl aber, falls Europa nicht auch konventionell zu verteidigen war, in der Zukunft; Grund genug für die Aufstellung westdeutscher Streitkräfte. Das tatsächliche Verteidigungsaufkommen der Brüsseler Paktstaaten war, auch nach der NATO-Gründung, gegenüber den Ostblock-Streitkräften äußerst gering, insbesondere Frankreichs Rüstung in einem erbärmlichen Zustand. „L'alerte coréenne", schrieb Charles Ronsac „a révélé toute l'étendue du vide militaire de l'Europe occidentale et en particulier de la France."[79] Trotz des Drängens der Amerikaner und der ein amerikanisches Disengagement fürchtenden Briten sahen sich die französischen Vertreter im Atlantikrat nicht in

der Lage, einer wesentlichen Erhöhung des französischen Militärbudgets zuzustimmen. Mit ihrer Forderung, die militärischen Maßnahmen dürften nicht zu Lasten des wirtschaftlichen Wiederaufbaus und der Sozialpolitik gehen, vorgetragen von Philip und vom 42. Parteitag akzeptiert,[80] unterstützten die Sozialisten de facto diese Haltung — ein weiterer Grund, auf das westdeutsche Militärpotential zum Nutzen der gemeinsamen Verteidigung zurückzugreifen. Außerdem bedeutete eine Belastung des französischen Haushalts mit zwanzig Prozent — und in der Zukunft vielleicht noch mehr — Militärausgaben eine ständige Minderung der französischen Wirtschaftskraft gegenüber der deutschen Konkurrenz, die in französischen Augen um so schwerer zu ertragen sein mußte, als mit diesem Militärbudget unter Umständen auch das deutsche Territorium mitverteidigt werden mußte — ein dritter Grund, die deutsche Wirtschaft ebenfalls mit Verteidigungsanstrengungen zu belasten. Zu Beginn der fernöstlichen Auseinandersetzung war zudem nicht zu erkennen, wie lange und in welchem Maße die USA noch bereit sein würden, eigene konventionelle Streitkräfte in Europa zu stationieren — ein vierter Grund, das europäische Potential durch den deutschen Beitrag zu erhöhen; und schließlich forderten die USA selbst, offiziell zu Beginn der New Yorker Außenministerkonferenz der drei Westmächte am 12. September — die Schaffung westdeutscher Truppen als Gegenleistung für eine amerikanische Garantieerklärung für Europa und eine zusätzliche materielle Unterstützung der europäischen Aufrüstung — der fünfte und angesichts der realen Kräfteverhältnisse wichtigste Grund.

Andernteils widersprach die Schaffung einer neuen deutschen Armee den bisherigen Zielsetzungen der französischen Deutschlandpolitik, auch und gerade in ihrer sozialistischen Version. Erstens schien die Furcht vor einem neuen deutschen Angriff trotz der gegenwärtigen deutschen Ohnmacht fünf Jahre nach der schwersten Erschütterung, die das französische Nationalbewußtsein je erlebte, immer noch nicht gegenstandslos zu sein, wenn man — und ein anderes Beispiel war trotz der objektiv gänzlich andersartigen Situation nicht vorhanden — die deutsche Geschichte nach dem Ersten Weltkrieg als Parallele heranzog. Zweitens gab der Ost-West-Konflikt der Furcht vor Deutschland eine neue — wiederum in historischer Parallele begründete — Dimension: die Möglichkeit der Koalition eines wiedererstarkten deutschen Nationalstaats mit der Sowjetunion, die Frankreich dem Gegner von gestern und dem Gegner von heute zugleich ausliefern würde. Die Gefahr einer Verbrüderung west- und ostdeutscher Truppen um des für das Gros der Deutschen vordringlichen Ziels einer Wiedervereinigung willen war in der Tat nicht von der Hand zu weisen. Drittens und vor allem mußten die Sozialisten aus ihrer Erkenntnis der Interdependenz von innenpolitischer Struktur und außenpolitischem Verhalten heraus für den Fall einer Remilitarisierung um das Gelingen des Demokratisierungsexperiments in Westdeutschland fürchten; daß demokratische und sozialistische Kräfte in der Bundesrepublik diese Furcht teilten, verlieh dem Argument noch mehr an Gewicht.

Die fast schon vergessene sozialistische Grundüberzeugung, daß Wettrüsten und Blockpolitik notwendigerweise zum Krieg führen müßte, lieferte zwei zusätzliche — und dementsprechend auch nur sekundär motivierende — Argumente gegen die Schaffung einer deutschen Armee: Mußten nicht westdeutsche Truppen die sowjetische Unruhe fördern und die Osteuropäer endgültig in die Arme der Sowjetunion treiben, auf jeden Fall aber die Spaltung Europas derart konsolidieren, daß an ihre

Revision nicht mehr zu denken war? Und barg nicht das Verteidigungsbündnis mit einem deutschen Staat die Gefahr in sich, daß Frankreich um der deutschen Wiedervereinigung willen in eine Auseinandersetzung hineingezogen wurde, die es im Grunde nicht interessieren konnte?
Léon Blum hatte sich im November 1949 um die Lösung des Widerspruchs zwischen den Erfordernissen eines Schutzes vor der Sowjetunion und dem Schutz vor Deutschland bemüht, indem er die Schaffung einer europäischen Armee vorschlug. In der Tat war ein deutscher Angriff auf Frankreich nicht mehr zu befürchten, wenn alle europäischen Staaten einschließlich der Bundesrepublik ihre Verteidigungshoheit einer gemeinsamen europäischen Föderation übertrugen. Guy Mollet griff diesen Gedanken im Frühjahr 1950 als erster auf, indem er – noch ohne Hinweis auf das Problem der deutschen Wiederbewaffnung, aber doch deutlich im Bewußtsein von deren Unvermeidlichkeit – um der Effektivierung der europäischen Verteidigungsanstrengungen willen die Schaffung einer supranationalen Behörde zur Planung und Koordinierung der Verteidigungspolitik forderte: der Brüsseler Pakt sei durch das Einstimmigkeitsprinzip gelähmt; die NATO durch die Vielzahl ihrer Teilnehmer notwendigerweise schwerfällig; weiterhin derart gespalten werde Europa leicht zum Opfer des Bolschewismus werden.[81] André Philip teilte diese Überlegungen; er sah in ihnen nicht zuletzt ein zusätzliches Argument für ein rasches Vorgehen in der europäischen Einigung. Als er sie unter dem Eindruck des Koreakrieges zu Beginn der zweiten Sitzungsperiode des Europarates am 8. August 1950 in Straßburg vortrug, entfachte er damit eine erste Grundsatzdiskussion des Problems. Wie die wirtschaftliche Schwäche Europas nur durch die Schaffung eines einheitlichen Wirtschaftsraums, so schien ihm die militärische Schwäche nur durch eine rationale Militärplanung auf europäischer Ebene überwindbar zu sein. „Le problème qui est posé, c'est, non plus celui de la juxtaposition de petites armées nationales qui, dans les cadres actuels, ne sont plus que des jouets d'enfants aussi dispendieux qu'inefficaces, c'est celui de la création d'une armée européenne financée par un fonds européen alimenté par des taxes européennes." Die Lösung des Problems eines deutschen Verteidigungsbeitrags erschien in dieser Sicht gleichsam als Nebenprodukt einer effektiveren Verteidigungsorganisation: „L'armée européenne, une fois qu'elle est constituée, est une armée chargée de défendre tout le territoire de l'Europe, avec tous les citoyens de l'Europe, où il n'y a plus alors de problèmes à caractère national et où chacun peut être libre de prendre sa place suivant ses possibilités et suivant ses désirs."[82] Noch bevor durch die amerikanische Forderung die Konfrontation der Franzosen und der französischen Sozialisten mit dem Problem endgültig unumgänglich wurde, war damit auf internationaler Ebene der einzige aussichtsreiche Alternativvorschlag zur Schaffung einer neuen deutschen Armee formuliert worden.
Die Abgeordneten der Beratenden Versammlung griffen die Idee einer europäischen Armee dankbar auf, teils weil sie sie, inbesondere im Hinblick auf das Deutschlandproblem, praktikabel fanden, zum Teil aber auch nur, um das Gespräch über die allgemein als notwendig empfundene Effektivierung der europäischen Verteidigung in Gang zu bringen. Bidault forderte die Berufung eines gemeinsamen Verteidigungs-Kommissars durch den europäischen Ministerrat, der die Verteidigungspolitik der verschiedenen Gremien koordinieren sollte. Reynaud ging einen Schritt weiter und verlangte die Beauftragung eines verantwortlichen Staatsmannes mit dem Amt

eines europäischen Verteidigungsministers; Churchill, meinte er, sei für diese Aufgabe geradezu prädestiniert. Churchill selbst legte dann am 11. August der Versammlung einen Resolutionsentwurf zur Schaffung einer europäischen Armee vor. Mit 89 (darunter die französischen Sozialisten) gegen 5 Stimmen bei 27 Enthaltungen (insbesondere der deutschen Sozialdemokraten und der Labour-Delegierten) forderte die Versammlung schließlich „die sofortige Schaffung einer europäischen Armee. Diese soll der Autorität eines europäischen Verteidigungsministers unterstehen, entsprechender demokratischer Kontrolle unterworfen sein und in voller Zusammenarbeit mit den Vereinigten Staaten und Kanada handeln." Implizit war damit die Teilnahme Großbritanniens an der gemeinsamen Armee ausgesprochen, bewußt das heikle Problem der deutschen Teilnahme offen gelassen worden. In den Diskussionsbeiträgen der deutschen Abgeordneten wurde freilich schon die doppelte Problematik deutlich, die das Gelingen des Plans bedrohte: Voraussetzung für eine europäische Verteidigungsorganisation, in der sowohl das französische Sicherheitsinteresse gegenüber Deutschland als auch das deutsche Interesse an Gleichberechtigung voll befriedigt werden konnten, war, wie Carlo Schmid für die SPD ausführte, die vorherige, zumindest aber gleichzeitige Schaffung einer supranationalen politischen Autorität. Solange diese nicht bestand — und in Straßburg fiel ja gerade die Entscheidung, daß sie vorläufig nicht zustande kommen würde — mußte es das Ziel der französischen Politik sein, mit einer europäischen Armee genau das zu verhindern, was Eugen Gerstenmaier für die CDU zur Vorbedingung eines deutschen Beitritts erklärte: die Gleichheit der Rechte und Pflichten aller Teilnehmer.[83] Nicht daß Frankreich und Deutschland die Idee der europäischen Armee zur Durchsetzung ihrer nationalspezifischen Interessen aufgriffen, sollte die europäische Einigungsidee an sich mehr und mehr diskreditieren, sondern daß sie dabei zum Teil zum Rückgriff auf die Mittel nationalegoistischer Politik genötigt waren, da die supranationale Lösung auf halbem Wege stehen blieb.

Entstehung des Pleven-Plans
Auf der New Yorker Konferenz der alliierten Außenminister (12. bis 14. September) und der anschließenden Atlantikratstagung (15. bis 18. September) verlangte der amerikanische Außenminister Acheson mit Rücksicht auf die bevorstehenden Militärhaushalts-Entscheidungen des amerikanischen Kongresses von den Alliierten die prinzipielle Zustimmung zur Schaffung deutscher Truppen im Rahmen einer integrierten atlantischen Streitkraft. Die Briten, insbesondere Außenminister Bevin, kamen aus der doppelten Furcht vor mangelnder Festigkeit gegenüber der Sowjetunion und nachlassendem Engagement der USA in Europa nach anfänglichem Widerstand dieser Forderung nach; damit wurde der Zielkonflikt für Frankreich akut. Außenminister Schuman suchte in Übereinstimmung mit dem französischen Kabinett und unter anerkennender Unterstützung der sozialistischen Presse zunächst Zeit zu gewinnen, um den Spielraum für einen französischen Widerstand gegen die deutsche Wiederaufrüstung zu erkunden. Sofortige Schaffung der von Acheson avisierten integrierten atlantischen Streitkraft und sofortige französische Aufrüstung durch amerikanische Finanzhilfe waren die Gegenforderungen und zugleich die Bedingungen für jede Erwägung einer deutschen Wiederbewaffnung, die er stellte; ein deutscher Verteidigungsbeitrag durch Lieferung von Rohstoffen zur Rüstungsproduktion und infolgedessen eine Erhöhung der deutschen Stahl-

Produktionsquote die einzigen Zugeständnisse, zu denen er sich bereitfand; Sorge, den deutschen Verteidigungsbeitrag, wenn schon nötig, so gering wie möglich zu halten, Vermeidung einer tiefgreifenden Verstimmung im amerikanisch-französischen Verhältnis und schonende Vorbereitung der französischen öffentlichen Meinung seine wesentlichen Motive.[84] Jules Moch, Verteidigungsminister im Kabinett Pleven, der aus seiner prinzipiellen Gegnerschaft gegen jede Form von deutscher Wiederbewaffnung kein Hehl machte, traf sich mit Schuman auf dieser taktischen Linie, auch wenn er in der Zielsetzung weit weniger zu Zugeständnissen disponiert war als sein Kollege im Außenministerium. Auf der Sonderkonferenz der drei alliierten Außenminister und Verteidigungsminister am 22./23. September in New York erklärte er sich nur in einem Punkt mit den amerikanischen Forderungen einverstanden: „Il est nécessaire (...) d'exiger de (l'Allemagne) une contribution dans le domaine de la production et du travail, sous forme, à la fois, de fourniture de matières premières, de création d'unités de travaux publics, de mise en état de défense des zones stratégiques, de constructions d'aéroports et de cantonnements, etc. C'est là notre devoir immédiat."[85]

Es zeigte sich jedoch sehr bald, daß diese dilatorische Taktik[86] Schumans und Mochs nicht lange aufrechtzuerhalten war. Außer der vagen Zusicherung, daß die französische Aufrüstung stets vor der deutschen Priorität haben werde, wurde ihnen lediglich ein Zeitaufschub zugestanden, um die amerikanische Forderung in Frankreich politisch durchsetzen zu können; die vorgesehene Konferenz der NATO-Verteidigungsminister wurde von Mitte auf Ende Oktober verschoben, um eine vorherige Debatte im französischen Parlament zu ermöglichen; die Kommuniqué-Formel einer „plus importante participation de l'Allemagne à la mise en état de défense de l'Europe" überdeckte mühsam den Konflikt. Die Kräfteverhältnisse erlaubten es Frankreich nicht, zumal wenn es in seiner Position allein blieb, sich der deutschen Wiederbewaffnung insgesamt zu verschließen. Hinzu kam, daß es bei einer Obstruktion der amerikanischen Pläne Gefahr lief, wieder in die Rolle des die Ereignisse ohnmächtig hinnehmenden Neinsagers zurückzufallen, aus der der Schuman-Plan herausgeholfen hatte.

Noch während Schuman und Moch in Washington weilten, suchte daher Jean Monnet Ministerpräsident Pleven (UDSR) von der Nützlichkeit des sozialistischen Alternativvorschlags zu überzeugen, in dem er in der gleichen Weise wie vor fünf Monaten bei der Projektierung des Schuman-Plans die Möglichkeit eines Auswegs aus der Sackgasse sah. Pleven willigte ein: die Idee einer europäischen Armee bot wenigstens einen Hoffnungsschimmer, die offensichtlich unvermeidliche deutsche Wiederbewaffnung in der Nationalversammlung durchzubekommen, ohne eine politische Krise größeren Ausmaßes zu provozieren. Deutsche Truppen, so das in der letzten Septemberwoche ausgearbeitete und vom Ministerrat am 21. Oktober mit der doppelten Blickrichtung auf die bevorstehende Parlamentsdebatte und die NATO-Tagung der Verteidigungsminister in seinen Grundzügen einstimmig befürwortete Projekt[87], sollten im Rahmen einer europäischen Armee aufgestellt werden, die den europäischen Teil der innerhalb des NATO-Konzepts operierenden Landstreitkräfte bilden sollte. Ein einem europäischen Ministerrat und einer europäischen Versammlung doppelt verantwortlicher europäischer Verteidigungsminister sollte an der Spitze eines multinationalen Generalstabs stehen; Mannschaften und Ausrüstung so rationell wie möglich verschmolzen werden. Bis dahin stimmte der „Pleven-Plan" mit der Skizze Philips vom vergangenen August überein, auch und gerade in der langfristigen Zielsetzung, mit einer europäischen Armee wie mit der Kohle-Stahl-Gemeinschaft einen Rest französischer Unabhängigkeit und französischer Vormachtstellung in Europa zu retten.

Um aber den Mangel an supranationaler politischer Autorität auszugleichen, die die Schutzgarantie gegenüber jeder deutschen Gefahr erst vollständig gemacht hätte, enthielt der Plan zusätzlich eine Reihe von Sicherheitsvorkehrungen, die dem Grundsatz der Gleichberechtigung schwerlich voll entsprachen: Die Eingliederung der nationalen Kontingente in diese europäische Armee sollte „auf der Basis der kleinstmöglichen Einheit", eines Bataillons, allenfalls eines Regiments, erfolgen; folglich würde es weder einen separaten deutschen Generalstab noch ein eigenes deutsches Verteidigungsministerium geben. Die übrigen Mitgliedstaaten sollten jedoch Generalstab und Verteidigungsminister behalten — für Truppenteile, die „anderen Bedürfnissen als denen der gemeinsamen Verteidigung Rechnung zu tragen" hätten, für den rückwärtigen Territorialschutz und den Erhalt der Überseegebiete einzelner Staaten also. Die in dieser Konstruktion enthaltene deutsche Diskriminierung war zwar der Sache nach gering, insofern die Bundesrepublik als exponiertestes Vorfeld einer Ost-West-Auseinandersetzung weder rückwärtiges Territorium noch ein Kolonialreich zu verteidigen hatte; doch nahm sie dem Plan viel von seinen Chancen, im deutschen Bundestag akzeptiert zu werden, da die westdeutschen Politiker nach dem Adenauerschen wie nach dem Schumacherschen Konzept im Bewußtsein des vitalen westlichen Interesses an einer Verteidigung auf der Elbelinie eine eigene deutsche Verteidigungsleistung möglichst hoch bezahlt wissen wollten und dabei die absolute deutsche Gleichberechtigung als ein vorrangiges Ziel betrachteten. Dieser Teil des Plans zielte denn auch deutlich darauf, die Ressentiments im französischen Parlament wie in der französischen öffentlichen Meinung aufzufangen. Die Zugeständnisse an das traditionelle Sicherheitsdenken wie an die nationale Symbolik sollten helfen, den Plan zunächst einmal grundsätzlich von den Franzosen akzeptieren zu lassen; hätten sie sich erst an die Vorstellung deutscher Truppen gewöhnt, dies das unausgesprochene Kalkül im Hintergrund der französischen Initiative, so würden sie in den Vertragsverhandlungen auch die voraussehbaren deutschen Forderungen nach einer Reduzierung des ursprünglich vorgesehenen Status minus der Bundesrepublik hinzunehmen in der Lage sein.[88]

Den Alliierten gegenüber war der Plan der Sache nach ein echter, freilich nicht dem zwischenseitigen Kräfteverhältnis angepaßter Kompromißvorschlag; wenngleich er immer noch ein Element der bisherigen dilatorischen Taktik enthielt: die Aufstellung deutscher Streitkräfte mußte im Falle einer Verwirklichung der europäischen Verteidigungsorganisation länger auf sich warten lassen als im Falle der Annahme des amerikanischen Plans zur Aufstellung deutscher Divisionen.

Reaktionen in der SFIO

Hätte sich die französische Regierung nicht den sozialistischen Alternativvorschlag einer europäischen Armee zu eigen gemacht, so wäre die SFIO nicht für die Aufstellung deutscher Truppen zu gewinnen gewesen. Zu Recht hatte Schuman gegenüber Acheson das Argument der sozialistischen Opposition gegen eine deutsche Remilitarisierung geltend gemacht[89]: ohne die Stimmen der SFIO hätte sich in Frankreich keine tragfähige Mehrheit für einen deutschen Verteidigungsbeitrag gefunden. Ein erstes und wesentliches Verdienst des Pleven-Plans war es, eine Regierungskrise und eine gravierende Krise im französisch-amerikanischen Verhältnis zugleich verhütet zu haben. Dennoch war für die französischen Sozialisten der Zielkonflikt zwischen dem Schutz vor Deutschland und dem Schutz vor der Sowjetunion mit der Lancierung des Pleven-Plans nicht vollständig gelöst, insofern er Abstriche am Ideal einer föderativen Verteidigungsorganisation enthielt, und insofern seine Realisierungschancen ungewiß waren. In der innerparteilichen Diskussion zeigten sich im wesentlichen drei Fraktionen:

Ein Teil der Sozialisten stellte das Ziel der Sicherheit vor Deutschland an die erste Stelle; sie blieben daher prinzipielle Gegner einer deutschen Wiederbewaffnung und suchten ihr Maß in jedem Falle so gering wie möglich zu halten. Tiefbegründete Furcht vor einer neuen deutschen Expansion wie den Vertretern der früheren „harten" Linie des SFIO-Deutschlandkonzepts wie Jules Moch, Salomon Grumbach und Vincent Auriol sowie Sorge um den Fortgang des innerdeutschen Demokratisierungsprozesses bei Anhängern entschiedener sozialistischer Strukturreformen wie Marceau Pivert und Daniel Mayer bildeten die wesentlichen Motive dieser Gruppe. Als Alternative zur deutschen Wiederbewaffnung forderten sie einen letzten Versuch zur Realisierung von Grumbachs Plan einer Verständigung mit der Sowjetunion über eine Entmilitarisierungsgarantie, ein Vorschlag, hinter dem ein wenig Eskapismus, ein letzter Rest von Hoffnung auf einen Ausweg, vor allem aber die dilatorische Taktik gegenüber den USA standen. „Il faut placer l'U.R.S.S. devant toutes ses responsabilités", so Grumbach noch in der Sitzung des Comité directeur vom 27. September. Im Pleven-Plan sahen sie, bis auf Pivert, der die Einberufung eines Sonderparteitages über die Aufrüstungsfrage verlangte, eine ultima ratio, auf die man sich im Falle eines Scheiterns der Verhandlungen mit der Sowjetunion notgedrungen einlassen müsse. „Je ne suis qu'à demi convaincu", so Moch im Ministerrat vom 21. Oktober; von der Unmöglichkeit eines Bruchs mit den USA überzeugt, verzichtete diese Gruppe jedoch darauf, dem Plan Widerstand entgegenzusetzen.[90]

Eine zweite, zahlenmäßig geringe Gruppe entschlossener Antikommunisten wie Félix Gouin und Jean Le Bail hielt das Ziel der Sicherheit vor der Sowjetunion für vorrangig; Verhandlungsversuche mit der Sowjetunion wie Pleven-Plan betrachteten sie als an sich nützliche Initiativen, drängten aber darauf, daß dadurch keine Verzögerung in der Konsolidierung des westlichen Verteidigungsbündnisses entstehen sollte. „Ma conclusion", so Le Bail auf dem Nationalrat vom 5. November, „c'est qu'il faut maintenir, comme terme de la constitution de l'armée de l'Ouest, l'Europe, et obtenir des engagements formels là-dessus. C'est vers cela qu'on s'orientera, et si cela ne pouvait pas être réalisé, il faudrait obtenir des clauses de garantie de dissolution d'une armée allemande. Mais, en même temps, nous ne devons pas fermer la porte, à l'heure actuelle, à toutes les discussions sur d'autres garanties au sein du Pacte Atlantique." Flexibilität statt Intransigenz, das war das Stichwort dieser Gruppe.[91]

Die überwiegende Mehrheit der Partei unter Führung von André Philip, Guy Mollet und Paul Ramadier, unterstützt von der sozialistischen Presse, auch von „Combat", „Franc-Tireur" und „Force Ouvrière", zögerte vor einer Entscheidung in dem Zielkonflikt; für sie lautete die einzig verbleibende Alternative Zustimmung zur Schaffung einer deutschen Armee oder Schaffung der europäischen Armee unter deutscher Beteiligung. „Le choix est simple", so Philip am 24. November vor der Straßburger Versammlung, „ou bien un réarmement national avec ses conséquences inéluctables de développement de nouveaux esprits nationalistes et de danger pour la démocratie, non pas seulement en Allemagne mais dans tous nos pays, ou bien la création d'un début d'armée européenne véritablement unifiée." Ein retardierendes Moment enthielt auch die aus dieser Sicht resultierende aktive Unterstützung des Pleven-Plans insofern, als die Schaffung einer supranationalen Politischen Autorität noch vor Realisierung der europäischen Verteidigungsorganisation als Maximalziel postuliert wurde. In dieser Perspektive verstand die SFIO-Mehrheit den Pleven-Plan auch als Schrittmacher auf dem Weg zur europäischen Föderation, in der die jetzt noch vorgesehene Diskriminierung Deutschlands überwunden sein werde: „On sera parvenu à l'égalité des droits", so Mollet zur gleichen Stunde, „le jour où la totalité des armées internationales de France, de Grande-Bretagne ou d'ailleurs aura été intégrée dans cette Armée européenne, le jour où nous aurons cessé d'avoir nos polices nationales, nos armées nationales, pour ne plus avoir que l'Armée internationale."[92]

In der Summe freilich stand das retardierende Moment, die Fortsetzung der dilatorischen Taktik zunächst im Vordergrund; die SFIO-Fraktion stimmte zwar am 25. Oktober geschlossen für den Pleven-Plan, der dadurch mit 349 gegen 235 Stimmen die nötige parlamentarische Unterstützung fand; die Wahl Daniel Mayers zum Fraktionssprecher, der über den Pleven-Plan hinausgehend Verhandlungen mit der Sowjetunion und vorherige Schaffung der Politischen Autorität forderte, und die Formulierung des Ordre du jour machten jedoch deutlich, daß sie damit der Regierung in erster Linie ein Mittel in die Hand zu geben gedachte, die deutsche Wiederbewaffnung hinauszuzögern. „L'Assemblée Nationale approuvant la déclaration du gouvernement et notamment sa volonté de ne pas permettre que soient recrées une armée et un état-major allemands (...) passe à l'ordre du jour."[93] Der Erfolg dieser Taktik war jedoch gering: Auf der Washingtoner Konferenz der NATO-Verteidigungsminister vom 28. bis 31. Oktober erreichte Jules Moch bei seinem Versuch, den Pleven-Plan zur Diskussion zu stellen[94], zwar eine erneute Verschiebung der Entscheidung, indem die Streitfrage abermals dem Rat der Stellvertreter der NATO-Außenminister zur weiteren Klärung überantwortet wurde; als George Marshall, inzwischen sein amerikanischer Kollege, im Gegenzug auch eine Verschiebung der Entscheidung über die Errichtung des integrierten NATO-Hauptquartiers in Europa unter General Eisenhower durchsetzte, war aber kein Zweifel mehr möglich, daß die USA letztlich auf der Aufstellung deutscher Gruppen bestehen würden. Hinzu kam, daß selbst der im Pleven-Plan enthaltene Kompromiß bei den NATO-Partnern bis auf Belgien und Luxemburg keine Unterstützung erfuhr; die Reaktion, in erster Linie aus Sorge vor einem amerikanischen Disengagement, dann auch aus Skepsis an der Praktikabilität multinationaler Divisionen und aus Ablehnung des supranationalen Elements, reichte von vorsichtiger Neutralität (Kanada) bis zu offener Feindseligkeit (Großbritanniens Verteidigungsminister Shinwell).

Amerikanisches Ultimatum
Um so mehr bemühte sich die SFIO-Führungsgruppe um Mollet, Philip und Ramadier nach dem endgültigen Scheitern des dilatorischen Taktierens in Washing-

ton, den langfristigen Aspekt des Pleven-Plans herauszustellen, um die NATO-Partner wie die Westdeutschen für den damit tatsächlich gegebenen Kompromiß zu gewinnen. Auf dem SFIO-Nationalrat vom 4. und 5. November forderte Mollet die Partei auf, den Pleven-Plan nicht nur hinzunehmen, sondern aktiv für seine Realisierung einzutreten; nicht als ultima ratio, sondern als längst überfällige Lösung des Zielkonflikts zwischen Schutz vor der Sowjetunion und Schutz vor Deutschland wollte er ihn verstanden wissen; zum Schluß der Konferenz konnte er immerhin feststellen, daß ein deutscher Beitrag zur europäischen Armee keinerlei Kritik seitens der Gesamtpartei erfahren habe, auch wenn ihm eine ausdrückliche Befürwortung der europäischen Armee in der Schlußresolution nicht gelang.[95] Größere Genugtuung erlebten Philip und Mollet, in dieser Frage wieder auf der gleichen Linie, in der Sitzung der Beratenden Versammlung des Europarates vom 24. November: Die vom Politischen Ausschuß erarbeitete Resolution zur europäischen Verteidigung bekräftigte nicht nur das Bekenntnis zu einer europäischen Armee, wie es am 11. August formuliert worden war, sondern befürwortete auch die Grundidee des Pleven-Plans, mit Hilfe dieser Armee die französische Sicherheitsproblematik zu lösen:

„L'Assemblée (...) Considère que la défense d'un territoire qui comprend l'Allemagne occidentale requiert normalement une participation allemande / Reconnaît que cette participation allemande ne saurait être acceptée par l'opinion démocratique de tous les pays d'Europe, y compris l'Allemagne, que si elle est entreprise dans le cadre d'une organisation permanente de défense européenne / Souligne l'importance du principe énoncé dans la déclaration du Ministre des Affaires Etrangères de France qu'aucune discrimination ne doit être faite entre les Pays participants."

„C'est sans aucune réserve", erklärte Mollet vor der Versammlung, „sans aucune hésitation qu'au nom des socialites français, j'apporterai à la résolution ici présentée mon accord le plus total." Die Verabschiedung mit 83 gegen 7 Stimmen (deutscher Sozialdemokraten) bei 19 Enthaltungen (meist britischer Abgeordneter) schien einen wesentlichen neuen Rückhalt für die französische Position zu bedeuten.[96]

Jedoch kam dieser Erfolg angesichts der Schwerfälligkeit der Europarat-Konstruktion und der britischen Reserve zu spät, um der französischen Regierung zu ermöglichen, daraus politisches Kapital zu schlagen. Die USA waren inzwischen, infolge des rotchinesischen Eingreifens in Korea ungeduldiger denn je, entschlossen, keine Fortsetzung der französischen Hinhaltetaktik mehr zu erlauben; mit ihrem Vorstoß gegen das dilatorische Element des Pleven-Plans trafen sie allerdings auch seine supranationale Grundsubstanz; den Europäern blieb keine Zeit mehr, ihre Absichtserklärung geltend zu machen. Im Rat der Stellvertreter der Außenminister hatte der amerikanische Delegationsleiter Spofford als Kompromiß zwischen der amerikanischen Forderung nach Aufstellung deutscher Divisionen und der im Pleven-Plan vorgesehenen Aufstellung deutscher Bataillone die Bildung sogenannter Kampfgruppen („combat-team") in einer Stärke von 5000—6000 Mann angeboten, eine Lösung, die auch Jules Moch nach der distanzierten Aufnahme des Pleven-Plans auf der Verteidigungskonferenz ins Auge gefaßt hatte.[97] Als Gegenleistung forderte er nun Ende November, auf die Schaffung des europäischen Verteidigungsministeriums und der im Pleven-Plan implizierten politischen Infrastruktur Europas als Voraussetzung für die Aufstellung deutscher Truppen zu verzichten und der sofortigen Rekrutierung der deutschen Combat-Teams zuzustimmen, ohne die Verhandlungen über deren spätere Integration in umfassendere Formationen abzuwarten.[98] Eine Annahme dieser Forderungen bedeutete zwar nicht einen Verzicht auf den Plan der europäischen Armee, aber eine Zustimmung nicht nur zum Prinzip, sondern auch zur Praxis unmittelbarer deutscher Wiederbewaffnung, ohne daß für das Zustandekommen des geplanten europäischen Schutzdaches dieser Truppen irgendwelche Garantien bestanden. Im Falle ihrer Ablehnung drohte jedoch das Risiko eines Bruchs mit den USA, deren Regierung erkennen ließ, daß sie zu weiteren Zugeständnissen nicht bereit war, und in deren politischem Kräftefeld die isolationistischen Tendenzen wieder an Boden gewannen. Am 6. Dezember 1950, dem Tag, an dem über die Spofford-Forderungen entschieden werden mußte, erlebte die SFIO die dramatischste außenpolitische Debatte in der Geschichte der IV. Republik.

Sie begann um 9 Uhr morgens mit einer Sitzung des Ministerrats.[99] Pleven und Schuman berichteten von ihrem Besuch in London am 2. Dezember: Attlee und Bevin hatten sie beschworen, die Spofford-Vorschläge unter allen Umständen anzunehmen; unter diesem Druck glaubten sie, nicht mehr länger auf dem Pleven-Plan beharren zu können. „L'opposition de la France", erläuterte Pleven, „arrête tout: le veto aux combat-teams, c'est le veto au réarmement allemand réduit à son minimum, c'est l'empêchement au fonctionnement, à la mise en marche du pacte Atlantique, dans les termes admis par nos alliés anglo-saxons." „La réponse", so Schuman, „doit être décidée aujourd'hui même." Guy Mollet, durch eine Ministerbesprechung im kleinen Kreis am Vorabend informiert, ergriff nach dem Exposé als erster das Wort: „Nous nous trouvons devant la décision la plus grave qu'un gouvernement français ait dû prendre depuis la guerre." Die Annahme der amerikanischen Forderungen bedeute das Ende des Plans einer europäischen Armee; dies glaubte er um der doppelten Zielsetzung der Sicherheit vor Deutschland und der europäischen Einigung willen nicht akzeptieren zu können. Wenn Europa sich nicht unter Einschluß Deutschlands zu verteidigen bereit ist, entgegnete Moch, werden sich die USA vom europäischen Kontinent abwenden, ebenso wie sie sich angesichts ihrer Niederlage in Korea von Asien abwenden werden. Drastischer noch drückte sich René Mayer aus: „Si nous refusons la proposition Spofford, c'est la fin du pacte Atlantique. Nous revenons à une France seule, en face de la Russie, ou, il faut bien le dire, de l'Allemagne." Die Tendenz der Ratsmehrheit zur Annahme der Forderungen ließ Mollet zu einem letzten Mittel greifen: „J'ai choisi. Je me retirerai du gouvernement et, si je ne suis pas suivi par mon parti, je démissionnerai de mes fonctions de secrétaire général." Mit einem Zornesausbruch Vincent Auriols erreichte die Debatte ihren Höhepunkt: „Vous allez m'entendre", rief er erregt, „ni rupture entre les Alliées ni rupture de la majorité." Darauf Mollet: „Non, car je me retire seul." Auriol: „Si, car il y aura crise, et crise générale, crise de gouvernement, crise politique, crise entre les Alliés, sur le bord de la guerre." Die Erregung dauerte noch eine Weile fort, dann unterbrach Auriol gegen 13 Uhr die Sitzung, die Fortsetzung wurde für 21 Uhr angekündigt.

Die Entscheidung fiel am Nachmittag, in einer Sitzung des sozialistischen Comité directeur.[100] Der Zielkonflikt zwischen der Sicherheit vor der Sowjetunion und der Sicherheit vor Deutschland war so akut wie nie zuvor, die europäische Armee schien in unerreichbare Ferne gerückt. In der Parteiführung gab es allerdings noch keinen Riß, keine Auseinandersetzung; mehr oder weniger zögerten alle zwischen Absage an die USA und Resignation. „Le risque de guerre est partout, dans l'acceptation comme dans la rupture", so André Philip. In der Tat: annehmen hieß, sich der Führung der USA anzuvertrauen, die gerade in der Auseinandersetzung mit China den Einsatz der Atombombe angedroht hatten, und auf den für notwendig erachteten Schutz vor Deutschland verzichten; ablehnen bedeutete, die Gefahr auf sich zu nehmen, gegenüber der Sowjetunion wie gegenüber Deutschland isoliert dazustehen. Philip und Moch überzeugten die Direktionsmitglieder von der Unmöglichkeit, sich von den USA zu trennen. „A partir du moment où on entre dans l'engrenage, on ira jusqu'au bout", protestierte Mollet. Daniel Mayer erklärte sich zur Annahme bereit, „avec un sentiment de désarroi et d'humiliation". Bis auf Marceau Pivert und Henri Malacrida folgten alle diesem Votum; lediglich Mollet enthielt sich der Stimme. Gegen das Zugeständnis, im Austausch zur Stornierung des Pleven-Plans die französische Annahme von einigen Bedingungen aus dem Arsenal traditioneller Sicherheitsvorkehrungen abhängig zu machen – die deutschen Kontingente sollten weder über eine Autonomie in der Waffenbeschaffung noch über schwere Waffen überhaupt verfügen, ihre Gesamtstärke sollte ein Fünftel der Atlantikstreitmacht nicht übersteigen – willigte Mollet in eine positive Antwort der Regierung ein. Um 21.30 Uhr trat der Ministerrat wieder zusammen; er brauchte nur noch zu ratifizieren, was im Comité directeur beschlossen worden war. Gegenüber dieser Entscheidung vom 6. Dezember bedeutete es wenig, daß sich die USA auf der Brüsseler Konferenz der NATO-Außen- und Verteidigungsminister am 18. Dezember gezwungen sahen, der deutschen Opposition gegen die neuerlichen Diskriminierungen wegen auf die sofortige Rekrutierung der Combat-Teams zu verzichten, und daß sie sich ab Frühjahr 1951 unter dem Drängen Eisenhowers für die Schaffung der europäischen Armee einsetzten. Der 6. Dezember hatte gezeigt, wie groß die Abhängigkeit Frankreichs von den USA inzwischen geworden war, wie gering der Spielraum zur Verwirklichung spezifisch französischer oder gar spezifisch sozialistischer Interessen, wenn sie nicht mit den Absichten der USA in Einklang zu bringen waren. Der föderative Zusammenschluß des nichtkommunistischen Europas, der im Verständnis der Sozialisten diesen Zustand einseitiger Abhängigkeit überwinden und damit den Weg zur Realisierung spezifisch sozialistischer Wertvorstellungen öffnen sollte, war im ersten Anlauf nicht gelungen; die Parteimehrheit hatte durch ihr unglückliches Taktieren selbst zu dem Scheitern beigetragen.

Spaltung in der EVG-Debatte
Der nun beginnende zweite Anlauf aber war von Anfang an mit der Verteidigungsproblematik belastet, die durch die Universalisierung des Kalten Krieges akut geworden war. „Au moment où nous parlons d'unification européenne, la première – hélas! – des mesures d'unification européenne que nous allons appliquer est l'unification européenne sur le plan militaire. Je vous avoue", so Mollet vor der Beratenden Versammlung in Straßburg, „que l'Européen que je suis avait rêvé d'un autre fédérateur pour l'Europe que l'Armée européenne."[101] Die Hoffnung allerdings, mit diesem Integrationsfaktor dennoch den entscheidenden Schritt zu substantieller europäischer Einigung vollziehen zu können, trog: zu groß waren in der Summe der politischen Kräfte Europas die mit dem Verteidigungssektor

verknüpften nationalen Emotionen; zu gering in dieser Summe die Bereitschaft zur Delegation nationalstaatlicher Souveränität an nationenübergreifende Organe. Diese doppelte Belastung macht verständlich, warum das Projekt der Europäischen Verteidigungsgemeinschaft schließlich gerade durch das Verhalten der französischen Sozialisten scheiterte, die für sein Zustandekommen den entscheidenden Anstoß geliefert hatten. Niemand in der SFIO bezweifelte die Nützlichkeit einer europäischen Armee oder gar die Notwendigkeit einer europäischen Föderation. Als aber der EVG-Vertrag vorlag, der statt föderativer Supranationalität eher nationenübergreifende technokratische Herrschaft vorsah, und als zudem das Projekt einer Europäischen Politischen Gemeinschaft sich verflüchtigte, glaubte eine zunehmende Zahl von Sozialisten, in *dieser* Form einer europäischen Armee keine genügende Garantie für die schließliche Realisierung ihrer Zielsetzungen „Schutz vor Deutschland" bzw. „Sozialistische Gesellschaftsordnung" finden zu können. Die Gruppe jener SFIO-Politiker, die als „entschiedene Franzosen" oder „entschiedene Sozialisten" den Pleven-Plan nur als ultima ratio akzeptiert hatte, und ein Teil der mittleren Gruppe, die eine europäische Armee nur als Bestandteil einer europäischen Föderation wissen wollte, kämpften nun gegen die EVG. Zur Parteikrise wuchs sich die Auseinandersetzung zwischen den EVG-Befürwortern um Mollet und Philip, gefolgt von Jaquet, Piette, Le Bail, Gouin, Laurent, Defferre, Pineau, Commin, Brutelle, und den Opponenten um Moch, Auriol, Marcel-Edmond Naegelen, Lejeune, Le Trocquer, Lacoste einerseits und Mayer, Pivert, Depreux, Verdier, Rosenfeld, Lapie, Leenhardt, Savary andererseits erst aus, als die Mehrheit um Mollet mit Disziplinierungsmaßnahmen versuchte, ihren Standpunkt durchzusetzen. Die Erstarrung der SFIO, ihr Mangel an Flexibilität führte zum Bruch.

Am 30. Juni 1954 votierte der SFIO-Nationalkongreß mit 1969 gegen 1215 Stimmen bei 265 Enthaltungen für die Ratifizierung des EVG-Vertrages; am 30. August entschied sich die französische Nationalversammlung mit 319 gegen 264 Stimmen, das EVG-Projekt nicht mehr weiter zu verfolgen; 50 von 105 sozialistischen Abgeordneten stimmten gegen das Votum des Parteitages. Parteiausschlüsse und Parteiaustritte folgten.[102] Wieder einmal stand die SFIO im Zentrum einer europapolitischen Entscheidung. Hätte sie sich geschlossen für den Vertrag eingesetzt, so wäre in Anbetracht des Stands der Ratifikationsdebatte in den übrigen Ländern die EVG Wirklichkeit geworden. Ob aber damit die Realisierung eines föderierten Europas im sozialistischen Sinne wesentlich näher gerückt wäre, muß, dies ist den EVG-Gegnern in der SFIO zuzugestehen, offen bleiben.

Schlußwort
Leistungen und Grenzen des sozialistischen Internationalismus

Die Bilanz aus zehn Jahren sozialistischer Reflexion, sozialistischer Diskussion in den Parteigremien und sozialistischer Praxis in der Teilhabe an der Macht fiel, zumindest auf den ersten Blick, mager aus. Die Hoffnung auf eine supranationale „Organisation internationale", die den Frieden garantieren, die Verteilung der wirtschaftlichen Güter rational und gerecht organisieren und den Kriegsgegner Deutschland durch nichtdiskriminierende Integration zu einem friedfertigen Partner machen sollte, hatte getrogen. Die UNO war lediglich ein ohnmächtiger Nebenschauplatz der weltweiten Auseinandersetzung der beiden neuen Weltmächte; diese Auseinandersetzung der dominierende Faktor des internationalen Systems; der Versuch, sie durch die Schaffung einer „Troisième Force Européenne" zu domestizieren, gescheitert; ebenso der erste Anlauf zur Schaffung einer „Fédération européenne"; der internationale Sozialismus noch weniger eine reale Kraft als zur Zeit der Sozialistischen Arbeiter-Internationale oder der II. Internationale; die dominierende britische Labour-Party nicht der Hauptpartner, sondern das Haupthindernis zu einem föderativen Zusammenschluß des nichtkommunistischen Europas; Westdeutschland mit einer forciert patriotischen und immer mehr in eine politische Außenseiterposition geratenden SPD zumindest nicht auf dem Wege zu einer sozialistischen Gesellschaftsordnung; der Sozialismus auch in Frankreich längst nicht mehr „maître de l'heure". So revolutionär die Hoffnung auf eine Neugestaltung des Systems der internationalen Beziehungen in der Résistance gewesen sein mochte, so niederschmetternd mußte sechs Jahre nach Kriegsende die Enttäuschung sein. Hatten die französischen Sozialisten also einer Schimäre nachgejagt?

Nach Maurice Duverger war die internationale Politik der SFIO, insbesondere ihre Europapolitik, nichts anderes als der Ausdruck einer eskapistischen Grundeinstellung: Sie habe eine Beschäftigung mit dem falschen Problem bedeutet und sei im Grunde nur ein Alibi für das Verdrängen der eigentlichen politischen Probleme gewesen, auf die die SFIO keine Antwort gewußt habe. „En les multipliant par six, toutes les contradictions et les impuissances où l'on se débat auraient été miraculeusement résolues..."[1] Diesem Vorwurf gegenüber ist geltend gemacht worden[2], daß sich die SFIO gerade dadurch ausgezeichnet habe, die Realität der Interdependenz der europäischen Nationen gesehen zu haben, vor der ihre Gegner die Augen verschlossen hielten. So richtig dieser Einwand für sich betrachtet ist, trifft er doch die eigentliche Problematik nicht, die mit Duvergers These angesprochen ist: die Frage nach der Funktion des Internationalismus für die SFIO, die mit der Frage nach seiner Funktion im Gesamtkontext der französischen Außenpolitik und der europäischen Entwicklung insgesamt in Zusammenhang gesehen werden muß.

Zwischen Emanzipationspotential und Eskapismus
Als Idee trug der Internationalismus, wie er in der sozialistisch inspirierten Résistance manifest wurde, alle Kennzeichen einer konkreten Utopie: entstanden

aus der Einsicht in die Schwächen eines gesellschaftlichen Ordnungssystems, das die nationalstaatlichen Souveränitäten einerseits und die wirtschaftliche Gewinnmaximierung andererseits absolut setzte, formuliert unter dem Leidensdruck, den dieses System hervorgerufen hatte, enthielt sie Potential zu einer radikalen Neugestaltung des Systems der internationalen Beziehungen, insofern sie eine grundsätzliche Distanz zu den Dogmen nationalstaatlicher „Realpolitik" ermöglichte; zugleich bildete sie den potentiellen Ausgangspunkt für eine unpolitische Fluchthaltung, insofern sie bei der Erfassung außenpolitischer Daten als ideologiebildender Filter fungieren konnte. Die Spanne zwischen Emanzipationspotential[3] und Eskapismus kennzeichnet Leistung und Grenze des sozialistischen Internationalismus; sie liefert den Bezugsrahmen, von dem aus Maßstäbe für eine Beurteilung der SFIO-Außenpolitik gewonnen werden können.

Die universalistische Weltanschauung, die die von Léon Blum formulierte Ausprägung des sozialistischen Internationalismus letztlich bestimmte, vertiefte beide Pole dieser Utopie: Ihr pantheistischer Zug verstärkte das Emanzipationspotential, indem er nicht nur eine Relativierung des bisherigen nationalstaatlichen Systems ermöglichte, sondern auch jeder neuen voreiligen Festlegung in Form einer dogmatischen Absonderung im Wege stand. Hieraus resultiert jenes Maß an Adaptionsvermögen und Flexibilität, das nötig war, um in der eigenen Strategie neuen Entwicklungen Rechnung zu tragen und im richtigen Moment die richtigen Koalitionspartner zu finden, ohne deswegen einer opportunistischen Preisgabe der eigenen Grundsätze zu verfallen. Konditionierte Zusammenarbeit und begrenzter Konflikt waren folglich Grundzüge der außenpolitischen Haltung der SFIO: Zusammenarbeit mit de Gaulle, ohne dessen außenpolitische Zielvorstellungen zu übernehmen; Kooperationsangebot an die Adresse der Sowjetunion, ohne sich deren Interpretation der weltpolitischen Situation zu eigen zu machen und auf eine Kritik des sowjetischen Imperialismus zu verzichten; Eingehen auf das im Marshall-Plan enthaltene Angebot zur Zusammenarbeit mit den USA nicht ohne Distanzierungsversuch von dessen gesellschaftspolitischen Implikationen; Unterstützung des Labour-Experiments in Großbritannien bei grundsätzlicher Kritik des außenpolitischen Kurses und des Sozialismus-Verständnisses der Briten; Bereitschaft zur Integration der Bundesrepublik Deutschland in das westeuropäische Staatensystem trotz kritischer Distanz zu ihrer innenpolitischen Entwicklung; Zusammenarbeit mit den Verbänden für eine europäische Einigung, aber Kritik am Blockpolitik-Konzept. Parallel zum raschen Wechsel in der weltpolitischen Konjunktur wandelte sich das außenpolitische Konzept der SFIO in seiner Akzentsetzung von der Betonung der Verständigung mit der Sowjetunion und des Ausbaus der UNO („Famille occidentale") über den Versuch, die Zweiteilung der Welt nicht definitiv werden zu lassen und dennoch die Situation im westlichen Europa zu stabilisieren („Troisième Force") bis zum Bekenntnis zur westlichen Welt und dem gleichzeitigen Bemühen, sich durch die Einigung Europas ein Höchstmaß an Unabhängigkeit und eigener Lebensform zu sichern („Fédération européenne"), ohne daß deswegen Grundeinsichten wie die Bereitschaft zur Relativierung der nationalstaatlichen Souveränität, die Berücksichtigung der Interdependenz von innenpolitischer und internationaler Struktur, ergo das Eintreten für eine allseitige Demokratisierung, und das Mißtrauen gegenüber einer liberalen Selbstregulierung der Wirtschaft verlorengegangen wären. Durch diese Haltung trugen die französischen Sozialisten und

insbesondere Léon Blum aktiv zur Realisierung dessen bei, was in Anbetracht der weltpolitischen Machtverhältnisse und des Bewußtseinsstands der übrigen politischen Kräfte in Frankreich von dem utopischen Entwurf der Résistancezeit zu verwirklichen war: eine relative Stabilisierung des europäischen Raumes, die Integration Westdeutschlands in das westliche Staatensystem und mit der Montanunion der Beginn nationenübergreifender europäischer Wirtschaftsplanung.[4]
Andererseits stärkte der Universalismus die eskapistischen Tendenzen, indem er dazu verleitete, den politischen Partnern wie den politischen Gegnern allzugern Motive zu unterlegen, die in Wahrheit nur der eigenen Vorstellung angehörten. Gewiß war Blum nicht der naive Optimist, als den ihn seine Gegner zu bezeichnen pflegten; über die tatsächlichen außenpolitischen Sachverhalte zeigte er sich stets erstaunlich gut informiert; doch gründete er seine Schlußfolgerungen, teils aus eigenem Glauben an die Evidenz des Vernünftigen, teils um diesem Vernünftigen wenigstens eine Chance zu geben, stets auf die günstigste aller möglichen Alternativen und schärfte damit nicht eben den Blick für das tatsächliche Ausmaß der Gegenkräfte. Die Überwindung machtpolitischen Denkens ließ das Gefühl für machtpolitische Implikationen der eigenen Pläne verkümmern, wie etwa in der Unbekümmertheit deutlich wurde, mit der noch 1947 im Eintreten für eine Internationalisierung der Ruhrindustrie ein Vordringen der Sowjetunion in den westdeutschen Raum in Kauf genommen wurde, oder die Option für eine der beiden Weltmächte für vermeidbar gehalten wurde, nachdem sie bereits vollzogen war. Hinter diesem Eskapismus wird einerseits die Ernsthaftigkeit der Bemühungen sichtbar, tatsächlich zu universalen Lösungen zu gelangen, zumindest aber die Verbindung von Theorie und Praxis aufrechtzuerhalten; andererseits ist nicht zu übersehen, daß ihm oft eine therapeutische Funktion zukam, wenn es galt, das eigene Konzept neuen Gegebenheiten anzupassen: das eskapistische Element ermöglichte eine meist unbewußte, manchmal aber auch von den Parteiführern bewußt geplante schrittweise Modifikation alter Zielsetzungen, ohne daß deswegen der Partei ein allzu großes Maß an Selbstverleugnung zugemutet werden mußte. Ein Musterbeispiel für diesen Prozeß war das Hinübergleiten des „Troisième-Force"-Konzeptes von einer intentionalen, aber illusionären, zu einer verbalen und ideologisch rechtfertigenden Zielsetzung. Daß mit diesem Eskapismus Widersprüche nur teilweise überbrückt werden konnten, bewies die Entstehung einer „neutralistischen" Gegenbewegung und insbesondere das Aufbrechen der vielen verdrängten Illusionen in der EVG-Debatte, die darum letztlich eine kathartische Wirkung hatte.
Das eskapistische Element erwies sich also auch als ideologiebildender Faktor, der unangenehme Realitäten überdecken half, die früher oder später wieder zum Vorschein kommen mußten. So richtig die Situationsanalysen von 1945 („Le Socialisme maître de l'heure") und 1949 („Le véritable conflit: socialisme — communisme") die Aufgabenstellung des demokratischen Sozialismus beim Aufbau der Nachkriegsordnung bzw. in der Verteidigung des demokratischen Systems beschrieben, täuschten sie doch über den geringen Anteil der sozialistischen Bewegung am Sieg von 1944/45 und über ihre Schwäche innerhalb der nichtkommunistischen Welt hinweg und dienten so zur Rechtfertigung einer nur partiell sozialistischen Politik. In gleicher Weise wirkte die universalistisch antizipierte Identität der Werte der eigenen Nation mit den Werten aller Nationen[5] als ein Element ideologischer Rechtfertigung: sie ließ die nationale Politik auch dann noch in einem internationalisti-

schen Licht erscheinen, wenn sie de facto bereits den Interessen anderer Nationen widersprach, und mußte daher, je mehr sich die Sozialisten in die bestehende Ordnung integriert hatten, die Anpassung an die Kategorien herkömmlicher nationalstaatlicher Machtpolitik erleichtern. Die betont nationale Interessenpolitik eines Vincent Auriol und eines Jules Moch erklären sich aus dieser ideologischen Grundannahme.

Daß sich die SFIO-Außenpolitik trotz der ihr innewohnenden eskapistischen Tendenzen nicht in apolitischen Illusionen und verbalrevolutionären Deklamationen verlor, war ebenfalls eine spezifische Leistung des Blumschen Universalismus: Gewiß war es eine Illusion zu glauben, stets die objektiven Bedürfnisse aller Nationen ermitteln und daraus Maßstäbe für die Entwicklung eines „gerechten" internationalen Systems entwickeln zu können, und gewiß war die sozialistische Synthese von Patriotismus und Internationalismus eine voreilige Scheinlösung. Aber indem Blum stets die Frage nach diesen Bedürfnissen stellte, und damit den eigenen nationalstaatlichen Anspruch permanent am Anspruch der anderen Nationen relativierte, mußte er zu einer politischen Linie gelangen, die dem Faktum der tatsächlichen Interdependenz der Nationen — und insbesondere der Nationen im europäischen Bereich — weit eher Rechnung trug als eine uneingeschränkt am nationalstaatlichen Rahmen orientierte Macht- und Interessenpolitik, und die damit auf das faktische Zusammenrücken wie auf den faktischen Bedeutungsverlust der europäischen Nationalstaaten im Gefolge des Zweiten Weltkrieges eine Antwort zu formulieren wußte, die die tatsächlichen Interessen aller Nationen und somit der eigenen Nation besser traf als ein nur auf das vermeintliche eigene Interesse fixiertes Konzept.

Zwei Konzepte französischer Außenpolitik
Bezeichnet man die beiden damit angesprochenen Grundhaltungen außenpolitischer Theoriebildung verkürzt als einen internationalistischen und einen nationalistischen Ansatz, so läßt sich die französische Außenpolitik der Jahre 1944 bis 1950 idealtypisch als ein Ringen zwischen Nationalismus und Internationalismus beschreiben, als ein Ringen zwischen einem Konzept, das an die Tradition unreflektiert nationalegoistischer Politik anknüpfte, und einem Konzept grundsätzlicher Kooperationsbereitschaft, das in der Entschlossenheit zur Zusammenlegung von Souveränitätsrechten seinen konsequentesten Ausdruck fand.

In der Praxis trat keines der beiden Konzepte gänzlich ohne Beimengung des anderen auf; dies erklärt nicht nur die Vieldeutigkeit, sondern auch die zahlreichen Fehldeutungen der tatsächlich realisierten französischen Außenpolitik. Nachdem in der nichtkommunistischen Résistance das internationalistische Konzept formuliert worden war, überwog in der Phase der Befreiung dank der gaullistisch-kommunistischen Interessenkoalition das nationalistische; in dieser Phase brauchten die Vertreter des ersten die nationalpolitischen Erfolge der Vertreter des zweiten, und die Vertreter des zweiten die ideologische Etikettierung und das internationale Renommee der Vertreter des ersten. Als der Ost-West-Konflikt manifest wurde, bot sich das internationalistische Konzept insofern als Alternative für das gescheiterte nationalistische Konzept an, als es nationale Teilziele des gescheiterten Konzepts mit internationalistischen Mitteln ebenfalls zu verwirklichen versprach; durch die Betonung dieser Teilziele lief es Gefahr, sich auf einen instrumentalen Inter-

nationalismus und damit De-facto-Nationalismus zu reduzieren, der die Interessen der anderen Nationen gänzlich aus den Augen verlor. Die Europapolitik nach der Konstituierung des westlichen Lagers schließlich war zwar von einer grundsätzlichen Kooperationsbereitschaft und also vom internationalistischen Ansatz her bestimmt; insofern sie aber vor einer noch am nationalistischen Konzept orientierten Erwartungshaltung der französischen Öffentlichkeit bestehen mußte, gelang es auch ihr nur schrittweise, mit den Relikten der Befreiungsphase zu brechen.[6]
Die französische Außenpolitik 1944–1950 und zuvor schon die Diskussion der Widerstandsbewegung seit 1940 als ein Ringen zwischen gaullistischer und sozialistischer Außenpolitik zu beschreiben, ist eine weitere Verkürzung des skizzierten Prozesses, die insofern zutrifft, als der nationalistische Ansatz ganz entscheidend von de Gaulle geprägt und realisiert wurde, und der internationalistische in der SFIO seine wichtigste politische Heimat fand und insbesondere von Blum wachgehalten wurde; die dabei jedoch die internationalistischen Ansätze außerhalb wie die nationalistischen Elemente innerhalb der sozialistischen Partei übergeht. Insofern sie Frankreich Verhaltensmodelle für seine neue Rolle als Nicht-mehr-Großmacht anbot, ist die SFIO 1940–1950 dem programmatischen Anspruch des sozialistischen Internationalismus gerecht geworden.

Sozialismus und Internationalismus in der SFIO
Daß die französischen Sozialisten dieses Angebot nur im beschränkten Umfang und erst nach dem retardierenden Zwischenspiel de Gaulles 1944–1946 durchzusetzen vermochten, hatte im wesentlichen drei Gründe: Erstens befand sich die SFIO im politischen Kräftefeld Frankreichs in einer grundsätzlich schwachen Position. In einem politischen System, das mit Kommunismus und Gaullismus von zwei dynamischen Extremen bedroht war, war das Integrationspotential der SFIO, nicht aber ihr Eigenpotential angesprochen; die Übereinstimmung der beiden Extremgruppen in ihren negativen Zielsetzungen — ob in der Befreiungsphase oder in der Phase des „Kalten Krieges" — ließen das sozialistische Integrationspotential für den Bestand des Gesamtsystems geradezu existenznotwendig werden, schränkten aber auch den Spielraum für die Verwirklichung spezifisch sozialistischer Wertvorstellung zusätzlich ein. Die tendenzielle Förderung nichtsozialistischer Kräfte, die die Dynamik des Ost-West-Konfliktes in der westlichen Hemisphäre hervorrief, hinderte die französischen Sozialisten vollends, aus dem Angewiesensein des Gesamtsystems auf die Integrationsdienste der SFIO politisches Kapital zur Realisierung der eigenen Interessen schlagen zu können. Zweitens ließ die beherrschende Stellung der auf Sozialisierung im nationalstaatlichen Rahmen fixierten britischen Labour-Party mehr noch als die anfängliche Zurückhaltung der osteuropäischen Sozialisten den internationalen Sozialismus, dem im außenpolitischen Kalkül der SFIO eine Schlüsselrolle zufiel, zu einer politisch bedeutungslosen historischen Reminiszenz erstarren. Als „französische Sektion" einer nichtexistenten Internationale operierte die SFIO daher mehr als einmal im luftleeren Raum; trotz aller Kritik an der De-facto-Nationalisierung des britischen Sozialismus und der am britischen Vorbild orientierten kontinentalen Parteien verblieb auch bei den französischen Sozialisten das Gefühl einer britisch-französischen Interessensolidarität, die sie in ihrer Mehrheit in zwei entscheidenden Momenten (Frühjahr 1948 und Sommer 1950) in ihrer internationalen Aktion lähmte. Drittens stärkten innenpolitische Schwäche wie

Dominanz der Labour-Party das innerparteiliche Theoriedefizit, und stärkte dieser Mangel an reflektierter Theorie die Tendenz zur Anpassung an die „allgemeinen" politischen Grundhaltungen des Gesamtsystems wie die emotionale Bindung an den britischen Sozialismus. Was Blum in Fortentwicklung seines integrierenden Sozialismus-Begriffes an theoretischen Einsichten formuliert hatte, war ein Theorie-Entwurf, noch keine Theorie selbst; die Weigerung der Partei-Mehrheit, sich mit diesem Entwurf auseinanderzusetzen, und ihr Rückgriff auf traditionelle Formeln verzögerten den in der Résistance begonnenen Erneuerungsprozeß des französischen Sozialismus. Als sich Ende der 40er Jahre im Zuge der neuen Europapolitik bei der Parteimehrheit Ansätze für eine Erneuerung des Gesamtkonzeptes zeigten, war es der ebenfalls letztlich aus einem Mangel an ideeller Neubesinnung resultierende schematisierende Antikommunismus, der diese Ansätze rasch wieder überdeckte.
Dennoch gelang es der SFIO, erste Elemente ihrer außenpolitischen Zielvorstellungen in die europäische Nachkriegsordnung einzubringen; dies wäre nicht möglich gewesen, wenn nicht Blums Theorieentwurf für den Bereich der Außenpolitik konkretisiert worden wäre. Der Internationalismus war also kein Ersatz für den Mangel an theoretischer Fundierung der Parteipraxis[7], sondern das einzige wesentliche Element der sozialistischen Doktrin, das — als Theorie der supranationalen Sicherheitsorganisation und als Theorie der westeuropäischen Föderation — die Praxis der SFIO im Sinne entschiedener Veränderung überkommener Strukturen bestimmte. Entschieden sozialistisch waren diese Theorien insofern, als sie von der Erkenntnis der wechselseitigen Abhängigkeit von innerstaatlichen Strukturen und der internationalen Ordnung geprägt waren; entschieden „revolutionär" insofern, als sie das nationalstaatliche internationale Ordnungssystem, wie es sich im 19. Jahrhundert herausgebildet hatte, grundsätzlich in Frage stellten.[8] Eine eskapistische Ersatzfunktion fiel dieser „revolutionären" Praxis nur insofern zu, als ihr keine theoretische Neubesinnung in den übrigen Bereichen sozialistischer Politik folgte. Als einziges konkretisiertes Theorieelement fungierte der Internationalismus zudem als parteiinterner Integrationsfaktor, der die sonst vielfach heterogenen Kräfte im Bewußtsein und in gemeinsamer Aktion verband.
Die nur von Parteiminderheiten geforderte Erneuerung des Gesamtkonzepts wäre um so nötiger gewesen, als die internationalistische Praxis die Integration der SFIO in das bestehende parlamentarische System einen letzten entscheidenden Schritt vorwärts brachte. War es Blum in der Zwischenkriegszeit nur mit Mühe gelungen, trotz der Unterstützung der demokratischen Ordnung den Anspruch auf radikale Gesellschaftsveränderung wachzuhalten[9], und hatte das gemeinsame Erlebnis des Widerstands die französischen Sozialisten mit allen anderen demokratischen Kräften essentiell verbunden, so führte sie ihr Bemühen, die Außenpolitik eines demokratischen Frankreich zu formulieren und zu realisieren, vollends zu einem Selbstverständnis als Teil des bestehenden politischen Systems. „C'est en Europe", formulierte Guy Mollet diesen Vorgang im Frühjahr 1948, „où les conditions économiques, politiques et sociales sont mûres qu'il faut permettre au socialisme démocratique de sortir de sa fonction générale d'opposition à la société, pour devenir la direction même de cette société et, ainsi, la transformer."[10] Blieb dieser objektive Positions- und subjektive Bewußtseinswandel ohne Entsprechung in einer Adaption der ideologischen Grundlagen der eigenen Praxis, so drohte die Gefahr einer kritiklosen Anpassung an die vorherrschenden Tendenzen dieser Gesellschaft,

zumal der SFIO der Sprung an die Spitze der Gesellschaft ja nicht gelang, sondern sie die Macht mit anderen Kräften teilen mußte. Der damit einsetzende Verlust des emanzipatorischen Potentials beeinträchtigte selbst die internationalistische Praxis der Partei, insofern sie zu einer Anpassung an einen unkritischen, generalisierenden Antikommunismus führte.

Daß die SFIO in den Jahren 1940—1950 gerade den internationalistischen Aspekt sozialistischer Doktrin zu konkretisieren vermochte, war zu einem wesentlichen Teil das Verdienst ihres intellektuellen Führers Léon Blum. Die formal zurückgezogene Position, von der aus Blum in dieser letzten Periode seiner politischen Laufbahn wirkte, hat eine ohnehin auf Fragestellungen im Bereich der III. Republik konzentrierte Forschung die Reichweite seines Einflusses in und nach dem Zweiten Weltkrieg bisher unterschätzen lassen[11]; tatsächlich hat er trotz der Weigerung der Parteimehrheit, seinem Theorie-Entwurf zu folgen, die Parteipraxis und über die Partei hinaus das Ringen um eine neue europäische Ordnung entscheidend mitzugestalten vermocht. Erst mit dem Tod Léon Blums setzte der Anpassungsprozeß der SFIO-Mehrheit an die herrschenden Tendenzen der IV. Republik in vollem Umfang ein.

Ein Modell
In jenem Prozeß der Anpassung aus Orientierungslosigkeit wurde ein Teil der Krise offenbar, die den europäischen Sozialismus nach dem Ende der faschistischen Epoche in Europa erfaßt hatte. Die Diskussion, die die sozialistische Bewegung aus dieser Krise herausführen sollte, ist bis heute nicht zu Ende geführt; das Problem sozialistischer Gratwanderung zwischen Verlust des eigenen Zukunftsentwurfs in der Praxis und Verlust der Realität in der Theoriediskussion, beides aus Mangel an kritischen Impulsen, besteht bis heute fort. Die Untersuchung über Theorie und Praxis sozialistischer Außenpolitik in Frankreich 1940—1950 hofft deutlich gemacht zu haben, daß sich *jeder* Ansatz zu einer sozialistischen Theorie eines wesentlichen Teils seiner Möglichkeiten beraubt, wenn er seine Strategie auf den durch die nationalstaatliche Ordnung vorgegebenen Rahmen beschränkt und sich im Bereich internationaler Politik mit einem vagen Solidaritätsgefühl begnügt. Die Aktion der französischen Sozialisten in dem Entstehungsprozeß der europäischen Nachkriegsordnung ist ein Modell für substantiell-konkreten sozialistischen Internationalismus; als solches verdient sie, in die gegenwärtige Diskussion eingebracht zu werden.

Anmerkungen

EINLEITUNG

[1] Allein die kommentierte Auswahlbibliographie von Gerda *Zellentin* und Petra *Buchrucker* (Bibliographie zur europäischen Integration, 3. Aufl. Köln 1970) enthält über 800 Titel.

[2] Altiero *Spinelli*, The Growth of the European Movement since World War II, in: Charles Grove *Haines* (Hrsg.), European Integration, Baltimore 1957, S. 37—63; Henri *Brugmans*, L'idée européenne 1920—1970, 3. Aufl. Bruges 1970; Walter *Lipgens*, Die europäische Integration, Entwicklungsphasen und Stand, in: Ruperto Carola 38 (1965), S. 23—43; Hans-Peter *Schwarz*, Europa föderieren — aber wie?, in: Demokratisches System und politische Praxis in der Bundesrepublik (für Theodor Eschenburg), München 1971, S. 377—443.

[3] Walter *Lipgens*, Europäische Einigungsidee 1923—1930 und Briands Europaplan im Urteil der deutschen Akten, in: HZ 202 (1966), S. 46—89 und 316—363; ders., (Bearb.), Europa-Föderationspläne der Widerstandsbewegungen 1940—1945, München 1968; dazu ders., Das Konzept regionaler Friedensorganisation, Résistance und europäische Einigungsbewegung, in: VfZ 16 (1968), S. 150—164, sowie die Rezension von Dieter *Fitterling*, in: Integration, Vierteljahrshefte zur Europaforschung 2 (1969), S. 248—255.

[4] Alfred *Grosser*, La IVe République et sa politique extérieure, Paris 1. Aufl. 1961, 3. unver. Aufl. 1970; Guy de *Carmoy*, Les politiques étrangères de la France, 1944 bis 1966, Paris 1967; F. Roy *Willis*, France, Germany and the New Europe 1945—1967, Stanford-London 1968; Simon *Serfaty*, France, de Gaulle and Europe. The Policy of the Fourth and Fifth Republics Toward the Continent, Baltimore 1968; Herbert *Tint*, French Foreign Policy Since the Second World War, London 1972; demnächst auch: Gerhard *Kiersch*/Gilbert *Ziebura*, Die Außenpolitik Frankreichs seit 1944.

[5] Anton W. *Deporte*, De Gaulle's Foreign Policy 1944—1946, Cambridge/Mass. 1968; Walter *Lipgens*, Bedingungen und Etappen der Außenpolitik de Gaulles 1944—1946, in: VfZ 21 (1973), S. 52—102; Gilbert *Ziebura*, Die deutsch-französischen Beziehungen seit 1945, Mythen und Realitäten, Pfullingen 1970; Raymond J. *Guiton*, Paris-Moskau, Die Sowjetunion in der auswärtigen Politik Frankreichs seit dem Zweiten Weltkrieg, Stuttgart 1956; zur Kolonialpolitik vgl. die Bibliographie bei Xavier *Yacono*, Les étapes de la décolonisation française, Paris (Coll. Que sais-je?), 1971.

[6] Erling *Bjøl*, La France devant l'Europe. La politique européenne de la IVe République, Kopenhagen 1966; Adalbert *Korff*, Le revirement de la politique française à l'égard de l'Allemagne entre 1945 et 1950, Thèse Lausanne, Ambilly-Annemasse 1965.

[7] Russell B. *Capelle*, The MRP and French Foreign Policy, New York 1963; Philippe *Manin*, Le Rassemblement du Peuple Français et les problèmes européens, Paris 1966; Klaus *Hänsch*, Frankreich zwischen Ost und West. Die Reaktion auf den Ausbruch des Ost-West-Konfliktes 1946—1948, Berlin 1972; dazu die Besprechung von Adolf *Kimmel*, Außenpolitischer Lernprozeß, in: NPL 18 (1973), S. 255—258.

[8] Julius *Braunthal*, Geschichte der Internationale, Bd. 3: 1944—1968, Hannover 1971.

[9] Rudolf *Hrbek*, Die SPD, Deutschland und Europa. Die Haltung der Sozialdemokratie zum Verhältnis von Deutschland-Politik und Westintegration 1945—1957, Bonn 1972; zusammenfassend auch William E. *Paterson*, The SPD and European Integration, Farnborough 1974. — Die Arbeiten zur Labour-Politik (siehe Kapitel VI. Anm. 81) haben allerdings mehr die Labour-Regierung als die Labour-Partei im Auge.

[10] Alexandre *Zévaès* (Hrsg.), Histoire des partis socialistes en France, 8 Bde., Paris 1911 ff. Paul *Louis*, Histoire du socialisme en France. Les faits, les idées,. les partis ouvriers de la révolution à nos jours, Paris 1. Aufl. 1925, 5. Aufl. 1950; Daniel *Ligou*, Histoire du socialisme en France 1871—1961, Paris 1962.

[11] Georges *Lefranc*, Le Mouvement socialiste sous la IIIe République (1875–1940), Paris 1963; Harvey G. *Simmons*, French Socialists in Search of a Role 1956–1967, Ithaca/London 1970; Roger *Quilliot*, La S. F. I. O. et l'exercice du pouvoir 1944–1958, Paris 1972.

[12] Annie *Kriegel*, Histoire du mouvement ouvrier français 1914–1920, Paris 1964 u. a. m. — John T. *Marcus*, French Socialism in the Crisis Years 1933–1936, New York 1958; Georges *Lefranc*, Histoire du Front Populaire 1934–1938, Paris 1. Aufl. 1965, 3. Aufl. 1972; Nathanael *Greene*, Crisis and Decline: The French Socialist Party in the Popular Front Era, Ithaca 1969; Jacques *Delperrie de Bayac*, Histoire du Front Populaire, Paris 1972; Philippe *Riviale*, Jean *Barrot*, A. *Borczyk*, La légende de la gauche au pouvoir — Le Front populaire, Paris 1974. — Marcelle *Auclair*, La vie de Jean Jaurès ou la France d'avant 1914, Paris 1. Aufl. 1954, 2. Aufl. 1972; Harvey *Goldberg*, The Life of Jean Jaurès, Madison 1. Aufl. 1962, 2. Aufl. 1968; Jean *Rabaut*, Jaurès, Paris 1971. — Gilbert *Ziebura*, Léon Blum: Theorie und Praxis einer sozialistischen Politik, Bd. I: 1875–1934, Berlin 1963; dazu die Besprechung von Gerhard *Lehmbruch*, Léon Blum und der französische Sozialismus, in: NPL 15 (1970), S. 416–418; Louise E. *Dalby*, Léon Blum: Evolution of a Socialist, London-New York 1963; Joël *Colton*, Léon Blum: Humanism in Politics, New York 1965.

[13] André *Philip*, Les socialistes, Paris 1967, u. a. m.; Daniel *Mayer*, Pour une histoire de la gauche, Paris 1969. — Das auffallende Interesse der zeitgenössischen angelsächsischen Politikwissenschaft an der SFIO erklärt sich aus der Schlüsselrolle, die die SFIO im Hinblick auf die Orientierung Frankreichs im Ost-West-Konflikt innehatte. Zu den einzelnen Titeln siehe das Literaturverzeichnis.

[14] *Ziebura*, Blum, S. 288–328; Richard *Gombin*, Les socialistes et la guerre. La S. F. I. O. et la politique étrangère française entre les deux guerres mondiales, Paris 1970.

[15] S. 479 f. in der französischen Ausgabe (Joël *Colton*, Léon Blum, Paris 1968), nach der im folgenden stets zitiert wird.

[16] Frederick F. *Ritsch*, The French Left and the European Idea 1947–1949, New York 1966; Byron *Criddle*, Socialists and European Integration. A Study of the French Socialist Party, London-NewYork 1969; Klaus *Hänsch* (Anm. 7). — Eine detaillierte Auseinandersetzung mit den Ergebnissen dieser Arbeiten erfolgt im folgenden im Anmerkungsteil; hier sollen zunächst nur Grundzüge charakterisiert werden. Zu *Hänsch* vgl. auch Wilfried *Loth*, Frankreich und die Einigung Europas, in: Francia 3 (1975), S. 699–705.

[17] Wobei zu bedauern ist, daß die bibliographischen Angaben in diesem Werk, denen aufgrund seines einführenden Charakters besondere Bedeutung zukäme, fast ausnahmslos unvollständig oder gar falsch sind.

[18] Vorgetragen insbesondere S. 189 f., 239–245.

[19] Auch wenn die Berührungspunkte zwischen beiden zahlreich waren; *Ziebura*, Die deutsch-französischen Beziehungen (Anm. 5), S. 25. In dieser Ansicht liegt m. E. die entscheidende Schwäche der ansonsten vorzüglichen Analyse Zieburas.

[20] Siehe oben Anm. 3. — Zu dem im folgenden skizzierten Quellenbestand vgl. insgesamt die Aufschlüsselung im Literaturverzeichnis.

[21] Um einen exakten Vergleich der Ergebnisse zu ermöglichen, schließt sich diese Arbeit in der Auswahl von Regionalzeitungen an *Hänsch* (Anm. 7) an: „Nord-Matin", Organ der in der SFIO einflußreichen Fédération des Département Nord; und „La République du Sud-Ouest", herausgegeben vom linkssozialistischen „Mouvement de Libération Nationale" (MLN) in Toulouse.

I. DIE IDEE DER „ORGANISATION INTERNATIONALE"

[1] Zur innerparteilichen Auseinandersetzung 1938–1940 vgl. insgesamt *Ligou*, S. 441–470; *Lefranc*, IIIe République, S. 353–390; *Colton*, Blum, S. 319–348; *Gombin*, S. 230 bis 254; zu den dramatischen Ereignissen Mai-Juni-Juli 1940, *Blum*, Mémoires, Oeuvre V, S. 63–97; Jules *Moch*, Rencontres avec Léon Blum, S. 260–276; Robert *Aron*, Histoire de Vichy 1940–1944, Paris 1954, S. 95–155; *Ligou*, S. 464–470; *Lefranc*, III. Répu-

blique, S. 379—390; *Colton*, Blum, S. 349—389 (Die in der Einleitung bereits vorgeführten Arbeiten werden im folgenden nur noch mit einem Kurztitel zitiert; für den ausführlichen Titel sei auf das Literaturverzeichnis verwiesen).

[2] Vgl. die Angaben zu den Auflagenziffern und ihrer Entwicklung im Catalogue des périodiques clandestine (1939—1945), herausgegeben von der Bibliothèque Nationale, Paris 1954.

[3] Daniel *Mayer*, Les Socialistes dans la Résistance, Paris 1968, S. 70. — Zur sozialistischen Résistance siehe neben diesem Zeugnis des ersten Generalsekretärs nach dem Zusammenbruch von 1940 die Berichte von Pierre *Dupradon*, La vie clandestine du Parti socialiste, Alger 1944; Robert *Verdier*, La vie clandestine du Parti socialiste, Paris 1944; Edouard *Depreux*, Souvenirs d'un militant, Paris 1972, S. 127—194; an Darstellungen René *Hostache*, Le Conseil National de la Résistance, Paris 1958; Henri *Michel*, Les Courants de pensée de la Résistance, Paris 1962, S. 477—550; Reinhard *Freiberg*, Die Presse der französischen Résistance 1940—1944, Diss. Berlin 1962, insbes. S. 55—113 und S. 222—229; Blake *Ehrlich*, The French Resistance 1940—1945, London 1966; *Colton*, Blum, S. 434—439; erschöpfend im Detail jetzt Henri *Noguères*, Histoire de la Résistance en France, 6 Bände, bisher Bd. 1—5, Paris 1967—1976; zusammenfassend Henri *Michel*, Histoire de la Résistance en France (1940—1944), Paris 5. Aufl. 1969, S. 36—39; *Ligou*, S. 473—512; sowie *Quilliot*, SFIO, S. 1—22.

[4] Nach entsprechenden Instruktionen durch Blum (vgl. die Noten vom 5.5.42 und 15. 8. 42, Oeuvre V, S. 349—361) sprach sich „Le Populaire" (Sud) im Namen des CAS für de Gaulle aus (15.6.42). André Philip wurde daraufhin erster Commissaire de l'Intérieur im Londoner Komitee. Für de Gaulle wurde die Unterstützung durch die Vertreter der bisherigen Parteien insbesondere ab November 1942 wichtig, als mit der Landung der amerikanischen Truppen in Nordafrika sein Konflikt mit dem von diesen protegierten General Giraud begann. Blum setzte sich auch gegenüber Briten und Amerikanern für de Gaulle ein; vgl. Oeuvre V, S. 379—384 und „Socialisme et Liberté" (Organ des CAS-Nord) vom 15. 12. 42. Zur Vorbereitung der Parteigründung vgl. die Nummern 6 und 7 von „Le Populaire" (Sud), September und November 1942. Die Bildung einer einzigen Widerstandspartei, so das Hauptargument, würde zur Errichtung einer Diktatur führen.

[5] Mitglieder des Exekutivkomitees wurden Charles Dumas, Amédée Dunois, Raoul Évrard und Henri Ribière in der Nordzone, Suzanne Buisson, Augustin Laurent und Édouard Froment aus der Südzone und André Le Troquer als Delegierter beim CNR. Als Le Troquer mit de Gaulle nach Algier ging, übernahm Mayer auch die Vertretung beim CNR. Robert Verdier und Gérard Jaquet, die nach der Verhaftung von Dunois und dem Tode Évrards in das Exekutivkomitee nachrückten, fungierten in den letzten Monaten vor der Befreiung 1944 als stellvertretende Generalsekretäre. — Vgl. zur Konstituierung der Partei *Mayer*, Les Socialistes dans la Résistance, S. 107—110.

[6] „A l'échelle humaine" ist zugänglich im Originaltext in Buchform: Paris 1945 u. ö. (zuletzt 1971), sowie in Oeuvre V., S. 409—495; in deutscher Übersetzung: Léon *Blum*, Blick auf die Menschheit, übersetzt von Willy Ketter, Zürich 1. Aufl. 1945, 2. Aufl. 1947. Das Werk wird im folgenden nach der deutschen Ausgabe von 1947 zitiert.

[7] Zum folgenden vgl. J. L. *Puech*, La tradition socialiste en France et la Société des Nations, Paris 1921; grundlegend Milorad M. *Drachkovitch*, Les socialismes français et allemand et le problème de la guerre, Genf 1953; ergänzend Gerhard *Schlott*, Nationales und internationales Denken der deutschen und französischen Sozialisten (besonders in den Jahren 1863—1871), Diss. Frankfurt 1960; Michel *Winock*, Socialisme et patriotisme en France 1891—1894, in: Revue d'histoire moderne et contemporaine 20 (1973), S. 376—421; Wolfram *Wette*, Kriegstheorien deutscher Sozialisten, Stuttgart 1971; Georges *Haupt*, Michael Lowy, Claude Weill, Les Marxistes et la question nationale, Paris 1974; hervorragende Problemüberblicke Gerhard *Schulz*, Die Sozialdemokratie und die Idee des internationalen Ausgleichs, in: Alfred Hermann (Hrsg.), Aus Geschichte und Politik, Festschrift für Ludwig Bergsträsser, Düsseldorf 1954, S. 89 bis 116; und Walter *Lipgens*, Staat und Internationalismus bei Marx und Engels, Versuch einer Systemübersicht, in: HZ 217 (1973), S. 529—583.

[8] Hierauf hat gegen die gängige Gleichsetzung von Marxismus und Internationalismus

Zu S. 25—30

einerseits und Sozialdemokratie und Nationalismus andererseits insbesondere *Lipgens* (Anm. 7) hingewiesen.

[9] Vgl. *Winock* (Anm. 7), S. 421.

[10] So die treffende, allerdings noch näherer Präzision bedürfende These von Dieter *Groh:* Negative Integration und revolutionärer Attentismus, Die deutsche Sozialdemokratie am Vorabend des Ersten Weltkrieges, Berlin 1. Aufl. 1973, 2. Aufl. 1975.

[11] Einzelheiten, auch zur Diskussion zwischen „Patriotismus" der Parteimehrheiten und „Pazifismus" der Minderheiten, bei Merle *Fainsod*, International Socialism and World War, Cambridge/Mass. 1935; Georges *Haupt*, Le congrès manqué, L'Internationale à la vieille de la 1ère guerre mondiale, Paris 1965 (deutsch: Der Kongreß fand nicht statt, Wien 1967); Annie *Kriegel* (Hrsg.), 1914, la guerre et la classe ouvrière européenne = Le Mouvement social Nr. 49, 1964. — Zu Frankreich außerdem Annie *Kriegel*, Jean-Jacques *Becker*, 1914, la guerre et le mouvement ouvrier français, Paris 1964; Annie *Kriegel*, Jaurès en Juillet 1914, in: dies., Le pain et les roses, Paris 1968, S. 107 bis 124.

[12] *Blum*, A l'échelle humaine, S. 71. — Zur Genese der Doktrin Blums vgl. *Ziebura*, Blum, S. 79—115 und *Dalby*, S. 169—209. Bedeutende Quellen: Léon *Blum*, Commentaires sur le programme d'action du Parti socialiste, Paris 1. Aufl. 1919, 3. Aufl. 1933, erneut in Oeuvre III, 1, S. 107—121; ders., Pour être socialiste, Paris 1919 u. ö., erneut in Oeuvre III, 1, S. 22—42; ders., La méthode socialiste, Paris 1932 u. ö. (benutzt: 1945); ders., L'idéal socialiste, in: Revue de Paris 1. 5. 1924, S. 92—111, erneut in Oeuvre III, 1, S. 347—362; ders., A l'échelle humaine (vgl. Anm. 6); ders., Les devoirs et les tâches du socialisme, Rede auf der Konferenz der SFIO-Föderationssekretäre 20. 5. 45, in Oeuvre VI, S. 5—11; ders., Le problème de l'unité, Le Populaire 5. 7.—7. 8. 45, erneut in Ouvre VI, S. 36—64; ders., Le socialisme maître de l'heure, Rede auf dem 37. SFIO-Kongreß August 1945, Oeuvre VI, S. 65—78. — Die beste Darstellung der Doktrin Blums gibt *Ziebura*, Blum, S. 127—160; vgl. ferner William S. *Halperin*, Léon Blum and Contemporary French Socialism, in: Journal of Modern History 18 (1946), S. 241 bis 250 (systematische Beschreibung der Texte nach 1944); Boris *Mirkine-Guetzévitch*, La République parlementaire dans la pensée politique de Léon Blum, in: Revue socialiste, Januar 1951; Paul *Ramadier*, Le socialisme de Léon Blum, Paris 1951; James *Joll*, Intellectuals in Politics: Three Biographical Essays (Blum, Rathenau, Marinetti), London 1. Aufl. 1960, 2. Aufl. 1965, S. 18—29; Milorad M. *Drachkovitch*, De Karl Marx à Léon Blum: La crise de la socialdémocratie, Genf 1954, S. 98—111 (sieht Blum zu einseitig als Vertreter eines orthodoxen Marxismus).

[13] Erstmals formuliert auf dem a. o. Parteitag vom 10. 1. 26, als über die Erneuerung der Regierungsunterstützung nach dem Zerfall des Cartel des gauches entschieden werden sollte; erneut in: Léon *Blum* und Paul *Faure*, Le Parti socialiste et la participation ministérielle, Paris 1926; Darstellung bei *Ziebura*, Blum, S. 359—368.

[14] So das Urteil von *Ziebura*, Blum, S. 136.

[15] *Blum*, A l'échelle humaine, S. 68.

[16] Ebda. S. 63.

[17] Ebda. S. 71.

[18] Die hier vorgelegte Analyse enthält einige Korrekturen bzw. Präzisierungen gegenüber dem von *Ziebura* gezeichneten Blum-Bild: Demokratie und sozialistische Eigentumsform waren wegen des zum Funktionieren einer Demokratie unerläßlichen Grundkonsenses aller relevanten Gruppen zwar in der aktuellen historischen Situation unvereinbar (S. 157), aber nicht im Prinzip; die Entscheidung für den Erhalt der demokratischen Ordnung bedeutete somit keinen Verzicht auf das revolutionäre Endziel (gegen S. 136, 147, 461), sondern nur die Gefahr, diesem Verzicht anheimzufallen. Der Niedergang der sozialistischen Doktrin in der IV. Republik war nicht die Folge der Integration in die demokratische Ordnung (gegen S. 147, 461), sondern die Folge der Weigerung, aus dem „eschatologischen Vorbehalt" Blums neue Impulse für die Parteipraxis zu beziehen (vgl. dazu unten, insbesondere Kapitel IV.1. und VIII.1.). Blum selbst war nicht eigentlich ein Doktrinär (gegen S. 126, 143); Sozialismus war für ihn zwar als grundsätzliches Weltbild fertig, als Strategie einer konkreten Partei aber immer entwicklungsbedürftig.

[19] *Blum*, A l'échelle humaine, S. 101; siehe auch S. 117.

[20] *Blum*, Conférence sur Jaurès, Rede 16. 2. 1933, veröffentlicht in: Pages choisies de Léon Blum, Revue socialiste Nr. 38/39, 1950, S. 67 f.
[21] *Blum*, A l'échelle humaine, S. 98 und 124.
[22] Ebda. S. 104.
[23] Ebda. S. 108.
[24] Ebda. S. 109. — Die „Eingliederung Deutschlands in eine europäische Organisation" hatte Blum schon im Oktober 1939 als Kriegsziel gefordert. „Wir kommen damit immer wieder zu gleichen Formeln, zu derselben Schlußfolgerung: die Unabhängigkeit der Nationen im Schoß eines föderativen und abgerüsteten Europa." — Le Populaire 14. 10. 39; auszugsweise deutsche Übersetzung in: Curt *Gasteyger* (Hrsg.), Einigung und Spaltung Europas 1942—1965, Frankfurt 1965, S. 15.
[25] *Blum*, A l'échelle humaine, S. 105.
[26] Ebda. S. 106. — Zum Begriff der Supranationalität war Blum erstmals Ende der 20er Jahre in Fortentwicklung des Gedankens der Schiedsgerichtsbarkeit gelangt: zur Garantie der Schiedsgerichtsbarkeit sei eine internationale Armee erforderlich; diese setze wiederum eine internationale politische Autorität voraus. — Léon *Blum*, Les problèmes de la paix, Paris 1931, S. 129—141. — Auch für eine wirtschaftliche Einigung Europas hatte er die Einrichtung einer politischen Gewalt für unabdingbar gehalten: Eine Föderation auf wirtschaftlicher Grundlage, so hatte er erklärt, könne nicht von Dauer sein, wenn die ihr assoziierten Völker weiterhin ihre nationale Wirtschaftskraft auf die Vorbereitung eines Krieges verwenden; eine wirtschaftliche Einigung sei also nur möglich, wenn die Möglichkeit eines Krieges eliminiert sei; das aber sei nur nach vorheriger allgemeiner Abrüstung der Fall; und um diese zu sichern, sei die Einrichtung einer internationalen Armee erforderlich. — Ebda. S. 83—96 und 185—199 (erneut in: Oeuvre III, 2, S. 151 ff.).
[27] *Blum*, Notiz „pour Daniel (Mayer), s'il Part", 15. 3. 1943, Oeuvre V, S. 395 f.; deutsche Übersetzung auszugsweise bei *Lipgens*, Föderationspläne, S. 201, Anm. 1.
[28] *Blum*, A l'échelle humaine, S. 118; vgl. auch S. 122 f. und S. 128.
[29] Die Integration der Sowjetunion in den Völkerbund zur Stärkung des antifaschistischen Lagers war 1936 erklärtes Ziel der Volksfrontregierung Blums gewesen. Den Weg dazu hatte er damals in einer Annäherung Frankreichs an die UdSSR gesehen; dementsprechend hatte er Verhandlungen über die Umgestaltung des bestehenden französisch-sowjetischen Paktes in ein tatsächliches Militärbündnis aufgenommen, die jedoch gescheitert waren, als die Existenz ähnlicher Verhandlungen der Sowjetführung mit dem Deutschen Reich bekannt geworden war. — Léon *Blum*, Déclaration ministérielle sur la politique étrangère, 23. 6. 1936, Oeuvre IV, 1, S. 357—364; zu den Verhandlungen *Colton*, Blum, S. 219—223 und *Gombin*, S. 190—192.
[30] Vgl. hierzu die Actes du Colloque: Jaurès et la nation, Toulouse 1965.
[31] Vgl. oben Anm. 26; zur außenpolitischen Praxis Blums und der Partei bis 1934 vgl. *Ziebura*, Blum, S. 288—328, bis 1940 *Gombin*, S. 22—62, 90—98, 100—119, 141—149, zur „rechten" und „linken" Kritik S. 150—170.
[32] Vgl. Kapitel I.4.
[33] Zu den im folgenden geschilderten Zukunftsvorstellungen der sozialistischen Résistance siehe insgesamt: die grundlegende Edition von Widerstandstexten bei *Lipgens*, Föderationspläne, S. 177—250; erste Interpretation durch Walter *Lipgens*, Das Konzept regionaler Friedensorganisation, Résistance und europäische Einigungsbewegung, in: VfZ 16 (1968), S. 150—164; Auswahl von Dokumenten bei: Robert *Verdier*, La vie clandestine du Parti socialiste, Paris 1944; Centre d'action pour la Fédération européenne (Hrsg.), L'Europe de demain, Neuchâtel 1945; De la Résistance à la Révolution, Anthologie de la presse clandestine française = Les Cahiers du Rhône Bd. 60, Neuchâtel 1945; Hubert *Halin*, L'Europe unie, objectif majeur de la Résistance, Brüssel 1967, S. 19—34; Henri *Michel* und Boris *Mirkine-Guetzévitch* (Hrsg.), Les idées politiques et sociales de la Résistance, Documents clandestins 1940—44, Paris 1954, S. 202—208, 389—399. — Erste Darstellungen: Henri *Michel*, Les courants de pensée de la Résistance française, Paris 1963, S. 531—537; Charles H. *Pegg*, Die Résistance als Träger der europäischen Einigungsbestrebungen in Frankreich während des zweiten Weltkrieges, in: Europa-Archiv 7 (1952), S. 5197—5206; Reinhard *Freiberg*, Die Presse der französischen Rési-

Zu S. 33—34

stance, Diss. Berlin 1962, S. 189—200; Claude *Bellanger,* Presse clandestine 1940—1944, Paris 1961, passim.

[34] Zwar hatte er schon nach dem ersten Weltkrieg konstatiert, daß die weltpolitische Bedeutung Europas entscheidend gesunken war — kein europäischer Staat und auch der europäische Kontinent als Ganzer könne künftighin mehr eine hegemoniale Rolle in der Weltpolitik spielen; das einzige, was Europa der Welt noch geben könne, sei das Erbe seiner Tradition, d. h. der Sozialismus als Modell einer künftigen Weltordnung — doch die Umstände seiner politischen Praxis der Zwischenkriegszeit hatten seinen Blick wieder auf Europa fixiert. — Siehe Le Populaire 11.7.21; 12.7.21; Parlamentsrede Journal Officiel, Débats Chambre 14.12.23; Rede auf dem SAI-Kongreß Hamburg 1923, S. 68; Le Populaire 15.2.27.

[35] Insofern war Blums Denken von einem Denken in Blöcken und Einflußsphären grundsätzlich verschieden.

[36] Le Populaire (Sud) Nr. 13, Juni 1943; Le Populaire (Nord) Nr. 22, 1.7.43; erneut gedruckt in: L'Europe de demain, S. 91 f.; De la Résistance à la Révolution, S. 239 bis 241; *Michel/Mirkine-Guetzévitch,* S. 389—391; *Mayer,* Les Socialistes dans la Résistance, S. 218—223; der Teil zur internationalen Politik in deutscher Übersetzung bei *Lipgens,* Föderationspläne, S. 205—207. Zur Erarbeitung und Verabschiedung *Mayer,* ebda. S. 94—102 und 107.

[37] Die Sowjetregierung hatte gegenüber dem polnisch-tschechoslowakischen Konföderationsvertrag vom 23. Januar 1942 mehrfach massiven Einspruch erhoben (vgl. P. S. *Wandycz,* Czechoslovak-Polish Confederation and the Great Powers 1940—43, Bloomington/Indiana 1956, S. 75—83); ihr Organ „Iswestija" hatte sich mehrmals gegen eine europäische Föderation geäußert (vgl. z. B. Iswestija 18.11.43; referiert bei *Pegg,* Die Résistance als Träger, S. 5206, Anm. 12).

[38] Radio-Ansprache Churchills vom 21. März 1943; Winston S. *Churchill,* Onwards to Victory, Speeches 1943, ed. by Ch. *Eade,* London 1947; deutsche Übersetzung: Winston S. *Churchill,* Reden 1943, Vorwärts zum Sieg, Zürich 1948, S. 69—89; Auszug bei *Lipgens,* Föderationspläne, S. 474—477; zur Interpretation vgl. Heinrich *Bodensieck,* Provozierte Teilung Europas? Die britisch-amerikanische Regionalismusdiskussion und die Vorgeschichte des Kalten Krieges 1939—1945, Opladen 1970.

[39] Daß an explizit *kontinentale* Föderationen gedacht war, wie *Lipgens,* Föderationspläne, S. 206 interpretiert, geht aus dem Text nicht eindeutig hervor: „Les fédérations composant les États-Unis du Monde (...)" heißt die entsprechende Passage im Unterabschnitt „Le Socialisme se fonde sur le droit des peuples."

[40] Die Interpretation dieses Textes durch *Pegg,* Die Résistance als Träger, S. 5199, und ihm folgend *Lipgens,* Föderationspläne, S. 206 und 207, Anm. 3 (vgl. auch ebda. S. 198), wonach die Forderung nach „Vereinigten Staaten der Welt" nur ein aus der Gegnerschaft der Sowjetunion zu Europa-Föderationsplänen resultierender Ausweichvorschlag gewesen sei, „deutlich dazu bestimmt, (...) der Sowjetunion den eigentlich gemeinten Gedanken der kontinentalen Föderationen", insbesondere der europäischen Föderation, „schmackhaft zu machen" (*Lipgens* S. 207, Anm. 3), verkehrt die Entwicklung der internationalen Idee bei den französischen Sozialisten in ihr Gegenteil. Tatsächlich stand nicht der Gedanke an eine europäische Föderation am Anfang — eine solche allein wäre auch dem Hauptmotiv der sozialistischen Zukunftsplanung, der Friedenssicherung, nicht gerecht geworden — sondern Blums Vision einer universalen (freilich 1941 noch europazentriert gesehenen) Föderation. Das Teilziel einer europäischen Föderation wurde erst Ende 1943 stärker betont, als die reservierte Haltung der neuen Weltmächte die unmittelbare Verwirklichung wahrscheinlich weniger machte, und rückte erst nach Kriegsende in den Vordergrund, als die Blockierung der UNO durch die Sowjetunion zur Gewißheit geworden war. Die Autoren des Programms waren zwar bemüht, den Sowjets und der kommunistischen Bruderpartei ihr Mißtrauen zu nehmen und sie vom nichtaggressiven Charakter des geplanten Föderativsystems zu überzeugen; aber sie zeigten mit der Ablehnung jeglicher Annexionen, die das Selbstbestimmungsrecht verletzen, und jeglicher Aufteilung Europas sowie mit der Forderung nach Souveränitätsabgabe auch der größten Nationen, daß sie nicht zu Kompromissen mit etwaigen hegemonialpolitischen Tendenzen der Sowjetunion bereit waren.

Zu S. 34–36

[41] Der belgische Sozialistenführer und ehemalige SAI-Präsident Louis de Brouckère erklärte daraufhin gegenüber Daniel Mayer während dessen Londoner Aufenthalt April/Mai 1943, die Divergenzen der Alliierten ließen ihn nicht an eine Verwirklichung der Weltorganisation glauben; hinter dem gegenwärtigen Konflikt zeichne sich bereits ein dritter Weltkrieg ab; erst dieser werde mit dem Sieg des demokratischen Sozialismus enden. — *Mayer, Les socialistes dans la Résistance*, S. 92 f.

[42] Vincent *Auriol*, Hier... demain, 2 Bde., 1. Aufl. Alger 1944, 2. Aufl. Paris 1945. Das insgesamt fast 700 Seiten umfassende Werk befaßte sich neben der internationalen Problematik mit zahlreichen Vorschlägen zur Reform der politischen und wirtschaftlichen Struktur Frankreichs, insbesondere einer neuen Verfassungsordnung. Im ersten Band legte Auriol unter der Überschrift „Paix et démocratie" (S. 155–301) sein außenpolitisches Konzept vor, im zweiten Band („L'ordre républicain") betonte der überzeugte Föderalist mehrfach die Notwendigkeit einer Dezentralisierung Frankreichs. In vielerlei Hinsicht eine pragmatische, aber durchaus eigenständige Ausgestaltung von Blums „A l'échelle humaine" zeugte das Buch auch von Auriols Erfahrungen als einer der engsten Mitarbeiter Blums seit 1919.

[43] Ebda. Bd. I, S. 250; vgl. auch S. 237–240.

[44] Ebda. S. 241–246.

[45] Ebda. S. 244.

[46] Ebda. S. 246–253. Sehr widersprüchlich heißt es auch mitten im Abschnitt über den Obersten Welt-Exekutivrat, er solle mit dem Obersten Rat der anderen Kontinente eng kooperieren (ebda. S. 252), was ihn nun plötzlich als eine Art europäischer Oberster Behörde erscheinen läßt. Unklarheiten dieser Art dürften darauf zurückzuführen sein, daß das in Auriols Versteck im garonnischen Bergland bei Combecrozes geschriebene Manuskript 1944 ohne nochmalige Durchsicht publiziert wurde.

[47] Ebda. S. 259–292. Auriol war davon überzeugt, daß die Sozialisten die Vorkämpfer des internationalen Systems sein würden, und hoffte auch auf die Bundesgenossenschaft der sich abzeichnenden Formation christlicher Demokraten. Beide zusammen, so glaubte er, würden eine mächtige Bewegung zur Überwindung des nationalstaatlichen Prinzips bilden (ebda. S. 257 f.).

[48] Immerhin glaubte er bereits Meldungen, wonach die USA, die UdSSR und Großbritannien Europa in Einflußzonen aufteilen wollten, als „lächerlich" abtun und die Authentizität der Nachricht von sowjetischer Kritik an Plänen föderativer Art bezweifeln zu müssen. — Ebda. S. 159 bzw. 246–249.

[49] Als einem der vier Ziele, die die provisorische Regierung und die Résistance mit vereinter Kraft anstreben sollten. Als weitere Ziele wurden genannt: kompromißloser Sieg, Wiederherstellung der traditionellen Freiheiten Frankreichs und Abschaffung feudalistischer Privilegien. — Aufruf des Exekutivkomitees vom 3. 11. 43, veröffentlicht in Le Populaire (Nord) Nr. 29, Dezember 1943 und Le Populaire (Sud) Nr. 19, Dezember 1943; nicht erneut gedruckt.

[50] Supplément au Journal Officiel de la République française, Assemblée consultative provisoire d'Alger, 25. 11. 43, S. 9 f. Auszugsweise deutsche Übersetzung bei *Lipgens*, Föderationspläne S. 208. — André Hauriou, Mit-Verfasser des Combat-Programms (Anm. 52) sprach in der gleichen Debatte als Berichterstatter des Auswärtigen Ausschusses nur noch sehr vage von „internationale(r) Solidarität" und „Zusammenarbeit zwischen den Nationen"; Supplément ebda. S. 6 f.; deutsch bei *Lipgens*, Föderationspläne S. 217.

[51] „Projet de contenu d'un programme commun", 11. 12. 43; erneut gedruckt in *Mayer, Les Socialistes dans la Résistance*, S. 229–238; der innenpolitische Teil auch in *Michel/Mirkine-Guetzévitch*, S. 202–208; vgl. *Mayer* ebda. S. 119.

[52] Combat Nr. 34, September 1942; erneut gedruckt in: L'Europe de demain, S. 93; De la Résistance à la Révolution, S. 238; Henri *Frenay*, Combat, Paris 1945, S. 76–79; *Michel/Mirkine-Guetzévitch*, S. 143–145; auszugsweise in: *Halin*, L'Europe unie, S. 23; deutsch in: *Lipgens*, Föderationspläne S. 197. Die Combat-Führung veröffentlichte den gleichen Text nochmals unter der Überschrift „Manifeste pour la nation française" in einem Flugblatt vom Februar 1943 (aufbewahrt in der „Combat"-Sammlung der Bibliothèque Nationale Paris, Rés. B. 1470 (68)). Daß der Gedanke einer föderativen

Zu S. 36—39

Nachkriegsordnung schon im Frühjahr 1942 in „Combat"-Kreisen diskutiert wurde, bezeugt Henri *Frenay,* La nuit finira, Paris 1973, S. 90—92.

[53] „Résistance — Espoir de l'Europe", Combat (Edition d'Alger), 12.12.43; erneut in: *Frenay,* Combat, S. 70—72; *Michel/Mirkine-Guetzévitch,* S. 396 f. (nur auszugsweise); Halin, L'Europe unie, S. 23—25; *Lipgens,* Förderationspläne, S. 227—229.

[54] Cahiers Politiques Nr. 5, Januar 1944, S. 9—11; deutscher Auszug bei *Lipgens,* Förderationspläne, S. 231 f. — Zum „Comité général d'études" vgl. insgesamt *Hostache,* CNR, S. 220—235.

[55] Gegenüber *Ziebura,* Die deutsch-französischen Beziehungen, S. 27, ist freilich zu präzisieren, daß der Selbstbehauptungsgedanke als Teilmotiv der Europa-Föderationspläne nicht für den gesamten sozialistischen Widerstand repräsentativ war; gerade darum unterschieden sich die sozialistischen Pläne fundamental von den Hoffnungen de Gaulles auf Restauration der Grandeur.

[56] Vgl. Anm. 36.

[57] Vgl. Blum in zwei weiteren Skizzen zu dem Problem: Die internationale Organisation sei nur lebensfähig, wenn alle Teilnehmer in ihrem innerstaatlichen Bereich die Prinzipien der Demokratie anerkennen würden (geschrieben nach März 1943, Oeuvre V, S. 508 f.); Deutschland werde in dem Maße an der Organisation teilnehmen können, wie die demokratischen Prinzipien dort zur Geltung kämen (geschrieben November/ Dezember 1943, Oeuvre V., S. 509 f.).

[58] Treffend spricht daher *Ziebura* (Die deutsch-französischen Beziehungen, S. 30 f.) von einem „neuen, aber notwendigerweise auch ambivalenten Deutschlandkonzept(s) der nichtkommunistischen Résistance".

[59] *Blum,* Instruktion für Georges Buisson, 5.2.43, Oeuvre V, S. 387—391; auszugsweise auch in *Michel/Mirkine-Guetzévitch,* S. 109 und 389; deutsche Übersetzung auszugsweise bei *Lipgens,* Förderationspläne S. 199—201.

[60] A. a. O. Anm. 36.

[61] *Auriol,* Hier ... demain I, S. 206.

[62] Ebda. S. 236.

[63] Ebda. S. 230—237.

[64] Ebda. S. 219—224.

[65] Ebda. S. 224—230. Um eine erneute deutsche Wirtschaftsexpansion unter dem Segel der Reparationslieferungen und den Aufbau einer neuen deutschen Kriegsindustrie zu verhindern, muß eine internationale Reparationsbehörde bevollmächtigt werden, über Art der deutschen Leistungen und deren Verteilung zu entscheiden. Gleichzeitig muß ihr die Lenkung der enteigneten deutschen Agrarwirtschaft und Großindustrie obliegen. Deutsche Betriebe müssen in den Ländern, die unter seinem Angriff gelitten haben, zerstörte Anlagen wiedererrichten. — Im gleichen Sinne auch Auriols Rede in der Beratenden Versammlung von Algier 25.7.44; Supplément au Journal Officiel de la République française, 25.7.44, S. 236—249; auch als Broschüre: Vincent *Auriol,* La Libération totale, Alger 1944.

[66] *Auriol,* La libération totale, ebda. S. 18 f.

[67] Oeuvre VI, S. 363—368; zur Überbringung dieser Botschaft *Moch,* Rencontres avec Léon Blum, S. 292—298.

[68] „La presse clandestine d'Europe et l'avenir de l'Allemagne", Le Populaire (Sud) Nr. 18, November 1943; nicht erneut gedruckt. — „Vers les Etats-Unis du Monde. La politique internationale des Socialistes Allemands", Le Populaire (Nord) Nr. 32, April 1944; nicht erneut gedruckt (Zitat ebda.). — Erklärung der „Union deutscher sozialistischer Organisationen in Großbritannien" vom 23.10.43, veröffentlicht in: Zur Politik deutscher Sozialisten. Politische Kundgebungen und programmatische Richtlinien der Union deutscher sozialistischer Organisationen in Großbritannien, London 1945, S. 16 f.; erneut in: *Lipgens,* Förderationspläne, S. 498—501.

[69] A. a. O. Anm. 59.

[70] Die Zusammenarbeit mit Großbritannien war schon früher ein Grundzug Blum'scher Politik gewesen, insbesondere seit er eine Anti-Hitler-Koalition betrieben hatte. 1936 hatte sich Blum als Ministerpräsident um gute Kontakte zum britischen Außenminister Anthony Eden bemüht und mit Rücksicht auf die britische Haltung die Politik der

Zu S. 39—41

Nicht-Intervention im Spanischen Bürgerkrieg durchgesetzt. — Vgl. *Colton,* Blum, S. 243—278, und *Gombin,* S. 212—229. — Zu Winston Churchill hatte er enge persönliche Beziehungen unterhalten; vgl. Brief Churchills an Blum 14. 4. 38; veröffentlicht in *Blum,* L'Histoire jugera, S. 125—128.

[71] Le Populaire (Sud), Nr. 2, 15. 6. 42; nicht erneut gedruckt; Le Populaire (Sud), Nr. 7, November 1942; erneut gedruckt in: *Verdier,* La vie clandestine, S. 42 f.

[72] Als vordringlichste Aufgaben des Überstaates waren vorgesehen: „die dringendste wirtschaftliche Not abzuwenden, die Verteilung der Rohstoffe, die Auswanderung, den Verkehr, die Verhältnisse der Arbeitnehmerschaft, das Gesundheitswesen, das öffentliche Bauwesen, die Zollgesetzgebung im Zusammenhang mit dem Arbeitsrecht, der Devisen- und Währungspolitik schnell zu ordnen. Er muß außerdem die großen internationalen Monopole durch eigene Organe ersetzen und internationale Informationsdienste schaffen." Le Populaire (Sud), Nr. 9, Januar 1943; zugleich in Le Populaire (Nord), Nr. 16/17, 16. 1./1. 2. 43; erneut gedruckt in: *Verdier,* La vie clandestine, S. 48 f. und 56 f.; deutsch auszugsweise bei *Lipgens,* Förderationspläne S. 198 f.

[73] A. a. O. Anm. 36.

[74] Le Populaire (Sud), Nr. 14, Juli 1943: „Le problème allemand"; erneut gedruckt in: *Michel/Mirkine-Guetzévitch,* S. 380 f.; Blum-Zitate u. a.: „On n'éteint pas la haine par la haine" (wie „A l'échelle humaine" S. 108); „Il n'existe donc qu'un seul procédé: L'incorporation de la nation allemande dans une communauté internationale" (wie „A l'échelle humaine" S. 109). — Le Populaire (Sud), Nr. 15, August 1943: „La communauté internationale"; nicht erneut gedruckt; Blum-Zitat z. B.: „Il faut que le Corps international soit pourvu des organes et de la puissance qui lui permettront de remplir sa fonction, c'est-à-dire d'être franchement et hardiment installé comme un Etat suprême, sur un plan dominant les souverainetés nationales" (wie „A l'échelle humaine" S. 106).

[75] Libérer et Fédérer Nr. 1, 14. 7. 42; erneut in: *Michel/Mirkine-Guetzévitch,* S. 142; auszugsweise deutsch bei: *Lipgens,* Föderationspläne S. 196 f. — „Combat": a. a. O. Anm. 52. — Libération — Edition Zone Sud Nr. 1, 10. 1. 43; erneut in: *Michel/Mirkine-Guetzévitch,* S. 198 f. — Le Franc-Tireur — Edition Sud Nr. 29, 1. 3. 44; erneut in: L'Europe de demain, S. 95—97; De la Résistance à la Révolution, S. 234—236; *Michel/ Mirkine-Guetzévitch,* S. 183—185; *Halin,* L'Europe unie, S. 33 f.; *Lipgens,* Föderationspläne, S. 135 f.

[76] L'Insurgé Nr. 23, Februar 1944; erneut gedruckt in: L'Europe de demain, S. 100; auszugsweise bei *Halin,* L'Europe unie, S. 21; und *Lipgens,* Föderationspläne, S. 232, Anm. 1. — Piverts PSOP war im September 1939 zusammen mit der PCF verboten worden, als er selbst gerade in den USA weilte. Trotz mehrfacher Versuche gelang es ihm nicht, nach Frankreich zurückzukehren; er verpflichtete jedoch seine Anhänger, für de Gaulle zu kämpfen; vgl. Annie-France *Chammereuil,* Marceau Pivert, biographie politique, Mémoire Paris 1972; Jean-Paul *Joubert,* A contre-courant: Le pivertisme, 2 Bde., Thèse Grenoble 1972; R. *Fiat,* L'Insurgé, Mémoire Paris 1961; zusammenfassend Jean *Rabaut,* Tout est possible! Les gauchistes français 1929—1944, Paris 1974, S. 355—360.

[77] Libération (Nord), Nr. 115, 9. 2. 43 (vgl. Anm. 75). — Résistance, Februar 1943; zit. n. *Pegg,* Die Résistance als Träger, S. 5198.

[78] Zum geistigen Führungsanspruch der Sozialisten vgl. das „Manifeste" des CAS-Sud vom November 1942, Le Populaire (Sud) Nr. 7, November 1942; erneut gedruckt in: *Verdier,* La vie clandestine, S. 42 f. — Zur geplanten Rolle der Sozialisten in einem Kabinett de Gaulle vgl. den Brief Daniel Mayers an de Gaulle vom 8. 5. 43, im Londoner Nachlaß von Félix Gouin, zitiert bei: *Michel,* Les courants, S. 505. Zur Gesamtproblematik des CAS-Selbstverständnisses ebda. S. 487—505.

[79] Vgl. F. Roy *Willis,* The French in Germany, Stanford 1962, S. 6—35; Gilbert *Ziebura,* Ideologische Grundlagen der Außenpolitik de Gaulles, in: Europa-Archiv 20 (1965), S. 275—284; ders., Die deutsch-französischen Beziehungen, S. 32—38; Walter *Lipgens,* Bedingungen und Etappen der Außenpolitik de Gaulles 1944—1946, in: VfZ 21 (1973), S. 52—102, hier S. 64—70; Stanley u. Inge *Hoffmann,* De Gaulle as a Political

Zu S. 41–45

Artist: The Will to Grandeur, in: Stanley *Hoffmann* (Hrsg.), Decline or Renewal? France Since the 1930's, New York 1974, S. 202–253.

[80] „Wenig Verständnis": Charles De Gaulle, Mémoires de Guerre, Bd. II: L'unité 1942 –1944. Paris 1956, S. 151 f. (in der deutschen Ausgabe Düsseldorf 1961 S. 144 f.). — Philip: Bericht Philips, zit. n. Jean *Lacouture*, De Gaulle, 2. Aufl. Paris 1969, S. 96. — Frenay: zit. n. Claude *Bourdet*, L'aventure incertaine, Paris 1975, S. 190; vgl. auch Henri *Frenay*, La nuit finira, Paris 1973, S. 254 f.

[81] *Mayer*, Les Socialistes dans la Résistance, S. 89; zu den Gesprächen Mayers mit de Gaulle insgesamt ebda. S. 87–92.

[82] Vgl. u. a. *Ehrlich*, The French Resistance, S. 206–209, und *Bourdet*, L'aventure incertaine, S. 278–296.

[83] Vgl. *Hostache*, CNR, S. 219.

[84] „Programme d'Action de la Résistance", Text vollständig in: *Hostache*, CNR, S. 457 bis 463; teilweise in: L'Année politique 1944/45, S. 429–431; *Michell/Mirkine-Guetzévitch*, S. 215–218. Der Text wurde von Widerstandszeitungen nur sehr selten und bruchstückhaft zitiert und fand erst nach der Befreiung als „Charta" allgemeine Verbreitung. — Zur PCF-Programmatik vgl. *Michel*, Les courants, S. 682–710.

[85] Veröffentlicht in: L'Humanité Nr. 300, 9.6.44; erneut gedruckt in: *Michell/Mirkine-Guetzévitch*, S. 218–238; *Lipgens*, Föderationspläne S. 239 f. (auszugsweise deutsche Übersetzung). — Die Programmdiskussion wurde noch mehrere Wochen nach der Verabschiedung des CNR-Programms fortgesetzt; vgl. *Mayer*, Les Socialistes dans la Résistance, S. 119.

[86] Zitiert nach *Michell/Mirkine-Guetzévitch*, S. 216.

[87] Vgl. zu dieser grundlegenden Entscheidung *Ziebura*, Die deutsch-französischen Beziehungen, S. 32: „Schon damals begann, wenn nicht explizit, so implizit, das außenpolitische Bündnis zwischen der Kommunistischen Partei und de Gaulle. (...) In diesem Kräftefeld ging die nichtkommunistische Résistance unter, und mit ihr nicht nur das Konzept des ‚revolutionären Humanismus', sondern auch das einer neuen Deutschlandpolitik."

[88] „Réponse du Parti socialiste aux observations présentées par le Parti communiste sur le projet de programme commun", Juni 1944, in: *Michell/Mirkine-Guetzévitch*, S. 238 bis 247, hier insbesondere S. 245–247.

[89] Supplément au Journal Officiel de la République française 12.5.44, S. 18 f.; auszugsweise deutsche Wiedergabe bei *Lipgens*, Föderationspläne, S. 242–244. — Auriol vertrat freilich nicht, wie *Michel*, Les courants, S. 533 behauptet, genau die Ideen Léon Blums, sondern sein eigenes, in „Hier... demain" entwickeltes Konzept, das sich von Blum in entscheidenden Punkten unterschied.

[90] Vgl. dazu *Ziebura*, Die deutsch-französischen Beziehungen, S. 25: „Beide Konzepte (...) trafen sich in dem Bemühen, von der Machtstellung Frankreichs zu retten, was zu retten war." Daß sie deswegen „in letzter Instanz doch nur verschiedene Seiten ein und derselben Medaille" bildeten, trifft jedoch nicht zu: für die Sozialisten bildete die Friedenssicherung durch Föderation das primäre Ziel; sie verstanden die Stärkung der französischen Position instrumental im Hinblick auf dieses Ziel, während de Gaulle sie final betrachtete. — Grundsätzlich hierzu auch Anm. 19 der Einleitung.

II. „ORGANISATION INTERNATIONALE": DIE PHASE DER HOFFNUNG

[1] wie dies etwa die Memoiren von George F. Kennan besonders eindrucksvoll bestätigen; vgl. George F. *Kennan*, Memoirs 1925–1950, Boston 1967; in deutscher Übersetzung u. d. T.: Memoiren eines Diplomaten, 1. Aufl. Stuttgart 1968, 2. Aufl. München (dtv) 1971, insbesondere Kapitel 7 bis 10.

[2] Dies im Anschluß an Waldemar *Besson*, Die Anfänge der bundesrepublikanischen Außenpolitik, in: *Lehmbruch-Beyme-Fetscher* (Hrsg.), Demokratisches System und politische Praxis in der Bundesrepublik, München 1971, S. 359–376, hier S. 360 f., der gegenüber Hans-Peter *Schwarz* (Vom Reich zur Bundesrepublik, Neuwied 1966,

S. 52 ff.) betont, daß der Gedanke an ein Kondominium durchaus im Bereich der Rooseveltschen Politik lag.

[3] Vgl. die Analyse der amerikanischen Kriegszielvorstellungen bei Ernst-Otto *Czempiel*, Das amerikanische Sicherheitssystem 1945—1949, Berlin 1966, S. 60—97 und 129 f.; sowie insgesamt Ruth B. *Russel* and Jeanette E. *Mutter*, A History of the United Nations Charter: The Role of the United States, Washington 1958.

[4] Vgl. Blums Notiz zur Landung der alliierten Truppen: „Je sais que la nécessité est là, que l'occasion est là, qu'elle est courte est qu'il faut la saisir." — Oeuvre V, S. 513 f.

[5] Titel der Grundsatzrede Blums vor dem ersten ordentlichen Nachkriegsparteitag der SFIO (37. Nationalkongreß) am 13. 8. 1945; Text in *Blum*, Oeuvre VI, S. 65—78.

[6] Beschlossen vom Exekutivkomitee der illegal konstituierten Partei im Juni 1943 (vgl. oben S. 24) bestätigt vom außerordentlichen Parteikongreß im November 1944; vgl. Bruce Desmond *Graham*, The French Socialists and Tripartisme, 1944—1947, London— Canberra/Australia 1965, S. 41—46.

[7] Albert *Camus*, Editorial, Combat 10. 11. 44.

[8] Edouard *Depreux*, Souvenirs d'un militant, Paris 1972, S. 200 f. Vgl. zur Idee der überkonfessionellen Arbeiterpartei auch Julius *Braunthal*, Geschichte der Internationale, Bd. 3, Hannover 1971, S. 42 f. und Jean Claude *Criqui*, Der französische Sozialismus, in: Albrecht *Langner* (Hrsg.), Katholizismus und freiheitlicher Sozialismus in Europa, Köln 1965, S. 91—134, hier S. 100 f. Criqui unterschätzt allerdings die Stärke der sozialistischen Tradition beträchtlich, wenn er behauptet, auch für Mayer und Blum sei die SFIO „tot" gewesen. So sehr sie auch eine Neugestaltung des französischen Sozialismus erhofften, diese Erneuerung konnte für Blum und insbesondere für Mayer nur von der Basis der SFIO aus erfolgen; deshalb stand für sie die Reform der Partei im Vordergrund. Vgl. neben dem Entscheidungen der Résistancezeit für Mayer sein Verhalten in den Fusionsverhandlungen mit anderen Gruppen (hier S. 48) für Blum das Zeugnis de Gaulles: „Léon Blum fut très vite resaisi par les penchants habituels de la famille socialiste (...): volonté de se consacrer entièrement à son parti." De *Gaulle*, Mémoires de Guerre, Bd. 3, S. 258.

[9] Stellvertretend für viele Zeugnisse sei hier eine charakteristische Passage aus der sozialistisch orientierten Wochenzeitung „Gavroche" zitiert: „Léon Blum est de ces hommes en qui se résument les aspirations des générations et que les générations, les nouvelles comme les autres se désignent pour guide parce que la moralité de leur vie, leur désintéressement, la hauteur de leur conception, leur jeunesse de pensée expriment tout ce que leur coeur contient d'éspérance et de rêve." (Jean *Fresnoy*: „Le discours de Léon Blum", Gavroche 24. 5. 45). Zu welch emotionaler Begeisterung für Blum die Sozialisten damals fähig waren, zeigt der Bericht von Marcel-Edmond Naegelen über den Empfang Blums auf dem SFIO-Kongreß 1945 (in: Georgette *Elgey*, La République des illusions ou la vie secrète de la IVe République, Bd. 1: 1945—1951, Paris 1965, S. 120; vgl. auch die Charakterisierung Blums ebda. S. 120—126).

[10] *Elgey*, ebda. S. 120; vgl. auch *Graham*, Tripartisme, S. 141.

[11] Als Vertreter der nichtkommunistischen Mehrheit des Résistance-Verbandes MLN der SFIO die Schaffung einer vereinten Partei antrugen, bestanden Blum und Auriol darauf, de Gaulle müsse mit der Gründung dieser Volkspartei einverstanden sein, vielleicht sogar ihr Patronat übernehmen; siehe *Quilliot*, SFIO, S. 44, nach einem Bericht von Georges Izard.

[12] So der Titel der Darstellung des langjährigen Chefredakteurs vom „Combat": Philippe *Tesson*, De Gaulle Ier — La révolution manquée, Paris 1965. Vgl. die treffende Formulierung von Jean *Lacouture*, De Gaulle, Paris 1969, S. 58: de Gaulle und Blum seien 1945 „promus tous les deux en symboles, en gémeaux solennels d'une France assoiffée d'unité et brûlante de différences".

[13] Eine erschöpfende Darstellung der Regierungszeit de Gaulles 1944—1946 fehlt bislang; zahlreiches Material findet sich in der zuverlässigen Chronik von André *Siegfried* und Edouard *Bonnefous* (Hrsg.), L'Année Politique 1944—1945, Paris 1946; für den Prozeß der Wiedergewinnung französischen Territoriums grundlegend Robert *Aron*, Histoire de la Libération de la France juin 1944 — mai 1945, Paris 1. Aufl. 1959, 2. Aufl. 1966; zur Unterstützung de Gaulles durch Thorez John E. *Sawyer*, The Re-

Zu S. 47—50

establishment of the Republic in France, The de Gaulle Era 1944—1945, in: Political Science Quarterly 62 (1947) S. 358—380; Alfred J. *Rieber*, Stalin and the French Communist Party 1941—1947, New York 1962, S. 142—191; Wilfried *Loth*, Frankreichs Kommunisten und der Beginn des Kalten Krieges, in: VfZ 25 (1977); beste Gesamtskizze bisher Jacques *Chapsal*, La vie politique en France depuis 1940, Paris 1. Aufl. 1966, 4. Aufl. 1976, S. 74—110; wichtige Dokumente bei Claude *Lévy* (Hrsg.), La Libération, Paris 1974.

[14] Zeugnisse: *Lapie*, De Léon Blum à de Gaulle, S. 216 f.; *Frenay*, La nuit passera, S. 534—536, 545 f.; *Bourdet*, L'aventure incertaine, S. 404 f.; Sitzungsprotokolle des SFIO-Vorstandes bei *Quilliot*, SFIO, S. 42—45.

[15] Der Gründungsparteitag fand am 24./25. 11. 44 statt. Zur Position Blums *Lapie* ebda.; insgesamt jetzt R. E. M. *Irving*, Christian Democracy in France, London 1973.

[16] Hierzu wieder Depreux in Erinnerung an den Nationalkongreß 1944: „Ne pouvait-on redouter que les éléments, qui s'étaient montrés peu actifs de 1940 à 1944 et se méfiaient du sang nouveau que pouvaient apporter à notre organisme les hommes de groupes de résistance insuffisamment au courant de la doctrine socialiste, ne ramènent le parti dans de vieilles ornières? J'ai pressenti leur peur du ‚neuf' (...)." — *Depreux*, Souvenirs d'un militant, S. 200 f. — Zum Nationalkongreß Nov. 1944 insgesamt das maschinenschriftliche Compte rendu sténographique und die Berichte in Le Populaire, 10.—14. 11. 44; Darstellung bei *Graham*, Tripartisme, S. 41—46 und *Quilliot*, SFIO, S. 29—37.

[17] Die Außenpolitik war insbesondere angesichts der katastrophalen Versorgungslage der Nachkriegszeit und des allgemeinen Ringens um die nackte Existenz kein Thema der öffentlichen Meinung; 1946 etwa befaßten sich nur 6,5 % (im Verhältnis zu Gesamtzahl und Gesamtdauer) der Debatten des französischen Parlaments mit außenpolitischen Themen, darunter wieder ein großer Teil nur mit der Deutschlandfrage. Immerhin ergaben Untersuchungen, daß die Leser der Linkspresse über außenpolitische Ereignisse durchweg besser informiert waren als die übrigen Zeitungsleser; dies, obwohl in diesem Leserkreis der Anteil der unteren und damit generell weniger informierten Schichten signifikant höher war. — Vgl. *Hänsch*, Frankreich zwischen Ost und West, S. 71—74.

[18] Charles *Dumas*, „La France dans le monde", Le Populaire 27. 8. 44; ders., „Paix et démocratie", Le Populaire 28. 8. 44; ders., „L'organisation de la paix", Le Populaire 29. 8. 44; ders., „Politique extérieure", Le Populaire 1. 9. 44; ders., „La construction de la paix", Le Populaire 3. 11. 44 und 4. 11. 44.

[19] Charles *Dumas*, „La construction de la paix: La paix économique", Le Populaire 7. 11. 44 — Das generelle Exposé Dumas' wurde ergänzt durch Interviews mit dem belgischen Sozialistenführer und Außenminister Paul-Henri Spaak und mit dem prominenten SFIO-Dissidenten, früheren Ministerpräsidenten und Völkerbunds-Delegierten Joseph Paul-Boncour (Le Populaire 12./13. 11. 44 und 23. 9. 44) und wiederholten Beschwörungen der britisch-französischen Freundschaft, insbesondere anläßlich des Churchill-Besuches in Paris im November 1944 (etwa Charles *Dumas*, „Nos amis anglais", Le Populaire 14. 9. 44: „La France et l'Angleterre devront rester cordialement unie, mais nous, socialistes français, nous pensons que toutes les grandes luttes pour la paix et la libération des hommes ne pourront être menées à bien que par la plus étroite coopération entre nos deux partis frères").

[20] Rede Mayers 9. 11. 44; CRS S. 21—93, Zitat S. 92. — Manifest „Le Parti Socialiste au Peuple de France", Le Populaire 14. 11. 44, hier Abschnitt 6.

[21] Wortlaut der Erklärung in Le Populaire 10. 10. 44.

[22] Rede Jaquets auf dem a. o. Nationalkongreß am 10. 11. 44; Compte rendu sténographique Congrès nov. 1944, S. 516—523, Zitat S. 521; zum Kongreß der Seine-Fédération vgl. den Bericht in Le Populaire 2. 11. 44.

[23] in seiner Eröffnungsrede am 9. 11. 44; Compte rendu S. 21—93, zur internationalen Politik insbes. S. 84—97. — Die Initiativen Mayers für eine Deutschlandpolitik im Sinne des Juni-Programmms widerlegen die Behauptungen von Adalbert *Korff* (Le revirement de la politique française..., S. 189), Mayer sei wie Moch ein Vertreter der These von der deutschen Kollektivschuld gewesen.

[24] Rede Grumbachs am 10. 11. 44, Compte rendu S. 499—515; vgl. auch Salomon *Grumbach*, „Le Peuple allemand tout entier doit il être considéré comme responsable?", Gavroche 18. 1. 45; ders., „Le sombre avenir de l'Allemagne", Gavroche 1. 3. 45, wo er seine Vorstellungen über den Ablauf des Umstrukturierungsprozesses dahingehend präzisierte, daß er von „30 oder 50 Jahren" sprach, die es dauern würde, bis Deutschland einen friedlichen Charakter angenommen hätte.

[25] A. a. O. Anm. 20, hier Abschnitt 7: „L'Allemagne de demain."

[26] Jules *Moch*, Le Parti Socialiste au Peuple de France, Paris 1945, S. 101—115, Zitat S. 101.

[27] André *Philip*, Schema de conférence: la politique internationale, Bulletin intérieur Nr. 4, April—Mai 1945, S. 3—4; vgl. auch ders., „Châtiment de l'Allemagne et reconstruction européenne", Esprit Nr. 110, Mai 1945, S. 798—801.

[28] Jean *Lechantre*, Editorial, Nord-Matin 22. 11. 44.

[29] Marcel *Livian*, „Le Peuple allemand tout entier doit-il être considéré comme responsable?", Gavroche 22. 2. 45; Entgegnung auf den Artikel Grumbachs ebda. 18. 1. 45 (Anm. 24).

[30] Marcel *Gimont*, „Au delà de la victoire", Combat 22. 10. 44; ders., „Le problème allemand", Combat 10. 12. 44.

[31] Albert *Bayet*, „Que faire de l'Allemagne?", La République du Sud-Ouest, 10. 5. 45.

[32] Pierre *Marin*, „Sécurité française", La République du Sud-Ouest 7. 2. 45.

[33] Er trifft aber in dieser Pauschalisierung gerade nicht zu, daß „die aus der französischen Widerstandsbewegung hervorgegangenen Politiker (...) einen harten Kurs gegenüber Deutschland" vertraten, wie eine gängige These Glauben machen will, so zuletzt bei Manfred *Abelein* in: Bondy/Abelein, Deutschland und Frankreich, Düsseldorf/Wien 1973, S. 109.

[34] Vgl. etwa die Hervorhebung des sozialistischen „Opfers" zugunsten eines Einheitsprogramms, für welches man nun Gegenleistungen zu erwarten sich berechtigt glaubt, in einem Protestbrief Daniel Mayers an de Gaulle vom 10. 2. 45: „Le Parti socialiste a renoncé à son propre programm pour se rallier à un programme plus modeste que le sien, mais dont le contenu paraît de nature à réunir la plupart des Français." — Veröffentlicht von *Depreux*, Souvenirs d'un militant, S. 778—781, Zitat S. 770 f.

[35] Foreign Relations of the United States, Diplomatic Papers 1944, vol. III, The British Commonwealth of Europe, Washington 1965, S. 715—724; vgl. Anton William *Deporte*, De Gaulle's Foreign Policy, Cambridge/Mass. 1968, S. 52—54. — Zum Verlauf der Außenpolitik de Gaulles 1944—1946 ist *Deporte* die erste, im einzelnen sehr zuverlässige und klare Gesamtdarstellung; sehr aufschlußreich in der Herausarbeitung der wesentlichen Grundzüge ist Walter *Lipgens*, Bedingungen und Etappen der Außenpolitik de Gaulles 1944—1946, in: VfZ 21 (1973), S. 52—102, in die These mündend, de Gaulles Politik eine Renationalisierung des Landes zur Folge gehabt, die die Einsichten der Résistance verdrängt habe; dort zahlreiche weitere Literaturhinweise. Dagegen begnügt sich Brian *Crozier*, De Gaulle, London 1973, Bd. I, S. 329 mit einer unkritisch-positiven Nachzeichnung.

[36] Forderung nach de-jure-Anerkennung schon in Dumas' erster Artikelserie zum Konzept der „Organisation internationale": Charles *Dumas*, „Reconnaissance ‚de jure'", Le Populaire 2./3. 9. 44; vgl. Marcel *Bidoux*, „La reconnaissance nécessaire", Le Populaire 17. 10. 44; Zitat aus einem durchweg positiven Kommentar Mayers zu de Gaulles Erläuterungen seines Regierungsprogramms am 12. 9. 44 von dem CNR, Le Populaire 13. 9. 44.

[37] Daniel *Mayer*, Editorial, Le Populaire 24. 10. 44.

[38] Zur Begründung seiner Forderung verwies Depreux auf die französischen Anteile am gemeinsamen Sieg und die Begünstigung Großbritanniens durch die geographische Lage, die allein den Briten ein ähnliches Schicksal wie den Franzosen erspart habe. — Edouard *Depreux*, „Appel fraternel au peuple anglais", Le Populaire 1. 11. 44.

[39] Rede Mayers am 21. 11. 44, J. O. Débats 22. 11. 44, S. 313—315; Rede Auriols am 22. 11., Jo. O. Débats 23. 11. 44, S. 326—330; Rede Saillants am 22. 11., J. O. Débats 23. 11. 44, S. 321—323. — Vgl. auch Paul-Boncour (J. O. Débats 22. 12. 44, S. 583 bis 585), Lapie (ebda. S. 586—588) und Philip (ebda. S. 590—592) in der Debatte über

den Moskauer Vertrag am 21. 12. 44 in der Beratenden Versammlung, sowie Marcel *Fourrier*, „Le sens d'un voyage", Franc-Tireur 16. 11. 44; „Pour la démocratie", Editorial, Nord-Matin 2. 2. 45.

[40] „In Wahrheit war es so", schrieb der an den Verhandlungen in Moskau beteiligte Außenminister Georges Bidault in seinen Memoiren, „daß wir jenen Prestigeverlust vermieden hatten, der die Folge einer nutzlosen Reise gewesen wäre." (Georges *Bidault*, Noch einmal Rebell, Berlin 1966, S. 95). De Gaulle hatte die sowjetische Vormachtstellung in Osteuropa anerkennen müssen, ohne sich, wie sich im folgenden zeigen sollte, dafür auch nur die geringste Unterstützung Stalins bei seinem Ringen um Statusaufbesserung einzuhandeln. — Vgl. *Deporte*, de Gaulle's Foreign Policy, S. 74—83; *Lipgens*, Bedingungen und Etappen der Außenpolitik de Gaulles, S. 84—89; dagegen unkritisch de Gaulles Version der Reise übernehmend *Crozier*, De Gaulle, S. 334—342.

[41] Reden Philips und Lapies in der Parlamentsdebatte, vom 21. 12. 44 (siehe Anm. 39); vgl. auch Paul-Boncour in der gleichen Debatte, J. O. Débats 22. 12. 44, S. 583—585; Populaire-Editorial vom 12. 12. 44; „égal à égal": beispielsweise in: „Voyage à Moscou", La République du Sud-Ouest 18. 11. 44, und Salomon *Grumbach*, „La route de la sécurité", Le Populaire 18. 12. 44; legitimer Einfluß der Sowjetunion in Osteuropa: Charles *Dumas*, „Le général de Gaulle à Moscou", Le Populaire 17. 11. 44.

[42] Die SFIO-Delegation, die am 17. November de Gaulle das „Manifest" des außerordentlichen Parteikongresses überreichte, bestand aus Mayer, Auriol, Moch, Philip und Depreux; gleich zu Beginn der Unterredung versicherte Auriol: „Nous nous réjouissons de vos succès constants en politique extérieure et nous tenons à vous supporter de vives félicitations", woraufhin de Gaulle hinsichtlich der Erfolge allerdings einschränkte, er sei weniger optimistisch, „la vérité est que nous n'obtiendrons pleine satisfaction que lorsque nous serons redevenus très puissants. Tout notre effort doit être orienté dans ce sens." — Protokoll der Unterredung mitgeteilt bei *Depreux*, Souvenirs d'un militant, Zitate S. 203; vgl. auch Le Populaire 18. 11. 44.

[43] Vgl. hierzu übereinstimmend die Analysen von Hans-Peter *Schwarz*, Vom Reich zur Bundesrepublik, S. 184 f.; *Ziebura*, Die deutsch-französischen Beziehungen, S. 35—38; *Lipgens*, Bedingungen und Etappen der Außenpolitik de Gaulles, S. 78—82. Ziebura schenkt allerdings den offiziellen Verlautbarungen der provisorischen Regierung vom Herbst 1944 (vgl. dazu nächsten Absatz) zu sehr Glauben, wenn er daran festhält, daß de Gaulle „ausdrücklich jede Annexion deutschen Gebietes" ablehnte (ebda. S. 36); die hierin übereinstimmenden Zeugnisse Churchills und Stalins (vgl. *Lipgens*, ebda. Anm. 79, 84 und 94) belegen, daß de Gaulle beiden gegenüber von einer Erweiterung französischen Territoriums bis zur Rheingrenze als Maximalforderung gesprochen hatte. Einen „autonomen" Status für die linksrheinischen Gebiete verlangte er erst, als er das „Nein" der Alliierten zur Annexionsforderung erfahren hatte.

[44] Bidaults Versicherung erstmals am 12. 9. 44 vor dem CNR; vgl. dazu Mayer in Le Populaire 13. 9. 44; de Gaulles Rede vom 1. 11. 44 in: Charles *De Gaulle*, Discours et messages, Bd. 1, Paris 1970, S. 471; Bidaults Dementi in einem Interview mit der Londoner „Sunday Times" zum 11. 11. 44 (der ersten umfassenden Verlautbarung des Außenministers überhaupt), zit. n. *Deporte*, De Gaulle's Foreign Policy, S. 161; Mayers Reaktion auf dem Nationalkongreß am 10. 11. 44 in seiner Schlußintervention zur politischen Generaldebatte, Compte rendu S. 615—658.

[45] Auriol in seiner Eigenschaft als Vorsitzender des Auswärtigen Ausschusses der Consultative in der Debatte vom 22. 11. 44, J. O. Débats 23. 11. 44, S. 326—330; Philip in einem Kommentar zu dieser Debatte: André *Philip*, „Les principaux points d'accord", Le Populaire 24. 11. 44.

[46] Diese Leitung sei vorstellbar als Verwaltung durch eine internationale Gesellschaft, deren Aktienmehrheit Frankreich hat, als Abtrennung der Ruhr unter französischer Kontrolle (!), als Schaffung einer Art Staat unter alliiertem politischen Mandat oder als Schaffung einer neuen Form wirtschaftlichen Mandats. Deutlich begrüßte Lapie auch die von de Gaulle in Moskau geleistete Anerkennung der Westverschiebung Polens: damit sei die Brutstätte preußischen Geistes beseitigt.
Charles *Dumas*, „La sécurité française doit avoir ses bases dans l'organisation internationale", Le Populaire 14. 12. 44; Rede Philips in J. O. Débats 22. 12. 44; S. 590

bis 592; Rede Lapies ebda. S. 586—588. — Vgl. auch Albert *Bayet* („L'occupation de la Rhénanie", Franc-Tireur 20. 2. 45), der sich gegen den Plan der Stationierung einer internationalen Armee im Rheinland wandte und stattdessen eine französische Besatzung verlangte.

[47] Paul-Boncour war in den 20er Jahren vom linken Flügel der SFIO wegen seiner Funktion als Völkerbundsdelegierter einer nichtsozialistischen Regierung angegriffen worden und 1931, als er für eine Vergrößerung des französischen Verteidigungspotentials eintrat, aus der Partei ausgetreten. Die von ihm gegründete „Union socialiste et républicaine" (USR) hatte er 1938 verlassen, als sich dort die profaschistischen Tendenzen Déats durchsetzten. Seine Wiederaufnahme durch den Nationalkongreß November 1944 führte jedoch nicht zu einer erneuten Mitgliedschaft in der SFIO: seine Heimat-Föderation billigte diesen Beschluß nicht. — Vgl. den Bericht Mayers auf dem Parteikongreß 1945, Compte rendu 37e Congrès 1945, S. 166 f.

[48] Rede Philips in J. O. Débats 22. 12. 44, S. 590—602; Rede Paul-Boncours ebda. S. 583—585. — Paul-Boncour sah allerdings im Schutz vor deutscher Aggression den Hauptzweck eines kollektiven Sicherheitssystems; die Verträge mit den Nachbarstaaten Deutschlands sollten dazu dienen, das Durchmarschrecht Frankreichs und Rußlands im Falle eines deutschen Angriffs zu sichern. Die sowjetische Politik, sich im osteuropäischen Raum „freundschaftlich gesonnener" Regierungen zu versichern, mußte unter diesem Aspekt im Interesse Paul-Boncours liegen. Vgl. auch sein Interview in Le Populaire 23. 9. 44.

[49] Unter anderen Jean *Lechantre*, in Nord-Matin 30. 11. 44, 11./12. 12. 44 und 18./19. 12. 44; La République du Sud-Ouest 19. 12. 44; Albert *Bayet* in Franc-Tireur 19. 12. 44 (besonders überschwenglich: „Wilson avait lancé dans le monde le plus grand, le plus beau des rêves; de Gaulle et Staline en font une réalité"); Charles *Dumas*, Editorial, Le Populaire 12. 12. 44; Salomon *Grumbach*, „La route de la sécurité", Le Populaire 18. 12. 44; Charles *Dumas*, „Alliances et sécurité collective", Le Populaire 20. 12. 44; Jean *Fresnoy*, „Après le pacte anglo-russe le pacte franco-russe", Gavroche 21. 12. 44; Louis *Lévy*, „Prélude à un accord tripartite", Le Populaire 26. 12. 44; nochmals in der Consultative Edouard Depreux am 27. 3. 45, J. O. Débats 28. 3. 45, S. 777—779; vgl. auch *Depreux*, Souvenirs d'un militant, S. 214 f. — Nach *Pegg*, Die Résistance als Träger der europäischen Einigungsbestrebungen, Europa-Archiv 7 (1952), hier S. 5203 f., und *Lipgens*, Innerfranzösische Kritik der Außenpolitik de Gaulles 1944—1946, in: VfZ 24 (1976), hier S. 154 f., resultiert diese Kampagne für eine Weltföderation im Spätjahr 1944 aus der Befürchtung der französischen Sozialisten, die nun mit Frankreich verbündete Sowjetunion werde auf alle Erwähnungen des eigentlich gemeinten Ziels einer europäischen Föderation feindselig reagieren. Dies ist sichtlich eine Überinterpretation aus den Erfahrungen des späteren Kalten Krieges. Für die sozialistischen Autoren war Ende 1944 die Gegnerschaft der Sowjetunion gegen einen europäischen Föderationsgedanken noch keineswegs erwiesen; sie glaubten im Gegenteil, in dem Moskauer Vertrag eine Grundlage des europäischen Teils eines späteren Föderationssystems sehen zu können. Zudem wäre die Annahme völlig unrealistisch gewesen, der Sowjetunion sei eine Weltföderation, der sie selbst Konzessionen machen müsse, eher schmackhaft zu machen als eine Europa-Föderation, an der sie nicht beteiligt war. Daß die sozialistischen Autoren nicht eine explizit europäische Föderation forderten, lag vielmehr in der Tradition des universalistischen Ansatzes und des Motivs definitiver, globaler Friedenssicherung. Vgl. hierzu insgesamt Kapitel I, insbesondere Anm. 40.

[50] Ordre du jour vom 22. 11. 44; J. O. Débats 23. 11. 44, S. 330; siehe auch Le Populaire 26./27. 11. 44. — Zu den Stellungnahmen der nichtsozialistischen Debattenrednern vgl. *Lipgens*, Kritik, S. 155—158.

[51] Vgl. dazu Bidault 20 Jahre später im Rückblick auf seine Ernennung zum Außenminister: „Für einen Mann, der drei Jahre unter der Vacuumglocke zugebracht hatte und der von der inzwischen veränderten Welt fast nichts wußte, bedeutete das ein unverhofftes, leicht paradox wirkendes Abenteuer." Über seine Einflußmöglichkeiten: „Es war ein Glück, wenn man nicht etwa eine Erklärung, aber immerhin eine Auskunft über die getroffenen Entscheidungen und die angestrebte Richtung erhielt." — Georges *Bidault*, Noch einmal Rebell, Berlin 1966, S. 84 und 87.

Zu S. 56—59

⁵² *Bidault*, ebda. S . 98; vgl. auch *Quilliot*, SFIO, S. 56 f.
⁵³ Vgl. L'Année politique 1944/45, S. 148; zur unumschränkten Verfügung de Gaulles über die Außenpolitik insgesamt *Deporte*, De Gaulle's Foreign Policy, S. 57 f. und *Lipgens*, Bedingungen und Etappen der Außenpolitik de Gaulles, S. 74 f.
⁵⁴ Philip, Bayet, Fresnoy, Lévy und Depreux in den in Anm. 49 genannten Reden und Artikeln.
⁵⁵ Zum Bündnisangebot vom November 1944 vgl. Auszüge aus dem französischen Gesprächsprotokoll bei *De Gaulle*, Mémoires Bd. 3, S. 356; zu Churchills Ablehnung der Rheinlandforderung indirekt ebda. S. 50; Anerkennung der Rheinlandforderung als Vorbedingung ebda. S. 53 f.; Überzeugung vom Interessengegensatz im Gespräch de Gaulles mit Stalin, ebda. S. 378; zum Januarbesuch vgl. L'Année Politique 1944/45, S. 99; vgl. insgesamt *Lipgens*, Bedingungen und Etappen der Außenpolitik de Gaulles, S. 82—84.
⁵⁶ Vgl. *Auriol*, Journal 1947, S. 57: „De Gaulle voulait surtout avoir contre l'Angleterre l'accord de Moscou pour que la France obtienne la rive gauche du Rhin. (C'est ce qu'il me dit dans la conversation, et finalement, il n'a pas fait ce traité)."
⁵⁷ In einem Kommentar zum Churchill-Besuch schrieb Charles Dumas, in den Gesprächen dürfte es um eine „entente régionale" gegangen sein (Charles *Dumas*, „La politique extérieure de la France doit être définie", Le Populaire 15. 11. 44); als der französische Botschafter Massigli Ende Dezember wieder Gespräche in London führte, berichtete Louis Lévy, alles deute auf den baldigen Abschluß eines französisch-britischen Paktes hin (Louis *Lévy*, „Prélude à un accord tripartite", Le Populaire 26. 12. 44); De Gaulles Rede während der Konferenz von Jalta, zu der er nicht eingeladen worden war, in L'Année politique 1944/45, S. 531—535 und *De Gaulle*, Discours et messages, Bd. 1, S. 515—519.
⁵⁸ Vgl. *Quilliot*, SFIO, S. 52—56. Ausspruch Tixiers in der C. D.-Sitzung vom 6. 2. 45, mitgeteilt ebda. S. 53. De Gaulle begründete seine Ablehnung Mayer gegenüber mit dem Argument, es sei ihm unmöglich, „allen Organisationen" Rechenschaft über seine Politik abzulegen.
⁵⁹ Paul *Rivet*, „Le rôle humain de la France", Le Populaire 7. 2. 45.
⁶⁰ So de Gaulles Formulierung in der Rundfunkansprache vom 5. 2. 45 (vgl. Anm. 57, hier zitiert in der Übersetzung von *Lipgens*, Bedingungen und Etappen, S. 80), auf die sich Auriol direkt bezog.
⁶¹ Vincent *Auriol*, „La sécurité française", Le Populaire 18./19. 2. 45. In der gleichen Tendenz, wenngleich in der expliziten Kritik an de Gaulles Politik zurückhaltender schon Charles *Dumas*, „Prefaces à la conférence des trois", Le Populaire 27. 1. 45: „La France, dit-on, doit avoir une politique extérieure de grandeur et d'indépendance. Mais sa grandeur ce fut toujour d'avoir préconisé de solutions universelles (...) et quant à son indépendance, elle ne sera nulle part mieux assurée que dans une organisation de sécurité collective."
⁶² Vincent *Auriol*, „Le vrai réalisme", Le Populaire 20. 2. 45; ähnlich auch Daniel *Mayer*, „Brumes à dissiper", Le Populaire 21. 2. 45.
⁶³ J. O. Débats 28. 3. 45, S. 777—779; vgl. auch *Depreux*, Souvenirs d'un militant, S. 215: „Les efforts de rapprochement avec la Grande-Bretagne n'ont pas été poursuivies avec le zèle que je souhaitais".
⁶⁴ Jean *Lacroix*, „Leur réalisme et le notre", Esprit Nr. 110, Mai 1945, S. 769—772; Albert*Béguin*, „L'Allemagne et l'Europe", ebda. S. 789—797; Michel *Collinet*, „L'Enrope et son avenir", ebda. S. 773—788; André *Phili*p, „Châtiment de l'Allemagne et reconstruction européenne", ebda. S. 798—801.
⁶⁵ Das Minderwertigkeitsgefühl, das die französische Regierung ständig dokumentiere, sei nicht mehr angebracht; jetzt müsse man die Methoden ändern. — Albert *Gazier*, „Libre opinion sur notre politique extérieure", Le Populaire 27. 2. 45. — Weitere kritische Artikel zur Außenpolitik de Gaulles: Daniel *Mayer*, „Fau réalisme", Le Populaire 3. 4. 45; ders., „La France seule", Le Pouplaire 4. 4. 45, unter Bezugnahme auf die Parlamentsdebatte vom 27. 3. 45.
⁶⁶ Zur Konferenz von Dumbarton Oaks vgl. Hans *Kelsen*, The Old and the New League: The Covenant and the Dumbarton Oaks proposals, in: American Journal

of International Law 39 (1945), S. 45—83; sowie Frank *Donavan*, Mr. Roosevelt's four freedoms. The story behind the UN charter, New York 1966.

[67] Zitate aus: Charles *Dumas*, „Egalité démocratique et droit de veto", Le Populaire 4. 11. 44; außerdem: ders., „Les résultats de la conférence de Dumbarton Oaks", Le Populaire 10. 10. 44; ders., „La sécurité collective seule chance de la paix", Le Populaire 2. 1. 45, wo er feststellt, die Chancen für die Realisierung einer effektiven Weltorganisation seien im Steigen begriffen, und zum Beweis für diese These den kanadischen Vorschlag einer Ratifizierungspflicht der Entscheidungen des Sicherheitsrates durch die Vollversammlung und Stalins Vorschlag regionaler Militärzonen zitiert.

[68] Salomon *Grumbach*, „A la recherche de la paix perdue", Gavroche 28. 12. 44. Zudem, so Grumbach weiter, zeigten die Tatsache, daß sich die Großmächte noch in keiner Weise über das Schicksal Deutschlands geeinigt hätten, und die Eile, mit der allenthalben bilaterale Abkommen geschlossen würden — so begrüßenswert diese im Einzelnen seien —, daß die Großmächte selbst nicht viel Vertrauen in die Wirksamkeit des neuen Völkerbundes hätten.

[69] Zu den Beratungen des Comité d'étude der SFIO siehe den Bericht von Charles *Dumas*: „La France à San Francisco", Le Populaire 28. 2. 45, und ders., „Représentation démocratique des nations", Le Populaire 3. 3. 45. Die Empfehlungen des Komitees basierten hauptsächlich auf Rapporten Auriols und Philips zur Sicherheitsfrage, Mochs zur internationalen Wirtschaftsproblematik und Grumbachs zur Deutschlandfrage. Zur Analyse der Argumentation der Sozialisten vgl. auch die Rede Philips in der Parlamentsdebatte vom 27. 3. 45, J. O. Débats 28. 3. 45, S. 780 f. und André *Philip*, Schéma de conférence: la politique internationale, in: Bulletin intérieur Nr. 4, April—Mai 1945, S. 4. — Zu den Arbeiten des Paul-Boncour-Ausschusses vgl. die Darstellung seines Sekretärs: Jean *Dupuy*, San Francisco et la Charte des Nations Unis, Paris 1945. — Zur Diskussion im Ministerrat vgl. Le Populaire 17. 3. 45; sowie den Augenzeugenbericht von *Frenay*, La nuit finira, S. 537; die Note veröffentlichte Le Populaire am 23. 3. 45; Kurzfassung der Note in L'Année politique 1944/45, S. 181 f.; vollständiger Abdruck in Documents of the United Nations Conference on International Organization, San Francisco 1945, (22 Bde., New York/London 1945—1955), Bd. 4, S. 522—527; Analyse der Note bei *Deporte*, De Gaulle's Foreign Policy, S. 105 bis 109.

[70] Zur Eröffnung des Paul-Boncour-Ausschusses hatte Bidault am 29. 12. 44 erklärt, die Verantwortung für die Sicherheit müsse in erster Linie den Staaten mit großer Militärmacht vorbehalten bleiben; Le Monde 31. 12. 44/1. 1. 45.

[71] Der Vergleich der ursprünglichen Forderungen der SFIO mit den Änderungsvorschlägen der Regierungsnote vom 23. 3. 45 dürfte m. E. deutlich gemacht haben, daß die Erarbeitung der Note nicht so gänzlich ohne Einwirkung de Gaulles erfolgt ist, wie dies von *Lipgens* (Bedingungen und Etappen der Außenpolitik de Gaulles, S. 91 f.) angenommen wird. De Gaulle hatte zwar kein Interesse an der Erarbeitung produktiver Änderungsvorschläge zum Dumbarton-Oaks-Entwurf, wohl aber an der Vermeidung einer Regierungsnote, die seiner eigenen politischen Zielsetzung zuwiderlief.

[72] Charles *Dumas*, Le Populaire 23. 3. 45 (Kommentar zur Veröffentlichung des Notentextes); Daniel *Mayer*, „Gagner la paix", Le Populaire 27. 3. 45; André *Philip* in J. O. Débats 28. 3. 45, S. 780 f.; Ordre du jour ebda. S. 786. Außer Philip sprachen *Depreux*, *Lapie* (im Namen des Übersee-Ausschusses) und *Auriol* (als Vorsitzender des Auswärtigen Ausschusses). Betonung der sozialistischen Grundprinzipien auch bei Charles *Ronsac*, „La vraie barrière", Franc-Tireur 27. 3. 45. — Die Zustimmung der SFIO zur Note vom 23. März wurde von de Gaulle allerdings nicht honoriert. Unter den vom Ministerrat am 30. März benannten Mitgliedern der Delegation, die Frankreich auf der Konferenz von San Franzisko vertreten sollte, befand sich zwar Paul-Boncour, der in Abwesenheit Bidaults auch die Leitung der Delegation übernehmen sollte, nicht aber Auriol, der als Vorsitzender des Auswärtigen Ausschusses zuvor in der Presse als mutmaßliches Delegationsmitglied genannt worden war. Offenbar befürchtete der Regierungschef, Auriol, der anders als Paul-Boncour zum Kern der gegenwärtigen SFIO-Führungsgruppe gehörte, würde in San Franzisko in einem Maße für die Stärkung des supranationalen Charakters der Organisation eintreten, das mit seiner Politik nicht

Zu S. 64—65

mehr zu vereinbaren war. — Vgl. L'Année politique 1944/45, S. 183; Hinweis auf Auriol in Le Monde 14. 3. 45.

[73] Wäre Frankreich in Jalta vertreten gewesen, wäre das Ergebnis für die Friedensregelung günstiger ausgefallen. Vgl. Marcel *Gimont,* „Yalta à San Francisco", Combat 14. 2. 45: Charles *Dumas,* „Après la conférence des Trois", Le Populaire 14. 2. 45. — Weitere Reaktionen des „Populaire" auf Jalta waren: Genugtuung über die Zulassung Frankreichs zu Konferenzen über Friedensregelung in Europa und zur alliierten Kontrollkommission für Deutschland (14. 2. 45); Kritik an der Verschwommenheit der Deutschland betreffenden Beschlüsse (15. 2. 45); Kritik an der Westverschiebung Polens und paritätischen Anerkennung des Lubliner Komitees, verbunden mit einem Appell an Stalin, noch mehr Unheil im osteuropäischen Raum zu verhüten (18./19. 2. 45); Hinweis auf die Schwierigkeit, die Befolgung der Erklärung über das befreite Europa — etwa durch eine Vielzahl alliierter Kommissionen — zu überwachen (17. 2. 45); sämtliche Artikel von Charles *Dumas.*

[74] Spektisch hinsichtlich der Abschaffung des Vetos u. a.: Charles *Dumas,* „Avant San Francisco — Le droit de veto", Le Populaire 21. 3. 45; ders., Erster Bericht aus San Franzisko, Le Populaire 26. 4. 45; Hauptgegner Sowjetunion; ders., „Les vraies bases de la paix", Le Populaire 17. 3. 45; Britische Einflußzonenpolitik; ders., „Angleterre et États-Unis", Le Populaire 10. 1. 45; Amerikanischer Kapitalismus; ders., „Les véritables causes de la malaise franco-américaine", Le Populaire 25./26. 2. 45. — Der US-Kapitalismus wurde auch für die Dissonanzen zwischen USA und Frankreich verantwortlich gemacht; daß Roosevelt selbst der Politik de Gaulles sehr kritisch gegenüberstand, wurde nicht gesehen. Die Bewunderung für Roosevelt wurde bei seinem Tode nochmals deutlich: „Cet idéaliste, qui n'était ni un utopiste ni un rêveur, aurait su trouver les formules permettant le rassemblement de tous les démocraties autour de la nouvelle société des peuples" (Daniel *Mayer,* „Citoyen du monde", Le Populaire 13. 4. 45); „Ce grand bourgeois était près du socialisme parce qu'il était près du peuple"; „Notre amie l'Amérique, conscience du monde civilisé" (Jean *Texcier,* „Humanité de Roosevelt", Gavroche 19. 4. 45).

[75] Charles *Dumas,* Le Populaire 1. 5. 45.

[76] Daß die Einrichtung einer internationalen Streitmacht nach Kap. VII nie Wirklichkeit werden würde, war im Juni 1945 noch nicht abzusehen. — Die Anerkennung Frankreichs als permanentes Mitglied des Sicherheitsrates erfolgte am 7. 5. im Ausschuß für die Struktur des Sicherheitsrats, vgl. Documents of the United Nations Conference on International Organization, San Francisco 1945, Bd. XI, S. 294; der definitive Übertritt zur Position der Weltmächte in der Vetofrage am 17. 5., vgl. ebda. Bd. I, S. 667 bis 670. Darstellung des Schwenkens der französischen Delegation im einzelnen bei *Deporte,* De Gaulle's Foreign Policy, S. 114—125; vgl. auch Ruth B. *Russel,* A History of the United Nations Charter, Washington 1958, S. 625—634 und 649; sowie Victor-Yves *Ghébali,* La France en guerre et les organisations internationales 1939—1945, Paris 1969, S. 198—210.

[77] Jean *Lacroix,* „Leur réalisme et le notre", Esprit Nr. 110, Mai 1945, Zitat S. 769; Jean *Fresnoy,* „Vivent les Nations Unies!", Gavroche 28. 6. 45; Charles *Dumas,* Le Populaire 27. 6. 45; Editorial, Combat 28. 6. 45.

[78] Zitate aus Charles *Dumas,* Le Populaire 19. 6. 45; Kritik an der sowjetischen Haltung zur Regionalpaktfrage Charles *Dumas,* Le Populaire 13./14. 5. 45; vgl. auch Charles *Sans,* „Le rôle de la France", La République du Sud-Ouest 19. 5. 45: Die UdSSR scheinen zu einer Aufteilung der Welt in Einflußzonen entschlossen zu sein.

[79] Zitat aus Charles *Dumas,* Le Populaire 12. 6. 45; vgl. auch die erwähnten Artikel in La République du Sud-Ouest 19. 5. 45, Combat 28. 6. 45 und Gavroche 28. 6. 45 sowie den offiziellen Parteiaufruf zu den Kommunalwahlen vom 29. April und 13. Mai, in dem es hieß, sozialistisch stimmen, bedeute zu einem Ausbau der Weltorganisation beizutragen; Bulletin intérieur Nr. 3, März 1945, S. 2. — Forderung nach Abrüstung auch in Le Populaire 1. 3. 45 und 2. 3. 45 (nach einem Interview Roosevelts vom 28. 2., in dem er eine schrittweise Abrüstung in Aussicht gestellt hatte.) — Zur sozialistischen Interpretation der Ergebnisse von San Franzisko insgesamt vgl. auch Charles *Dumas,* „L'organisation de la sécurité collective à San Francisco", Schéma de Conference für

Veranstaltungen in der Partei, in: Bulletin intérieur Nr. 5, Juni 1945, S. 3 f.; sowie Jules *Moch*, Arguments socialistes, Paris 1945, S. 79—81.
[80] Resolution zur Wiedererrichtung der Internationale, verabschiedet am 12. 11. 44, veröffentlicht in Le Populaire 14. 11. 44.
[81] Vgl. Julius *Braunthal*, Geschichte der Internationale, Bd. 2, Hannover 1963, S. 512 bis 514. Offiziell wurde die SAI erst durch Beschluß der Internationalen Sozialistenkonferenz von Bournemouth vom November 1946 aufgelöst; vgl. Kapitel IV.2.
[82] Das „International Supplement" erschien ab Anfang 1942, das „International Socialist Forum" unter der Leitung von Julius Braunthal, Harold Laski und de Brouckère bereits seit 1941. — Siehe Julius *Braunthal*, Geschichte der Internationale, Bd. 3, Hannover 1971, S. 167, Anm. 3.
[83] Zu den internationalen Kontakten der französischen Sozialisten siehe den Bericht von Félix *Gouin* über die Tätigkeit der Londoner Sozialistengruppe auf dem a. o. Kongreß 1944: Compte rendu S. 328—348.
[84] Zur Kommission vom November 1944 und deren Verhandlungen mit auswärtigen Parteiführungen vgl. *Quilliot*, SFIO, S. 377.
[85] Weder von der Londoner Konferenz noch von allen folgenden internationalen Sozialistentreffen bis 1950 gibt es Protokolle. *Braunthals* (Geschichte der Internationale, Bd. 3, S. 167—177 und 221—248) erste Darstellung der Entwicklung des internationalen Sozialismus von 1945—1950 beruht auf Dokumenten und Resolutionen der Konferenzen, die im Archiv der Sozialistischen Internationale in Amsterdam aufbewahrt werden. Im folgenden soll versucht werden, diese Darstellung durch Auswertung von Beständen der französischen Sozialisten zu ergänzen. Zur Darstellung des Verlaufs und der Ergebnisse der Londoner Konferenz wurden herangezogen: Die Texte der Deklarationen und Resolutionen in: Report of the National Executive Committee, in Labour Party Report of the 44th Annual Conference, 1945, S. 163—170 und S. 13; Resolution zur Deutschlandfrage auch in: Bulletin intérieur du Parti socialiste SFIO, Nr. 10, Januar 1946, S. 16—18, sowie auszugsweise in: J. O. Débats 17. 1. 46, S. 54 (Rede Grumbachs, dort zitiert); Zusammenfassung der Resolutionen in: Bulletin intérieur Nr. 3, März 1945, S. 7 f.; sowie die Berichte von Guy *Desson* in Le Populaire 6., 7. und 8. 3. 45.
[86] Leider war es nicht möglich, diese Texte im Wortlaut zu ermitteln.
[87] Zit. in Bulletin intérieur Nr. 10, Januar 1946, S. 17.
[88] Dies mitgeteilt von Louis *Lévy* in Le Populaire 26. 12. 47.
[89] Schon diese vorsichtige Ausklammerung des Problems einer neuen Organisation des internationalen Sozialismus zeigt, daß es nicht Absicht der britischen Labour-Partei gewesen sein kann, mit der Londoner Konferenz die Neubelebung der Internationale zu erreichen, wie dies *Braunthal* (Geschichte der Internationale Bd. 3, S. 168) meint. Offensichtlich waren gerade die Briten nicht sehr glücklich über das französische Vorpreschen in dieser Frage.
[90] Die Resolution wurde veröffentlicht in Le Populaire 8. 3. 45.

III. „ORGANISATION INTERNATIONALE" — SCHRITTE UND RÜCKSCHRITTE

[1] Hans-Peter *Schwarz*, Vom Reich zur Bundesrepublik. Deutschland im Widerstreit der außenpolitischen Konzeptionen in den Jahren der Besatzungsherrschaft 1945—1949, Neuwied-Berlin 1966.
[2] Die Londoner Konferenz scheiterte, als Außenminister Molotow sich weigerte, Bulgarien und Rumänien nach westlichen Vorstellungen zu demokratisieren, Frankreich an den Verhandlungen über Bulgarien, Rumänien und Ungarn teilhaben zu lassen, und noch nicht einmal zur Unterzeichnung eines gemeinsamen Schlußprotokolls bereit war. — Vgl. etwa Lisle A. *Rose*, After Yalta. America and the origin of the cold war, New York 1973, S. 116—133.
[3] Die ältere These, wonach die USA erst 1947 und nur zögernd auf die sowjetische Herausforderung geantwortet hätte, darf nach den bisherigen Erträgen der „Revisionismusdebatte" als widerlegt gelten. — Vgl. an derzeit vertretenen (unterschiedlichen) Interpretationen der Entwicklung des Ost-West-Konflikts 1945—1947 insbesondere Ernst-

Otto *Czempiel,* Das amerikanische Sicherheitssystem 1945—1949, Berlin 1966; J. u. G. *Kolko,* The Limits of Power. The World and United States Policy, 1945—1954, New York 1972; Lloyd C. *Gardner,* Architects of Illusion. Men and Ideas in American Foreign Policy 1941—1949, Chicago 1970; Herbert *Feis,* From Trust to Terror. The Onset of the Cold War 1945—1950, New York 1970; John L. *Gaddis,* The United States and the Origins of the Cold War, 1941—1947, New York 1972; Thomas G. *Paterson,* Soviet-American Confrontation: Postwar Reconstruction and the Origins of the Cold War, Baltimore 1973; Adam B. *Ulam,* The Rivals. America and Russia since World War II, London/New York 2. Aufl. 1974; Ernst *Nolte,* Deutschland und der Kalte Krieg, München 1974; an Literaturberichten Richard S. *Kirkendall* (Hrsg.), The Truman Period As a Research Field. A Reappraisal 1972, Columbia 1974; Ernst *Nolte,* Kalter Krieg und deutsche Ostpolitik, in: Neue Politische Literatur 20 (1975), S. 308 —338 und 448—490; Wilfried *Loth,* Der „Kalte Krieg" in deutscher Sicht, in: Deutschland-Archiv 9 (1976), S. 204—213.

[4] Den Begriff prägte Waldemar *Besson,* Die Anfänge bundesrepublikanischer Außenpolitik, in: Demokratisches System und politische Praxis in der Bundesrepublik (für Theodor Eschenburg), München 1971, S. 359—376, hier S. 360.

[5] Bereits drei Tage nach seiner Rückkehr schrieb er im „Populaire", er wolle nun seine ganze Kraft dem doppelten Ziel „Justice dans la nation pour maintenir la concorde" und „justice entre les nations pour créer la paix" widmen. — Le Populaire 17. 5. 45; Oeuvre VI, S. 3 f.; *Helfgott,* Léon Blum, Auswahl aus dem Werk, Wien/Frankfurt/ Zürich 1970, S. 292.

[6] Vgl. den Bericht von Jules *Moch,* Rencontres avec Léon Blum, S. 306 f.; *De Gaulle,* Mémoires Bd. 3, S. 258 f.; sowie den von Henri *Noguères* wiedergegebenen Brief Blums über die Unterredung mit de Gaulle vom Mai 1945, in: *Elgey,* La République des illusions, S. 62 f.

[7] James *Joll,* Intellectuals in Politics. Blum, Rathenau, Marinetti, 1. Aufl. London 1960, 2. Aufl. New York 1965, S. 55.

[8] Zur Stellung Blums nach 1945 vgl. *Colton,* Blum, S. 451—477; *Graham* The French Socialists and Tripartisme, S. 70—73; *Elgey,* République des illusions, S. 125 f. — Meine eigenen Nachforschungen bestätigen, daß Blum in der Öffentlichkeit als der Führer der SFIO schlechthin galt, in der Partei als Person, allerdings nicht in seinen Ansichten, sakrosankt war.

[9] Pivert wurde allerdings erst vom Parteikongreß 1946 wieder offiziell aufgenommen, während Ramadier seit dem a. o. Kongreß 1944 wieder Mitglied war.

[10] Zu den Verhandlungen des 37. Kongresses August 1945 siehe das maschinenschriftliche Compte rendu sténographique und die Berichte in Le Populaire 15. bis 20. 8. 45; Dokumente des Parteitags in Bulletin intérieur Nr. 6, Juli—August 1945. Eine ausgezeichnete Darstellung der Ideologiedebatte auf dem Parteitag gibt *Graham,* Tripartisme, S. 87—104; vgl. auch *Braunthal,* Geschichte der Internationale Bd. 3, S. 42—46 und *Quilliot,* SFIO, S. 38—42 und 45. Für Einzelheiten die ungedruckte Diplomarbeit von Jérôme *Jaffré,* La crise du Parti socialiste et l'avènement de Guy Mollet 1944—1946, Mémoire I. E. P., Paris 1971.

[11] „Nous avons eu à reconstruire un Parti, car vous avez eu le courage de le bâtir, sur nouveaux frais, presque sur la table rase. (...) Saurons-nous comprendre l'enseignement pour nous. Parti socialiste, de ces années de la guerre et des leçons que la vie dans la Résistance a dégagées?" — Blum in seiner Rede vor dem Kongreß am 13. 8. 45: „Le socialisme maître de l'heure", abgedruckt in Oeuvre VI, S. 65—78, Zitat S. 73.

[12] Ebda. S. 69. — Mit dieser Position befand sich Blum gegen seine „marxistischen" Kritiker tatsächlich im Einklang mit Karl Marx: für den frühen wie für den späten Marx bedeutete Revolution ebenfalls mehr als die Umwälzung der sozialen Verhältnisse; es gehe, schrieb er in den „Grundrissen der Kritik der politischen Ökonomie" von 1857, um die „volle Entwicklung der menschlichen Herrschaft über die Naturkräfte, die der sog. Natur sowohl, wie seiner eigenen Natur", um das „absolute Herausarbeiten der schöpferischen Anlagen" des Menschen, die „Entwicklung aller menschlichen Kräfte" als „Selbstzweck".

[13] Conférence des Secrétaires Fédéraux, 23./24. 2. 1946, Compte rendu sténographique,

S. 1—2; auch in Bulletin intérieur, Februar—März 1946; Auszug in deutscher Sprache bei *Braunthal*, Geschichte der Internationale, Bd. 3, S. 46.

[14] Conférence des Secrétaires Fédéraux, 27./28. 10. 1945, Compte rendu sténographique; insbesondere die Kontroverse zwischen Deixonne und Blum, S. 90—104. Zu den ersten Kritikern des Tripartismus zählte der inzwischen in der Föderation Pas-de-Calais führende Bürgermeister von Arras, Guy Mollet, der bereits auf dem Kongreß im August 1945 die unmittelbare Demission der sozialistischen Minister verlangt hatte. — Zur Kritik am Tripartismus, vgl. *Graham*, Tripartisme, passim; *Quilliot*, SFIO, S. 56—59.

[15] E. Drexel *Godfrey*, The Fate of the French Non-Communist Left, New York 1955, S. 37. Zur problematischen Situation der SFIO in den ersten Nachkriegsjahren vgl. auch: E. Drexel *Godfrey*, The non-communist left in postwar France, an interpretative study in doctrinal intransigence and inflexibility as exemplified by the socialist party and non-communist syndicalism, Diss. (mschr.) Princeton 1952; Henry W. *Ehrmann*, The Decline of the Socialist Party, in: Edward M. *Earle* (Hrsg.), Modern France, Princeton 1951, S. 181—199; Joël *Colton*, Léon Blum and the French Socialists as a Government Party, in: The Journal of Politics 15 (1953), S. 517—543; Richard *Barron*, Parties and Politics in Modern France, Washington 1959, S. 91—127; Charles A. *Micaud*, Communism and the French Left, New York 1963, S. 193—215; Philip M. *Williams*, Crisis and Compromise, London 1964, S. 88—102. — Eine bemerkenswerte frühe Analyse bot schon: Raymond *Aron*, La scène politique. IV. Le parti socialiste, in: Combat 18. 4. 46, der die Ergebnisse der späteren angelsächsischen Politologen bereits zu einem guten Teil vorwegnahm.

[16] Vgl. die sorgfältige Analyse der Wahlen von 1945 im Vergleich mit den Wahlen von 1849 (!) durch Ernest *Labrousse*, La montée du socialisme, in: La Revue socialiste N. S. Nr. 1 (1946), S. 26 ff. und ders., Géographie du socialisme, ebda. Nr. 2, S. 137—148.

[17] Frühe Analyse der Anhängerschaft bei: Jean *Rous*, De la crise du socialisme au renouveau démocratique et révolutionnaire, in: Esprit 16 (1949), S. 306—319; Lucien *Guignon*, Alerte au parti socialiste, in: La Revue socialiste, April 1947, S. 463—470; Etienne *Weill-Raynal*, Les classes sociales et les partis politiques en France, in: La Revue socialiste, Dezember 1950, S. 545—561; mit exaktem Zahlenmaterial Pierre *Rimbert*, L'avenir du parti socialiste, in: La Revue socialiste, Februar 1952, S. 123—132, März 1952, S. 288—297; sowie Pierre *Rimbert*, Le parti socialiste S. F. I. O, in: Maurice *Duverger* (Hrsg.), Partis politiques et classes sociales en France, Paris 1955, S. 195—207.

[18] Rede Blums „La réforme de l'héritage" in Oeuvre VI, S. 266—270; vgl. Daniel *Mayer*, Pour une histoire de la gauche, Paris 1969, S. 319: „Je date de ce jour le début de la dégradation lente et continue que, à mes yeux, le Parti a subie depuis lors."

[19] Vgl. über Blums pessimistische Äußerungen unter Vertrauten Howard K. *Smith*, The State of Europe, New York 1949, S. 151, zit. n. *Ehrmann* (Anm. 15), S. 183.

[20] Zit. n. *Quilliot*, SFIO, S. 203. Zur Entwicklung des sozialistisch-kommunistischen Verhältnisses von der Résistance bis zum Mai 1947 vgl. ebda. S. 198—213; bestätigt durch die Referierung der Diskussion im sozialistischen Comité directeur durch Steven Philip *Kramer*, La stratégie socialiste à la libération, in: Revue d'histoire de la 2e guerre mondiale 25 (1975), S. 77—90, hier S. 82—87. Blums Haltung in seinen Noten vom 5. 5. 42, 15. 8. 42, November 42 (an de Gaulle) und 21. 12. 42, Oeuvre V, S. 349—355, 357—361, 379—381, 367—377.
Der kommunistische Charta-Entwurf in L'Humanité 12. 6. 45, erneut in L'Année politique 1944/45, S. 459—484; vgl. dazu Alfred J. *Rieber*, Stalin and the French Communist Party, S. 212—214.

[21] Léon *Blum*, „Le problème de l'unité", Le Populaire 5. 7.—7. 8. 45; vollständige Wiedergabe der Artikelserie in Oeuvre VI, S. 36—64; vgl. auch das knappe Referat bei *Colton*, Blum, S. 461—463.

[22] Léon *Blum*, „La politique de Staline", Le Populaire 21. 7. 45, Oeuvre VI, S. 49 f.

[23] Léon *Blum*, „Un grand espoir", Le Populaire 7. 8. 45; Oeuvre VI, S. 62—64.

[24] Ebda. Vgl. auch Léon *Blum*, „La meilleure chance de l'unité", Le Populaire 23. 8. 45; Oeuvre VI, S. 86—88 (in Replik auf eine Rede von Jacques Duclos). — Die gleiche Hoffnung auf internationale „sozialistische" Kooperation mit der Sowjetunion teilte damals auch die britische Labour-Party. Vgl. etwa Hugh Dalton auf dem Labour-Wahl-

Zu S. 78—80

kongreß vom April 1945: „One of the great arguments we should address to the electorate at large is that a British Labour Government would be far more likely to create a state of confidence and mutual trust between London and Moscow than any alternative Government in the Country." — Labour Party Annual Conference Report 1945, S. 104.

[25] Ein von Vincent Auriol redigierter für den internen Parteigebrauch bestimmter Gegenentwurf zum kommunistischen Einheitsmemorandum beschrieb den ideologischen Gegensatz zu einer „Partei des demokratischen Zentralismus" noch weit ausführlicher und wies dann in den Schlußabsätzen ebenfalls auf den wesenhaft internationalistischen Charakter der sozialistischen Partei hin. Ihr Ziel sei die Schaffung einer „véritable organisation internationale des Etats libres et égaux", ihr wichtigstes Kampfmittel die internationale Aktionsgemeinschaft sozialistischer Parteien in der Sozialistischen Internationale. — Vincent *Auriol*, „Projet de mémorandum du parti socialiste sur l'unité organique", Limoges 1945, sowie in: Belletin intérieur Nr. 5, Juni 1945, S. 4—8; erneut gedruckt in: *Quilliot*, SFIO, S. 785—803, Zitat S. 801.

[26] Die Resolution wurde mit 10 112 gegen 274 Mandaten bei 212 Enthaltungen angenommen; veröffentlicht in Le Populaire 16. 8. 45; erneut in Oeuvre V, S. 100 f. Weiter hieß es in der Resolution: „En outre, la victoire triomphante du Parti socialiste aux élections britanniques, les progrès constants des autres partis socialistes dans le monde, placent au premier plan la question de l'unité internationale des travailleurs sans laquelle toute unité à l'échelle nationale resterait fragile."

[27] „Au peuple de France", redigiert von Jules Moch und Vincent Auriol, eingebracht von Auriol am 15. 8.; veröffentlicht in Le Populaire 16. 8. 45, auch in: Documents de l'Agence de Presse de la Liberté, Nr. 14, 5. 9. 45, S. 447 f.; vgl. den Kommentar von Léon *Blum*, „La politique internationale du socialisme", Le Populaire 24. 8. 45, Oeuvre VI, S. 174 f.; Helfgott, S. 292—294.

[28] Mayer: Conférence des Secrétaires Fédéraux 20. 5. 45, CRS S. 1—59, hier S. 53—58. — Philip: 37e Congrès national, CRS S. 750—754; Pupille: ebda. S. 758—760.

[29] Charles *Dumas*, „A Potsdam...", Le Populaire 7. 7., 17. 7., 21. 7., 25. 7., 4. 8., 5./6. 8., 8. 8. und 9. 8. 45; ders., „L'entente régionale occidentale indispensable", Le Populaire 10. 8. 45.

[30] Jean *Lechantre*, Editorial, Nord-Matin 18. 8. 45.

[31] Charles *Dumas*, „Nous réclamons la paix des peuples", Le Populaire 29. 9. 45; ähnlich Charles *Dumas*, „Echec complet de la Conférence des 'Cinq'", Le Populaire 4. 10. 45; Jean *Lechantre*, Editorial, Nord-Matin 6. 10. 45; Combat-Editorial vom 4. 10. 45; Charles *Sans*, „Faut-il désespérer?", La République du Sud-Ouest 26. 9. 45; vgl. auch Oreste *Rosenfeld*, „La failleté de la diplomatie secrète", Gavroche 4. 10. 45.

[32] Charles *Dumas*, in: Le Populaire 9. 10. 45, sowie 11. 10. 45 in Erwiderung auf Gegenargumente der „Humanité". Anders als die übrigen Autoren, die sowjetischen *und* amerikanischen Imperialismus für das Scheitern verantwortlich machten, Salomon *Grumbach*, „L'U. R. S. S. est responsable du ,fiasco' de Londres". Nord-Matin 7. 10. 45. — Insgesamt widerlegen diese Pressekommentare vom Frühherbst 1945 die oft (zuletzt wieder von *Hänsch*, Frankreich zwischen Ost und West, S. 105) geäußerte Ansicht, die Sozialisten hätten aus ideologischer Blindheit erst im Frühsommer 1947 gegen den russischen Expansionismus Stellung bezogen.

[33] Léon *Blum*, „San Francisco n'est qu'un point de départ", Le Populaire 25./26. 11. 45; Oeuvre VI, S. 177—179, Zitat S. 170; *Helfgott* S. 296—298.

[34] So in der Radioansprache vom 19. 10. 45; Oeuvre VI, S. 113—115. — Eine knappe Wertung der bisherigen UNO-Charta findet sich in seiner Artikelserie zur Einheit: „Or il n'est sorti de la Conférence de San Francisco ni super-Etat ni super-souveraineté. Il n'en est même pas sorti une égalité de droit. (...) Le seul résultat positif, où peu s'en faut, est une sorte de syndicat *armé* des cinq grands vainqueurs pour le maintien de leur victoire." — Léon *Blum*, „La politique internationale du socialisme", Le Populaire 22./23. 7. 45; Oeuvre VI, S. 50—52, Zitat S. 51.

[35] A. a. O. Anm. 33.

[36] Léon *Blum*, „Une grande heure d'espérance", Le Populaire 27. 7. 45.

[37] Eugène *Thomas*, „Politique extérieure", Nord-Matin 27. 6. 45.

[38] Conférence des Secrétaires Fédéraux, 20. 5. 45, Compte rendu sténographique, S. 1—59, hier S. 53—58. Ähnlich schon in seiner Rede in der Consultative 21. 11. 44, J. O. Débats 22. 11. 44, S. 313—315, siehe oben S. 119 f.
[39] Charles *Dumas*, „L'entente régionale occidentale indispensable", Le Populaire 10. 8. 45. Gegenüber Charles H. *Pegg* (Die Résistance als Träger der europäischen Einigungsbestrebungen..., Europa-Archiv 7 (1952), S. 5197—5206, hier S. 5205), der Dumas' Artikel als Beleg für die Verbreitung der Idee einer Europäischen Union zum Schutze vor der Sowjetunion zitiert, sei ausdrücklich festgehalten, daß Dumas nicht von einem Zusammenschluß, sondern nur von einer Entente in Wirtschaftsfragen spricht und diese Entente auch nicht als Alternative zu einem „Zugriff der Sowjetunion" sieht, sondern zur Abwehr sowjetisch-osteuropäischer *und* amerikanischer Wirtschaftsmacht vorschlägt.
[40] Vgl. S. 78.
[41] Léon *Blum*, „‚L'Etoile rouge' fait fausse route", Le Populaire 28. 8. 45, Oeuvre VI, S. 175—177, Zitate S. 177; *Helfgott*, S. 294—296. — Die gleichen Überlegungen waren, bevor Blum sie aufgriff, bereits mehrfach im „Gavroche" angeklungen: siehe Louis *Lévy*, „Sainte alliance ou révolution?", Gavroche 12. 7. 46; Jean *Fresnoy*, „Les élections anglaises", Gavroche 2. 8. 45; Charles *Dumas*, „L'Angleterre vire de bord", Gavroche 2. 8. 45. Daß das Ergebnis der britischen Wahlen auch den Sieg des Sozialismus in Frankreich fördern würde, wurde in diesen Artikeln ebenfalls geäußert, nochmals bei Oreste *Rosenfeld*, „La France choisira le socialisme", Gavroche 16. 10. 45.
[42] Jules *Moch*, Arguments socialistes, Paris 1945, S. 79 f.
[43] Le Monde 8. 9. 45. — Bereits am 31. Juli hatte der Herausgeber von Le Monde, Hubert *Beuve-Méry*, dem man Verbindungen zu MRP-Kreisen und zu Bidault nachsagte, in einem Leitartikel den Zusammenschluß Westeuropas zu einem den USA und der UdSSR gleichgestellten Kräftefeld gefordert, dabei aber darauf hingewiesen, daß eine derartige Union von den beiden Weltmächten nur toleriert würde, wenn sie von beiden in gleichem Maße unabhängig blieben. — Hubert *Beuve-Meury*, „France-Angleterre", Le Monde 31. 7. 45. — Auch de Gaulle schloß sich in einem Times-Interview vom 10. 9. 45 — wenigstens scheinbar — diesem Konzept an; vgl. S. 89.
[44] Zum Blums London-Reise vom 5. bis 18. September 1945 vgl. S. 90.
[45] In: Léon *Blum*, „Le 'bloc occidental'" englisch in Daily Herald 15. 9. 45; französisch in Le Populaire 16./17. 9. 45; sowie in einer Pressekonferenz in London 18. 9. 45, Bericht in Le Populaire 19. 9. 45.
[46] Vgl. auch schon im Artikel vom 28. August: „Ich bin gegen die Schaffung eines organischen Blocks der Westmächte, denn ich möchte Europa nicht teilen oder zerstückeln, sondern ihm im Gegenteil Vertrauen einflößen und es einen." — Siehe Anm. 41.
[47] „Ententes régionales et blocs", Erläuterung zu Blums Artikeln in der Rubrik „Arguments et ripostes", als Argumentationshilfe für Parteimitglieder gedacht; Bulletin intérieur Nr. 7, September—Oktober 1945, S. 6 (dort Titel mit „A propos de Munich" versehentlich vertauscht).
[48] „Les travaillistes essaient de réaliser le plan britannique d'un bloc occidental, et cela avec l'aide des chefs actuels du parti socialiste." Roter Stern (Moskau), 24. 8. 45, Text nach einer Depesche des International News Service vom 24. 8. 45, zitiert in Léon *Blum*, „‚L'Etoile rouge' fait fausse route", Le Populaire 28. 8. 45, vgl. oben Anm. 41.
[48] Kommentar Radio Moskaus vom 15. 9. 45; in französischer Sprache veröffentlicht in France-Soir 16./17. 9. 45.
[49] L'Humanité 20. 9. 45; gegen die Gefahr eines reaktionären Westblocks auch schon 11. und 12. 9., damals als Replik auf de Gaulles Times-Interview; vgl. oben Anm. 43.
[50] Oreste *Rosenfeld*, Editorial, Le Populaire 18. 9. 45.
[51] An sozialistischen Pressestimmen zum Blockpolitik-Vorwurf vgl. etwa Jean *Lechantre*, Editorial, Nord-Matin 17./18. 9. 45 und Armand *Coquart*, „L'Entente des démocraties occidentales", Nord-Matin 21. 9. 45; an Wahlkampfreden etwa Daniel *Mayers* Pressekonferenz vom 12. 9. 45 („Le Parti socialiste est opposé à la politique des blocs (...) Tous les arrangements bilatéraux ne peuvent être considérés exclusivement que comme autant de chainons dans la voie de la sécurité collective") Le Populaire 13. 9. 45; ähnlich die Rede Mayers vom 4. 10. 45, Le Populaire 5. 10. 45; sowie die Rede *Blums* vom 19. 10. 45 („Quand nous souhaitons un rapprochement étroit entre la Grande-

Zu S. 82—85

Bretagne et la France, quand nous exprimons le voeu que cet accord exerce une attraction sur les démocraties du Nord, de l'Ouest et du Midi de l'Europe, nous ne recherchons dans ce soi-disant 'bloc occidental' qu'un des moyens de préparer et de fonder la communauté internationale."), Oeuvre VI, S. 113—115, Zitat S. 114 f. — Zur Verteidigung gegen den Blockpolitik-Vorwurf auch „Ententes régionales et blocs", Bulletin intérieur Nr. 7, September—Oktober 1945, S. 6.

[52] Vgl. etwa Léon *Blum,* „Le rôle de la France", Le Populaire 28. 11. 45: „On ne peut parler sans excès d'exagération d'un bloc anglo-saxon et d'un bloc soviétique dont les rapports présents sont tendus et difficiles. Mais de là à envisager la possibilité d'une guerre, il y a véritablement une abime."

[53] Léon *Blum,* „Demain...", Le Populaire 3. 1. 46; Oeuvre VI, S. 160—162, Zitat S. 160 f. Vgl. auch Charles *Dumas,* „La paix des 'Trois Grands'" Le Populaire 29. 12. 45 („La conférence marque cependant une amélioration des rapports internationaux"); sowie Léon *Blum,* „La force principale des armées", Le Populaire 10./11. 2. 46; Oeuvre VI, S. 171—173 („Toutes les grandes puissances professent une volonté de paix que, pour ma part, je juge parfaitement sincère. (...) Le monde d'aujourd'hui est un monde pacifique").

[54] J. O. Débats 16. 11. 46, S. 3—5. Vgl. auch den Bericht in Le Populaire 16. 1. 46 (Titelschlagzeile: „Mayer définit la politique extérieure du Parti socialiste") und den Kommentar von Charles *Dumas,* „Démocratie internationale ou hégémonie des 'Trois'", ebda., der das sozialistische Konzept mit der an den Prinzipien traditioneller Machtpolitik orientierten Rede des kommunistischen Abgeordneten Florimond Bonte konfrontiert.

[55] Léon *Blum,* „Demain...", Le Populaire 3. 1. 46; Oeuvre VI, S. 160—162, Zitat S. 161. Ähnlich unter anderem: Henri *van Rugghe* et Sophie *Stamba,* „A propos de la bombe atomique: Utopie ou réalité de demain?" Gavroche 22. 11. 45; Jean *Lechantre,* „Grandes puissances", Nord-Matin 5. 1. 46; Charles *Sans,* „La dernière chance", La République du Sud-Ouest („Il ne faut pas s'y tromper (...) La bombe atomique ne permettra peut-être pas de multiplier les expériences."); Augustin *Laurent,* „Réalisme", Nord-Matin 22. 1. 46; Paul *Rivet,* Interview mit Gavroche 18. 1. 46. Charles *Dumas* wies während der gesamten Dauer der UNO-Vollversammlung fast täglich auf die sozialistische Konzeption hin; vgl. etwa den Eröffnungsartikel dieser Serie: „Redressement nécessaire", Le Populaire 10. 1. 46, sowie den Schlußartikel: „Conclusions générales", Le Populaire 20. 2. 46.

[56] Etwa in der Parlamentsrede von Daniel *Mayer* vom 15. 1. 46 (Anm. 54); Oreste *Rosenfeld,* „L'Organisation de la Paix", Gavroche 17. 1. 46; Jean *Lechantre,* „S'unir ou périr", Nord-Matin 6. 4. 46.

[57] Charles *Dumas,* „Redressement nécessaire", Le Populaire 10. 1. 46; ähnlich etwa: Charles *Dumas,* „La paix des 'Trois Grands'", Le Populaire 29. 12. 45; Jean *Lechantre,* „Rétablir la confiance", Nord-Matin 17./18. 12. 45; Jean *Lechantre,* „Grandes puissances", Nord-Matin 5. 1. 46 („Diplomatie surannée"); Oreste *Rosenfeld,* „L'Organisation de la Paix", Gavroche 17. 1. 46; Jean *Texcier,* „La Revanche de la raison", Gavroche 23. 5. 46, erneut gedruckt in: Jean *Texcier* — Un homme libre, Paris 1960, S. 166—169.

[58] Oreste *Rosenfeld,* ebda. (Anm. 57).

[59] Mit dem Hinweis auf die Gegnerschaft zu regionalen Zusammenschlüssen wollte Dumas allerdings weniger die Blockpolitik-Vorwürfe gegen die französischen Sozialisten als die Haltung der Sowjetunion zur Frage einer Balkanföderation evozieren. — Charles *Dumas,* „Allons-nous vers la paix ou vers la guerre?", Gavroche 7. 2. 46.

[60] Jean *Lechantre,* „Retour à l'impérialisme", Nord-Matin 13. 2. 46; ders., „Menaces à l'Est", Nord-Matin 6. 3. 46; vgl. auch ders., „Le marxisme, ce n'est pas cela!", Nord-Matin 7. 4. 46; Oreste *Rosenfeld,* „L'homme de la rue est inquiet...", Gavroche 14. 3. 46; Léon *Blum,* „Les débats de l'O.N.U.", Le Populaire 22. 2. 46; Jean *Lechantre,* „Après un discours", Nord-Matin 10. 3. 46.

[61] In der neuen, vom „Cercle d'études socialistes Jean Jaurès" herausgegebenen und von der SFIO-Parteileitung mitgetragenen „Revue socialiste", die ein Organ für die theoretische Diskussion des französischen Sozialismus bilden sollte. — Odette *Merlat,* „Quelques Problèmes de la Paix", Revue socialiste Nr.1, Mai 1946, S. 80—89, insbes.

S. 88; Irène *Manuel,* „Voix étrangères", ebda. S. 90; Odette *Merlat,* „Monsieur Byrnes a parlé", Revue socialiste Nr. 2, Juni 1946, S. 155—164.

⁶² Rede Boutbiens: Congrès mars 1946 Montrouge, Compte rendu sténographique, S. 97 bis 103; Resolution: „Manifeste du Parti socialiste aux peuples de France et de l'Union française" (Rapporteur: Jules Moch, einstimmig angenommen) in: Bulletin intérieur Nr. 12, April 1946, S. 5 f.

⁶³ Charles *Dumas,* „La seule voie de la paix", Le Populaire 8. 3. 46; ebenso Jean *Lechantre,* „Après un discours", Nord-Matin 10. 3. 46; Harold *Laski,* „Churchill devant Staline", Gavroche 28. 3. 46. Der Beitrag des prominenten Labour-Führers, auf der Titelseite des Gavroche veröffentlicht, nannte darüber hinaus als Motiv für Churchills Rede dessen Kommunistenhaß und den Versuch, durch eine Allianz mit den USA Großbritannien auf das Weg des Kapitalismus zurückzuwingen. Vom Antikommunismus Churchills sprach auch: Georges *Altman,* „Pas de drame...", Franc-Tireur 7. 3. 46, der einzige Autor, der die sowjetische Politik nicht als sonderlich bedrohend empfindet. *Hänsch* (Frankreich zwischen Ost und West, S. 111) meint irrtümlich, die SFIO-Presse habe Churchills Fulton-Rede fast völlig übergangen.

⁶⁴ Charles *Dumas,* „Paix oligarchique ou paix démocratique", Le Populaire 13. 6. 46; ebenso Oreste *Rosenfeld,* „M. le Ministre des affaires étrangères n'a pas compris", Gavroche 30. 5. 46.

⁶⁵ Jean *Lechantre,* „Drôle de paix!", Nord-Matin 13. 7. 46. — Nach dem Abbruch der ersten Sitzungsperiode der Pariser Außenministerratstagung, der zudem in den Wahlkampf für den 2. Juni 1946 fiel, schien Lechantre selbst die Mittlerrolle Frankreichs und das sozialistische Konzept der „Famille occidentale" vergessen zu haben. „Le monde moderne," schrieb er in Vorwegnahme einer späteren Neuinterpretation des demokratischen Sozialismus, „est placé entre deux conceptions politiques opposées: la démocratie — que nous avons entrepris d'élargir et d'enrichir jusqu'au socialisme — et le bolchevisme qui aboutit à la dictature sur la nation d'un parti unique, lui-même aux mains d'une bureaucratie centralisée." — Jean *Lechantre,* „Il faut choisir", Nord-Matin 18. 5. 46; in gleicher Weise Augustin *Laurent,* „Il faut choisir: Jaurès ou Lénine", Nord-Matin 30. 5. 46. — Von der Tendenz zur Zweiteilung der Welt sprachen ebenfalls: Charles *Ronsac,* „Tranches de paix... paix en morceaux", Franc-Tireur 17. 5. 46; Marcel *Gimont,* „Au lendemain d'un échec", Combat 19./20. 5. 46; Charles *Dumas,* „Le problème allemand", Le Populaire 4. 6. 46.

⁶⁶ De Gaulles abschätzige Kritik der Ablehnung dieses Angebots durch Blum zeigt nachträglich, welche Hoffnungen er in Blum gesetzt hatte: „Léon Blum fut très vite ressaisi par les penchants habituels de la famille socialiste (...) sa volonté de se consacrer entièrement à son parti." — *De Gaulle,* Mémoires Bd. 3, S. 258; vgl. Colton, Blum S. 453 f., 455—457.

⁶⁷ Kommuniqué des CAS, Le Populaire (Sud), Nr. 8, 1. 12. 42; Socialisme et Liberté (Nord), 15. 12. 42.

⁶⁸ Zur Levante-Krise vgl. *de Gaulle,* Mémoires Bd. 3, S. 186—198, 508—521, 530 f.; Winston *Churchill,* The Second World War, Bd. VI, Boston 1953, S. 561—566; an Darstellungen George *Kirk,* The Middle East in the war, London 1952, S. 272—306; *Deporte,* de Gaulle's Foreign Policy, S. 126—152.

⁶⁹ J. O. Débats 16. 6. 45, S. 1118—1121.

⁷⁰ Neben der Parlamentsrede Andrée Vienots auch in einem Artikel von Salomon *Grumbach* in Le Populaire 15. 6. 45.

⁷¹ Ordre du jour 16. 6. 45, J. O. Débats 17. 6. 45, S. 1148; erneut gedruckt in L'Année politique 1944/45, S. 538 f.

⁷² Rückblickend sprach de Gaulle selbst vom Widerstand gegen seine Levante-Politik, den er bei fast allen politischen Kräften Frankreichs gespürt habe; vgl. *de Gaulle,* Mémoires Bd. 3, S. 195—197. Nach Meinung des gerade in Paris weilenden US-Sonderbeauftragten Harry Hopkins und Churchills war die Entrüstung der Parteien über de Gaulles Politik derart angewachsen, daß eine Veröffentlichung der Protestnoten Trumans an die französische Regierung zum Sturz de Gaulles geführt hätte; vgl. Robert E. *Sherwood,* Roosevelt and Hopkins, New York 2. Aufl. 1950, S. 105, zit. n.

Zu S. 89—93

Lipgens, Bedingungen und Etappen der Außenpolitik de Gaulles, S. 95 f.; Harry S. *Truman*, Memoiren, Bd. 1, Bern 1955, S. 208.

[73] J. O. Débats 20. 6. 45; vgl. auch L'Année politique 1944/45, S. 243.

[74] Lévy: 37e Congrès national, Compte rendu sténographique S. 721—725; Fischer: ebda. S. 696—698; Schlußmanifest vgl. oben Anm. 27.

[75] „Déclarations au correspondant parisien du Times", englisch in: The Times 10. 9. 45, S. 4; französisch in: L'Année politique 1944/45, S. 540—544; *de Gaulle*, Mémoires Bd. 3, S. 558—562; *de Gaulle*, Discours et messages Bd. 1, S. 614—619.

[76] Vgl. auch die Analyse der de Gaulleschen Westunion-Vorstellung bei *Deporte*, De Gaulle's Foreign Policy, S. 190—201.

[77] Wiedergabe von Auszügen des „Times"-Interviews und der Parteitagsresolution 1945 in Le Populaire 11, 9. 45; zum Wahlkampf vgl. oben Anm. 51.

[78] Salomon *Grumbach*, „L'U.R.S.S. est responsable du 'fiasco' de Londres", Nord-Matin 7. 10. 45.

[79] In der französischen Presse war zu Beginn seiner London-Reise vermutet worden, de Gaulle habe Blum inoffiziell mit der Erkundung des Terrains für einen Vertragsabschluß beauftragt (Le Monde 6. 9. 45, Combat 6. 9. 45); daran ist sicher soviel richtig, daß de Gaulle hoffte, in Blum einen Vermittler zu finden, der mit seinen eigenen Pakt-Plänen indirekt und implizit auch de Gaulles Anerkennungs-Forderungen vorantreiben würde.

[80] Vgl. die Ergebnisse der Sitzungen des Comité directeur vom 24. 10. und 7. 11. 45, mitgeteilt bei *Quilliot*, SFIO, S. 59 f.

[81] Das „Programme des Gauches" wurde am 7. November 1945 publiziert, u. a. Le Populaire 7. 11. 45; die Wiedergabe in L'Année politique 1944/45, S. 470—475, enthält nur die Abschnitte 3 bis 5 des Dokuments, Abschnitt 1 zur Innenpolitik und Abschnitt 2 zur Außenpolitik sowie Zusatzerklärungen fehlen.

[82] Zusätzlich zu den genannten Forderungen enthielt der Entwurf noch Programmpunkte, die für eine „antifaschistische" Formation wie die Délégation des Gauches Gemeinplätze darstellten: Unterstützung der Demokratien, Beseitigung der letzten faschistischen Regime, Auslöschung des Nationalsozialismus, des Preußentums und des Militarismus in Deutschland, Demokratisierung der Diplomatie.

[83] L'Aube 8. 11. 45; erneut in L'Année politique 1944/45, S. 475—486.

[84] Le Populaire 10. 11. 45.

[85] Die relative Stärke der Sozialisten während der Regierungskrise vom November zeigt auch de Gaulles vertrauliche Unterredung mit Blum nach dem kommunistischen Vorstoß auf Zuteilung eines Schlüsselministeriums, in der er Blum darum bat, im Falle eines Scheiterns seiner Mission für die Übernahme des Ministerpräsidentenamtes bereitzustehen — was Blum, wiederum mit dem Hinweis auf seinen Gesundheitszustand, ablehnte. Vgl. *De Gaulle*, Mémoires Bd. 3, S. 258—260; *Colton*, Blum, S. 465 und *Elgey*, La République des illusions, S. 62 f. — De Gaulle mußte seine Position im November 1945 tatsächlich ernsthaft in Frage gestellt gesehen haben; andererseits kam für eine Nachfolge nach Lage der Dinge nur ein Sozialist in Frage; zudem vermutete de Gaulle in Blum immer noch einen Anhänger des Präsidialregimes, der von der Politik der eigenen Partei zugunsten der „nationalen Einheit" Abstand gewonnen habe. — Zum Ablauf der Vorgänge bis zur Regierungsbildung im einzelnen L'Année politique 1944/45, S. 340—355; *Elgey*, ebda. S. 60—73.

[86] Regierungserklärung vom 23. 11. 45, J. O. Débats 24. 11. 45; auch in L'Année politique 1944/45, S. 486—490, und *De Gaulle*, Discours et messages Bd. 1, S. 651—656.

[87] So Walter *Lipgens*, Bedingungen und Etappen der Außenpolitik de Gaulles, S. 101 f.; vgl. auch *Ziebura*, Die deutsch-französischen Beziehungen, S. 39; sowie hier oben Kapitel II.1. S. 52.

[88] Georges *Bidault*, Noch einmal Rebell, Berlin 1966, S. 116—118.

[89] Vgl. Raymond-Jean *Guiton*, Paris—Moskau, Stuttgart 1956, S. 126—128; *Deporte*, De Gaulle's Foreign Policy, S. 262—264; *Lipgens*, Bedingungen und Etappen der Außenpolitik de Gaulles, S. 100.

[90] J. O. Débats 16. 1. 46, S. 3—5, Zitat S. 4. Vgl. auch die Auswertung dieser Debatte

bei *Deporte*, De Gaulle's Foreign Policy, S. 249: „The most significant criticism of the government's policy came from the Socialists."

⁹¹ Rede Grumbachs am 16. 1., J. O. Débats, 17. 1. 46, S. 52—54; Rede Bidaults am 17. 1., J. O. Débats 18. 1. 46; Rede Lapies am 16. 1., J. O. Débats 17. 1. 46, S. 54—56; Rede Naegelens am 17. 1., J. O. Débats 18. 1. 46, S. 104—105.

⁹² Als Rapporteur für das Wahlkampfprogramm erläuterte Verdier, das außenpolitische Konzept der Partei werde die Gesamtheit des übrigen Programm dominieren. — Blum am 5. 2. 46 in Oeuvre VI, S. 267, vgl. hier oben S. 166, Anm. 20; Verdier am 29. 3. 46 in Congrès Montrouge mars 1946, Compte rendu sténographique S. 41—51; Weill-Raynal ebda. S. 78—82; Grumbach ebda. S. 88—97; Boutbien ebda. S. 97—103; Gozard ebda. S. 325—329 („Nos efforts pour soutenir l'action vigoureuse du gouvernement ne nous feront jamais oublier le but qui est le nôtre au delà des réalités immédiates et qui est la construction des Etats-Unis du Monde"); sowie die Berichte in Le Populaire 30. 3. und 31. 3./1. 4. 46.

⁹³ „Manifeste du Parti aux peuples de France et de l'Union Française", Bulletin intérieur Nr. 12, April 1946, S. 5 f., Zitat S. 6.

⁹⁴ Zur Bildung der Regierung Gouin vgl. Bulletin intérieur, numéro spécial (Februar) 1946; die Artikel von Blum in Oeuvre VI, S. 163—167; an Darstellungen *Graham*, The French Socialists and Tripartisme, S. 144 ff.; *Quilliot*, SFIO, S. 84—87. — Blum schon im November 1945 für Gouin: laut De Gaulle, Mémoires Bd. 3, S. 259 f.

⁹⁵ Im Brief Gouins an die drei Fraktionsvorsitzenden vom 26. 1. 46, der als Programmgrundlage für die neue Regierung diente, war von Außenpolitik nicht die Rede. — Vgl. Bulletin intérieur, numéro spécial 1946.

⁹⁶ J. O. Débats 30. 1. 46; auch in Le Populaire 1. 2. 46 und L'Année politique 1946, S. 546—553.

⁹⁷ J. O. Débats, 16. 2. 46, S. 331—333; auch in Le Populaire 16. 2. 46. Die gleiche Argumentation wiederholte er am 24. Februar vor der Konferenz der SFIO-Föderationssekretäre: Deutschland sei als Kohlelieferant, Lieferant von während der Besatzungszeit entwendeten Investitionsgütern und Empfänger der französischen Überproduktion an Stahlprodukten für Frankreich existenznotwendig; daher dränge die Zeit, endlich zu einer Regelung der Deutschlandfrage zu kommen. — Conférence des Secrétaires Fédéraux 23./24. 2. 46, Compte rendu sténographique S. 101—120, insbesondere S. 116 bis 118.

⁹⁸ Oreste *Rosenfeld*, „L'internationalisation de la Ruhr", Le Populaire 12., 14. und 17./ 18. 3. 46. Wie Rosenfeld später mitteilte, war Blum der Autor dieser Serie; er hatte, bereits mit der Washingtoner Mission betraut, Rosenfeld gebeten, die Artikel an seiner Stelle zu unterzeichnen. - Siehe Oeuvre VII, S. 451. — Charakteristisch für seine Überzeugung von der Identität der Interessen aller Nationen suchte Blum in diesen Artikeln auch nachzuweisen, daß die Verwirklichung dieses Konzepts keine unzumutbare Belastung für die Deutschen bedeuten würde: Frankreich benötige monatlich eine Million Tonnen Ruhrkohle; das sei weniger als ein Zehntel der deutschen Vorkriegsproduktion.

Klaus *Hänsch* (Frankreich zwischen Ost und West, S. 36 f.) zitiert den Artikel vom 14. 3. als Beleg für seine These, auch die Sozialisten seien zunächst mehrheitlich für eine politische Abtrennung der Ruhr vom deutschen Staatsverband eingetreten. Hier liegt ein offensichtliches Fehlzitat vor; Blum fordert in diesem Artikel genau das Gegenteil: nämlich die gescheiterte Abtrennungsforderung zugunsten der chancenreichen Forderung nach wirtschaftlicher Internationalisieurng hintanzustellen. Ein zweiter von Hänsch herangezogener Beleg (G. Bellier in „Force Ouvrière" 28. 3. 46) kann nicht für die SFIO gelten: Die Wochenzeitung „Force Ouvrière" war zwar schon vor der Spaltung der CGT nach den politischen Streiks Ende November 1947 das Sprachrohr des Jouhaux-Flügels der Gewerkschaften; dieser war jedoch auf strikte Selbständigkeit gegenüber der SFIO bedacht und verfocht insbesondere in der Deutschlandpolitik eine eigenständige Linie.

Gegen Hänsch muß darum festgehalten werden, daß die Meinung der gesamten bisherigen Literatur über die sozialistische Deutschlandpolitik Anfang 1946 durchaus zutrifft, wonach die SFIO sich allein und von Anfang an der gaullistischen Abtren-

Zu S. 95—96

nungsforderung widersetzt hat. (Vgl. etwa F. Roy *Willis,* The French in Germany 1945—1949, Stanford 1962, S. 38—40; *Graham,* The French Socialists and Tripartisme, S. 183; F. Roy *Willis,* Germany, France and the New Europe 1945—1967, 2. Aufl. Stanford 1968, S. 18; *Deporte,* De Gaulle's Foreign Policy, S. 270). Meine Untersuchung dürfte m. E. darüber hinaus gezeigt haben, daß die sozialistische Politik von 1946 in der Kontinuität des internationalen Programms der SFIO seit der Résistancezeit begründet war. Die Sozialisten waren nicht, wie Hänsch S. 88 behauptet, unfähig, „sich selbst ein gedanklich geschlossenes Konzept für eine sozialistische französische Deutschlandpolitik zu erarbeiten"; gerade das Programm der „Nationalisation internationale" der Ruhr zeigt, daß sie auch vor der Pariser Außenministerratstagung das Deutschlandproblem mit der gesellschaftlichen Struktur Deutschlands in ursächlichen Zusammenhang brachten (anders als die Kommunisten, gg. Hänsch S. 30); ihr Ruhrkonzept wurde, wie die Übereinstimmung aller Fraktionssprecher in der Januardebatte der Constituante und das einstimmig verabschiedete Manifest des a. o. Kongresses vom März 1946 zeigten, von der nahezu uneingeschränkten Mehrheit der Partei getragen (gg. Hänsch S. 35); Gouins Straßburger Rede war nicht „erstes Zeichen einer Distanzierung von Teilen der SFIO vom Konzept der politischen Loslösung des Ruhrgebietes vom deutschen Staat" (Hänsch S. 36 f.); sie war auch nicht der Versuch, zwischen dem SFIO-Programm und der Haltung Bidaults zu vermitteln (so Alexander *Werth,* Der zögernde Nachbar, Düsseldorf 1957, S. 229 f.); sondern der Versuch, das andersartige sozialistische Deutschlandkonzept in politische Praxis umzusetzen. Das sozialistische Deutschlandkonzept war freilich nur im Gesamtrahmen der Idee einer supranationalen Weltorganisation voll verständlich; weil Hänsch den Bezug zu diesem Gesamtkonzept nicht herstellt, gelangt er zu der genannten Fehlinterpretation sozialistischer Deutschlandpolitik. Gänzlich abwegig ist die These von Frederick F. *Ritsch* (The French Left and the European Idea, 1947—1949, New York 1966, S. 174), die SFIO habe sich 1945/46 der Bidault'schen Deutschlandkonzeption angeschlossen.

[99] Vollständiger Text der Rede in Le Populaire 26. 3. 46; Auszüge in L'Année politique 1946, S. 532 f.
[100] Vgl. etwa Combat 26. 3. 46 („M. Bidault se trouve-t-il, une fois de plus, dépassé par la politique de son chef du Gouvernement"); Franc-Tireur 31. 3./1. 4. 46 (die französische Deutschlandpolitik sei gegenwärtig „klar wie der Tripartismus"); France-Soir 6. 4. 46 (Konfrontation Bidaults und Gouins im Ministerrat).
[101] Ergebnisprotokoll der Sitzung in: Bulletin intérieur Nr. 13, April—Mai 1946, S. 1.
[102] Vollständiger Text der Rede in Le Populaire 31. 3./1. 4. 46.
[103] Vgl. Le Monde 6. 4. 46, L'Année politique 1946, S. 372 f. und 380 f.; Text des Memorandums vom 25. April in Europa-Archiv 9 (1954), S. 6751 f. — Vgl. auch den Bericht von US-Botschafter Jefferson Caffery vom 1. 3. 46 an das State Department über Bidaults deutschlandpolitische Forderung, veröffentlicht in Neue Züricher Zeitung 24. 6. 1969; sowie die diesbezügliche Auswertung der Konferenzprotokolle durch John *Gimbel,* Die Vereinigten Staaten, Frankreich und der amerikanische Vertragsentwurf zur Entmilitarisierung Deutschlands, in: VfZ 22 (1974), S. 258—286.
[104] Erklärung Grumbachs vor der Konferenz von Clacton-on-Sea in Le Populaire 22. 5. 46; vgl. Louis *Lévy,* Le Populaire 21. 5. 46, und ders., „La Conférence Internationale de Clacton-on-Sea', Revue socialiste Nr. 2, Juni 1946, S. 165—169, hier S. 167. — Rede Blums in Bournemouth in Le Populaire 14. 6. 46; vgl. auch Charles *Dumas,* „L'Entente franco-anglaise est une nécessité pour la Paix", Le Populaire 15. 6. 46; und Etienne *Weill-Raynal,* „Le problème des Réparations Allemandes", Revue socialiste, Nr. 3, Juli 1946, S. 285—300, hier S. 297. — *Weill-Raynal* ebda. gibt noch einmal einen Gesamtüberblick über alle sozialistischen Äußerungen zur Ruhrfrage vom Januar 1946 an. — In einer Rundfunkdiskussion zur Deutschlandpolitik am 11. Juni 1946 führte Grumbach aus, wie er sich die „Annexion der Saarkohle ohne Annexion des Saargebiets" näher vorstellte: Die Gruben sollten französisches Staatseigentum werden, das Land ein UNO-Mandat, verwaltet von einer französisch-saarländischen Regierung, vgl. Le Populaire 13. 6. 46.
[105] Vgl. die Sitzung des Comité directeur vom 4. 6. 46, mitgeteilt bei *Quilliot,* SFIO, S. 163.
[106] Vgl. Conseil national 9 juin 1946, Compte rendu sténographique; Bulletin intérieur

Nr. 14, Juni 1946, S. 2 — Die Vermutung, daß der Widerstand im Nationalrat gegen Bidault in erster Linie auf die Divergenzen in der Außenpolitik zurückzuführen ist, erstmals bei Jacques *Fauvet*, La IVe RYpublique, Paris 1959, S. 78. — Die Überantwortung der Wirtschaftspolitik an den MRP war nicht, wie *Hänsch* (Frankreich zwischen Ost und West, S. 65 f.) meint, „ein Beispiel für die politische Abdankung einer Partei", sondern entsprang der taktischen Überlegung, auf diese Weise der Unpopularität entgehen zu können; der gesamte Vorgang kann daher auch nicht als Indiz für einen vermeintlich geringen Stellenwert der Außenpolitik innerhalb der SFIO gewertet werden.

[107] J. O. Débats 27. 6. 46, S. 2565 f.; vgl. auch Bulletin intérieur Nr. 17, Juni—Juli 1946, S. 5—8, und Parti socialiste S. F. I. O., L'Action socialiste à la seconde Constituante (2 juin — 5 octobre 1946), Paris 1946, S. 8.

[108] Vgl. Edouard *Depreux*, Souvenirs d'un militant, Paris 1972, S. 229: „Le gouvernement — et c'était sa faiblesse — était composé de ministres travaillant chacun de son côté, dans son domaine réservé. On ne se sentait pas véritablement englobé dans une équipe."

[109] Léon *Blum*, „Bilan de départ: Le problème allemand", Le Populaire 28. 6. 46; Oeuvre VI, S. 225—227; Pages choisies de Léon Blum, S. 180 (Auszug); *Helfgott*, S. 305—307. — Oreste *Rosenfeld*, „M. le Ministre des Affaires étrangères n'a pas compris", Gavroche 30. 5. 46.

[110] Léon *Blum*, „Le problème allemand. Nous persévérons", Le Populaire 14./15. 7. 46; Oeuvre VI, S. 229 f. — Der Gegensatz, den Hans-Peter *Schwarz*, Vom Reich zur Bundesrepublik, Neuwied 1966, S. 539, zwischen den außenpolitischen Überzeugungen „französischer Sozialisten wie Salomon Grumbach und André Philip" und den sozialistischen Ministern, „die sich viel mehr geneigt zeigten, kurzfristig konzipierten Interessenserwägungen Rechnung zu tragen" in Übertragung des Beispiels der Labour-Party konstruiert, existierte also nicht; ganz abgesehen davon, daß Philip selbst ein prominentes Kabinettsmitglied war. Das Verhalten des SFIO-Ministers war in der Tat vom übergeordneten Interesse der gesamten Parteiführung an einem Fortbestand der Koalition bestimmt; die Außenpolitik Bidaults nicht die ihrige.

[111] Léon *Blum*, „Le problème allemand", Le Populaire 16. 7. 46.

[112] Zitat aus Léon *Blum*, „La politique internationale", Le Populaire 29. 6. 46; Oeuvre VI, S. 227 f.; *Helfgott* S. 307 f. In gleicher Weise in Le Populaire 16. 7. 46.

[113] Neben den in Anm. 109—112 und 114 genannten Artikeln von *Blum* auch: Le Populaire 18. 7., 20. 7., 21./22. 7., 23. 7 (Oeuvre VI, S. 232—234), und 24. 7. 46 (Oeuvre VI, S. 234—236). Ferner: Pierre *Orsini*, „Marchandages", La République du Sud-Ouest 15. 6. 46; ders., „Le problème allemand", La République du Sud-Ouest 11. 7. 46; Jean *Lionet*, „Pour assurer la paix", Nord-Matin 30. 6. 46; ders., „Le problème allemand", Nord-Matin 14. 7. 46; Charles *Dumas*, „Les Alliés et l'Allemagne", Le Populaire 12. 7. 46; Pierre-Olivier *Lapie*, „La Conférence des Quatre", Revue socialiste Nr. 3, Juli 1946, S. 301—312.

[114] Léon *Blum*, „La position communiste", Le Populaire 17. 7. 46; Oeuvre VI, S. 230—232; *Helfgott* S. 309 f.

[115] Jean *Chauveau* in „Combat" 18. 7. 46; André *Stibio* in „L'Ordre" 17. 7. 46; Jean *Plot* in „L'Aurore" 17. 7. 46; Georges *Cogniot* in „L'Humanité" 17. 7. 46; Pierre *Courtade* in „Cahiers du communisme" Juli 1946. — Zur Reaktion der PCF vgl. auch Jacques *Fauvet*, Histoire du Parti communiste français, Bd. 2, Paris 1965, S. 185.

[116] Maurice *Schumann* in „L'Aube" 24. 7. 46.

[117] De *Gaulle*, Mémoires Bd. 3, S. 233; deutsch bei *Lipgens*, Bedingungen und Etappen der Außenpolitik de Gaulles, S. 78.

[118] Zum Rücktritt von Mendès-France siehe Jacques *Fauvet*, La IVe République, Paris 1959, S. 35—39 und 365—368.

[119] J. O. Débats 16. 2. 46, S. 331—333. Exakte Zahlen zur wirtschaftlichen Entwicklung unter de Gaulle in l'Année politique 1944/45, S. 23 f., 160—172, 192—196, 234—240, 260 f., 392 f., 520—525; Darstellungen: Charles *Rist*, The French Financial Dilemma, in: Foreign Affairs 25 (1947), S. 451—464; Philippe *Tesson*, De Gaulle Ier — La Révolution manquée, Paris 1965, S. 112—126. — Zur Wirtschaftshilfe vom Februar vgl.

Zu S. 98—100

L'Année politique 1944/45, S. 111 f., 297 und 410 f. Zum Kredit vom Dezember ebda. S. 387 f.

[120] Das Austeritätsprogramm bildete den wesentlichen Inhalt des Koalitionsangebotes Gouins vom 26. 1. 46 an die drei Fraktionsvorsitzenden; vgl. Bulletin intérieur, numéro spécial (Februar) 1946. — Zu den Verhandlungen mit Mendès-France siehe *Quilliot*, SFIO, S. 88; zum Monnet-Plan L'Année politique 1946, S. 57—60; Reparationsforderungen in Gouins Parlamentsrede vom 15. 2. 46 (Anm. 119) u. ö.; Bekanntgabe der Mission Blums ebda.

[121] Ferner die Anerkennung eines französischen Guthabens aus zerstörten Schiffen in Höhe von 17,5 Millionen Dollar, deren Anrechnung auf den Ankauf von Schiffen mit einer Gesamttonnage von 750000 t, sowie die Öffnung des französischen Marktes für US-Filmproduktionen bis zu einer Höhe von 60% der Gesamtaufführungen. — Text des Abkommens: Department of State Treaties and Other International Acts Series, Nr. 1928, Washington 1947; zum Verhandlungsverlauf vgl. die amerikanischen Dokumente, in: Foreign Relations of the United States 1946, Bd. V, Washington 1969, S. 409—464; sowie L'Année politique 1946. S. 135—141: Blums Exposé vor dem National Advisory Council in Oeuvre VI, S. 188—196; Rede Blums am 12. 4. 46 im Waldorf-Astoria-Hotel in New York ebda. S. 197—200; Pressekonferenz Blums am 31. 5. 46 in Paris ebda. S. 201—203. — Gegen *Elgey*, La République des illusions, S. 136—141, weist *Quilliot*, SFIO, S. 91—93 nach, daß Blum durchaus geschickt verhandelte und keineswegs einen senilen Bittsteller abgab. In der Aufführung der Vertragsbestimmungen unterlaufen *Quilliot* jedoch einige kleinere Irrtümer.

[122] Vgl. die Erläuterungen Blums in seiner Pressekonferenz vom 31. 5. 46, Oeuvre VI, S. 201—203.

[123] So der Washingtoner AFP-Korrespondent Jean *Davidson* in seinem Buch: Correspondant à Washington: Ce que je n'ai jamais câblé, Paris 1954, S. 14—27; Alexander *Werth*, Der zögernde Nachbar, Düsseldorf 1957, S. 236—239 (zum „Antikommunismus" Blums auch S. 203 und 284, die Zitate im Text ebda.); Georgette *Elgey*, La République des illusions, Paris 1965, S. 136—141 (Furcht vor der Sowjetunion auch S. 64, für Elimination der Kommunisten im Mai 1947 S. 283); Claude *Julien*, Das amerikanische Imperium, Frankfurt/Berlin 1969, S. 305 f. — Blums „Antikommunismus" auch bei Frederick F. *Ritsch*, The French Left and the European Idea 1947—1949, New York 1966, passim; und Jean-Claude *Criqui*, Der französische Sozialismus, in: Albrecht *Langner*, Katholizismus und freiheitlicher Sozialismus in Europa, Köln 1965, S. 91 bis 124, hier S. 102. — Das Abkommen als Wendepunkt und Blums Furcht vor der Sowjetunion auch bei *Ziebura*, Die deutsch-französischen Beziehungen, S. 42.

[124] Vgl. etwa den Bericht von Jacques *Dumaine*, Quai d'Orsay 1945—1951, Paris 1955, S. 86, über den Empfang einer amerikanischen Kongreßdelegation kurz nach der Ablehnung des ersten Verfassungsentwurfes im Juni 1946: „Grand dîner aux Affaires Etrangères en l'honneur de la délégation américaine. Nos invités ne dissimulaient pas la satisfaction que leur cau le référendum... Simplistes, ils considèrent que deux blocs s'opposent en France et que l'un fera crouler l'autre." — Echo in einer Rede Kennans vom Frühjahr 1946: „Insbesondere mißfällt mir die hysterische Form des Antikommunismus, die allem Anschein nach in unserem Land immer mehr um sich greift", mitgeteilt bei George F. *Kennan*, Memoiren eines Diplomaten, 2. Aufl. München 1971, S. 306. — Weitere Zeugnisse bei *Grosser*, La IVe République..., S. 205.

[125] Vgl. zur Krisenfurcht führender US-Politiker Lloyd C. *Gardner*, Architects of Illusion, Men and Ideals in American Foreign Policy, 1941—1949, Chicago 1970; zur Sorge vor den Kommunisten als konstantem Motiv amerikanischer Frankreichpolitik 1944 bis 1947 demnächst Wilfried *Loth*, Frankreichs Kommunisten und der Beginn des Kalten Krieges, in: VfZ 25 (1977); zur Rücksichtnahme gegenüber der französischen Deutschlandpolitik John *Gimbel*, Byrnes' Stuttgarter Rede und die amerikanische Nachkriegspolitik in Deutschland, in: VfZ 20 (1972), S. 39—62, insbes. S. 55 f. — Caffery: Foreign Relations (Anm. 121), S. 422; Clayton: ebda. S. 432.

[126] „Rapport confidentiel", veröffentlicht von *Elgey*, La République des illusions, S. 140 f. — Diese Versuche der Einflußnahme auf die Orientierung der französischen Politik sind offensichtlich auch die Grundlage der während der Verhandlungen von United Press

verbreiteten und vom State Department sogleich dementierten Meldung. US-Finanzminister Fred Vinson, ein persönlicher Freund Trumans, habe von Blum verlangt, daß sich die SFIO den anderen Parteien anschließen sollte, um die PCF aus der Regierung zu eliminieren (mitgeteilt bei *Davidson*, Anm. 123 ebda.). Den Ausschluß der Kommunisten zur Bedingung der Hilfe sine qua non zu machen, wäre jedoch widersinnig gewesen, war es doch erklärtes Ziel der amerikanischen Politik, mit dieser Hilfe die Schwächung der Kommunisten überhaupt erst zu ermöglichen.

[127] „Avant les élections": Blum zu Vinson und Clayton, laut „Rapport confidentiel" (Anm. 126); „Goodwill": Gespräch Blum—Byrnes 18. 4. 46, Foreign Relations (Anm. 121) S. 431. Zur künftigen Politik Blums und der SFIO gegenüber den Kommunisten vgl. *Loth* (Anm. 125), zu ihrer Politik gegenüber den Weltmächten vgl. Kapitel V.1.

[128] Blum vor dem National Advisory Council: Oeuvre VI, S. 195; zu Jean Davidson ebda. (Anm. 123), S. 16. Die vom Sprachgebrauch des Kalten Krieges geprägte Diktion des von Davidson 1954 veröffentlichten Gesprächstextes legt freilich Zweifel an seiner vollen Wortlaut-Authentizität nahe. Zu Blums tatsächlichen Überzeugungen vgl. Kapitel V.3.

[129] Foreign Relations (Anm. 121), S. 451 f.

[130] Pressekonferenz vom 31. 5. 46; Oeuvre VI, Zitat S. 201. An Kommentatoren etwa Georges *Izard*, „Merci, Léon Blum", Gavroche 30. 5. 46.

[131] Oeuvre VI, S. 188.

[132] Léon *Blum*, „Dans l'intérêt de la solidarité des peuples", Le Populaire 27. 7. 46; Hinweis auf die Sowjetunion in der Pressekonferenz vom 31. 5. 46, Oeuvre VI, S. 201 bis 203; zur Visite in London vgl. *Elgey*, La République des illusions, S. 137.

[133] In der Ratifizierungsdebatte der Constituante am 1. 8. 46, J. O. Débats, 2. 8. 46.

[134] Vor dem National Advisory Council am 25. 3. 46; Oeuvre VI, S. 189.

[135] Léon *Blum*, „La protection paysanne", Le Populaire 1. 11. 46; Oeuvre VI, S. 330—332, Zitat S. 332. — Die künftige Welthandelsorganisation werde auch die Aufgabe haben, die Vollbeschäftigung in allen Nationen zu garantieren, so Léon *Blum*, „L'esprit international", Le Populaire 28./29. 7. 46; Pages choisies de Léon Blum, S. 181 f. — Vgl. auch Daniel *Mayer*, „S'unir", Le Populaire 31. 5. 46: „En permettant la reprise industrielle, en préparant une équitable distribution des richesses ainsi créés, l'accord Blum-Byrnes s'avère comme l'un des instruments de paix les plus solides que nous ayons jamais connus." — *Quilliot*, SFIO, S. 93 f. übersieht diese Interpretation einer freien Welthandelsordnung; die Erklärung des Blum-Byrnes-Abkommens zur Handelspolitik bedeutete für die Sozialisten nicht, wie *Quilliot* meint, eine uneingeschränkte Anerkennung des Freihandels (mit seinen negativen Implikationen für unterentwickelte Länder), gegeben als eine „nécessité de fait, un pis-aller de circonstance".

[136] Léon *Blum*, „L'esprit international", Le Populaire 28./29. 7. 46; Pages choisies de Léon Blum, S. 181 f. — Vgl. auch die Presseerklärung vom 31. 5. 46: „L'idée directrice de la politique américaine, c'est qu'il n'y a pas de paix possible dans le monde si les diverses nations n'ont pas conscience de leur interdépendance et de leur solidarité volontaire ou involontaire"; Oeuvre VI, S. 201.

[137] Léon *Blum*, „Nationalisation économique", Le Populaire 31. 10. 46; Oeuvre VI, S. 329 f. — Als im August 1946 Molotow von der italienischen Regierung verlangte, sie müsse ihre wirtschaftliche Unabhängigkeit gegenüber jedem inneren und äußeren Kapitalismus bewahren, äußerte Blum die Befürchtung, die Sowjetunion könne die geplante Welthandelsorganisation torpedieren und damit eine wirtschaftliche Zweiteilung der Welt herbeiführen. „Il semble que (...) l'U. R. S. S. travaille à dresser d'avance les 'souverainetés nationales'" gegen den Geist des Internationalismus. — Léon *Blum*, „Le discours de Molotow", Le Populaire 15. 8. 46; Oeuvre VI, S. 238—240; *Helfgott* S. 312—314; und Léon *Blum*, „Le problème économique international", Le Populaire 16. 8. 46; Oeuvre VI, S. 240—242; *Helfgott* S. 314—317, Zitat aus letzterem S. 241 f.

IV. „ORGANISATION INTERNATIONALE": DAS SCHEITERN

[1] Wie Ernst-Otto *Czempiel*, Das amerikanische Sicherheitssystem 1945—1949, Berlin 1966, S. 138 zu Recht gegenüber William Hardy *Mcneill*, America, Britain and Russia. Their Co-Operation and Conflict 1941—1946 (Teilband der Survey of International Affairs 1939—1946), Oxford 1953, S. 717, betont.

[2] Trotz der Truman'schen Interpretation der Maßnahme als Verteidigung von Demokratie und Freiheit gegen Kommunismus und Totalitarismus stand der strategische Aspekt eindeutig im Vordergrund: Weder war das, was in Griechenland verteidigt wurde, eine Demokratie, noch bestand in der Türkei eine kommunistische Gefahr.

[3] Die grundlegende Darstellung für die Vorgänge um den 38. Parteikongreß 1946 bietet *Graham*, The French Socialists and Tripartisme, S. 197—219; ergänzend dazu Jérôme *Jaffré*, La crise du Parti socialiste et l'avènement de Guy Mollet 1944—1946, Mémoire I. E. P. (ungedruckt) Paris 1971; und *Quilliot*, SFIO, S. 170—184. Persönliche Zeugnisse bei André *Philip*, Les Socialistes, Paris 1967, S. 126—142; Daniel *Mayer*, Pour une histoire de la gauche, Paris 1969, S. 305—348; Edouard *Depreux*, Souvenirs d'un militant, Paris 1972, S. 375—378. Quellen: Compte rendu sténographique 38e Congrès national 29 août — 1er septembre 1946; Berichte in Le Populaire 29. 8.—5. 9. 46; Entschließungsanträge in Bulletin intérieur Nr. 15, 1. 8. 46; Abstimmungsergebnisse in Bulletin intérieur Nr. 18, August—September 1946; zur Ideologie-Diskussion die ersten Hefte der Monatszeitschrift „La Pensée socialiste", März 1946 ff. und Léon *Blum*, Notes sur la doctrine (einer der besten Texte Blums zur Definition seines Sozialismus), in: Revue socialiste Nr. 3, Juli 1946, S. 257—261; Le Populaire 25./26. 8. 46; erneut gedruckt in Oeuvre VI, S. 271—277.

[4] Die Diskrepanz zwischen alten Arbeiterschicht-Anhängern und neuen Mittelschicht-Führungskräften als eine der Hauptursachen der Revolte gegen Mayer vermutet von *Graham*, ebda. S. 215. — Zeugnisse für parteiinterne Kritik am Austeritätsprogramm bei *Quilliot*, S. 95 f. — Darstellung der Kritik an der Mayer-Führungsgruppe auf der Konferenz der Föderationssekretäre vom 23./24. Februar 1946 und auf dem a. o. Kongreß vom 29./31. März 1946 bei *Graham*, ebda. S. 156—168. Dechézelles hatte gegen Mayer beantragt, die Programmdebatte der Debatte über Wahltaktik vorzuziehen.

[5] Nach *Quilliot*, S. 175, war dies der Kreis der Initiatoren des gegen Mayer gerichteten Entschließungsantrages für den 38. Kongreß.

[6] Nimmt man die ideologische und die taktische Komponente zusammen, so lassen sich mit *Graham*, passim, inbes. S. 88—91, versuchsweise drei Gruppierungen in der Partei bezeichnen: die revolutionären „Anti-Partizipationisten", die orthodox-marxistischen, zur Volksfrontpolitik tendierenden „Progressiven" und die „Gemäßigten", traditionell liberale und antikommunistische Kräfte, Résistancekräfte und insbesondere Blum-Anhänger, die am Tripartismus keine grundsätzliche, sondern nur Detailkritik übten. Eine solche Einteilung, so hilfreich sie für das Verständnis der parteiinternen Diskussion in den ersten Nachkriegsjahren auch ist, darf jedoch nur idealtypisch verstanden werden; *Graham* erweckt den irrigen Anschein, als habe es die bezeichneten Tendenzen als reale, festumschlossene Parteiflügel gegeben. Tatsächlich divergierte die taktische Komponente erheblich von der ideologischen: nicht alle Trotzkisten etwa waren gegen die Regierungsbeteiligung, nur ein geringer Teil der guesdistischen Kräfte plädierte kategorisch für eine sozialistisch-kommunistische Koalition. Zudem verliefen die realen Parteiauseinandersetzungen der Folgejahre nicht entlang der hier bezeichneten Linien: Ohne seine ideologische Position grundsätzlich zu ändern, wurde etwa Mollet von vielen seiner Mitautoren des Entschließungsantrages vom Kongreß 1946 von 1947 an kritisiert, von Philip, dem Initiator des „gemäßigten" Gegenantrags, jedoch unterstützt. Philip beispielsweise, von *Graham* als einer der führenden Köpfe des „gemäßigten" Flügels neben Blum und Mayer bezeichnet, plädierte später in der EVG-Diskussion für den Parteiausschluß Mayers.

[7] Bulletin intérieur Nr. 15, 1. 8. 46, S. 1—3; erneut gedruckt in *Blum*, Oeuvre VI, S. 289—293; von *Hänsch*, S. 179 irrtümlich in das Jahr 1948 datiert. — Der Entschließungsantrag wurde unterzeichnet von: Guy Mollet, Yves Dechézelles, Henri Barré, Léon Boutbien, Jean Rous und Pierre Rimbert. (Das Comité directeur erzwang die Rück-

nahme der Unterschrift Tanguy-Prigents, der als C.-D.-Mitglied bereits den Rapport moral gebilligt hatte.)
[8] *Graham*, ebda. S. 197 f.
[9] Léon *Blum*, „Discours au 38e Congrès", Le Populaire 30. 8. 46, S. 3; Gavroche 5. 9. 46, S. 5; Oeuvre VI, S. 278—288 (hier irrtümlich auf den 1. 9. 46 datiert).
[10] Der Philip-Antrag tendierte also auf eine Fortsetzung der bisherigen Politik, wenngleich unter Intensivierung der eigenen Anstrengungen; Blum, Philip und Mayer plädierten keineswegs, wie *Ritsch* (The French Left and the European Idea, S. 141 f.) unterstellt, für eine antikommunistische republikanische Koalition mit MRP und der gemäßigten Rechten. — Der Philip-Entschließungsantrag wurde unterzeichnet von: André Philip, Georges Archidice, Jean Charlot, Gaston Defferre, Albert Gazier, Robert Lacoste, Augustin Laurent, Francis Leenhardt, Pierre Métayer, Jean Meunier, Gérard Ouradou, René Peeters, Christian Pineau, Paul Ramadier und Alexandre Roubert. Bulletin intérieur Nr. 15, 1. 8. 46, S. 11—15. Text der Kompromißresolution Mochs in Le Populaire 3. 9. 46, S. 4; Bulletin intérieur Nr. 18, August—September 1946, S. 3—5.
[11] Insgesamt wurden in das Comité directeur gewählt (neue Mitglieder mit einem + versehen): André Philip, Oreste Capocci (+) Daniel Mayer, Salomon Grumbach, François Tanguy-Prigent, Renée Blum, Guy Mollet (+), Emilienne Moreau, Jacques Priou-Valjean, Edouard Depreux, Marcel-Edmond Naegelen, Léon Boutbien (+), Arrès-Lapoque (+), André Ferrat (+), Victor Provo, Jean Texcier (+), Georges Brutelle (+), Irène Laure (+), Augustin Laurent, Lamine-Gueye (+) Jean Courtois (+), Yves Dechézelles, Suzanne Charpy (+), Charles Dumas, Robert Verdier, Pierre Commin (+), Lancelle (+), Malacrida (+), Jean Rous (+), Rougeron (+). — Nicht durchsetzen konnten sich u. a.: Elie Bloncourt, Henri Ribière, Eugène Thomas, Raymond Badiou, Gaston Defferre, Max Lejeune, Marius Moutet. — Siehe Le Populaire 3. 9. 46 und Bulletin intérieur Nr. 18, S. 6.
[12] Ergebnisse in Le Populaire 5. 9. 46 und Bulletin intérieur Nr. 19, Oktober 1946, S. 1. — Zum Verhalten Grumbachs und Brutelles siehe Edouard *Depreux*, Souvenirs d'un militant S. 377 f. und *Elgey*, La République des illusions S. 219; Darstellung nach dem Sitzungsprotokoll bei *Quilliot*, SFIO, S. 182.
[13] *Graham* ebda. S. 197.
[14] Etwa von Jean-Claude *Criqui*, Der französische Sozialismus, S. 103: „Dieser Kongreß trug Guy Mollet, Vertreter der kommunistenfreundlichen, intransigenten und mehr marxistischen Tendenz an die Spitze der Partei."
[15] Sympathie für die Arbeiterklasse: Mollet in seiner Rede vom 31. 8. 46, Compte rendu sténographique 31. 8. 46, auch in Le Populaire 1./2. 9. 46; Vereinigungsfrage in seiner Rede vom 29. 8. 46, ebda. 29. 8. 46; Ablehnung des PCF-Vorstoßes November 1946 vgl. *Quilliot*, SFIO, S. 211 f.; zur reservierten Haltung Mollets den Kommunisten gegenüber insgesamt Guy *Mollet*, „Examen de conscience", Revue socialiste Nr. 6, 1946, S. 657—662.
[16] Vgl. hierzu Georges E. *Lavau*, Partis politiques et réalités sociales, Paris 1953, S. 135 bis 162, insbesondere S. 140.
[17] Guy Mollet die alleinige Verantwortlichkeit für die hier angedeutete Entwicklung zuzusprechen wie dies Vincent *Auriol* (Brief an Donzé vom 17. 7. 1959, veröffentlicht bei *Depreux*, Souvenirs d'un militant, S. 508—510), Daniel *Mayer* (Pour une histoire de la gauche, S. 305—369) und André *Philip* (Les Socialistes, S. 126—142; auch Le sozialisme trahi, passim) vom späteren Standpunkt der Auseinandersetzung SFIO-PSA aus taten, verkennt die Tatsache, daß auch Mollet wesentlich aus Sachzwängen heraus handelte. Gewiß trug seine Intransigenz zur Erstarrung der SFIO bei (man betrachte nur seine Antwort auf den Blumschen Erneuerungsversuch: „Si les classes moyennes se prolétarisent, c'est à elles de venir au socialisme, et non au socialisme d'aller à elles", Compte rendu 38e Congrès, 29. 8. 46); doch sollte nicht übersehen werden, daß Mollet 1945/46 nur zum Sprecher einer ohnehin verbreiteten Unsicherheit und Enttäuschung wurde, und daß der Widerspruch zwischen revolutionärer Propaganda und reformistischer Praxis durch die Vielfältigkeit des soziologischen Hintergrunds der Partei mitbedingt war. — Vgl. insgesamt auch Kapitel III.1. und Kapitel VIII.1.

[18] Interview mit der „New York Times", 5. 9. 46; auch in Le Populaire 6. 9. 46.
[19] Für *Grahams* Behauptung: „The progressives were angered (...) by the consistently anti-Russian bias of Le Populaire's foreign news coverage" (Graham, The French Socialists and Tripartisme, S. 198) läßt sich kein Beleg finden; die Kritik an der imperialistischen Haltung der Sowjetunion im Frühsommer 1946, auf die sich Graham hier bezieht, findet sich im Gegenteil neben dem Populaire auch in „linkssozialistischen" Blättern wie dem Franc-Tireur und der République du Sud-Ouest (vgl. oben S. 84). Grahams Behauptung ist sichtlich eine Schlußfolgerung von 1946 noch nicht anwendbaren Prämissen des Kalten Krieges aus.
[20] Compte rendu sténographique 38e Congrès 1946, 31. 8. 46.
[21] „Si cette discussion souligne des divergences sérieuses — peut-être irréductibles — entre le communisme stalinien et le socialisme démocratique, elle aura en tout cas l'immense avantage de ne pas entretenir une dangereuse imprévision sur la politique de paix du socialisme." — Contribution de la 6e Section de Paris à l'action et au développement du Parti Socialiste S. F. I. O., Bulletin intérieur Nr. 15, 1. 8. 46, S. 4—10, Zitate S. 5.
[22] Die Föderalismus-Forderung und die Chauvinismus-Kritik wurden wörtlich, die Forderung nach wirtschftlicher Zusammenarbeit sinngemäß in die Schlußresolution Mochs übernommen.
[23] Während es in der Moch-Resolution hieß: „Toutes les nations, petites et grandes, doivent accepter de se plier aux lois de la démocratie internationale, s'incliner devant les décisions prises à la majorité et promouvoir une cooperation économique entre les peuples", schrieb Mollet im Aufruf zur Wahlanleihe vom Oktober 1946, die Sozialisten „proclament l'égalité devant les lois de la démocratie internationale de toutes les nations qui, petites ou grandes, doivent accepter de se plier à ces lois, s'incliner devant les décisions prises à la majorité et promouvoir une cooperation économique entre les peuples." — Le Populaire 8. 10. 46.
[24] Neben Rivet, Pierette Romeo und Boutbien sprachen zur internationalen Politik: Henri Vergnolle, Grumbach und Lapie — Compte rendu 38e Congrès, 31. 8. 46.
[25] Offen ausgesprochen von Blum in seiner Rede vor dem 38. Kongreß; Oeuvre VI, S. 286. Vgl. auch den Rückblick auf drei Jahre Deutschlandpolitik: Léon *Blum*, „La politique internationale", Le Populaire 10. 10. 47, Oeuvre VII, S. 93—95.
[26] Boutbien, Compte rendu sténographique 38e Congrès, 31. 8. 46, und Léon *Boutbien*, „Problème allemand", La Pensée socialiste Nr. 7—8, August—September 1946, S. 18—19, Zitate ebda.
[27] Am 11. 8. 46 sprach er im Hamburger ‚Planten un Blomen' auf einer sozialdemokratischen Veranstaltung vor 75 000 Zuhörern, anschließend gab er in Hamburg und Baden-Baden Pressekonferenzen. — Berichte in Le Populaire 13., 15. und 18./19. 8. 46; Kritik in l'Humanité 13. 8. 46 und L'Aube 13. 8. 46. — Grumbach war der erste französische Politiker, der nach dem Zweiten Weltkrieg in Deutschland zu Deutschen sprach!
[28] „Le Parti réclame une occupation internationale, prolongée jusqu'à la dénazification totale, l'internationalisation économique, au profit de la communauté des Etats sinistrés, de (...) la Ruhr, l'exploitation par la France, à titre de réparations, des mines de la Sarre." — Die spätere Wiedereingliederung Deutschlands in die internationale Gemeinschaft wurde überhaupt nicht mehr erwähnt.
[29] Resolution zur Internationalen, 38. Kongreß 1946, einstimmig angenommen; Bulletin intérieur Nr. 18, August—September 1946, S. 2.
[30] Zum Verlauf der Konferenz von Clacton-on-Sea siehe Louis *Lévy*, Korrespondentenbericht in Le Populaire 21. 5. 46; ders., „La Conférence Internationale de Clacton-on-Sea", Revue socialiste Nr. 2, Juni 1946, S. 165—169; Bureau International du Parti socialiste S. F. I. O. (ed.), L'Internationale Socialiste, Paris s. d., S. 19 ff. — Spätere Darstellungen bei Denis *Healey*, The International Socialist Conference 1946—1950, in: International Affairs 26 (1950), S. 363—373; hier S. 366 f.; und *Braunthal*, Geschichte der Internationale Bd. 3, S. 169—172. Daß die Darstellung bei *Grosser*, La IVe République et sa politique extérieure, S. 116 f. im wesentlichen eine wortgetreue Übernahme des Artikels von *Healey* ist, hätte zumindest durch eine Anmerkung kenntlich gemacht werden dürfen (!).

31 Nach Auskunft von *Quilliot*, SFIO, S. 378, der sich auf die französischen Tagungsunterlagen stützt, wurde der Vorschlag einer sozialistisch-kommunistischen Internationale nicht — wie zur Zeit der Konferenz in der Öffentlichkeit vermutet — in Form eines offiziellen Antrags behandelt. — Nach *Healey*, S. 367 (und ihm folgend *Braunthal*, S. 172) wurde der Vorschlag auch von Vertretern der SFIO unterstützt; diese Angabe ist jedoch unglaubwürdig, nachdem gerade die gesamte SFIO um die Problematik einer sozialistisch-kommunistischen Vereinigung im nationalen wie im internationalen Rahmen zum gegenwärtigen Zeitpunkt wußte, der Parteitag August 1946 einstimmig für die Errichtung einer *sozialistischen* Internationale plädierte, und in der gesamten sozialistischen Literatur Frankreichs 1946 kein derartiger Vorschlag auftaucht. Insbesondere ist es unglaubwürdig, daß die französischen Delegierten Grumbach, Moch und Philip, die im nationalen Rahmen für die Auflösung des Comité d'entente plädierten (die entsprechende Passage des Philip-Antrages wurde dann ja vom Parteitag 1946 gebilligt), im internationalen Rahmen für eine Einheitsinternationale eingetreten wären.

32 Text der Beschlüsse in: Report of the National Executive Committee, in: Labour Party. Report of the 45th Annual Conference, London 1946.

33 Zit. n. *Braunthal*, S. 172; Darstellung des Konferenzverlaufs ebda. S. 172—174. In der SFIO-Presse fand die Konferenz von Bournemouth kaum Beachtung.

34 Léon Blum etwa rief die Delegierten von Zürich auf, angesichts der bevorstehenden amerikanischen Wirtschaftshilfe für Europa eine gemeinsame Politik des sozialistischen Internationalismus zu formulieren: Léon *Blum*, „La position du socialisme international", Le Populaire 27. 5. 47, Oeuvre VII, S. 22—24; vgl. unten Kapitel V.1.

35 Quellen zur Konferenz von Zürich: Bericht Guy *Mollets* über den Konferenzverlauf in der Sitzung des Comité directeur vom 11. 6. 47; vgl. Bulletin intérieur Nr. 26, Mai—Juni 1947; Louis Lévy, „La Conférence Internationale de Zurich", Revue socialiste Nr. 13, Juli 1947, S. 172—176; knappe Darstellung bei *Quilliot*, SFIO, S. 378 f.

36 Die Ergebnisse der Kommission wurden auf der Konferenz von Antwerpen vorgestellt; mitgeteilt in Bulletin intéreur Nr. 29, Januar 1948, S. 9 f. und bei *Braunthal*, Bd. 3, S. 176 f.

37 Quellen zur Konferenz von Antwerpen: Bericht *Grumbachs* über den Konferenzverlauf in der Sitzung des Comité directeur vom 30. 12. 47; vgl. Bulletin intérieur Nr. 29, Januar 1948, S. 5; die Zusammenstellung von Konferenzergebnissen ebda. S. 7—10; Bericht des indischen Delegierten Madhu *Limaye*, in: Socialist Party India, Report of the Nasik Conference, Bombay 1948, S. 122—138. — Zur Sitzung des Comité directeur vom 12. 11. 47 und 26. 11. 47 (in der die Konferenz nochmals zur Debatte stand) Bulletin intérieur Nr. 29, S. 5. — *Ritsch* (The French Left and the European Idea, S. 257) datiert die Bildung des Comisco irrtümlich in den November 1946.

38 Vgl. oben Kapitel IV.1. Anm. 26 und 27; zu Markscheffel Hans-Peter *Schwarz*, Vom Reich zur Bundesrepublik, Neuwied 1966, S. 810.

39 Die Haltung des 38. Parteikongresses und das Votum Lévys in Bournemouth widerlegen *Healeys* Behauptung, neben den osteuropäischen Parteien habe sich insbesondere die SFIO einer Zulassung der SPD widersetzt.

40 Zit. n. Louis *Lévy*, „La Conférence Internationale de Zurich", Revue socialiste Nr. 13, Juli 1947, S. 174.

41 Vgl. die Quellen in Anm. 35; zum Auftritt Schumachers in Zürich ferner Julius *Braunthal*, Kurt Schumacher und die Sozialistische Internationale, in: Turmwächter der Demokratie, ein Lebensbild von Kurt Schumacher, Berlin 1954, Bd. 1, S. 510—522; *Braunthal*, Geschichte der Internationale Bd. 3, S. 174 f.

42 Berichte in Le Populaire 29./30. 6. 47 und 1. 7. 47.

43 39e Congrès national, Compte rendu sténographique Bd. II, S. 479—485 (Levillain), 485 f. (Lévy), 512—523 (Boutbien), 523—545 (Grumbach). — Der Diskussionsverlauf des 39. Kongresses spricht deutlich gegen *Grossers* These, die zustimmende Haltung der SFIO zur Wiederzulassung der SPD sei das Werk eines einzigen Mannes gewesen, nämlich Salomon Grumbach (La IVe République... S. 117; übernommen von Adalbert *Korff*, Le revirement de la politique française à l'égard de l'Allemagne entre 1945 et 1950, Ambilly-Annemasse 1965, S. 186). Natürlich gab es auch innerhalb der SFIO

Gruppen und einzelne Politiker, bei denen das nationale Ressentiment die ideologische Solidarität mit der SPD noch jahrelang überwog; die innerparteilichen Auseinandersetzungen in der Deutschlandfrage betrafen jedoch nie die Frage der Förderung demokratischer Kräfte in Deutschland mit dem Fernziel einer Reintegration des demokratischen Deutschlands; umstritten war lediglich, welches Maß an Demokratisierung mit welchem Maß an Wiedereingliederung einhergehen sollte; doch gerade Grumbach, der gewiß bei der Zulassung der SPD zur Internationale eine herausragende Rolle spielte, war neben Auriol der Wortführer des „härteren" Kurses, der Deutschland die Gleichberechtigung erst nach einer *langen* Periode der Umgestaltung einräumen wollte.

44 Zit. n. *Braunthal*, Bd. 3, S. 175 f.
45 Bulletin intérieur Nr. 29, Januar 1948, S. 5.
46 Vgl. in Anm. 37 angegebene Quellen und COMISCO Circular Nr. 88, S. 21—23 (im Archiv der Sozialistischen Internationale). — *Braunthal*, S. 176, nennt irrtümlich die Schweiz statt des Bundes als Stimmenthaltung. — Kurt Schumacher wußte den Anteil der SFIO an diesem Erfolg zu schätzen: am 30. November 1947 äußerte er vor Parteifreunden in Hannover: „Wenn man anständige und kluge Menschen sucht, kann man sie bei den französischen Sozialisten finden"; zit. n. Hans-Peter *Schwarz*, Vom Reich zur Bundesrepublik, Neuwied 1966, S. 539.
47 Wahlergebnisse in L'Année politique 1946, S. 580. Negative Auswirkungen des 38. Kongresses auch vermutet bei Jacques *Fauvet*, Le Monde 12. 11. 46 und André *Siegfried*, Le Figaro 13. 11. 46. SFIO als Opfer des Polarisierungsprozesses bei Léon *Blum*, „Référendum masqué" Le Populaire 13. 11. 46; Oeuvre VI, S. 335 f.
48 Entschließung des Conseil national vom 18. 11. 46 in Le Populaire 19. 11. 46. — Zur Koalitionsfrage im November/Dezember 1946 vgl. insgesamt *Graham*, The French Socialists and Tripartisme, S. 227—243; *Quilliot*, SFIO, S. 185—193; *Depreux*, Souvenirs d'un militant, S. 260—262; L'Année politique 1946, S. 278—287.
49 Bestehend aus Gouin, Gazier, Grumbach, Moch, Mollet, Dechézelles, Arrès-Lapoque, Verdier, Boutbien und Mayer. — Vgl. Le Populaire 30. 11. 46.
50 Bericht Grumbach, in: Conseil national 3/4 décembre 1946, Compte rendu sténographique Nachtsitzung 3. 12. — Der ursprüngliche kommunistische Programmentwurf in L'Humanité 28. 11. 46.
51 77 Sozialisten stimmten für Thorez; Lamarque-Cando und Le Bail für Le Troquer, Marcel David, Georges Gorse, Francis Leenhardt und André Philip gaben leere Stimmzettel ab; 19 nahmen nicht an der Abstimmung teil, unter ihnen Auriol (als Parlamentspräsident), Defferre, Depreux, Froment und Valentino. — Siehe J. O. Débats 4. 12. 46, S. 57 f.; *Graham* 278.
52 J. O. Débats, 6. 12. 46, S. 67 f.
53 J. O. Débats, 13. 12. 46, S. 90 f. — Die Kommunisten entschlossen sich erst zur Unterstützung Blums, als gerüchteweise die Gefahr eines „rechten" Kabinetts unter Robert Schuman drohte.
54 J. O. Débats 18. 12. 46, S. 102—105 und 127 f. Die Idee einer mehrheitlich unterstützten Einparteienregierung hatte Blum schon in einem Interview mit Le Monde 5. 11. 46 lanciert.
55 Treffend dazu *Quilliot* (S. 192): „Au total, le Parti socialiste n'a pas de leader; il lui reste un conseiller qui médite dans sa retraite, intervient par ses éditoriaux, mais ne mène plus le jeu."
56 Vgl. etwa sein Interview mit Le Monde 5. 11. 46.
57 Vgl. *Depreux*, Souvernirs d'un militant, S. 230.
58 Zit. n. Pierre-Olivier *Lapie* (im Kabinett Blum Unterstaatssekretär des Auswärtigen), De Léon Blum à de Gaulle, Le caractère et le pouvoir, Paris 1971, S. 36.
59 Vgl. Bevins Unterhausrede vom 22. 10. 46, deutscher Text auszugsweise, in: Europa-Archiv 1 (1946), S. 179—181. Einen Vergleich der Rede Bevins mit den SFIO-Thesen zog Salomon *Grumbach* am 23. 10. 46 auf einer Wahlveranstaltung in Chelles (Département Seine-et-Marne); Bericht in Le Populaire 24. 10. 46.
60 Vgl. Blums Artikelserie „L'esprit d'alliance", Le Populaire 11., 12. und 13. 2. 47; Artikel vom 12. und 13. auch in Oeuvre VI, S. 366—369. Über die psychologische Schwierigkeit, die die französische Erwartungshaltung in der Ruhrfrage darstellte, auch Blum

im Gespräch mit Cooper 24. 12. 46; nachgezeichnet bei *Lapie,* De Léon Blum à de Gaulle, S. 54.
⁶¹ Text des Briefes in *Lapie,* De Léon Blum à de Gaulle, S. 63 f.; bestätigt durch die Mitteilungen Blums, teils in: Léon *Blum,* „Le charbon de la Ruhr", Le Populaire 13. 2. 47, Oeuvre VI, S. 367—369; teils in einem Telefongespräch mit Auriol, siehe Vincent *Auriol,* Journal du septennat 1947—1954, Version intégrale, Bd. 1, 1947, Paris 1970, S. 130 (Tagebucheintrag vom 6. 3. 47). — Moch in London (aus Anlaß der Unterzeichnung eines technischen Abkommens): *Lapie,* ebda. S. 64 f.
⁶² Text des Antwortbriefes (Auszug): *Lapie,* ebda. S. 65. — Nach offiziellen Angaben der französischen Regierung wurde Blum von Attlee zum „Gespräch über Wirtschaftsfragen" eingeladen; vgl. L'Année politique 1947, S. 29 f.
⁶³ Vgl. Bulletin intérieur Nr. 22, Januar 1947, S. 2.
⁶⁴ Text des Kommuniqués in Le Populaire 16. 1. 47; auch in L'Année politique 1947, S. 351, und in Information et Documentation Nr. 119, 25. 1. 47. — Zu den Ergebnissen der Londoner Gespräche Blums vgl. auch: Parti socialiste (ed.), Un programme, une équipe, des réalisations..., Paris 1947 (Propagandabroschüre über die Erfolge des Kabinetts Blum), S. 26—28; Etienne *Weill-Raynal,* L'expérience du gouvernement Léon Blum, in: Revue socialiste Nr. 9, März 1947, S. 265—279, insbes. S. 276 f.; Überblick über die Ereignisse bei *Colton,* Blum, S. 467—470.
⁶⁵ Wie L'Aube und L'Humanité in ihren Leitartikeln vom 16. 1. 47 sogleich kritisch vermerkten.
⁶⁶ Blum im Gespräch mit Bidault, Ramadier und Auriol am 18. 1. 47, mitgeteilt bei *Auriol,* Journal 1947, S. 28.
⁶⁷ Vgl. etwa die Interpretation des Dünkircher Vertrages durch Raymond-Jean *Guiton,* Paris-Moskau, Stuttgart 1956, S. 170.
⁶⁸ New York Times 16. 1. 47, zit. n. Le Populaire 18. 1. 47; The Times (London), 14. 1. 47, zit. n. F. Roy *Willis,* The French in Germany, Stanford 1962, S. 41; vgl. auch The Times 16. 1. 47, zit. in: Un programme, une équipe, des réalisations..., Paris 1947, S. 27; Charles *Dumas,* „France et Angleterre", Le Populaire 17. 1. 47. Ähnlich wie Dumas auch Jean-Paul *De Dadelsen,* Combat 16. 1. 47, und Jean *Rous,* Un programme une équipe, des réalisations..., S. 6 f.
⁶⁹ Sitzung des C. D. vom 12. 2. 47; referiert bei *Quilliot,* SFIO S. 195 f.
⁷⁰ Vgl. *Depreux,* Souvenirs d'un militant, S. 264 f. und *Quilliot,* SFIO, S. 215—217. Zur Wahl Auriols und zur Bildung des Kabinetts Ramadier ferner Georges *Bourgin,* Un tournant de l'Histoire de la France et du Socialisme, Revue socialiste Nr. 9, März 1947, S. 257—264.
⁷¹ Bestehend aus 9 Sozialisten, 5 Kommunisten, 5 Volksrepublikanern, 3 Radikalen, 2 UDSR, 2 Unabhängigen Republikanern; vgl. *Graham,* The French Socialists and Tripartisme, S. 250 f.
⁷² „L'Allemagne qui a foulé son sol et menacé son existence ne doit plus constituer un danger pour elle (= la France). C'est une constante de notre politique, supérieure aux partis et aux gouvernements. Nous n'acceptons pas et nous n'accepterons jamais de nous insérer dans un bloc qui chercherait l'hégémonie de l'aggression. Nous voulons l'accord loyal entre égaux. Cette préoccupation a inspiré à Moscou le général de Gaulle et le président Bidault, comme elle a inspiré à Londres président Blum." — J. O. Débats 22. 1. 47; auch in Le Populaire 22. 1. 47.
⁷³ The New York Times 12. 1. 47; deutsch auszugsweise in Europa-Archiv 2 (1947), S. 621 f.
⁷⁴ *Auriol,* Journal 1947, S. 27—29; vgl. oben Anm. 66; die gleichen Beteuerungen Blums auch gegenüber Auriol 6. 3. 47, ebda. S. 130, und Lapie, vgl. dessen Angaben über die Gespräche Blum-Bevin in *Lapie,* S. 67—69.
⁷⁵ Berichtet bei *Depreux,* Souvenirs d'un militant, S. 230.
⁷⁶ *Auriol,* Journal 1947, S. 57.
⁷⁷ Général *Catroux,* J'ai vu tomber le Rideau de Fer, Paris 1952, S. 215 f., Zitat S. 216. — Vgl. auch *Bidault,* Noch einmal Rebell, S. 173—175, der das Vertragswerk zugleich als inopportun und dank seiner Verhandlungsführung zufriedenstellend darstellt (!).

[78] *Auriol*, Journal 1947, S. 87. Zum Gang der Verhandlungen vgl. L'Année politique 1947, S. 32 f.
[79] J. O. Débats 1. 3. 47, S. 535—539.
[80] Vertragstext in L'Année politique 1947, S. 351—352; deutsch in: Europa-Archiv 2 (1947), S. 637 f., und in Carl *Gasteyger*, Einigung und Spaltung Europas, S. 102—105.
[81] Vgl. zu dieser Problematik Raymond-Jean *Guiton*, Paris-Moskau, Stuttgart 1956, S. 169 f.
[82] *Auriol*, Journal 1947, S. 106.
[83] Kommuniqué des Comité directeur der SFIO und der sozialistischen Parlamentsfraktion vom 5. 3. 47, in: Bulletin intérieur Nr. 24, März 1947, S. 6. — Vgl. auch Jean *Lechantre*, Editorial, Nord-Matin 3./4. 3. 47 („Le pacte de Dunkerque est une contribution à cette entente générale des nations, un pas qui peut être décisif sur le chemin de la paix véritable.") — Die hauptstädtische Presse hatte keine Gelegenheit, sich zu dem Vertragswerk zu äußern, da in Paris vom 14. 2. bis 16. 3. 47 infolge eines Druckerstreiks keine Zeitungen erschienen.
[84] *Auriol*, Journal 1947, S. 118 f. — Am 10. Februar hatte das Politische Büro der PCF den in Aussicht gestellten Vertragsabschluß begrüßt, jedoch der gaullistischen Position entsprechend betont, der Vertrag solle nicht geschlossen werden, bevor nicht die Differenzen beider Länder geregelt seien. Die Erklärung hatte es jedoch vermieden, die Abtrennungsforderung explizit als Streitpunkt zwischen den Vertragspartnern zu nennen, und hatte sich somit der Linie Blums angenähert. — L'Humanité 10. 2. 47; vgl. den Kommentar von Léon *Blum*, „L'esprit d'alliance", Le Populaire 12. 2. 47, Oeuvre VI, S. 366 f.
[85] *Auriol*, Journal 1947, S. 118 f. — Die zweiseitige Erklärung brachte die Hoffnung der beiden Staaten auf Abschluß des Viererpaktes gegen Deutschland zum Ausdruck; deutscher Text in Europa-Archiv 2 (1947), S. 638.
[86] Es hieße jedoch die Zuspitzung der internationalen Spannung zwischen Frühjahr und Herbst 1947 ungerechtfertigt verkürzen, und zudem den Bewußtseinsstand der vertragschließenden Parteien außer acht lassen, wollte man mit *Guiton* (Paris-Moskau, S. 170) den Dünkircher Vertrag als definitiven Anschluß Frankreichs an den Westblock werten. Treffend hingegen *Grosser* (La IVe République..., S. 224) über die Problematik der britisch-französischen Annäherung: „Evidemment, l'affermissement a eu lieu au sein du camp occidental. Seulement ni en Grande-Bretagne, ni en France, on n'admet facilement l'idée d'une division du monde."
[87] Vgl. Hermann *Volle*, Die Außenministerkonferenz in New York, in: Europa-Archiv 2 (1947), S. 321—329; sowie ders., Die Besprechungen der Stellvertretenden Außenminister in London zur Vorbereitung der Moskauer Konferenz, ebda. S. 490—499.
[88] Nach französischen Pressemeldungen verfaßte die Kommission noch zwei weitere Memoranden über die Reparationsfrage und über die Besatzungspolitik; diese wurden jedoch nicht vorgelegt. — Vgl. *Lapie*, De Léon Blum à de Gaulle, S. 41—44; das Gespräch Blum-Bidault am 18. Januar, *Auriol*, Journal 1947, S. 28; Bericht über die Sitzung des Ministerrats vom 29. Januar in Le Populaire 30. 1. 47. Text der Memoranden in: France, Ministère des Affaires Etrangères, Documents français relatifs à l'Allemagne, 1945—1947, Paris 1947, S. 42—64; auch in Le Populaire 25. 1. 47 und 4. 2. 47 (Ruhrmemorandum); deutsche Übersetzung in Europa-Archiv 2 (1947), S. 622—628.
[89] Grumbach war inzwischen zum Vorsitzenden des Auswärtigen Ausschusses des Rates der Republik gewählt worden; in dieser Eigenschaft gab er am 5. 2. 47 vor dem Rat ein Exposé zu den Regierungsmemoranden. — Bericht in Le Populaire 6. 2. 47.
[90] Léon *Blum*, „La sécurité", Le Populaire 28. 3. 47; Oeuvre VI, S. 377—379; *Helfgott*, S. 329—331. — Vgl. auch eine Artikelserie von Charles *Dumas*, „Les socialistes et le problème allemand", Le Populaire 1. 2. 47 (Referierung der deutschlandpolitischen Beschlüsse der Londoner Sozialistenkonferenz März 1945); „Le problème est complexe", Le Populaire 2./3. 2. 47 (Französischer Verzicht auf Territorialforderungen begrüßt); „Les Quatre de Grands devant le problème allemand", Le Populaire 4. 2. 47 (Hoffnung auf Ausgleich der vier Positionen).
[91] Léon *Blum*, „La sécurité économique", Le Populaire 29. 3. 47; Oeuvre VI, S. 379—381; *Helfgott*, S. 331—333.

⁹² Vgl. Pierre-Olivier *Lapie*, „Une solution socialiste pour la Ruhr", Le Populaire 30. 1. 47. Was Lapie kurz vor der Veröffentlichung des Memorandums als offiziellen Standpunkt der SFIO darstellte, stimmte inhaltlich weitgehend mit diesem überein; mit dem charakteristischen Unterschied freilich, daß der gegenwärtige Unterstaatssekretär des Auswärtigen im Kabinett Blum das Ruhrgebiet politisch ausdrücklich als einen der im Memorandum vom 17. 1. 47 vorgesehenen deutschen Einzelstaaten bezeichnete.

⁹³ Vgl. neben *Lapie* (Anm. 92) und *Grumbach* (Anm. 89) Charles *Ronsac*, Editorial, Franc-Tireur 4. 2. 47. — Zu den Kommentaren der übrigen Presse vgl. Europa-Archiv 2 (1947), S. 628.

⁹⁴ „In dieser Hinsicht (= der Nichtbehinderung der internationalen Industriebehörden durch politische Autoritäten) wird die erforderliche Zusammenarbeit der Gebietsbehörde mit den Leitungen der beiden Verwaltungsstellen keinerlei Schwierigkeiten bedeuten, wenn diese Behörde, wie es die Französische Regierung vorschlägt, selbst international ist." — Zum Dementi des Außenministeriums vgl. Europa-Archiv 2 (1947), S. 628.

⁹⁵ Vgl. Ergebnisprotokoll der C.-D.-Sitzung vom 27. 2. 47 in Bulletin intérieur Nr. 24, März 1947, S. 6; und Tagebucheintrag Auriols vom 28. 2. 47, *Auriol*, Journal 1947, S. 104.

⁹⁶ J. O. Débats 1. 3. 47, S. 539; Bidaults Rede ebda. S. 535—539. Nachdem Bidaults Ankündigung der bevorstehenden Vertragsunterzeichnung mit Großbritannien von der Versammlung mit Ovationen bedacht worden war, sah sich Fraktionssprecher Le Bail genötigt, sogar seine Wortmeldung zurückzuziehen, in der er ursprünglich noch einmal die SFIO-Direktiven für die Moskauer Konferenz darlegen wollte.

⁹⁷ Rückblickend behauptet Bidault, selbst nicht mehr von der Realisierbarkeit und Nützlichkeit seiner Forderungen überzeugt gewesen zu sein" „Ich habe mich bis zum Schluß für die Modalitäten der Deutschlandpolitik eingesetzt, wie sie durch den General de Gaulle in den erwähnten Linien festgelegt worden war. (...) Diese Linie, diese Fortsetzung einer Politik, die ich für meinen Teil weder als realistisch noch für den Frieden Europas als günstig ansah, scheiterte schließlich an der vorhersehbaren kategorischen Ablehnung aller unserer Partner." *(Bidault*, Noch einmal Rebell, S. 184). Es drängt sich die Frage auf, welchen Grund Bidault dann für ein Beharren auf der Position de Gaulles gehabt haben soll, und ob nicht diese Darstellung blinder Gefolgschaftstreue vom Anliegen des Bidault des Jahres 1964 her interpretiert werden muß, den Treuebruch de Gaulles ihm gegenüber möglichst groß erscheinen zu lassen. — Zur Stellungnahme vom 10. 4. 47 vgl. L'Année politique 1947 S. 74 f., und Europa-Archiv 2 (1947), S. 722 f. — Gesamtdarstellung des Konferenzverlaufs ebda. S. 671—737; Protokolle der Verhandlungen in: Ministère des Affaires Etrangères, Protokolle des réunions du Conseil des ministres des Affaires Etrangères 1946—1949, Paril 1946 ff., und Foreign Relations of the United States, Diplomatic Papers 1947, Bd. II, Washington 1972, S. 139—576.

⁹⁸ Le Monde 12. 4. 47; Pierre-Olivier *Lapie*, „La france devant le problème allemand", Revue socialiste Nr. 12, Juni 1947, S. 23—29, Zitat S. 26; *Bidault*, J. O. Débats 1. 3. 47, S. 535—539. — Für die Unsicherheiten der Abgeordneten über den tatsächlichen Deutschlandkurs der Regierung im April 1947 vgl. auch die Aufzeichnungen eines Gesprächs Ramadiers mit Lapie bei *Lapie*, De Léon Blum à de Gaulle, S. 76 f.

⁹⁹ Insofern trifft *Willis'* These, die Blum-Regierung habe keinen grundsätzlichen Wandel in der französischen Deutschlandpolitik erreichen können, nicht zu. Willis übersieht etwa, daß die von ihm selbst referierten Memoranden dem Abtrennungsprogramm Bidaults widersprachen. — F. Roy *Willis*, The French in Germany, Stanford 1962, S. 41 f.

¹⁰⁰ Vgl. *Auriol*, Journal 1947, S. 87 f. — Als US-Außenminister Byrnes in seiner Stuttgarter Rede vom 6. 9. 46 die Möglichkeit einer Integration saarländischer Territoriums in den französischen Staatsverband befürwortete, beeilte sich Grumbach, seine bisherigen Forderungen nach Übereignung der saarländischen Gruben als Reparationstitel und Bildung einer saarländisch-französischen Verwaltung durch die Forderung nach wirtschaftlicher Angliederung des Saargebietes an Frankreich zu ergänzen. Er erreichte es auch, daß sie in das SFIO-Regierungsprogramm vom 3. 12. 46 und in Blums Regie-

rungserklärung vom 17.12.46 übernommen wurde. — S. Gr. (= Salomon *Grumbach*), „Pour le rattachement économique de la Sarre à la France", Le Populaire 12.9.46; Regierungsprogramm veröffentlicht in Le Populaire 8.12.46; Regierungserklärung Blums in Oeuvre VI, S. 347—355.

[101] Léon *Blum*, „L'affaire de la Sarre", Le Populaire 16 au 18 avril 1947; Oeuvre VI, S. 382—388; *Helfgott*, S. 333—339.

[102] Zu Bidaults Erklärungen zur Reparationsfrage vgl. L'Année politique 1947, S. 54—57. Die Berichterstattung Rosenfelds erfolgte im März und April 1947 fast täglich im Populaire. — Blum zur Erhöhung der Kohlelieferungen: Léon *Blum*, „A moscou", Le Populaire 26.3.47; zur Entnahme aus der laufenden Produktion: Léon *Blum*, „Les réparations", Le Populaire 30./31.3.47, Oeuvre VI, S. 381 f., Zitat ebda. Vgl. auch die gleiche Haltung bei Auriol im Gespräch mit Henri Bonnet am 17.3.47, *Auriol*, Journal 1947, S. 144; François *Bruel*, „Le charbon plus nécessaire que l'or", Combat 22.3.47; Etienne *Weill-Raynal*, „L'Allemagne peut payer en fournissant du matériel et de l'outillage", Le Populaire 5.4.47.

[103] Marc *Carriche* in Le Populaire 22.4.47. — Zu den Bestimmungen des Abkommens vgl. L'Année politique 1947, S. 84. Deutscher Text in Europa-Archiv 2 (1947), S. 738 bis 740.

[104] Le Populaire 30./31.3.47 (Anm. 102), Zitat ebda.; ferner Léon *Blum*, „La sécurité économique", Le Populaire 29.3.47, Oeuvre VI, S. 379—381, *Helfgott*, S. 331—333.

[105] Léon *Blum*, „Le charbon et l'acier", Le Populaire 27.3.47, Oeuvre VI, S. 376 f., *Helfgott*, S. 327—329. — Man kann m. E. die von Blum aufgezeigten Kompromißmöglichkeiten nicht als „quasi mechanisch" in den Bereich der Spekulation verweisen, wie dies *Hänsch* (Frankreich zwischen Ost und West, S. 87 f.) tut; sie veränderten zumindest die französische Position in der Substanz oft sehr beträchtlich und suchten den zusätzlichen Störfaktor, den die französische Position in den deutschlandpolitischen Auseinandersetzungen der vier Alliierten bildete, zu eliminieren. Die Behauptung, Blum habe bei seinen Kompromißvorschlägen die gegensätzliche Zielsetzung der beiden Weltmächte verkannt, unterstellt den Weltmächten eine eindeutige Zielsetzung in der Deutschlandpolitik und einen Determinismus im Ablauf dieser Politik, wie es sie tatsächlich nicht gegeben hat. Tatsächlich suchte Blum meist auch die Motive sowjetischer wie amerikanischer Deutschlandpolitik zu ergründen.

[106] Zum föderalistischen Aufbau vgl. etwa Léon *Blum*, „La sécurité", Le Populaire 28.3.47, Oeuvre VI, S. 377—379, *Helfgott*, S. 329—331; zur Internationalisierung der Ruhrindustrie Léon *Blum* „La sécurité économique", Le Populaire 29.3.47, Oeuvre VI, S. 379—381, *Helfgott*, S. 331—333.

[107] Die offizielle französische Begründung, nicht durch einen Beitritt zur Bizone die Frage einer politischen Zentralisation Deutschlands präjudizieren zu wollen, ließ er jedoch nicht gelten: wirtschaftliche Einheit Deutschlands sei auch bei politischem Föderalismus möglich. — Léon *Blum*, „En Allemagne", Le Populaire 13.8.46.

[108] *Auriol*, Journal 1947, S. 139 (13.3.47) und S. 144 (17.3.47); Salomon *Grumbach*, Revue politique et parlementaire, Mai 1947, S. 108; Pierre-Olivier *Lapie*, „La France devant le problème allemand", Revue socialiste Nr. 12, Juni 1947, S. 23—29, hier S. 29 f. — Vgl. auch Daniel *Mayer*, Le Monde 30.4.47, und Charles *Dumas*, Le Populaire 14.6.47.

[109] Als Dringlichkeitsprogramm forderte Merlat die Herstellung der deutschen Wirtschaftseinheit: „Pour cela, l'equilibre intérieur doit être rétabli par un courant régulier d'echanges entre l'Est et l'Ouest, et une vigoureuse politique de socialisation des industries de l'Ouest doit empêcher le divorce entre l'Est agricole, où la terre a été donnée aux paysans, et l'Ouest où survivent les dangereux vestiges d'une industrie privée (...)." — Odette *Merlat*, „Problèmes allemandes", Revue socialiste Nr. 10, April 1947, S. 409—418, Zitat S. 417.

[110] Charles *Dumas*, „Les choses sont en selle...", Le Populaire 11.10.46; Jean *Lechantre*, Editorial, Nord-Matin 7.2.47; Vorwort des Herausgebers (= Jean *Rous*), „Les traités de paix préparent la guerre", La Pensée socialiste Nr. 12, Februar 1947; Henri *Brugmans*, „Le socialisme et les institutions", Le Populaire 31.1.47; Henri *Levy-Bruhl*, „le

droit des peuples à disposer d'eux-mêmes: formule dépassée", Revue socialiste Nr. 4, Oktober 1946, S. 461—465. — Zu offiziellen Resolutionen vgl. oben Anm. 28 und 100.

[111] Symptomatisch für das Interesse der SFIO an einem Zusammenwirken mit den westeuropäischen Staaten war die kontinuierliche und wohlwollende Berichterstattung des „Populaire" 1946/47 über die Politik Italiens und Belgiens, insbesondere über die europapolitischen Intentionen der Sozialisten Saragat und Spaak. Joseph *Paul-Boncour* forderte in Le Populaire 18. 7. 46, kurz nachdem Italien Gegenstand der Pariser Außenministerratstagung gewesen war, die Schaffung einer politischen Union zwischen Frankreich und Italien.

[112] Zitat aus Léon *Blum*, „Mr. Wallace à Paris", Le Populaire 13. 4. 47; außerdem Léon *Blum*, „Le discours de Truman: Une franche explication", Le Populaire 19. 3. 47, Oeuvre VI, S. 374 f., *Helfgott*, S. 326 f.; Charles *Dumas*, „Le discours de Truman", Le Populaire 17. 3. 47; Charles *Dumas*, Gavroche 20. 3. 47; vgl. auch Libé-Soir 18. 3. 47.

[113] Jean *Lechantre* etwa rief in der zweiten Jahreshälfte 1946 die Internationale ständig zu Aktionen auf: „Il faut reforger cette arme, et la rendre capable de porter à tous les impérialismes, fussent-ils ou non d'essence capitaliste (damit war auch der Sowjetimperialismus impliziert!), les coups dont ils ne se relèveront pas." — „Retours à l'Internationale!", Nord-Matin 1. 8. 46. Ferner: „Contre tous les 'blocs', Retour à l'Internationale!", Nord-Matin 9. 8. 46; „La grande menace", Nord-Matin 22. 9. 46; Editorial Nord-Matin 8. 3. 47 u. ö.

[114] Vgl. etwa die Analyse der amerikanischen Kriegszielvorstellungen bei: Ernst-Otto *Czempiel*, Das amerikanische Sicherheitssystem 1945—1949, Berlin 1966, S. 60—97 und 129 f.

[115] Zur Einschätzung der beiden Weltmächte im Hinblick auf das sozialistische Maximalziel vgl. etwa Jean Texcier, „Une nouvelle 'guerre fatale'", Gavroche 24. 10. 46.

[116] Charles *Dumas*, „Le désarroi des esprits", Le Populaire 20. 9. 46.

[117] Einmal bei der ideologischen Argumentation angelangt, war es nun auch ein Leichtes, das Argument der britischen Sozialisten gegen Churchills Europa-Idee zu übernehmen: Churchill wolle mit Hilfe des amerikanischen Kapitalismus den europäischen Kapitalismus retten, das Labour-Experiment in Großbritannien gefährden und den sozialen Fortschritt abbauen. — Neben Charles *Ronsac*, Editorial, Franc-Tireur 12. 10. 46 und Franc-Tireur 30. 10. 46 auch Jean *Rous*, „Le cran d'arrêt", Franc-Tireur 25. 9. 46 und F.-A. *Ridley*, „Une Europe socialiste ou impérialiste?" La Pensée socialiste Nr. 14, Mai 1947; ferner La Pensée socialiste Nov./Dez. 1946.

[118] Vgl. Schreiben Churchills an Blum 24. 1. 47 (Kopie im Archiv der Europäischen Bewegung Brügge); Zitat ebda. Blum sei „sympathique mais toujours hésitant", berichtete Courtin über das Gespräch an den UEM-Generalsekretär und Churchill-Schwiegersohn Duncan Sandys (17. 5. 47, Archiv der Europäischen Bewegung Brügge; zu Philip aus dem gleichen Briefwechsel 11. und 20. 2. 47). — Vgl. auch Olivier *Philip*, Le problème de l'union européenne, Neuchâtel 1950, S. 181 f.

[119] Léon *Blum*,„Le bilan de Moscou", Le Populaire 24. 4. 47; Oeuvre VI, S. 392—394; *Helfgott*, S. 339—341.

[120] Oreste *Rosenfeld*, Berichte aus Moskau, hier Le Populaire 25. 4. 47 und 26. 4. 47; Jean Lechantre, Editorial, Nord-Matin 24. 4. 47; Marcel *Gimont*, „Les conséquences d'un échec", Combat 26. 4. 47; Resolution des Conseil national 19./20. 3. 37, Le Populaire 25. 3. 47 und Bulletin intérieur Nr. 24, März 1947, S. 1 f.

V. „TROISIEME FORCE": DER VERSUCH EINER ZWISCHENLÖSUNG

[1] Grundlegend für die Vorgänge innerhalb der amerikanischen Administration im Frühjahr 1947: Joseph M. *Jones*, The Fifteen Weeks, New York 1955; wichtige Ergänzung bei George F. *Kennan*, Memoirs 1925—1950, Boston 1967; deutsch u. d. T. Memoiren eines Diplomaten, München 1971, Kapitel 12—15.

[2] Insofern die amerikanische Einladung an die Sowjetunion, sich am Marshallplan zu beteiligen, diesem Konzept entsprang, darf sie nicht nur als taktisches Manöver ver-

standen werden. Die Ablehnung der Einladung schien den amerikanischen Planern zwar wahrscheinlich, stand aber durchaus nicht von vorneherein absolut fest. — Vgl. die Selbstdarstellung bei *Kennan*, a. a. O., dt. Ausgabe S. 344—346, und die Interpretation von Louis J. *Halle*, The Cold War as History, New York 1967, deutsch u. d. T. Der Kalte Krieg, Frankfurt 1969, S. 136—141 — im Gegensatz zu Waldemar *Besson*, Von Roosevelt bis Kennedy, Frankfurt 1964, S. 130 f., und Ernst-Otto *Czempiel*, Das amerikanische Sicherheitssystem 1945—1949, Berlin 1966, S. 225 Anm. 8.

[3] Vgl. Ernst-Otto *Czempiel*, a. a. O., passim, zusammenfassend S. 221 ff und S. 346 f.

[4] In der amerikanischen Diskussion des Jahres 1947 tauchte der hier idealtypisch skizzierte Gegensatz der beiden Konzepte etwa in der Kritik Kennans an der Truman-Rede auf (*Jones*, a. a. O., S. 154 f. und *Kennan*, a. a. O., Kapitel 13), in den Korrekturen, die der Kongreß unter republikanischer Leitung (Vandenberg) an dem Regierungsentwurf zur Griechenland-Türkei-Hilfe vornahm (*Czempiel*, a. a. O., S. 215—230) und in der von Mißverständnissen durchzogenen Kontroverse zwischen Kennan und Walter Lippmann (*Kennan*, a. a. O., Kapitel 15; Kennans mißverständlicher, pseudonym erschienener Artikel „The Sources of Soviet Conduct" in Foreign Affairs 7 (1947), S. 566—582; Lippmanns Artikel im August—September in der New York Herald Tribune, später in Buchform: Walter *Lippmann*, The Cold War, A Study in U.S. Foreign Policy, New York 1947). In der Literatur findet sich der Gegensatz in der Unterscheidung von distinktem und ubiquitärem Sicherheitsbegriff bei *Czempiel*, a. a. O., S. 206—209 (die jedoch im folgenden wieder verlorengeht, da Czempiel die US-Politik als ein geschlossenes System auffaßt); in der Unterscheidung von ursprünglichem Eindämmungskonzept und dessen Generalisierung bei *Halle*, a. a. O., S. 154, 163—166 und 285; sowie in der Unterscheidung von Eindämmungs- und NATO-Politik bei John *Lukacz*, A History of the Cold War, New York 1966, deutsch u. d. T. Konflikte der Weltpolitik nach 1945, München (dtv) 1970, S. 49 f.

[5] Journal Officiel, Lois et décrets, 5 mai 1947, S. 4213; Abstimmung in Journal Officiel, Débats, 4 mai 1947; zum Ablauf der Krise siehe L'Année politique 1947, S. 91—95.

[6] Die Vorgänge, die zur Entlassung der kommunistischen Minister führten, können im Zusammenhang dieser Untersuchung nur knapp zusammenfassend und thesenhaft dargestellt werden; für eine ausführliche Begründung vgl. Wilfried *Loth*, Frankreichs Kommunisten und der Beginn des Kalten Krieges, in: VfZ 25 (1977).

[7] *Graham*, The French Socialists and Tripartisme, S. 252—257.

[8] Vgl. die Erklärung *Thorez'* vor der PCF-Fraktion, Le Monde 1./2. 5. 47 und Jacques *Duclos* im Démocratie nouvelle, Juni 1947, S. 281—383; zu den Divergenzen innerhalb des PCF: La Croix 3. 5. 47; neuerdings auch Pierre *Hervé* in: Le Crapouillet, 1962; sowie Dossiers über die Sitzungen des Politischen Büros an Auriol, zit. bei *Auriol*, Journal 1947, S. 212 f. und 219 f. — Unterredung Ramadier—Lapie am 17. 4. 47 in *Lapie*, De Léon Blum à de Gaulle, S. 77.

[9] Thorez zeigte sich zwar auch besorgt über die „täglich mehr dem Westblock zuneigende" Außenpolitik Ramadiers (vor der PCF-Fraktion, Le Monde 1./2. 5. 47); doch war dies gerade kein Motiv, in die Opposition zu gehen; vielmehr versuchte die PCF, durch den Druck der Regierungskrise die zunächst mehr potentielle als tatsächliche Westorientierung der Regierung zu verhindern.

[10] Vgl. *Graham*, a. a. O., S. 258 f. und *Fauvet*, Histoire du Parti communiste français Bd. 2, S. 195.

[11] Vgl. etwa Léon *Blum*, Le Populaire 5. 6. 47; Oeuvre VII, S. 51—53, und wiederholte Tagebuchnotizen *Auriols*.

[12] L'Humanité 8. 10. 47.

[13] Resolution des Conseil national vom 19.—20. 3. 47, Le Populaire 25. 3. 47; Bulletin intérieur Nr. 24, März 1947, S. 1—5.

[14] Die Entlassung der kommunistischen Minister war gewiß nicht so eindeutig eine verfassungsmäßig festgelegte Folge ihres Mißtrauensvotums, wie dies *Blum* („Le véritable problème", Le Populaire 6. 5. 47, Oeuvre VI, S. 409 f.) darstellte. Die Verfassung hatte einen solchen Fall nicht vorgesehen, wenngleich natürlich das Vorgehen der Kommunisten die Glaubwürdigkeit des parlamentarischen Systems erschütterte. Daß Ramadier schließlich die Minister entließ, war Verfassungsinterpretation und zugleich

Zu S. 141—142

Schaffung einer neuen Verfassungswirklichkeit. Er stärkte mit diesem Präzedenzfall die verfassungsmäßige Stellung des Ministerpräsidenten.

15 Am 4. Mai stimmte das Comité directeur zunächst mit 12:9 Stimmen für Ramadiers Demission (Pro: Arrès-Lapoque, Bloch, Boutbien, Brutelle, Charpy, Commin, Dechézelles, Ferrat, Lancelle, Mollet, Moreau, Rous — Contra: Courtois, Depreux, Grumbach, Lamine-Gueye, Mayer, Philip, Tanguy-Prigent, Texcier, Renée Blum); dann stimmte eine gemeinsame Konferenz von Comité directeur und Parlamentsfraktion mit 69:9 dagegen; schließlich entschied sich auch das Comité directeur mit 10:9 dagegen. — Vgl. Bulletin intérieur Nr. 25, April—Mai 1947, S. 4, und *Quilliot*, SFIO, S. 226.
16 Conseil national 6 mai 1947, Compte rendu sténographique; Le Populaire 7. und 8. 5. 47; Léon *Blum*, „Fidélité au programme", Le Populaire 8. 5. 47, Oeuvre VI, S. 410 f.
17 Rücktrittserklärung vom 12. 6. 47 in Bulletin intérieur Nr. 26, Mai—Juni 1947, S. 7. — Dechézelles sammelte danach seine Anhänger in einer „Action socialiste révolutionnaire", die Ende 1947 die SFIO verließ.
18 Vgl. *Quilliot*, SFIO, S. 239—244. — Auch dieser Konflikt war ein Indiz für die Weigerung der SFIO, sich neuen gesellschaftlichen Strukturen anzupassen: In der Frühzeit der SFIO hatte die Frage einer Jugendorganisation nie eine Rolle gespielt, da in der Arbeiterschaft Jugendliche frühzeitig in den Arbeitsprozeß eingegliedert wurden und es somit unter den SFIO-Mitgliedern keine Sondergruppe „Jugend" geben konnte. Erst die Verlängerung der Ausbildungszeit, die mit der Entstehung neuer gesellschaftlicher Schichten Hand in Hand ging, machte die Frage für die SFIO virulent; doch wußte sie nun auf Autonomiebestrebungen und abweichende Positionen der Jugendorganisationen nicht anders als mit Ausschluß zu antworten. Der Ausschluß junger Kräfte im Jahr 1947 erklärt zum Teil die personelle Schwäche der SFIO in der ersten Dekade der V. Republik.
19 Während das Regierungsprojekt einem algerischen Regionalparlament nur sehr beschränkte Vollmachten zugestehen wollte, neigte die Fraktion eher dem Projekt des algerischen Abgeordneten Maurice Rabier zu, das ein Parlament mit Haushaltsinitiativrecht und Kontrollrecht über die regionale Verwaltung vorsah. — Vgl. La Pensée socialiste Nr. 16, Juli—September 1947; Darstellung bei *Quilliot*, SFIO, S. 257—268.
20 39e Congrès national, 14 au 17 août 1947, Compte rendu sténographique; sowie Le Populaire 16.—19. 8. 47; Bulletin intérieur Nr. 27, August 1947. Von den Gegnern des Mollet-Antrags wurde nur Jaquet neu ins Comité directeur gewählt; dagegen von den Befürwortern des Antrags u. a. Gazier, Pivert, Senghor, Rimbert und Badiou. Mehrere Gegner des Mollet-Antrags wurden nicht wiedergewählt, so Philip und Grumbach. — Bester zeitgenössischer Kommentar von Claude *Bourdet* in Combat 16. 8. 47.
21 In einem Telefongespräch mit Auriol am 18. 8. 47; *Auriol*, Journal 1947, S. 397. — Zu den parteiinternen Auseinandersetzungen vgl. auch ebda. S. 308, 396—398, 405—407; sowie die Darstellung bei *Quilliot*, SFIO, S. 237—239 und 244—256; instruktivste Spezialstudie der innenpolitischen Entwicklung Frankreichs im außenpolitischen Kontext 1947: Jean-Baptiste *Duroselle*, The Turning Point in French Politics: 1947, in: Review of Politics 13 (1951), S. 302—328.
22 Pivert forderte auf dem Nationalrat vom 6. Mai 1947 im Grunde eine tripartistische Außenpolitik ohne Tripartismus, als er als Bedingung für einen Verbleib der SFIO in der Regierung eine von USA und UdSSR unabhängige Außenpolitik nannte, die den Dritten Weltkrieg vermeiden helfe. — Conseil national 6 Mai 1947, Compte rendu S. 113—119, hier S. 116. — Das Ausscheiden der kommunistischen Minister war also eine Erschwerung der Mittlerposition Frankreichs in der Auseinandersetzung der beiden Weltmächte und nicht, wie *Hänsch* (Frankreich zwischen Ost und West, S. 206 f.) meint, eine Erleichterung.
23 Conseil national 6 mai 1947, Compte rendu, auch Le Populaire 8. 5. 47; ähnlich nochmals auf dem Conseil national 6/7 juin 1947, Compte rendu S. 10—13.
24 So *Hänsch*, Frankreich zwischen Ost und West, S. 206 f., und *Grosser*, La IVe République..., S. 218.
25 Vgl. die Empfehlungen des Planungsstabes im US-Außenministerium vom 23. 5. 47, auszugsweise zitiert bei *Kennan*, Memoiren eines Diplomaten, S. 339.

[26] Deutsche Übersetzung der Rede Marshalls in: Europa-Archiv 2 (1947), S. 748–751; vgl. Louis J. *Halle*, Der Kalte Krieg, Frankfurt 1969 S. 133 f.
[27] Dean *Acheson*, „The Requirements of Reconstruction", Department of State Bulletin XVI, 411, Washington, 18. Mai 1947, S. 991–994.
[28] Léon *Blum*, „Le Prêt-Bail de la Paix", Le Populaire 19.–27. 5. 47, knapp referiert bei Hans-Peter *Schwarz*, Vom Reich zur Bundesrepublik, S. 195, und bei Frederick F. *Ritsch*, The French Left and the European Idea, S. 90–93. — Eine interessante Parallele bietet in diesem Zusammenhang Konrad Adenauer, der, sofern in seine Memoiren keine Interpretationen post festum eingeflossen sind, die Tragweite der neuen amerikanischen Pläne ebenfalls bereits nach der Acheson-Rede vom 8. 5. 47 erkannte. — Konrad *Adenauer*, Erinnerungen 1945–1953, Stuttgart 1965, S. 112 f.
[29] Léon *Blum*, „Le Prêt-bail de la Paix", Le Populaire 19. 5. 47; Oeuvre VII, S. 12–14.
[30] Léon *Blum*, „Les raisons économiques", Le Populaire 21. 5. 47; Oeuvre VII, S. 16–18.
[31] Léon *Blum*, „L'Amérique et l'O.N.U.", Le Populaire 20. 5. 47; Oeuvre VII, S. 14–16.
[32] Le Populaire 21. 5. 47, Zitat Oeuvre VII, S. 17.
[33] Léon *Blum*, „L'Unité européenne", Le Populaire 25./26. 5. 47; Oeuvre VII, S. 20–22.
[34] Léon *Blum*, „Les conditions politiques", Le Populaire 23. 5. 47; Oeuvre VII, S. 18–20.
[35] Le Populaire 25./26. 5. 47, a. a. O. — Vgl. auch schon Jean *Lechantre*, „Pourquoi pas?", Nord-Matin 12./13. 5. 47: „Il n'est pas absurde d'espérer que (L'Europe occidentale) pourrait être le noyau d'une organisation internationale (...) par la force rayonnante de la vraie démocratie."
[36] Le Populaire 25./26. 5. 47, Zitat Oeuvre VII, S. 21.
[37] Léon *Blum*, „La position du socialisme international", Le Populaire 27. 5. 47; Oeuvre VII, S. 23. — Vgl. auch zur Mission des Sozialismus, aber noch ohne Bezug auf das amerikanische Konzept gleichzeitig Guy *Mollet*, La Pensée socialiste Nr. 14, Mai 1947, S. 5: Die Arbeiterklasse müsse „instituer au delà des blocs la paix des peuples."
[38] Vgl. *Czempiel*, Das amerikanische Sicherheitssystem, S. 221 f., 228 f.
[39] Philip hatte als Finanzminister an der Eröffnungssitzung der ECE teilgenommen, die vom 3. Mai 1947 an in Genf tagte. Vgl. sein Interview mit Marc Carriche in Le Populaire, 4. 5. 47.
[40] Vgl. *Czempiel*, a. a. O., S. 346 f.
[41] Deutscher Text der Rede in Europa-Archiv 2 (1947), S. 821; auszugsweise in *Gasteyger*, Einigung und Spaltung Europas, S. 95–97.
[42] Charles *Dumas*, „Les U.S.A. et la reconstruction de l'Europe", Le Populaire 7. 6. 47; Léon *Blum*, „Le Prêt-Bail de la Paix", Le Populaire 8./9. 6. 47; Oeuvre VII, S. 25 f.; Jean *Lechantre*, Editorial, Nord-Matin 16./17. 6. 47.
[43] Ablehnend: Marcel *Gimont*, „L'idée d'Europe", Combat 17. 5. 47. Zustimmend: Combat Juni 1947 passim; insbesondere Marcel *Gimont*, „M. Marshall a montré à l'Europe le bon chemin", Combat 8./9. 6. 47; Claude *Bourdet*, Combat 17. 6. 47; ders., Combat 21. 6. 47.
[44] Léon *Blum*, „Le Prêt-Bail de la Paix", Le Populaire 8./9. 6. 47, Oeuvre VII, S. 25 f.; vgl. auch Léon *Blum*, „L'Europe devant le plan Marshall", Le Populaire 18. 6. 47, Oeuvre VII, S. 26–28; Charles *Dumas*, „Les USA et la reconstruction de l'Europe", Le Populaire 7. 6. 47; Charles *Dumas*, „La reconstruction européenne", Le Populaire 27. 6. 47; Vincent Auriol im Gespräch mit Jean Monnet am 15. oder 16. Juni, *Auriol*, Journal 1947, S. 276.
[45] *Auriol*, Journal 1947, S. 266 f.
[46] Vgl. *Kennan*, Memoiren eines Diplomaten, S. 342–344.
[47] Vgl. *Elgey*, La République des illusions, S. 282 und 327; *Auriol*, Journal 1947, S. 205; den chronologischen Gesamtablauf der Verhandlungen und Verlautbarungen vom 5. 6. bis 22. 7. 47 in „Die europäischen Verhandlungen zum Marshall-Plan", Archivbericht, Europa-Archiv 2 (1947), S. 913–921; Bidaults eigene Darstellung (Zitat) in *Bidault*, Noch einmal Rebell, S. 185–189, Zitat S. 186.
[48] *Auriol*, Journal 1947, S. 284 f.
[49] Ebda. S. 292 und Anm. 52 des Herausgebers, Pierre *Nora*. — Auf dem 39. Nationalkongreß der SFIO kritisierte *Lapie* nochmals die Entscheidung gegen die ECE — 39e Congrès national, Compte rendu, Bd. 2, S. 505–512.

Zu S. 148—151

⁵⁰ Charles *Dumas*, „A propos de la visite du chef du Foreign Office", Le Populaire 17. 6. 47; Léon *Blum*, „L'Europe devant le plan Marshall", Le Populaire 18. 6. 47, Oeuvre VII, S. 26—28; Charles *Dumas*, „Autour de la Conférence", Le Populaire 29./30. 6. 47; Robert *Verdier*, „Nouvelles difficultés", Le Populaire 1. 7. 47; vgl. auch Vincent Auriol im Gespräch mit Jean Monnet, 15. oder 16. 6. 47 und im Gespräch mit Ernest Bevin, 29. 6. 47, *Auriol*, Journal 1947, S. 276 und 312.

⁵¹ Léon *Blum*, „Les préventions soviétiques ne peuvent demeurer", Le Populaire 19. 6. 47; Oeuvre VII, S. 28 f.; ders., „Volonté d'aboutir", Le Populaire 25. 6. 47.

⁵² Robert *Verdier*, „Varsovie: un terrain vague..." (Reisebericht), Le Populaire 31. 5. 47; Charles *Dumas*, „Europe unie ou Europe divisée", Le Populaire 14. 6. 47; ders., „La crise de la Paix", Nord-Matin 14. 6. 47; vgl. auch Le Populaire 2. 6. 47; Nord-Matin 11. 6. 47; Auriol im Ministerrat vom 18. 6. 47 („Si l'Union soviétique refusait, c'est elle qui créerait le bloc occidental, mais je ne crois pas qu' elle y tienne") und im Gespräch mit Molotow vom 29. 6. 47, *Auriol*, Jounal 1947, S. 284 und 313.

⁵³ Rosenfeld, der als sozialdemokratischer Exilrusse schon in den Jahren 1931—1934 im „Populaire" wiederholt den unsozialistischen Charakter des sowjetischen Regimes analysiert hatte, hatte im Anschluß an seine Berichterstattung von der Moskauer Außenministerratstagung mehrere Wochen lang die Sowjetunion bereist. — Oreste *Rosenfeld*, „Impressions de Russie: L'inégalité sociale organisée", Revue socialiste Nr. 12, Juni 1947, S. 8—14; vgl. auch seine Auseinandersetzung mit der Entgegnung eines sowjetischen Wissenschaftlers: Fedor *Constantinov*/Oreste *Rosenfeld*, „Société Soviétique et Civilisation Socialiste", Revue socialiste Nr. 15, November 1947, S. 396—404. — Zu den Artikeln in den 30er Jahren vgl. *Ziebura*, Blum, S. 322.

⁵⁴ Jean *Lechantre*, Editorial, Nord-Matin 18. 6. 47.

⁵⁵ So *Blum* in Le Populaire 19. 6. 47 (Anm. 51).

⁵⁶ Vgl. Molotows Schlußworte auf der Pariser Konferenz vom 2. 7. 47, in: Europa-Archiv 2 (1947), S. 822 f., auszugsweise in *Gasteyger*, Einigung und Spaltung Europas, S. 97—99.

⁵⁷ Léon *Blum*, „Cri d'alarme", Le Populaire 2. 7. 47; Oeuvre VII, S. 30 f.

⁵⁸ Léon *Blum*, „Cassure brutale", Le Populaire 5. 7. 47; Oeuvre VII, S. 33—35 (Zitat); ders., „La porte ouverte", Le Populaire 13./14. 7. 47 sowie ders., „A qui la faute?", Le Populaire 4. 7. 47, Oeuvre VII, S. 31—33 und Daniel *Mayer* auf dem Conseil national 6. 7. 47, Compte rendu S. 73; Charles *Ronsac*, Franc-Tireur 3. 7. 47; Marcel *Gimont*, „M. Molotow et la coopération internationale", Combat 4. 7. 47; Jean *Lechantre*, Editorial Nord-Matin 4. 7. 47; Charles *Dumas*, „Nationalisme et hégémonie", Le Populaire 11. 7. 47; ders., „La Tchécoslovaquie et l'indépendance des nations", Le Populaire 12. 7. 47 (Zitat); ders., „Niet!", Le Populaire 2. 8. 47.

⁵⁸ᵃ Charles *Ronsac*, Franc-Tireur 3. 7. 47.

⁵⁹ Jean *Texcier*, Combat 5. 7. 47.

⁶⁰ *Auriol*, Journal 1947, S. 336 (10. 7. 47). — *Ritsch*, The French Left, S. 143, reduziert das SFIO-Dilemma vor dem Marshall-Plan auf das Kapitalismus-Sozialismus-Problem und übersieht damit die grundsätzliche Tragweite des Friedenssicherungs-Motivs für alle Gruppierungen innerhalb der SFIO. Damit gewinnen für ihn die unterschiedlichen Präferenzen in der Frage der Regierungsbeteiligung innerhalb der SFIO mehr an Gewicht hinsichtlich der Entscheidung für oder gegen den Marshall-Plan, als ihnen tatsächlich zukam.

⁶¹ Gespräch Auriol-Blum am 1. 8. 47, *Auriol*, Journal 1947, S. 380.

⁶² Als erster Daniel *Mayer* am 6. 7. 47 auf dem Nationalrat der SFIO: Er stimme normalerweise mit der Außenpolitik Bidaults sehr wenig überein; zu dieser Entscheidung müsse man ihn jedoch beglückwünschen. — Conseil national 5—6 juillet 1947, Compte rendu sténographique S. 73. — Vgl. auch schon *Blum* in Le Populaire 4. 7. 47 (Anm. 58): „Les États de l'Ouest pourront être contraints demain de poursuivre et de régler sans eux (die Osteuropäer) le contact avec les États-Unis."

⁶³ *Ramadier*: Conseil national 5—6 juillet 1947, a. a. O. S. 86—96, hier S. 94 f.; *Grumbach*, ebda. S. 10—13, hier S. 11; vgl. auch *Philip*, 39e Congrès national, Compte rendu sténographique Bd. 2, S. 810—824.

Zu S. 151—154

64 „Résolution sur la reconstruction de l'Europe", Le Populaire 8.7.47; auch in Bulletin intérieur Nr. 26, Mai—Juni (aber erst im Juli erschienen!) 1947, S. 4.
65 Léon *Blum*, „Indépendance et souveraineté", Le Populaire 9.7.47, Oeuvre VII, S. 37 bis 39; *Ramadier* in einer Rede in Albertville/Savoyen am 13.7.47 („une association étroite, une limitation mutuelle de la souveraineté par les obligations qu'implique un pacte commun"), Bericht in Le Populaire 15.7.47; Jean *Le Bail* als Sprecher der SFIO-Fraktion in der Sitzung der Nationalversammlung vom 25.7.47 („La véritable indépendance devra comporter un certain abandon de souveraineté"), J. O. Débats 26.7.47, S. 3570—3572. — Ein „Festhalten an der nationalen Unabhängigkeit" in *diesem* Sinne bedeutete also nicht, wie *Hänsch* (Frankreich zwischen Ost und West, S. 181 f.) andeutet, eine Einschränkung der Bereitschaft zu internationalistischen Lösungen aus nationalistischen Reserven heraus. „Nationale Unabhängigkeit" ist in Anbetracht der Interdependenz europäischer Nationalstaaten im 20. Jahrhundert stets ein relativer Begriff; Blums Ausführungen dürfen daher nicht als „Vernebelung der Problematik Nationalismus-Internationalismus" gewertet werden, sondern als ein Definitionsversuch vom Begriff der Selbstbestimmung her.
66 Gespräch Blum-Monnet-Auriol am 4.8.47, *Auriol*, Journal 1947, S. 383. — Monnet bezeichnete Blums Vorschlag als „idée à étudier sérieusement"; insofern kann dieses Gespräch als eine erste Quelle des späteren Schuman-Planes gewertet werden.
67 Gespräch Auriol-Monnet am 27.8. und Tagebuchnotiz vom 29.8.47, *Auriol*, Journal 1947, S. 411 und 414. Ähnlich Marc *Carriche*, „Les critiques de Clayton", Le Populaire 17.9.47.
68 *Mollet*, 39e Congrès national, Compte rendu sténographique Bd. 2, S. 571 und 709 f.; *Philip*, ebda. S. 810—824.
69 „Motion dite de fidelité à la doctrine socialiste", Bulletin intérieur Nr. 26, S. 10—14, Zitate S. 12.
70 „Nous nous refusons à être les otages du capitalisme américain (...) D'autres partis joueront ce rôle." Diese Stellungnahme implizierte eine völlige Ablehnung des Plans, nicht, wie *Hänsch* (Frankreich zwischen Ost und West, S. 153) meint, den Mitvollzug einer an sich bedenklichen Politik, ohne dafür die Verantwortung übernehmen zu wollen.
71 So *Ritsch*, The French Left, S. 109—111 und *Hänsch*, Frankreich zwischen Ost und West, S. 151 f. — Die Ergebnisse des 39. Kongresses zeigen auch, daß allenfalls bestehende Gegensätze in der Marshall-Plan-Frage nicht entlang einer Front zwischen den „in der öffentlichen Meinungsbildung der Partei führenden Gruppen" und „den unteren Gliederungen der Partei" verliefen (Hänsch ebda.); die ablehnende Haltung Dechézelles' wurde nur von einem äußerst geringen Prozentsatz der Parteitagsdelegierten geteilt. Die Verbindung, die *Ritsch* S. 105 f. zwischen dem Marshall-Plan und der Demission des Ramadier-Kabinetts zieht, ist sachlich absolut nicht gerechtfertigt. Die Anhänger Mollets votierten auf dem Nationalrat vom 6. Juli 1947 für eine Demission Ramadiers, nicht weil „continuation in a government committed to a European unity built around the Marshall Plan could only lead the SFIO into an anticommunist coalition with the bourgeois parties", sondern weil sie generell in der Fortsetzung der Koalition eine Schädigung des Parteiinteresses sahen. Ebensowenig trifft *Ritschs* Behauptung zu, „it was not until January, 1948, that the French Socialist party was able to focus its attention, cautiously, upon the European issue" (ebda. S. 152 f.).
72 39e Congrès national, Compte rendu Bd. 2, S. 486—500.
73 „Motion Mollet" in Bulletin intérieur Nr. 26, S. 8—10; unter dem Titel „Motion d'orientation politique générale" in etwas modifizierter Fassung vom Parteitag verabschiedet, in Bulletin intérieur Nr. 27, S. 5—7; „Motion du Nord" in Bulletin intérieur Nr. 26, S. 16 f.; „Motion pour un internationalisme fondamental" in Bulletin intérieur Nr. 26, S. 18—20. — Ein fünfter Antrag von Leenhardt und Gernez, der ebenfalls nicht zur Abstimmung gestellt wurde, vertrat innenpolitisch einen entschlossenen Antikommunismus, machte jedoch keine Aussagen zur Außenpolitik. — Mollets Artikel „L'Internationalisme", in dem er sich abschließend zu den föderalistischen Prinzipien Jaurès' bekannte, in Le Populaire 18.9.47.
74 Grundlegend für die Kominform-Gründungskonferenz ist die auf Konferenznotizen

beruhende Darstellung des nach dem Ungarnaufstand 1956 aus der PCI ausgetretenen Eugenio Reale, der als Delegierter der italienischen Kommunisten teilgenommen hatte: Eugenio *Reale,* Avec Jacques Duclos au Banc des Accusés, Paris 1958; Zitat Shdanows ebda. S. 163. — Vgl. ferner Eugenio *Reale,* The Founding of the Comintern, in: Milorad M. *Drachkovitch* and Branko *Lazitch* (Hrsg.), The Comintern — Historical Highlights, New York 1966; Jacques *Fauvet,* Histoire du parti communiste Bd. 2, S. 201—204. — Schlußkommuniqué in Prawda Nr. 263 vom 5. 10. 47 (russischer Originaltext), Les Cahiers du Communisme Nr. 11, November 1947 (französische Übersetzung), Boris *Meissner,* Das Ostpakt-System, Frankfurt/Berlin 1955, S. 97—99 (deutsche Übersetzung).

[75] Erklärung des Generalsekretariats: Le Populaire 7. 10. 47; Léon *Blum,* „Motion pour un Congrès extraordinaire", Oeuvre VII, S. 108—113. — Vgl. auch Jean *Lechantre,* Editorial, Nord-Matin 8. 10. 47: „Le parti prétendu communiste et dit français est un parti nationaliste étranger." Bereits auf dem Nationalrat vom 5./6. Juli hatte Jean Le Bail einen „konstruktiven Antikommunismus der Arbeiterklasse" gefordert (Compte rendu S. 28—34); im Hinblick auf die Verschärfung der Sowjetisierungstendenzen in Osteuropa hatte das SFIO-Parteibüro am 25. September erklärt, „que tous les peuples doivent être en mesure de décider librement de leur destin, qu'il s'agisse de l'Espagne ou de la Grèce encore victimes de l'oppression fasciste, ou de ceux des pays d'Europe centrale ou orientale où la liberté réelle d'opinion est de plus en plus gravement menacée". (Bulletin intérieur Nr. 28, September—Oktober 1947, S. 4—5).

[76] Vgl. L'Année politique 1947, S. 194—196 und 363 f.

[77] Blum: „Motion pour un Congrès extraordinaire" (Anm. 93); Comité directeur: „Non à Césarisme", Le Populaire 23. 10. 47 (vor dem zweiten Wahlgang: Gaullismus jetzt die Hauptgefahr, akuter als Kommunisten); „Contre le Césarisme", Le Populaire 28. 10. 47.

[78] Vgl. *Loth,* Frankreichs Kommunisten und der Beginn des Kalten Krieges (Anm. 6).

[79] *Blum,* „Motion pour un Congrès extraordinaire" a. a. O. — Die Bedeutung des neuen Konzepts unterstrich er mit dem einleitenden Hinweis, daß er als Mittler zwischen den verschiedenen Strömungen der Partei bisher nur auf dem Kongreß von Tours 1920, als die späteren Kommunisten die SFIO den „21 Bedingungen" der Komintern unterwerfen wollten, und auf dem Kongreß von Montrouge 1938, als die Fauristen der Appeasement-Politik gegenüber Hitler ihren Segen geben wollten, eigene Resolutionen eingebracht habe. — Der außerordentliche Kongreß war vom Comité directeur am 2. Oktober beschlossen worden, um im Sinne der Mollet'schen Taktik der beschränkten Unterstützung des Ramadier-Kabinetts die Beschlüsse des 39. Kongresses besser durchzusetzen. Am 8. November beschloß jedoch die Mehrheit des Comité directeurs, diesen Kongreß zu vertagen, um nicht der Öffentlichkeit angesichts der doppelten kommunistischen und gaullistischen Gefahr das Bild parteiinterner Auseinandersetzungen zu bieten; das neue Konzept der „Troisième Force" sollte auf einem Nationalrat am 16./17. Dezember diskutiert werden. Blums Entschließungsantrag war damit gegenstandslos geworden; sein Hauptanliegen — Konzentration der sozialistischen Kräfte angesichts der äußeren Gefahr — bereits erreicht. Vgl. Kommuniqué des C. D. in Le Populaire 2. 10. 47 und Circulaire Nr. 260 von Guy Mollet in Bulletin intérieur Nr. 28, September—Oktober 1947, S. 16.

[80] Zur Problematik einer um den Ausgleich zwischen zwei Extremen bemühten Politik der Dritten Kraft vgl. Colette *Audry,* Léon Blum ou la politique du Juste, Paris 2. Aufl. 1970, S. 192 f. Ob Blum mit dem Konzept der „Troisième Force" eine Neuauflage seines von den Parteitagen 1945 und 1946 zurückgewiesenen Versuchs einer Erweiterung der Basis des Sozialismus unternahm, wie *Audry* ebda. meint, muß dahingestellt bleiben: zunächst stand auch für ihn das Defensivprogramm im Vordergrund; daß kein gemeinsames positives Programm möglich war, davon mußte er sich bald überzeugen. — Zur Geschichte des Programms der innenpolitischen Dritten Kraft vgl. F. P. *King,* The Third Force in French Politics, Diss. (masch.), Stanford University 1952; sowie Charles A. *Micaud,* The Third Force Today, in: E. M. *Earle* (Hrsg.), Modern France, Princeton 1954, S. 137—152; ferner *Colton,* Blum, S. 470—477.

[81] Ramadiers Rücktritt ist häufig (etwa von *Elgey,* La République des illusions, S. 317;

Zu S. 155–158

Ritsch, The French Left, S. 147 f.) als Folge nur der Bemühungen Mollets um eine stärkere Linksorientierung der Regierung dargestellt worden. Tatsächlich hatte jedoch in einer Phase des „Post-Ramadierismus" auch der MRP dem Ministerpräsidenten de facto bereits das Vertrauen entzogen; die Kandidatur Blums wurde am 8. November zwischen Blum, Auriol und Daniel Mayer abgesprochen. — Vgl. *Quilliot*, SFIO, S. 252 –255; *Depreux*, Souvenirs d'un militant, S. 307–313; *Auriol*, Journal 1947, S. 527– 534 (Unterredung vom 8. 11. 47), 554–576 und 583 f. *Ramadier*, 40ᵉ Congrès national, Compte rendu Bd. 1, S. 174.

[82] Immerhin war Blum, der auch in dieser Regierungskrise, anders als Mollet, eine entscheidende Hintergrundrolle spielte, mit der Kandidatur Schumans einverstanden; Schuman wollte Blum zu seinem Außenminister machen, ein Projekt, das an der Unmöglichkeit, Blum und Reynaud in einem Kabinett zu vereinigen, scheiterte. — Vgl. *Auriol*, Journal 1947, S. 577–583.

[83] Die Beziehungen der SFIO zur Arbeiterschaft besserten sich auch nicht durch die Gründung der CGT-Force Ouvrière als Konsequenz der November-Streiks: Die autonomen Syndikalisten, die in den November-Streiks einen Verrat an der apolitischen Tradition der Gewerkschaftsbewegung sahen und die nichtkommunistischen Gewerkschaftsführer um Léon Jouhaux mehr gegen als mit ihrem Willen zur Trennung von der CGT drängten, verstanden die Neugründung als Belebung ebendieser Tradition und schränkten ihre Kontakte zur SFIO noch mehr als schon zuvor ein. Oreste Capocci, bisher der einzige aktive Gewerkschaftsführer im Comité directeur, kandidierte nicht mehr zu den Wahlen des Parteitages von 1948. — Vgl. *Quilliot* SFIO, S. 272–276; grundlegende Monographie: Georges *Lefranc*, Le Mouvement syndical de la Libération aux événements de Mai-Juin 1968, Paris 1969; ergänzend Alain-Philippe *Bergounioux*, Aux origines de la C. G. T.-F. O., Mémoire (mschr.), Paris 1972.

[84] Vgl. die Nachweise der Diskussionsbeiträge im folgenden in Anm. 93.

[85] Die prägnanteste Zusammenfassung dieser vierfachen Motivation sozialistischer Europapolitik gab Jean *Lechantre* in einem Editorial zur Londoner Außenministerratstagung: „La paix ne se construira point tant que l'Europe n'aura pas recouvré sa puissance économique, et surtout tant qu'elle ne sera pas réorganisée en une fédération de nations modernisées capables d'une production en rapport avec les besoins actuels. S'il existait une Europe occidentale puissante entre l'U.R.S.S. et les Etats-Unis, on parlerait moins de la fatalité d'un conflit mondial, le problème allemand sera ramené à des données beaucoup plus saines, les grandes traditions de la démocratie seraient mieux défendues. (....) Une ‚troisième force' est nécessaire." — Nord-Matin 8. 11. 47.

[86] Gaston *Goldschild* und Maurice *Klein*, „Une nécessité: la construction de l'Europe", Revue socialiste Nr. 15, November 1947, S. 435–445.

[87] Claude *Bourdet*, „Bataille de l'Allemagne", Combat 9. 8. 47; Marcel *Fourrier*, Franc-Tireur 18. 7. 47; ebenfalls Jean *Texcier*, „Europe lève-toi!", Combat 7./8. und 13. 9. 47. Henri *Brugmans*, „De la Ruhr à l'Europe", Le Populaire 7. 11. 47; Jacques *Piette*, Conseil national 16/17 décembre 1947, Compte rendu, S. 61–72; André *Philip*, Bericht in Le Populaire 18. 12. 47; vgl. auch André *Philip*, France and the Economic Recovery of Europe, in: Foreign Affairs 28 (Januar) 1948, S. 325–334; Léon *Blum*, „Le discours de Vincent Auriol", Le Populaire 10. 1. 48, Oeuvre VII, S. 151–153, *Helfgott* S. 352 f.

[88] Marceau *Pivert*, — U.S.A. — Europe — U.R.S.S. La position socialiste", Revue socialiste Nr. 16, Dezember 1947, S. 566–570.

[89] Indem sie in ihrer Argumentation lediglich den Vorwurf politischer Bedingungen zurückwiesen, die Frage politischer Konsequenzen jedoch unerörtert ließen. — Léon *Blum*, „L'aide américaine", Le Populaire 6. 11. 47, Oeuvre VII, S. 119 f.; ders., „Chacun sa confession", Le Populaire 8. 11. 47, Oeuvre VII, S. 120–123; Jean *Texcier*, Gavroche 10. 7. 47.

[90] Jean *Lorrain*, „Les tendances actuelles de la politique américaine", Revue socialiste Nr. 15, November 1947, S. 422–427, hier S. 427; *Pivert* a. a. O. (Anm. 88), *Goldschild/ Klein* a. a. O. (Anm. 86). *Philip* (Anm. 87), *Goldschild/Klein* (Anm. 86).

[91] Conseil national 16/17 décembre 1947, Compte rendu S. 49–60, Zitat S. 57. — Mit noch größerer Offenheit Charles *Ronsac*, „Pourquoi pas un plan Marshall sans Marshall?", Franc-Tireur 13. 9. 47: „Il s'agit de faire de l'Europe une autre force, celle de la

démocratie socialiste, capable de traiter égal à égal avec Washington." — Die Furcht vor einer Gefährdung des Sozialismus durch die kapitalistische Wirtschaftshilfe als wesentliches Motiv für die europäischen Einigungsbestrebungen der SFIO hat bereits *Hänsch* (Frankreich zwischen Ost und West, S. 147 f., 151—157, 195 f.) deutlich herausgearbeitet.

92 Léon *Blum*, „La Troisième Force européenne", Le Populaire 6. 1. 48, auch in Nord-Matin 7. 1. 48; Oeuvre VII, S. 150 f., *Helfgott* S. 350—352, ähnlich schon *Blum*, Nord-Matin 18. 7. 47.

93 Zur SFIO vgl. die Gesamtheit der bisherigen Nachweise Anm. 86—91; vgl. auch *Mollet*, Conseil national 16/17 décembre, Compte rendu S. 11—51; *Texcier*, ebda. S. 61 bis 63; *Mayer*, ebda. S. 64—85; *Moch*, ebda. S. 86—96; *Boutbien*, ebda. 16. 12. nachts, S. 32—48; *Ferrat*, ebda. 17. 12. nachmittags S. 16—23; *Gavroche* 24. 12. 47. — Über die SFIO hinaus etwa Claude *Bourdet*, Combat 21. 6. 47; Jean-Louis *Lévy*, „Contre une Mauvaise Guerre", Esprit Nr. 138, Oktober 1947, S. 453—470; Etienne *Gilson* (MRP), L'Aube 12. 2. 47; Jean-Paul *Sartre*, „Qu'est-ce que la littérature (fin)", Les Temps Modernes, Juli 1947, S. 81; vgl. *Hänsch*, Frankreich zwischen Ost und West, S. 185 bis 187. — Zu Crossman vgl. Eugene J. *Meehan*, The British Left Wing and Foreign Policy, New Brunswick, N. J. 1960, S. 93—103; zu Attlee vgl. seine Rede vom 3. 1. 48, Keesings Archiv 1948, S. 1301—1302; zu Schumacher und Löwenthal vgl. Hans-Peter *Schwarz*, Vom Reich zur Bundesrepublik S. 530 f. bzw. 568—572.

94 Léon *Blum*, „Le discours de Vincent Auriol", Le Populaire 10. 1. 48, Oeuvre VII, S. 151—153, *Helfgott* S. 352 f. — „La Pensée socialiste", Hauptorgan der Pivert-Gruppe, veröffentlichte im Januar 1948 Grundsatzartikel Michael Foot's, Richard Crossman's und Harold Laski's zur Frage der europäischen Föderation: La Pensée socialiste N. 19, 1er Trimestre 1948, S. 8—12; vgl. auch Charles *Ronsac*, „Il faut répondre à l'appel des socialistes anglais" bda. S. 9 f. und Charles *Ronsac*, „Nos fautes font leur force!", Franc-Tireur 4. 11. 47.

95 Léon *Blum* ,„Discours au Vélodrome d'Hiver, 16. 10. 47, Le Populaire 17. 10. 47, Oeuvre VII, S. 100—104; vgl. *Goldschild/Klein* (Anm. 86) und *Lorrain* (Anm. 90).

96 Léon *Blum*, „Le problème allemand", Le Populaire 24. 7. 47, Oeuvre VII, S. 42—45; Grumbach vor dem Auswärtigen Ausschuß des Rats der Republik, Le Populaire 21. 11. 47; Pierre-Olivier *Lapie*, „La Conférence des ‚Quatre' s'ouvre aujourd' hui à Londres", Le Populaire 25. 11. 47. — Eine absolute Außenseiterposition bezog Henri *Lévy-Bruhl*, der noch im Oktober 1947 eine Annäherung der beiden Weltmächte als notwendig und von ihren respektiven Voraussetzungen her möglich bezeichnete: „U.S.A.—U.R.S.S.? Un Rapprochement nécessaire", Revue socialiste Nr. 14, Oktober 1947, S. 283—286.

97 Pierre-Olivier *Lapie*, „Echec complet à la Conférence de Londres", Le Populaire 16. 12. 47; *Auriol*, Journal 1947, S. 632 (Tagebucheintrag vom 17. 12.); bis auf das Eingeständnis der Entmutigung gleichlautend: Léon *Blum*, „L'échec de Londres", Le Populaire 18. 12. 47.

98 Léon *Blum*, „Discours au Vélodrome d'Hiver" a. a. O. (Anm. 95); zur Synonymität von Blockbildung und Kriegsgefahr u. v. a. ebda. sowie „Motion pour un Congrès extraordinaire, Oeuvre VII, S. 109—113, und Guy *Mollet*, Combat 14. 10. 47.

99 Léon *Blum*, „Déclaration ministérielle", 21. 11. 47, J. O. Débats 22. 11. 47; L'Année politique 1948, S. 330 f.; Oeuvre VII, S. 125—128.

100 *Auriol*, Jounal 1947, S. 475 (15. 10.) und 629 (16. 12. 47); *Pivert*, a. a. O. (Anm. 88); ders., Conseil national 16./17. 12. 47, Compte rendu Bd. 2 S. 653—661; ders., „Le Socialisme fera l'Europe", Revue socialiste Nr. 22/23, Juni/Juli 1948, S. 18—23.

101 *Ramadier*, a. a. O. (Anm. 91); ders., Conseil national 5./6. 7. 47, Compte rendu S. 94 f.; ders., 39e Congrès national, Compte rendu Bd. 2, S. 685—699.

102 *Mayer*, a. a. O. (Anm. 93).

103 *Blum*, Le Populaire 6. 1. 48 (Anm. 92); *Pivert*, a. a. O. (Anm. 88 und 100); Charles *Ronsac*, „Deux Allemagnes, deux Europes? Impossible...", Franc-Tireur 17. 12. 47; Jean *Lechantre*, Editorial, Nord-Matin 22. 1. 48; vgl. auch Claude *Bourdet*, Combat 17. 12. 47 und *Goldschild/Klein*, a. a. O. (Anm. 86).

104 Vgl. hierzu ausführlicher Kapitel V.4.

105 *Hänsch* (Frankreich zwischen Ost und West, S. 240—243) faßt seine Untersuchung in

Zu S. 162—163

der These zusammen, alle nichtkommunistischen Gruppen Frankreichs hätten 1947/48 die Vereinigung Westeuropas nur als „Sekundärziel" angestrebt, mit dem die „Primärziele" Sicherheit vor Deutschland, Wirtschaftshilfe und Vermittlerposition verwirklicht werden sollten; die Sozialisten hätten die europäische Einigung zusätzlich als Mittel zur Erlangung des Primärziels „Verwirklichung ihrer spezifischen Wertvorstellungen" verstanden (Zitate S. 240). Mit diesem Ergebnis leistet Hänsch einen wesentlichen Beitrag zur Entmythologisierung der Europapolitik; für den Bereich der SFIO bestätigt die hier vorgelegte Herausarbeitung von vier „Motivationskomplexen" *Hänschs* Unterscheidung von vier „Primärzielen". Dennoch wird diese Unterscheidung der SFIO-Politik in zwei Punkten nicht gerecht:

1. In der Erarbeitung seiner Grundthese geht *Hänsch* bei den Sozialisten nur auf das Primärziel „Verwirklichung des Sozialismus" ausführlicher ein. Das erweckt den Anschein, als ob dieser Motivationskomplex Vorrang vor allen anderen gehabt habe. Indem die drei anderen Primärziele zusammen mit ähnlichen Positionen bei den übrigen politischen Gruppen vom MRP bis zu den Gaullisten subsumiert werden, geht der internationalistische — und damit weithin konstitutive — Aspekt dieser Ziele verloren. Der Motivationskomplex „Lösung des Deutschlandproblems" umfaßte andersartige Überlegungen und Ziele als ein Primärziel „Sicherheit vor Deutschland" im gaullistischen Sinne; der Motivationskomplex „Wiederaufbau Europas" andere Einsichten als ein nationalegoistisch verstandenes Primärziel „Erlangung amerikanischer Wirtschaftshilfe", der Motivationskomplex „Überwindung der Ost-West-Konfrontation" mehr als ein als Übertragung nationaler Grandeur auf europäischen Rahmen begriffenes Primärziel „Vermittlerposition" (hier trifft Hänsch allerdings die notwendige Unterscheidung zwischen machtpolitischer und ideologischer Vermittlung).

2. Die strenge Unterscheidung zwischen Primär- und Sekundärzielen verdeckt die Tatsache, daß in der politischen Praxis stets Nebenziele zu Hauptzielen werden und umgekehrt Hauptziele in den Hintergrund rücken, daß die Gewichtung der einzelnen Zielsetzungen einem ständigen Wandlungsprozeß unterworfen ist. In der SFIO erhielt das Sekundärziel „Europäische Einigung" mehr Eigengewicht, als daß es, wie *Hänsch* (S. 242) andeutet, als bloß „taktisches Ziel" bei Infragestellung eines oder mehrerer Primärziele in sich zusammengefallen wäre.

[106] Die Unterscheidung von drei Gruppierungen sozialistischer Europapolitiker wird auch von Byron *Criddle* (Socialists and European Integration, New York/London 1969, S. 22—27) angedeutet, indem er den marxistischen Internationalismus Piverts, den Universalismus Blums und die Wirtschaftstheorie Philips als die drei theoretischen Grundlagen der SFIO-Europapolitik referiert.

[107] Volksbewegung: *Pivert*, a. a. O. (Anm. 88); Konstituante: *Pivert* a. a. O. (Anm. 100); Kooperation: *Ramadier*, a. a. O. (Anm. 91); Institutionen für Teilbereiche: Anm. 86 und 87.

[108] Mißtrauen: etwa in Charles Ronsacs Warnungen, bei Fortbestehen der europäischen Uneinigkeit amerikanischen Pressionen, etwa in der Frage des Zonenzusammenschlusses, ausgesetzt zu sein, und seiner Ablehnung des Harriman-Reports als von den Interessen des US-Kapitalismus bestimmt. — Charles *Ronsac*, Franc-Tireur 13. 9. 48 und 12. 11. 47. — Kooperationsbereitschaft: etwa in den in Anm. 89 zitierten Artikeln. Gegen zu große Kooperationsbereitschaft Blums: Pierre *Herbert*, Combat 20. 11. 47.

[109] Vgl. etwa seinen Wahlaufruf zu den Kommunalwahlen: „Nous voulons une politique internationale indépendante des deux grands blocs constitués. Nous nous refusons à croire à la fatalité du conflit entre ces blocs, et nous voulons qu'une force basée sur les prolétariats du monde entier, appuyée sur la France, sur l'Angleterre et sur l'Union française pénètre les blocs pour unir et édifier un monde fédéré." — Le Populaire 19. 10. 47.

[110] Vgl. Brief René Courtins an Duncan Sandys 10. 7. 47 (Archiv der Europäischen Bewegung Brügge) sowie oben Kapitel IV. Anm. 118. — Zur Geschichte der Verbände, die für eine europäische Einigung eintraten, vgl. als bisher instruktivsten Gesamtüberblick: Altiero *Spinelli*, The Growth of the European Movement since World War II, in: Charles Grove *Haines* (Hrsg.), European Integration, Baltimore 1957, S. 37—63; ferner Olivier *Philip*, Le problème de l'union européenne, Neuchâtel 1950, S. 174—226; Alain

Zu S. 163—165

Grailsammer, Les mouvements fédéralistes en France de 1945 à 1974, Paris 1975; demnächst umfassend Walter *Lipgens,* Die Anfänge der europäischen Einigungspolitik, Bd. I, 1945—1948, Stuttgart 1977.

[111] Die Resolution bekräftigte eine Politik „contre les impérialistes qui projettent de dominer le monde et contre la politique des blocs qui conduit à la guerre; pour l'union de tous ceux qui dans tous les pays, et plus particulièrement au sein d'une Europe déchirée, veulent la sécurité des nations par l'organisation collective, c'est-à-dire par une Troisième Force internationale." — Angenommen bei einer Gegenstimme und einer Stimmenthaltung, veröffentlicht in Le Populaire 18. 12. 47. Auriol, Journal 1947 S. 631 f. bezeichnet die Resolution („une motion extrèmement importante") irrtümlich als Resolution eines SFIO-National-Kongresses.

[112] „Divisée, l'Europe peut être à l'origine de la guerre; unie, à l'origine de la paix." Veröffentlicht u. a. in Gavroche 24. 12. 47; vgl. auch Jean *Lechantre,* Editorial, Nord-Matin 29./30. 12. 47.

[113] Eine Meinungsumfrage vom April 1948, wonach nur 21% der Franzosen glaubten, ein vereinigtes Westeuropa könne sich aus einem russisch-amerikanischen Krieg heraushalten (Sondages 16. 4. 48, S. 93), besitzt wenig Aussagekraft: schon die Fragestellung suggeriert ein anderes Verständnis der internationalen Situation als die dem Konzept der Dritten Kraft zugrundeliegende Annahme, die Sowjetführung sei zwar imperialistisch, aber zum gegenwärtigen Zeitpunkt nicht zur Kriegführung entschlossen. Es ist also fragwürdig, diese Umfrage mit *Hänsch* (S. 241) zur Bemesssung der Verbreitung des Konzepts der Dritten Kraft in der Bevölkerung zu verwenden.

[114] Die Geschichte des „Mouvement Socialiste pour les Etats-Unis d'Europe" (MSEUE), von dem im folgenden die Rede ist, ist bislang noch kaum erforscht worden. Die bisherigen Erwähnungen in der Literatur beruhen alle auf der Skizze von Olivier *Philip,* Le problème de l'union européenne, Neuchâtel 1950, S. 189—193. Meine Darstellung hier und in den folgenden Kapiteln basiert auf den von französischen Linkspresse veröffentlichten Dokumenten und Informationen sowie auf Materialien aus dem Archiv der Europäischen Bewegung in Brügge. Eine ausführliche monographische Darstellung auf breiterer Quellengrundlage wäre wünschenswert, kann aber im Rahmen dieser Arbeit nicht geleistet werden.

[115] Parliamentary Debates (Weekly Hansard), 430 House of Commons, 18. 11. 1946, Sp. 525—527; *Crossman/Foot/Mikrado,* Keep Left, London 1947; instruktive Gesamtdarstellung außenpolitischer Theorien des linken Labour-Flügels: Eugene J. Meehan, The British Left Wing and Foreign Policy, New Brunswick, N. J. 1960. — Report of an International Conference held in London, February 22—23, 1947, in support of a campaign for the United Socialist States of Europe, An I. L. P. Pamphlet (Archiv der Europäischen Bewegung Brügge).

[116] Pivert, der bereits vor seinem Parteiausschluß 1938 Sekretär der Seineföderation gewesen war, hatte erstmals nach seiner Reintegration auf dem Nationalrat vom 4. 12. 46 seine an Gustav Hervé, Rosa Luxemburg und Trotzki orientierte Linie wieder zur Diskussion gestellt; seine Forderungen nach Aufbau einer internationalen sozialistischen Bewegung hatten damals eine Kritik an jeglicher sozialistischer Regierungsbeteiligung impliziert. — Bericht in Le Populaire 5. 12. 46. — Zu den Ideen von „Libérer et Fédérer" sowie „L'Insurgé" vgl. oben Kapitel I, S. 40; zu Pivert ferner die ebda. in Anm. 76 genannten Arbeiten.

[117] Zum Verlauf des Kongresses von Montrouge vgl. Olivier *Philip,* a. a. O. S. 190, ergänzend Marceau *Pivert,* „Pour une politique socialiste internationale cohérente", La Pensée socialiste Nr. 15, Juni 1947, S. 14—17 Europa-Archiv 2 (1947), S. 914; Esprit Nr. 150, November 1948, S. 613. Jean-Pierre *Gouzy,* Les Pionniers de l'Europe communiautaire, Lausanne 1968, S. 39, datiert den Kongreß irrtümlich auf den 21./22. Juni 1946 (!). Gouzy, obwohl als Mitarbeiter von Alexandre Marc ein Insider der Einigungsbewegung, beschränkt sich leider auf eine sehr allgemein gehaltene und wenig analysierende Chronik der Verbände für eine europäische Einigung.

[118] Die Feststellung *Hänschs* (Frankreich zwischen Ost und West, S. 234), „die wichtigste Reaktion der französischen Sozialisten auf den Ost-West-Konflikt" habe in der Weigerung bestanden, „ihn anzuerkennen", ist doppeldeutig: Tatsächlich war das Programm

349

Zu S. 165—169

der Dritten Kraft keine Weigerung, den Ost-West-Konflikt ins Auge zu fassen, sondern der Versuch, ihm entgegenzuwirken. Auf jeden Fall suchte Blum nicht die SFIO von Anfang an auf einen einseitig proamerikanischen Kurs festzulegen, wie im Ergebnis *Ritsch,* The French Left an the European Idea, Kapitel V (S. 95—113) behauptet, und auch *Ziebura,* Die deutsch-französischen Beziehungen, S. 42, andeutet.

[119] Vgl. dazu *Hänsch,* ebda. S. 238: „Wenn eine politische Kraft auf zwei Formationen aufbaut, von denen die eine in Theorie und Praxis eine Mittlerstellung zwischen zwei Blöcken einnimmt, die andere dagegen diese Mittlerstellung zwar in der Theorie ebenfalls vertritt, in der Praxis — zumindest in der Außenpolitik — aber dem einen der beiden Blöcke in der öffentlichen Meinung so nahe ist wie 1947/48 der MRP der französischen Rechten, dann ist nicht zu erwarten, daß eine solche Kraft eine mittlere politische Linie tatsächlich verfolgen kann."

[120] Vgl. oben S. 342 f.; ferner das Referat Shdanows auf der Kominform-Gründungskonferenz: „Die führende Hauptkraft des imperialistischen Lagers stellen die USA dar. Im Bunde mit den USA befinden sich England und Frankreich, wobei das Bestehen der Labourregierung Attlee-Bevin in England und der sozialistischen Ramadier-Regierung in Frankreich England und Frankreich nicht daran hindern, in allen wichtigen Fragen im Fahrwasser der amerikanischen USA-Politik als Satelliten zu segeln." Prawda Nr. 280 vom 22. 10. 47, deutsch in Tägliche Rundschau Nr. 245 vom 24. 10. 47; bei Boris *Meissner,* Das Ostpakt-System, S. 89—97; auszugsweise auch bei *Gasteyger,* Einigung und Spaltung Europas, S. 175—181. — Entsprechend der Kominform-Gründungsverlautbarung bezeichnete der PCF das Konzept der Dritten Kraft als perfides Täuschungsmanöver; Blum, Ramadier, Pivert und Mollet versuchten, so etwa Jean Guillon, den expansionistischen und imperialistischen Zielen der USA eine theoretische und demagogische Grundlage zu geben; Jean *Guillon,* „Blum, Agent de la réaction internationale", Les Cahiers du Communisme Nr. 3, März 1948, S. 264 ff. Für weitere Zeugnisse vgl. Annie *Kriegel,* Léon Blum vu par les communistes, in: Preuves Nr. 182, 1966, S. 34—46.

[121] Léon *Blum,* „Grande-Bretagne et France. La position américaine", Le Populaire 17. 1. 48, Oeuvre VII, S. 164—166, *Helfgott* S. 365—367.

[122] Vgl. Hans-Peter *Schwarz,* Vom Reich zur Bundesrepublik, S. 119—146.

[123] Vgl. oben Kapitel IV.4.

[124] Die beiden bisherigen Darstellungen dieser Phase französischer Deutschlandpolitik — F. Roy *Willis,* The French in Germany 1945—1949, Stanford 1962, S. 45—66, und Adalbert *Korff,* Le Revirement de la politique française à l'égard de l'Allemagne entre 1945 et 1950, Ambilly-Annemasse 1965, S. 74—81 — dringen allerdings nicht bis zu dieser Erklärung durch. Treffend dagegen *Grosser,* La IVe République... S. 207: „On ajoute une politique nouvelle à la politique ancienne avec laquelle elle est logiquement imcompatible, et on va se trouver contraint d'accepter les inconvénients cumulés des deux politiques sans pratiquer réellement ni l'une ni l'autre." Vgl. auch *Ziebura,* Die deutsch-französischen Beziehungen, S. 46—49.

[125] Léon *Blum,* „L'offre Marshall et l'Allemagne", Le Populaire 6./7. 7. 47, Oeuvre VII, S. 35—37; ferner ders., „Nécessité urgente du traité de paix", Le Populaire 20./21. 7. 47, Oeuvre VII, S. 40—42; ders., „Le problème allemand", Le Populaire 24. 7. 47, Oeuvre VII, S. 42—45; ders., „Les réparations allemandes", Le Populaire 16. 10. 47, Oeuvre VII, S. 98—100. — Im gleichen Sinne: Jean *Lorrain,* „Les tendances actuelles de la politique américaine", Revue socialiste Nr. 15, November 1947, S. 422—427, hier S. 426; André *Philip,* „France and the Economic Recovery of Europe", Foreign Affairs 28, Januar 1948, S. 325—334; Gaston *Goldschild* und Maurice *Klein,* „Une nécessité: la construction de l'Europe", Revue socialiste Nr. 15, November 1947, S. 435—445; *Auriol,* Journal 1947, S. 362 (Unterredung mit Bidault 22. 7. 47: „Il faut enfin inclure l'Allemagne dans l'Europe"); die Diskussion des 39. Parteitages, insbesondere *Lapie* (Compte rendu Bd. 2, S. 505—512), *Grumbach* („Nous savons parfaitement que l'Europe ne peut se refaire en dehors de la participation de l'Allemagne", ebda. S. 523—545), *Philip,* (ebda. S. 810—824) und die Diskussionen über die SPD (Einzelnachweise in Kapitel IV.2., Anm. 43) — Guy *Mollet,* „L'Internationalisme", Le Populaire 18. 9. 47. — Einbeziehung der Ruhrindustrie oben Kapitel V.3., S. 196 f.

Zu S. 169—172

Die Experten des Planungskommissariats teilten die Ansicht der Sozialisten über die Rolle Deutschlands im europäischen Wiederaufbau; vgl. das Memorandum Jean *Monnets* vom 30. 7. 47 an Bndault, veröffentlicht in *Auriol*, Journal 1947, S. 495—499: „Les 70 millions d'Allemands doivent dans une Europe prospère remplir leur rôle de producteurs et de clients."

126 Léon Blum, „L'échec de Londres", Le Populaire 18. 12. 47; ders., Grande-Bretagne et France", Le Populaire 13. 1. 48 (in der Artikelserie über die „Troisième Force Européenne"), Oeuvre VII, S. 155—157, *Helfgott* S. 355—358. — Zu den Protestnoten siehe l'Année politique 1948, S. 16.

127 Motiv des Rückgängigmachens des Ost-West-Konfliktes: Salomon *Grumbach*, am 20. 11. 47 vor dem Auswärtigen Ausschuß des Rats der Republik, Le Populaire 21. 11. 47; Pierre-Oliver *Lapie*, „La Conférence des ‚Quatre' s'ouvre aujourd'hui à Londres", Le Populaire 25. 11. 47; Jean *Lechantre*, Editorial, Nord-Matin 18. 12. 47. — Motiv der Schwächung Deutschlands; Charles *de Gaulle*, Pressekonferenz vom 12. 11. 47, in: La France sera la France. Ce que veut Charles de Gaulle, Paris 1951, S. 274 ff.

128 Léon *Blum*, „Grande-Bretagne et France. La position américaine", Le Populaire 17. 1. 48, Oeuvre VII, S. 164—166, *Helfgott*, S. 365—367; zur Ruhrfrage Léon Blum, „Nationalisation internationale de la Ruhr", Le Populaire 16. 1. 48, Oeuvre VII, S. 161 bis 164, *Helfgott*, S. 362—365; Auriol: Tagebucheintrag nach der Londoner Tagung 16. 12. 47, *Auriol*, Journal 1947, S. 629, ferner ein Gespräch mit Blum und Mayer am 16. 1. 48, *Auriol*, Journal 1948, S. 39; ähnlich S. 79 f; Moch: noch gegen die Londoner Deutschlandempfehlungen vom Juni 1948, nach dem Zeugnis von *Bidault*, Noch einmal Rebell, S. 196, sowie *Elgey*, République des illusions, S. 387; ähnlich Charles *Ronsac*, „Pourquoi pas un plan Marshall sans Marshall?", Franc-Tireur 13. 9. 47.

129 Vgl. die Argumentation der in Anm. 125 genannten Beiträge.

130 Einen Überblick über die Kampagne gibt L'Année politique 1947, S. 145 f., 162—165, 355 f. Ausführlichste zeitgenössische Dokumentation: The New York Times 30. 7., 1., 22., 29., 30. 8.47; Washington Post 21. u. 29. 8. 47 (zit. n. *Schwarz*, Vom Reich zur Bundesrepublik, S. 722 f.) Text des Bizonen-Industrieplans, in: Royal Institute of International Affairs (Hrsg.), Documents on Germany under Occupation 1945—1954, London 1955, S. 239—245. Einen guten Einblick in die spezifischen Überlegungen der französischen Seite gibt *Auriol*, Journal 1947, S. 337, 348, 354—356, 358—360, 362, 365—367, 381—384, 396, 402, 411, 414.

131 Paul *Ramadier*, Rede in Perpignan, Bericht in Le Monde 22. 7. 47; Ordre du jour, J. O. Débats 27. 7. 47, S. 3611; Ministerrat vom 23. 7. 47 in *Auriol*, Journal 1947, S. 366; Marcel *Fourrier*, „Nous d'abord, l'Allemagne après", Franc-Tireur 20./21. 7. 47; Vincent *Auriol*, Rede in Marsaille, Text in Le Populaire 23. 9. 47 („La raison et la justice veulent que ce peuple vive, mais la justice et la raison exigent que le peuple ne se relève qu'après ses victimes et qu'avant d'avoir son bien-être il les aide à reconstruire par de justes réparations ce que son orgueil, son ambition et sa haine ont détruit."); Kommuniqué des C. D. in Bulletin intérieur Nr. 28, September—Oktober 1947, S. 4 f. („Si la justice et la raison veulent que le peuple allemand vive, celui-ci doit d'abord permettre par son travail la réparation des destruction dans les pays victimes.")

132 Léon *Blum*, „Grande-Bretagne et France. L'unité économique de l'Allemagne", Le Populaire 14. 1. 48, Oeuvre VII, S. 159—161, *Helfgott* S. 358—360 (1. Zitat); ders., „Nécessité urgente du traité de paix", Le Populaire 20./21. 7. 47, Oeuvre VII, S. 40—42 (2. Zitat); Gesprächsnotiz bei *Auriol*, Journal 1947, S. 367.

133 Zitate aus André *Philip*, Foreign Affairs, Januar 1948 (Anm. 125); ähnlich Philips Rede auf dem SFIO-Parteitag 1947; Compte rendu Bd. 2, S. 810—824, und seine Pressekonferenz in Washington, Bericht in Le Populaire 18. 12. 47.

134 Jean *Texcier*, „Vieille Europe", Combat 22. 7. 47; Forderungen der französischen Delegation in L'Année politique 1947, S. 164; zu Auriol etwa seine Unterredung mit Monnet und Blum vom 4. 8. 47, *Auriol*, Journal 1947, S. 381—384, sowie sein Memorandum für Bidault vom 7. 8. 47, ebda. S. 700—703; *Bidault* am 5. 12. 47 auf der Londoner Außenministerratstagung sowie in der Nationalversammlung am 13. 2. 48, J. O. Débats, 14. 2. 48, S. 741—747. — Insgesamt war die Reaktion der SFIO auf die ameri-

Zu S. 173—175

kanische Initiative zur Erhöhung der deutschen Industrieproduktion nicht so „einmütig", wie *Hänsch* (Frankreich zwischen Ost und West, S. 87) es darstellt.

[135] Léon *Blum*, „Les réparations allemandes", Le Populaire 16. 10. 47, Oeuvre VII, S. 98 bis 100 (Zitat); ähnlich ders., „Après la Conférence de Londres", Le Populaire 5. 9. 47; ders., „Une hypothèse raisonnable et plausible", Le Populaire 16. 12. 47; ders., „Nationalisation internationale de la Ruhr", Le Populaire 16. 1. 48, Oeuvre VII, S. 161—164, *Helfgott* S. 362—365 (für Ausgleich der deutschen Haushalte).

[136] Le Populaire 16. 1. 48 (Anm. 135). — „Frage auf Leben oder Tod": Foreign Affairs, Januar 1948 (Anm. 125).

[137] „Memorandum de J. Monnet remis à G. Bidault", veröffentlicht in *Auriol*, Journal 1947, S. 695—699; sowie der Bericht über die Unterredung, Monnet-Blum-Auriol 4. 8. 47, ebda. S. 381—384.

[138] Vgl. *Lapie*, De Léon Blum à de Gaulle, S. 99 und 102.

[139] „Lettre de Vincent Auriol à Georges Bidault", 7. 8. 47, veröffentlicht in *Auriol*, Journal 1947, S. 700—703. Verwandte Argumentation Blums: Léon *Blum*, „Grande-Bretagne et France. La question de la Ruhr", Le Populaire 15. 1. 48, Oeuvre VII, S. 159—161, *Helfgott* S. 360—362. — Wahlkampf: Léon *Blum*, „La politique internaionale", Le Populaire 10. 10. 47; ders., „Les réparations allemandes", Oeuvre VII, S. 93—95, 98—100.

[140] Vgl. *Auriol*, Journal 1947, S. 563, 574 und 576 (Zeugnisse von Mollet, Kosciusko, Auriol und Blum).

[141] Bericht von Günter *Marksckeffel*, Kontaktmann der SPD zur SFIO, vom 9. 4. 48 an den SPD-Parteivorstand, Heine-Korrespondenz, SPD-Archiv, Bonn, zit. n. *Schwarz*, Vom Reich zur Bundesrepublik, S. 741.

[142] Ministère des Affaires Etrangères, Protocole des réunions du Conseil des Ministres des Affaires étrangères, 1946—1949, 5. 12. 47; vgl. auch den Überblick: „Die Londoner Außenministerkonferenz der vier Großmächte" in Europa-Archiv 3 (1948), S. 1067 bis 1086, hier S. 1076. — J. O. Débats 14. 2. 48, S. 741—747; zu den Umständen der Rede *Lapie*, De Léon Blum à de Gaulle, S. 140 f. — Im Dezember 1947 hatte Bidaults Mitarbeiter Jean Morin Kontaktgespräche mit westdeutschen Politikern, unter ihnen Konrad Adenauer, geführt; vgl. *Elgey*, La République des illusions, S. 384 f.

[143] Erklärung de Gaulles vom 9. 6. 48, Text in L'Année politique 1948, S. 334 f. Der gleiche Vorgang aus der Sicht der Gegenseite: „Georges Bidault a mis du temps et de la peine à se dégager de cette revendication (= Abtrennungs- und Zerstückelungsforderungen) que le général de Gaulle avait formulée comme une condition préalable et sine qua non à toute collaboration française, mais, à l'heure présente, la chose est faite." Léon *Blum*, „Grande Bretagne et France", Le Populaire 13. 1. 48, Oeuvre VII, S. 155—157, *Helfgott*, S. 355—358.

[144] Auch für die SFIO-Deutschlandpolitik der Jahre 1947/48 unterscheiden sich die hier vorgetragenen Ergebnisse von den Feststellungen *Hänschs* (Frankreich zwischen Ost und West, insbes. S. 86—88). Nach *Hänsch* waren die Sozialisten „unfähig, sich selbst ein gedanklich geschlossenes Konzept zu erarbeiten, weil sie weder die kommunistischmarxistische Argumentation zu Ende führen konnten, noch der „Wir-brauchen-Deutschland-gegen-die-Sowjetunion-Politik" des Westens folgen wollten. (...) Die Sozialisten hatten bis zum Juni 1948 zwar eine eigene Interpretation der Sicherheit vor Deutschland, aber keine eigene Politik." (S. 88). Tatsächlich argumentierte die SFIO mit ihrem Konzept der „Nationalisation internationale", viel stärker marxistisch, d. h. mit Rekurs auf die gesellschaftliche Entwicklung in Deutschland, als die Kommunisten, die ihre nationalistischen Parolen nur lediglich mit dem Imperialismus-Vorwurf an die Adresse der USA überdeckten; eine „Wir-brauchen-Deutschland-gegen-die-Sowjetunion-Politik" war in Frankreich noch überhaupt nicht durchformuliert worden; früher und entschiedener als alle anderen Gruppen entwickelte die SFIO eine „Wir-brauchen-Deutschland-für-Westeuropa-Politik". Diese war zwar nicht ohne Widersprüche, doch wurde sie als die einzige überhaupt vorhandene Alternative zum Konzept de Gaulles von Mitte 1947 an von der französischen Regierung übernommen. Hänsch übersieht für 1947/48 den Bezug des SFIO-Deutschlandkonzepts zum Gesamtkonzept der „Troisième Force" ebenso wie für 1944—1946 den Bezug zum Gesamtkonzept der „Organisation internationale" (vgl. hierzu oben Kapitel III.3., Anm. 98).

VI. „FÉDÉRATION EUROPEENNE": DIE ENTSCHEIDUNG FÜR DIE WESTINTEGRATION 1948

[1] Text der Vandenberg-Resolution in Documents on American Foreign Relations, Bd. X, S. 302 f.; Interpretation bei Ernst-Otto *Czempiel*, Das amerikanische Sicherheitssystem 1945—1949, Berlin 1966, S. 403—409.

[2] Die systematische Betrachtungsweise von Waldemar *Besson* (Die Anfänge der bundesrepublikanischen Außenpolitik, in: Festschrift Eschenburg, München 1971, S. 359—376, hier S. 361), wonach „die Schaffung eines westdeutschen Staates" eines der „wichtigsten Ziele (der) Strategie der Eindämmung" war, muß also historisch differenziert werden: Das ursprüngliche, restringierte Eindämmungskonzept verstand Westdeutschland noch keineswegs als geographisch-militärisches Vorfeld eines westlichen Systems, sondern lediglich als unerläßlichen Faktor im europäischen Wirtschaftsaufbau. Nicht zuletzt dies erklärt die zeitliche Verzögerung zwischen Marshallplan und westdeutscher Staatsgründung.

[3] Vgl. hierzu die grundlegenden Darstellungen von Wilhelm *Cornides*, Die Vorgeschichte des Brüsseler Fünfmächtepaktes, Europa-Archiv 3 (1948), S. 1603—1608, und 4 (1949), S. 1755—1767; Wilhelm *Cornides* und Hermann *Volle*, Die Entstehung des Westblocks, Europa-Archiv 4 (1949), S. 1810—1822; und Wilhelm *Cornides*, Entwicklungsstadien des europäischen Sicherheitsproblems 1943—1953, Europa-Archiv 9 (1954), S. 6489 bis 6496, hier S. 6494; zur Haltung Bevins zur Jahreswende 1947/48 ferner Max *Beloff*, New Dimensions in Foreign Policy, London 1961, S. 47; zu Bidault Georgette *Elgey*, La République des illusions, S. 380—384. Ergänzungen bei: Paul-Henri *Spaak*, Combats inachevés, Bd. 1, Paris 1969, S. 251—261, Pierre-Olivier *Lapie*, De Léon Blum à de Gaulle, S. 138, *Auriol*, Journal 1948, S. 150.

[4] Wie etwa aus der Auseinandersetzung um eine Nutzung der ECE für das Marshall-Programm im Juni 1947 deutlich wird, vgl. oben Kapitel V.1., S. 147 f. Vgl. auch Auriols Tagebucheintrag vom 9. 4. 48: Bidault glaube nicht an die Möglichkeit einer Dritten Kraft, seine Politik laufe auf eine Einreihung Frankreichs in einen amerikanischen Block hinaus, *Auriol*, Journal 1948, S. 172 f.

[5] Dt. Übersetzung der Bevin-Rede auszugsweise in: Europa. Dokumente zur Frage der europäischen Einigung, Bd. 1, München 1962, S. 351—354; Robert *Verdier*, „Premier pas", Le Populaire 23. 1. 48; im gleichen Sinne mehrfach Auriol: *Auriol*, Journal 1948, S. 28 (12. 1.), 66 f. (5. 2.), 82 (10. 2.). Der Artikel Verdiers wird von *Ritsch* (The French Left and the European Idea, S. 158 und 160) völlig entstellt als Angriff auf einen antikommunistischen Westblock-Plan Bevins wiedergegeben; die hier im Text zitierte Passage lautet in Ritschs sinnverdrehender Übersetzung (!): „Western bloc is not the best means of consolidating peace." Neben derartigen Verfälschungen des Quellenmaterials trägt auch Ritschs Methode, die außenpolitischen Statements der SFIO im Jahre 1948 chronologisch aneinanderzureihen, aus der Zufälligkeit des chronologischen Zusammenhangs heraus gegenseitig zu interpretieren und damit die Problemkreise Westintegration, Einigungsbemühungen im europäischen Sozialismus, innenpolitische Taktik und innerparteiliche Ideologiediskussion ohne spezifische Klärung zu vermengen, eher zur Verundeutlichung als zur Klärung der außenpolitischen Position der SFIO im Jahr 1948 bei (*Ritsch*, ebda. S. 154—186).

[6] Pierre-Oliver *Lapie*, „La fédération européenne doit être socialiste", Le Populaire 13. 2. 48; zur Frage der Einbeziehung Deutschlands ausführlicher ders., Le Populaire 8./9. 2. 48. — Gegen *Ritsch*, a. a. O., S. 159, muß festgehalten werden, daß sich Lapie in diesem Artikel keineswegs wie bestimmte Kräfte in der Labour-Party gegen eine Zusammenarbeit mit nichtsozialistischen Kräften in der Schaffung der europäischen Föderation wandte; der Artikel („La parole est à monsieur le ministre des Affaires étrangères") stellte im Gegenteil einen Appell an das gesamte Frankreich dar, die Einigungsbemühungen zu unterstützen.

[7] Léon *Blum*, „Prague et la paix", Le Populaire 27. 2. 48, Oeuvre VII, S. 167 f., *Helfgott* S. 368 f.; — Im gleichen Sinne: Robert *Verdier*, „Fiction", Le Populaire 26. 2. 48; Henri *Noguères*, Editorial, Le Populaire 11. 3. 48; Pierre-Olivier *Lapie* als SFIO-Fraktionssprecher in der Ehrung der Nationalversammlung für Jan Masaryk am

11. 3. 48, J. O. Débats 12. 3. 48, S. 1163—1665, 1668 f.; ders., "Le vrai Jan Masaryk", Nord-Matin 15./16. 3. 48; André *Philip* auf dem Nationalrat der SFIO vom 27./28. 4. 48, Compte rendu S. 22—33.

[8] Oreste *Rosenfeld*, "La fin de l'indépendance tchécoslovaque", Le Populaire 24. 2. 48; ähnlich ders., "Faudra-t-il y passer aussi pour comprendre?", Gavroche 3. 3. 48; Aufruf zur Kundgebung "Pour le respect de la personne humaine", am 16. 3. 48 in Paris (Mutualité), unterzeichnet von Generalsekretär *Mollet*, Seine-Föderationssekretär *Pivert* und Seine-et-Oise-Föderationssekretär *Metayer*, Le Populaire 14./15. 3. 48; ähnlich Mollet nach L'Humanité 25. 5. 48: der Lärm der russischen Stiefel erinnere ihn an den Imperialismus Hitlers; Jean *Texcier*, "Nous les bellicistes...", Gavroche 3. 3. 48; ähnlich ders., Combat 9. 4. 48; Jean *Lechantre*, "Face au péril", Nord-Matin 27. 2. 48; Just *Évrard*, "La Paix ou la guerre", Nord-Matin 5. 3. 48. — Der wiederholte Vergleich zwischen Hitler und Stalin wurde durch eine "Populaire"-Artikelreihe über den Hitler-Stalin-Pakt während des gesamten Monats Februar publizistisch vorbereitet. — Diese Reaktion auf den Prager Staatsstreich insgesamt schon richtig gesehen bei *Hänsch*, Frankreich zwischen Ost und West S. 107.

[9] In der C. D.-Sitzung vom 5. 3. 48 hatte Mollet noch im Gegensatz zu Dumas und in Übereinstimmung mit einigen Korrespondentenberichten in "Le Monde" vage Hoffnungen auf den Erhalt von Restbeständen der tschechoslowakischen Demokratie geäußert (vgl. die Darstellung der Sitzung bei *Quilliot*, SFIO, S. 298 f.); nach dem Eintreffen der Nachricht vom Tode Masaryks galten auch für ihn diese Reserven nicht mehr.

[10] "Le Comité directeur s'élève contre le coup d'État communiste en Tchecoslovaquie", Le Populaire 27. 2. 48, erneut gedruckt in Bulletin intérieur Nr. 30, Februar 1948, S. 5; Erklärung des C. D. zum Tode Jan Masaryks, Le Populaire 12. 3. 48, erneut gedruckt in Bulletin intérieur Nr. 34, Juni 1948, S. 9; Ordre du jour, J. O. Débats 12. 3. 48, S. 1665; Resolution des Nationalrats vom 28. 4. 48 in Bulletin intérieur Nr. 42, Mai 1949, S. 210, und in Le Populaire 29. 8. 48; Berichterstatter der Resolutionskommission war Jules Moch. — Vgl. auch die Erklärung des Exekutivbüros der "Troisième Force", Le Populaire 11. 3. 48: "Masaryk mort appelle les démocrates résolues à prendre une fois de plus la défense de la liberté." — Völlig unerfindlich bleibt *Ritschs* Behauptung (The French Left, S. 164), die C. D.-Erklärung vom 10. 3. habe in der nach wie vor allem Antisowjetismus abholden SFIO die größte Konfusion hervorgerufen; Lapie habe daraufhin am 14./15. 3. in einem "Populaire"-Artikel versucht, die Erklärung inhaltlich rückgängig zu machen: sie sei nicht gegen die sowjetische Politik gerichtet gewesen, sondern habe Deutschland (!) gemeint. Tatsächlich haben weder Lapie noch irgendein anderes SFIO-Mitglied am 14./15. 3. oder zu einem anderen Zeitpunkt einen derartigen Artikel veröffentlicht; nach einem zustimmenden Artikel zum Brüsseler Pakt am 13. 3. veröffentlichte Lapie in der zweiten Märzhälfte überhaupt keinen Artikel im "Populaire" mehr. Die spontane Reaktion der Parteiführung auf die Prager Ereignisse entsprach, wie die Resolution des Nationalrats vom 27./28. April zeigt, durchaus dem Empfinden der durchschnittlichen Parteimitglieder. Der Aufruf zur Verteidigung der westeuropäischen Demokratie wurde in der Regel erst später und nur von einer zahlenmäßigen Minderheit der Partei bekämpft (vgl. Kapitel VI.2.), der Vorwurf des Antisowjetismus spielte jedoch auch bei dieser Gruppe keine Rolle.

[11] Zur Londoner COMISCO-Konferenz vgl. den Bericht von Louis *Lévy* in Le Populaire 21./22. 3. 48 und den Bericht von Guy *Mollet* in der Sitzung des C. D. vom 24. 3. 48; ferner Manchester Guardian 23. 3. 48; Text der Resolution in COMISCO-Circular 20. 3. 48 (ohne Nr.), Archiv der Soz. Internat.; französische Übersetzung in Le Populaire 21./22. 3. 48; vgl. auch den Kommentar von Robert *Verdier*, "Il n'y a qu'un seul socialisme", ebda. — Irrig ist die Behauptung von *Ritsch* (The French Left, S. 165), die Konferenz habe unter dem Einfluß "linker" Labour-Politiker auf einen Aufruf zur Einigung Europas gegen sowjetische Aggression verzichtet. — Text der Wiener Resolution in COMISCO-Circular 7. 6. 48, Archiv der Soz. Internat.; deutsche Übersetzung auszugsweise bei *Braunthal*, Geschichte der Internationale, Bd. 3, S. 228 f. Die Konferenz definiert die Würde des Menschen als

durch die folgenden Freiheiten garantiert: „Gewissensfreiheit, Meinungsfreiheit und Redefreiheit; Rechtssicherheit und Schutz gegen willkürliche Eingriffe von Einzelpersonen oder des Staates; Gleichheit vor dem Gesetz und Schutz vor jedem politischen Eingriff in die Rechtssprechung; uneingeschränkte Freiheit und Rechtsgarantie für Wahlen; Recht auf Opposition; politische und rechtliche Gleichheit aller Bürger ungeachtet der Klasse, Rasse oder des Geschlechts." — Im gleichen Sinne *Blum* in seiner Rede in Stresa 9. 4. 48, Oeuvre VII, S. 177—190.

[12] Resolution des C. D. vom 7. 4. 48 in Bulletin intérieur Nr. 34, Juni 1948, S. 10 f.; Rede Blums in Oeuvre VII, S. 177—190; Berichte zur Reise Blums in Le Monde 4./5., 8., 11./12. 4. 48 und Le Populaire 10. und 11./12. 4. 48. — Vgl. insgesamt den Bericht Léon *Boutbiens* über die Tätigkeit der Internationalen Kommission der SFIO auf dem 40. Parteitag, 2. 7. 48, Compte rendu Bd. 1, S. 414—434.

[13] Léon *Blum*, Le Populaire 27. 2. 48 (Anm. 7); Jean *Texcier*, Combat 28. 2. 48, 12. 3. 48 u. ö., Gavroche 7. 4. 48; Claude *Bourdet*, Combat 27. 2. 48 u. ö.; Marcel *Gimont*, Combat 26. 2. 48 u. ö.; Charles *Ronsac*, 26. 2. 48, 11. 3. 48 und ab 18. 3. 48 in einer fortlaufenden Artikelserie: „Non! La guerre des deux n'aura pas lieu!"

[14] Léon *Blum*, Le Populaire 10. 3. 48 und 26. 3. 48 (Anm. 13).

[15] Robert *Verdier* in der Sitzung des C. D. vom 5. 3. 48 (referiert bei *Quilliot*, SFIO, S. 299); Jules *Moch* auf einer Kundgebung in Sète am 4. 4. 48, Bericht in Le Populaire 6. 4. 48, ähnlich auf dem SFIO-Conseil national d'information vom 9. bis 10. 10. 48 in Puteaux, Compte rendu S. 151—178; Charles *Dumas*, „L'U.R.S.S. et l'Asie", Le Populaire 26. 3. 48 (Zitat). — Vgl. auch Oreste *Rosenfeld*, „La fin de l'indépendance tchécoslovaque", Le Populaire 24. 2. 48, und den den nachfolgend zitierten Stellungnahmen zum Brüsseler Pakt zugrundeliegenden Sicherheitsbegriff.

[16] Gegen die weitverbreitete (*Ritsch*, *Werth*, u. a.) These, Blum sei der eigentliche Promotor des Antikommunismus in der SFIO gewesen, muß hier ausdrücklich betont werden, daß gerade Blum es war, der sich im Frühjahr 1948 gegen einen undifferenzierten, ideologische, innenpolitische und weltpolitische Faktoren vermengenden Antikommunismus wandte; und daß er mit dieser Meinung ziemlich allein blieb.

[17] „Lettre adressée par les ministers socialistes à M. Robert Schuman", 22. 4. 48, veröffentlicht in *Auriol*, Journal 1948, S. 596—598; Paul *Ramadier*, Rede in Abbeville 22. 4. 48, Bericht in Le Monde 23. 4. 48; Jean *Le Bail*, J. O. Débats 6. 3. 48, S. 1393 f.; Oreste *Rosenfeld*, „Bruxelles tournant décisif", Gavroche 10. 3. 48; weitere Stellungnahmen zum Brüsseler Pakt unten Anm. 27.

[18] Léon *Blum* verwandte den Begriff der „Troisième Force Européenne" letztmals am 30. 3. 48 („Qu'est-ce que l'Europe?", Le Populaire 30. 3. 48); Guy *Mollet* sprach noch im März vor einer Pariser SFIO-Sektion von der „Troisième Force internationale" („Le Parti Socialiste en face des problèmes de l'heure", Bulletin intérieur, Suppl. zu Nr. 30, März 1948), in dem im Mai veröffentlichten und vom Comité directeur einstimmig gebilligten Rapport moral für den 40. Parteitag dagegen nur noch von einer „organisation internationale des peuples libres, étroitement associés dans les Etats-Unis d'Europe" (Bulletin intérieur N⁰ 33, Mai 1948, S. 4); die von Léon *Boutbien* eingebrachte und einstimmig verabschiedete „Résolution sur l'action internationale" sprach dann den weltpolitischen Standort dezent verhüllend von der „réalisation des Etats-Unis d'Europe libre" (Bulletin intérieur Nr. 42, Mai 1949, S. 204 f.). — *Quilliot*, SFIO, S. 309, meint irrtümlich, erst der 41. Parteitag 1949 habe sich durch den Zusatz „libre" eindeutig von einem westlichen Teileuropa bekannt.

[19] Vincent *Auriol*, Tagebucheintrag vom 5. 4. 48, Auriol, Journal 1948, S. 161; ähnlich Auriols Ausführungen im Ministerrat vom 14. 4. 48, ebda. S. 177—179; Jean *Texcier*, „La grande illusion", Gavroche 24. 3. 48; ähnlich ders., „De l'utopie à la réalité", Gavroche 12. 5. 48; Léon *Blum*, „La sécurité", Le Populaire 10. 6. 48, Oeuvre VII, S. 209—211.

[20] Vgl. dazu als charakteristischstes Zeugnis den Brief der SFIO-Minister vom 22. 4. 48 (Anm. 17); ausführlich hierzu Kapitel VI.4.

[21] „Il faut 'tenir le coup', mais en gardant son calme, son sang-froid, son confiance et en se tenant prêt à saisir la première occasion d'une explication définitive." — Léon *Blum*, „A Berlin", Le Populaire 17. 7. 48, Oeuvre VII, S. 217 f.; ferner: André *Philip*

am 2. 7. 48 auf dem 40. SFIO-Parteitag, Compte rendu Bd. 1, S. 434–447; Robert *Verdier*, „Face à face", Le Populaire 25. 6. 48; Oreste *Rosenfeld*, „Tenir le coup", Le Populaire 18. 7. 48; Jean *Lechantre*, „Crises", Nord-Matin 21. 7. 48.

[22] Am 21. Mai beauftragte der Auswärtige Ausschuß der Nationalversammlung Pierre-Olivier *Lapie* mit der ständigen Überwachung des Programms; Lapie fungierte von nun an als offizieller Mittelsmann zwischen dem Parlament, der ECA- und der OEEC-Administration (vgl. Bericht in Le Populaire 22. 5. 48). In der Ratifikationsdebatte der beiden Verträge vom 3. bis 8. Juli war nicht nur Lapie Berichterstatter des Auswärtigen Ausschusses, sondern auch Francis *Leenhardt* Berichterstatter des Wirtschaftsausschusses (vgl. J. O. Débats 3. 7. 48, S. 4283–4286 und 4287–4289). Für die SFIO-Fraktion begründete André *Philip* die uneingeschränkte Zustimmung mit der Feststellung, daß Europa zumindest zum gegenwärtigen Zeitpunkt nicht von einem US-Imperialismus bedroht sei (J. O. Débats 7. 7. 48, S. 4345–4352, vgl. S. 215 ff.).

[23] Vgl. die Niederschrift der Ministerratssitzungen bei *Auriol*, Journal 1948: 16. 3., S. 150; 14. 4., S. 174–180 (Zitat S. 179); 16. 7., S. 318; 27. 10., S. 501 f.

[24] André Philip, Conseil national Pantin 13.–14. 11. 48, Compte rendu sténographique S. 94–113, Zitat S. 106; Paul *Ramadier*, ebda. S. 114–131; Léon *Boutbien*, ebda. S. 193–206.

[25] André *Philip*, J. O. Débats 1. 12. 48, S. 7312–7316; Robert *Verdier*, „Troisième Force internationale", Le Populaire 14. 12. 48.

[26] Neben anderen Zeugnissen: Robert *Verdier*, „Pacte de Paix", Le Populaire 18. 3. 48; Jean *Lechantre*, „Le première pierre", Nord-Matin 21. 3. 48; ders., „Un pont à construire", Nord-Matin 22. 4. 48; Vincent *Auriol*, Rede in Mâcon 17. 5. 48, Bericht in Le Populaire 18. 5. 48; Jean *Le Bail* als Fraktionssprecher in der Nationalversammlung 5. 3. 48, J. O. Débats 6. 3. 48, S. 1393 f.; André *Philip* als Fraktionssprecher in der Nationalversammlung 12. 6. 48 (Londoner Deutschlandempfehlungen), J. O. Débats 13. 6. 48, S. 3491–3497; ders., am 6. 7. 48 (OEEC), J. O. Débats 7. 7. 48, S. 4345 bis 4352; Pierre-Oliver *Lapie* als Berichterstatter des Auswärtigen Ausschusses in der Nationalversammlung 2. 7. 48 (OEEC), J. O. Débats 3. 7. 48, S. 4287–4289; „Résolution sur l'action internationale" des 40. SFIO-Kongresses 1.–4. 7. 48, Text in Bulletin intérieur Nr. 42, Mai 1949, S. 204 f. („L'Europe unie et indépendante est ouverte à tous les peuples du continent et cherche dès maintenant à développer les échanges commerciaux avec les peuples qui ne lui ont pas encore apporté leur adhésion.").

[27] Brüsseler Pakt als Beginn politischer Föderation gegen Subversion: Léon *Blum*, „Discours de de Gaulle", Le Populaire 9. und 10. 3. 48, Oeuvre VII, S. 171–174 (Zitate); Charles *Dumas*, Nord-Matin 13. 3. 48; Pierre-Olivier *Lapie*, „Les premiers pas de la féderation européenne", Le Populaire 13. 3. 48 (mit dem Hinweis, daß Deutschland eines Tages Mitglied der europäischen Föderation werden müsse, der Pakt also nicht gegen Deutschland gerichtet werden könne); Robert *Verdier*, „Pacte de Paix", Le Populaire 18. 3. 48; ders., „Le meilleurs armes", Le Populaire 19. 3. 48; Jean *Texcier*, „Offensive contre le désespoir", Gavroche 7. 4. 48; Jean *Le Bail* am 5. und *Lapie* am 11. 3. 48 als Fraktionssprecher in der Nationalversammlung, J. O. Débats 6. 3. 48, S. 1393 f. und 12. 3. 48, S. 1663–1665; vgl. auch den u. a. von Lapie eingebrachten „Ordre du jour" vom 11. 3. 48; „L'Assemblée nationale (...) invite le Gouvernement à promouvoir la mise en oeuvre d'un plan de reconstruction européenne, qui exige à la fois l'aide indispensable des Etats-Unis d'Amérique et la création d'une union économique européenne à laquelle toutes les nations du continent faisant partie de l'organisation des Nations unies demeurent convitées à s'associer."
Übertragung dieses Föderationsbegriffes auf die gesamte „europäische Bewegung": Léon *Blum*, „Fédération européenne", Le Populaire 25. 3. 48, Oeuvre VII, S. 191 f., *Helfgott* S. 372 f.; ders., „Les origines du Fédéralisme européen", Le Populaire 26. 3. 48; ders., „Le Fédéralisme européen et l'offre Marshall", Le Populaire 27. 3. 48; ders., „Qu'est est-ce que l'Europe?", Le Populaire 30. 3. 48.
Festhalten am Anspruch auf Vermittlungstätigkeit der Dritten Kraft außerdem bei: Henri *Lévy-Bruhl*, „Refus d'un dilemma", Revue socialiste Nr. 20, April 1948, S. 337 bis 341; André *Gélo*, „La signification et la portée historique du Plan Marshall", Revue socialiste Nr. 21, Mai 1948, S. 519–538; Vincent *Auriol*, Tagebucheintragungen

vom 5., 9. und 14. 4. 48, Auriol, Journal 1948, S. 161, 171 f., 174—180; Guy *Mollet* auf einer Kundgebung 12. 7. 48 in Valabre (Bouches-du-Rhône), Bericht in Le Populaire 13. 7. 48 („Bâtissant les Etats-Unis d'Europe, en opposant aux deux blocs en présence la force internationale de tous ceux qui ne croient pas à la guerre"); André *Philip* in der Nationalversammlung 30. 11. 48 (Anm. 25), Zitat ebda.; Robert *Verdier* (Anm. 25).
Weder Verdiers Artikel vom 18. und 19. 3. (so *Ritsch*, S. 165) noch Blums Artikel vom 25. und 26. 2. (so *Hänsch*, S. 129) enthielten eine *explizite* Befürwortung eines Verteidigungsbündnisses Europas mit den USA, schon gar nicht eine Kritik an der bisherigen Haltung der SFIO oder eine „plötzliche" Zustimmung zum „Churchill-Europa". Wenn die Politik Verdiers und Blums auch in letzter Konsequenz auf eine Anerkennung der Unvermeidlichkeit eines Bündnisses mit den USA hinauslief, so versuchten sie doch gerade mit diesen Artikeln vom Konzept der Dritten Kraft soviel zu retten wie zu retten war. Die Labour-Party hatte daher auch keinen Anlaß, eine antikommunistische Europapolitik der SFIO-Führung zu kritisieren; weder änderte die SFIO-Führung nach dem 10. 3. ihre diesbezügliche Haltung, wie *Ritsch*, S. 163, angibt, noch enthielt Blums Artikelserie vom 25. 3. an eine heftige Gegenattacke gegen die Labour-Party (so ebda. S. 165 f.). Zu Recht konstatiert *Hänsch* S. 116 ein „Unbehagen" am Brüsseler Pakt in der SFIO; Ursache dieses Phänomens war jedoch der Zielkonflikt zwischen Schutzfunktion und Vermittlungsfunktion, nicht aus einer vermeintlichen ideologischen Verbundenheit mit der Sowjetunion resultierende „Schwierigkeiten bei der Wahl ihrer Solidaritäten in der Sicherheitspolitik".
Auch die Rede Philips vom 30. 11. und der Artikel Verdiers vom 14. 12. enthielten nicht, wie *Ritsch* S. 185 f. angibt, eine entschiedene Wende zu einem antisowjetischen, proamerikanischen Standpunkt („The time had come to choose sides") unter Verwerfung des bisherigen Dritte-Kraft-Standpunkts („Vacillating position on the Soviet threat"). Die entsprechenden Passagen in *Ritschs* Artikel-Referaten sind frei erfunden; von zwei weiteren von *Ritsch* als Beleg angegebenen Artikeln befaßt sich der eine (Robert *Verdier*, „Le Comité pour la fédération européenne", Le Populaire 27./28. 11. 48) in keiner Weise mit der Position Europas im Ost-West-Konflikt, sondern mit der Funktion des 18er-Ausschusses der Brüsseler Paktstaaten; der andere (nach *Ritsch* Guy *Mollet*, Le Populaire 14. 12. 48) existiert überhaupt nicht; Mollet hat sich weder am 14. 12. 48 noch zu einem anderen Zeitpunkt im Herbst 1948 schriftlich zur Ost-West-Problematik geäußert; während des ganzen Monats Dezember veröffentlichte der „Populaire" keinen Mollet-Artikel. Philips Rede wird irrtümlich als „Populaire"-Artikel vom 14. 12. 48 wiedergegeben. Geradezu grotesk wirkt *Ritschs* Einleitung zu dem nichtexistenten Mollet-Artikel: „In December, Guy Mollet decided that the time had come for him to outline clearly his own beliefs."

[28] Gegenüber *Ritsch* (S. 154—186) muß festgehalten werden, daß die Umwandlung des Konzepts der Dritten Kraft zu einem Konzept der Westintegration kein Wechsel von einer „neutralen" zu einem „proamerikanischen" Kurs war, und daß sich dieser Wechsel nicht in einer Konfrontation zwischen „orthodoxem" Flügel um Mollet und „revisionistischem" Flügel um Blum vollzog (das letztere auch angedeutet bei *Hänsch*, S. 111 bis 119).

[29] Die wesentlich emotional bestimmte Reaktion der SFIO auf die Konsolidierung des Ostblocks läßt die These *Hänschs* (S. 119) fragwürdig erscheinen, die Vorstellung von der Bedrohung durch die Sowjetunion sei eine „rational erkannte, aber emotional abgelehnte Interpretation der Sicherheitslage" gewesen.

[30] Die SFIO stimmte 1948 dem künftigen nordatlantischen Bündnis nicht so eindeutig zu, wie dies Mollet später behauptet hat; etwa in: Guy *Mollet*, Bilan et perspectives socialistes, Paris 1958, S. 21.

[31] Léon *Blum*, 25. 3. 48 (Anm. 27).

[32] Philip und Bourdet meinten beide im Grunde das Gleiche; die unterschiedliche Ausdrucksweise resultiert aus der unterschiedlichen Stellung als parteioffizieller Fraktionssprecher bzw. parteiunabhängiger Publizist. — Claude *Bourdet*, Combat 16. 3. 48.

[33] Léon *Blum*, 10. 3. 48 (Zitat) und 26. 3. 48 (Anm. 27).

[34] Als Zeugnisse für den Konflikt der Sozialisten mit Bidault die Ministerratssitzungen

vom 14. 4., 21. 4., 5. 5., 26. 5., 8. 6. 48; *Auriol*, Journal 1948, S. 174–180, 190, 212–215, 237–242, 248 f.; sowie den Brief der SFIO-Minister vom 22. 4. 48, ebda. S. 596–598. Vgl. hierzu Kapitel VI.4.

[35] Charakteristisch für das Bewußtsein, seit Bidaults Abgang de facto den europapolitischen Kurs zu bestimmen, sind die SFIO-Fraktionsvoten zur Regierungserklärung Schumans am 31. 8. und Queuilles am 10. 9. (in dessen Kabinett Schuman das Außenministerium übernahm): „Je ne pense pas", so Mollet am 31. 8., „que, dans le domaine de la politique extérieure de graves difficultés puissent surgir entre nous. (...) Le Parti socialiste entend seconder tous les efforts qui seront faits dans le sens de la réalisation des États-Unis d'Europe" (J. O. Débats 1. 9. 48, S. 6412–6414, Bericht in Le Populaire 1. 9. 48); ähnlich Lussy am 10. 9. (J. O. Débats 11. 9. 48, S. 6481–6483, Bericht in Le Populaire 12./13. 9. 48).
Blum als Außenminister im Kabinett Marie im Gespräch: *Auriol*, Journal 1948, S. 328 und 331 (22. und 24. 7. 48). — Blum Initiator des Europarates: *Auriol*, Journal 1948, S. 368 (18. 8. 48); vgl. Kapitel 6. 3. — Ramadier für Eigenständigkeit des Brüsseler Paktes: *Auriol*, Journal 1948, S. 536 (23. 11. 48) sowie Brief Ramadiers an Schuman vom 23. 11. 48, veröffentlicht ebda. S. 601 f.

[36] Wichtigste Quelle für den „europäischen Sozialismus" *Philips* sind seine zahlreichen öffentlichen Reden des Jahres 1948; insbesondere: Conseil national 27.–28. 4. 48, Compte rendu S. 22 f.; Assemblée nationale 12. 6. 48, J. O. Débats 13. 6. 48, S. 3491 bis 3497 (hieraus 1. Zitat); 40e Congrès national 1.–4. 7. 48, Compte rendu Bd. 1, S. 434–447; Assemblée nationale 6. 7. 48, J. O. Débats 7. 7. 48, S. 4345–4352 (hieraus 3. Zitat); Conseil national 13.–14. 11. 48, Compte rendu S. 94–113 (hieraus 2. Zitat); Assemblée nationale 30. 11. 48, J. O. Débats 1. 12. 48, S. 7312–7316 (Zitat oben S. 409. — Eine Zusammenfassung bietet: André *Philip*, L'unification économique de l'Europe, in: Cahiers du Monde Nouveau 5 (1949), S. 32–38; ein knappes Selbstreferat: André *Philip*, Les Socialistes, Paris 1967, S. 143. — Die Darstellung bei Byron *Criddle*, Socialists and European Integration, London/New York 1969, S. 25–27, übersieht die eminente Bedeutung des Zeitfaktors in Philips Überlegungen. — Zu einer Einordnung des „europäischen Sozialismus" in den Gesamtkontext politischen Denkens bei André Philip vgl. jetzt die Textauswahl: André Philip par lui-même, ou les Voies de la liberté, Préface de Paul *Ricoeur*, Paris 1971; sowie die beiden ungedruckten Diplomarbeiten von: Guillaume *Bacot*, André Philip — Humanisme et socialisme, 1920–1940, Paris 1970 und Pascale *Cuny*, Les idées politiques d'André Philip (1940–1970), Paris 1972.

[37] Wahlergebnisse des 40. Parteitages in Le Populaire 6. 7. 48. — In einem Resolutionsentwurf für die Londoner Sozialistenkonferenz zum Marshallplan vom 20.–22. 3. 48 fand die Expertendiskussion einen ersten Niederschlag; vgl. hierzu und zu einzelnen kontroversen Fragen Kapitel VI.3. — Zum Teil wurde die Diskussion auch in der „Revue socialiste" geführt; die Nr. 22/23, Juni/Juli 1948, beschäftigte sich ausschließlich mit dem Thema der europäischen Einigung. Im Rahmen des Philip'schen Konzepts bewegten sich: Robert *Bothereau*, „L'Europe manque au monde", ebda. S. 24–26; Pierre *Castex*, „Jean-Jacques Rousseau et l'organisation de la paix", ebda. S. 27–30; Georges *Bourgin*, „Les origines du mouvement fédéraliste", ebda. S. 31–36; Alexandre *Chabert*, „Un précédent heureux: Le Zollverein", ebda. S. 47–54; B. V. *Damalas*, „L'Union douanière des pays Benelux", ebda. S. 56–69; Albert *Gazier*, „Vers une monnaie européenne", ebda. S. 70–75; Jean *Weiller*, „Le Fédéralisme européen et l'organisation générale des échanges", ebda. S. 76–85; Sébastian *Constant*, „Perspectives du commerce européen", ebda. S. 86–94.

[38] Jean *Rous*, „Socialisme et Fédération Européenne" (= Auszug aus einem Brief an die Commission Internationale der Partei), La Pensée socialiste Nr. 19, 1. Trim. 1948, S. 15; Charles *Ronsac*, Editorial, Franc-Tireur 8. 5. 48; Claude *Bourdet*, „Le printemps de l'Europe", Combat 25./26. 4. 48 u. ö.; in der gleichen Weise auch „Editorial", Les Temps Modernes Nr. 34, Juli 1948, S. 1–11. — Gegen *Hänsch* (Frankreich zwischen Ost und West, S. 142, 147, 151 f.) muß daran festgehalten werden, daß die Kritik an den negativen Implikationen des Marshall-Plans nirgendwo in der SFIO zu einer impliziten oder expliziten Ablehnung der Hilfe führte. Nach dem Parteiaustritt der

marginalen Dechézelles-Gruppe Ende 1947 (siehe oben Kapitel V. Anm. 69 und 70) gab es in der SFIO niemanden, der bereit gewesen wäre „auf die amerikanische Hilfe zu verzichten". Gerade der von *Hänsch* S. 142 als Beleg zitierte Artikel von Andrée *Gélo* („La signification et la portée historique du Plan Marshall", Revue socialiste Nr. 21, Mai 1948, S. 519—538) betonte ausdrücklich: „Ce serait commettre une grave erreur que de se laisser enfermer dans l'alternative pour ou contre l'aide à l'Europe (...) Il est bien évident que l'Europe a besoin d'être aidée. Mais le résultat économique et l'effort social et politique de cette aide dépendent des luttes intérieures, dans la société américaine ellemême comme dans des pays aidées" (ebda. S. 536 f.).

39 Zu Sartre, Rousset, und Rosenthal vgl. „Les Temps Modernes", Jahrgang 1948; insbesondere: „Editorial", Les Temps Modernes Nr. 34, Juli 1948, S. 1—11 (1. Zitat ebda. S. 10 f.); Pierre *Uri,* „Une stratégie économique", Les Temps Modernes Nr. 34, Juli 1948, S. 12—41; David *Rousset* et Jean-Paul *Sartre,* „Entretien sur la politique", Les Temps Modernes, Nr. 36 September 1948, S. 385—428 (2. Zitat ebda. S. 422 f.); Jean-Paul *Sartre,* David *Rousset* et Gérard *Rosenthal,* „Entretiens sur la Politique", Paris 1949. — Der Sartre-Kreis betrachtete den Marshall-Plan keineswegs, wie *Ritsch* (The French Left, S. 205 f. und 222 f.) angibt, als antikommunistischen Kreuzzug einer zum Präventivkrieg entschlossenen imperialistischen Macht.

40 Hoffnung auf sozialistische Kräfte: *Rousset/Sartre,* Sept. 1948, a. a. O. S. 423; Kritik Roussets und Rosenthals auch an der Sowjetunion, i. G. zu Sartre: *Sartre/Rousset/ Rosenthal,* 1949, a. a. O., S. 35, 66 f., 79—81, 92 f., 99.

41 Die ausführlichsten diesbezüglichen Analysen des „Esprit"-Kreises bei André *Veran,* „Visage américaines du Plan Marshall", Esprit Nr. 144, April 1948, S. 541—555; und Paul *Fraisse,* „Les Français face à leurs responsabilités", Esprit April 1948, S. 623—631; François *Goguel,* „Le Plan Marshall devant les partis français", Esprit April 1948, S. 619—622.

42 Charles *Ronsac,* „Les Etats-Unis américains d'Europe ne sont pas l'Europe", Esprit November 1948, S. 657—678; ferner ders., „Une aide gratuite qui risque de nous coûter cher!", Franc-Tireur 30. 6. 48 und die übrigen in Anm. 42—45 zitierten Artikel. — Knappes Referat der Argumentation bei *Winock,* Esprit, S. 275—278.

43 Emmanuel *Mounier,* „Déclaration de guerre", Esprit November 1948, S. 603—607. — Kriegspsychose: ebda. und die Artikel von Charles *Ronsac* und Georges *Altman* in Franc-Tireur 17., 18., 19., 20. u. 22. 3. 48. — Autonomes Europa: Charles *Ronsac,* Editorial, Franc-Tireur 8. 5. 48; ders., Franc-Tireur 17. 4. 48. — Schwinden der Hoffnung: charakteristisch ist der Wandel im Tenor vom April- zum November-Heft des „Esprit".

44 *Fraisse,* a. a. O. (Anm. 41); *Ronsac,* a. a. O. (Anm. 42 und „Refusons de ratifier les accords de Londres..." Franc-Tireur 6./7. 6. 48; ders., „Une chance", Franc-Tireur 26. 6. 48; *Mounier,* a. a. O. (Anm. 43); Jean-Marie *Domenach,* „Quelle Europe?", Esprit November 1948, S. 639—656. — In letzter Konsequenz führte dieser Attentismus zu einer strikten Ablehnung aller gegenwärtigen Integrationsbestrebungen, wie sie Jacques *Vernant* verkündete („Fédéralisme et capitalisme", Revue socialiste Nr. 22/ 23, Juni/Juli 1948, S. 37—46): „La signification économique, politique et morale du fédéralisme contemporain est aux antipodes de la doctrine et de la pratique du socialisme (...) Il est l'expression des aspirations économiques, politiques et militaires d'un capitalisme que la guerre et ses répercussions ont ébranlé et qui ne trouve d'autres solutions à ses problèmes que dans la concentration monopoliste accrue, la pénétration du capital américain et l'exploitation commune des territoires coloniaux."

45 Interlaken-Plan: Combat 8. 9. 48; ohne Großbritannien: Claude *Bourdet,* „Difficile Europe", Combat 27./28. 11. 48. Vgl. auch die Befürwortung der OEEC als ersten, mangels Supranationalität unvollkommenen Schritt zur Einigung durch Pierre *Herbart,* Combat 17. 4. 48.

46 U. v. a.: Claude *Bourdet,* „Petits soldats", Combat 4. 3. 48; ders., Combat 16. 3. 48; ders., „Neutralité européenne", Combat 21.—22. 3. 48; ders., Combat 31. 3. 48; ders., „Le printemps de l'Europe", Combat 25.—26. 4. 48; ders., „Si j'étais roi...", Combat 24. 7. 48.

47 Besonders deutlich wird diese Interpretation des Bourdet'schen Neutralismus aus dem

Artikel vom 31.3.48, in dem er François Mauriac zustimmte, eine „Pax Americana" sei immer noch besser als eine „Pax Sovietica", „falls" eine Wahl zwischen beiden nötig sei; aber gerade diesen „Fall" gelte es zu vermeiden. — Zur inner-amerikanischen Kritik an einer Ausweitung des Eindämmungskonzepts vgl. etwa den „Plan A" der Planungsgruppe Kennans für Deutschland, *Kennan*, Memoiren eines Diplomaten, München 1971, S. 415–425, 441–447.

[48] Drei-Phasen-Theorie: Marceau *Pivert*, „Le Socialisme fera l'Europe", Revue socialiste Nr. 22/23, Juni/Juli 1948, S. 18–23 (1. Zitat); Unabhängigkeit von Kapitalismus und Stalinismus: André *Ferrat*, Albert *Gazier*, Marceau *Pivert*, „Motion d'Unité Socialiste", Bulletin intérieur, Suppl. zu Nr 33, Mai 1948, S. 27–30 (2. Zitat S. 29) sowie *Pivert* auf dem 40. Parteitag, Compte rendu, Bd. I, S. 456–459; Unterstützung Mollets: *Pivert* auf dem 40. Parteitag, Compte rendu, Bd. I, S. 99–103; uneingeschränkte Zusammenarbeit: „Motion d'Unité Socialiste", ebda. (3. Zitat S. 29); *Pivert* auf dem Nationalrat in Puteaux 9./10. 10. 48, Compte rendu S. 282–298 (4. Zitat S. 298); gegen Aufrüstung: *Pivert* auf dem Nationalrat in Puteaux, ebda. und auf dem Nationalrat in Pantin 13./14. 11. 48, Compte rendu S. 78–93. — Vgl. insgesamt Marceau *Pivert*, „Le socialisme fera l'Europe", Le Populaire 11./12. 48 und die Einleitung zum einstimmig verabschiedeten Rapport des Politischen Arbeitskreises unter der Leitung von Pivert bei der von der SFIO veranstalteten „Semaine d'Etudes internationale" vom 25.7. bis 1. 8. 48 in St. Brieuc, veröffentlicht in Bulletin intérieur Nr. 41 April–Mai 1949, S. 17–19.

[49] Jean *Rous*, Editorial, La Pensée socialiste Nr. 19, 1. Trim. 1948, S. 2; ders., „Socialisme et Fédération Européenne", ebda. S. 15; Léon *Boutbien*, „Sauver le Parti", Entschließungsantrag für den 40. Parteitag 1948, Bulletin intérieur, Suppl. Nr 33, Mai 1948, S. 9–11 (daraus Zitate); Léon *Boutbien* auf dem 40. Parteitag, Compte rendu Bd. 1, S. 414–434; ders., auf dem Nationalrat in Pantin 13./14. 11. 48, Compte rendu S. 193–206.

[50] Die bisher einzige Darstellung neutralistischer Positionen im Jahr 1948 bei *Ritsch* (The French Left, S. 192–211, ferner für 1949, S. 221–225) beschränkt sich auf die Gruppen außerhalb der SFIO und unterläßt zudem so gut wie jede Analyse der wiedergegebenen Texte, so daß „Neutralismus" als eine in sich geschlossene Bewegung der französischen „Linksintellektuellen" erscheint. Es dürfte aber m. E. deutlich geworden sein, daß die Positionen innerhalb dieser neutralistischen Bewegung erheblich differierten, und daß daher die Grenze zum Westintegrationskurs der SFIO-Führung auch nicht so schroff verlief, wie *Ritsch* (S. 236) es abschließend darstellt. — Gegenüber John T. *Marcus*, Neutralism and Nationalism in France: A case study New York 1958, dessen Darstellung im Grunde erst mit der Situation des Jahres 1950 beginnt, ist festzustellen, daß die Anfänge der neutralistischen Bewegung nicht erst seit Januar 1949 zu beobachten sind (S. 33 f.), sondern bis in das Frühjahr 1948 zurückreichen und im Dritte-Kraft-Konzept der SFIO von 1947 ihre Wurzeln haben. Daher entgeht ihm daß das Friedenssicherungsmotiv und die Enttäuschung über das Ausbleiben einer universalen Friedensordnung das konstitutive Element des Neutralismus bildeten.

[51] Beispielsweise: Georges *Altman*, Editorial, Franc-Tireur 30. 11. 48.

[52] Erinnert sei nur an den Rechtsruck in der Wirtschaftspolitik der französischen Regierung, in der die SFIO zur ohnmächtigen Flügelgruppe geworden war, an den Erfolg von de Gaulles auf antikommunistischen Ressentiments beruhender Sammlungsbewegung, an die Gewichtszunahme der konservativen Kräfte in den großen christdemokratischen Parteien Europas und an die Bereitschaft der USA, auch undemokratische Staaten zu unterstützen, wenn es ihr strategisches Konzept erforderte.

[53] Zur Unvereinbarkeit eines konsequent auf den nationalstaatlichen Rahmen bezogenen Sozialisierungsprogramms und einer Beschränkung der nationalstaatlichen Souveränität vgl. Ignazio *Silone* in Ernesto *Rossi* (Hrsg.), Europa Federata, Mailand (Nov.) 1947, S. 37 ff., und Walter *Lippmann*, Gazette de Lausanne, 9. 11. 48; Altiero *Spinelli*, The Growth of the European Movement since World War II, in: Charles Grove *Haines*, European Integration, Baltimore 1957, S. 45.

[54] Vgl. den Bericht in Le Populaire 27. 2. 48; für die Intentionen der Gründer das „Manifest" in Esprit Nr. 143, März 1948, S. 464–466, u. ö.; *Rousset/Sartre*, „Entretien

sur la politique", Temps Modernes Nr. 36, September 1948, S. 385—428, hier S. 390, sowie die Darstellung bei *Winock,* Esprit, S. 302—306; für die Ziele der SFIO-Mitglieder die Sitzung des C. D. vom 10. 3. 48, mitgeteilt bei *Quilliot,* SFIO, S. 288 (Zitat ebda.); „Lettre au Congrès National du Parti Socialiste" unterzeichnet von Arrès-Lapoque u. a., Bulletin intérieur, Suppl. zu Nr 33, Mai 1948, S. 7 f.
55 Vgl. die Sitzungsprotokolle des C. D. vom 10. 3., 7. 4. und 12. 5. 48, Bulletin intérieur Nr. 34, Juni 1948; dargestellt bei *Quilliot,* SFIO, S. 287—290. — Die Rolle des Neutralismus-Vorwurfs wird insbesondere aus der Kontroverse zwischen Rimbert einerseits und Coutant und Piette andererseits in der Sitzung vom 7. 4. deutlich. — Zu Einzelheiten vgl. M. A. *Burnier,* Les existentialistes français et la vie politique 1945 —1962, Mémoire Paris 1962, sowie Marc *Poster,* Existential Marxism in Postwar France. From Sartre to Althusser, Princeton 1975, S. 109—160.
56 Guy *Mollet,* „Le Parti socialiste en face des problèmes de l'heure", Bulletin intérieur, Suppl. zu Nr 30, März 1948.
57 Léon *Blum,* „Après le Congrès", Le Populaire 9. 7. 48, Oeuvre VII, S. 223 (Zitat) bis 225; im gleichen Sinne u. v. a.: Guy *Mollet* auf dem Nationalrat in Puteaux 9./10. 10. 48, Compte rendu S. 270—281 („Les risques et les conséquences du retour à l'opposition seraient graves pour le parti et surtout pour la démocratie et la République"); Albert *Gazier,* ebda. S. 92—105 („La dictature résulterait de la cascade des dissolutions"). — Die Diskussionen des Nationalrats von Puteaux spiegeln diese Problematik ganz besonders deutlich wieder; vgl. neben dem Compte rendu die Wiedergabe der Hauptdiskussionsbeiträge in Bulletin intérieur Nr. 36, Oktober 1948, die Berichte in Le Populaire 11. 10. 48 und Le Monde 12. 10. 48 und die Darstellung bei *Quilliot,* SFIO, S. 296 f.
58 Die effektiven Mitgliedszahlen sind aufgrund von Schwierigkeiten bei der Beitragsentrichtung schwer zu ermitteln. *Quilliot,* SFIO, S. 290—293 gibt einen Überblick über die Situation. — Auflagezahlen des Populaire: Eigenangaben in Le Populaire, Februar 1948, passim; und die Statistik bei Karl-Heinz *Brinkmann,* Die Entstehung und Entwicklung der französischen Nachkriegspresse, Diss. Berlin 1956, S. 143.
59 Vgl. Kapitel VI.3.
60 Jean *Rous,* Interview mit Le Monde 3. 7. 48. — Zum 40. Parteitag insgesamt: Entschließungsanträge in Bulletin intérieur, Suppl. zu Nr 33, Mai 1948; Rapporte in Bulletin intérieur Nr. 32, ca. April 1948; Debatten in Compte rendu sténographique, Bd. 1 und 2; Wahlergebnisse und verabschiedete Anträge in Le Populaire 6. 7. 48, Bulletin intérieur Nr. 35, Juli 1948, und Bulletin intérieur Nr. 42, Mai 1949, S. 189 bis 207; Berichte in Le Populaire 2.—6. 7. 48, Le Monde 6. 7. 48, Combat 6. 7. 48; zeitgen. Kommentar Claude *Bourdet,* „Le Congrès des souhaits", Combat 6. 7. 48; Memoiren Edouard *Depreux,* Souvenirs d'un militant, S. 378—380; knappe Darstellung *Quilliot,* SFIO, S. 293 f.
61 Einerseits: „Approuvant le principe de traités régionaux dans le mesure où ils sont des étapes sur la voie d'une Fédération Européenne dont l'U.R.S.S. ne saurait être exclue, il se refuse à adhérer à un Groupement qui, délibérément limité à l'Europe Occidentale, serait inféodé aux Etats-Unis par le contrôle que ce pays exercerait sur les monnaies et les échanges commerciaux." — Andererseits: „Le Parti jugera du crédit qu'il faut accorder aux promoteurs de l'Europe Occidentale en fonction de leur réussite: — quant au rétablissement d'un large courant d'échanges avec l'Europe orientale; — quant à la chute de Franco; — quant à la socialisation des mines de la Ruhr assortie d'un contrôle international." — „Motion de Vigilance et de Redressement Socialiste", Bulletin intérieur, Suppl. zu Nr 33, Mai 1948, S. 4—7. — Der Widerspruch ist nicht einfach eine Folge der „politischen Verwirrung der SFIO-Linken", wie Hänsch (Frankreich zwischen Ost und West S. 156) meint, sondern eine Folge der Vermengung von „Esprit"- und „Combat"-Position. Im übrigen ist es nicht nur eine einseitige Interpretation, sondern auch eine erhebliche Überschätzung des Stellenwerts dieses Textes, wenn *Hänsch* daraus folgert, „der linke SFIO-Flügel wollte eine Beteiligung an einer lediglich westeuropäischen Einigung ablehnen." Der falsche Eindruck, ein — in dieser Geschlossenheit tatsächlich nicht existenter — „linker" Flügel habe sich 1948 eindeutig gegen eine Bindung an den Westen gewandt, wird von *Hänsch* noch

Zu S. 198—201

durch ein Fehlzitat verstärkt: Den Entschließungsantrag der Mollet-Gruppe vom Parteitag 1946, in dem unter anderem eine Zusammenarbeit „mit den Völkern Europas, die keinem Block unterworfen sind" gefordert worden war, zitiert er (S. 179) als „Entschließungsantrag für den 39. Kongreß 1948".

[62] „Motion Gérard Jaquet", Bulletin intérieur, Suppl. zu Nr 33, S. 12—16; „Résolution sur le Rapport Moral" (Leenhardt), ebda. S. 21—22; „Les combats de demain" (Leenhardt), ebda. S. 23—27. — Zu den Anträgen Piverts und Rous' vgl. oben Anm. 50 und 51. — Ein ebenfalls nicht zur Abstimmung gestellter Antrag einer unbedeutenden Minorität um Baranton, Charreron, Larosse, Wichene, die gegen die Regierungsbeteiligung votierten, verzichtete auf eine Stellungnahme zur Ost-West-Problematik überhaupt, indem er im außenpolitischen Teil lediglich das außenpolitische Programm des Mollet-Antrags von 1946 wiederholte („Internationalisme constructif, dépassant le cadre national pour aller vers le fédéralisme"); „Retour à la politique Jaurès-Guesde", Bulletin intérieur, Suppl. zu Nr 33, S. 17—29.

[63] „Résolution sur l'action internationale", rapportiert von Léon Boutbien, einstimmig angenommen, Text u. a. in Bulletin intérieur Nr. 42, Mai 1949, S. 204 f. — Indem *Quilliot*, SFIO, S. 308 f., lediglich die aus dem ursprünglichen Rous-Antrag übernommene Textpassage zitiert, erweckt er den unrichtigen Eindruck, als habe sich die SFIO 1948 noch nicht so recht für eine Westintegrationspolitik entscheiden können. Wem wie *Ritsch*, The French Left, S. 177 f., Westintegrationspolitik lediglich in der Form einer Westblockpolitik im Stile Churchills vorstellbar ist, der muß in der Tat zu dem Schluß kommen, daß sich der 40. Parteitag nicht zu einer derartigen Politik durchringen konnte. Akzeptiert man jedoch die oben in Kapitel VI.1. beschriebene Weltintegrationspolitik der SFIO als eigenständiges Konzept, so kann der Vorwurf, der Parteitag habe es an „a positive policy of action with regard to the European issue" fehlen lassen, nicht länger aufrechterhalten werden.

[64] Vgl. hierzu oben Kapitel V.3. — Die aus dem Lager der am Haager Kongreß beteiligten Gruppen herrührende Behauptung, das sozialistische „Comité international" habe sich als Ziel gesetzt, „D'établir d'abord le socialisme dans tous les pays et ensuite par voie de conséquence, de faire l'Europe" und der daraus resultierende Vorwurf der Intransigenz (so Olivier *Philip*, Le problème de l'union européenne, S. 191 f. und Edouard *Bonnefous*, L'Europe en face de son destin, S. 95) sind sachlich nicht gerechtfertigt. Selbst der Attentismus, den der „Esprit"-Kreis im Sommer 1948 entwickelte, war für die Mehrheit des Komitees nicht repräsentativ.

[65] Vgl. die für diese Phase wichtige Darstellung des Komitee-Vorstandsmitglieds R. *Garros*, „Note sur les États-Unis Socialistes d'Europe (U.S.S.E.)", in Esprit, November 1948, S. 635—638. — In Frankreich waren die Verbindungen ganz besonders eng: Die französische Sektion des sozialistischen Komitees gehört dem Koordinierungskomitee an, aus dem die französische Sektion der UEF hervorging. Als sich diese jedoch definitiv im Rahmen des Gesamtverbandes UEF formierte, trennten sich die Sozialisten wieder von dieser Gruppierung. Siehe Jean-Marie *Domenach*, „Quelle Europe?", in Esprit, November 1948, S. 639—656, hier S. 645.

[66] *Garros*, a. a. O., S. 637.

[67] Jean *Rous*, „Socialisme et Fédération Européenne", La Pensée socialiste Nr. 19, 1. Trim. 1948, S. 15.

[68] *Garros*, a. a. O., S. 637 und *Philip*, Le problème de l'union européenne, S. 190. — Wilhelm *Cornides* und Hermann *Volle*, Die Vorgeschichte des Brüsseler Fünfmächte-Paktes, Europa-Archiv 4 (1949), S. 1762, berichten irrtümlich, die Entscheidung sei für die Teilnahme am Haager Kongreß ausgefallen. Das sozialistische Komitee zählte nicht, wie Walter *Lipgens*, Die Europäische Integration, Stuttgart 1972, S. 42 angibt, zu den Veranstaltern des Haager Kongresses.

[69] Assemblée Générale du Comité d'Etude et d'Action pour les Etats-Unis socialistes d'Europe, Puteaux 18—22 juin 1948, Mschr. Protokoll (im Archiv der Europäischen Bewegung, Brügge); Bericht in Le Populaire 23. 6. 48. — Der zweite Jahreskongreß des sozialistischen Europa-Komitees stand im übrigen ganz unter dem Zeichen der Kolonialproblematik. Führende Kräfte insbesondere des französischen Sozialismus, so Rous, Boutbien, Paul Rivet, Paul Alduy, hatten sich zu der Überzeugung durch-

gerungen, daß eine Föderierung Europas nicht ohne gleichzeitige Revision der europäischen Kolonialpolitik zu lösen war. Um dem Vereinten Europa jeden Geruch des Imperialismus zu nehmen, müßten die assoziierten Nationen der ehemaligen Kolonialgebiete gleichberechtigt neben den europäischen Nationen in den Gemeinschaftsorganen vertreten sein, so lautete die Zielvorstellung. Auch Léon Blum, der auf dem „Congrès des Peuples", wie der zu einer öffentlichen Veranstaltung ausgeweitete Jahreskongreß genannt wurde, sprach, stimmte zu: Es müsse vermieden werden, daß die Übersee-Nationen zu Schuldnern eines prosperierenden Europas würden. Der Impuls dieses Kongresses, von heftigen Attacken der teilnehmenden Vertreter überseeischer Nationalbewegungen noch unterstützt, wirkt in einer konstanten Kritik der französischen Kolonialpolitik durch eine Minorität der SFIO fort; die Entscheidungen der SFIO-Führung beeinflußte er jedoch kaum. — Insgesamt wäre das Verhältnis der SFIO-Europapolitik und der Kolonialpolitik im Rahmen einer Untersuchung der sozialistischen Positionen zum Kolonialproblem näher zu behandeln; wichtige Quellen für 1948 sind: Léon *Blum*, „L'Congrès de Puteaux", Le Populaire 19. 6. 48; Paul *Alduy*, „Les peuples d'outre-mer et les futurs États-Unis d'Europe", Revue socialiste Nr. 22/23, Juni/Juli 1948, S. 95—103; ders., „La participation des peuples et nations d'outre-mer...", Le Populaire 16. 7. 48; Bericht der Übersee-Kommission der Internationalen Studienwoche in St. Brieux, 27. 7. bis 1. 8. 48, Leitung Gaston *Goldschild*, in Bulletin intérieur Nr. 41, April—Mai 1949. — Wichtige Hinweise finden sich in der ungedruckten Diplomarbeit von Claude *Gouthier*, Le groupe parlementaire socialiste et les problèmes coloniaux sous la IVe République, Mémoire Lyon 1971.

[70] Vgl. *Philip*, Le problème de l'union européenne, S. 191 f.; zur „Europäischen Bewegung" ebda. S. 213—218 und L'Année politique 1948, S. 437 f.
[71] Guy *Mollet*, Conseil national 27./28. 4. 48, Compte rendu S. 5—39.
[72] Vgl. etwa seine Reaktion auf die Prager Ereignisse, oben Kapitel VI.1., S. 179 f. u. ö.
[73] Text der Resolution in Le Populaire 29. 4. 48, erneut gedruckt in Bulletin intérieur Nr. 42, Mai 1949, S. 210; zum Nationalrat vom 27./28. 4. vgl. insgesamt die Protokolle im Compte rendu und die Berichte in Le Populaire 28. und 29. 4. 48.
[74] „Position de la Délégation Française..." für die Londoner Konferenz der Marshall-Plan-Sozialisten am 20.—22. 3. 48, veröffentlicht in Bulletin intérieur Nr. 31, April 1948 (Zitate S. 15); Ergebnisprotokoll der C. D.-Sitzung vom 17. 3. 48 in Bulletin intérieur Nr. 34, Juni 1948, S. 10. — Byron *Criddle*, Socialists and European Integration, S. 35—38, referiert dieses Memorandum irrtümlich als für die in ideologischer Orthodoxie befangenen Parteimitglieder gedachte Erläuterung der SFIO-Europapolitik. Dadurch entsteht in seiner Darstellung insgesamt eine Überbewertung der Kräfte, die sich in der Partei gegen die Westintegrationspolitik wandten.
[75] Zur Konferenz von Antwerpen vgl. oben Kapitel IV.2., Anm. 37; Text der Resolution in Bulletin intérieur Nr. 29, Januar 1948, S. 8—9. — Zur Konferenz von London 9./10. 1. 48 vgl. die Berichte der beiden SFIO-Delegierten Salomon *Grumbach* in der C. D.-Sitzung vom 14. 1. 48 (Bulletin intérieur ebda. S. 6) und Louis *Lévy*, in Le Populaire 11./12. 1. 48 und Bulletin intérieur ebda. S. 10. Der Antrag Grumbachs war vom C. D. in seiner Sitzung vom 30. 12. 47 beschlossen worden (ebda. S. 6). — In den Diskussionen der Konferenz ging es keineswegs, wie *Ritsch*, The French Left, S. 155—157 darstellt, um die Frage der Zusammenarbeit der Sozialisten mit dem Internationalen Koordinierungskomitee der Europa-Pressure-Groups; es gab keinen diesbezüglichen französisch-belgischen Vorschlag. Die Darstellung der COMISCO-Entwicklung 1948 bei Julius *Braunthal*, Geschichte der Internationale Bd. 3, S. 227 ff. übersieht die grundlegende Bedeutung der britischen Initiative für eine Marshall-Plan-Konferenz. — Zur Londoner Konferenz vom 19./20. 3. 48 vgl. oben Kapitel VI.1., Anm. 11.
[76] House of Commons Debates (Weekly Hansard), vol. 447, 23. 1. 48; frz. Übersetzung in: Revue socialiste Nr. 19, März 1948, S. 193—200.
[77] Die Europapolitik der Labour-Party 1945—1951 bedarf insgesamt noch einer eingehenden Analyse. Die beiden bisher grundlegenden Darstellungen — Matthew A. *Fitzsimons*, The Foreign Policy of the British Labour Government 1945—1951, Notre Dame/Indiana 1953, und Elaine *Windrich*, British Labour's Foreign Policy, Stanford/

California 1952 — kommen zu unterschiedlichen Ergebnissen: während *Windrich* eine Einheit zwischen Theorie und Praxis, zwischen Parteidiskussion und Regierungspolitik nachzuweisen versucht, weist *Fitzsimons* mit besseren Argumenten und bestätigt durch Michael R. *Gordon*, Conflict and Consensus in Labour's Foreign Policy 1914—1965, Stanford 1969 auf die bestehenden Diskrepanzen hin. Hans-Joachim *Heiser*, British Policy with Regard to the Unification Efforts on the European Continent, Leyden 1959, gibt für die Zeit vor dem Schuman-Plan nur einen knappen, faktenorientierten Überblick (S. 21—38). Zu den anfänglichen Motiven Bevins vgl. Walter *Lipgens*, Labour und Europa 1945/46, in: Festschrift für Werner Conze, Stuttgart 1976, S. 337 bis 378. Die Motive und Verfahrensweisen der innerparteilichen Opposition gegen Bevin analysiert erschöpfend Eugene J. *Meehan*, The British Left Wing and Foreign Policy, New Brunswick/New Jersey 1960. Wichtige Hinweise enthält auch: Heinz *Fischer-Wollpert*, Die britische Europapolitik, in: Europa-Archiv 5 (1950), S. 2787 bis 2793 und 2829—2836; keine neuen Aufschlüsse für den Zeitraum bis 1950 die beiden jüngsten Darstellungen: F. S. *Nortedge*, Descent from Power, British Foreign Policy 1945—1973, London 1974; und Joseph *Frankel*, British Foreign Policy 1945—1973, London 1974.

[78] Manchester Guardian (London), 28. 2. 48, zitiert nach *Ritsch*, The French Left, S. 161 f.
[79] Vgl. oben Kapitel VI.2. — Als ursprünglicher Konferenzort des schließlich in Puteaux tagenden Kongresses war Mailand vorgesehen.
[80] Conseil français pour l'Europe unie: Olivier *Philip*, Le problème de l'union européene, S. 182. — Föderalistische Abgeordnetengruppe: Le Monde 2. 4. 48 und L'Année politique 1948, S. 427 f. — Für die Zusammenarbeit mit nichtsozialistischen Föderalistengruppen auch schon: Francis *Gérard*, „Socialisme et fédéralisme", La Pensée socialiste Nr. 18, November 1947, S. 22—25.
[81] Kontakte mit Blum u. a.: R. *Garros*, „Note sur les États-Unis Socialistes d'Europe (U.S.S.E.)", Esprit, November 1948, S. 635—638; C. D.-Sitzung 18. 2. 48: Ergebnisprotokoll in Bulletin intérieur Nr. 30, Februar 1948, S. 5 (daraus Zitat). Die Mitteilung von *Ritsch*, S. 155, ein SFIO-Nationalrat habe vor dem 11. 1. 48 beschlossen, sich zunächst um eine gemeinsame Haltung aller sozialistischen Parteien zur Frage des Koordinierungskomitees zu bemühen, ist nicht exakt. Der Rekurs auf die Haltung der Bruderparteien war zudem nicht die Folge eigener Orientierungslosigkeit (so *Ritsch*, S. 162), sondern divergierender Positionen im C. D.
[82] Mollet in London: Bericht in der C. D.-Sitzung vom 5. 3. 48, Bulletin intérieur Nr. 34, Juni 1948, S. 8; C. D.-Sitzung vom 17. 3. 48 ebda. S. 10.
[83] Ursprünglich war auch Blum als Teilnehmer nominiert worden; wegen einer starken Erkältung konnte er jedoch nicht nach London reisen. — Vgl. Le Populaire 17. 3. 48.
[84] Quellen zur Londoner Marshall-Plan-Konferenz: Berichte von Louis *Lévy* in Le Populaire 23. 3. 48; Franz *Seume* in Das sozialistische Jahrhundert, April 1948, S. 173; Manchester Guardian 23. 3. 48; Diskussion des C. D. am 24. 3. 48; „Déclaration de quatorze Partis socialistes sur l'aide américaine à l'Europe", Bulletin intérieur Nr. 31, April 1948, S. 16. *Ritsch*, S. 165, datiert die Entscheidung gegen den Haager Kongreß irrtümlich auf die COMISCO-Konferenz vom 19./20. 3. 48.
[85] C. D.-Sitzung vom 4. 2. 48, Bulletin intérieur Nr. 30, Februar 1948, S. 4.
[86] Brit. Antrag: Text in House of Commons Debates (Weekly Hansard), vol. 448, 18. 3. 48; deutsche Übersetzung auszugsweise bei Walter *Lipgens*, Die europäische Integration, Stuttgart 1972, S. 43 f.; Debate House of Commons ebda. vol. 450, 5. 5. 48. — Frz. Antrag: Text in Le Populaire 21./22. 3. 48. — Die Vorberatung des frz. Antrages im Ausw. Ausschuß entsprach den parlamentarischen Gepflogenheiten; es war kein Entschließungsantrag, der wie der britische Antrag direkt vom Parlament zu debattieren war; die Mitteilung von *Lipgens*, ebda. S. 44, das französische Parlament habe den Antrag mehrheitlich gebilligt, ist unrichtig.
[87] Berichte in Le Populaire 18./19. und 20. 4. 48. — *Ritsch*, S. 167, hält dieses Treffen irrtümlich für ein von beiden Parteiführungen vereinbartes offizielles Vorbereitungstreffen für die Pariser Konferenz. Indem er hier und bei der Referierung der Unterhaus-Rede Crossmans vom 23. 1. 48 (kein Leitartikel für die März-Ausgabe der Revue socialiste! ebda. S. 162) nicht zwischen Labour-Exekutive und innerparteilicher Labour-

Opposition unterscheidet, entsteht der falsche Eindruck eines Zick-Zick-Kurses der Labour-Führung. Die darauf aufbauenden Spekulationen *Ritschs* über einen ungerechtfertigten Optimismus der SFIO-Führung in der Beurteilung der Labour-Politik sind demzufolge grundlos.

[88] Léon *Blum* „Fédération européenne", Le Populaire 25. 3. 48, Oeuvre VII, S. 191 f., *Helfgott* S. 372 f. (daraus 1. Zitat); ders., „Les origines du Fédéralisme européen", Le Populaire 26. 3. 48; ders., „Le Fédéralisme européen et l'offre Marshall", Le Populaire 27. 3. 48; ders., „Qu'est-ce que l'Europe?", Le Populaire 30. 3. 48; ders., „Franco doit rester au ban de l'Europe", Le Populaire 1. 4. 48; ders., „Une lettre de M. Winston Churchill", Le Populaire 21. 4. 48; Oeuvre VII, S. 193—195, *Helfgott* S. 374—376 (daraus 2. u. 3. Zitat; Übersetzung von mir verbessert). — Warnung vor allzu rascher politischer Föderierung: Léon Blum, „Économie et politique", Le Populaire 31. 3. 48; ders., „Économie et politique", Le Populaire 7. 4. 48 (mit Zitat aus einem Brief von Ferrat); ders., „Économie et politique II", Le Populaire 8. 4. 48. Die gleiche Haltung hat offensichtlich eine Reihe von SFIO-Europapolitikern motiviert, sich nicht an dem Resolutionsvorschlag vom 19. 3. zu beteiligen. Auch Paul-Henri *Spaak* äußerte sich auf einer Pressekonferenz in Ottawa am 17. 4. 48 im gleichen Sinne; vgl. Le Populaire 18. 4. 48. Ein anderes Motiv für ein langsames Vorgehen führte Jean *Weiller* an („Le Fédéralisme européen et l'organisation générale des échanges", Revue socialiste Nr. 22/23, Juni/Juli 1948, S. 76—85): Solange die ökonomischen Kräfteverhältnisse auf europäischer Ebene nicht bekannt seien, müßten zum Schutz der wirtschaftlich schwachen Schichten bestimmte politische Rechte auf nationaler Ebene verbleiben. — Ritschs Charakterisierung der Kampagne als heftig antibritisch ist nicht gerechtfertigt; Blums Artikel werden von ihm in der Regel nicht inhaltlich exakt referiert (S. 165—168). Insbesondere enthielten der Artikel vom 25. 3. keine Anklage der Labour-Party, die Föderationsbewegung zu zerstören, der Artikel vom 26. 3. keinen Vorwurf engstirniger Parteipolitik, der Artikel vom 21. 4. keine explizite Unterstützung des Internationalen Koordinierungskomitees als einziger effektiver Föderationsgruppe und keine Ankündigung, selbst am Haager Kongreß teilnehmen zu wollen.

[89] Es existieren keine vollständigen Protokolle der Konferenz; die von *Ritsch*, S. 168 f. wiedergegebene Argumentation kann dem tatsächlichen Verlauf der Debatte also nur ungefähr entsprechen. Welches Ausmaß die Kontroverse angenommen hatte, zeigt die Tatsache, daß sie sogar bis in die öffentliche Veranstaltung vordrang, die die SFIO am Vorabend der Konferenz in Paris (Salle Pleyel) abhielt: Während Dalton die „reaktionären" Politiker vom Schlage Churchills heftig angriff, erklärte Blum seine Genugtuung über die Einigung der „Gegner von gestern und morgen" in dem gemeinsamen Ziel der europäischen Union („Je me réjouis de ce concours bienfaisant et nécessaire"). — Berichte zum Vorabend in Le Populaire 24. 4. 48 und Le Monde 25./26. 4. 48. — Berichte zum Konferenzverlauf in Le Populaire 25./26. und 24. 4. 48, Le Monde 27. 4. 48, Manchester Guardian 25./26. 4. 48; Sitzung des C. D. am 30. 4. 48. — Weitere Quellen zur Konferenz: Eröffnungsansprache Blums am 24. 4. 48, veröffentlicht in Populaire-Dimanche 9. 1. 49, S. 9; Kommentar Blums „La Conférence socialiste internationale. Un événement considérable", Le Populaire 28. 4. 48, Oeuvre VII, S. 195 f.; Erinnerungen bei *Lapie*, De Léon Blum à de Gaulle, S. 151.

[90] Text der Schlußresolution, veröffentlicht in Le Populaire 27. 4. 48 und Bulletin intérieur Nr. 33, Mai 1948, S. 10. — Die Resolution enthielt weder ein Bekenntnis zum Dritte-Kraft-Gedanken noch zur Integration Deutschlands, wie Byron *Criddle*, Socialists and European Integration, S. 28 f. berichtet, dagegen gerade die von *Criddle* als fehlend bemängelte Konkretisierung des Maßnahmenkatalogs für eine sozialistische Wirtschaftsordnung Europas. Im übrigen datiert *Criddle* die Konferenz irrtümlich in den Mai 1948.

[91] Das Comité directeur beauftragte am 12. 5. 48 Ferrat, Piette, Jaquet, Philip, Alduy und Pivert mit dem Aufbau des Dokumentationszentrums; vgl. Bulletin intérieur Nr. 34, Juni 1948, S. 12.

[92] *Blum*, Le Populaire 28. 4. 48 (Anm. 89).

[93] *Lapie* (Anm. 89), S. 151.

[94] Sitzung des C. D. vom 30. 4. 48, Ergebnisprotokoll in Bulletin intérieur Nr. 34, Juni

1948, S. 12. Zu den Motiven Mollets vgl. auch seine Stellungnahme auf dem SFIO-Nationalrat 27. 4. 48, Compte rendu S. 33, und auf dem SFIO-Nationalkongreß 3. 7. 48, Compte rendu Bd. 2, S. 180. — *Ritsch*, S. 169, datiert die Entscheidung gegen den Haager Kongreß irrtümlich auf den SFIO-Nationalrat vom 27. 4. 48.

[95] Vgl. die Teilnehmerangaben in „Europe Unites" (Anm. 96). Philip war zum Zeitpunkt des Kongresses noch nicht wieder Mitglied des Comité directeur; die Notiz bei Olivier *Philip*, Le problème de l'union européenne, S. 203, er habe als C.-D.-Mitglied nicht teilnehmen können, ist unrichtig; ebenso *Ritschs* Behauptung (S. 170), Blum habe teilgenommen.

[96] Quellen zum Haager Kongreß: Protokolle in engl. Sprache in European Movement (Hrsg.), Congress of Europe, 4 Bde., Den Haag 1949, Protokolle in franz. Sprache, in: La Fédération, Juni-Juli-August 1948, Compte rendu du Congrès de la Haye; Zusammenfassung der Debatten in: European Movement (Hrsg.), Europe Unites, The Hague Congress and After, London 1949; Resolutionen in: European Movement (Hrsg.), Resolutions of the Congress of Europe, o. J. und zahlreiche andere Druckorte; deutsche Übersetzung in: Europa-Archiv 3 (1948), S. 1443—1446, und Europa. Dokumente... Bd. 1, München 1962, S. 145—159. — Berichte in Le Monde 8. bis 12. 5. 48, Le Populaire 8. und 9./10. 5. 48, Gavroche 12. 5. 48 u. a.; Persönliche Zeugnisse bei Paul-Henri *Spaak*, Combats inachevés, Bd. 2, Paris 1969, S. 21—29; Henri *Brugmans*, L'idée européenne, Bruges 1970, S. 107—112; Edouard *Bonnefous*, L'Europe en face de son destin, Paris 1953, S. 98—100 u. a.; ausführlichste bisherige Darstellung bei Olivier *Philip*, Le problème de l'union européenne, S. 202—213.

[97] Vgl. Ramadiers Interventionen auf dem Kongreß, Europe Unites S. 17 f., 33 f., 92 f., und in einer öffentlichen Kundgebung vom 10. 5., Bericht in Le Monde 11. 5. 48, ferner seine Stellungnahme auf dem SFIO-Kongreß 3. 7. 48, Compte rendu Bd. 2, S. 696—710. — Ramadiers Position war kein Ausdruck der parteioffiziellen Linie, insbesondere keine Folge der Blum'schen Unterscheidung von Souveränität und Unabhängigkeit, wie *Hänsch*, Frankreich zwischen Ost und West, S. 182, meint. Daß Blum i. G. zu Ramadier auch im Frühjahr 1948 für effektive Supranationalität eintrat, belegt u. v. a. seine Eröffnungsansprache auf der Pariser Sozialistenkonferenz am 24. 4. 48: „C'est pour moi à l'heure actuelle une chose aussi importante presque pour le socialisme international de s' attaquer à cette conception de la souveraineté, que de s'attaquer à la conception de la propriété capitaliste."; Populaire-Dimanche 9. 1. 49.

[98] *Leenhardt*, Europe Unites S. 46, 51, 53, 65 f.; *Edwards*, ebda. S. 50 f.; Ruhrdiskussion S. 55 f.; *Lhuillier* S. 56; *Mathé* S. 64 f. Insgesamt bestand für Blum wahrlich kein Grund, über die Ergebnisse des Kongresses „greatly pleased" zu sein, wie *Ritsch*, S. 170, vorgibt.

[99] In den Entschließungsanträgen Jaquets (Bulletin intérieur, Suppl. zu Nr 33, Mai 1948, S. 12—16), Leenhardts I (ebda. S. 21—22), Leenhardts II (ebda. S. 23—27), indirekt auch im Antrag Ferrats, Gaziers und Piverts (ebda. S. 27—30); außerdem in der Rede Le Bails, Compte rendu Bd. 1, S. 68—71.

[100] Vgl. den Text der Schlußresolution oben Kapitel VI.2., S. 199.

[101] J. O. Débats 13. 6. 48, S. 3491—3497 und 7. 7. 48, S. 4345—4352.

[102] Einzelheiten hierzu bei *Elgey*, La République des illusions, S. 386 f. Schon am 10. Juni 1947 hatte Maurice Schumann gegenüber Auriol geäußert, den Kurs Bidaults nicht mehr länger unterstützen zu können; *Auriol*, Journal 1948, S. 264.

[103] Bericht in Le Monde 21. 7. 48. — Vgl. Wilhelm *Cornides* und Hermann *Volle*, Die Entstehung des Westblocks, Europa-Archiv 4 (1949), hier S. 1817. — Daß Bidault den Vorstoß in der Europapolitik mit Blickrichtung auf die SFIO unternahm, wird m. E. durch die Angaben in seinen eigenen Memoiren bestätigt, in denen er sich zum Märtyrer der neuen Deutschlandpolitik und Wegbereiter der europäischen Einigung hochstilisiert; *Bidault*, Noch einmal Rebell, S. 202—204.

[104] Ausw. Ausschuß: L'Année politique 1948, S. 126; Ramadier-Memorandum und Regierungsbeschlüsse vom 18. 8. 48 ebda. S. 142 f.; Text des Memorandums in: Europa. Dokumente... Bd. 1, München 1962, S. 159—161; Diskussion um Neubesetzung des Außenministeriums: *Auriol*, Journal 1948, S. 328 und 331 (22. 7. und 24. 7.); Ministerratssitzung vom 18. 8. 48: ebda. S. 368; grundlegende Darstellung: Wilhelm *Cornides*, Das

Projekt einer europäischen Versammlung, in: Europa-Archiv 4 (1949), S. 2011–2024; Oreste *Rosenfeld*, „Des négociations de Moscou aux Etats-Unis de l'Europe libre", Le Populaire 17. 8. 48; vgl. auch ders., „Utopie d'hier, réalité de demain", Le Populaire 21. 8. 48.

[105] Im Gegensatz zu *Ritsch*, The French Left, S. 29 f. und S. 179–181, muß festgehalten werden, daß die Initiative zu der Einladung der französischen Regierung nicht von dem „europäischen" Schuman ausging, der die Sozialisten zwingen wollte, sich zur Politik der westeuropäischen Integration zu bekennen oder die Regierungskoalition zu verlassen; tatsächlich stand, wie gezeigt, die SFIO am Beginn dieser Initiative.

[106] Die These von R. J. *Guiton*, Paris-Moskau, Stuttgart 1956, S. 196, zum Zeitpunkt der französischen Initiative vom 18. August habe ihre Ablehnung durch die britische Regierung bereits festgestanden; die französische Politik sei demzufolge auf die Errichtung einer um Frankreich konzentrierten kontinentalen Staatengruppe gerichtet gewesen, hält einer näheren Prüfung nicht stand: Erstens hat die britische Regierung das Ramadier-Memorandum nie explizit abgelehnt, sondern nur mit einem Gegenvorschlag pariert; zweitens konnte ihr um der geplanten westlichen Allianz willen daran nicht gelegen sein, aus Europa herausgedrängt zu werden; drittens verstand die SFIO die von ihr mitverantwortete Initiative gerade als einen Versuch, die Briten zur Überwindung ihres Zögerns zu veranlassen. — Gewiß gab es auch in Frankreich nach wie vor Kräfte, die in der europäischen Einigung ein Mittel sahen, den schon verlorengegangenen Großmachtanspruch Frankreichs zu retten; doch griffen die Sozialisten ein derartiges Europakonzept, personifiziert in de Gaulle, als existentielle Gefahr für die Realisierung ihres eigenen Konzeptes an: Wäre de Gaulle an der Macht, so schrieb Blum, „en peu de temps, il aurait rompu la confiance, grippé les rouages, bref démantibulé la construction qui s'édifie lentement et laborieusement sous nos yeux". — Léon *Blum*, „De Gaulle protégé par Staline", Le Populaire 5. 11. 48, Oeuvre VII, S. 243 f.; ferner ders., „Communisme et gaullisme", Le Populaire 3. 11. 48, Oeuvre VII, S. 238 bis 241; ders., „De Gaulle et Staline", Le Populaire 4. 11. 48, Oeuvre VII, S. 241–243; ders., „De Gaulle and the Communists", New Leader 4. 12. 48, S. 9. — Die Europapolitik der V. Republik dürfte die Exaktheit dieser Prophezeiung erwiesen haben.

[107] Vgl. L'Année politique 1948, S. 142 u. 174; Text der Bevin-Rede, in: Europa. Dokumente..., Bd. 1, München 1962, S. 363.

[108] British Labour Party (ed.), „Feet on the Ground. A Study of Western Union", London 1948; Zitate S. 1, 16, 22 und 20. Kurzreferate der Streitschrift bei *Ritsch*, S. 182 f. und *Brugmans*, L'idée européenne, S. 122.

[109] Léon *Blum*, „Le Labour et le fédéralisme européen", Le Populaire 23./24. 10. 48. Blum reagierte erst zu diesem Zeitpunkt, da er zuvor einen dreiwöchigen Erholungsurlaub im Ausland verbracht hatte.

[110] Claude *Bourdet*, „Difficile Europe", Combat 27./28. 11. 48; vgl. oben Kapitel VI.2., Anm. 45.

[111] Oreste *Rosenfeld*, „Une victoire de la démocratie", Le Populaire 1./2. 1. 49 (1. Zitat); ferner ders., „Notre satisfaction et notre fierté", Le Populaire 31. 12. 48 (2. Zitat); Léon *Blum*, „La socialisation de la Ruhr", Le Populaire 2./3. 5. 48, Oeuvre VII, S. 199–201; André *Philip*, J. O. Débats 13. 6. 48, S. 3491–3497; ders., J. O. Débats 1. 12. 48, S. 7312 bis 7316; u. a. m.

[112] Pierre-Olivier *Lapie*, J. O. Débats 12. 3. 48, S. 1663–1665; Vincent *Auriol*, Journal 1948, S. 84 (8. 2.); Jean *Texcier*, „Vers une Europe nouvelle", Combat 8. 5. 48; Léon *Blum*, „L'unité allemande", Le Populaire 6. 5. 48, Oeuvre VII, S. 201–203 (Zitat) ders., „La Constitution allemande", Le Populaire 11. 6. 48, Oeuvre VII, S. 211–214; ders., „La Convention de Londres. Le choix du moment", Le Populaire 12. 6. 48, Oeuvre VII, S. 214–217; im gleichen Sinne wiederholt auch Auriol in seinen Tagebuchnotizen — 16. 1. 48 (Gespräch mit Mayer und Blum), 9. 2., 24. 6. und 26. 6. 48 — *Auriol*, Journal 1948, S. 39, 79 f., 282 f., 285. — Irreführend ist die Interpretation *Ritschs* (S. 175), Blum habe sich aus Furcht vor einer Verschlechterung des Verhältnisses zur Sowjetunion gegen eine deutsche Staatsgründung ausgesprochen. Entscheidend war für ihn tatsächlich das taktische Moment, „le choix du moment."

[113] André *Philip*, J. O. Débats 13. 6. 48, S. 3491–3497; Ordre du jour J. O. Débats 17. 6. 48,

S. 3578. Das Argument, Westdeutschlands Aufbau dulde keinen Aufschub mehr, nach Philip auch mehrfach in der SFIO-Publizistik, etwa: Oreste *Rosenfeld*, „Molotow ne vient pas...", Le Populaire 21. 9. 48.

[114] Brief der sozialistischen Minister an Robert Schuman 22. 4. 48, *Auriol*, Journal 1948, S. 598. — In der Ministerratssitzung vom 28. 7. stimmte Blum der „Grundgesetz"-Formel zu, unter der Bedingung, daß es sich um ein Provisorium handele; *Auriol*, Journal 1948, S. 338—340.

[115] *Moch*: Nach dem Zeugnis von *Bidault*, Noch einmal Rebell, S. 196 und *Elgey*, La République des illusions, S. 387. In *Auriols* Journal 1948 ist die entscheidende vierstündige Kabinettssitzung vom 8. 6. 48 leider nicht umfassend protokolliert. In früheren Sitzungen hatten Moch und Auriol aber bereits in der gleichen Weise argumentiert, wobei Auriol jedoch nicht bis zur Ablehnung ging, sondern nur zu dilatorischer Taktik riet. — Vgl. die Ministerratssitzungen vom 21. 2., 14. 4., 5. 5., 8. 6., 28. 7., ebda. S. 106 f., 174—180, 190, 212—215, 258 f., 338—340. Charles *Ronsac*, „Refusons de ratifier les accords de Londres...", Franc-Tireur 6./7. 6. 48; ders., „Pourquoi il faut dire ‚non' ", Franc-Tireur 12. 6. 48; ders., „Une chance", Franc-Tireur 26. 6. 48. — Daß die SFIO-Fraktion geschlossen stimmte, war für die Annahme der Empfehlungen entscheidend: die Befürworter erreichten insgesamt nur 297 gegen 289 Stimmen (J. O. ebda.).

[116] Vincent *Auriol*, Rede in Mâcon 17. 5. 48, Bericht in Le Populaire 18. 5. 48; zur Verhandlungsführung der frz. Delegation in London vgl. L'Année politique 1948, S. 31 ff., 46 ff., 88, 107 ff.; Text des Londoner Kommuniqués ebda. S. 400—403, deutsche Übersetzung in Europa-Archiv 3 (1948) S. 1437—1439. — Léon *Blum*, „La Constitution allemande", Le Populaire 11. 6. 48, Oeuvre VII, S. 211—214 (Zitat); in der gleichen Weise ders., „L'Après le discours de Compiègne. Le problème allemand", Le Populaire 12. 3. 48, Oeuvre VII, S. 174—176; ders., „La Constitution allemande", Le Populaire 11. 5. 48; Oreste *Rosenfeld*, „Fédération des États allemands ou démembrement de l'Allemagne", Le Populaire 20. 4. 48.

[117] Gespräch Dulles-Ariol: *Auriol*, Journal 1947, S. 617 f. (Tagebucheintrag vom 5. 12. 47); Gespräch Dulles-Blum: Zeugnis Blums in: Léon *Blum*, „Grande-Bretagne et France. La position américaine", Le Populaire 17. 1. 48, Oeuvre VII, S. 164—166, *Helfgott* S. 365—367; Vermittlungsvorschlag Blums: Léon *Blum*, „Nationalisation internationale de la Ruhr", Le Populaire 16. 1. 48, Oeuvre VII, S. 161—164, *Helfgott* S. 362—365; auch in ders., „La socialisation de la Ruhr", Le Populaire 2./3. 5. 48, Oeuvre VII, S. 199—201; vgl. oben Kapitel V.4., S. 172 f.

[118] Vgl. das Zeugnis Blums, in: Léon *Blum*, „Encore la Ruhr", Le Populaire 30. 4. 48, Oeuvre VII, S. 197—199; und ders., Le Populaire 2./3. 5. 48, a. a. O. (Anm. 117).

[119] Bericht über die Debatte am 5. 6. 48 in Le Populaire 6. 6. 48 und Le Monde 9. 6. 48; Resolution in Le Populaire 8. 6. 48.

[120] Charles *Ronsac*, „Refusons de ratifier les accords de Londres...", Franc-Tireur 6./7. 6. 48; *Bidault*, J. O. Débats 17. 6. 48, S. 3567—3572.

[121] Léon *Blum*, „La Convention de Londres", Le Populaire 8. 6. 48, Oeuvre VII, S. 204 bis 206 (Zitat); ders., „Le contrôle de la Ruhr", Le Populaire 9. 6. 48, Oeuvre VII, S. 206—209; ders., „La Convention de Londres. Contrôle international de la Ruhr", Le Populaire 15. 6. 48; André *Philip*, J. O. Débats 13. 6. 48, S. 3491—3497; ferner Pierre-Olivier *Lapie*, J. O. Débats 17. 6. 48, S. 3591—3593; Robert *Verdier*, Le Populaire 16. 6. 48; Charles *Dumas*, Nord-Matin 12. 6. 48. — Blum zu Lapie: Telefongespräch am 7. 6. 48, notiert bei *Lapie*, De Léon Blum à de Gaulle, S. 154.

[122] Ordre du jour und Parteitagsresolution a. a. O. — Gegenüber Hans-Peter *Schwarz*, Vom Reich zur Bundesrepublik, S. 198, ist festzuhalten, daß Philip die Bedenken Blums weitgehend teilte; gegenüber Gilbert *Ziebura*, Die deutsch-französischen Beziehungen, S. 47, daß sich die Abgeordneten des illusionären Charakters ihrer Vorbehalte wohl bewußt waren.

[123] Léon *Blum*, „La Ruhr", Le Populaire 19. 11. 48 (Der Artikel enthielt keineswegs, wie *Ritsch*, S. 183 angibt, eine Drohung, in der Europafrage notfalls auch ohne die Labour-Party voranzugehen!); *Auriol* am 11. 11. 48 in Rethondes, Bericht in Le Populaire 12. 11. 48; C. D. 17. 11. 48, Bericht in Bulletin intérieur Nr. 38, Januar 1949, S. 4; Auswärtiger Ausschuß: Bericht in Le Populaire 19. 11. 48; Schuman: Bericht in Le Populaire

20. 11. 48, laut Beschluß des Ministerrats vom 10. 11., *Auriol*, Journal 1948, S. 516—519; ferner: Oreste *Rosenfeld*, „Une grave erreur politique", Le Populaire 12. 11. 48; Claude *Bourdet*, „Sacrifier l'avenir", Combat 17. 11. 48; Pierre-Olivier *Lapie*, J. O. Débats 3. 12. 48, S. 7366 f.; Jean *Le Bail*, ebda. S. 7326—7328; Ordre du jour ebda. S. 3760.

[124] J. O. Débats 1. 12. 48, S. 7312—7316. — Die grundsätzliche Bedeutung dieser Rede bereits erkannt von Pierre *Gerbet*, La genèse du Plan Schuman, Revue française de Science politique 6 (1956), S. 535. — Im gleichen Sinne: André *Philip*, „L'unification de l'Europe", Cahiers du Monde Nouveau, März 1949, S. 32—37.

VII. „FÉDERATION EUROPEENNE": DIE HOFFNUNG AUF DEN EUROPARAT

[1] Conférence Nationale d'Information 29./30. 1. 49, Compte rendu S. 107—135 und 456 bis 483; auch in Bulletin intérieur Nr. 39, Zitate ebda. S. 94 und 27. — Als repräsentativ für die gleiche Haltung vgl. z. B. die Titelschlagzeile des „Populaire-Dimanche" vom 2. 1. 49 („Que l'année 1949 soit celle de la Fédération Européenne") und eine Serie von Artikeln *Mollets* im 1. Quartal 1949 des „Populaire-Dimanche", beginnend mit „Et d'abord faire l'Europe!", 12. 12. 48.

[2] Conférence Nationale d'Information 29./30. 1. 49; ebda. S. 27. — Der Überblick über die SFIO-Europapolitik des Jahres 1949 von Byron *Criddle*, Socialists and European Integration, S. 38—45, erwähnt diese alles beherrschende Grundproblematik mit keinem Wort!

[3] Vgl. zum folgenden die Darstellungen der Verhandlungen über die Gründung des Europarats bei Wilhelm *Cornides*, Das Projekt einer europäischen Versammlung, in: Europa-Archiv 4 (1949), S. 2011—2024 und (im Detail exakter) Edouard *Bonnefous*, L'Europe en face de son destin, Paris 1953, S. 112—121.

[4] Vgl. L'Année politique 1948, S. 216 f.

[5] Vgl. den Rechenschaftsbericht des Comité directeur für den 41. Parteitag 1949, Bulletin intérieur Nr. 42, Mai 1949, S. 217—223, hier S. 229. — *Cornides*, a. a. O. S. 2022, meint irrtümlich, Mollet habe Blum nur zeitweise vertreten.

[6] C. D. 15. 12. 48, Compte rendu. Vgl. auch den Zwischenbericht Mollets im C. D. 8. 12. 48 (Bulletin intérieur Nr. 38, Januar 1949, S. 5 f.) und seine Berichte auf der Conférence Nationale d'Information 29./30. 1. 49 (a. a. O. Anm. 1) — Frz. Delegation ohne Verhandlungsanweisung: In der Ministerratssitzung vom 26. 10. 48 waren keine Direktiven beschlossen worden (*Auriol*, Journal 1948, S. 502); Hugh *Dalton*, High Tide and After, London 1962, S. 314, bestätigt: „The French seemed divided among themselves, and to have no instructions from, nor any contact with their Government." — SFIO-Kommentare: Robert *Verdier*, „Le Comité pour la fédération européenne", Le Populaire 27./28. 11. 48 (Der Artikel enthält keineswegs, wie *Ritsch*, S. 185 f. meint, eine Kritik an der bisherigen SFIO-Haltung und eine Aufforderung zur uneingeschränkten Zusammenarbeit mit antisowjetischen Kräften); im gleichen Sinne Oreste *Rosenfeld*, „La Fédération européenne en marche", Populaire-Dimanche 7. 11. 48; Guy *Mollet*, „Pourquoi une assemblée européenne", Populaire-Dimanche 26. 12. 48. — Textauszug des Zwischenberichts bei *Bonnefous*, a. a. O. S. 115 f.

[7] Vgl. etwa: Pierre *Orsini*, „La Fédération européenne est-elle morte?", La République du Sud-Ouest 24. 1. 49; Charles *Ronsac*, „Une caricature d'Union européenne", Franc-Tireur 29./30. 1. 49.

[8] Zur Brüsseler Sozialistenkonferenz, ursprünglich eine Initiative Auriols, vgl. den Brief Auriols an Mollet 22. 11. 48, *Auriol*, Journal 1948, S. 533; die Vorberatungen im Comité directeur 29. 12. 48 und 5. 1. 49 (Bulletin intérieur Nr. 38, S. 6); Berichte in Le Populaire 18. 1. 49. — Text des Kommuniqués des Konsultativrates in The Times (London) 29. 1. 49.

[9] Dt. Text der Satzung u. a. in: Europa. Dokumente... Bd. 1, München 1962, S. 367 bis 379; *Gasteyger*, Einigung und Spaltung Europas, Frankfurt 1965, S. 111—123.

[10] André *Philip*, „Le Conseil de l'Europe", Le Populaire 11. u. 12. 5. 49 — im Tenor gleich: Josephe *Paul-Boncour*, „Les chances de l'Union européenne", La République

du Sud-Ouest 18. 1. 49 („L'épithète ‚consultatif' (...) me jette dans une grande perplexité"); ders., „Le véto européen", ebda. 16. 5. 49; Charles *Dumas*, „Le conseil de l'Europe", Nord-Matin 12. 8. 49. — In der Kritik mit Philip fast gleichlautend die Stellungnahme des Zentralkomitees der UEF vom 5. 5. 49, UEF-Bulletin NS Nr. 2, Paris 22. 5. 49, S. 4 f., auszugsweise deutsche Übersetzung bei *Lipgens*, Die europäische Integration, Stuttgart 1972, S. 50.

[11] André *Philip*, „Début d'organisation européenne", La République du Sud-Ouest 10. 8. 49.

[12] Auf dem Parteitag wurde erstmals eine neue Organisationsform versucht, wonach die Hauptdebatten nicht mehr im Plenum stattfanden, sondern in thematisch gegliederte Ausschüsse verlagert wurden, um eine bessere Qualifizierung der Beiträge zu erreichen. — Quellen zum 41. Parteitag: Rapporte der Parteigremien in Bulletin intérieur Nr. 42, Mai 1949; Resolutionsentwürfe in Bulletin intérieur Nr. 43, Juni 1949; Protokolle in Compte rendu sténographique Bd. 1 und 2 (Commission des États-Unis d'Europe vom 16. 7. ebda. Bd. 1, S. 321–468); Berichte in Le Populaire 16./17.–19. 7. 49; Ergebnisse in Bulletin intérieur Nr. 44, November 1949 (Manifeste pour l'Europe ebda. S. 9–11).

[13] *Philip*, 41e Congrès national, Compte rendu Bd. 2, S. 1073–1088; *Lévy*, ebda. S. 1056 bis 1065 und mit *Grumbach* in der Commission des Etats-Unis d'Europe; F. *Lefrançois* (= François *Moch*), „Socialisme et fédéralisme", Le Populaire 5.–10. 5. 49 (*Ritschs* Hinweis S. 189 f. auf die in diesen Artikeln implizierte Kritik an der derzeitigen Labour-Politik übersieht, daß sie bei aller Kritik gerade in der Absicht einer Verständigung mit den Briten geschrieben waren); Revue socialiste Nr. 28, Mai 1949, passim.

[14] Vgl. den Rapport der Commission des Affaires Internationales für den 41. Parteitag, Bulletin intérieur Nr. 42, Mai 1949, S. 110 f.; ferner das Compte rendu der C.-D.-Sitzungen vom 3. 11. 48 und 1. 12. 48 (Bulletin intérieur Nr. 37, S. 8 und Nr. 38, S. 5); Aufruf Commins in Populaire-Dimanche Nr. 12, 16. 1. 49, S. 5; Aufruf des Cercle Jean Jaurès in Revue socialiste Nr. 24/25./26. Jan./Feb./März 1949, S. 248; zum Kongreß vom 8./9. 1. 49 ferner den Gründungsaufruf in Populaire-Dimanche Nr. 14. 30. 1. 49, S. 5. — Es bedeutete die Verzahnung von SFIO und MSEUE nicht nur eine bessere Kontrollmöglichkeit der sozialistischen Föderalisten durch die Parteiführung (so Patrick J. *Schaeffer*, Recherche sur l'attitude de la S. F. I. O. à l'égard de l'unification européenne 1947–1954, in: Centre de recherches relations internationales de l'Université de Metz 5, Travaux et recherches 1973/2, Metz 1974, S. 107–129), sondern auch eine Stärkung des MSEUE.

[15] Ferner Constant, Robin, Rebeyrol, Collinet, Baudy, Duveaux, Gruber, Karila, Gilibert, de Rudlicki, Jacques Enock, Denis Faucon, Paul Parisot, Dienesh, Hytte. Generalsekretär wurde Jacques Robin, Präsident Georges Izard. — Vgl. den Bericht in Populaire-Dimanche Nr. 54, 6. 11. 49; Ansprache Rosenfelds ebda. und den Bericht Rosenfelds in der Sitzung der Commission des Affaires internationales vom 8. 11. 49.

[16] Vgl. das hektographierte Protokoll: IIIeme Congrès Européen du MSEUE Paris 5-6-7 novembre 1949 (Archiv der Europäischen Bewegung, Brügge); den Bericht von *Rosenfeld*, ebda., die Tagesordnung in Documentation politique Nr. 21, 12. 9. 49, S. 12–14; die verabschiedeten Resolutionen, in: Les Documents Européens Nr. 8, Januar 1950, dt. Übersetzung in Europa-Archiv 5 (1950), S. 2837–2842; knappe Darstellung bei Olivier *Philip*, Le problème de l'unité européenne, S. 192 f. — Zum Inhalt der Beschlüsse vgl. Kapitel VIII.2.

[17] Bericht in Le Populaire 3./4. 9. 49 und in Populaire-Dimanche Nr. 46, 11. 9. 49.

[18] Quellen zum Brüsseler Kongreß: Mouvement Européen, Conclusions et Recommendations adoptées à la Session Inaugurale du Conseil International du Mouvement Européen, Bruxelles, 15–18 Février 1949; dt. Übersetzung in Europa-Archiv 4 (1949), S. 2025–2028; erneut gedruckt in Europa-Dokumente..., München 1962, Bd. I, S. 168 bis 175. — SFIO-Berichte: André *Philip*, „Après le Congrès de Bruxelles", Le Populaire 4. 3. 49; Rapports, Bulletin intérieur Nr. 42, S. 116. — Darstellungen (allerdings ohne Hinweis auf die „Klimaveränderung" gegenüber Den Haag); *Bonnefous*, Europe en face... S. 101–103, und *Philip*, Le problème de l'union européenne... S. 117 f.

[19] André *Philip*, „Pour l'organisation de l'Europe fédérée et planifiée", Populaire-Dimanche 15. 5. 49, S. 5; weitere Berichte: Francis *Leenhardt*, „Vers un marché européen

Zu S. 228—232

de 250 millions d'habitants", Le Populaire 27. 4. 49; und Nord-Matin 28. 4. 49, ders., „Comment réaliser l'unité économique de l'Europe?", Le Populaire 2. 5. 49; (also nicht einfach eine Wiederholung der Blumschen Thesen vom März 1948, wie *Ritsch* S. 189 angibt); Jacques *Piette* in der Commission des Etats-Unis d'Europe des 41. Parteitages, Compte rendu, Bd. I, S. 349; Hermann *Volle*, Europe-Archiv 4 (1949), S. 2157 f.; *Bonnefous*, L'Europe en face de son destin, S. 103 f. (ohne Hinweis auf die Prävalenz der sozialistischen Thesen). — Bericht der frz. Sektion: Mouvement Européen, Préparation de la Conférence économique de Westminster, Rapport général établi par M. André Philip, Paris 1949. Resolutionen in: Europa Dokumente Bd. I, S. 175—188.

[20] Die von Mollet eingebrachte Resolution, die im übrigen der Parteiführung den gegenwärtigen Kurs bestätigte, wurde mit 3 909 Stimmen gegen 631 Enthaltungen angenommen; Text in Bulletin intérieur Nr. 42, Mai 1949, S. 213; Bericht von Robert *Verdier* in Le Populaire 15. 11. 49.

[21] Quellen zur Konferenz von Baarn: Berichte der Konferenzteilnehmer Louis *Levy* in Le Populaire 13., 16., 17. u. 18. 5. 49; Oreste *Rosenfeld* in Populaire-Dimanche 22. 5. 49; Denis *Healey*, The International Socialist Conference 1946—1950, in: International Affairs 26 (1950), S. 363—373, hier S. 368. — Text der Wirtschaftsresolution in Populaire-Dimanche 29. 5. 49, S. 8; Text der Resolution zu Europ. Einheit ebda.; dt. Übersetzung in Europa-Archiv 4 (1949), S. 2288, und Europa Dokumente Bd. I, S. 545—547. — *Ritschs* Feststellung (The French Left, S. 190), die Baarner Konferenz „was dominated by the French", ist nicht gerechtfertigt.

[22] Vgl. die Beiträge von Philip, Lévy, Grumbach, Lapie, Robin, Staub, Karila und Guillet in der Commission des Etats-Unis d'Europe, Compte rendu Bd. I., S. 321—468; „Manifeste pour l'Europe" in Bulletin intérieur Nr. 44, November 1949, S. 9—11.

[23] Vgl. den Überblick über die Paktverhandlungen in Europa-Archiv 4 (1949), S. 2093 f.; Text des am 4. April 1949 in Washington unterzeichneten Vertrages in engl. u. dt. Sprache, ebda. S. 2071—2073, erneut in *Gasteyger*, Einigung und Spaltung Europas, S. 108—111.

[24] Etwa: *Etiemble*, „De la bombe atomique et de ses conséquences", Les Temps Modernes, Nr. 40, Februar 1949, S. 287—297; P. *Laurin*, „La logique des fous", Les Temps Modernes Nr. 42, April 1949, S. 720—728; *Etiemble*, „Vertu de „Allemagne", Les Temps Modernes Nr. 46/47 (Sonderheft Deutschland), Aug./Sept. 1949, S. 567—576.

[25] Claude *Bourdet*, „Dont acte", Combat 27. 7. 49.

[26] Franc-Tireur 7.—16. 12. 48 (Beiträge von Camus, Rousset, Breton, Sartre u. a.); Bertil *Svahnstrom*, „La neutralité suédoise: réfuge égoïste ou première pierre de l'Europe", Combat 17. 1. 49; ders., „On ne peut à la fois créer une Fédération européenne et adhérer au Pacte Atlantique", Combat 18. 1. 49; ders., „La France détient la clé des problèmes allemand et européen", Combat 19. 1. 49; Esprit Nr. 153, Februar 1949 (insbesondere: Frank *Emmanuel*, „Le pacifisme des forts" und Emmanuel *Mounier*, „Les équivoques du pacifisme"); Esprit Nr. 155, Mai 1949 (insbesondere Emmanuel *Mounier*, Editorial, und Joseph *Rovan*, „L'Allemagne de nous méritès"); Étienne *Gilson*, „L'Alternative", Le Monde 2. 3. 49.

[27] Vgl. hierzu schon John T. *Marcus*, Neutralism and Nationalism in France, New York 1958, S. 37, 37 f. u. ö.

[28] Repräsentative Artikel neben den in Anm. 25 und 26 genannten: Charles *Ronsac*, „Pourquoi pas la neutralité?", Franc-Tireur 22./23. 1. 49; ders., „Une caricature d'Union européenne...", Franc-Tireur 29./30. 1. 49; ders., „Le Pacte atlantique est malade", Franc-Tireur 14. 2. 49; ders., Franc-Tireur 25. 2. 49; ders., „Alea iacta ouest", Franc-Tireur 17. 3. 49; ders., Franc-Tireur 18. 2. 49; ders., Franc-Tireur 28. 4. 49; ders., Franc-Tireur 17. 6. 49; Claude *Bourdet*, „Les constatations de M. Thorez", Combat 24. 2. 49; ders., „Les conséquences du Pacte atlantique", Combat 15. 3. 49; ders., Combat 5. 4. 49; Marcel *Gimont*, „Le Pacte atlantique", Combat 27. 1. 49; ders., Combat 19. 3. 49; ders., Combat 1. 4. 49.

[29] Marceau *Pivert*, Conseil national 27. 2. 49, Compte rendu S. 155—160 (Zitat ebda. S. 152); ebenso Conférence Nationale d'Information 29./30. 1. 49, Compte rendu S. 347 bis 377, auch in Bulletin intérieur Nr. 39, S. 80 ff.; 41ᵉ Congrès national, Compte rendu Bd. 2, S. 873—892.

[30] Die Diskussion über den Veröffentlichungstermin beanspruchte den größten Teil der Sitzung; vgl. die Niederschrift des Sitzungsverlaufs bei *Auriol*, Mon septennat, S. 198 bis 201. — Eine Ausnahme bildete lediglich Ramadiers vorsichtig andeutende Stellungnahme auf der Conférence Nationale d'Information, 29./30. 1. 49, Compte rendu S. 231 bis 246, veröffentlicht in Bulletin intérieur Nr. 39, Februar 1949.

[31] „L'Union européenne", Arguments et ripostes Nr. 28, Januar 1949.

[32] U. v. a.: Joseph *Paul-Boncour*, „Le droit de Veto paralyse l'action du Conseil de sécurité", Populaire-Dimanche 19. 12. 48; Jean *Lechantre*, „Deux conceptions", Nord-Matin 23. 1. 49; ders., „Réalité de l'abîme", Nord-Matin 30. 1. 49 (Zitat); zahlreiche Leitartikel von Robert *Verdier*, in: Le Populaire Oktober 1948 — März 1949; Guy *Mollet*, J. O. Débats 25. 2. 49, S. 892—894 (Debatte über Thorez' Erklärung, die französische Arbeiterklasse werde nicht gegen die Sowjetunion kämpfen).

[33] Oreste *Rosenfeld*, „La sécurité collective dans un cadre restreint", Le Populaire 17. 3. 49 (die erste Erwähnung des Paktes im offiziellen Parteiorgan); ders., „Le pacte défensif de l'Atlantique-Nord", Le Populaire 19./20. 3. 49; ders., „Les communistes contre le Pacte de l'Atlantique", Le Populaire 22. 3. 49; ders., „Les responsabilités de notre diplomatie", Le Populaire 24. 3. 49; ders., „Pour décourager l'agresseur éventuel", Populaire-Dimanche 27. 3. 49; Charles *Dumas*, „Autour du Pacte Atlantique", Nord-Matin 18. 2. 49 (die einzige Erwähnung vor der Veröffentlichung); ders., „L'amitié ou la violence", Le Populaire 18. 4. 49; Jean *Texcier*, „Pacte Atlantique et paix du monde", Nord-Matin 6. 4. 49; Edouard *Depreux*, „Le bolchevisme contre l'internationalisme", Le Populaire 20. 4. 49; Pierre *Orsini*, „Quelques reflexions sur le Pacte Atlantique", La République du Sud-Ouest 7. 4. 49; Paul *Ramadier*, „La force et la paix", La République du Sud-Ouest 31. 12. 49; Pierre-Olivier *Lapie* als Fraktionssprecher am 25. 7. 49 in der Nationalversammlung, J. O. Débats 26. 7. 49, S. 5233—5237 (Zitat); ders., „Le Pacte et la réunion des ‚Quatre'", Le Populaire 21. 7. 49; ders., „La peur de la paix", Le Populaire 22. 7. 49; ders., „La peur de la paix", Le Populaire 23./24. 7. 49; ders., „Le Pacte atlantique est un pacte de protection et non d'agression", Populaire-Dimanche Nr. 46, 11. 9. 49. — Gegen *Ritsch*, The French Left S. 188—190, muß festgehalten werden, daß die SFIO ihre öffentliche Zurückhaltung in der Atlantikpaktfrage nach der Textveröffentlichung aufgab.

[34] Léon *Blum*, „Le problème universel", Le Populaire 13. 6. 49 (Zitat); in gleicher Weise seine Begrüßungsansprache auf dem 41. Parteitag 15. 7. 49, Compte rendu Bd. 1, S. 147 —150; ferner mit Hinweis auf die Fortschritte der letzten Monate Léon *Blum*, „Le Parti a été digne de lui-même", Le Populaire 14. 6. 49; ders., „Le Progrès est certain", Le Populaire 15. 6. 49; ders., „Le discours de Churchill"; zum amerikanischen Neo-Kapitalismus ders., „Le passage au Socialisme serait plus facile pour le néocapitalisme américain que pour le capitalisme traditionnel", Populaire-Dimanche 7. 11. 48, S. 9. — Es ist bedauerlich, daß keiner dieser Artikel, insbesondere der für die letzte Phase Blumscher Politik so entscheidende vom 13. 6. 49, Aufnahme in die Auswahlsammlung L'Oeuvre de Léon Blum gefunden hat.

[35] 41e Congrès national, Compte rendu Bd. 2, *Boutbien*, S. 803—819; *Mollet*, S. 963 bis 1002; *Le Bail*, J. O. Débats 26. 7. 49, S. 5251—5253 und 27. 7. 49, S. 5259—5261. Le Bails Rede wurde von persönlichen Attacken und tumultartigen Szenen der Kommunisten mehrfach unterbrochen, so daß sie erst nach Vertagung der Versammlung zu Ende geführt werden konnte.

[36] Memorandum des Exekutivkomitees des frz. MSEUE, Le Populaire 12. 4. 49.

[37] Léon *Boutbien*, a. a. O. (Anm. 35) — Unter den Entschließungsanträgen für den 41. Parteitag hatte lediglich die von Boutbien, Arrès-Lapoque u. a. unterzeichnete Resolution „Etre et rester socialiste" (gegen weitere Regierungsbeteiligung) den Atlantikpakt erwähnt — als unabdingbare Voraussetzung für die europäische Einigung: „L'absence d'une puissance militaire capable d'imposer que l'Union soviétique tolère l'expérience européenne, rendrait impossible une expérience européenne." Bulletin intérieur Nr. 43, Juni 1949, S. 9—12, Zitat S. 10. — Sitzungen des C. D. vom 30. 3. und 6. 4. 49; vgl. den Jahresbericht des C. D. in Bulletin intérieur Nr. 42, Mai 1949, S. 217—233, hier S. 232. — Zum Votum der Fraktion siehe J. O. Débats 27. 7. 49. Lediglich Paul Rivet, seit Januar 1949 wegen der Verletzung der Fraktionsdisziplin in der Madagaskarfrage aus der

Partei ausgeschlossen, stimmte gegen die Ratifizierung. Einen guten Überblick über die gesamte Ratifikationsdebatte in der Nationalversammlung gibt *Grosser,* La IVe République..., S. 227—231.

[38] Vgl. hierzu die Darstellungen von John F. *Golay,* The Founding of the Federal Republic of Germany, Chicago 1958, Kap. 1 u. 2; Peter H. *Merkl,* The Origins of the West German Republic, New York 1963, deutsch u. d. T. Die Entstehung der Bundesrepublik Deutschland, 1967; Thilo *Vogelsang,* Das geteilte Deutschland, München 1968, S. 93—112; Karlheinz *Niclauss,* Demokratiegründung in Westdeutschland, München 1974.

[39] Vgl. die grundsätzliche „Motion sur l'Allemagne", die das Comité directeur am 23. Februar 1949 verabschiedete, nachdem es schon am 1. Februar den Zusammenschluß der drei Westzonen als durch die sowjetische Haltung unvermeidlich geworden bezeichnet hatte. — „Motion sur l'Allemagne" in Le Populaire 25. 2. 49; erneut in Bulletin intérieur Nr. 42, Mai 1949, S. 229—231; C.-D.-Sitzung vom 1. 2. 49 bei *Quilliot,* SFIO, S. 309.

[40] Léon *Blum,* „Le scrutin de dimanche et la leçon de Weimar", Le Populaire 16. 8. 49, Oeuvre VII, S. 294—296, *Helfgott* S. 385—387; Jean *Texcier,* „Noir, rouge et or", Nord-Matin 11. 5. 49. — Unter den zahlreichen weiteren Zeugnissen vgl. insbesondere die Artikel Blums für die New Yorker Tageszeitung „Forward", Organ der jüdischen Gemeinschaften in den USA, in denen er als Jude, Franzose, Sozialist und ehemaliger KZ-Häftling gegen die Kollektivschuldthese Stellung bezog: Léon *Blum,* „Du problème allemand", Forward 16. 10. 49, frz. Originaltext in Oeuvre VII, S. 308—311; ders., „Le Problème allemand", Forward 11. 12. 48, frz. Originaltext in Oeuvre VII, S. 311 bis 315.

[41] Vgl. „Motion sur l'Allemagne", Le Populaire 25. 2. 49; „Manifeste pour l'Europe", Le Populaire 19. 7. 49; Salomon *Grumbach,* „Promesses françaises", Le Populaire 8. 2. 49; ders., „Un pas avant", Le Populaire 9./10. 4. 49; ders., „C'est le bon chemin...", Le Populaire 27. 4. 49; ders. „Elections et démontages", Le Populaire 20. 6. 49; ders., auf dem 41. Parteitag, Compte rendu Bd. 2, S. 824—839 (Bericht über die Situation in der frz. Zone) und S. 1065—1073; Diskussion der Commission des Etats-Unis d'Europe des Parteitags ebda. Bd. 1, S. 321—468 (S. 408 Grumbach über Interventionen bei der Regierung); Marceau *Pivert* auf der Conférence Nationale d'Information 29./30. 1. 49, Compte rendu S. 347—377; Guy *Mollet* in der 1. Sitzungsperiode des Europarats 17. 8. 49, Conseil de l'Europe, Compte rendu Bd. 1, S. 164—166 (für Zulassung zum Europarat); Marius *Moutet* im Rat der Republik 1. 3. 49, vgl. Bulletin intérieur Nr. 42 S. 159 bis 161; Pierre-Olivier *Lapie,* J. O. Débats 26. 11. 49, S. 6318—6320 (Petersberger Abkommen); u. a. m.
— Die sozialistische Haltung in der Demontagefrage wurde verständlicherweise von Adenauer mit Dankbarkeit registriert; vgl. Konrad *Adenauer,* Erinnerungen 1945 bis 1953, Stuttgart 1965, S. 263: „Selbst die linkssozialistische Zeitung ‚Franctireur' trat dafür ein, daß die französische Regierung eine Einstellung der Demontage billigen sollte."

[42] 19. 8. 48, zit. bei Jules *Moch,* Rencontres avec Léon Blum, Paris 1970, S. 331 f.

[43] Pierre *Orsini,* „Allemagne de l'Ouest?", La République du Sud-Ouest 5. 1. 49 (1. Zitat); ders., „Les temps des sottises", La République du Sud-Ouest 16. 5. 49 (2. Zitat) und 19. 5. 49.

[44] *Germanicus,* „Le socialisme et la Ruhr", Revue socialiste Nr. 24/25/26, Jan./Feb./März 1949, S. 93—100; ders., „Plaidoyer pour un centre socialiste de recherches sociologiques", Revue socialiste Nr. 27, April 1949, S. 349—358; ders., „Complainte au Berceau de la République fédérale allemande", Revue socialiste Nr. 32, Dezember 1949, S. 402—416.

[45] Vgl. hierzu Gerhard *Wettig,* Entmilitarisierung und Wiederbewaffnung in Deutschland 1943—1955, München 1967, S. 228—238, 273—281, 301—305.

[46] Vincent *Auriol,* Journal 1948, S. 213 (Ministerrat 5. 5. 48); Pierre-Olivier *Lapie,* J. O. Débats 26. 7 49, S. 5233—5237 („Nous ne voulons pas de l'accession immédiate de l'Allemagne, parce qu'il faut, auparavant, qu'elle ait achevé son stage."); Salomon *Grumbach,* auf einer Veranstaltung der saarländischen SP zur Europapolitik am 14. 3. 49 in Saarbrücken (weitere Redner: Landtagspräsident Zimmer, der Frankfurter Oberbürgermeister Dr. Kolb, das UEF-Vorstandsmitglied Ritzel), Bericht in Le Populaire 15. 3. 49;

ders., „Destin de l'Europe", Le Populaire 8. 5. 49; ders., „Responsabilités des Quatre...", Le Populaire 6. 5. 49; ders., auf dem 41. Parteitag, Compte rendu Bd. 2, S. 1065—1073; Commission des États-Unis ebda. Bd. 1, S. 321—468; ders., „Lorsque le chancelier Adenauer parle...", Le Populaire 10./11. 12. 49.

[47] Marceau *Pivert* auf der Conférence Nationale d'Information 29./30. 1. 49; Compte rendu S. 369; Charles *Ronsac*, Editorial, Franc-Tireur 10. 5. 49; „Manifeste pour l'Europe" des 41. Parteitags, Le Populaire 19. 7. 49; *Lapie*, a. a. O. (Anm. 46).

[48] Vgl. hierzu *Hänsch*, Frankreich zwischen Ost und West, S. 189 u. ö.

[49] Außenpolitische Debatte der Nationalversammlung in J. O. Débats, 23.—26. 11. 49, S. 6157—6336; Pierre *Cot*, ebda. S. 6320—6327; Ordre du jour ebda. S. 6348 f.; Léon *Blum*, „L'armement de l'Allemagne", Le Populaire 1. 12. 49, Oeuvre VII, S. 305—307, *Helfgott* S. 394—396. — Weil jene im Verständnis Blums notwendigen Voraussetzungen auch 1953/54 fehlten, ist es nicht möglich, hypothetisch ein Votum Blums in der innerparteilichen Auseinandersetzung der SFIO um die EVG zu formulieren.

[50] Vgl. oben Kapitel VI.4., Anm. 123.

[51] Text des Kommuniqués und Satzungsentwurfs vom 28. 12. 48, in: Europa-Archiv 4 (1949), S. 2197—2204. — Robert *Verdier*, Editorial, Le Populaire 29. 12. 48; Oreste *Rosenfeld*, Notre satisfaction et notre fierté", Le Populaire 31. 12. 48; Salomon *Grumbach*, „Autour de la Ruhr", Le Populaire 14. 1. 49; Léon *Blum*, „Les socialistes français devant le problème allemand" (geschrieben im Januar 1949 vom Krankenbett aus), Le Populaire 12./13. 2. 49; Gespräch Auriol-Blum 30. 12. 48, *Auriol*, Journal 1948, S. 585. — Das Ruhrstatut wurde am 28. 4. 49 von Vertretern der sechs Mächte in London unterzeichnet.

[52] *Mollet*, Conférence Nationale d'Information 29./30. 1. 49, Compte rendu S. 456—483; *Pivert*, ebda. S. 347—377 (anders als die Mehrheit der Parteiführung mit einer Kritik an der „kapitalistisch-militaristischen" Ruhrbehörde); *Grumbach*, in der Commission des États-Unis d'Europe des 41. Parteitages, Compte rendu Bd. 1, S. 321—467, unterstützt von *Philip*, ohne daß jemand für die vormalige Mollet'sche Position Partei ergriffen hätte, auch *Mollet* selbst nicht mehr; Léon *Blum* „Rapprochement franco-allemand: oui. Trust franco-allemand: non", Le Populaire 19. /20. 11. 49, Oeuvre VII, S. 301 f., *Helfgott* S. 392—394 (Übersetzung von mir geändert).

[53] Erstmals André *Philip* in der Nationalversammlung 30. 11. 48, J. O. Débats 1. 12. 48, S. 7312—7316 (siehe oben Kapitel VI.4.); *Grumbach*, „Autour de la Ruhr", Le Populaire 14. 1. 49; „Motion sur l'Allemagne" des C. D., Le Populaire 25. 2. 49; „Manifeste pour l'Europe", Le Populaire 19. 7. 49; *Philip* im Europarat 23. 1. 49, Compte rendu Bd. 1, S. 291—295 (Zitat ebda. S. 294.); vgl. auch seinen Resolutionsentwurf vom 24. 8. 49, ein entsprechendes Projekt vom Wirtschaftsausschuß der nächsten Sitzungsperiode der Beratenden Versammlung vorzulegen, Bericht in Le Populaire 25. 8. 49; *Bonnefous*, Compte rendu ebda. S. 283—289; *Lee* mit Zitat *Boothbys*, ebda. S. 332—334; Empfehlungen zur Wirtschaftspolitik in Europa-Archiv 4 (1949), S. 2559 f. — Europäische Bewegung siehe oben Kapitel VII.1. — Novemberdebatte: *Philip* am 25. 11. 49 in der Nationalversammlung, J. O. Débats S. 6304—6308; unterstützt von *Leenhardt*, ebda. S. 6214—6218, *Le Bail*, ebda. S. 6284—6287, *Blum*, Le Populaire 19./20. 11. 49 (Anm. 52), ders., „Faire l'Europe avec l'Allemagne et non pour elle", Le Populaire 30. 11. 49, Oeuvre VII, S. 303—305.

[54] Zu Schumachers außenpolitischem Konzept, das Ende der 40er Jahre andere Vorstellungen in der SPD (Carlo Schmid, Ernst Reuter) an den Rand gedrängt hatte, vgl. als beste Analyse Hans-Peter *Schwarz*, Vom Reich zur Bundesrepublik, S. 483—564; ferner mit weiteren Einzelheiten, aber ohne die notwendige Erarbeitung der föderalistischen Grundlagen seiner nationalen Politik Lewis J. *Edinger*, Kurt Schumacher, Opladen/ Köln 1967, Kapitel 7; zu den Problemkreisen Gründung der BRD und Europarat auch Rudolf *Hrbek*, Die SPD, Deutschland und Europa, Bonn 1972, S. 25—101, und William E. *Paterson*, The SPD and European Integration, Farnborough 1974, S. 19—48.

[55] Léon *Blum*, „Les socialistes français devant le problème allemand", Le Populaire 12./13. 2. 49; Salomon *Grumbach*, „L'Allemagne a-t-elle déjà oublié?", Le Populaire 3. 1. 49 (Zitate); Kurt *Schumacher*, Neuer Vorwärts 25. 2. 49.

[56] Salomon *Grumbach*, „Autour de la Ruhr", Le Populaire 14. 1. 49; ders., „Ou le passé

paraît oublié", Le Populaire 6./7. 8. 49 (zum Wahlkampfstil der SPD); Léon *Blum*, „Le scrutin de dimanche et la leçon de Weimar", Le Populaire 16. 8. 49, Oeuvre VII, S. 294 bis 296, *Helfgott* S. 385—387.

[57] Léon *Blum*, Le Populaire 16. 8. 49 (Anm. 56); Salomon *Grumbach*, „C'est le bon chemin...", Le Populaire 27. 4. 49; ders., in der Commission des États-Unis d'Europe des 41. Parteitages, Compte rendu Bd. 1, S. 400 ff.

[58] Salomon *Grumbach*, ebda. S. 404 (1. Zitat); ders., „Erreurs à éviter", Le Populaire 17. 8. 49; ders., „Les buts du docteur Adenauer", Le Populaire 3./4. 9. 49; Oreste *Rosenfeld*, „Après les élections en Allemagne", Populaire-Dimanche 21. 8. 49; ders., „L'Allemagne à la croisée des chemins", Populaire-Dimanche 11. 9. 49 (2. Zitat); Léon *Blum*, „La situation politique en Allemagne", Le Populaire 18. 8. 49; ders., „Le ‚grande coalition'", Le Populaire 20./21. 8. 49; ders., „Inquietude. L'élection du premier chancelier fédéral", Le Populaire 16. 9. 49 (3. Zitat); insgesamt in Oeuvre VII, S. 296—301, *Helfgott* S. 387—392; Guy *Mollet*, „Faut-il, ou non, faire une place à l'Allemagne?", Populaire-Dimanche 20. 11. 49 (im Duktus den Deutschen gegenüber härter als die übrigen).

[59] Eine detaillierte Untersuchung über die Verhandlungen der 1. Sitzungsperiode des Europarats fehlt bisher; an Überblicken vgl. Wilhelm *Cornides*, Die politischen Ergebnisse der ersten Sitzungsperiode des Europarates in Straßburg, in: Europa-Archiv 4 (1949), S. 2569—2579.

[60] Léon *Blum*, „Un grand commencement", Le Populaire 8. 8. 49; ders., „Faire l'Europe en pensant au monde", Le Populaire 10. 8. 49; ders., „Faire l'Europe en pensant au monde II", Le Populaire 11. 8. 49; insgesamt Oeuvre VII, S. 279—284, *Helfgott* S. 376 bis 382. — Ähnlich: Jean *Texcier*, „Pour l'Europe et par l'Europe", Nord-Matin 10. 8. 49; André *Philip*, „Début d'organisation européenne", La République du Sud-Ouest 10. 8. 49; P. P. (= Paul *Peslier*), „Les États-Unis d'Europe", Nord-Matin 14. 8. 49. — Guy *Mollet*, Conseil de l'Europe, Compte rendu Bd. 1, S. 164—166; erneut gedruckt in Populaire-Dimanche 28. 8. und 4. 9. 49; Bericht in Le Populaire 17. und 13. 9. 49.

[61] *Mollet*, insbes. 5. 9., Compte rendu S. 497—503 (Bericht des Hauptausschusses); *Le Bail*, 6. 9., S. 559 f., *Lapie*, 6. 9., S. 568—571 (Amendement zur beschleunigten Behandlung des Projekts einer Europa-Universität; vgl. hierzu ausführlicher P. O. *Lapie*, „Pour une Université Européenne", Revue socialiste Nr. 40, Oktober 1950, S. 209—214); *Jaquet*, 19. 8., S. 243 f.; zur Menschenrechtskonvention ferner *Philip* und *Lapie*, 8. 9., S. 630 f., 640 f., 645, 689 f.; *Philip*, 11. 8., S. 29, 12. 8., S. 44, 23. 8., S. 291—295 (Plädoyer für Montanbehörden), 24. 8., S. 354 f., 348 f., 2. 9., S. 437 ff., 3. 9., S. 468 f., 5. 9., S. 543 u. ö. — Einen Eindruck von der Arbeit der SFIO-Delegierten vermitteln auch die Berichte von *Mollet* in Populaire-Dimanche 11., 18. und 25. 9. 49.

[62] In der Grundsatzerklärung vom 17. 8. 49, Compte rendu S. 166.

[63] Léon *Blum*, „On attend un Mirabeau", Le Populaire 26. 8. 49, Oeuvre VII, S. 285—287; Churchill: ders., „Le bilan de Strasbourg", Le Populaire 10./11. 9. 49, Oeuvre VII, S. 291—293; das letzte Zitat aus ders., „L'impossible équilibre", Le Populaire 27./28. 8. 49, Oeuvre VII, S. 287—290. — Vgl. auch den Kommentar von Paul *Reynaud*, S'unir ou périr, Paris 1951, S. 257; „Si M. Curchill aurait tenu ce langage, son adversaire M. Morrison lui aurait répondu: ‚Mais non, Monsieur Churchill, vous êtes ici par la volonté de M. Attlee...'".

[64] Text des Mackay-Amendements in Europa-Archiv 4 (1949), S. 2559 und in Europa. Dokumente... Bd. 1, S. 386; Forderung Philips am 17. 8. 49, Conseil de l'Europe, Compte rendu Bd. 1, S. 78—81; Mollet und Philip in der Diskussion des Amendements am 5. 9. 49, ebda. S. 543.

[65] Text der Entschließungen der 1. Sitzungsperiode in Europa-Archiv 4 (1949), S. 2557 bis 2560 und 2579—2584; erneut in Europa. Dokumente..., Bd. 1, S. 475—495. Text der 1950 unterzeichneten Menschenrechtskonvention ebda. S. 513—533.

[66] Léon *Blum*, „Le bilan de Strasbourg", Le Populaire 10./11. 9. 49, Oeuvre VII, S. 291 bis 293, *Helfgott*, S. 382—384. — Im gleichen Sinne eine Erklärung des internationalen Exekutivkomitees des MSEUE vom 3. 9. 49, Populaire-Dimanche 11. 9. 49; optimistischer im Ton Jean *Lechantre*, „Un acte de foi", Nord-Matin 11. 9. 49; Guy *Mollet*, „Les États-Unis d'Europe sont nés", Populaire-Dimanche 18. 9. 49. — Genugtuung über den Beschluß zur Sozialgesetzgebung, den fortgeschrittenen sozialen Besitzstand in eini-

gen Ländern nicht der Vereinheitlichung zu opfern: Léon *Blum,* „A Strasbourg", Le Populaire 8. 9. 49, Oeuvre VII, S. 290 f.

[67] Vgl. den Überblick bei M. A. *Fitzsimons,* The Foreign Policy of the British Labour Governement 1945—1951, Notre Dame/Indiana 1953, S. 114—118.

[68] J. *Lévy-Jacquemin,* „Appel à Strasbourg", Le Populaire 22. 8. bis 25. 8. 49; Léon *Blum,* „L'impossible équilibre", Le Populaire 27./28. 8. 49, Oeuvre VII, S. 287—290; ders., „La Conférence de Washington", Le Populaire 1. 9. 49; ders., „A Washington", Le Populaire 2. 9. bis 7. 9. 49; insgesamt in Oeuvre VII, S. 316—329; ders., „A Washington", Le Populaire 15. 9. 49; Zitat aus Blum, Le Populaire 7. 9. 49. — In den Beratungen der Versammlung des Europrates hatte sich Philip allerdings gegen eine *öffentliche* Debatte einer gemeinsamen Währungspolitik ausgesprochen, um Großbritannien durch die dann unvermeidlichen Spekulationen nicht noch mehr zu belasten; vgl. die Kontroverse zwischen *Bonnefous* (Blums Mirabeau-Artikel vom 26. 8. zitierend) und *Philip,* am 3. 9. 49, Compte rendu S. 467—469.

[69] Léon *Blum,* „La livre dévaluée de 30,6%", Le Populaire 19. 9. 49; ders. im Gespräch mit Lapie: *Lapie,* De Léon Blum à de Gaulle, S. 214.

[70] Vgl. L'Année politique 1949, S. 207 f., Kommuniqué vom 4. 11. 49 ebda. S. 409 und Europa-Archiv 1949, S. 2697, 2609—2612.

[71] In der außenpolitischen Debatte der Nationalversammlung; *Mollet,* J. O. Débats 26. 11. 49, S. 6330—6334; *Philip,* ebda. S. 6304—6308.

[72] Léon *Blum,* „L'O. E. C. E. tient aujourd'hui une séance plénière", Le Populaire 31. 10. 49 (1. Zitat); ders., „Affaires européennes", Le Populaire 12./13. 11. 49 (2. Zitat); ders., „Rapprochement franco-allemand: oui. Trust franco-allemand: non", Le Populaire 19./20. 11. 49, Oeuvre VII S. 301 f., ders., „Les difficultés de l'O. E. C. E.", Le Populaire 31. 1. 50, *Helfgott* S. 392—394; ders., „Faire l'Europe avec l'Allemagne et non pour elle", Le Populaire 30. 11. 49, Oeuvre VII, S. 303—305; *Mollet,* J. O. Débats 26. 11. 49, S. 6330—6334; ders., Populaire-Dimanche 20. 11. 49 und 27. 11. 49; *Leenhardt,* J. O. Débats 25. 11. 49, S. 6214—6218; — ferner: Jean *Le Bail,* ebda. S. 6284 bis 6287; Pierre-Olivier *Lapie,* ebda. S. 6318—6320; Jean *Lechantre,* „Une étape", Nord-Matin 2. 11. 49; ders., „Menaces", Nord-Matin 1. 12. 49; Marcel *Gimont,* „Le guêpier", Combat 15. 11. 49.

[73] *Mollet,* Congrès national extraordinaire 13./14. 12. 49, Compte rendu S. 289—321 (Zitat S. 300 f.); ferner *Charpaz,* ebda. S. 37—46 und *Ramadier,* ebda. S. 48—72; die meisten der in Anm. 71 genannten Artikel und Reden; zur Polemik gegen alle Versuche, auf Großbritannien Druck auszuüben auch „M. Paul Reynaud parle aux Américains", La Documentation politique Nr. 12, 15. 5. 49, S. 8.

[74] *Philip,* Conseil national d'information, Suresnes 6. 11. 49, Compte rendu S. 194—199, auch in Bulletin intérieur Nr. 45, Dezember 1949, S. 49 f. Zur Originalthese von Ignazio *Silone* 1947 (vgl. oben Kapitel VI.2., Anm. 53).

[75] *Mollet,* Conseil national d'information 6. 11. 49, Compte rendu S. 249—271, auch in Bulletin intérieur Nr. 45, Dezember 1949, S. 59, Resolution des a. o. Kongresses 13./14. 12. 49 in Bulletin intérieur Nr. 46, Januar 1950, S. 31—35.

VIII. „FÉDERATION EUROPEENNE": FÖDERALISTISCHES PRINZIP UND FUNKTIONALISTISCHE INITIATIVEN

[1] Vgl. etwa: Pierre *Gerbet,* La genèse du plan Schuman, Revue française de science politique 6 (1956), S. 525—553 („la décision de politique étrangère la plus originale", S. 525); William *Diebold* jr., The Schuman Plan, New York 1959 („France reversing its policy toward Germany in a way that would break the historic mold of national power and responsibility", S. 8); Gilbert *Ziebura,* Die deutsch-französischen Beziehungen („Entwicklung eines neuen Konzeptes", S. 54).

[2] Wie dies *Hänsch,* Frankreich zwischen Ost und West, S. 243, tut. *Hänsch* gelangt zu diesem Urteil, indem er sowohl in der Deutschland- wie in der Europapolitik für die SFIO ein aktives Mitverfolgen eines Kurses behauptet, der den eigenen proklamierten Zielsetzungen zuwiderlief. Beides ist jedoch nicht richtig: Der ursprüngliche Kurs in der

Zu S. 253—256

Deutschlandpolitik wurde von den Sozialisten (wenn auch erfolglos) bekämpft (siehe oben Kapitel III, Anm. 98, und Kapitel V. Anm. 144); der Kurs in der Europapolitik entsprach zu einem guten (wenn auch nicht genügenden) Teil den sozialistischen Erwartungen. Außerdem ist es problematisch, das Verhältnis zur Deutschlandpolitik vor 1947 und das Verhältnis zur Europapolitik nach 1949 in einer These zusammenzufassen.

[3] Léon *Blum*, „Participation et opposition", Le Populaire 11./12. 2. 50, Oeuvre VII, S. 265—268.

[4] Nach 1948 wurden von der Parteizentrale nur noch die Mitglieder registriert, die für alle zwölf Monate des Jahres ihre Beiträge entrichtet hatten; es gab jedoch stets einen großen Prozentsatz von Parteiangehörigen, die nur für 7 bis 10 Monate zahlten. Die oben Kapitel VI.2. angegebenen Zahlen (190 000 für 1948) beziehen diese „Teilmitglieder" mit ein.

[5] Vgl. den Überblick bei *Quilliot*, SFIO, S. 351—355. — Diese Frustration, nicht aber mangelndes Zutrauen in die sozialistischen Versprechungen a priori — wie Henry W. *Ehrmann*, The Decline of the Socialist Party, S. 199 meint — war der entscheidende Grund für den mangelnden Rückhalt der SFIO bei der Wählerschaft.

[6] Vgl. 41e Congrès national, Compte rendu sténographique; Bulletin intérieur Nr. 44. November 1949; *Depreux*, Souvenirs d'un militant, S. 383—386.

[7] Darstellung bei *Quilliot*, SFIO, S. 331—341; näherhin die Protokolle der Nationalräte vom 6. 11. 49, 13./14. 12. 49 (a. o. Parteikongreß), 25./26. 2. 50. *Blums* Mißbilligung nur mühsam verborgen in seiner Artikelserie „Participation et opposition", Le Populaire 10. 16. 2. 50, Oeuvre VII, S. 263—276 (Zitat 16. 2.). — Genugtuung *Mayers*: 42e Congrès national, Compte rendu Bd. II, S. 450—473.

[8] *Quilliot*, SFIO, S. 407. Zu den Regierungskrisen 1950/51 ebda. S. 347—349, 405—407 sowie *Lapie*, De Léon Blum à de Gaulle, S. 278—280, 283—285, 397—402. Vgl. auch den Gesamtüberblick über die Regierungskrisen bei Roy C. *Macridis*, Cabinet Instability in the Fourth Republik, in: The Journal of Politics 14 (1952), S. 643—658.

[9] Vgl. Jeanne-Léon *Blum*, Léon Blum, 9 avril 1872 — 30 mars 1950, Paris 1951, S. 56.

[10] 42e Congrès national, Compte rendu Bd. I, S. 186—226; dazu die Paraphrase von *Quilliot*, SFIO, S. 344 f. — In einer wesentlich erweiterten Fassung veröffentlichte Moch seine Gedanken zwei Jahre später in Buchform: Jules *Moch*, Confrontations..., Paris 1952.

[11] Es ist jedoch nicht gerechtfertigt, der Parteimehrheit um Mollet für die Jahre nach 1950 die gleiche Intransigenz gegenüber allen Reformversuchen wie 1945/46 vorzuwerfen, wie dies E. Drexel *Godfrey*, The Fate of the French Non-Communist Left, New York 1955, S. 70 ff. tut: Moch verlor 1951 seinen Sitz im Comité directeur nicht wegen seines Reformkonzeptes, sondern weil er um der Notwendigkeit der Aufrüstung im Rahmen der NATO willen für eine vorübergehende Einschränkung in den Sozialleistungen eintrat (*Quilliot*, S. 369 f.); einen Reformversuch von Etienne Weill-Raynal gab es überhaupt nicht, lediglich eine zustimmende Besprechung zu dem Grundziele des Sozialismus unter besonderer Betonung des Internationalismus aufzählenden Bändchen von Georges *Bourgin* und Pierre *Rimbert*, Le Socialisme, Paris 1950 (Collection „Que sais-je") (Etienne *Weill-Raynal*, Socialisme d'aujourd'hui, Revue socialiste Nr. 37, Mai 1950, S. 463—472); andererseits entwickelten Christian Pinau, Albert Gazier und Kléber Lousteau unter Billigung der Parteiführung neue Konzepte für die Wirtschafts- und Agrarpolitik (vgl. die mittelfristige SFIO-Broschüre „Les Solutions socialistes", Juli 1952, und *Quilliot*, S. 419—423).

[12] Georges E. *Lavau*, Partis politiques et réalités sociales, Paris 1953, S. 140.

[13] Insgesamt hofft diese Analyse gezeigt zu haben, daß die Krise der SFIO nicht nur dem „Molletismus" zuzuschreiben ist, wie dies nachträglich Auriol, Philip und Mayer getan haben (Vincent *Auriol*, Brief vom 17. 7. 59, zustimmend zitiert von Edouard *Depreux*, Souvenirs d'un militant, S. 508—510; André *Philip*, Le socialisme trahi, Paris 1957, passim; ders., Les socialistes, Paris 1957, S. 140 ff. u. ö.; Daniel *Mayer*, Pour une histoire de la gauche, Paris 1969, S. 348—355, ihnen folgend die meisten der überblickartigen Darstellungen); wenngleich der Mollet-Kurs die strukturell bedingte Krise noch verschärft hat.

[14] Guy *Mollet,* „L'heure de l'Europe", Le Populaire 4. 5. 50; Paul *Ramadier,* „L'Europe d'abord", Le Populaire 6./7. 5. 50.
[15] In der Skizze der SFIO-Haltung zum Schuman-Plan von *Criddle,* Socialists and European Integration, S. 46—55 ist dieser grundlegende Zielkonflikt der SFIO-Europapolitik des Jahres 1950 überhaupt nicht erkannt. Nicht eine vage „Britenfreundlichkeit", sondern die Sorge vor einer Stärkung konservativer Strukturen in Europa ließ die SFIO vor einem europäischen Zusammenschluß ohne Großbritannien zögern; der von *Criddle* betonte Antiklerikalismus war bestenfalls ein sekundäres Argument.
[16] „Resolution der Generalversammlung der UEF zur Vorlage an den Europarat in Straßburg", Text in Les Documents Européens, Paris Nr. 7 Dezember 1949; deutsche Übersetzung in Europa-Archiv 5 (1950), S. 2801—2806, und in Europa. Dokumente..., Bd. I, S. 587—594.
[17] „Resolution über die Europäische politische Autorität", Text in Les Documents Européennes, Paris, Nr. 8 Januar 1950; deutsche Übersetzung in Europa-Archiv 5 (1950), S. 2837—2839. — Vgl. hierzu oben Kapitel 7. 1., Anm. 16.
[18] Text in Le Populaire 21. 2. 50.
[19] Vgl. den Überblick bei Jean-Pierre *Gouzy,* Les Pionniers de l'Europe communautaire, Lausanne 1968, S. 64 f.
[20] Wilhelm *Cornides,* Der europäische Bundespakt, Europa-Archiv 5 (1950), S. 2785 f.
[21] Vgl. die Berichte in Europa-Archiv 5 (1950), S. 2745—2747 und Le Populaire 21. 12. 49.
[22] Die einstimmig verabschiedete Forderung des SFIO-Nationalrats vom 24./25. 2. 50 in Puteaux, die Abgeordneten der Beratenden Versammlung direkt von der europäischen Bevölkerung wählen zu lassen, wurde allerdings von dem Politischen Ausschuß nicht berücksichtigt — vgl. Le Populaire 27. 2. 50 und Bulletin intérieur Nr. 47, März 1950, S. 8.
[23] Vgl. hierzu den Überblick von Wilhelm *Cornides,* Das politische Programm des Europarates, Europa-Archiv 5 (1950), S. 3227—3236; zu Mollets Exekutivorgan-Vorschlag auch den Bericht in Le Populaire 24. 3. 1950; ferner *Bonnefous,* L'Europe en face de son destin, S. 130—132. Philip, Le Problème de l'Union européenne, S. 276 f.
[24] Conseil de l'Europe, Compte rendu, Session 2, Strasbourg 1950, S. 45—57, Zitat S. 49.
[25] Zu Bidaults Atlantikrat-Vorschlag und der Reaktion der Öffentlichkeit vgl. L'Année politique 1950, S. 92 f.; Textauszug S. 359—361; Hermann *Volle,* Schumanplan und Atlantikpakt, Europa-Archiv 5 (1950), S. 3147—3158.
[26] Guy *Mollet,* „L'heure de l'Europe", Le Populaire 26./27. und 29./30. 4. 1950; Paul *Ramadier,* „L'Europe d'abord", Le Populaire 6./7. 5. 50; Vincent *Auriol,* Tagebucheintrag 20. 4. 50, Mon septennat S. 259 f., Le Populaire 20. 4. 50 erneut in: Populaire-Dimanche 22. 4. 50; Guy *Mollet;* Charles *Ronsac,* Franc-Tireur 17. 4. 50. — Dagegen noch ohne Erkenntnis der antieuropäischen Dynamik des Bidault-Vorschlags der erste Kommentar von Orestre *Rosenfeld* in Le Populaire 16. 4. 50: Die Schaffung eines Atlantikrates würde die europäischen Institutionen von den Militärproblemen befreien; sie könnten sich dann um so intensiver dem Ausbau der politischen und wirtschaftlichen Einheit Europas widmen.
[27] „Pour la socialisation internationale de la Ruhr", Resolution des Comité directeur vom 26. 4. 50; „Contre tout réarmement de l'Allemagne de l'Ouest", Resolution des Comité directeur vom 26. 4. 50; beide in Le Populaire 29./30. 4. 50 und Bulletin intérieur Nr. 50, Juni 1950, S. 18 f. (beide einstimmig verabschiedet). Vgl. auch die Unruhe Auriols über den deutschen Wiederaufstieg, Tagebucheintrag vom 3. 1. 50, *Auriol,* Mon septennat, S. 242.
[28] Léon *Blum,* „Le ‚conflit' de la Sarre", Le Populaire 17. 1. 50; Salomon *Grumbach,* „Brusquer la discussion sur le problème sarrois n'arrangera pas les choses", Le Populaire 16. 1. 50.
[29] Nachträglich gutgeheißen vom Comité directeur in seiner Sitzung vom 9. 11. 49; vgl. Bulletin intérieur Nr. 46, Januar 1949, S. 36, und den Bericht von Guy *Mollet* in Le Populaire 27. 10. 1955.
[30] Text der Konventionen, in: Saarbrücker Zeitung Nr. 54, 6. 3. 50; die vier wichtigsten auch in Europa-Archiv 5 (1950), S. 2915—2922. Zur Saarpolitik 1949/50 insgesamt vgl. Per *Fischer,* Die Saar zwischen Deutschland und Frankreich, Frankfurt 1959, S. 81—96;

Jacques *Freymond*, Die Saar 1945—1955, München 1961, S. 97—107; F. Roy *Willis*, France, Germany and the New Europe, S. 70—76.
³¹ Zur COMISCO-Vollkonferenz von Hastings vgl. die Berichte von Louis *Lévy* in Le Populaire 20. u. 21. 3. 50; zur Kontroverse SPD—SFIO ferner Salomon *Grumbach*, „A mon ami Kurt Schumacher", Le Populaire 11./12. 2. 50; ders., Editorial, Le Populaire 6. 3. 50; und nachträglich analysierend André *Philip*, „Conditions du dialogue franco-allemand entre socialistes", Allemagne 2 (1950), Heft August-September, S. 1 bis 3; zur Saardebatte der COMISCO-Versammlung von Kopenhagen vgl. den Bericht in Le Populaire 3./4. 6. 50; zu den Verhandlungen Pineau—von Brentano den Überblick bei *Quilliot*, SFIO, S. 586 f. — Insgesamt war der SPD-SFIO-Konflikt 1950 doch mehr oberflächlicher Natur, seitens der SFIO eine Folge der Schwierigkeit, die eigene Haltung der Vergangenheit aufzuarbeiten, als dies aus den Bemerkungen über das beiderseitige gespannte Verhältnis bei *Grosser*, *Edinger* und *Schwarz* hervorgeht.
³² Monnet-Memorandum vom 3. 5. 50, erstmals veröffentlicht in Le Monde 9. 5. 70, dt. Übersetzung bei *Ziebura*, Die deutsch-französischen Beziehungen, S. 195—200; Erklärung Schumans vom 9. 5. 50 u. v. a. in Agence France Presse, Information et Documentation Nr. 291, 13. 5. 50, l'Année politique 1950, S. 306 f.; dt. in Europa-Archiv 5 (1950), S. 3091 f., Europa Dokumente... Bd. II., S. 680 f. — Aus der umfangreichen Literatur zum Schumanplan vgl. insbesondere zur Vorgeschichte und Diskussion des Vertrags: Georges *Goriely*, L'Opinion Publique et le Plan Schuman, in: Revue française de science politique 3 (1953), S. 585—611, Pierre *Gerbet*, La genèse du plan Schuman, ebda. 6 (1956), S. 525—525 (auch als Sonderdruck Lausanne 1962); William *Diebold* jr., The Schuman Plan, New York, 1959, S. 8—112 (mit ausführlicher weiterführender Bibliographie); Louis Lister, Europe's Coal and Steel Community, New York 1960; Hermann *Mosler*, Die Entstehung des Modells supranationaler und gewaltenteilender Staatenverbindungen in den Verhandlungen über den Schuman-Plan, in: Probleme des Europäischen Rechts (Hallstein-Festschrift), Frankfurt 1966, S. 355—386; Carl Friedrich *Ophüls*, Zur ideengeschichtlichen Herkunft der Gemeinschaftsverfassung, ebda. S. 387 bis 413; F. Roy *Willis*, France, Germany and the New Erope, S. 80—129; *Ziebura*, Die deutsch-französischen Beziehungen, S. 50—56. — Die Initiativen Philips für eine europäische Grundindustriebehörde werden in diesen Arbeiten zwar gelegentlich erwähnt; insgesamt wird jedoch der Anteil der SFIO an der Vorgeschichte des Schuman-Plans noch nicht recht deutlich.
³³ Vgl. oben Kapitel V.4., VI.4., VII.1., VII.4.
³⁴ Vgl. den Bericht von André *Philip* in einem Interview mit Nord-Matin 18. 5. 50 und die Darstellung bei *Gerbet*, a. a. O. S. 530 f. *Bonnefous*, l'Europe en face de son destin, S. 159 f., datiert die Resolutionen irrtümlich in den Januar 1950.
³⁵ Vgl. hierzu *Diebold*, a. a. O. S. 21—46.
³⁶ Zur funktionalistischen Methode siehe David *Mitrany*, A Working Peace System, London ¹1943, ⁴1946; Darstellungen: Ernst B. *Haas*, Beyond the Nation State, Functionalism and International Organization, Stanford 1964, S. 1—25 u. ö.; Inis L. *Claude*, Swords into plowshares, New York ¹1956, ³1964, S. 344—367; James P. *Sewell*, Functionalism and World Politics, Princeton 1966, S. 3—72.
³⁷ Insofern ist es nicht präzise, Monnets Konzept mit *Ziebura* (Die deutsch-französischen Beziehungen, S. 54) „Die Einigung Westeuropas mit Hilfe der funktionalistischen Methode" zu nennen. Treffend dagegen Hans-Peter *Schwarz* (Europa föderieren — aber wie? in: Demokratisches System und politische Praxis der Bundesrepublik, Eschenburg-Festschrift, München 1971, S. 377—443, hier S. 420): „Tatsächlich hat erst der Entschluß, die beiden heterogenen Elemente — Föderalismus und Funktionalismus — miteinander zu verbinden, die eigentliche Originalität des Schuman-Plans ausgemacht." Gegenüber *Schwarz* ist jedoch festzuhalten, daß die aus dem Memorandum vom 3. 5. 50 ersichtlichen Motive Monnets eindeutig belegen, daß diese Verbindung von Funktionalismus und Föderalismus schon in Monnets eigenem Konzept vorhanden gewesen sein muß, der Hinweis auf das Ziel der europäischen Föderation in der Erklärung vom 9. 5. 50 also nicht einen nachträglichen „europäischen Aufputz" im Hinblick auf den „Europäer" Schuman oder Washington und Bonn darstellte.
³⁸ Es ist legitim, daran zu zweifeln, daß Monnet mit einer britischen Beteiligung *rechnete*;

Zu S. 265—268

es ist jedoch nicht gerechtfertigt, mit dem Argument, erst die britische Ablehnung habe dem Projekt seinen vollen Sinn gegeben zu behaupten, Monnet habe diese Ablehnung von vornherein *beabsichtigt*. Diese Argumentation *Grossers* (La IVe République, S. 236) liest wie die gleichartigen Beurteilungen des Marshallplans in das ursprüngliche Projekt ex eventu mehr hinein, als es tatsächlich enthielt. Bis zum Beweis des Gegenteils muß man wohl der Beteuerung Monnets Glauben schenken, er habe stets eine Beteiligung Großbritanniens für wünschenswert gehalten, freilich nicht an eine Änderung seiner Haltung durch die Kraft der Argumente, sondern nur durch die Kraft der Tatsachen geglaubt. (zit. bei *Elgey*, La République des illusions S. 448).

39 Resolution zum Schuman-Plan, veröffentlicht in Le Populaire 13./14. 5. 50, erneut in Bulletin intérieur Nr. 50, Juni 1950, S. 20 f. und Nr. 53, April 1951, S. 185 f.; *Mollets* nachträgliche Behauptung: „Nous n'avons formulé aucune objection au projet gouvernemental", zitiert bei *Elgey*, La République des illusions, S. 451, sucht die tatsächliche Problematik der SFIO angesichts des Schumanplans zu vertuschen.

40 Fernand *Caussy*, Editorial, Le Populaire 10. 5. 50; ders., Editorial, Le Populaire 11. 5. 50; Paul *Parisot*, Editorial, Franc-Tireur 10. 5. 50; Charles *Ronsac*, Editorial, Franc-Tireur 11. 5. 50; Le *Cordelier*, „La France propose...", La République du Sud-Quest, 11. 5. 50; Jean *Lechantre*, „Toute la question", Nord-Matin 12. 5. 50; Jean *Texcier*, „Aide-toi...", Nord-Matin 18. 5. 50; zur Reaktion der F. O. vgl. die Stellungnahmen von Léon *Jouhaux*, A. *Lafond* u. a. auf dem Comité confédéral national vom 13./14. 5. 50, Bericht in Force Ouvrière 18. 5. 50; ferner Robert *Botherau*, „Faire l'Europe et la Paix", Force Ouvrière 29. 6. 50.

41 Vgl. die im britischen Weißbuch vom 13. 6. 50 veröffentlichten Dokumente über die Vorverhandlungen, dt. Text in Europa-Archiv 5 (1950), S. 3167—3174, und Europa. Dokumente... Bd. 2, S. 681—695, Zitat ebda. S. 687; Zur britischen Haltung zum Schumanplan vgl. die Darstellungen bei *Fitzsimons*, The Foreign Policy of the British Labour Government, S. 124—130; *Windrich*, British Labour's Foreign Policy, S. 198 bis 212; Hans-Joachim *Heiser*, British Policy with Regard to the Unification Efforts on the European Continent, Leyden 1959, S. 39—48; Ulrich *Sahm*, Großbritanniens Haltung zum Schuman-Plan, in: Zur Integration Europas (Ophüls-Festschrift), Karlsruhe 1965, S. 153—165.

42 42e Congrès national, Compte rendu / 26—29 mai 1950 /: *Mollet*, Bd. II, S. 503—546; *Moch*, Bd. I, S. 186—226; *Boutbien*, Bd. II, S. 473—496; *Philip*, Bd. I, S. 157—182; *Lapie*, Bd. I, S. 229—236 (Zitat); *Gouin*, Bd. I, S. 275—287; vgl. auch die Berichte in Le Populaire 28.—30. 5. 50 und bei *Lapie*, De Léon Blum à de Gaulle, S. 247—249 — Resolution von Philip u. a. „Vers la renaissance socialiste", Bulletin intérieur Nr. 49, Mai 1950, S. 23 f. — Schlußresolution „Motion de politique internationale" Le Populaire 30. 5. 50 und Bulletin intérieur Nr. 50, Juni 1950, S. 9 f.

43 Zur Kopenhagener Konferenz vom 1. bis 3. 6. 50 vgl. die Berichte von Louis *Levy in* Le Populaire 3./4. und 7. 6. 50; die Konferenzresolution über „Sozialismus und Frieden" in Europa-Archiv 5 (1950), S. 3253. — Schlußkommuniqué der Sechs Mächte vom 3. 6. 50 in Europa. Dokumente... Bd. 2, S. 695.

44 Robert *Verdier*, „Une porte reste ouverte", Le Populaire 3./4. 5. 50; ferner die Erklärung des Stellvertretenden SFIO-Generalsekretärs ebda.; Charles *Dumas*, „S'unir ou périr", Nord-Matin 9. 6. 50; Charles *Ronsac*, „Le refus de Londres", Franc-Tireur 3./4. 6. 50 (bereits mit dem Vorwurf des Nationalismus an die britische Adresse).

45 British Labour Party, „European Unity", London 1950. — Vgl. die Analyse bei William *Diebold* jr., „Imponderables of the Schuman Plan", in: Foreign Affairs, Oktober 1950, S. 114—129.

46 C. D. 13. 6. 50, Resolution in Le Populaire, 15. 6. 50, erneut in Bulletin intérieur Nr. 53, April 1951, S.186; André *Philip*, Le Socialisme et l'unité européenne. Réponse à l'Exécutif du Labour Party, Paris 1950, S. 1 Vgl. auch ein Interview *Mollets* mit AFP 12. 6. 50 (Festhalten am supranationalen Prinzip, aber keine offene Kritik an Labour), Le Populaire 13. 6. 50; Robert *Verdier*, „Evitons les malentendus", Le Populaire 15. 6. 50; Vincent *Auriol*, Tagebucheintrag 15. 6. 50 („Vieille habitude anglaise de nationalisme") Mon septennat, S. 268.

47 „Resolution zur Koordinierung der europäischen Grundstoffindustrien" Text in Le Po-

pulaire 19. 6. 50, erneut in Bulletin intérieur Nr. 53, April 1951, S. 187 f., deutsch in Europa-Archiv 5 (1950), S. 3254. — Zum Verlauf der Londoner Sozialistenkonferenz vom 16. bis 18. 6. 50 siehe die Berichte von Louis *Levy* in Le Populaire 17./18. und 19. 6. 50 und von Charles *Ronsac* in Franc-Tireur 15., 17./18. und 19. 6. 50.

[48] Resolution des COMISCO, 22. 10. 50, Text in Bulletin intérieur Nr. 53, S. 188, Le Populaire 30. 10. 50.

[49] Zur belgischen Initiative und zum Brief Larocks vgl. Le Populaire 5. 1. 1951; zur Londoner Konferenz 2.—4. 3. 51 COMISCO-Circular Nr. 71/ 1951; zum Frankfurter Kongreß 30. 6.—3. 7. 51 Report of the First Congress of the Socialist International held at Frankfort-on-Main; insgesamt die Darstellung bei *Braunthal*, Geschichte der Internationale Bd. III, S. 235—239.

[50] Paul *Ramadier* aus Anlaß einer Debatte über den Auswärtigen Dienst, J. O. Débats 27. 6. 50, S. 5979—5981. — Offiziell wurde der Schumanplan vor seiner Ratifikationsdebatte in der Nationalversammlung nur in zwei Sitzungen des Auswärtigen Ausschusses mit Schuman behandelt; um eine Verzögerung wie eine Verwässerung des Projekts zu vermeiden, lehnte Schuman eine von Lapie beantragte öffentliche Debatte in der Nationalversammlung ab. Vgl. *Lapie*, De Léon Blum à de Gaulle, S. 248. — Als Zeugnis für die Fortdauer der sozialistischen Befürchtungen hinsichtlich negativer Implikationen des Schumanplans vgl. *Germanicus*, „Impromptu Schuman", Revue socialiste Nr. 40, Oktober 1950, S. 289—307, und Etienne *Weill-Raynal*, „Quelques reflexions sur l'article de Germanicus", ebda. S. 367 ff.

[51] „Proposition de Résolution, tendat à la signature d'un Pacte Fédéral Européen et à l'institution d'une autorité politique européenne", Text in Europa-Archiv 5 (1950), S. 3360; Bericht in Le Populaire 10. 8. 50. Zur zweiten Sitzungsperiode der Beratenden Versammlung vgl. als grundlegende Quelle die fünf Teile des zweisprachigen Sitzungsprotokolls: Conseil de l'Europe, Assemblée Consultative, Deuxième Session, Compte rendus, Strasbourg 1950; an ersten Überblicken Wilhelm Cornides, Die Straßburger Konsultativversammlung vor den Grundfragen der Europäischen Einigung, Europa-Archiv 5 (1950), S. 3347—3360; ders., Der Europarat und die nationalen Parlamente, Europa-Archiv 6 (1951), S. 3655—3676, Hugh *Dalton*, High Tide and After, London 1962, S. 327—336, Paul-Henri *Spaak*, Combats inachevés, Bd. II. Paris 1969, S. 34—45; Edouard *Bonnefous*, L'Europe en face de son destin, S. 133—142. — Leider teilen diese Darstellungen die zeitgenössische Klassifizierung der Abgeordneten in „Funktionalisten" und „Föderalisten", so daß der tatsächliche Entscheidungsprozeß der Sitzungsperiode zwischen Wahrung nationalstaatlicher Souveränität und Supranationalität nicht recht deutlich wird.

[52] André *Philip*, Compte rendu 8. 8. 50, S. 44—57, Zitat S. 55; vgl. auch *Jaquet* und *Philip* in der Debatte des Berichts des Politischen Ausschusses, Compte rendu 17. 8. 50, S. 690—695, und 18. 5. 50, S. 726—733.

[53] Vgl. Guy *Mollet*, Compte rendu 17. 8. 50, S. 644—655 (1. Bericht des Politischen Ausschusses); ebda. S. 748—753 (Debatte über den 1. Bericht); Compte rendu 28. 8. 50, S. 1092—1097 (2. Bericht des Politischen Ausschusses); ebda. S. 1176—1183 und 1222 bis 1225 (Debatte über den 2. Bericht; hier besonders deutlich). — Zitat ebda. S. 1181 — „Motion recommanding the investment of the council of Europe with legislative and executive powers" = Document AS (2) 19 der zweiten Sitzungsperiode.

[54] Vgl. die Abstimmung in Compte rendu 18. 8. 50, S. 770 f. und den Bericht in Le Populaire 21. 8. 50.

[55] Die Behauptung von *Bonnefous* (a. a. O., S. 137), die hartnäckigsten Gegner eines engeren Zusammenschlusses hätten sich unter den sozialistischen Abgeordneten befunden, die das Schreckbild eines „Europe vaticane" fürchteten, ist insofern irreführend, als sie die Rolle jenes anderen Teils von Sozialisten unerwähnt läßt, die für regionale Teilföderation eintraten.

[56] *Mollet*, Compte rendu 28. 8. 50, S. 1181; *Jaquet*, ebda. S. 1107; vgl. auch *Philip*, ebda. S. 1165.

[57] Zu den Abstimmungen vgl. Compte rendu 28. 8. 50, S. 1217, 1221, 1269; zum Richtungswechsel mancher Abgeordneter etwa die Rede von *Moutet*, ebda. S. 1218 f. — Die Bemerkung von *Lipgens* (Die Europäische Integration, S. 55), es hätten sich „zwar die

Hälfte, aber weniger als zwei Drittel der Abgeordneten für die Verabschiedung eines Bundespaktes" erklärt, ist unrichtig. Hugh *Dalton* (High Tide and After, London 1962, S. 325) datiert den — unpolitisch wiedergegebenen — Zwischenfall bei der Wahl des SFIO-Ausschußmitglieds irrtümlich auf das Ende der ersten Sitzungsperiode.

[58] Vgl. die Texte der wichtigsten Empfehlungen in Europa-Archiv 5 (1950), S. 3350, 3361 bis 3365; 6 (1951) S. 3620—3626; sowie in Europa. Dokumente... Bd. I, S. 497—500; Zitat ebda. S. 497 f.

[59] Zu den Debatten in den nationalen Parlamenten vgl. den Überblick bei *Cornides*, Der Europarat und die nationalen Parlamente, Europa-Archiv 6 (1951), hier S. 3657—3671; Zur Ministerratstagung 3.—5. II. 50 das Kommuniqué in Europa-Archiv 6 (1951), S. 3677 f.

[60] Wobei diesmal allerdings Philip auf der Seite Mollets stand; vgl. S. 290.

[61] C. D. 13. 9. 50; vgl. das Beschlußprotokoll in Bulletin intérieur Nr. 53, April 1951, S. 189; und die Erwähnung bei *Quilliot*, SFIO, S. 353, der jedoch die einseitige Interpretation der Parteitagsbeschlüsse durch Mollet übernimmt.

[62] Bericht in Le Populaire 23. 10. 50; Text der Resolution in Le Populaire 30. 10. 50 und Bulletin intérieur Nr. 53, April 1951, S. 189.

[63] Conseil national 4.—5. 11. 50, Compte rendu, *Mollet*, S. 87—110, 474—520; *Ramadier*, S. 227—239; *Grumbach*, S. 443—473; *Le Bail*, S. 359—372; Resolution „Pas d'Europe sans la Grande-Bretagne et sans la Scandinavie", durch Akklamation verabschiedet, Text in Le Populaire 7. 11. 50 und Bulletin intérieur Nr. 51, November 1950, S. 4. — Die Berichte in Le Populaire 6. u. 7. 11. 50 übergehen die tatsächliche Streitfrage des Treffens geflissentlich. — Weitere Zeugnisse für die Haltung der Parteimehrheit: Jean *Texcier*, „N'enjambez pas l'Europe!", Nord-Matin 27. 6. 50; Daniel *Mayer*, Interview mit Combat 16. 10. 50; Paul *Ramadier*, „Les chemins de l'Europe" Le Populaire 8. 9. 50; ders., J. O. Débats 15. 11. 50, S. 7738 f. (Mehrheitssprecher der soz. Fraktion); Guy *Mollet*, ebda. S. 7739—7741 (als Europarat-Minister); ders., Interview mit Combat 26. 11. 50; ders. „La Situation Internationale et le parti Socialiste", Rede in Marseille 15. 10. 50, Text in La Documentation politique Nr. 41, 19. 10. 50, S. 3—5.

[64] Zum Conseil européen de Vigilance vgl. Jean-Pierre *Gouzy*, Les pionnieres de l'Europe communautaire, Lausanne 1968, S. 64—67; Text des Manifestes ebda. S. 162—164; ferner André *Philip*, „Le Socialisme et l'Unité Européenne. Réponse à l'Executif du Labour Party", Paris 1950; deutsch u. d. T. „Der Sozialismus und die europäische Einheit", Gelsenkirchen 1950; ders., „L'unité européenne. L'heure de la décision", Paris 1951 (daraus Zitat S. 22); ders., „L'Unité européenne et la France", Synthèses. Revue internationale, Brüssel Januar 1951, S. 161—170; ders. Conseil de l'Europe, Compte rendu 22. 11. 50, S. 1438—1449; Gérard *Jaquet*, Conseil national 4.—.5. 11. 49, Compte rendu S. 284—294; ders. J. O. *Débats* 15. 11. 50, S. 7726 f.; ders., Conseil de l'Europe, Compte rendu 22. 11. 50, S. 1472—1475; Henri *Frenay*, Interview mit Combat 20. 10. 50; Combat und Franc-Tireur September—Dezember 1950 passim, insbesondere „Combat pour l'Europe", Combat 10. 10. 50 ff., Interview mit MSEUE-Generalsekretär Gironella, Combat 2. 11. 50, Bericht über Conseil de Vigilance in Straßburg, Combat 21. 11. 50, Charles *Ronsac*, „L'Heure de l'Europe", Franc-Tireur 21./22. 10. 50, Georges *Altman*, „Europe, notre patrie", Franc-Tireur 10. 11. 50 ff.; Resolutionen des MSEUE-Kongresses, 17.—19. 11. 50, in: La République Fédérale Jg. 3, Heft 15, S. 24 ff.; deutsch in Europa. Dokumente Bd. 1, S. 557—561.

[65] Vgl. den Bericht in Le Populaire 20. 11. 50, und die Erklärung „A propos du Conseil européen de Vigilance", La Documentation politique Nr. 46, 23. 11. 50, S. 1 (Anm. zu Seite 570)

[66] Amendement Jaquet u. a.: Document AS (2) 148 Nr 2; Diskussion und Abstimmung in Conseil de l'Europe, Compte rendu 23. 11. 50, S. 1612—1621; zur Parteizugehörigkeit der Votanten siehe Le Populaire 24. 11. 50; Antrag von Campe u. a. (Verfassungsausschuß: Document AS (2) 153); deutsch in Europa-Archiv 6 (1951), S. 3685 und Europa. Dokumente Bd. I, S. 449 f.; Vertagung Compte rendu S. 1675.

[67] Vgl. Parliamentary Debates (Weekly Hansard), House of Commons, Vol. 480, No. 10, Sp. 1392—1504. Einen Überblick über die Debatte gibt *Cornides*, Der Europarat und

die nationalen Parlamente, Europa-Archiv 6 (1951), hier S. 3667—3670. Europa. Dokumente Bd. I, S. 395—407.
68 Vgl. Le Populaire 18./19. 11. 50.
69 „Empfehlungen zur Abänderung des Statuts des Europarates"; Document AS (2) 155, Document AS (2) 55, Document AS/AG (2) 6 S; deutsche Übersetzung in Europa-Archiv 6 (1951), S. 3679—3685.
70 Konservativismus-Vorwurf: André *Philip*, L'Unité européenne, Paris 1951, S. 24 u. ö.; andeutungsweise auch bei Walter *Lipgens*, Die europäische Integration, Entwicklungsphasen und Stand, in: Ruperto Carola 38 (1965), S. 23—43, hier S. 33: Der erste Anlauf wäre wohlgelungen, wenn Großbritannien „nicht unter Mithilfe des der Führung der Labour Party vertrauenden Teils der europäischen Sozialisten jeden Ansatz auf ‚Zusammenarbeit' anstelle von ‚Zusammenschluß' reduziert hätte." — Guy *Mollet*, Zitat aus Conseil national 4./5. 11. 50, Compte rendu S. 101.
71 „Vous avez le droit, vous avez même le devoir d'aller au-devant de nous, de nous pousser *Mollet* am 19. 11. 50 zu den Delegierten der Straßburger MSEUE-Konferenz, zit. n. Documentation politique Nr. 46, 23. 2. 50.
72 U. v. a.: Charles *Ronsac*, „Où va l'Europe? Où va le monde?", Franc-Tireur 5. 4. 50; Claude *Bourdet*, „Fin de l'Europe", L'Observateur 20. 4. 50; Etienne *Gilson*, „Le temps de la décision", Le Monde 13. 7. 50; Gilles *Martinet*, „Le neutralisme contre le defaitisme", L'Obersvateur 28. 9. 50; Jean *Fabiani*, „Solutions ‚réalistes'" Combat 18. 10. 50; Marcel *Gimont*, „Virage dangereux", Combat 6. 11. 50. — John T. *Marcus*' Unterscheidung zwischen „pro-amerikanischen" Neutralismus Gilsons, „neutralem" Neutralismus in Le Monde, und „anti-amerikanischem" Neutralismus bei Bourdet (Neutralism and Nationalism in France, New York 1958, S. 33—43) ist m. E. nicht gerechtfertigt: die Sympathien der Neutralisten verteilten sich weniger nach bestimmten Tendenzen als anhand der jeweils zu beurteilenden Tagespolitik, wie es der Instabilität eines Anti-Konzeptes entsprach.
73 „Manifeste pour un socialisme authentique", Bulletin intérieur Nr. 49, Mars 1950, S. 20—22; verteidigt von Lucien *Weitz*, 42e Congrès national, Compte rendu Bd. II, S. 661—670, 736—741; Abstimmungsergebnis in Le Populaire 30. 5. 50. — Vgl. auch Jean *Riès*, L'Observateur Nr. 30, 2. 11. 50. Kritisch zum Festhalten an der Bindung zu den USA auch G. *Caluire*, „L'aide Marshall nous est-elle encore indispensable?", Revue socialiste Nr. 36, April 1950, S. 267—274.
74 „Motion de politique internationale", Le Populaire 30. 5. 50 u. ö.; dazu die Interventionen *Philips* auf dem Parteitag, Compte rendu Bd. I, S. 186—226, Bd. II, S. 735 bis 749; ebenso in Straßburg, Conseil de l'Europe, Compte rendu 22. 11. 50, Zitat S. 1445; ders., „Indépendance et neutralité", Le Populaire 10. 7. 50; ders., „Les rapports entre l'est et l'ouest européens", Le Populaire 11. 7. 50. — Ferner Guy *Mollet*, 42e Congrès national, Compte rendu Bd. II, S. 503—546; ders., Rede in Marseille 15. 10. 50, La Documentation politique Nr. 41, 19. 10. 50; Robert *Verdier*, „L'impossible neutralité", Le Populaire 9. 5. 50.
75 Vgl. Françis *Leenhardt*, „L'appel de Stockholm, c'est le plan russe", Nord-Matin 11. 5. 50; Pierre *Commin*, „Détruire une arme redoutable: le Mensonge et la Haine", La Documentation politique Nr. 29, 15. 6. 50; ders., „L'appel de Stockholm est une manoeuvre du Kominform", La Documentation politique Nr. 31, 29. 6. 50; sowie diese beiden Hefte des Dokumentationsdienstes passim; Jean *Le Bail*, „Guerre à la guerre et aux faux pacifistes", Broschüre der Fédération Haute Vienne, August 1950. — Gegenkampagne: Forderung der Fédération Vosges, vorgebracht von *Benoit*, Compte rendu Bd. II, S. 638—646. Die sozialistische Gegenpropaganda wurde auch von der CGT-FO unterstützt, vgl. André *Viot*, „Dupes et alliés", Force Ouvrière 22. 6. 50; Aufruf „Face aux bellicistes hypocrites défendons la Paix", Force Ouvrière 20. 7. 50.
76 *Philip, Boutbien, Mayer, Le Bail* auf dem Conseil national der SFIO 10. 7. 50, Compte rendu passim; *Verdier*, Editorial, Le Populaire 28. 6. 50 (Zitat); *Commin*, Editorial, Le Populaire 28. 7. 50; ders., auf einer Kundgebung der Fédération Pas-de-Calais in Phalempin 23. 7. 50, Bericht in Le Populaire 24. 7. 50; *Mollet*, ebda. und Rede in Marsaille 15. 10. 50, a. a. O.; *Texcier*, „Nous savons où conduit Munich", Nord-Matin 17. 8. 50; *Dumas*, „Le monde se défend", Nord-Matin 30. 6. 50; *Auriol*, Rede in Bar-

le-Duc 23. 7. 50, Bericht in Le Populaire 24. 7. 50; — Ferner: A. *Lafond,* „Guerre ou paix?", Force Ouvrière 6. 7. 50; Robert *Bothereau,* „Aux hommes libres", Force Ouvrière 13. 7. 50; Charles *Ronsac,* „Quatrième semaine", Franc-Tireur 17. 7. 50; R. *Tréno,* „La peste et le choléra", Franc-Tireur 4. 9. 50.

[77] Charles *Ronsac,* „Il faut maintenant gagner la paix", Franc-Tireur 27. 9. 50; Jean *Texcier,* „Et après?, Nord-Matin 28. 9. 50; Guy *Mollet,* Rede in Marsaille 15. 10. 50, a. a. O.

[78] Zur Diskussion über die deutschen Wiederbewaffnung 1950 vgl. Wilhelm *Cornides* und Hermann *Volle,* Schumanplan und Atlantikpakt, Europa-Archiv 5 (1950), S. 3147 bis 3158, 3464—3474, 3503—3514, und Europa-Archiv 6 (1951), S. 3961—3976; diess., Die Diskussion über den deutschen Verteidigungsbeitrag, Europa-Archiv 5 (1950), S. 3576—3593, Raymond *Aron* und Daniel *Lerner* (Hrsg.), La querelle de la C. E. D., Paris 1956; Jules *Moch,* Histoire du réarmement allemand depuis 1950, Paris 1965, S. 40—256 (minutiöse Verhandlungsnachzeichnung des wohl engagiertesten französischen Unterhändlers); Gerhard *Wettig,* Entmilitarisierung und Wiederbewaffnung in Deutschland 1943—1955, München 1967, S. 289—352, 363—401; Arnulf *Baring,* Außenpolitik in Adenauers Kanzlerdemokratie. Bonns Beitrag zur Europäischen Verteidigungsgemeinschaft, München/Wien 1959, S. 76—103; Gilbert *Ziebura,* Die deutsch-französischen Beziehungen, S. 65—73.

[79] Charles *Ronsac,* „La volonté arme de paix", Franc-Tireur 21. 7. 50.

[80] André *Philip,* 42e Congrès national, Compte rendu Bd. 1, S. 158—182; „Motion de politique internationale", Le Populaire 30. 5. 50 u. ö. („Dans les circonstances présentes, ces dépenses militaires ne doivent pas être augmentées par de nouvelles charges qui, faisant obstacle à un redressement économique non encore stabilisé, ébranleraient gravement les fondements mêmes de la sécurité intérieure de chaque Etat.") — Ferner: Fernand *Caussy,* „Armement et plan Marshall", Le Populaire 25. 7. 50.

[81] Guy *Mollet,* „L'heure de l'Europe", Le Populaire 28. 4. 50; ders., 42e Congrès national, Compte rendu Bd. 2, S. 503—546.

[82] André *Philip,* Conseil de l'Europe, Compte rendu 8. 8. 50, S. 44—57, hier 5.

[83] *Bidault,* Conseil de l'Europe, Compte rendu 9. 8. 50, S. 78—85; *Reynaud,* ebda. S. 112—123; *Churchill,* ebda. 11. 8. 50, S. 222—229, deutsch in Europa-Archiv 5 (1950), S. 3374—3376; Resolution: Document AS (2) 47, deutsch in Europa-Archiv ebda. S. 3350; Abstimmung Compte rendu 11. 8. 50, S. 310 f.; *Schmid,* ebda. 10. 8. 50, S. 154 bis 159; *Gerstenmaier,* ebda. 9. 8. 50, S. 128—133.

[84] Vgl. den Bericht bei *Moch,* Histoire du réarmement allemand, S. 43—59 und die Kommuniqués vom 14., 18., 19. 9. 50 in Europa-Archiv 5 (1950), S. 3405—3407 und 3475. Regierungsunterstützung: Ministerrat vom 20. 9. 50; Pressestimmen: etwa Le Populaire 21. 9. 50, L'Observateur Nr. 24, 21. 9. 50.

[85] Vgl. *Moch,* ebda. S. 60—87, Zitat S. 67; Kommuniqué vom 23. (Sechserkonferenz) und 27. (Atlantikrat) 9. 50 in Europa-Archiv 5 (1950), S. 3475 f. Sowohl die zeitgenössischen Pressekommentare, die von ernsthaften Spannungen zwischen Moch und Schuman sprachen, als auch Moch in seinen Erinnerungen, der diese Spannungen bestreitet, sagen nur die halbe Wahrheit: In der aktuellen Taktik stimmten beide überein, in der langfristigen Zielsetzung nicht.

[86] So das treffende Urteil von *Ziebura,* Die deutsch-französischen Beziehungen, S. 67 f.

[87] Text des „Pleven-Plans" (Regierungserklärung Plevens vom 24. 10. 50): J. O. Débats 25. 10. 50, S. 7118 f.; deutsch in Europa-Archiv 5 (1950), S. 3516—3520, und Europa. Dokumente... Bd. 2, S. 812—815; zusätzliche Erläuterungen durch Jules *Moch* am 28. 10. 50 im NATO-Verteidigungskomitee, Text in *Moch,* a. a. O., S. 389—394; sowie durch Robert *Schuman* am 24. 11. 50 in der Beratenden Versammlung, Conseil de l'Europe, Compte rendu 24. 11. 50, S. 1686—1693, deutsch in Europa-Archiv 6 (1951), S. 3965—3968. — Initiative Monnets: Zeugnis *Plevens* in *Elgey,* La République des illusions, S. 462; Plevens Sorge um parlamentarische Billigung: *Auriol,* Mon septennat, S. 241, der auch berichtet, daß Hervé Alphand den Plan im wesentlichen redigiert habe. Daß Pleven den Plan lanciert habe, um den Konflikt Schuman-Moch durch einen Kompromiß zu eliminieren, wie *Cornides* und *Volle,* a. a. O., S. 3514 und 3576, meinen, kann allein schon deswegen nicht stimmen, weil dieser Konflikt im Moment nicht

existierte (vgl. Anm. 89). — Zur Durchsetzung des Plans im Ministerrat *Moch*, a. a. O. S. 92—94 (26. 9.), 97 (28. 9.), 103—105 (6. 10.), 131—133 (21. u. 23. 10.), sowie *Lapie*, De Léon Blum à de Gaulle, S. 352—354 (6. und 19. 10.).

[88] *Ziebura*, Die deutsch-französischen Beziehungen, S. 68—70, übersieht m. E. den Unterschied zwischen diesem taktischen Moment und der langfristigen Zielsetzung des Plans, wenn er ihn wegen der Deutschland gegenüber erhaltenen Diskriminierung „ein hastig formuliertes, unausgegorenes Dokument voller Widersprüche, eine wahre tour de force" nennt, das folgerichtig von den Alliierten überhaupt nicht ernstgenommen werden konnte.

[89] „Wenn die Frage (einer deutschen Remilitarisierung) in New York positiv erörtert worden wäre, so bestünde nach den Ausführungen Schumans die Gefahr, daß die Sozialisten aus dem französischen Kabinett ausschieden und man müsse dadurch mit einer ernsten Regierungskrise rechnen." — Hoher Kommissar MacCloy zu Adenauer am 24. 9. 50, laut *Adenauer*, Erinnerungen, S. 347 f.

[90] Salomon *Grumbach*, C. D. 27. 9. 50, zitiert bei *Quilliot*, SFIO, S. 353; ders., Editorial, Le Populaire 19./20. 8. 50; ders., „La France ne veut pas d'une nouvelle Wehrmacht", Le Populaire 18. 9. 50; ders., Interview mit Nord-Matin 29./30. 10. 50 (ohne auf den Pleven-Plan einzugehen); ders., Conseil national 4./5. 11. 50, Compte rendu S. 443 bis 473. — Jules *Moch*, Histoire du réarmement allemand, passim; Ministerrat vom 21. 10. 50, ebda. S. 131—133. — Vincent *Auriol*, Mon Septennat, Tagebucheinträge vom 20. 9., 7. 10., 23. 10., 7. 11. und 31. 12. 50 (letztere irrtümlich auf den 31. 12. 49 datiert!), S. 288, 293 f., 298 f., 302—304, 241. Die Behauptung *Elgeys* (La République des illusions, S. 463), Auriol habe wie de Gaulle den Pleven-Plan zu torpedieren versucht, trifft die Haltung Auriols nicht; vgl. etwa 23. 10. 50: „Il est nécessaire de faire des efforts de paix, pour entreprendre l'armée européenne en y intégrant l'Allemagne. Avec ces réserves, je suis d'accord avec vous tous sur ce memorandum." — Marceau *Pivert*, Conseil national 4./5. 11. 50, Compte rendu, S. 258—284; ders., „Pour une politique socialiste internationale", Revue socialiste Nr. 41, November 1950, S. 349 bis 362; vgl. auch *Germanicus*, „Le réarmement allemand: veut-on tuer la république?", ebda. S. 363—375. — Daniel *Mayer*, Interview mit Combat 16. 10. 50; ders., Fraktionssitzung vom 23. 10. 50, mitgeteilt bei *Moch*, S. 128 f.; ders., J. O. Débats 26. 10. 50, S. 7190—7196. — Vgl. insgesamt auch C. D. 4. 10. 50.

[91] Jean *Le Bail*, Conseil national 4./5. 11. 50, Compte rendu S. 359—372, Zitat S. 371; Félix *Gouin* in der Fraktionssitzung vom 23. 10. 50, mitgeteilt von *Moch* S. 129 f.

[92] André *Philip*, Conseil national 4./5. 11. 50, Compte rendu S. 372—385; ders., Conseil de l'Europe, Compte rendu 24. 11. 50, S. 1806—1811 (Zitat S. 1807/1809). Guy *Mollet*, Rede in Marseille 15. 10. 50, La Documentation politique Nr. 41, 19. 10. 50; ders., Conseil National 4./5. 11. 50, Compte rendu S. 474—520; ders., Conseil de l'Europe, Compte rendu 24. 11. 50, S. 1784—1793 (Zitat S. 1791), auch in Populaire-Dimanche 3. 12. 50, S. 12. — Paul *Ramadier*, „Armée européenne", Le Populaire 2. 11. 50; vgl. insgesamt auch die Fraktionssitzung vom 23. 10. 50 bei Moch S. 128 f. — Ferner: Jean *Texcier*, „Revanche amère", Nord-Matin 11. 10. 50; ders., „Bienfait ou malheur?", Nord-Matin 25. 10. 50; Louis *Patoul*, „L'Assemblée de Strasbourg entend unifier l'Europe sur le plan militaire", La République du Sud-Ouest 14. 10. 50; ders., „La meilleure solution au problème allemand c'est la réalisation de l'Europe", ebda. 25. 10. 50; Charles *Ronsac*, „Cartes sur table", Franc-Tireur 24. 10. 50; Marcel *Gimont*, „L'Europe en danger", Combat 24. 10. 50; Léon *Jouhaux* auf dem 2. Bundeskongreß der CGT-FO 25.—28. 10. 50, zitiert in Force Ouvrière 2. 11. 50, S. 9; „Resolution über die Bedingungen der europäischen Wiederaufrüstung" des MSEUE-Kongresses 17. bis 19. 11. 50, in: La République Fédérale, Jg. 3, Heft 15, S. 24 f., deutsch in: Europa. Dokumente ... Bd. 1, S. 557—559.

[93] J. O. Débats 26. 10. 50., S. 7228.

[94] Die aufgrund ihrer Minutiösität glaubwürdige Nachzeichnung der Washingtoner Verhandlungen bei *Moch*, S. 143—225 und 389—403, widerlegt die zeitgenössischen Gerüchte, Moch habe aus grundsätzlicher Animosität gegen die Aufstellung deutscher Truppen zu Konferenzbeginn an der Position der unbedingten Ablehnung festgehalten und erst, nachdem er in die Isolierung gegenüber allen anderen Teilnehmern ge-

raten war, den Kompromiß des Pleven-Plans angeboten (so Paul Reynaud zu Auriol 30. 11. 50, *Auriol,* Mon septennat S. 306—309), er habe sich geweigert, irgendwelche Vorschläge außer seinen eigenen überhaupt zu diskutieren (so ein Bericht in Le Monde 2. 11. 50). Tatsächlich hat Moch, obwohl laut nachträglichem Eingeständnis nur „demi-convaincu", die Plevensche Kompromißformel konsequent vertreten.

[95] Guy *Mollet,* Conseil national 4./5. 11. 50, Compte rendu, S. 87—108 und 474—520.

[96] Resolution: Document AS (2) 151; Diskussion der Amendements und Abstimmung: Conseil de l'Europe, Compte rendu 24. 11. 50, S. 1818—1831; *Mollet,* ebda. S. 1784 bis 1793, Zitat S. 1791.

[97] Nicht schon vorher, wie *Quilliot,* SFIO, S. 354 und 479 f., meint; vgl. *Moch,* a. a. O., S. 209 f.

[98] Vgl. die Berichte des französischen Delegationsleiters Hervé *Alphand* an den Ministerrat, mitgeteilt bei *Moch,* S. 234—236 und *Lapie,* De Léon Blum à de Gaulle, S. 355. — Die geläufige Bezeichnung der amerikanischen Forderungen und Zugeständnisse als „Spofford-Plan" ist irreführend: es handelt sich weder um einen zusammenhängenden Plan noch gar um eine „Modifikation" des Pleven-Plans; die Verhandlungsposition Spoffords stellte vielmehr die Realisierung des Pleven-Plans insgesamt in Frage.

[99] Vgl. die Niederschriften der Ministerratssitzung vom 6. 12. 50 bei *Moch,* a. a. O., S. 238—244, und *Lapie,* a. a. O., S. 355—363.

[100] C. D. 6. 12. 50, Compte rendu, zitiert bei *Quilliot,* SFIO, S. 354 f. und 481.

[101] Guy *Mollet,* Conseil de l'Europe, Compte rendu 24. 11. 50, S. 1791.

[102] Die EVG-Diskussion in der SFIO von 1951 bis 1954 kann im Rahmen dieser Arbeit nicht mehr nachgezeichnet werden. Anders als die SFIO-Außenpolitik zwischen 1940 und 1950 war sie aber bereits Gegenstand mehrerer, wenn auch in der Analyse noch unvollständiger Darstellungen: Patrick J. *Schaeffer,* Le Parti socialiste SFIO et l'Europe (1947—1954), Mémoire (mschr.) Straßburg 1968, bietet eine verläßliche Analyse der Parteitags- und Nationalratsdiskussionen zur EVG; *Quilliot* (selbst ein ehemaliger EVG-Gegner) S. 481—502 eine Nachzeichnung wichtiger Diskussionen in Comité directeur und Kongreß. — Knappe Überblicke bieten: Byron *Criddle,* Socialists and European Integration, London/New York 1969, S. 56—77; Daniel *Ligou,* Histoire du socialisme en France, Paris 1962, S. 576—581; Erling *Bjøl,* La France devant l'Europe, Kopenhagen 1966, S. 154—161; Patrick J. *Schaeffer,* Recherche sur l'attitude de la S. F. I. O. à l'égard de l'unification européenne (1947—1954), in: Centre de recherches relations internationales de l'Université de Metz 5, Travaux et recherches 1973/2, Metz 1974, S. 107—129. — Wichtige weiterführende Zeugnisse: Jules *Moch,* Histoire du réarmement allemand, Paris 1965, S. 315—318; André *Philip,* Les socialistes, Paris 1967, S. 147—157; Pierre-Olivier *Lapie,* De Léon Blum à de Gaulle, Paris 1971, S. 460—467, 474—483, 511—517, 544—566. Wichtige Zeitgenössische Dokumente: Jules *Moch,* Alerte! Le problème crucial de la C. E. D., Paris 1954; Guy *Mollet,* France and the Defense of Europe, in: Foreign Affairs 32 (1954), S. 365—373.

SCHLUSSWORT

[1] Maurice *Duverger,* SFIO: mort ou transfiguration, in: Les Temps Modernes, Jg. 10 (1955), S. 1863—1885, Zitat S. 1884.

[2] Von Charles A. *Micaud,* Communism and the French Left, New York 1963, S. 211; ihm folgend auch Byron *Criddle,* Socialists and European Integration, London/New York 1969, S. 101 f.

[3] Ich orientiere mich hier an einem Utopiebegriff, wie ihn Jürgen *Habermas* an zentraler Stelle seiner Abhandlung über „Erkenntnis und Interesse" verwendet (Frankfurt 1968, S. 350): „Das Vernunftinteresse ist ein Zug zur fortschreitenden, kritisch-revolutionären, aber versuchsweisen Verwirklichung der großen Menschheitsillusionen, in denen die unterdrückten Motive zu Hoffnungsphantasien ausgearbeitet worden sind."

[4] Insofern dürfte Blum nach einem von Hans-Peter *Schwarz* für den deutschen Bereich entwickelten Kriterium zu den „großen" Politikern der unmittelbaren Nachkriegszeit zu rechnen sein: „Die Bedeutung der Führungspersönlichkeiten jener Jahre läßt sich

nicht zuletzt an der Fähigkeit ablesen, die eigenen Auffassungen an die Machtverhältnisse anzupassen, ohne einem grundsatzlosen Opportunismus zu verfallen." (Vom Reich zur Bundesrepublik, Neuwird/Berlin 1966, S. 293). Trotz allem Festhalten an Prinzipien und manchmal auch an liebgewordenen Idiomen bot Blum in der Nachkriegszeit mehr als eine „nearly sterile repetition of prewar ideas", wie sie Louise E. Dalby behauptet (Léon Blum: Evolution of a sozialist, London/New York 1963, S. 34).

[5] Als ein Grundfaktor außenpolitischer Willensbildung im Nachkriegs-Frankreich schon erkannt von Klaus *Hänsch*, Frankreich zwischen Ost und West, Berlin 1972, S. 49 f. und 75 f.

[6] Zum Fortwirken dieser beiden Grundlinien bis in die 70er Jahre vgl. Wilfried *Loth*, Innenpolitische Voraussetzungen französischer Europapolitik, in: Frankfurter Hefte 31 (1976), S. 7—17; ders., Europapolitik in Frankreich: Abschied vom Gaullismus? in: Schweizer Monatshefte 56 (1976), S. 423—434.

[7] Wie dies Jean-Claude *Criqui*, Der französische Sozialismus, in: Albrecht *Langner*, Katholizismus und freiheitlicher Sozialismus, in Europa, Köln 1965, S. 91—134, hier S. 105, und Byron *Criddle*, a. a. O. (Anm. 2), S. 104, meinen.

[8] Das Urteil von Louise E. *Dalby* (a. a. O. Anm. 4), S. 303: „Blum's concept of peace (...) was essentially democratic rather than Socialist" setzt ein Alternativpaar voraus, das nicht nur Blums Begriffswelt, in der „Demokratie" eine notwendige Vorstufe zu „Sozialismus" ist, widerspricht, sondern auch die spezifisch sozialistische Leistung dieses Friedensmodells übersieht: seinen Rekursauf die Interdependenz von innerstaatlicher Struktur und internationaler Ordnung. Auch *Criquis* Urteil (a. a. O., Anm. 6) S. 103), in der SFIO habe „der europäische Einheitsgedanke den Internationalismus, für den Europa Ersatz und Alibi zugleich darstellt, abgelöst", geht am Wesen sozialistischen Internationalismus wie an den Zielsetzungen der SFIO-Europapolitik vorbei.

[9] Dies ist das wesentliche Thema von Gilbert *Ziebura*, Léon Blum: Theorie und Praxis einer sozialistischen Politik, Berlin 1963.

[10] Guy *Mollet*, „Le Parti Socialiste en face des problèmes de l'heure", Bulletin intérieur, Suppl. zu Nr 30, März 1948, Zitat S. 14.

[11] Charakteristisch sind etwa die Kapitelüberschriften bei *Dalby* (Anm. 4): „Goethe at Weimar" und Joel *Colton* (Léon Blum, Paris 1968): „Les dernières années", „Fin de l'apostolat"; ferner eine Bemerkung *Zieburas* (Anm. 9, S. 147) über Blums schwindenden Einfluß nach 1945; *Dalby* S. 34: „Unfortunately, Blum had little to offer as a solution to postwar problems..."; *Elgey*, La République des illusions, Paris 1965, S. 125 f.: „homme du passée...".

Quellen- und Literaturverzeichnis

A. Quellen

1. Parteioffizielle Dokumente der SFIO

Wortlautprotokolle und Berichte der Parteigremien.

a. Ungedruckte Dokumente
(sämtliche im Secrétariat national du Parti Socialiste, Paris)
Comptes rendus sténographiques
    du Congrès national extraordinaire novembre 1944 au 42e Congrès national 1950
    des Conseils nationaux 1945—1950
    des Conférences des secrétaires fédéraux 1945—1950
    des Conférences nationales d'information 1945—1950
    des réunions du Comité directeur 1944—1950

b. Gedruckte Dokumente:
24e Congrès national, Lyon 17—20 avril 1927, compte rendu sténographique, Paris 1927
Rapports de la C. A. P., Paris 1927
28e Congrès national, Tours 24—27 mai 1931, compte rendu sténographique, Paris 1931
Rapports de la C. A. P., Paris 1931
30e Congrès national, Paris 14—17 juillet 1933, compte rendu sténographique, Paris 1933
Rapports de la C. A. P., Paris 1933
32e Congrès national, Mulhouse juin 1935, compte rendu sténographique, Paris 1935
Rapports de la C. A. P., Paris 1935
35e Congrès national, Royan juin 1938, compte rendu sténographique, Paris 1938
Raports de la C. A. P., Paris 1938
36e Congrès national, Paris 9—12 novembre 1944, Décisions, Paris 1944
37e Congrès national, Paris 11—15 août 1945, Rapports, Paris 1945
38e Congrès national, Paris 29 août — 1er septembre 1946, Rapports, Paris 1946
40e Congrès national, Paris 1—4 juillet 1948, Décisions, = pp. 190—207 in:
41e Congrès national, Paris 15—18 juillet 1949, Rapports, Paris 1949
42e Congrès national, Paris 26—29 mai 1950, compte rendu sténographique, Paris 1950
43e Congrès national, Paris 12—14 mai 1951, compte rendu sténographique, Paris 1951

2. Texte, Memoiren, Quellensammlungen

Adenauer, Konrad: Erinnerungen 1945—1953, Stuttgart 1965
Attlee, Clement Richard: As it happened, London 1954
Auriol, Vincent, Hier... demain, 2 Bde., 1. Aufl. Alger 1944, 2. Aufl. Paris 1945
Auriol, Vincent: La Libération totale, Alger (Juli) 1944
Auriol, Vincent: Souvenirs sur Jean Jaurès. Discours 30. 7. 1944, Alger 1944
Auriol, Vincent: Projet de mémorandum du Parti socialiste sur l'unité organique, Limoges 1945
Auriol, Vincent: Journal du septennat 1947—1954, Version intégrale.
  Bd. 1: 1947, Paris 1970
  Bd. 2: 1948, Paris 1974
  Bd. 5: 1951, Paris 1976
Auriol, Vincent: Mon septennat 1947—1954. Notes de journal présentées par Pierre Nora et Jacques Ozouf, Paris 1970
Bidault, Georges: Agreement on Germany: Key to World Peace, in: Foreign Affairs 1946, S. 571—578

Bidault, Georges: D'une résistance à l'autre, Paris 1965
  deutsche Übersetzung: Noch einmal Rebell. Von einer Résistance in die andere, Berlin 1966
Billoux, François: Quand nous étions ministres, Paris 1972
Bloch, Pierre: Charles de Gaulle, Premier ouvrier de France, Paris 1945
Blocq-Mascart, Maxime: Chronique de la Résistance, Paris 1945
Blum, Léon: L'Oeuvre de Léon Blum
  Volume I, 1891—1905. Critique littéraire, Nouvelles Conservations de Goethe avec Eckermann, Premiers Essais politiques, Paris 1954
  Volume II, 1905—1914. Du mariage, Critique dramatique, Stendhal et le beylisme, Paris 1962
  Volume III, 1re partie, 1914—1928. L'Entrée dans la politique active, Le Congrès de Tours, De Poincaré au Cartel des Gauches, La réforme gouvernementale, Paris 1972
  Volume III, 2e partie, 1928—1934. Réparations et désarmement, Les Problèmes de la Paix, La montée des fascismes, Paris 1972
  Volume IV, 1re partie, 1934—1937. Du 6 février 1934 au Front Populaire, Les Lois sociales de 1936, La Guerre d'Espagne, Paris 1964
  Volume IV, 2e partie, 1937—1940. La Fin du Rassemblement Populaire, De Munich à la guerre, Souvenirs sur l'Affaire, Paris 1965
  Volume V, 1940—1945, Mémoires, La Prison et le Procès, A l'échelle humaine, Paris 1955
  Volume VI, 1945—1947. Naissance de la Quatrième République, La vie du Parti et la doctrine socialiste, Paris 1958
  Volume VII, 1947—1950. La Fin des alliances, La Troisième Force, Politique européenne, Pour la justice, Paris 1963
Blum, Léon: Idée d'une biographie de Jaurès, Rede 13. 7. 1917, in: La Revue socialiste Nr. 37, Mai 1950, S. 385—406, erneut in Oeuvre de Léon Blum, Bd. III, 1, S. 1—21
Blum, Léon: Pour être socialiste, Paris 1919 u. ö., erneut in Oeuvre de Léon Blum, Bd. III, 1, S. 22—42
Blum, Léon: Commentaire sur le programme d'action du Parti Socialiste, Paris 1. Aufl. 1919, 3. Aufl. 1933, erneut in Oeuvre de Léon Blum, Bd. III, 1, S. 117—121
Blum, Léon: Pour la vieille maison, Paris 1921 u. ö., erneut in Oeuvre de Léon Blum, Bd. III, 1, S. 137—160
Blum, Léon: L'idéal socialiste, in: Revue de Paris 1. 5. 1924, S. 92—111, erneut in Oeuvre de Léon Blum III, 1, S. 347—362
Blum, Léon, und Faure, Paul: Le Parti socialiste et la participation ministerielle, Reden vor dem a. o. Parteitag 10. u. 11. 1. 1926, Paris 1926
Blum, Léon: Les Problèmes de la Paix, Paris 1931, erneut in Oeuvre de Léon Blum, Bd. III, 2, S. 151—236
  englische Übersetzung: Peace and Disarmament, übersetzt von Alexander Werth, London 1932
  deutsche Übersetzung: Ohne Abrüstung kein Friede. Die französische Sozialdemokratie im Kampf um die Organisation des Friedens, eingeleitet von Rudolf Hilferding, Berlin 1931
Blum, Léon: Notre plate-forme, Paris 1932
Blum, Léon: La méthode socialiste, Paris 1932 u. ö. (benutzt: 1945)
Blum, Léon: Jean Jaurès, Paris 1933
Blum, Léon: L'Histoire jugera. Publiée par Suzanne Blum, avec un préface de William Bullitt, 1. Aufl. Montréal 1943, 2. Aufl. Paris 1945
Blum, Léon: A l'échelle humaine, Paris 1945 u. ö. (zuletzt: 1971), erneut in Oeuvre de Léon Blum, Bd. V, S. 409—495
  deutsche Übersetzung: Blick auf die Menschheit, übersetzt von Willy Ketter, Zürich 1. Aufl. 1945, 2. Aufl. 1947
Blum, Léon: Léon Blum before his Judges, with an Introduction by Félix Gouin and a Foreword by C.-R. Attlee, London 1943
Blum, Léon: Stage d'études pratiques sur l'éducation pour le développement de la compréhension internationale, Paris 1947

Pages choisies de Léon Blum
 = La Revue socialiste, Nr. 38/39, 1950
 Maurice Délepine, Léon Blum essayiste et critique
 Maximilian Rubel, Léon Blum et la doctrine socialiste
 Etienne Weill-Raynal, Léon Blum et les problèmes de l'Etat
 Pierre Rimbert, Léon Blum dans la lutte politique et sociale
Blum, Léon: Des Nouvelles Conversation de Goethe avec Eckermann (1897–1900), A l'échelle humaine (1942), Publié par Olga Raffalovich, Paris 1957
Blum, Léon: 9 avril 1872 – 30 mars 1950, Petite anthologie du Socialisme, Arras 1960
Blum, Léon: Auswahl aus dem Werk, herausgegeben und eingeleitet von Grete Helfgott, Wien/Frankfurt/Zürich 1970
Blum, Léon: Le socialisme démocratique, Préface et notes de Jean Rabaut, Paris 1972
Blum, Léon: Artikel in Zeitungen und Zeitschriften, insbesondere in „Le Populaire de Paris": siehe den bibliographischen Index aller Artikel im bibliographischen Anhang des Oeuvre de Léon Blum:
 Oeuvre littéraire 1891–1914: Bibliographie von Louis Faucon in: L'Oeuvre de Léon Blum, Bd. 2, Paris 1962
 Index bibliographique 1914–1934 in: Oeuvre de Léon Blum, Bd. 3, Teil 2, Paris 1972, S. 633–696
 Index bibliographique 1934–1940 in: Oeuvre de Léon Blum, Bd. 4, Teil 2, Paris 1965, S. 579–617
 Index bibliographique 1945–1950 in: Oeuvre de Léon Blum, Bd. 7, Paris 1963, S. 443 bis 465
Blum, Jeanne-Léon: Léon Blum, 9 avril 1872 – 30 mars 1950, Paris 1951
Bourdet, Claude: L'Aventure incertaine. De le Résistance à la Révolution, Paris 1975
Bourgin, Georges, et Rimbert, Pierre: Le Socialisme. Collection „Que sais-je?", 1. Aufl. Paris 1949, 9. Aufl. Paris 1969
Brugmans, Henri: Vingt ans d'Europe. Témoignages 1946–1966, Bruges 1966
Cassin, René: Les hommes partis de rien, Paris 1975
Catroux, Général: J'ai vu tomber le rideau de fer, Paris 1952
Crossman, Richard/Foot, Michael/Mikrado, Ian: Keep left, London 1947
Dalton, Hugh: High Tide and After. Memoirs 1945–1960, London 1962
De Gaulle, Charles: Mémoires de Guerre, Bd. III: Le Salut, 1944–46, Paris 1959
De Gaulle, Charles: Discours et messages.
 Bd. I: Pendant la guerre, 1940–1946, Paris 1970
 Bd. II: Dans l'attente, 1946–1958, Paris 1970
Depreux, Edouard: Souvenirs d'un militant, Paris 1972
Duclos, Jacques: Mémoires, insbes.:
 Bd. III: 1940–1945. Dans la bataille clandestine, 2 Bde., Paris 1970
 Bd. IV: 1945–1952. Sur la brèche, Paris 1971
Dumaine, Jacques, Quai d'Orsay, 1945–1951, Paris 1955
Dumas, Charles: Le France trahie et livrée, Paris 1945
Dupradon, Pierre: Le Parti socialiste dans la Résistance, Alger 1944
Frenay, Henri: Combat, Paris 1945 (Neudruck seiner gesammelten Artikel)
Frenay, Henri: La nuit finira. Mémoires de Résistance 1940–1945, Paris 1973
Gasteyger, Curt (Hrsg.): Einigung und Spaltung Europas, Frankfurt 1965
Gouin, Félix: Au service de la nation et de la paix. Discours prononcé le 30 mars 1946 au Congrès extraordinaire du Parti Socialiste S.F.I.O., Paris 1946
Halin, Hubert (Hrsg.): L'Europe unie, objectif majeur de la résistance, Bruxelles 1967
Hauriou, André: Le socialisme humaniste, Alger 1944
Jacquet, Gérard: Les mouvements de résistance en France, Paris 1945
Jaurès, Jean: Oeuvres de Jean Jaurès, Textes rassemblés, présentés et annotés par Max Bonnafous, 9 Bde., Paris 1931–1939
Jaurès, Jean: L'Armée nouvelle, ed. Max Bonnefous, Paris 1932
Jaurès, Jean: présenté par Vincent Auriol, Paris 1962
Jaurès, Jean: Die Ursprünge des Sozialismus in Deutschland, Frankfurt/Berlin/Wien 1974
Jaurès, Jean: Sozialistische Studien, Bonn 1974

Kennan, George F.: Memoirs 1925—1950, Boston 1967
  deutsche Übersetzung: Memoiren eines Diplomaten, 1. Aufl. Stuttgart 1968, 2. Aufl. München (dtv) 1971
Lapie, Pierre-Olivier: De Léon Blum à De Gaulle. Le caractère et le pouvior, Paris 1971
Lévy, Claude (Hrsg.): La Libération, Paris 1974
Lipgens, Walter (Hrsg.): Europa-Föderationspläne der Widerstandsbewegungen 1940—1945, München 1968
Lipgens, Walter (Hrsg.): Die Europäische Integration, Stuttgart 1972
Mayer, Daniel: Sur les ondes. Discours prononcés à la Radiodiffusion nationale, Paris 1945
Mayer, Daniel: Les conditions de l'Unité, Paris 1946
Mayer, Daniel: Réponses de Daniel Mayer à des questions controverses (Sécurité sociale, amnistie, neutralisme, etc., résumées par les sections socialistes de Paris), Paris s. d.
Mayer, Daniel: Contre le réarmement allemand. Discours prononcé le 25 octobre 1950 à l'Assemblée nationale, Paris 1950
Mayer, Daniel: Les Socialistes dans la Résistance. Souvenirs et documents, Paris 1968
Mayer, Daniel: Pour une histoire de la gauche, Paris 1969
Mayer, Daniel: Socialisme: le droit de l'homme au bonheur, Paris 1976
Michel, Henri/Mirkine-Guetzévitch, Boris: Les idées politiques et sociales de la Résistance. Documents clandestins 1940—1944, Paris 1954
Meissner, Boris (Hrsg.): Das Ostpaket-System, Frankfurt/Berlin 1955
Moch, Jules: Le Parti Socialiste au peuple de France. Commentaires sur le manifeste de novembre 1944, Paris 1945
Moch, Jules: Arguments Socialistes, Paris 1945
Moch, Jules: Le Communisme et la France. Discours prononcé à l'Assemblé nationale le 16 novembre 1948, Paris 1948
Moch, Jules: Confrontations..., Paris 1952
Moch, Jules: Alerte: Le Problème cruciale de la Communauté Européenne de Défense, Paris 1954
Moch, Jules: En retard d'une paix, Paris 1958
Moch, Jules: Socialisme vivant. Dix lettres à un jeune, Paris 1960
Moch, Jules: Histoire du réarmement allemand depuis 1950, Paris 1965
Moch, Jules: Rencontres avec Léon Blum, Paris 1970
Moch, Jules: Rencontres avec Charles de Gaulle, Paris 1971
Moch, Jules: Le front populaire, grande espérance, Paris 1971
Mollet, Guy: L'Heure de l'Europe, Arras 1950
Mollet, Guy: L'Action socialiste au cours de la législature 1946—1951: pour la défense de la République, de la Liberté et de la Paix, Rede vor dem 43. Nationalkongreß, Mai 1951, Paris 1951
Mollet, Guy: France and the Defense of Europe. A French Socialist View, in: Foreign Affaires 32 (April) 1954, S. 365—373
Mollet, Guy: Bilan et perspective socialistes, Paris 1958
Naegelen, René: Cette vie que j'aime..., Bd. 3: Les lourdes nuées, Paris 1968
Philip, André: Les réformes de structure, Alger o. J. (1944)
Philip, André: Pour la IVe République, par les réformes de structure avec le M. L. N. Discours prononcé à Paris, le 21 mars 1945, Paris 1945
Philip, André: France and the Economic Recovery of Europe, in: Foreign Affairs 26 ((Januar) 1948, S. 325—334
Philip, André: Mouvement européen. Commission économique et sociale française. Préparation de la Conférence énonomique de Westminster, Rapport général établi par M. André Philip..., Paris 1949
Philip, André: Conditions du dialogue franco-allemand... entre socialistes, in: Allemagne, Bulletin bimestriel d'information du Comité français d'échanges avec l'Allemagne nouvelle, Jg. 2, Nr. 8, S. 1—3.
Philip, André: Le Socialisme et l'unité européenne, réponse à l'exécutif du Labour Party, Paris 1950
  deutsche Übersetzung: Der Sozialismus und die europäische Einheit, Gelsenkirchen 1950

Philip, André: L'Unité européenne et la France, in: Synthèses, Revue internationale (Bruxelles), Januar 1951, S. 161—170
Philip, André: L'Unité européenne, l'heure de la décision, Paris 1951
Philip, André: Pour une Communauté européenne réelle: Le Plan Schuman, Ghent (Juni) 1951
Philip, André: L'Europe unie et sa place dans l'économie internationale, Paris 1953
Philip, André: Le socialisme trahi, Paris 1957
Philip, André: Pour un socialisme humaniste, Paris 1960
Philip, André: La Gauche. Mythes et réalités, Paris 1964
Philip, André: Les Socialistes, Paris 1967
Philip, André: André Philip par lui-même ou les Voies de la libterté, Préface de Paul Ricoeur, Paris 1971
Ramadier, Paul: Le Socialisme de Léon Blum, Paris 1951
Ramadier, Paul: Les Socialistes et l'exercice du pouvoir, Paris 1961
Reale, Eugenio: Avec Jacques Duclos au banc des accusés, Paris 1958
Rous, Jean: Le Socialisme et les nouvelles perspectives, in: Esprit Nr. 113, August 1945, S. 385—397
Rous, Jean: Léon Blum et la renovation du socialisme, in: Esprit Nr. 110, Mai 1945, S. 909—915
Rous, Jean: Troisième force?, Paris 1948
Rous, Jean: De la crise du socialisme au renouveau démocratique et révolutionnaire, in: Esprit Jg. 16 (1949), S. 306—319
Spaak, Paul-Henri: Combats inachevés, 2 Bde., Paris 1969
Tanguy-Prigent, François; Démocratie à la Terre, Paris 1945
Texcier, Jean: Écrit dans la nuit, Paris 1945
Texcier, Jean: Un homme libre (1888—1957), hrsg. v. d. Amis de Jean Texcier, Paris 1960
Verdier, Robert: 1940—1944. La vie clandestine du parti socialiste, Paris 1944
Verdier, Robert: PS-PC. Une lutte pour l'entente, Paris 1976
Weill, Georges: Le problème allemand, 1. Aufl. Alger 1944, 2. Aufl. Paris 1945
Weill-Raynal, Etienne: Pour connaître le Socialisme, Paris 1945
Weill-Raynal, Etienne: La politique française des réparations, Paris 1946
Weill-Raynal, Etienne: Les réparations allemands et la France, 3 Bde., Paris 1948
Weill-Raynal, Etienne: Marceau Pivert, Arras 1958 (= Sonderdruck aus Revue socialiste Nr. 118, Juni 1958)
—: Centre d'action pour la Fédération Européenne: L'Europe de demain. Documents pour servir à l'étude du Problème de la Fédération Europenne, Neuchâtel 1945
—: De la Résistance à la Révolution. Anthologie de la presse clandestine française (= Les Cahiers du Rhône Bd. 60), Neuchâtel 1945
—: Europa. Dokumente zur Frage der europäischen Einigung, 3 Bde., hrsg. vom Forschungsinstitut der Deutschen Gesellschaft für Auswärtige Politik, München 1962
—: Europäische Bewegung: Archiv der Europäischen Bewegung, Brügge (für die freundliche Bereitschaft zur Einsichtnahme in Aktenstücke dieses Archivbestandes danke ich Herrn Prof. Dr. Walter Lipgens)
—: European Movement (Hrsg.): Congress of Europe, 4 Bde., Den Haag 1949
—: European Movement (Hrsg.): Resolutions of the Congress of Europe, London o. J.
—: European Movement (Hrsg.): Europe Unites. The Story of the Campaign For European Unity, including a full Report of the Congress of Europe, held at The Hague, May 1948, London 1949
—: Labour Party: Feet on the Ground. A Study of Western Union, London (September) 1948
—: Labour Party: European Unity. London (Juni) 1950
—: Labour Party: The Socialist International. Foreword by Morgan Philipps, London 1953
—: L'organisation et l'activité de la section socialiste, Paris 1946
—: Parti Socialiste S.F.I.O.: L'Action socialiste à la seconde Constituante (2 juin — 5 octobre 1946), Paris 1946

—: Parti Socialiste S.F.I.O.: Un programme, une équipe, des réalisations, Préface de Jean Rous, Paris 1947
—: Parti Socialiste S.F.I.O.: Pour la paix et la liberté, o. O. o. J. (Paris 1949)
—: Présidence du Conseil: La Documentation Française. Documents relatifs à l'Allemagne, août 1945 — décembre 1946, Paris 1947
—: Programme d'action du Parti Socialiste S.F.I.O., Paris 1945
—: Report of the First Congress of the Socialist International held at Frankfort-on-Main 30. 6. — 3. 7. 1949 (= COMISCO-Circular Nr. 100/51)
—: Schéma et conférence en vue de la campagne du référendum du 5 mai 1946, Paris 1946
—: Trois mois d'action. L'oeuvre des ministers socialistes dans de gouvernement Gouin, Paris 1946

3. Periodika

Agence de presse de la liberté: Bulletin hebdomadaire, Paris 1945 ff.
L'Année politique (Dir. André Siegfried), Bd. 1 (1944/45) — 6 (1950)
Arguments et ripostes. Supplément au Bulletin intérieur du Parti Socialiste, 1946 ff.
L'Aube (Zentralorgan des MRP), August 1944 — Oktober 1951
L'Aurore (Rechtskonservative Tageszeitung), 1944 ff.
British Parliamentary Debates. House of Commons (Weekly Hansard), London 1945 ff.
Bulletin intérieur du Parti Socialiste (S.F.I.O.), Januar 1945 ff.
Bulletin intérieur de documentation et d'études, Parti socialiste, Nr. 1, Oktober 1943 (nur eine Ausgabe erschienen)
Les Cahiers du Communisme (Theoretisches Monatsorgan des PCF)
Combat. Organe du Mouvement de la Libération Nationale (Résistance-Organ)
Combat (Linksunabhängige Tageszeitung), 1944 ff.
COMISCO-Circular, 1948—1951
Conseil de l'Europe. Assemblée Consultative. Comptes rendus, Strasbourg 1949 ff.
Conseil de l'Europe. Assemblée Consultative, Documents, Strasbourg 1949 f.
Documentation politique. Bulletin hebdomadaire du Parti Socialiste S.F.I.O., Februar—November 1949 hektographiert, November 1949 ff. gedruckt
Esprit (Literarisches Monatsorgan, Dir. Emmanuel Mounier)
Etudes socialistes. Hrsg. v. d. Centrale d'éducation socialiste, Ecole socialiste S.F.I.O., Paris 1947 ff.
Europa-Archiv (Dir. Wilhelm Cornides), Bd. 1 (1946) — 6 (1951)
Le Figaro (Konservativ-gemäßigte Tageszeitung), 1944 ff.
Force ouvrière (Gewerkschaftliche Wochenzeitung, ab 1948 Organ der CGT-Force ouvrière)
Foreign Relations of the United States, Diplomatic Papers, insbes.:
   1944, Bd. III, Washington 1965
   1946, Bd. V, Washington 1969
   1946, Bd. II, Washington 1970
   1947, Bd. II, Washington 1972
France-Soir (Tageszeitung, in Ansätzen sozialistisch), 1944 ff.
Franc-Tireur (Résistance-Organ)
Franc-Tireur (linkssozialistische Tageszeitung), 1944 ff.
Gavroche. Hebdomadaire littéraire, artistique, politique et social, 1944—1947 (sozialistisch)
L'Homme libre. Bulletin d'informations ouvrières, Oktober 1940 — Juni 1941 (Résistance-Organ)
L'Humanité, 1904 ff. (bis 1920 Zentralorgan der SFIO, ab 1921 Zentralorgan des PCF)
Information et Documentation, Pressedienst der Agence France-Presse, Paris 1945 ff.
Journal Officiel de la République Française, Chambre de Députés, Débats parlementaires, Compte rendu sténographique, 1919—1940
Journal Officiel de la République Française, Assemblée consultative provisoire, Débats parlementaires, Compte rendu sténographique, 1944—1945
Journal Officiel de la République Française, Assemblée nationale constituante élue le 21 octobre 1945, Débats parlementaires, Compte rendu sténographique

Journal Officiel de la République Française, Assemblée nationale constituante élue le 2 juin 1946, Débats parlementaires, Compte rendu sténographique
Journal Officiel de la République Française, Assemblée nationale, Débats parlementaires, Compte rendu sténographique, 1946 ff.
Journal Officiel de la République Française, Lois et decrets, 1946 ff.
Keesing's Archiv der Gegenwart (zusammengestellt von Heinrich von Siegler), 16. u. 17. Jg. 1946 u. 1947, Essen 1950; 18 u. 19. Jg. 1948 u. 1949, Essen o. J.
Libé-Soir, (Tageszeitung, Dir. Jean Texcier), 1944—1947
Libération. Edition Nord (Résistance-Organ)
Libération. Edition Zone Sud (Résistance-Organ)
Libérer (Tageszeitung, Dir. Emmanuel d'Astier de la Vigerie), 1944 ff.
Libérer et fédérer (Résistance-Organ)
Manchester Guardian (liberale Tageszeitung)
Ministère des Affaires Etrangères: Protocole des réunions du Conseil des Ministers des Affaires étrangères 1946—1949, Paris 1946—1949
Le Monde (Unabhängige Tageszeitung), Paris 1944 ff.
La Nef (Monatszeitschrift, Dir. Lucie Faure), 1945 ff.
New Statesman and Nation (sozialistische Wochenzeitung, Dir. u. a. Richard Crossman)
Nord-Matin. Journal d'information de la démocratie socialiste pour le Nord de la France, Lille 1944 ff.
L'Observateur (Linksunabhängige Wochenschrift, Dir. Claude Bourdet) 1950 ff.
La Pensée socialiste. Les cahiers du travailleur, Februar 1946 ff.
Le Populaire. Edition Nord. Organe du Comité d'action socialiste, Nr. 16—35, 1. 2. 43 — 15. 8. 44 (Résistance-Organ)
Le Populaire, Edition Zone Sud. Nr. 1—21, 15. 5. 42 — Februar 1944 (Résistance-Organ)
Le Populaire de Paris. 1921—1925. 1927—1940, 1944 ff. (SFIO-Organ)
Populaire-Dimanche, Oktober 1948 ff. (SFIO-Organ)
La IVème république. Organe d'action socialiste et de libération nationale. Nr. 1—3, Dezember 1941 — Februar 1942 (Résistance-Organ)
Report of the National Executive Comittee, in:
Labour-Party Report of the 44th Annual Conference, 1945, London 1945 — Labour-Party Report of the 49th Annual Conference, 1950, London 1950
La République du Sud-Ouest. Quotidien du M. L. N., Toulouse 1944—1949
La Revue Internationale (Marxistische Monatsschrift, Dir. Charles Bettelheim, Gilles Martinet, David Rousset u. a.), 1945 ff.
La Revue Socialiste, N. S., Mai 1946 ff. (SFIO-Organ)
Socialisme et liberté. Bulletin (puis organe) du Comité d'action socialiste. Nr. 1—14, Dezember 1941 — Dezember 1942 (Résistance-Organ)
Sondages (Vierteljahrsschrift des Institut Français d'Opinion Publique), 1946 ff.
Les Temps Modernes (Literarisches Monatsorgan, Dir. Jean-Paul Sartre)
US-Congress. Congressional Records. Proceedings and Debates of 79th, 80th, 81th Congress, Washington 1945 ff.

B. Literatur

Albertini, Rudolf von: Die französische Deutschlandpolitik 1945—1955, in: Schweizer Monatshefte 1955, S. 364—376
Albertini, Rudolf von: Freiheit und Demokratie in Frankreich. Die Diskussion von der Restauration bis zur Résistance, Freiburg/München 1957
Albertini, Rudolf von: Zur Beurteilung der Volksfront in Frankreich (1934—1938), in: VfZ 1959, S. 130—162
Albertini, Rudolf von: Dekolonisation. Die Diskussion über Verwaltung und Zukunft der Kolonien 1919—1960, Köln/Opladen 1966
Albonetti, Achille: Préhistoire des Etats-Unis de l'Europe, Paris 1963; deutsche Übersetzung: Vorgeschichte der Vereinigten Staaten von Europa, Baden-Baden/Bonn 1961

Aron, Robert: Histoire de Vichy 1940—1944, Paris 1954
Aron, Robert: Histoire de la Libération de la France juin 1944 — mai 1945, Paris 1. Aufl. 1959, 2. Aufl. 1966
Aron, Robert: Le Socialisme français face au Marxisme, Paris 1971
Atkins, Stuart: Germany through French Eyes after the Liberation, in: German Quarterly 20 (1947), S. 166—182
Auclair, Marcelle: La Vie de Jean Jaurès ou la France d'avant 1914, Paris 1954, 2. unver. Aufl. 1972
Audry, Colette: Léon Blum ou la politique du Juste: essai, Paris 1. Aufl. 1955, 2. Aufl. 1970
Bacot, Guillaume: André Philip — Humanisme et socialisme, 1920—1940, Mémoire (mschr.) Paris 1970 (Dir.: J. J. Chevallier)
Baker, Donald: Revolutionism in the French Socialist Party (SFIO): The Left Wing „Tendances", 1921—1939, Ph. D. Thesis Stanford 1965
Baker, Donald: The Politics of Protest in France: the Role of the Left Wing of the Socialist Party, 1921—1939, in: Journal of Modern History 43 (1971), S. 2—41
Baker, Donald: Two Paths to Socialism: Marcel Déat and Marceau Pivert, in: Journal of Contemporary History 11 (1976), S. 107—128
Baring, Arnulf/Tautil, Christian: Charles de Gaulle. Größen und Grenzen, Köln 1965
Baring, Arnulf: Außenpolitik in Adenauers Kanzlerdemokratie. Bonns Beitrag zur Europäischen Verteidigungsgemeinschaft, München/Wien 1969
Barron, Richard W.: Parties and politics in modern France, Washington 1959
Barsalou, Joseph: La mal aimée: Histoire de la IVe République, Paris 1964
Baumont, Pierre de: La IVe République. Politique intérieure et européenne, Paris 1960
Bellanger, Claude: Presse clandestine 1940—1944, Paris 1961
Bergounioux, Alain-Philippe: Aux origines de la C. G. T.-F. O., Mémoire (mschr.), Paris 1972 (Dir.: J. Droz)
Besson, Waldemar: Von Roosevelt bis Kennedy. Grundzüge der amerikanischen Außenpolitik 1933—1963, Frankfurt 1964
Besson, Waldemar: Die Anfänge der bundesrepublikanischen Außenpolitik, in: Lehmbruch/Beyme/Fetscher (Hrsg.): Demokratisches System und politische Praxis in der Bundesrepublik (Für Theodor Eschenburg), München 1971, S. 359—376
Bieber, Konrad F.: L'Allemagne vue par les écrivains de la résistance française, Genf/Lille 1954
Binoche, Jacques: L'Allemagne et le général de Gaulle (1940—1945), in: Revue d'histoire de la 2e guerre mondiale 24 (1974), Heft April, S. 1—27
Bjøl, Erling: La France devant l'Europe. La politique européenne de la IVe République, Kopenhagen 1966
Bloch, Charles: Die dritte französische Republik. Entwicklung und Kampf einer parlamentarischen Demokratie (1870—1940), Stuttgart 1972
Bloch, Pierre: De Gaulle ou le temps des méprises, Paris 1969
Blumel, André: Léon Blum: juif et sioniste, Paris 1951
Bodard, Lucien: La Guerre d'Indochine... 4 Bde., Paris 1972/73
Bodensieck, Heinrich: Provozierte Teilung Europas? Die britisch-nordamerikanische Regionalismusdiskussion und die Vorgeschichte des Kalten Krieges 1939—1945, Opladen 1970
Bodin, Louis: De Tours à Villeurbanne: Pour une lecture renouvelée de l'histoire du Parti Communiste Français, in: Annales 30 (1975), S. 279—296
Bondy, François/Abelein, Manfred: Deutschland und Frankreich. Geschichte einer wechselvollen Beziehung, Düsseldorf 1973
Bonnefous, Edouard: L'idée européenne et sa réalisation, Paris 1950
Bonnefous, Edouard: L'Europe en face de son destin, Paris 1953
Bonnefous, Edouard: Histoire politique de la Troisième République, 7 Bde., Paris 1952 bis 1967
Brand, Urs: Jean Jaurès. Internationalist und Patriot (Reihe Persönlichkeit und Geschichte Bd. 73), Göttingen/Zürich 1973

Braunthal, Julius: Geschichte der Internationale, Hannover
Bd. I: 1. Aufl. 1961, 2. Aufl. 1974
Bd. II: 1. Aufl. 1963, 2. Aufl. 1974
Bd. III: 1. Aufl. 1971

Brinkmann, Karl-Heinz: Die Entstehung und Entwicklung der französischen Nachkriegspresse unter besonderer Berücksichtigung der Pariser politischen Tageszeitungen (1944 bis 1954), Diss. Berlin 1956

Bron, Jean: Histoire du mouvement ouvrier français..., 3 Bde., Paris (Editions ouvrières) 1968—1973

Brügel, J. W.: Die Internationale der demokratischen Sozialisten, in: Europa-Archiv 6 (1951), S. 4115—4122

Brügel, J. W.: Die internationale Gewerkschaftsbewegung, in: Europa-Archiv 7 (1952), S. 4663—4670

Brugmans, Henri: L'idée européenne 1918—1965, Bruges 1965 3. Aufl. u. d. T.: L'idée européenne 1918—1970, Bruges 1970

Brun, Michel: La politique du Mouvement Républicain Populaire à l'égard de l'Europe de 1945 à 1950, Mémoire (mschr.) Genf 1974

Bruneau, Françoise (= Pseudonym von Yvonne Gouineau): Essai d'historique du Mouvement né autour du journal clandestin „Résistance", Paris 1951

Brunet, Jean-Paul: L'enfance du Parti Communiste (1920—1938), Paris 1972

Bung, Hubertus: Die Auffassungen der verschiedenen sozialistischen Parteien von den Problemen Europas. Diss. Saarbrücken 1956

Calmette, Arthur: L'O.C.M. Histoire d'un Mouvement de la Résistance de 1940 à 1946, Paris 1961

Capelle, Russel B.: The MRP and French Foreign Policy, New York 1963

Carmoy, Guy de: Les politiques étrangères de la France 1944—1966, Paris 1967

Chammereuil, Annie-France: Marceau Pivert, biographie Politique, Thèse 3e cycle (mschr.), Paris 1972 (Dir.: J. Droz)

Chapsal, Jacques: La vie politique en France depuis 1940, Paris 1. Aufl. 1966, 4. Aufl. 1976

Charlot, Jean: Répertoire des publications des partis politiques français 1944—1967, Fondation nationale des sciences politiques, Répertoires documentaires 3, Paris 1970

Charlot, Jean: Les Partis politiques, Paris 1971

Chestenet, Jacques: Histoire de la IIIe République, 7 Bde., Paris 1952—1963

Cole, George Douglas Howard: A History of Socialist Thought, 5 Bde., London/New York 1955—1960, insbesondere:
Bd. IV: Communism and social democracy, 1914—1931, 2 Teile, 1958)
Bd. V: Socialism and fascism, 1931—1939, (1960)

Colton, Joel: Léon Blum and the French Socialists as a Government Party, in: The Journal of Politics 15 (1953), S. 517—543

Colton, Joël: The French Socialist Party: A Case Study of the Non-Communist Left, in: The Yale Review 43 (1954), S. 402—412

Colton, Joël: Léon Blum. Humanism in Politics, New York 1965
französische Übersetzung: Léon Blum. Traduit de l'anglais par M. Matignon, Paris 1968

Combes, Jean-Louis: La pensée socialiste et le traité de Versailles, Mémoire (mschr.), Paris 1972, (Dir.: J. Droz)

Constant, Alain: Socialisme et démocratie dans l'idéologie socialiste S.F.I.O. 1933—1936, Mémoire (mschr.), Paris 1971 (Dir.: J. J. Chevallier)

Cornides, Wilhelm/Volle, Hermann: Die Vorgeschichte des Brüsseler Fünfmächtepaktes, in: Europa-Archiv 3 (1948), S. 1603—1618, und Europa-Archiv 4 (1949), S. 1755—1767

Cornides, Wilhelm /Volle, Hermann: Die Entstehung des Westblocks, in: Europa-Archiv 4 (1949), S. 1810—1822

Cornides, Wilhelm: Das Projekt einer europäischen Versammlung, in: Europa-Archiv 4 (1949), S. 2011—2024

Cornides, Wilhelm/Volle, Hermann: Die Anfänge der amerikanischen Ruhrpolitik, in: Europa-Archiv 4 (1949), S. 2177—2184

Cornides, Wilhelm: Die politischen Ergebnisse der ersten Sitzungsperiode des Europarats in Straßburg, in: Europa-Archiv 4 (1949), S. 2569—2579
Cornides, Wilhelm: Das politische Programm des Europarates, in: Europa-Archiv 5 (1950), S. 3227—3236
Cornides, Wilhelm/Volle, Hermann: Schumanplan und Atlantikpakt, in: Europa-Archiv 5 (1950), S. 3147—3158, 3463—3474, 3503—3514, und Europa-Archiv 6 (1951), S. 3961 bis 3976
Cornides, Wilhelm: Die Straßburger Konsultativversammlung vor den Grundfragen der Europäischen Einigung, in: Europa-Archiv 5 (1950), S. 3347—3360
Cornides, Wilhelm/Volle, Hermann: Die Diskussion über den deutschen Verteidigungsbeitrag, in: Europa-Archiv 5 (1950), S. 3576—3593
Cornides, Wilhelm: Der Europarat und die nationalen Parlamente. Die Erörterung der Straßburger Empfehlungen vom August 1950 durch die nationalen Parlamente und die Beratungen des zweiten Abschnittes der zweiten Sitzungsperiode in Straßburg vom 18. bis 24. November 1950, in: Europa-Archiv 6 (1951), S. 3655—3676
Cornides, Wilhelm: Die Anfänge des europäischen föderalistischen Gedankens in Deutschland, 1945—1949, in: Europa-Archiv 6 (1951), S. 4246—4258
Cornides, Wilhelm: Entwicklungsstadien des europäischen Sicherheitsproblems 1943—1953, in: Europa-Archiv 9 (1954), S. 6489—6496
Cornides, Wilhelm: Die Illusion einer selbständigen französischen Deutschlandpolitik (1944—1947), in: Europa-Archiv 9 (1954), S. 6731—6736
Cornides, Wilhelm: Neubeginn und Kontinuität der Europapolitik seit 1945, in: Europa-Archiv 10 (1955), S. 7913—7920
Cornides, Wilhelm: Die Weltmächte und Deutschland. Geschichte der jüngsten Vergangenheit 1945—1955, Tübingen 1. Aufl. 1957, 2. Aufl. 1961
Cotta, M.: La presse française, Fondation nationale des sciences politiques, Guide de recherches 2 (mschr.), Paris 1961
Courtier, Paul: La quatrième République (Coll. Que sais-je?), Paris 1975
Courtin, René: French Views on European Union, in: International Affairs 25 (1949), S. 8—22
Criddle, Byron: Socialists and European Integration. A Study of the French Socialist Party, London/New York 1969
Crozier, Brian: De Gaulle, Bd. 1: The Warrior, Bd. 2: The Statesman, London 1973
Cuny, Pascale: Les idées politiques d'André Philip (1940—1970), Mémoire (mschr.), Paris 1972 (Dir.: J. de Soto)
Czempiel, Ernst-Otto: Das amerikanische Sicherheitssystem 1945—1949, Studie zur Außenpolitik der bürgerlichen Gesellschaft, Berlin 1966
Dalby, Louise Elliot: Léon Blum. Evolution of a socialist, London/New York 1963
Davidson, Jean: Correspondant à Washington: ce que je n'ai jamais câblé, Paris 1954
Delperrié de Bayac, Jacques: Histoire du Front populaire, Paris 1972
De Porte, Anton William: De Gaulle's Foreign Policy 1944—1946. Cambridge/Mass. 1968
Deuerlein, Ernst: Frankreichs Obstruktion deutscher Zentralverwaltungen, in: Deutschland-Archiv 4 (1971), S. 466—491
Diebold, William: The Schuman Plan. A Study in Economic Cooperation 1950—1959, New York 1959
Dolléans, Édouard: Histoire du mouvement ouvrier, Bd. I: 1830—1871, Paris 1. Aufl. 1936, 6. Aufl. 1957; Bd. II: 1871—1920, Paris 1. Aufl. 1939, 6. Aufl. 1967; Bd. III: 1921 à nos jours, Paris 1. Aufl. 1953, 3. Aufl. 1967
Donavan, Frank: Mr. Roosevelt's four Freedoms, New York 1966
Drachkovitch, Milorad M.: Les socialismes français et allemand et le problème de la guerre, Genf 1953
Drachkovitch, Milorad M.: De Karl Marx à Léon Blum: la crise de la social-démocratie, Genf 1954
Dreyfus, François-Georges: Histoire des gauches en France 1940—1975, Paris 1975
Droz, Jacques: Le socialisme démocratique 1864—1960, Paris 1. Aufl. 1960, 2. Aufl. 1966
Droz, Jacques (Hrsg.): Histoire générale du socialisme, Bd. 1: Des origines à 1875, Bd. 2: De 1875 à 1918, Paris 1972, 1974

Deutsche Übersetzung: Geschichte des Sozialismus, Frankfurt/Berlin/Wien 1974—1976
Dupeux, Georges: La France de 1945 à 1965, Paris 1969
Dupuy, Jean: San Francisco et la Charte des Nations Unies, Paris 1945
Duroselle, Jean-Baptiste: The Turning-Point in French Politics: 1947, in: Review of Politics 13 (1951), S. 302—328
Duroselle, Jean-Baptiste: Les changements de la politique extérieure de la France, depuis 1945, in: Stanley Hoffman (Hrsg.): A la recherche de la France, Paris 1963, S. 345—400
Duverger, Maurice: SFIO: mort ou transfiguration, in: Les Temps Modernes 10 (1955), S. 1863—1885
Duverger, Maurice: Partis politiques et classes sociales en France, Paris 1955
Duverger, Maurice: Les partis politiques, Paris 4. Aufl. 1961
Earle, Edward M.: (Hrsg.): Modern France: Problems of the Third and Fourth Republics, Princeton 1951
Edinger, Lewis J.: Kurt Schumacher. A study in personality and political behavior, Stanford/California 1965
deutsche Übersetzung: Kurt Schumacher. Persönlichkeit und politisches Verhalten, Köln/Opladen 1967
Ehrlich, Blake: The French Resistance 1940—1945, London 1966
Ehrmann, Henry Walter: French Labour: From Popular Front to Liberation, New York 1947
Ehrmann, Henry Walter: The Decline of the Socialist Party, in: Earle, Edward M. (Hrsg.), Modern France, Princeton 1951
Ehrmann, Henry Walter: Politics in France, Boston 1. Aufl. 1968, 2. Aufl. 1971; deutsche Übersetzung: Das politische System Frankreichs, Eine Einführung, München 1976
Einaudi, M./Domenach, J.-M./Garosci, A.: Communism in Western Europe, New York 1951
Elgey, Georgette: La République des illusions ou la vie secrète de la IVe République, Bd. I 1945—1951, Paris 1965
Estier, Claude: La Gauche hebdomadaire 1914—1962, Paris 1962
Fainsod, Merle: International Socialism and World War, Cambridge/ Mass. 1. Aufl. 1935, 2. Aufl. 1969
Fauvet, Jacques: Les partis politiques dans la France actuelle, Paris 1947
Fauvet, Jacques: Les forces politiques en France, Paris 1950
Fauvet, Jacques: La IVe République, Paris 1959
deutsche Übersetzung: Von de Gaulle bis de Gaulle. Frankreichs Vierte Republik, Tübingen 1960
Fauvet, Jacques: Histoire du Parti communiste français. En collaboration avec Alain Duhamel. Bd. 1: De la Guerre à la Guerre, 1917—1939, Paris 1964; Bd. 2: Vingt-cinq ans de drames, 1939—1965, Paris 1965
Feis, Herbert: Churchill, Roosevelt, Stalin. The war they waged and the peace they sought, Princeton/N. J. 1957
Feis, Herbert: From Trust to Terror. The Onset of the Cold War 1945—1950, New York 1970
Fiat, R.: L'Insurgé. Diplôme d'Etudes Supérieures (mschr.), Paris 1961
Fiechter, J.-J.: Le socialisme français. De l'affaire Dreyfus à la grande guerre, Genf 1965
Fischer, Per: Die Saar zwischen Deutschland und Frankreich, 1945—1959, Frankfurt/Berlin 1959
Fischer-Wollpert, Heinz: Die britische Europa-Politik, in: Europa-Archiv 5 (1950), S. 2787 bis 2793 und 2829—2836
Fitzsimons, Matthew Anthony: The Foreign Policy of the British Labour Government, 1945—1951, Notre Dame/Indiana 1953
Fontaine, André: Histoire de la Guerre Froide. Bd. 1: De la Révolution d'Octobre à la Guerre de Corée, 1917—1950, Paris 1965
Fonvielle-Alquier, François: La grande peur le l'après-guerre, 1946—1953, Paris 1973
Fonvielle-Alquier, François: Plaidoyer pour la IVe République, Paris 1976
Frankel, Joseph: British foreign policy 1945—1973, London 1974
Freiberg, Reinhard: Die Presse der französischen Résistance 1940—1944, Diss. Berlin 1962

Freymond, Jacques: Le Conflit sarrois 1945—1955, Bruxelles 1959
   deutsche Übersetzung: Die Saar 1945—1955, München 1961
Freymond, Jacques: Western Europe since the war, New York 1964
Gaddis, John Lewis: The United States and the Origins of the Cold War 1941—1947, New York 1972
Galliano, Paul: La France de la Quatrième République: 1945—1958, Paris 1973
Gardner, Lloyd C.: Architects of Illusion. Men and Ideas in American Foreign Policy, 1941—1949, Chicago 1970
Gascuel, Jacques: La genèse du plan Schuman, in: Perspectives Nr. 1161, 30. 5. 1970
Geiling, Martin: Außenpolitik und Nuklearstrategie. Die USA und das Verhältnis zur Sowjetunion 1945—1963, Köln/Wien 1975
Gerbet, Pierre: La genèse du plan Schuman. Des origines à la déclaration du 9 mai 1950, in: Revue française de Science Politique 6 (1956), S. 525—553; erneut als Sonderdruck: Lausanne 1962
Ghébali, Victor-Yves: La France en guerre et les organisations internationales 1939—1945, Paris 1969
Gillois, André: Histoire secrète des Français à Londres de 1940 à 1944, Paris 1973
Gimbel, John: Byrnes' Stuttgarter Rede und die amerikanische Nachkriegspolitik in Deutschland, in: VfZ 20 (1972), S. 39—62
Gimbel, John: Die Vereinigten Staaten, Frankreich und der amerikanische Vertragsentwurf zur Entmilitarisierung Deutschlands, in: VfZ 22 (1974), S. 258—286
Gimbel, John: The origins of the Marshall Plan, Stanford 1976
Godfrey, E. Drexel (Jr.): The Fate of the French Non-Communist Left, New York 1955
Goguel, François: Le Plan Marshall devant les partis français, in: Esprit Nr. 114, Mai 1948, S. 619—622
Goguel, François: La politique des partis sous la IIIe République, Paris 1. Aufl. 1946, 3. Aufl. 1958
Goguel, François: Géographie des élections françaises de 1870 à 1951, Paris 1951
Goguel, François: France under the Fourth Republic, New York 1952
Golay, John Ford: The Founding of the Federal Republic of Germany, Chicago 1958
Goldberg, Harvey: The Life of Jean Jaurès, Madison 1. Aufl. 1962, 2. unver. Aufl. 1968
   französische Übersetzung: Jean Jaurès. La biographie du fondateur du Parti socialiste, Traduit de l'anglais par Pierre Martory, Paris 1970
Gombin, Richard: Les socialistes et la guerre. La SFIO et la politique étrangère française entre les deux guerres mondiales, Paris 1970
Gomplowicz, Philippe: Le Parti socialiste ouvrier et paysan, Mémoire (mschr.), Paris 1972 (Dir.: J. Droz)
Gonthier, Claude: Le groupe parlementaire socialiste et les problèmes coloniaux sous la IVe République, Mémoire (mschr.), Lyon 1971 (Dir.: M.-M. Mayeur)
Gordon, Michael R.: Conflict and Consensus in Labour's Foreign Policy 1914—1965, Stanford 1969
Goriély, Georges: L'opinion publique et le plan Schuman, in: Revue française de Science Politique 3 (1953), S. 585—611
Gorse, Paul-Marie de la: De Gaulle entre deux mondes, Paris 1964
Gouzy, Jean-Pierre: Les Pionniers de l'Europe communautaire, Lausanne 1968
Graham, Bruce Desmond: The French Socialists and Tripartism, 1944—1947, London/Canberra 1965
Grailsammer, Alain: Les fédéralistes européens en France de 1945 à 1974, Paris 1975
Granet, Marie/Michel Henri: Combat. Histoire d'un mouvement de résistance de juillet 1940 à juillet 1943, Paris 1957
Granet, Marie: Jean Texcier, résistant: un anniversaire, in: La Revue socialiste, Oktober 1960
Granet, Marie: Un journal clandestin pendant l'occupation: Libération Nord, in: La Revue socialiste, April—Mai 1966
Greene, Nathanael: Crisis and Decline: The French Socialist Party in the Popular Front Era, Ithaca 1969
Groh, Dieter: Negative Integration und revolutionärer Attentismus. Die deutsche Sozialdemokratie am Vorabend des Ersten Weltkrieges, Berlin 1. Aufl. 1973, 2. Aufl. 1974

Grosser, Alfred: Les Internationales des partis politiques, in: Encyclopédie française, Bd. 11, Paris 1957, S. 18. 5.—20. 5.
Grosser, Alfred: La IVe République et sa politique extérieure, Paris 1. Aufl. 1961, 3. unver. Aufl. 1970
Guignon, Lucien: Alerte au parti socialiste, in: La Revue socialiste, April 1947, S. 463—470
Guiton, Jean: Die französische Außenpolitik nach dem Kriege, in: Europa-Archiv 7 (1952), S. 4651 ff.
Guiton, Raymond-Jean: Paris-Moskau. Die Sowjetunion in der auswärtigen Politik Frankreichs seit dem Zweiten Weltkrieg, Stuttgart 1956
Haas, Ernest B.: The Uniting of Europe. Political, Social and Economical Forces 1950—1957, London 1958
Hänsch, Klaus: Frankreich zwischen Ost und West 1946—1948, Berlin 1972
Haines, Charles Grove (Hrsg.): European Integration, Baltimore 1957; darin insbesondere: Altiero Spinelli: The Growth of the European Movement since World War II, S. 37—63
Halle, Louis J.: The Cold War as History, New York 1967
deutsche Übersetzung: Der Kalte Krieg, Frankfurt 1969
Halperin, S. William: Léon Blum and Contemporary French Socialism, in: Journal of Modern History 18 (1946), S. 241—250
Harmel, Claude: Lettre à Léon Blum sur le socialisme et la paix, Paris 1949
Haupt, Georges / Lowy, Michael / Weill, Claude: Les Marxistes et la question nationale, Paris 1974
Healey, Denis: The International Socialist Conference, 1946—1950, in: International Affairs 26 (1950), S. 363—373
Heiser, Hans-Joachim: British Policy with Regard to the Unification Efforts on the European Continent, Leyden 1959
Hoffmann, Stanley (Hrsg.): In search of France, Cambridge/Mass. 1963; französische Übersetzung: A la recherche de la France, Paris 1963
Hoffman, Stanley G.: Decline or renewal? France since the 1930's, New York 1974
Horowitz, David: Kalter Krieg. Hintergründe der USA-Außenpolitik von Jalta bis Vietnam, 2 Bde., Berlin 1969
Übersetzung von: From Yalta to Vietnam. American Foreign Policy in the Cold War, Harmondsworth/Middl. 1967
Hostache, René: Le Conseil National de la Résistance. Les Institutions de la Clandestinité, Paris 1958
Houard, Mme.: Conception et pratique du pouvoir chez Léon Blum, Mémoire (mschr.) Nancy 1969 (Dir.: P. Barral)
Hrbek, Rudolf: Die SPD, Deutschland und Europa. Die Haltung der Sozialdemokratie zum Verhältnis von Deutschland-Politik und Westintegration 1945—1957, Bonn 1972
Hurtig, Christiane: De la S. F. I. O. au nouveau Parti socialiste, Paris 1970 (Textauswahl 1945—1970)
Irving, R. E. M.: Christian Democracy in France, London 1973
Jaffré, Jérôme: La crise du Parti socialiste et l'avènement de Guy Mollet, 1944—1946, Mémoire (mschr.), Paris 1971 (Dir.: J. Touchard)
Joll, James: Intellectuals in Politics: Three Biographical Essays (Blum, Rathenau, Marinetti), London 1. Aufl. 1960, 2. Aufl. 1965
Julliard, Jacques: Naissance et mort ... La IVe République, Paris 1968
Joubert, Jean-Paul: A contre-courant: le pivertisme. De la „vieille maison" au parti révolutionnaire, étude d'un courant socialiste révolutionnaire entre la SFIO et le PCF, Thèse Grenoble 1972, 2 Bde.
Judt, Tony: La reconstruction du Parti Socialiste 1921—1926, Paris 1976
Jones, Joseph M.: The Fifteen Weeks, New York 1955
Jouve, Edmond: Le Général de Gaulle et la construction de l'Europe, 1940—1966, 2 Bld., Paris 1967
Jouve, Edmond: Die Europapolitik Frankreichs unter de Gaulle, in: Europa-Archiv 20 (1965), S. 261—274
Julien, Claude: L'Empire américain, Paris 1968
deutsche Übersetzung: Das amerikanische Imperium, Frankfurt-Berlin 1969

Kimmel, Adolf: De Gaulle und der Gaullismus (Sammelbesprechung), in: Neue Politische Literatur 17 (1972), S. 85—100
King, F. P.: The Third Force in French Politics, Diss. (mschr.) Stanford University 1952
Kirkendall, Richard S.: The Truman Period as a Research Field, A Reappraisal 1972, Columbia 1974
Knapp, Wilfried: The Partition of Europe, in: Evan Luard (Hrsg.): The Cold War, London 1964
Kolko, Joyce u. Gabriel: The Limits of Power. The World and United States Foreign Policy 1945—1954, New York 1972
Konstanzer, Eberhard: Weisungen der französischen Militärregierung 1946—1949, in: VfZ 18 (1970), S. 204—236
Korff, Adalbert: Le Revirement de la politique française à l'égard de l'Allemagne entre 1945 et 1950, Thèse Lausanne, Ambilly-Annemasse 1965
Kramer, Steven Philip: La stratégie socialiste à la libération, in: Revue d'histoire de la 2ᵉ guerre mondiale 25 (1975), Nr. 98, S. 77—90
Kriegel, Annie: Les Internationales ouvrières (1864—1943), Collection „Que sais-je?", Paris 1. Aufl. 1964, 2. Aufl. 1970
Kriegel, Annie / Becker, Jean-Jacques: 1914, la guerre et le mouvement ouvrier français, Paris 1964
Kriegel, Annie: Histoire du mouvement ouvrier français 1914—1920. Aux origines du communisme français I, Paris 1964
Kriegel, Annie (Hrsg.): 1914: la guerre et la classe ouvrière européenne = Le mouvement social Nr. 49, Paris 1964
Kriegel, Annie (Hrsg.): Le Front populaire, = Le mouvement social Nr. 54, Paris 1966
Kriegel, Annie: Léon Blum vu par les communistes, in: Preuves Nr. 182, 1966, S. 34—46
Kriegel, Annie / Perrot, Michelle: Le Socialisme français et le pouvoir, Paris 1966
Kriegel, Annie / Ferro, Marc / u. a.: La Révolution d'octobre et le Mouvement ouvrier européen, Paris 1967
Kriegel, Annie: Le pain et les roses. Jalons pour une histoire des socialismes, Paris 1968
Kriegel, Annie: Les communistes français. Essai d'ethnographie politique, Paris 1. Aufl. 1968, 3. Aufl. 1974
Kriegel, Annie: Le Parti communiste français, la Résistance, la Libération et l'établissement de la IVᵉ République (1944—1947), in: dies., Communismes au miroir français, Paris 1974, S. 161—176
Labrousse, Ernest: La montée du socialisme, in: La Revue socialiste, 1 (1946), S. 26 ff. und 137—148
Lacouture, Jean: De Gaulle, Paris 1. Aufl. 1965, 2. Aufl. 1969
La Feber, Walter: America, Russia and the Cold War, 1945—1966, New York 1967
La Feber, Walter: The Origins of the Cold War, 1941—1947: A Historical Problem with Interpretations and Documentations, New York/London 1971
Laloy, Jean: Entre guerre et paix 1946—1965, Paris 1966
Langner, Albrecht (Hrsg.): Katholizismus und freiheitlicher Sozialismus in Europa, Köln 1965; darin insbesondere: Criqui, Jean-Claude: Der französische Sozialismus, S. 91—134.
Lavau, Georges E.: Partis politiques et réalités sociales, Paris 1953
Lapie, Pierre-Olivier / Halford, A.-S.: L'attitude britannique devant le problème de l'unité européenne / Le Commonwealth britannique et l'Europe occidentale, Nancy 1952
Lefranc, Georges: Les expériences syndicales en France de 1939 à 1950, Paris 1950
Lefranc, Georges: Le syndicalisme en France. (Coll. Que sais-je?) Paris 1. Aufl. 1953, 4. Aufl. 1964
Lefranc, Georges: Histoire des doctrines sociales dans l'Europe contemporaine, Paris 1960
Lefranc, Georges: Le Mouvement socialiste sous la Troisième République (1875—1940), Paris 1963
Lefranc, Georges: Histoire du Front Populaire 1934—1938, Paris 1. Aufl. 1965, 3. Aufl. 1972
Lefrancs, Georges: Le Front Populaire (Coll. Que sais-je?), Paris 1966
Lefranc, Georges: Jaurès et le socialisme des intellectuels, Paris 1968

Lefranc, Georges: Le Mouvement syndical de la Libération aux événements de Mai—Juin 1968, Paris 1969
Lefranc, Georges: Léon Blum chef de Parti, in: L'Information historique 1971—1972, S. 203—211 u. 16—20
Lefranc, Georges: L'exprérience du Front Populaire (Dossiers Clio), Paris 1972
Lefranc, Georges: Les Gauches en France (1789—1972), Paris 1973
Leleu, Claude: Géographie des élections françaises depuis 1936, Paris 1971
Lerner, Daniel/Aron, Raymond (Hrsg.): La querelle de la C. E. D., Paris 1956
  englische Übersetzung: France Defeats EDC, New York 1957
Lichtheim, George: Marxism in Modern France, New York 1966
Ligou, Daniel: Histoire du socialisme en France 1871—1961, Paris 1962
Lindenberg, Daniel: Le marxisme introuvable, Paris 1975
Link, Werner: Das Konzept der friedlichen Kooperation und der Beginn des Kalten Krieges, Düsseldorf 1971
Lipgens, Walter: Die europäische Integration. Entwicklungsphasen und Stand, in: Ruperto Carola 38 (1965), S. 23—43
Lipgens, Walter: Das Konzept regionaler Friedensorganisation, Résistance und europäische Einigungsbewegung, in: VfZ 16 (1968), S. 150—164
Lipgens, Walter: Bedingungen und Etappen der Außenpolitik de Gaulles 1944—1946, in: VfZ 21 (1973), S. 52—102
Lipgens, Walter: Staat und Internationalismus bei Marx und Engels. Versuch einer Systemübersicht, in: HZ 217 (1973), S. 529—583
Lipgens, Walter: Labour und Europa 1945—1946, in: Festschrift für Werner Conze, Stuttgart 1976, S. 337—378
Lipgens, Walter: Innerfranzösische Kritik der Außenpolitik de Gaulles, 1944—1946, in: VfZ 24 (1976), S. 136—198
Lippmann, Walter: The Cold War. A Study on U.S. Foreign Policy, New York 1947
Lockwood, Theodore D.: A Study of French Socialist Ideology, in: Review of Politics 21 (1959), S. 402—416
Logue, William: Léon Blum: The formative years 1872—1914, De Kalb/Illinois 1973
Lorwin, Val. R.: The French Labour Movement, Cambridge/Mass. 1954
Loth, Wilfried: Sozialisten und Kommunisten in Frankreich: Zwischenbilanz einer Strategie, in: Europa-Archiv 30 (1975), S. 39—50
Loth, Wilfried: Frankreich und die europäische Einigung, in: Francia 3 (1975), S. 699—705
Loth, Wilfried: Der Kalte Krieg in deutscher Sicht, in: Deutschland-Archiv 9 (1976), S. 204—213
Loth, Wilfried: Innenpolitische Voraussetzungen französischer Europapolitik, in: Frankfurter Hefte 31 (1976), S. 7—17
Loth, Wilfried: Europapolitik in Frankreich: Abschied vom Gaullismus? in: Schweizer Monatshefte 56 (1976), S. 423—434
Loth, Wilfried: Frankreichs Kommunisten und der Beginn des Kalten Krieges. Die Entlassung der kommunistischen Minister im Mai 1947, in: VfZ 25 (1977) (erscheint demnächst)
Loth, Wilfried: Die westeuropäischen Regierungen und der Anstoß durch Marshall 1947, in: Walter Lipgens: Die Anfänge der europäischen Einigungspolitik, Bd. 1: 1945—1947, Stuttgart 1977 (erscheint demnächst)
Louis, Paul: Histoire du socialisme en France. Les faits, les idées, les partis ouvriers de la révolution à nos jours, Paris 1. Aufl. 1925, 5. Aufl. 1950
Lüthy, Herbert: Frankreichs Uhren gehen anders, Zürich 1954
Lukacz, John: A History of the Cold War, New York 1966
  deutsche Übersetzung: Konflikte der Weltpolitik nach 1945, München (dtv) 1970
Mac Rae, Jr., Duncan: Parliament, Parties, and Society in France, 1946—1958, New York/London 1967
Maitron, Jean: Histoire du mouvement anarchiste en France, 1880—1914, Paris 1. Aufl. 1951, 2. Aufl. 1955
Maitron, Jean: Le mouvement anarchiste en France, 2 Bde., Paris 1975

Maitron, Jean (Hrsg.): Dictionnaire biographique du mouvement ouvrier français, bisher 12 Bde. (bis 1914), Paris 1964—1975
Marabuto, Paul: Les Partis politiques et les mouvements sociaux sous la IVe République, Paris 1948
Marcus, John T.: Neutralism and Nationalism in France: A case study, New York 1958
Marcus, John T.: French Socialism in the crisis years, 1933—1936, Fascism and the French Left, New York 1958
Martinez, Jean-Claude: Le Parti socialiste (1905—1972). Essai de systématisation psychologique, Mémoire (mschr.), Montpellier 1972 (G. Desmouliez)
Mayne, Richard J.: The recovery of Europe 1945—1973, Garden City 1973
McNeill, William Hardy: America, Britain and Russia. Their Co-Operation and Conflict, 1941—1946, Survey of International Affairs 1939—1946, Oxford 1953
Meehan, Eugene J.: The British Left Wing and Foreign Policy. A Study of the Influence of Ideology. New Brunswick/New Jersey 1960
Meissner, Boris: Rußland, die Westmächte und Deutschland 1943—1953, Hamburg 1954
Merkl, Peter H.: The Origins of the West German Republic, New York 1963; deutsche Übersetzung: Die Entstehung der Bundesrepublik Deutschland, 1967
Micaud, Charles A.: The Third Force Today, in: Earle, Edward M. (Hrsg.), Modern France, Princeton 1954, S. 137—152
Micaud, Charles A.: Communism and the French Left, New York 1963
Michel: Henri: Histoire de la Résistance en France (1940—1944), (Coll. Que sais-je?), Paris 1. Aufl. 1950, 6. Aufl. 1972
Michel, Henri: Les Courants de Pensée de la Résistance, Paris 1962
Michel, Henri: Histoire de la France libre (Coll. Que sais-je?), Paris 1. Aufl. 1963, 3. Aufl. 1972
Michel, Henri: Bibliographie critique de la Résistance, Paris 1964
Mirkine-Guetzévitch, Boris: La République parlementaire dans la pensée politique de Léon Blum, in: La Revue socialiste, Januar 1951
Molnar, Miklós: Internationalismus. in: Sowjetsystem und demokratische Gesellschaft. Eine vergleichende Enzyklopädie, Bd. 3, Freiburg 1969, S. 265—292
Montreuil, Jean: Histoire du mouvement ouvrier en France des origines à nos jours, Paris 1947
Morgan, Roger: West European politics since 1945. The shaping of the European Community, London 1972
Morgenthau, Hans J./Schlesinger, Arthur, Jr./Gardner, Lloyd C.: The Origins of the Cold War, Waltham/Mass.-Toronto 1970
Mottin, Jean: Histoire politique de la presse: 1944—1949, Paris 1949
Naegelen, Marcel-Edmond: Quelques images de Léon Blum, in: La Revue socialiste, Nr. 37, Mai 1950, S. 407—411
Nere, J.: The foreign policy of France from 1915—1945, London 1974
Niclauss, Karlheinz: Demokratiegründung in Westdeutschland. Die Entstehung der Bundesrepublik 1945—1949, München 1974
Noguères, Henri: Histoire de la Résistance en France, 5 Bde., bisher Bd. 1—4, Paris 1967—1976
Noland, Aaron: The Founding of the French Socialist Party (1893—1905), Cambridge 1956
Nollau, Günther: Die Internationale. Wurzeln und Erscheinungsformen des proletarischen Internationalismus, Köln/Berlin 2. Aufl. 1961
Nolte, Ernst: Deutschland und der Kalte Krieg, München 1974
Ophüls, Carl Friedrich: Zur ideengeschichtlichen Herkunft der Gemeinschaftsverfassung, in: Probleme des Europäischen Rechts (Festschrift für Walter Hallstein), Frankfurt 1966, S. 387—413
Padover, Saul (Hrsg.): French Institutions — Values and Politics, Stanford 1954
Pagosse, Roger: L'Oeuvre de Léon Blum: De la critique littéraire à la critique sociale, in: La Revue socialiste, Oktober 1954, S. 310—313 und Oktober 1955, S. 322—323
Paklons, L. L.: Bibliographie Européenne, 1964
Parodi, Maurice: L'economie et la société française de 1945 à 1970, Paris 1971

Paterson, Thomas G. (Hrsg.): Cold War Critics. Alternatives to American Foreign Policy in the Truman Years, Chicago 1971
Paterson, Thomas G.: Soviet-American Confrontation: Postwar Reconstruction and the Origins of the Cold War, Baltimore 1973
Paterson, William E.: The S.P.D. and European integration, Farnborough 1974
Pegg, Charles H.: Die Résistance als Träger der europäischen Einigungsbestrebungen in Frankreich während des zweiten Weltkrieges, in: Europa-Archiv 7 (1952), S. 5197—5206
Philip, Olivier: Le problème de l'union européenne, Neuchâtel 1950
Pickles, Dorothy: France between the Republics, London 1946
Pickles, Dorothy: French Politics. The First Years of the Fourth Republic, London/New York 1953
Pickles, Dorothy: France. The Fourth Republic, London 1955
Pondaven, Philippe: Le parlement et la politique extérieure sous la IVe République, Paris 1973
Poulain, Jean-Claude: Le Parti SFIO et l'intégration européenne, in: Cahiers du communisme, April 1961, S. 722—738
Puech, J. L.: La tradition socialiste en France et la Société des Nations, Paris 1921
Quilliot, Roger: La S.F.I.O. et l'exercice du pouvoir, 1944—1958, Paris 1972
Rabaut, Jean: Jaurès, Paris 1971
Rabaut, Jean: Tout est possible! Les gauchistes français 1929—1944, Paris 1974
Racine, Nicole: Le Parti socialiste (S. F. I. O.) devant le bolchevisme et la Russie soviétique 1921—1924, in: Revue française de Science Politique 21 (1971), S. 281—315
Ranch, R. William, Jr.: Politics and belief in contemporary France. Emmanuel Mounier and Christian Democracy, 1932—1950, Den Haag 1972
Reale, Eugenio: The Founding of the Cominform, in: Milorad M. Drachkovitch/Branko Lazith (Hrsg.): The Comintern — Historical Highlihts, New York 1966
Rebérioux, Madeleine (Hrsg.): Jean Jaurès, = Le mouvement social Nr. 39, Paris 1962
Reitzel, William/Kaplan, Morton A./Coblenz, Constance G.: United States Foreign Policy, Washington 1956
Reynaud, Paul: La politique étrangère du gaullisme, Paris 1964
 deutsche Übersetzung: Ehrgeiz und Illusion. Die Außenpolitik de Gaulles, München 1964
Rieber, Alfred J.: Stalin and the French Communist Party 1941—1947, New York 1962
Riès, Jean: Paul Rivet, in: La Revue socialiste, Mai 1958
Rimbert, Pierre: L'avenir du Parti socialiste, in: La Revue socialiste, Februar 1952, S. 113—132, und März 1952, S. 288—297
Rimbert, Pierre: Le Parti socialiste S.F.I.O., in: Duverger, Maurice (Hrsg.), Partis politiques et classes sociales en France, Paris 1955, S. 195—207
Ritsch, Frederick F.: The French Left and the European Idea, 1947—1949, New York 1966
Riviale, Philippe / Barrot, Jean / Borczuk, A.: La légende de la gauche au pouvoir — Le Front populaire, Paris 1974
Robrieux, Philippe: Maurice Thorez, vie secrète et vie publique, Paris 1975
Rochefort, Robert: Robert Schuman, Paris 1968
Rougement, Denis de: The Campaign of the European Congresses, in: Government and Opposition 2 (1966/67), S. 329—349
Sawyer, John E.: The Reestablishment of the Republic in France: The De Gaulle Era, 1944—1945, in: Political Science Quarterly 62 (1947), S. 358—380
Sawyer, John E.: Strains in the Social Structure of Modern France, in: Earle, Edward M. (Hrsg.): Modern France, Princeton 1951, S. 293—312
Schaeffer, Patrick J.: Le Parti socialiste SFIO et l'Europe (1947—1954), Mémoire Strasbourg 1968 (mschr.)
Schaeffer, Patrick J.: Recherche sur l'attitude de la S.F.I.O. à l'égard de l'unification européene (1947—1954), in: Centre de recherches Relations internationales de l'Université de Metz 5: Travaux et recherches 1973/2, Metz 1974, S. 107—129
Schlott, Gerhard: Nationales und internationales Denken der deutschen und französischen Sozialisten (besonders in den Jahren 1863—1871), Phil. Diss. Frankfurt/Main 1960
Schröder, Hans-Christoph: Sozialismus und Imperialismus. Die Auseinandersetzung der

deutschen Sozialdemokratie mit dem Imperialismusproblem und der „Weltpolitik" vor 1914, Teil I, Hannover 1968
Schulz, Gerhard: Die Sozialdemokratie und die Idee des internationalen Ausgleichs, in: Alfred Herrmann (Hrsg.), Aus Geschichte und Politik, Festschrift f. Ludwig Bergsträsser, Düsseldorf 1954, S. 89—116
Schwarz, Hans-Peter: Vom Reich zur Bundesrepublik. Deutschland im Widerstreit der außenpolitischen Konzeptionen in den Jahren der Besatzungsherrschaft 1945—1949, Neuwied/Berlin 1966
Schwarz, Hans-Peter: Europa föderieren — aber wie?, in: Lehmbruch/Beyme/Fetscher (Hrsg.): Demokratisches System und politische Praxis der Bundesrepublik (für Theodor Eschenburg), München 1971, S. 377—443
Schöndube, Klaus: Das neue Europa-Handbuch, Köln 1969
Serfaty, Simon: France, de Gaulle and Europe. The Policy of the Fourth and Fifths Republics toward the Continent, Baltimore 1968
Siegfried, André: De la IIIe à la IVe République, Paris 1956
deutsche Übersetzung: Frankreichs Vierte Republik, Stuttgart 1959
Simmons, Harvey G.: French Socialists in Search of a Role, 1956—1967, Ithaca/London 1970
Smith, Tony: The French Colonial Consensus and People's War, 1946—1958, in: Journal of Contemporary History 9 (1974), S. 217—247
Snell, John L.: Illusion and Necessity. The Diplomacy of Global War 1939—1944, Boston 1963
deutsche Übersetzung: Illusionen and Realpolitik. Die diplomatische Geschichte des Zweiten Weltkrieges, München 1966
Sorlin, Pierre: La société française. Bd. 2: 1914—1968, Paris 1971
Spire, Alfred: Inventaire des Socialismes français contemporaines, Paris 1947
Teitgen, Christiane: Le mouvement néo-socialiste, 1929—1933, Mémoire (mschr.), Paris 1971 (Dir.: J. J. Chevallier)
Tesson, Philipp: De Gaulle Ier — La révolution manquée, Paris 1965
Tétard, Georges, Essais sur Jean Jaurès, Colombes 1959
Texcier, Jean: Die ideologische Entwicklung des demokratischen Sozialismus in Frankreich, in: Braunthal, Julius (Hrsg.), Sozialistische Weltstimmen, Berlin/Hannover 1958
Tiersky, Ronald: Le mouvement communiste en France 1920—1972, Paris 1973; amerikanisches Original: French Communism, 1920—1972, New York 1974
Tint, Herbert: French Foreign Policy since the Second World War, London 1973
Tournoux, Jean-Raymond: Carnets secrets de la politique, Paris 1958
Ulam, Adam: The rivals. America and Russia since World War II, London—New York 1. Aufl. 1971, 2. Aufl. 1974
Urwin, Derek W.: Western Europe since 1945. A short political history, London 1968
Vaccarino, Giorgio: Die Wiederherstellung der Demokratie in Italien (1943—1948), in: VfZ 21 (1973), S. 285—324
Van Dyke, Vernon: The Communists and the Foreign Relations of France, in: Earle, Edward M. (Hrsg.), Modern France, Princeton 1951, S. 232—250
Vogel, Walter: Deutschland, Europa und die Umgestaltung der amerikanischen Sicherheitspolitik, 1945—1949, in: VfZ 19 (1971), S. 64—82
Volle, Hermann: Der Verlauf der Pariser Außenministerkonferenz vom 23. Mai bis 20. Juni 1949, in: Europa-Archiv 4 (1949), S. 2391—2398
Wagner, Wolfgang: Europa zwischen Aufbruch und Restauration, München (dtv) 1968
Waites, Neville (Hrsg.): Troubled neighbours. Franco-British relations in the Twentieth Century, London 1971
Walter, Gérard: Histoire du parti communiste français, Paris 1948
Wandel, Eckard: Adenauer und der Schuman-Plan. Dokumentation, in: VfZ 20 (1972), S. 192—203
Watson-Downs, Mary Katherine: Léon Blum. The Evolution of his Socialist Doctrine, M. A. thesis, Stanford University 1956
Wegmüller, Jörg: Das Experiment der Volksfront. Untersuchungen zur Taktik der Kommunistischen Internationale der Jahre 1934 bis 1938, Bern/Frankfurt 1972

Weill-Raynal, Etienne: Les classes sociales et les partis politiques en France, in: La Revue socialiste, Dezember 1950, S. 545—561
Weinstein, Harold, Richard: Jean Jaurès. A Study of Patriotism in the French Socialist Movement, Phil. Diss. Columbia University, New York 1936
Werth, Alexander: France 1940—1955, London 1956
deutsche Übersetzung: Der zögernde Nachbar, Düsseldorf 1957
Werth, Alexander: De Gaulle. A political biography, New York 1966
Wette, Wolfram: Kriegstheorien deutscher Sozialisten, Stuttgart 1971
Wettig, Gerhard: Entmilitarisierung und Wiederbewaffnung in Deutschland 1943—1955, München 1967
Wheeler-Bennett, Sir John / Nicholls, Anthony: The Semblance of Peace: The Political Settlement after the Second World War, New York 1972
Willard, Claude: Le Mouvement socialiste en France 1893—1905, Les guesdistes, Paris 1965
Willard, Claude: Socialisme et Communisme français, Paris 1967
Willard, Claude / Chambaz, Jacques / Bruhat, Jean / Cogniot, Georges: Le Front populaire (La France de 1934 à 1939), Paris (Editions sociales) 1972
Williams, Philip: Politics in Post-War France, London 1954
3. Auflage u. d. T.: Crisis and Compromise, London 1964
Willis, F. Roy: The French in Germany, 1945—1949, Stanford 1962
Willis, F. Roy: France, Germany, and the New Europe, 1945—1963, Stanford/London 1965; 2. Aufl. u. d. T.: France, Germany, and the New Europe, 1945—1967, Stanford/London 1968
Windrich, Elaine: British Labour's Foreign Policy, Stanford 1952
Winock, Michel: Socialisme et patriotisme en France (1891—1894), in: Revue d'histoire moderne et contemporaine 20 (1973), S. 376—421
Winock, Michel: Histoire politique de la revue „Esprit" 1930—1950, Paris 1975
Woodward, Ernest Llewellyn: British Foreign Policy in the Second World War, 4 Bde., London 1962—1975
Wohl, Robert: French communism in the making: 1914—1924, Stanford 1966
Zellentin, Gerda: Die Kommunisten und die Einigung Europas, Frankfurt 1964
Zellentin, Gerda: Bibliographie zur europäischen Integration, 3. erw. Aufl. von P. Buchrucker, Köln 1970
Zartman, W. S.: De la Résistance à la Révolution. Post-War French Neutralism, Diss. (mschr.) Yale-University 1956 (bei der Abfassung dieser Untersuchung nicht zugänglich)
Ziebura, Gilbert: Die Idee der Demokratie in der französischen Widerstandsbewegung, in: Zur Geschichte und Problematik der Demokratie, Festgabe für Hans Herzfeld, Berlin 1958, S. 355—373
Ziebura, Gilbert: Léon Blum. Theorie und Praxis einer sozialistischen Politik, Bd. I: 1872—1934, Berlin 1963
französische Übersetzung: Léon Blum et le Parti Socialiste 1872—1934, Paris 1967
Ziebura, Gilbert: Ideologische Grundlagen der Außenpolitik de Gaulles, in: Europa-Archiv 20 (1965), S. 275—284
Ziebura, Gilbert: Die deutsch-französischen Beziehungen seit 1945, Mythen und Realitäten, Pfullingen 1970
Zurcher, Arnold J.: The Struggle to Unite Europe, 1940—1958, New York 1958
—: Actes du Colloque: Jaurès et la nation, Toulouse 1965
—: Assemblée d'Information, organisé par les amis de Léon Blum à la Sorbonne, 8 février et 11 décembre 1951 (mschr) Text im Besitz von Mme. Cletta Mayer, benutzt von Joël Colton (s. o.)
—: Association pour la conservation et la reproduction photographique de la presse (A.C.R.P.P.): Catalogue de microfilms reproduisant des périodiques — Journaux et revues — Nr. 10, Paris 1975
—: Bibliothèque Nationale: Catalogue des périodiques clandestins (1939—1945), Paris 1954
—: Bibliothèque Nationale: Journaux français 1944—1956. Répertoire collectif des quotidiens et hebdomadaires publiés dans les Départements de la France métropolitaine, Paris 1958

—: Blum, Léon, chef du gouvernement, 1936—1937. Actes du Colloque Léon Blum, organisé par la Fondation Nationale des Sciences Politiques, 26/27 mars 1965, Paris 1967
—: Centre international de Formation européenne: Répertoire des périodiques consacrés aux questions européens, Paris 1967
—: Dictionnnaire biographique français contemporain, Paris 1950
—: Die Parteien in Frankreich, in: Europa-Archiv 2 (1947), S. 777—784
—: Fondation nationale des sciences politiques: Catalogue Général des Périodiques, Paris o. J.
—: „La Gauche": Sondernummer von „Les Temps Modernes", Mai 1955
—: La grande querelle du plan Schuman, Allemagne, Bulletin bimestriel d'information du Comité français d'échanges avec l'Allemagne nouvelle, Nr. 14—15, Oktober 1951
—: La presse française et le plan Marshall, hrsg. von der Mission spéciale en France de l'E.C.A., Paris 1949
—: Table ronde sur „Léon Blum et l'État" (4—5 juin 1973), Paris 1973

Abkürzungen

AP	L'Année politique
CAS	Comité d'Action Socialiste
CEEC	Committee of European Economic Cooperation
CGT	Confédération Général du Travail
COMISCO	Committee of International Socialist Conference
CNR	Conseil National de la Résistance
CRS	Compte rendu sténopgraphique (mschr.)
EA	Europa-Archiv
ECA	European Cooperation Agency
ECE	Economic Committee of Europe
EPU	Europäische Parlamentarier-Union
EUSE	(Comité international pour les) Etats-Unis socialistes d'Europe
EVG	Europäische Verteidigungsgemeinschaft
FFI	Forces Françaises de l'Intérieur
FO	Force Ouvrière
FN	Front National
HZ	Historische Zeitschrift
JO	Journal Officiel de la République française
MLN	Mouvement pour la Libération Nationale
MRP	Mouvement Républicain Populaire
MSEUE	Mouvement socialiste pour les États-Unis d'Europe
NEI	Nouvelles Equipes Internationales
NPL	Neue Politische Literatur
OEEC	Organization of European Economic Cooperation
ONU	Organisation des Nations Unies
PCF	Parti Communiste Français
PCI	Partito Communista Italiana
PSOP	Parti Socialiste Ouvrier et Paysan
PSA	Parti Socialiste Autonome
RDR	Rassemblement Démocratique Révolutionnaire
RPF	Rassemblement du Peuple Français
SAI	Sozialistische Arbeiter-Internationale
SFIO	Section Française de l'Internationale Ouvrière
SILO	Socialist Information and Liaison Office
UDSR	Union Démocratique et Socialiste de la Résistance
UEF	Union Européenne des Fédéralistes
UEM	United Europe Movement
URSS	Union des Républiques Socialistes Soviétiques
VfZ	Vierteljahrshefte für Zeitgeschichte

Sachregister

Antikommunismus 99, 112, 118, 231—235, 251, 278, 285, 296 f., 323, 328, 344 f., 360
Atlantikrat 260 f.
Außenministerratstagungen 79, 86, 96, 105 f., 127, 130—132, 136 f., 139 f., 159 f., 174, 317, 323

Berliner Blockade 164, 167, 183, 214, 220
Blum-Byrnes-Abkommen 99—104, 142, 328
Britisch-französisches Bündnis, britisch-französische Zusammenarbeit, Dünkirchener Pakt 12, 39, 56 f., 70, 87—89, 91 f., 120—127, 159, 178, 306, 310, 336, 367
Bundespakt 246, 257—259, 270—275
Bundesrepublik Deutschland 220, 236—241, 248 f., 251 f., 260—264, 279—292

CAS 23 f., 35 f., 39 f., 86, 301
CDU 240, 243, 282
CEEC (Committee of European Economic Cooperation) 151, 170 f., 206
CGT 90, 140, 346
CNR 42 f., 47, 57, 90 f., 301
COMISCO, SILO, Sozialistische Internationale 14, 16, 19, 65—71, 113—118, 180 f., 194, 202 f., 217, 221, 228 f., 249, 262, 267—269, 274, 291, 295, 317, 333, 354 f.
Conseil français pour l'Europe unie 135, 162, 204

Deutschlandpolitik 30, 36—38, 41, 49—52, 54 f., 68—70, 89—97, 112, 120—125, 127—133, 138, 143, 162, 167—179, 189, 207, 214—219, 236—243, 248 f., 251 f., 260—263, 279—292, 303, 306, 312, 325 f., 333 f., 336 f., 351—353, 373, 376 f.
Dumbarton-Oaks-Vorschläge 59—64, 68

ECE (Europäische Wirtschaftskommission der UNO) 144 f., 147 f., 241, 263
Eindämmungskonzept 137 f., 143, 147, 166, 177, 184—186, 189, 193, 232 f., 235, 251, 277—279, 340, 352, 360
Entspannungspolitik 185 f., 251, 260, 264
EPU (Europäische Parlamentarier-Union) 193, 222
Europäische Bewegung 190, 201, 211, 222, 225—228, 241, 244—248, 258, 263, 292
Europäische Föderation, Europäische Einigung 15, 33—36, 56, 58, 61 f., 81—84, 106, 115, 135, 138, 144—147, 149, 152, 156—166, 168, 174, 177—195, 197, 199, 201—215, 220, 226 f., 230 f., 235, 244—250, 252, 256—260, 266 f., 269—278, 286, 289—292, 296, 303 f., 313, 348, 355 f., 361—365, 367, 376 f.
EVG, Europäische Verteidigungsgemeinschaft siehe Wiederbewaffnung, deutsche
Europarat 211—213, 220—225, 229, 237, 241, 257—260, 263, 270—276, 281 f.

Famille occidentale 79—86, 89—93, 100, 111 f., 120—127, 133—135, 145, 178, 292, 321
Föderalismus, innerstaatlicher 37, 94, 128 f., 174, 178, 216, 242 f., 305
Föderalismus, supranationaler 11 f., 24—26, 30—32, 34 f., 39 f., 43, 59 f., 102 f., 135—138, 151, 156 f., 160, 190, 199, 209, 212, 245, 252, 258, 264—267, 271, 275, 281, 290, 292—294, 303, 332, 366, 379
Frankreich, innenpolitische Entwicklung 12, 15, 23 f., 33, 42, 47 f., 56, 75, 86, 90—92, 96, 98, 106, 118—120, 123 f., 139 f., 153—155, 187, 211, 253—255, 291, 295, 345 f., 360
FRITALUX 248
Funktionalismus 148, 210, 264 f., 269, 379

Haager Kongreß 190, 192, 200, 204—212, 222, 225, 362

Indochinapolitik 20, 139 f.
Internationalismus 11, 18, 24—32, 43 f., 97, 110 f., 113, 133, 137 f., 256, 291—297, 308, 344, 348

Kolonialfrage 20, 139 f., 142, 362 f.
Kommunistische Bewegung (siehe auch PCF) 140, 142, 153 f., 196 f., 251, 278
Koreakrieg 251 f., 279, 287

Labour-Party, Labour-Regierung 16, 38 f., 65 f., 70, 78, 80—83, 96, 103, 113—116, 135, 158 f., 164, 166, 177, 194, 201—214, 221—223, 228 f., 244—250, 252, 265—270, 272, 275—277, 282, 291 f., 295 f., 319 f., 327, 357, 363—365
Levante-Krise 87—89
Londoner Sechs-Mächte-Konferenz, Londoner Deutschlandvereinbarungen 183, 187, 199, 211, 214—218, 240

Marshall-Plan 12, 17, 115, 137—139, 143, 147—153, 156—168, 178, 182 f., 188, 191, 199, 203—206, 214, 242, 265, 292, 339 f.
Montanunion, Schuman-Plan, EGKS (Europäische Gemeinschaft für Kohle und Stahl) 12, 156, 172, 206, 217—219, 226—228, 241, 244, 246, 252, 258, 262—270, 273 f., 283, 293, 344, 379—381
Moskauer Kohleabkommen 132
Moskauer Vertrag 12, 53—55, 122, 125—127, 312 f.
MRP 12, 15, 48, 75 f., 90—97, 109, 123, 142, 155, 163, 166 f., 187, 196, 198, 211 f., 226, 255, 321, 331, 346, 348, 350
MSEUE, EUSE 14, 19, 164 f., 189, 199—201, 225—227, 235, 258, 270, 274 f., 277, 349, 362 f., 375, 385

Nationalismus 11, 18, 25 f., 41—43, 52, 71, 77, 97, 133, 195, 231 f., 242, 268, 278, 294 f., 308, 344, 348, 380
NEI (Nouvelles Equipes Internationales christlicher Demokraten) 270
Neutralismus 36, 157, 186, 188—195, 198 f., 230—232, 278, 293, 358—360
Nordatlantikpakt 12, 183—187, 194, 220 f., 229—236, 238 f., 247, 251, 279—289, 357, 372 f.
Nordafrikapolitik 20, 142

OEEC (Organization of European Economic Cooperation) 176, 183, 187, 210—212, 221, 224, 248, 258 f., 359
Organisation internationale (supranationale Weltorganisation) 31 f., 33 f., 45 f., 48 f., 55 f., 58—65, 67 f., 72, 79 f., 102—106, 133—138, 144 f., 160, 177, 184, 188 f., 233, 291, 296, 304, 307, 313, 326, siehe auch UNO

Ost-West-Konflikt, Kalter Krieg, 15, 18, 72, 78 f., 83—86, 99—102, 104—106, 112, 114 f., 126 f., 133—147, 150—153, 159—162, 165 f., 169 f., 176—195, 232, 251 f., 264, 278—280, 289, 291, 294 f., 305, 317 f., 323, 349 f., 356 f.

Pariser Sozialistenkonferenz 1948 202, 206—209
PCF 12, 42 f., 47, 75—78, 82, 90 f., 95, 97, 99—101, 106—110, 139—142, 145, 153—155, 167, 194, 196—198, 231, 253—255, 278, 294, 328 f., 336, 350, 372
Potsdamer Konferenz, Potsdamer Protokoll 72, 78, 89 f.
Prager Umsturz 139, 164, 167, 179 f.

Radicaux, Parti Radical 90, 123, 163, 195

RDR 195—201, 204
Reparationen 38, 50, 69, 91, 93 f., 131 f., 170—173, 261 f., 306, 336
Résistance-Organisationen 23 f., 40, 47
RPF 15, 141, 145, 154 f., 196 f., 253—255
Ruhrbehörde, internationale, Ruhrstatut 38, 51, 54 f., 69, 93—95, 127—129, 156 f., 172, 174, 206 f., 214, 216—219, 227, 237, 240—242, 246, 263, 266, 294, 325 f.

Saarfrage 93—96, 120, 131, 167, 248, 261 f., 326, 337 f., 373
SFIO, innerparteiliche Entwicklung 12—16, 19 f., 23 f., 35, 39 f., 46—48, 73—76, 80, 94, 106—113, 140—142, 154 f., 195—199, 253—256, 296 f., 309, 330 f., 341, 344, 377
Sozialismus 11 f., 24—29, 38, 102—104, 107, 110, 157—159, 180 f., 187, 189, 195—199, 204, 233—235, 249, 255 f., 277, 291—297 internationale Mission des Sozialismus 38, 65 f., 113, 145 f., 159, 165 f., 187 f., 193 f., 201, 207 f., 305, 342
SPD 16, 116 f., 237, 240, 242 f., 252, 262, 282, 287, 291

Tripartismus 12, 75 f., 86, 107—109, 139 f., 142, 153 f., 341
Troisième Force intérieure 12, 109, 153—155, 166, 196—199, 345
Troisième Force internationale 36, 53, 83, 101, 144—146, 156—165, 168, 173, 175, 177—179, 181, 184—186, 189 f., 195, 202 f., 215 f., 230—232, 234, 278, 291—293, 341, 346, 349 f., 356 f.

UDSR 47 f., 123
UdSSR 30—32, 45, 59, 65, 72, 77—86, 111, 129, 134 f., 137, 142, 150, 153 f., 160 f., 164, 166 f., 176—194, 203, 215 f., 232 f., 251, 279 f., 285 f., 292 f., 303—305, 313, 357
UEF 156, 163, 199 f., 210, 257—259, 270, 362, 370
UEM 134, 163, 199
UNO 15, 59—65, 83—86, 91, 125, 129, 134, 143—146, 232 f., 266, 279, 291 f., 304, 316
USA 30—32, 34, 45, 59, 72, 78 f., 84 f., 95, 98—106, 132, 134—139, 142—152, 157—161, 166 f., 173, 176—195, 199 f., 203, 214—218, 229—232, 234, 247, 260, 264, 279—289, 292, 305, 357, 360

Wiederbewaffnung, deutsche, Europäische Verteidigungsgemeinschaft, EVG 12, 17, 238—240, 251, 260 f., 273 f., 277—290, 293, 384—386

Personenregister

Acheson, Dean 143, 147, 282, 284
Adenauer, Konrad 238, 240, 243, 248, 252, 284, 342, 352, 373, 385
Alduy, Paul 226, 362 f., 365
Alphand, Hervé 93, 170, 384, 386
Altman, Georges 40, 163, 189, 195, 226, 323, 382
Archidice, Georges 198, 331
Arnold, Karl 243
Arrès-Lapoque 109, 152, 158, 196, 331, 372
Attlee, Clement 84, 102, 120 f., 154, 288
Auriol, Vincent 19, 34 f., 37 f., 47, 50 f., 54, 57 f., 65 f., 73, 76, 94, 109 f., 112, 123, 130, 133, 141 f., 148, 150, 160, 162, 169, 171 f., 174, 182, 187, 212, 215 f., 218, 238, 263, 279, 284, 288, 290, 294, 305—309, 312, 315, 320, 333, 338, 343, 345, 350, 353, 356 f., 368, 378, 380

Bacon, Paul 226
Badiou, Alexandre 196, 331, 341
Baker, Philip Noel 66 f.
Bastid, Paul 275
Bayet, Albert 313
Beauvoir, Simone de 164
Béguin, Albert 314
Berthelot, Marcel 127
Beuve-Méry, Hubert 321
Bevin, Ernest 96, 120—122, 124, 126, 148, 154, 164, 178 f., 203, 207, 212 f., 223, 232, 259, 276, 282, 288, 343
Bidault, Georges 54, 56, 64, 92, 95—98, 122—133, 136, 140, 147 f., 151, 168—175, 178 f., 183, 185 f., 188, 211 f., 214—217, 254, 260 f., 272, 281, 312, 326, 337, 366
Biondi, Jean 23
Bloch, Pierre 107
Bloncourt, Elie 23, 48, 331
Blum, Léon 13 f., 16 f., 19, 23, 38 f., 46—48, 66, 73 f., 86, 106—113, 118—120, 140—142, 154 f., 187, 197, 200, 205, 222, 253—255, 292—294, 301, 309, 324, 345 f., 364 f.
  Deutschlandpolitik 30, 37, 94—97, 120—123, 127—133, 144, 167—174, 216—218, 236—243, 261, 263, 281, 292 f., 303, 306, 325 f., 338, 373 f.
  Europäische Föderation 33 f., 81—83, 135, 144—147, 151, 185, 207—209, 211—214, 244—249, 292 f., 303 f., 356 f., 363, 365—367

Famille occidentale 79—84, 90, 120—123, 145
  Organisation internationale 29—34, 76—78, 102 f., 144, 304, 306, 320
  Ost-West-Konflikt 77—80, 99—101, 134, 144—147, 150 f., 159—162, 170, 179—182, 185, 193, 202, 322, 329, 356 f.
  Sozialismus-Konzept 26—29, 74—76, 102 f., 110 f., 145 f., 155, 201, 233 f., 255 f., 292—294, 296 f., 302, 355
  Troisième Force internationale 143—151, 156—163, 185, 232, 355—357
Blum, Robert 100
Bohy, Georges 226
Boothby, Robert 241
Bonnefous, Edouard 241, 376
Bourdet, Claude 36, 40, 147, 156, 163 f., 181, 186, 189 f., 192 f., 195, 198, 214, 226, 232, 235, 278, 341, 347, 361, 369, 371
Bourgin, Georges 198, 335, 358, 377
Boutbien, Léon 85, 94, 108, 111 f., 115 f., 139, 152, 155, 196—198, 205, 209, 219, 226, 235 f., 266, 279, 325, 330 f., 347, 362
Bracke (A.-M. Desrousseaux) 66
Braun, Dr. 262
Braunthal, Julius 317
Brentano, Heinrich von 262, 273
Briand, Aristide 26, 84
Brockway, Fenner 226
Brossolette, Gilberte 270
Brossolette, Pierre 24
Brouckère, Louis de 66, 70, 114—117, 217, 305, 317
Brugmans, Henri 156, 162, 199 f.
Brutelle, Georges 109, 228 f., 267, 274, 290, 331
Buisson, Georges 37
Buisson, Suzanne 301
Buron, Robert 226
Byrnes, James F. 86, 96, 100—102, 105, 126, 337

Callaghan, James 272, 276
Caffery, Jefferson 100, 326
Capocci, Oreste 50, 107, 331, 346
Chaban-Delmas, Jacques 275
Charlot, Jean 331
Churchill, Winston 34, 53, 57, 85, 105, 135, 144, 158, 162, 185 f., 188, 199—201, 204, 207 f., 226, 245, 282, 307, 323, 357, 362, 365

411

Clay, Lucius D. 215, 217
Clayton, William C. 100
Collinet, Michel 314, 370
Commin, Pierre 107, 152, 198, 225, 275, 279, 290, 331, 383
Cooper, Duff 120, 124
Corbin 222
Cot, Pierre 239
Coudenhove-Kalergi, Richard Graf 193
Courtin, René 135, 205, 348
Couve de Murville, Maurice 93
Cripps, Stafford 67, 247 f.
Crossman, Richard 158 f., 164, 203, 206 f.

Dalton, Hugh 67, 205 f., 208, 222 f., 273, 319 f., 365
Davies 276
Déat, Marcel 313
Debré, Michel 275
Dechézelles, Yves 109, 139, 141 f., 152, 163, 330
Defferre, Gaston 23, 47, 254, 290, 331
De Gasperi, Alcide 201
De Gaulle, Charles 12, 24, 41—44, 47, 51—58, 62 f., 69, 72 f., 86—95, 98, 120, 127, 130—133, 135, 141, 145, 154 f., 167, 169 f., 174 f., 186, 196 f., 215 f., 292, 294 f., 301, 308 f., 312, 315, 323 f., 348, 351, 360, 367
Deixonne, Maurice 198, 207, 319
De Menthon, François 222
Depreux, Edouard 58, 123, 142, 197, 254, 266, 290, 310, 312 f., 315, 327, 331, 372
Desson, Guy 198, 317
Domenach, Jean-Marie 164, 191 f.
Duclos, Jacques 140, 153
Dulles, John Foster 216 f.
Dumas, Charles 23, 48, 55, 59 f., 64 f., 67, 78 f., 83, 85 f., 123, 135, 147, 149 f., 181, 226, 279, 301, 304, 311—316, 321—323, 326, 331, 336, 338 f., 368, 370, 372, 380
Dunois, Amédée 301

Edwards, Bob 164 f., 210, 226
Eisenhower, Dwight D. 289
Engels, Friedrich 24 f.
Enock, Jacques 336
Erhard, Ludwig 238, 248
Evrard, Raoul 301

Faure, Paul 23
Ferrat, André 40, 107, 111, 152, 198, 205, 208, 223, 225, 331, 347, 360, 365
Foot, Michael 164
Forrestal, James 232
Fouchère, Berthe 228, 267
Fourrier, Marcel 156, 312, 351

Fraisse, Paul 191 f., 359
Frenay, Henri 36, 40 f., 164, 200, 382
Fresnoy, Jean 313, 316, 321
Froment, Edouard 301

Garros 200
Gazier, Albert 58, 142, 152, 198, 207 f., 254, 331, 341, 358, 360 f., 377
Gérard, Francis 364
Gerstenmaier, Eugen 282
Gilson, Etienne 231, 278, 347
Gimont, Marcel 136, 147, 150, 181, 316, 323, 371, 376, 383, 385
Goguel, François 359
Gorse, Georges 205, 210, 334
Goldschild, Gaston 156 f., 350, 363
Gombault, Georges 34
Gouin, Félix 23, 94 f., 98, 106, 109, 267, 285, 290
Goyon, Jean-Reymond 205
Grumbach, Salomon 48, 50 f., 59 f., 66—71, 90, 94—96, 108 f., 112—117, 129, 133, 142, 151, 159, 162, 202, 205 f., 217, 224 f., 228, 236—238, 240, 242 f., 262, 267, 274, 285, 311 f., 315, 320, 323, 326 f., 331, 333 f., 336—338, 341, 350 f., 371, 373
Guesde, Jules 26
Guesdon 207

Hamon, Léo 226
Hauriou, André 36, 40, 305
Healey, Denis 114, 217
Herriot, Edouard 222
Hopkins, Harry 323
Huysmans, Camille 66, 70
Hytte, Claude-Marcel 370

Izard, Georges 163, 329, 370

Jaquet, Gérard 23, 50, 109, 152, 165, 188, 198, 201, 205, 207 f., 223, 244, 254, 266, 270 f., 274 f., 290, 301, 341, 365
Jaurès, Jean 26, 33, 61, 158
Jouhaux, Léon 227, 346, 380, 385
Jouve, Géraud 198, 205

Kastenbaum, Alfred 198
Kennan, George F. 143, 328, 340, 360
Kiesinger, Kurt-Georg 273
Klein, Maurice 156 f., 350
Koenig, Pierre 120, 168

Labrousse, Ernest 164
Lacoste, Robert 163, 290, 331
Lacroix, Jean 314, 316
Laski, Harold 317, 323

Lamine-Gueye, Amadou 196, 331
Lapie, Pierre-Olivier 53, 55, 94, 120, 127, 130, 133, 159 f., 162, 178, 180, 188, 205, 207—210, 215, 218, 233, 238 f., 244, 290, 311 f., 327, 337 f., 342, 350 f., 353 f., 356, 368 f., 371—373, 376, 381
Larock, Victor 202, 228, 269, 273
Laurent, Augustin 23, 109, 290, 301, 322 f., 331
Le Bail, Jean 150, 182, 186, 205, 235, 244, 273, 279, 285, 290, 337, 356, 369, 374, 376, 383
Lechantre, Jean 79, 85 f., 136, 147, 150, 161, 232, 313, 321 f., 336, 342, 345 f., 351, 356, 375, 380
Lee, Frederick 241, 245
Leenhardt, Francis 163, 188, 198, 205, 207, 210, 226 f., 249, 266 f., 290, 331, 334, 339, 344, 356, 374, 383
Lefrançois, F. (= François Moch) 370
Lejeune, Max 152, 183, 290, 331, 345
Le Trocquer, André 109, 163, 205, 207, 290, 301, 334
Lévy, Louis 24, 34, 66, 89, 114 f., 121, 205, 225, 228, 313 f., 321, 371, 379 f.
Lévy-Bruhl, Henri 347, 356
Lévy-Jacquemin, J. 247
Lhuillier, René 201, 210, 226
Lippmann, Walter 143, 340
Löwenthal, Richard 158
Lorrain, Jean 157, 350
Lousteau, Kléber 207, 377
Lussy, Charles 152, 207

Mackay, Ronald W. G. 164, 203, 207, 209, 245 f., 272, 276
Malacrida, Henri 289
Marc, Alexandre 40, 165, 199 f.
Marie, André 187, 197, 211 f.
Marshall, George C. 137, 143, 147, 149, 277, 286
Martinet, Gilles 383
Marx, Karl 24 f., 318
Masaryk, Jan 179
Massigli, René 120, 124, 148, 314
Mathé, Jean 210
Mathieu, René 164
Mayer, Daniel 23 f., 35, 40—42, 46, 48—50, 53 f., 57 f., 66, 76, 78, 80 f., 84, 88, 93, 96, 102, 106—111, 115, 130, 141 f., 150, 152 f., 155, 161 f., 188, 196 f., 212, 224, 254, 279, 285 f., 289 f., 301, 305, 309—312, 314, 321, 329, 331, 337, 343, 346 f., 382
Mayer, René 254, 288
Mendès-France, Pierre 98
Merlat, Odette 133, 198, 278

Merleau-Ponty, Maurice 164
Métayer, Pierre 179, 331
Meunier, Jean 152, 198, 331
Mikardo, Jan 164
Minjoz, Jean 163, 205
Mitrany, David 264
Moch, Jules 38, 51, 57 f., 67 f., 81, 108 f., 112 f., 155, 169, 181, 216, 237, 254 f., 266, 283, 285—290, 294, 296, 312, 315, 317, 333 f., 347, 377, 384—385
Mollet, Guy 106—113, 115, 123, 141 f., 151—153, 163, 179 f., 188 f., 194—198, 201 f., 205, 208 f., 211 f., 220—223, 227, 232 f., 235, 244—250, 253—259, 262, 266—268, 270—277, 279, 281, 285—290, 319, 330 f., 342, 345—347, 354 f., 357, 361, 369, 373, 375, 378, 383
Molotow, Wjatscheslaw 148—151, 159, 343
Monick, Emmanuel 98
Monnet, Jean 98, 151, 171, 173 f., 262—266, 270, 282, 343 f., 351, 379 f.
Morin, Jean 352
Mounier, Emmanuel 164, 189, 191 f., 371
Moutet, Marius 139, 244, 271, 273, 331, 373
Mutter, André 102

Naegelen, Marcel-Edmond 48, 94, 290, 331
Nenni, Pietro 114, 181
Noguères, Henri 152, 207, 353

Ollenhauer, Erich 116, 217, 262, 273
Orsini, Pierre 237, 327, 369, 372
Osmin, Mireille 226

Paul-Boncour, Josephe 55, 60—64, 310 f., 313, 315, 339, 369 f., 372
Pelloutier, Fernand 26
Philip, André 13, 24, 41, 47, 51, 53, 55, 63, 67 f., 78, 81, 96, 98, 106—109, 113, 135, 140, 142, 145, 147, 151, 155—157, 162, 171 f., 183 f., 186—188, 198, 205, 208, 210 f., 215, 217—219, 224, 226—228, 241, 244—250, 253 f., 256, 258—260, 263, 266—268, 270—281, 285—287, 289 f., 311, 314 f., 327, 330 f., 333 f., 341, 350, 354—358, 365 f., 371, 375 f., 379
Philipps, Morgan 115, 205, 208, 269
Piette, Jacques 156, 162 f., 188, 205, 207 f., 224—226, 228 f., 289 f., 365
Pineau, Christian 262, 290, 331, 377
Pivert, Marceau 13, 40, 73, 142, 152 f., 157—165, 179, 189, 193 f., 196, 198, 200, 208, 226, 231 f., 238, 254, 266, 285, 289, 307, 340, 349, 373
Pleven, René 255, 282—289
Pouyot, Marcel 196, 198

Proudhon, Pierre-Josephe 24, 32
Provo, Victor 109, 331

Queuille, Henri 183, 187, 197, 212, 254 f., 358

Rabier, Maurice 196, 341
Ramadier, Paul 57, 73, 109, 123, 127 f., 130, 139—142, 147, 151, 155, 158, 161 f., 171, 173 f., 182 f., 187, 197, 204, 207, 212, 232, 253 f., 269, 285 f., 331, 371, 376, 378
Rasquin, Michel 201, 222, 226
Reale, Eugenio 345
Reynaud, Paul 212, 222, 263, 274 f., 281 f., 375, 386
Ribière, Henri 23, 47, 301, 331
Ridley, F.-A. 164, 339
Riès, Jean 198, 278
Rimbert, Pierre 107, 152, 155, 163, 330, 341, 377
Rincent, Germain 205, 207
Rivet, Paul 40, 57, 111, 205, 207 f., 322, 362, 372 f.
Robin, Jacques 164, 205, 370 f.
Ronsac, Charles 135, 150, 161, 181, 190—192, 195, 216 f., 226, 230, 235, 238, 279, 315, 323, 351, 369, 371, 378, 380, 382—385
Roosevelt, Franklin D. 31 f., 34, 45, 316
Rosenfeld, Oreste 82, 85, 95 f., 131, 136, 149, 179, 182, 207 f., 212, 214, 225 f., 228, 240, 243, 290, 320—323, 325, 343, 355 f., 368 f., 372, 378
Rosenthal, Gérard 191, 226
Rous, Jean 19, 107 f., 152, 155, 163, 189 f., 194—198, 200 f., 205, 211, 253, 255, 330 f., 339, 362
Rousset, David 191, 196, 371
Rovan, Joseph 371

Sandys, Duncan 339, 348
Sans, Charles 79, 316, 322
Saragat, Giuseppe 154, 181, 339
Sartre, Jean-Paul 164, 189—191, 196, 347, 371
Savary, Alain 290
Scherer, Marc 212
Schmid, Carlo 273, 282

Schmitt, René 198, 207
Schumacher, Kurt 116, 154, 158, 242, 284, 334, 374
Schuman, Robert 109, 155, 157, 163, 182 f., 186 f., 197, 211, 215, 223, 247 f., 252 f., 260—265, 282, 284, 289, 334, 346, 358, 381, 384
Schumann, Maurice 97, 272, 366
Senghor, Leopold 271, 341
Servan-Schreiber, Jean-Jacques 260
Silone, Ignazio 226, 249
Shdanow, Andrej A. 153, 166
Spaak, Paul-Henri 201, 212, 246, 272, 310, 339, 365
Stalin, Joseph 77, 79, 279, 312
Svahnstrom, Bertil 230

Tanguy-Prigent, François 142, 155, 198, 207, 331
Teitgen, Pierre-Henri 212, 272
Texcier, Jean 23, 107, 147, 150, 152, 156, 163, 172, 179—182, 195, 215, 237, 279, 322, 331, 339, 354—356, 372 f., 375, 380, 382, 385
Thomas, Eugen 23, 80, 331
Thorez, Maurice 47, 125 f., 140
Tixier, Adrien 56 f.
Truman, Harry S. 90, 98, 101, 105, 126, 133 f., 137 f., 143, 167, 329 f., 340

Uri, Pierre 359

Verdier, Robert 23, 94, 109, 142, 149, 152 f., 178, 181, 183 f., 197 f., 222, 240, 267, 279, 290, 301, 325, 331, 353, 356 f., 368 f., 372, 380, 383
Viennot, Andrée 88
Villon, Pierre 42 f.
Vinson, Fred 329
Voorrink, Koos 66

Wallace, Henry 135
Weill, Maurice 198
Weill-Raynal, Etienne 94, 325 f., 335, 338, 377, 381
Weitz, Lucien 278

Zeeland, Paul van 144

Studien zur Zeitgeschichte

Reinhard Bollmus
Das Amt Rosenberg und seine Gegner
Studien zum Machtkampf im nationalsozialistischen Herrschaftssystem
1970. 360 Seiten

Shlomo Aronson
Reinhard Heydrich und die Frühgeschichte von Gestapo und SD
1971. 340 Seiten

Günter Plum
Gesellschaftsstruktur und politisches Bewußtsein in einer katholischen Region 1928–1933
Untersuchung am Beispiel des Regierungsbezirks Aachen
1972. 319 Seiten

Lothar Kettenacker
Nationalsozialistische Volkstumspolitik im Elsaß
1973. 389 Seiten

Conrad F. Latour/Thilo Vogelsang
Okkupation und Wiederaufbau
Die Tätigkeit der Militärregierung in der amerikanischen Besatzungszone Deutschlands 1944–1947
1973. 227 Seiten

Michael H. Kater
Das Ahnenerbe der SS 1935–1945
Ein Beitrag zur Kulturpolitik des Dritten Reiches
1974. 523 Seiten

Marie Elise Foelz-Schroeter
Föderalistische Politik und nationale Repräsentation 1945–1947
Westdeutsche Länderregierungen, zonale Bürokratien und politische Parteien im Widerstreit
1974. 251 Seiten

Alexander Fischer
Sowjetische Deutschlandpolitik im Zweiten Weltkrieg 1941–1945
1976. 252 Seiten

Über alle weiteren Veröffentlichungen des **Instituts für Zeitgeschichte** informieren wir Sie gerne. Schreiben Sie uns!
Deutsche Verlags-Anstalt
Abteilung BI, Postfach 209, 7000 Stuttgart 1

Schriftenreihe der Vierteljahrshefte für Zeitgeschichte

Band 22/23
Politik in Bayern 1919–1933
Berichte des württ. Gesandten
Carl Moser von Filseck
herausgegeben von Wolfgang Benz
1971. 290 Seiten

Band 24
Hildegard Brenner
Ende einer bürgerlichen Kunst-Institution
Die politische Formierung der Preußischen Akademie der Künste ab 1933
1972. 174 Seiten

Band 25
Peter Krüger
Deutschland und die Reparationen 1918/19
1973. 224 Seiten

Band 26
Walter L. Dorn
Inspektionsreisen in der US-Zone
Notizen, Denkschriften und Erinnerungen aus dem Nachlaß, übersetzt und herausgegeben von Lutz Niethammer
1973. 178 Seiten

Band 27
Norbert Krekeler
Revisionsanspruch und geheime Ostpolitik der Weimarer Republik
Die Subventionierung der deutschen Minderheit in Polen 1919–1933
1973. 158 Seiten

Band 28
Zwei Legenden aus dem Dritten Reich
Quellenkritische Studien
von Hans-Heinrich Wilhelm und Louis de Jong
1974. 142 Seiten und 3 Karten

Band 29
Heeresadjutant bei Hitler 1938–1943
Aufzeichnungen des Majors Engel
Herausgegeben von Hildegard v. Kotze
1974. 158 Seiten

Band 30
Werner Abelshauser
Rekonstruktion und Wachstumsbedingungen in der amerikanischen und britischen Zone
1975. 178 Seiten

Band 31
Günter J. Trittel
Die Bodenreform in der Britischen Zone 1945–1949
1975. 184 Seiten

Band 32
Hansjörg Gehring
Amerikanische Literaturpolitik in Deutschland 1945–1953
Ein Aspekt des Re-Educations-Programms
1976. 134 Seiten

Band 33
Die revolutionäre Illusion.
Zur Geschichte des linken Flügels der USPD
Erinnerungen von Curt Geyer
Herausgegeben von Wolfgang Benz und Hermann Graml
1976. 304 Seiten

Die **Schriftenreihe der Vierteljahrshefte für Zeitgeschichte** ist auch im Abonnement zu ermäßigtem Preis erhältlich. Sie erhalten dann regelmäßig zwei neue Bände im Jahr.

Deutsche Verlags-Anstalt